欧阳哲生 编

胡适文集 ④

胡适文存三集

胡适1927年摄于美国纽约,此照片胡适题赠给康乃尔大学地质学教授亨利·韦莲司的夫人,她的女儿即是胡适的女友伊迪丝·克利福德·韦莲司(Edith Clifford Williams)。

胡适与胡先骕。

上左：1927年12月，胡适在东亚同文书院演讲时与日本翻译铃木择郎合影。
上右：中国公学校门，1928年4月—1930年5月胡适曾任中国公学校长。
下：中国公学校长胡适（右二）与学校董事会成员丁毅音（右一）、蔡元培（右三）、马君武（左二）、高一涵（左一）合影。

上：1926年胡适与中英庚款咨询委员会委员合影：胡适（左一）、安德森夫人（左二）、威林顿勋爵（左四）、丁文江（左五）。

下左：1928年《庐山游记》由上海新月书店出版。

下右：1930年12月《胡适文选》由上海亚东图书馆出版。

上：1930年，胡适（前排左二）欢迎梅兰芳剧团访美演出归来时与齐如山（前排左一），梅兰芳（前排左三）等合影。

下：胡适晚年在纽约华美协进社主持一欢迎会时与李政道（左一）、吴健雄（左二）、程其保（左三）、程夫人（右二）、薛光前（右一）合影，吴氏是胡适在中国公学的学生。

第四册说明

《胡适文存三集》，1930年9月由上海亚东图书馆出版，分平装（四册）、精装（两册）两种，六开本。以后重印多次。《胡适文存三集》所收集的文章，大致写于1922年10月至1930年3月之间，除个别不曾发表外，大多已在报刊杂志上公开发表，或作为序跋收入已出书籍。1953年12月，台北远东图书公司印行《胡适文存》四集合印本。三集删去：《我们对于西洋近代文明的态度》的附录、《欧游道中寄书》、《〈老残游记〉序》的"尾声"、《汉初儒道之争》、《读〈北史〉杂记》、《苏洵的〈辨奸〉》、《欧阳修的两次狱事》、《考作象棋的年代》、《胡笳十八拍》、《建文逊国说的演变》、《墨字》、《〈宋元学案补遗〉四十二卷跋》、《〈吴淞月刊〉发刊词》、《〈曲海〉序》、《扬州的小曲》、《〈小雨点〉序》、《人生有何意义》、《〈市政制度〉序》、《〈四角号码检字法〉序》、《追想胡明复》诸篇。

此次整理出版《胡适文存三集》，系依1930年10月第二版排印，原书无文章发表出处，现将每篇文章的出处括注说明，供读者参考。

纪　念

四位最近失掉的朋友：
李大钊先生，
王国维先生，
梁启超先生，
单不庵先生。

自　序

《胡适文存》第一集是民国十年十一月结集的，第二集是十三年夏间结集的，这第三集是十九年春间结集的。这六年之中，我在国外住了十个月，又在江南住了几年，生活虽然不安定，但因为稍稍脱离了教书的生活，著述的时间较多一点，故在这六年中，先后出了《戴东原的哲学》，《词选》，《白话文学史》，《神会和尚遗集》，《人权论集》五部书，还积下这五十万字的散文，合计也有一百多万字，总算还有点成绩了。

这一集的文字共分九卷。第一卷是几篇可以代表我对于国中几个重要问题的态度的文字。第二卷至第四卷都是整理国故的文字，其中卷二的几篇文字可以表示我近来对于整理国故的意见，卷三的三篇只是治学方法的三个例子，卷四是整理佛教史料的文字。第五第六两卷都是考证旧小说的文字，也可说是整理国故的一部分。第七卷是我的读书杂记。第八卷是关于中国文学的几篇序跋。第九卷是一些杂文。

这几十万字，除了卷一和卷九发表我的一点主张之外，其余七卷文字都可算是说明治学方法的文字。我在《文存》第一集的《自序》里曾说：

> 我这几年做的讲学的文章，范围好像很杂乱，目的却很简单。我的唯一的目的是注重学问思想的方法。故这些文章，无论是讲实验主义，是考证小说，是研究一个字的文法，都可说是方法论的文章。

我很盼望读我的文章的人能注意这一点。

我在近年做过几篇讨论政治的文章，因为已收在《人权论集》里单行了,故此集里只收了《名教》一篇。

　　这一集里有一些不曾发表过的文字,如卷三的《读〈吕氏春秋〉》,卷四的《论禅宗史的纲领》,卷七、卷八的几篇短文,如《陆贾〈新语〉考》,《再论王莽》等。其余的文字都在各种刊物上登载过,我不能一一列举这许多刊物的名称了,只能借这个机会谢谢他们的主编者,谢谢他们当日许我发表文字的好意。

　　讲演的笔记,除非是我自己写的,我向来不收入《文存》里。这一集卷二有一篇《读书》,是一篇讲演笔记,因为曾经我自己修改过,故收在这里。

　　有几篇文字的后面附录有朋友的文字,有些是已得著者同意的,有些是我知道他们必然许我转载的,我对他们都应该道谢。还有一些是有意介绍附录的文字的,如卷六《关于〈镜花缘〉的通信》,是因为孙佳讯先生发现的材料可补我的《〈镜花缘〉引论》(《文存二集》卷四)的不足,故借我的短信介绍他的长文。又如单不庵先生的几篇文字(卷四,页四八九——五三一;卷七,页九五四——九五七;卷八,一〇九九——一一二一),是因为不庵死后他的遗文尚未收集印行,我把这些稿子收存在这里,纪念一个最可敬爱的朋友。

　　关于这五十万字的搜集、保存、整理、校勘,我的朋友章希吕先生的功力最大最辛苦。我对他表示最深挚的感谢。

　　　　十九,七,廿三夜　　胡适记于上海极司非而路四九号甲

目 录

卷一
我们对于西洋近代文明的态度/3
附录　机器与精神　林语堂/13
请大家来照照镜子/21
漫游的感想/27
欧游道中寄书/38
名教/47

卷二
几个反理学的思想家/57
治学的方法与材料/94
整理国故与"打鬼"(给浩徐先生信)/103
附录一　西滢跋语/106
附录二　主客答问(浩徐)/108
读书/111
庐山游记/118

卷三
《〈左传〉真伪考》的提要与批评/141
入声考/158
附录　寄夏剑丞先生书/170
后记/176
读《吕氏春秋》/178

卷四

禅学古史考/201
从译本里研究佛教的禅法/214
菩提达摩考(中国中古哲学史的一章)/226
书《菩提达摩考》后/232
论禅宗史的纲领/235
白居易时代的禅宗世系/239
跋宋刻本《白氏文集》影本/242
　　附录　单不庵先生来书及答书/246
海外读书杂记/267

卷五

重印乾隆壬子本《红楼梦》序/277
考证《红楼梦》的新材料/284
百二十回本《忠义水浒传》序/305

卷六

《三侠五义》序/333
《海上花列传》序/356
《儿女英雄传》序/373
《官场现形记》序/386
《老残游记》序/397
《宋人话本八种》序/415
　　附录　《灯花婆婆》(节本)/426
读吴承恩《射阳文存》(吴进辑,冒广生刻,《楚州丛书》本)/428
重印《文木山房集》序/430
关于《镜花缘》的通信/432
　　附录一　孙佳讯先生回信/432
　　附录二　《镜花缘》补考(孙佳讯)/433

卷七

陆贾《新语》考（跋潮阳郑氏《龙溪精舍丛书》本《新语》）/441

汉初儒道之争/444

再论王莽/447

读《北史》杂记/450

苏洵的《辨奸》/455

欧阳修的两次狱事/456

考作象棋的年代/460

《胡笳十八拍》/462

建文逊国传说的演变（跋崇祯本《逊国逸书》残本）/463

焦循的《〈论语〉通释》（与马幼渔先生书）/469

翁方纲与《墨子》/470

跋郎兆玉刻本《墨子》（傅沅叔先生藏）/472

墨字/476

附录一　邵瑞彭先生来信/477

附录二　墨子入神仙家之杂考（邵瑞彭）/477

《宋元学案补遗》四十二卷本跋/480

附录　《宋元学案补遗》四十二卷本跋（单不庵）/481

除非/484

中国教育史料（与陈世棻书）/490

《吴淞月刊》发刊词/493

卷八

《白话文学史》自序/（收入《胡适文集》第8册，此处存目）

《词选》自序/497

词的起原/502

元人的曲子/512

《曲海》序/517

扬州的小曲/520

《吴歌甲集》序/522
跋《白屋文话》/526
附录　《白屋文话》自序(刘大白)/528
三百年中的女作家(《清闺秀艺文略》序)/532
贺双卿考/539
《南通张季直先生传记》序/542
《小雨点》序/545
论长脚韵/548
　一　单不庵先生来书/548
　二　答单不庵先生书/549
　三　单不庵先生二次来书/551
论翻译(与曾孟朴先生书)/559
　附录　曾先生答书/560

卷九

人生有何意义/571
爱国运动与求学/572
中国公学十八年级毕业赠言/577
今日教会教育的难关/579
祝贺女青年会/585
慈幼的问题/587
《市政制度》序/591
《四角号码检字法》序/594
追想胡明复/604

胡适文存三集　卷一

我们对于西洋近代文明的态度

今日最没有根据而又最有毒害的妖言是讥贬西洋文明为唯物的（Materialistic），而尊崇东方文明为精神的（Spiritual）。这本是很老的见解，在今日却有新兴的气象。从前东方民族受了西洋民族的压迫，往往用这种见解来解嘲，来安慰自己。近几年来，欧洲大战的影响使一部分的西洋人对于近世科学的文化起一种厌倦的反感，所以我们时时听见西洋学者有崇拜东方的精神文明的议论。这种议论，本来只是一时的病态的心理，却正投合东方民族的夸大狂；东方的旧势力就因此增加了不少的气焰。

我们不愿"开倒车"的少年人，对于这个问题不能没有一种彻底的见解，不能没有一种鲜明的表示。

现在高谈"精神文明"、"物质文明"的人，往往没有共同的标准做讨论的基础，故只能作文字上或表面上的争论，而不能有根本的了解。我想提出几个基本观念来做讨论的标准。

第一，文明（Civilization）是一个民族应付他的环境的总成绩。

第二，文化（Culture）是一种文明所形成的生活的方式。

第三，凡一种文明的造成，必有两个因子：一是物质的（Material），包括种种自然界的势力与质料；一是精神的（Spiritual），包括一个民族的聪明才智感情和理想。凡文明都是人的心思智力运用自然界的质与力的作品；没有一种文明是精神的，也没有一种文明单是物质的。

我想这三个观念是不须详细说明的，是研究这个问题的人都可以承认的。一只瓦盆和一只铁铸的大蒸汽炉，一只舢板船和一只大汽船，一部单轮小车和一辆电力街车，都是人的智慧利用自然界的质力制造出来的文明，同有物质的基础，同有人类的心思才智。这里面只有个精粗巧拙的程度上的差异，却没有根本上的不同。蒸汽铁炉固然不必笑瓦盆的幼稚，单轮小车上的人也更不配自夸他的精神的文明，而轻视电车上人的物质的文明。

因为一切文明都少不了物质的表现，所以"物质的文明"（Material Civilization）一个名词不应该有什么讥贬的涵义。我们说一部摩托车是一种物质的文明，不过单指他的物质的形体；其实一部摩托车所代表的人类的心思智慧决不亚于一首诗所代表的心思智慧。所以"物质的文明"不是和"精神的文明"反对的一个贬词，我们可以不讨论。

我们现在要讨论的是（1）什么叫做"唯物的文明"（Materialistic Civilization），（2）西洋现代文明是不是唯物的文明。

崇拜所谓东方精神文明的人说，西洋近代文明偏重物质上和肉体上的享受，而略视心灵上与精神上的要求，所以是唯物的文明。

我们先要指出这种议论含有灵肉冲突的成见，我们认为错误的成见。我们深信，精神的文明必须建筑在物质的基础之上。提高人类物质上的享受，增加人类物质上的便利与安逸，这都是朝着解放人类的能力的方向走，使人们不至于把精力心思全抛在仅仅生存之上，使他们可以有余力去满足他们的精神上的要求。东方的哲人曾说：

衣食足而后知荣辱，仓廪实而后知礼节。

这不是什么舶来的"经济史观"，这是平恕的常识。人世的大悲剧是无数的人们终身做血汗的生活，而不能得着最低限度的人生幸福，不能避免冻与饿。人世的更大悲剧是人类的先知先觉者眼看无数人们的冻饿，不能设法增进他们的幸福，却把"乐天"、"安命"、"知足"、"安贫"种种催眠药给他们吃，叫他们自己欺骗自己，安慰自己。西方古代有一则寓言说，狐狸想吃葡萄，葡萄太高了，他吃不着，只好说"我本不爱吃这酸葡萄！"狐狸吃不着甜葡萄，只好说葡萄是酸的；人们享不着物质上的快乐，只好说物质上的享受是不足羡慕的，而贫贱是可以骄人的。这样自欺自慰成了懒惰的风气，又不足为奇了。于是有狂病的人又进一步,索性回过头去,戕贼身体,断臂,绝食,焚身,以求那幻想的精神的安慰。从自欺自慰以至于自残自杀,人生观变成了人死观,都是从一条路上来的:这条路就是轻蔑人类的基本的欲望。朝这条路上走,逆天而拂性,必至于养成懒惰的社会,多数人不肯努力以求人生基本欲望的满足,也就不肯进一步以求心灵上与精神上的发展了。

西洋近代文明的特色便是充分承认这个物质的享受的重要。西洋近代文明,依我的鄙见看来,是建筑在三个基本观念之上:

第一,人生的目的是求幸福。

第二,所以贫穷是一桩罪恶。

第三,所以衰病是一桩罪恶。

借用一句东方古话,这就是一种"利用厚生"的文明。因为贫穷是一桩罪恶,所以要开发富源,奖励生产,改良制造,扩张商业。因为衰病是一桩罪恶,所以要研究医药,提倡卫生,讲求体育,防止传染的疾病,改善人种的遗传。因为人生的目的是求幸福,所以要经营安适的起居,便利的交通,洁净的城市,优美的艺术,安全的社会,清明的政治。纵观西洋近代的一切工艺,科学,法制,固然其中也不少杀人的利器与侵略掠夺的制度,我们终不能不承认那利用厚生的基本精神。

这个利用厚生的文明,当真忽略了人类心灵上与精神上的要求吗?当真是一种唯物的文明吗?

我们可以大胆地宣言:西洋近代文明绝不轻视人类的精神上的要求。我们还可以大胆地进一步说:西洋近代文明能够满足人类心灵上的要求的程度,远非东洋旧文明所能梦见。在这一方面看来,西洋近代文明绝非唯物的,乃是理想主义的(Idealistic),乃是精神的(Spiritual)。

我们先从理智的方面说起。

西洋近代文明的精神方面的第一特色是科学。科学的根本精神在于求真理。人生世间,受环境的逼迫,受习惯的支配,受迷信与成见的拘束。只有真理可以使你自由,使你强有力,使你聪明圣智;只有真理可以使你打破你的环境里的一切束缚,使你戡天,使你缩地,使你天不怕,地不怕,堂堂地做一个人。

求知是人类天生的一种精神上的最大要求。东方的旧文明对于这个要求,不但不想满足他,并且常想裁制他,断绝他。所以东方古圣人劝人要"无知",要"绝圣弃智",要"断思惟",要"不识不知,顺帝之则"。这是畏难,这是懒惰。这种文明,还能自夸可以满足心灵上的要求吗?

东方的懒惰圣人说,"吾生也有涯,而知也无涯,以有涯逐无涯,殆已"。所以他们要人静坐澄心,不思不虑,而物来顺应。这是自欺欺人的诳语,这是人类的夸大狂。真理是深藏在事物之中的;你不去寻求探讨,他决不会露面。科学的文明教人训练我们的官能智慧,一点一滴地去寻求真理,一丝一毫不放过,一铢一两地积起来。这是求真理的唯一法门。自然(Nature)是一个最狡滑的妖魔,只有敲打逼拶可以逼她吐露真情。不思不虑的懒人只好永永作愚昧的人,永永走不进真理之门。

东方的懒人又说:"真理是无穷尽的,人的求知的欲望如何能满足呢?"诚然,真理是发现不完的。但科学决不因此而退缩。科学家明知真理无穷,知识无穷,但他们仍然有他们的满足:进一寸有一寸的愉快,进一尺有一尺的满足。二千多年前,一个希腊哲人思索一个难题,想不出道理来;有一天,他跳进浴盆去洗澡,水涨起来,他忽然明白了,他高兴极了,赤裸裸地跑出门去,在街上乱嚷道,"我寻着了!我寻着了!"(Eureka! Eureka!)这是科学家的满足。Newton, Pasteur 以至于 Edison 时时有这样的愉快。一点一滴都是进步,一步一步都可以踌躇满志。这种心灵上的快乐是东方的懒圣人所梦想不到的。

这里正是东西文化的一个根本不同之点。一边是自暴自弃的不思不虑,一边是继续不断的寻求真理。

朋友们,究竟是那一种文化能满足你们的心灵上的要求呢?

其次,我们且看看人类的情感与想像力上的要求。

文艺,美术,我们可以不谈,因为东方的人,凡是能睁开眼睛看世界的,至少还都能承认西洋人并不曾轻蔑了这两个重要的方面。

我们来谈谈道德与宗教罢。

近世文明在表面上还不曾和旧宗教脱离关系,所以近世文化还不曾明白建立他的新宗教新道德。但我们研究历史的人不能不指出近世文明自有他的新宗教与新道德。科学的发达提高了人类的知识,使人们求知的方法更精密了,评判的能力也更进步了,所以旧宗教的迷信部分渐渐被淘汰到最低限度,渐渐地连那最低限度的信仰——上帝的存在与灵魂的不灭——也发生疑问了。所以这个新宗教的第一特色是他的理智化。近世文明仗着科学的武器,开辟了许多新世界,发现了无数新真理,征服了自然界的无数势力,叫电气赶车,叫"以太"送信,真个作出种种动地掀天的大事业来。人类的能力的发展使他渐渐增加对于自己的信仰心,渐渐把向来信天安命的心理变成信任人类自己的心理。所以这个新宗教的第二特色是他的人化。智识的发达不但抬高了人的能力,并且扩大了他的眼界,使他胸襟阔大,想像力高远,同情心浓挚。同时,物质享受的增加使人有余力可以顾到别人的需要与痛苦。扩大了的同情心加上扩大了的能力,遂产生了一个空前的社会化的新道德,所以这个新宗教的第三特色就是他的社会化的道德。

古代的人因为想求得感情上的安慰,不惜牺牲理智上的要求,专靠信心(Faith),不问证据,于是信鬼,信神,信上帝,信天堂,信净土,信地狱。近世科学便不能这样专靠信心了。科学并不菲薄感情上的安慰;科学只要求一切信仰须要禁得起理智的评判,须要有充分的证据。凡没有充分证据的,只可存疑,不足信仰。赫胥黎(Huxley)说的最好:

> 如果我对于解剖学上或生理学上的一个小小困难,必须要严格的不信任一切没有充分证据的东西,方才可望有成绩,那么,我对于人生的奇秘的解决,难道就可以不用这样严格的条件吗?

这正是十分尊重我们的精神上的要求。我们买一亩田,卖三间屋,尚且要一张契据;关于人生的最高希望的根据,岂可没有证据就胡乱信仰吗?

这种"拿证据来"的态度,可以称为近世宗教的"理智化"。

从前人类受自然的支配,不能探讨自然界的秘密,没有能力抵抗自然的残酷,所以对于自然常怀着畏惧之心。拜物,拜畜生,怕鬼,敬神,"小心翼翼,昭事上帝",都是因为人类不信任自己的能力,不能不倚靠一种超自然的势力。现代的人便不同了。人的智力居然征服了自然界的无数质力,上可以飞行无碍,下可以潜行海底,远可以窥算星辰,近可以观察极微。这个两只手一个大脑的动物——人——已成了世界的主人翁,他不能不尊重自己了。一个少年的革命诗人曾这样的歌唱:

> 我独自奋斗,胜败我独自承当,
> 我用不着谁来放我自由,
> 我用不着什么耶稣基督
> 妄想他能替我赎罪替我死。
>
> I fight alone and, win or sink,
>   I need no one to make me free,
> I want no Jesus Christ to think
>   That he could ever die for me.

这是现代人化的宗教。信任天不如信任人,靠上帝不如靠自己。我们现在不妄想什么天堂天国了,我们要在这个世界上建造"人的乐国"。我们不妄想做不死的神仙了,我们要在这个世界上做个活泼健全的人。我们不妄想什么四禅定六神通了,我们要在这个世界上做个有聪明智慧可以戡天缩地的人。我们也许不轻易信仰上帝的万能了,我们却信仰科学的方法是万能的,人的将来是不可限量的。我们也许不信灵魂的不灭了,我们却信人格是神圣的,人权是神圣的。

这是近世宗教的"人化"。

但最重要的要算近世道德宗教的"社会化"。

古代的宗教大抵注重个人的拯救;古代的道德也大抵注重个人的修养。虽然也有自命普渡众生的宗教,虽然也有自命兼济天下的道德,然而终苦于无法下手,无力实行,只好仍旧回到个人的身心上用工夫,做那向内的修养。越向内做工夫,越看不见外面的现实世界;越在那不可捉摸的心性上玩把戏,越没有能力应付外面的实际问题。即如中国八百年的理学工夫居然看不见二万万妇女缠足的惨无人道!明心见性,何补于人道的苦痛困穷!坐禅主敬,不过造成许多"四体不勤,五谷不分"的废物!

近世文明不从宗教下手,而结果自成一个新宗教;不从道德入门,而结果自成一派新道德。十五十六世纪的欧洲国家简直都是几个海盗的国家,哥仑布(Columbus)、马汲伦(Magellan)、都芮克(Drake)一班探险家都只是一些大海盗。他们的目的只是寻求黄金,白银,香料,象牙,黑奴。然而这班海盗和海盗带来的商人开辟了无数新地,开拓了人的眼界,抬高了人的想像力,同时又增加了欧洲的富力。工业革命接着起来,生产的方法根本改变了,生产的能力更发达了。二三百年间,物质上的享受逐渐增加,人类的同情心也逐渐扩大。这种扩大的同情心便是新宗教新道德的基础。自己要争自由,同时便想到别人的自由,所以不但自由须以不侵犯他人的自由为界限,并且还进一步要要求绝大多数人的自由。自己要享受幸福,同时便想到人的幸福,所以乐利主义(Utilitarianism)的哲学家便提出"最大多数的最大幸福"的标准来做人类社会的目的。这都是"社会化"的趋势。

十八世纪的新宗教信条是自由,平等,博爱。十九世纪中叶以后的新宗教信条是社会主义。这是西洋近代的精神文明,这是东方民族不曾有过的精神文明。

固然东方也曾有主张博爱的宗教,也曾有公田均产的思想。但这些不过是纸上的文章,不曾实地变成社会生活的重要部分,不曾变成范围人生的势力,不曾在东方文化上发生多大的影响,在西方便不然了。"自由,平等,博爱"成了十八世纪的革命口号。美国的革命,法国的革命,1848年全欧洲的革命运动,1862年的南北美战争,都是在这三大主义的旗帜之下的大革命。美国的宪法,法国的宪法,以至于南美洲诸国的宪法,都是受了这三大主义的绝大影响的。旧阶级的打倒,专制政体的推翻,法律之下人人平等的观念的普遍,"信仰,思想,言论,出版"几大自由的保障的实行,普及教育的实施,妇女的解放,女权的运动,妇女参政的实现,……都是这个新宗教新道德的实际的表现。这不仅仅是三五个哲学家书本子里的空谈;这都是西洋近代社会政治制度的重要部分,这都已成了范围人生,影响实际生活的绝大势力。

十九世纪以来,个人主义的趋势的流弊渐渐暴白于世了,资本主义之下的苦痛也渐渐明了了。远识的人知道自由竞争的经济制度不能达到真正"自由,平等,博爱"的目的。向资本家手里要求公道的待遇,等于"与虎谋皮"。救济的方法只有两条大路:一是国家利用其权力,实行裁制资本家,保障被压迫的阶级;一是被压迫的阶级团结起来,直接抵抗资本阶级的压迫与掠夺。于是各种社会主义的理论与运动不断地发生。西洋近代文明本建筑在个人求幸福的基础之上,所以向来承认"财产"为神圣的人权之一。但十九世纪中叶以后,这个观念根本动摇了,有的人竟说"财产是贼赃",有的人竟说"财产是掠夺"。现在私有财产制虽然还存在,然而国家可以征收极重的所得税和遗产税,财产久已不许完全私有了。劳动是向来受贱视的;但资本集中的制度使劳工有大组织的可能,社会主义的宣传与阶级的自觉又使劳工觉悟团结的必要,于是几十年之中,有组织的劳动阶级遂成了社会上最有势力的分子。十年以来,工党领袖可以执掌世界强国的政权,同盟总罢工可以屈伏最有势力的政府,俄国的劳农阶级竟做了全国的专政阶级。这个社会主义的大运动现在还正在进行的时期。但他的成绩已很可观了。各国的"社会立法"(Social Legislation)的发达,工厂的视察,工厂卫生的改良,儿童工作与妇女工作的救济,红利分配制度的推行,缩短工作时间的实行,工人的保险,合作制之推行,最低工资(Minimum Wage)的运动,失业的救济,级进制的(Progressive)所得税与遗产税的实行,……这都是这个大运动已经做到的成绩。这也不仅仅是纸上的文章,这也都已成了近代文明的重要部分。

这是"社会化"的新宗教与新道德。

东方的旧脑筋也许要说:"这是争权夺利,算不得宗教与道德。"这里又正是东西文化的一个根本不同之点。一边是安分,安命,安贫,乐天,不争,认吃亏;一边是不安分,不安贫,不肯吃亏,努力奋斗,继续改善现成的境地。东方人见人富贵,说他是"前世修来的";自己贫,也说是"前世不曾修",说是"命该如此"。西方人便不然;他说,"贫富的不平等,痛苦的待遇,都是制度的不良的结果,制度是可以改良的"。他们不是争权夺利,他们是争自由,争平等,争公道;他们争的不仅仅是个人的私利,他们奋斗的结果是人类绝大多数人的福利。最大多数人的最大幸福,不是袖手念佛号可以得来的,是必须奋斗力争的。

朋友们,究竟是那一种文化能满足你们的心灵上的要求呢?

我们现在可综合评判西洋近代的文明了。这一系的文明建筑在"求人生幸福"的基础之上,确然替人类增进了不少的物质上的享受;然而他也确然很能满足人类的精神上的要求。他在理智的方面,用精密方法,继续不断地寻求真理,探索自然界无穷的秘密。他在宗教道德的方面,推翻了迷信的宗教,建立合理的信仰;打倒了神权,建立人化的宗教;抛弃了那不可知的天堂净土,努力建设"人的乐国"、"人世的天堂";丢开了那自称的个人灵魂的超拔,尽量用人的新想像力和新智力去推行那充分社会化了的新宗教与新道德,努力谋人类最大多数的最大幸福。

东方的文明的最大特色是知足。西洋的近代文明的最大特色是不知足。

知足的东方人自安于简陋的生活,故不求物质享受的提高;自安于愚昧,自安于"不识不知",故不注意真理的发现与技艺器械的发明;自安于现成的环境与命运,故不想征服自然,只求乐天安命,不想改革制度,只图安分守己,不想革命,只做顺民。

这样受物质环境的拘束与支配,不能跳出来,不能运用人的心思智力来改造环境改良现状的文明,是懒惰不长进的民族的文明,是真正唯物的文明。这种文明只可以遏抑而决不能满足人类精神上的要求。

西方人大不然,他们说"不知足是神圣的"(Divine Discontent)。

物质上的不知足产生了今日钢铁世界,汽机世界,电力世界。理智上的不知足产生了今日的科学世界。社会政治制度上的不知足产生了今日的民权世界,自由政体,男女平权的社会,劳工神圣的喊声,社会主义的运动。神圣的不知足是一切革新一切进化的动力。

这样充分运用人的聪明智慧来寻求真理以解放人的心灵,来制服天行以供人用,来改造物质的环境,来改革社会政治的制度,来谋人类最大多数的最大幸福,——这样的文明应该能满足人类精神上的要求;这样的文明是精神的文明,是真正理想主义的(Idealistic)文明,决不是唯物的文明。

固然,真理是无穷的,物质上的享受是无穷的,新器械的发明是无穷的,社会制度的改善是无穷的。但格一物有一物的愉快,革新一器有一器的满足,改良一种制度有一种制度的满意。今日不能成功的,明日明年可以成功;前人失败的,后人可以继续助成。尽一分力便有一分的满意;无穷的进境上,步步都可以给努力的人充分的愉快。所以大诗人邓内孙(Tennyson)借古英雄 Ulysses 的口气歌唱道:

> 然而人的阅历就像一座穹门,
> 从那里露出那不曾走过的世界,
> 越走越远,永永望不到他的尽头。
> 半路上不干了,多么沉闷呵!
> 明晃晃的快刀为什么甘心上锈!
> 难道留得一口气就算得生活了?
> …………
> 朋友,来罢!
> 去寻一个更新的世界是不会太晚的。
> …………
> 用掉的精力固然不回来了,剩下的还不少呢。
> 现在虽然不是从前那样掀天动地的身手了,
> 然而我们毕竟还是我们,——
> 光阴与命运颓唐了几分壮志!
> 终止不住那不老的雄心,

去努力,去探寻,去发见,
永不退让,不屈伏。

1926,6,6

(原载 1926 年 7 月 10 日《现代评论》第 4 卷第 83 期,
又载 1927 年 11 月 27 日、12 月 4 日、12 月
11 日《生活周刊》第 4 至 6 期)

附录 机器与精神

林语堂

一 论机器文明与精神文明等

诸位,今天承贵校中国语文学会之邀,得与诸位有谈话之机会,至为欣幸。我想就将个人对于机器文明与精神文明等现代最通行的几个名词的鄙见,与诸君商榷一下。

近人的谈东方文明与西方文明等大题目,在这些题目的讨论之下,个人以为含有多少东方的忠臣义子爱国的成分,暗中要拿东方文明与西方文明相抵抗。爱国本是好事,兄弟也是中国人,爱国之诚,料想也不在常在报上发通电的要人之下。不过爱国各有其道,而最要一件就是要把头脑弄清楚。若是爱国以情不以理,是非利害不明,对于自己与他人的文明,没有彻底的认识,反以保守为爱国,改进为媚外,那就不是我国将来之幸了。譬如日本人勇于改进,华人长于保守,也不便因此认为日本人的爱国不及我们中华国民。

所以我们不妨把大家所谓物质文明,机器文明,道德文明,精神文明几个名词解剖一下。

论者每谓西方文明为物质文明,机器文明,而口称吾国文明为道德文明,精神文明。单就字面上讲,我们已经大得国际上的胜利了。什么国际上的不平等,早已被我们的理论家在这做文章上取消而有余了。取消而不足,将来难免还非遣派教士到世界各国去宣扬吾国之"精神文明",打倒或补充洋鬼子的"机器文明"或"不道德文明"不可。不过文章尽管这样做,将来打得倒打不倒,还得看将来的事实。

自然西洋人的不道德是显而易见的。譬如恋爱自由，男女同学，女子也来昌言社会政治问题，不如中国闺范谨严，中国女子的幽娴贞静，其不道德一；风俗奢靡，服装华丽，放浪形骸，香艳肉感，不如中国之俭朴，守约，淡扫蛾眉，平胸板臂，端庄严肃，其不道德二；西洋夫妇动辄离婚，且涉讼法庭，要求给养费，毫不知耻，不如中国之夫唱妇随，百年偕老，其不道德三；思想自由，宗教破产，异端邪说蜂起，非圣灭法，毫无顾忌，不如中国人之守古不变，尊崇孔、孟，其不道德四；机器发达，兵械日精，欧战祸起，杀人盈野，伏尸流血，尤其是为西洋文明不道德之证，其不道德五。诸如此类，不胜枚举。

二　论物质文明并非西洋所独有

但是我们且再仔细考究一下，就知道东方文明西方文明并非这些几个笼统名词所能包括。拿东西文明当做物质文明与精神文明的相对抗解说的人，用意不外要表示吾国的精神文明本与西洋的物质文明性质不同，不可同日而语，未便相谈并论。实则东西文明同有物质与精神两方面，物质文明并非西洋所独有，精神文明也非东方的奇货。即以物质文明而论，在某方面，中国何尝后人。人生的物质方面，不外衣食住三事，然而他事吾不知，衣食两事，中国恐怕真要可以于日内瓦国际联盟会列入第一等国而无愧了。说中国人不讲究"吃"，谁也不信？你想我们所不愿吃的 Chop-suey 及最视为不足道的炒面，已经被西人奉为珍羞异味，征服了欧美二大洲了。至于中国人的绸缎纱罗，轻暖无比，可以使最懒骨头的公子少爷及最瘦弱的鸦片烟鬼穿起来，也不觉有何痛苦；至于朱门绿扉，深宫大院，亭台楼榭，苑囿园池，更加是有艺术的雅致。所以说西方文明是物质文明，东方文明才是精神文明，是根本就没有看清东方文明的实质。自从我们圣人孔夫子认清"人之大欲"以至于当今的党国要人，都未尝怎么看不起衣食男女，造洋楼，买田地等等物质事件。这层道理，料想不必我来详细阐扬了。

三　论有机器文明未必即无精神文明

倘是我们再把问题进一步说，东西虽各有物质文明，所不同者在于机器与手艺之别而已。这样，我们把西洋的机器文明与东方的手艺文明相对,却没有什么不可,不过,在文章上,就没有那么冠冕堂皇,而稍稍有落伍逊色之意了。不过,我们也须明白,机器文明仍然不能与精神文明相对,只能与手艺文明相对。因为有机器文明的人,未必就没有精神文明。我们知道这句所谓机器文明的话,还是五十年前中国人心理中的一件事。那时的中国人只看见西洋人火车轮船电报枪炮等显而易见的文明,故谓之机器文明。五十年以来稍开通的国人,早已承认中国的政治政体不如西洋了,而政治固属于精神界的东西;三十年来中国人也渐渐感觉中国的学术思想,科学方法不如西洋了,而科学哲学又是属于精神界的东西;十年前的中国人又感觉连文学上,都有不及西洋人了,于是而有近代文学的运动,尽量的翻译西洋文学。做戏剧的人不学关汉卿、马致远、王实甫、李笠翁而学易卜生、王尔德了。做短篇小说的人不学蒲松龄、抱瓮老人而学柴霍甫、莫泊桑了。做长篇小说的人不学罗贯中、吴敬梓而学陀思托伊夫思基、杜格涅夫了。到了现在,也已有一部分人,心中明确认识,却未敢说出来,东方的道德是腐败不堪,贪污淫秽,卑鄙懦弱,不如西洋人的道德了,然而政治,学术,文学,道德,以至于图画,音乐,及一切美术,都是精神界的东西。所以要拿东方的精神文明与西方的机器文明比较,论理上也就有许多欠妥的地方,恐怕不是事实所容许。

四　论没有机器文明不是便有精神文明之证

再讲到东方文化的精神方面,我们也要认清东方文明自有东方文明的精神。说西方文明没有精神文明,固然是不对,而说东方文明没有精神的方面,自然也是粗浅之见。不过我们不得以为没有机器文明便是有精神文明之证。辜鸿铭有一句名言,说中国人之随处吐痰,不讲卫生,不常洗浴,就是中国人精神文明之证。这句话,固然甚有道理,不过我们须记得辜氏所以这样说,因为他有怪癖,好闻妇人的足,恐怕卫生一讲,足上的秽气一洗,他的精神少了刺激,而他的精神文明就同女人的足气一同消灭了。况且痰吐得多,也未必精神就会文明起来。我们要知道没有机器文明,不过是说一国的工业尚在手艺时代而已,同时政治上常在封建时代。这种工业的手艺文明,与政治的封建文明,自有他特殊的诗趣,也有特别精神上的美致的慰安。这种精神上的慰安与美致最容易于美术上以图画诗歌表现出来。英国十九世纪中叶有所谓 Pre-Raphaelite 美术运动,专门提倡西欧中古时代的艺术精神。诵读中国的古诗,及玩赏中国的名画,的确可以使我们领悟古代生活的一种诗趣。中国的学术思想到周秦之末,已经不足道了,但是艺术上,仍然还能表现人生的美出来。少陵的诗,摩诘的画,《左传》的文,马迁的史,薛涛的笺,右军的帖,《南华》的经,相如的赋,屈子的《离骚》,确有寄托着中国精神文明的美的结晶;沧海的日,赤城的霞,峨嵋的雪,巫峡的云,洞庭的月,彭蠡的烟,潇湘的雨,武彝的峰,庐山的瀑布,都经过我们的艺术家用最特殊的艺术表现出来了。

　　大凡说那一方面是物质文明,那一方面是精神文明,都是过于笼统肤浅之谈,无论何种文明,都有物质与精神两方面,并且同一物质方面也有他的美丑,同一精神方面也有他的长短,不能只用两个字,"物质"或"精神"的招牌给他冠上完事。中国文明里,不但包括有少陵的诗,摩诘的画,同时也包括吐痰,裹足,醒鼻子,不洗浴等。我想这是中国文明与西欧中古文明共通之点。中国古代有"扪虱而谈"的佳话,英国以利沙伯时代也有一位"玄学派"诗人 John Donne 做一首诗赠给他爱人胸前的虱虫。至于不洗浴更加不是中国独有的国粹,只看 Buckle 的《英国文化史》的人就知道十七八世纪的苏格兰人也是认洗浴为一种除夕过年的大事。Fuchs 的《风俗史》、《淫画史》(德文)也给我们许多材料,看起来苏格兰及荷兰人的马桶,都不比中国文明。自然据辜鸿铭讲起来,现代的苏格兰人用起自来马桶,已经是精神文明退化的明证了。至于随处吐痰小便,莎士比亚的戏院的一班群众,本来也是如此(见 Taine《英国文学史》,所不同者,华人所称为方便的小便,西人称为不便〔Commit nuisance〕而已,"方便"是自我观之,"不便"是自社会行人观之。)用不着我们的爱国同胞认为东方文明唯此一家真正老牌的国货。精神方面,中国人也自有他独长之处,例如忍耐的美德是西人所万万不及的(这是由"百忍"的大家庭锻炼出来的),中国人之肯忍辱含垢,任人宰割,只以吞声忍气工夫对付,西人真不能望我们的肩背。记得三·一八惨案时,燕京大学美人教授 Porter 先生当场对我说,若使美国政府做出这种事,登时全市人民会叛变起来,但是那天我们国立九校的校长当中还有的态度十分老成,十分镇静,连一个宣言都不大愿意发出。中国百姓今日所受武人摧残,政府压迫的苦痛,若在外国,也应当已有七八次的革命而有余了,但是在中国,我们仍然是"和平统一"的一个局面,做好百姓的多。这种听天由命的德性、中庸不偏的涵养工夫都是西人精神文明中所无的。再如做文章一层,也是西人所万万不及的。中国的武人,凡要举兵动武,必先发一道呼吁和平的通电,在下的要叛变,必先作一"拥护中央"的宣言,在上的要穷兵黩武,也必先开一个裁兵会议。这种的枪花,不但是外国人所无,就是中国的宝贝武人耍出来之后,还要弄得外国记者目眩头昏,眼花撩乱。所以外国记者及外国一班看报的人,都对于中国政治变化,茫茫渺渺,一点也看不出来。恐怕再一万年,西洋武人,也学不到中国武人的枪花,通电的文章也决不会做得中国武人那样圆密。所以我们每说西人头脑简单,却也是确有的事。这便又是中国精神文明的一个长处。

不过,我们不要认错,以为中国机器不发达,便是中国精神文明之证。平心而论,坐在自来马桶上大便的人,精神上未必即刻腐化,坐在中国的苏、扬马桶上大便的人,精神也未必保得住健全。西人机器文明,闹出欧战大祸,固然足为西洋文明破产之证,而中国虽然没有腾克,毒气炮,达姆达姆子弹,战舰,飞机等,只有衣履破烂的流氓军队,横冲直撞,抢劫焚毁,奸淫妇女,也不见得就精神发达到如何程度。

五　论机器就是精神之表现

还有一样,我们须记得机器文明原来也是人类精神之一种表现。有了科学,然后有机器,有了西人精益求精的商业精神,才有今日人人欢迎的舶来货品。国粹家每每要效辜鸿铭的故智,虽然身穿用洋针洋线洋布所做成的衣服,足上着西洋袜机所制的机器袜,看的又是用西洋机器所造的纸料及用西洋机器印成的报纸,走的又是西洋机器辗成的柏油路,坐的又是西洋机器造成的舟车,却一味要鄙夷物质,矜伐吾国固有的精神文明。但是你们只要细想,这些机器造成的舶来品,岂不是精神所创造出来的。中国人发明纸最早,但是今日经过几千年之后,仍须采用洋纸;中国人发明火药,到了今日还须用西洋的枪炮;中国人发明丝,到了今日,中国的生丝,仍须运到美国、日本去炼好,再运来中国制成绸缎:这能够算为中国精神上的胜利吗?西人发明电影,还以为未足,再发明有声电影,中国人连拿他的机器来演电影都演不过西洋电影,难道这是中国人精神文明高尚的证据吗?上海公共租界物质文明,似乎比中国、南市、闸北的物质文明略高一点,难道这就是可认为历任的上海市政局诸公的精神道德比公共租界的工部局董事会高尚吗?西人有这种勇于改进的精神,才有这种精益求精的物质上的发达,我们若还要一味保存东方精神文明,去利用西方的物质,遵守"中学为体西学为用"狗屁不通的怪话(体用本来不能分开,譬如以胃为体以肝为用,这成什么话),恐怕连拾人牙慧都拾不起来,将来还是非永远学海上寓公手里拿着一部《大学》、《中庸》(体)去坐西人所造的汽车(用)不成。《大学》、《中庸》尽管念的熟烂了,汽车还是自己制造不出来,除了买西洋汽车,没有办法。

六 论机器文明非手艺文明人所配诋毁也无所用其诋毁

所以这样看来,国粹家就难免有点无赖了。拾人牙慧而不得,然后去发明出来的"精神文明"大概已经不大中用了。若再不闭门思过,痛改前非,发愤自强,去学一点能演化出物质文明来的西人精神,将来的世界恐怕还是掌在机器文明的洋鬼子的手中。就使机器文明应该诋毁,应该修正补充,也不是封建时代的手艺文明人所配来诋毁的。机器文明,固然闯出欧战的大祸,到底还有母亲劝子从戎,妻劝夫出征,舍身救国的精神在,比起我们年头到年底的混战,同胞自相残杀,勇于私斗,怯于公愤,还强一倍吧!再退一万步说,佳兵果然不祥,死光及毒汽炮果然有将来消灭人类的危险,这种补救的办法,还是在于机器文明人自己会想出来,我们的勇于私斗怯于公愤的滥污武人流氓军队是不会促进世界的大同的。

七 论机器之影响于人生

再退一万步,就说东方文明有了不得的宝贝,国粹家想极力保存,试问国粹保存起来了没有？我们的图书馆在那里？我们的博物院在那里？我们的古乐今日在那里？我们的古物古迹有相当的保存没有？我们的历朝国宝古玩书画,今日贩卖到什么地方去了？我们的古板书籍,是日本保存的多,还是南京、北平保存的多？我们的敦煌石室丛书散佚到什么地方去了,是在伦敦、巴黎,还是在北平？我们的古玩古画今日是在纽约、东京呢,还是在北平呢？东陵盗窃的东西,今日售在物质文明的国家呢,还是售在几个穷光蛋的国粹家手里？你想有盗窃东陵的事发生的国,到底是物质文明呢,还是精神文明呢,还是两样都不是,只是半开化的国中应有的事？再想我们所称为物质文明机器文明的泰西各国,何以保存本国的国粹还不足,偏偏要来收买东方古国的国宝呢？到底这是物质文明呢,还是精神文明呢？今日的莘莘学子,书都没地方读,一个完备的图书馆也没有,试问精神要怎样文明起？再看出版界,美国的小说一出版可以五十万部,好销的可以销到几百万部,日本的小说也可以销到十几万部,中国的新出小说只能销几千部,最好的也不过二三万部。这到底是我们精神文明呢,还是我们精神落伍呢？西洋重要书籍,不到几月,日本人就有日本的译文可读,中国学生还读不到,这是精神文明呢,还是精神落伍呢？

我们须明白,今日中国,必有物质文明,然后才能讲到精神文明,然后才有余闲及财力来保存国粹。在一个盗贼猖獗,灾民遍野,舟行有海盗,旱行有山贼,跑入租界又有绑匪的国家,大家衣食财产尚不能保存,精神文明是无从顾到的。我们只须看日本先有物质上的发达,才有闲暇金钱来保存古籍,翻印古书,有系统的保存古物,建立大规模的图书馆博物院,大学教授也才能专心致志于专门学术。像中国的大学教授,连买米的钱都常要发生问题,那里去买书,又那里去潜心研究学问呢。

至于机器文明之影响于吾人的生活,范围广大,不及细谈。本篇仅就机器文明与吾国固有文明的性质大略阐说一点。希望诸位对于这个西方文明,多考虑一下,把他清楚认识,才不会为中国文明将来发展的一种障碍,爱国心切,反而间接减少中国变法自强的勇气。我们不会学西洋人,至少也得学东洋人。中国人早肯洗心革面彻底欢迎西欧的物质文明,也不至有今日老背龙钟的状态了。

十八年十二月廿六日在光华大学中国语文学会讲稿

(录自《中学生》第二号)

请大家来照照镜子

美国使馆的商务参赞安诺德先生制成这三张图表：第一表是中国人口的分配表，表示中国的人口问题不在过多，而在于分配的太不均匀，在于边省的太不发达。第二表是中国和美国的经济状况，生产能力，工业状态的比较，处处叫我们照照镜子，照出我们自己的百不如人。第三表是美国在世界上占的地位，也是给我们做一面镜子用的，叫我们生一点羡慕，起一点惭愧。

去年他把这几张图表送给我看，我便力劝他在中国出版。他答应了之后，又预备了一篇长序，题目就叫做"中国问题里的几个根本问题"。他指出中国今日有三个大问题：

第一，怎样赶成全国铁路的干线，使全国的各部分有一个最经济的交通机关。

第二，怎样用教育及种种节省人力，帮助人力的机器，来增加个人生产的能力。

第三，怎样养成个人对于保管事业的责任心。

这是中国今日的三个根本问题。

安诺德先生的第二表里有这些事实：

	面积（方英里）	铁道线（英里）	摩托车
中国	4 278 000	7 000	22 000
美国	3 743 500	250 000	22 000 000

我们的面积比美国大，但铁道线只抵得人家三十六分之一，摩托车只抵得人家一千分之一，汽车路只抵得人家一百分之一。

我们试睁开眼睛看看中国的地图。长江以南，没有一条完成的铁路干线。京汉铁路以西，三分之二以上的疆域，没有一条铁路干线。这样的国家不成一个现代国家。

前年北京开全国商会联合会,一位甘肃代表来赴会,路上走了一百零四天才到北京。这样的国家不成一个国家。

云南人要领法国护照,经过安南,方才能到上海。云南汇一百元到北京,要三百元的汇水!这样的国家决不成一个国家。

去年胡若愚同龙云在云南打仗,打的个你死我活,南京的中央政府有什么法子?现在杨森同刘湘在四川又打的个你死我活,南京的中央政府又有什么法子?这样的国家能做到统一吗?

所以现在的第一件事是造铁路。完成粤汉铁路,完成陇海铁路,赶筑川汉、川滇、宁湘等等干路,拼命实现孙中山先生十万里铁路的梦想,然后可以有统一的可能,然后可以说我们是个国家。

所以第一个大问题是怎样赶成一副最经济的交通系统。

安诺德先生的第二表里又有这点事实:

美国人每人有二十五个机械奴隶。

中国人每人只有大半个机械奴隶。

去年3月份的《大西洋月报》里,有个美国工程专家说:

美国人每人有三十个机械奴隶。

中国人每人只有一个机械奴隶。

安诺德先生说:美国人有了这些有形与无形的机械奴隶,便可以增进个人的生产能力;故从实业及经济的观点上说,美国一百十兆的人民,便可以有二十五倍至三十倍人口的经济效能了。

人家早已在海上飞了,我们还在地上爬!人家从巴黎飞到北京,只须六十三点钟;我们从甘肃到北京,要走一百零四天(二千五百点钟)!

一个英国工人每年出十二个先令(六元),他的全家便可以每晚坐在家里听无线电传来的世界最美的音乐,歌唱,演说:每晚上只费银元一分七厘而已。而我们在上海遇着紧急事,要打一个四等电报到北京,每十个字须费银元一元八角!还保不住何时能送到!

人家的砖匠上工,可以坐自己的摩托车去了;他的子女上学,可以有公家汽车接送了。我们杭州、苏州的大官上衙门还得用人作牛马!

何以有这个大区别呢?因为人家每人有三十个机械奴隶代他做工,帮他做工,而我们却得全靠赤手空拳,——我们的机械奴隶是一根扁担挑担子,四个轿夫换抬的轿子,三个车夫轮租的人力车!

我们的工人是苦力。人家的工人是许多机械奴隶的指挥官。

故第二个大问题是怎样利用机器来减除人的痛苦,增加人的生产能力,提高人的幸福。

安诺德先生是外国人,所以他对于第三个问题说的很客气,很委婉。他只说:

> 保管责任之观念,在华人中无论如何努力终不能确立其稳定之意义。其故盖在此偏爱亲人一点。而此点又与中国家族制度有密切关系。此弊为状不一,根深而普遍。欲将家属之责任与现代团体所负保管的责任之适当关系注入于中国人之脑中,须得千钧气力从事之。

这几句话虽然说得委婉,然而也很够使我们惭愧汗下了。

这个问题,其实只是"公私不分"四个字。古话说的,"一子成佛,一家生〔升〕天"。古话又说,"一人得道,鸡犬登仙"。仙佛尚且如此,何况吃肉的官人?何况公司的经理董事?

几千年来,大家好像都不曾想想,得道成佛既是那样很艰难的事,为什么一人功行圆满之后,他们全家鸡犬也都可以跟着登天?最奇怪的就是今日的新官吏也不能打破这种旧习气。

最近招商局的一个分局的讼案便是最明显的例子。据报纸所载,一个家长做了名义上的局长,实际上却是他的子侄亲戚执行他的职务,弄得弊端百出,亏空到几十万元。到了法庭上,这位家长说他竟不知道他是局长!

招商局的全部历史,节节都是缺乏保管的责任心的好例子。我们翻开《国民政府清查整理招商局委员会报告书》,竟同看《官场现形记》一样,处处都是怪现状。上册五十九页说:

> 查自壬戌至丙寅最近五年内,历年亏折总额计有四百三十七万余两。然总沪局每年发给员司酬劳金,五年共计二十四万

五千九百九十四两。查自癸亥年来,股东未获得分文息金,乃局中员司独享此厚酬。

又六十页说:

> 修理费总计每年约六七十万两。……而内河厂〔所承办〕实居最多数,约占全额之半。查丙寅年内河厂共计修理费三十一万四千余两。……惟内河厂既系该局附属分枝机关,内部办事人员当然与该局办事者关系甚密。……曾经本会函调账籍备查,而该厂忽以账房失踪,账簿遗失呈报。内中情形不问可知矣。

这样的轻视保管的责任,便是中国的大工业与大商业所以不能发达的大原因。

怎样救济呢?安诺德先生说:

> 天下人性同为脆弱。社会与个人之关系愈互相错综依赖,则制定种种适当之保卫……愈为急需矣。

人性是不容易改变的,公德也不是一朝一夕造成的。故救济之道不在乎妄想人心大变,道德日高,乃在乎制定种种防弊的制度。中国有句古话说:"先小人而后君子"。先要承认人性的脆弱,方才可以期望大家做君子。故有公平的考试制度,则用人可以无私;有精密的簿记与审计,则账目可以无弊。制度的训练可以养成无私无弊的新习惯。新习惯养成之后,保管的责任心便成了当然的事了。

这是安诺德先生提出的三个大问题。

用铁路与汽车路来做到统一,用教育与机械来提高生产,用防弊制度来打倒贪污:这才是革命,这才是建设。

但依我看来,要解决这三个大问题,必须先有一番心理的建设。所谓心理的建设,并不仅仅是孙中山先生所谓"知难行易"的学说,只是一种新觉悟,一种新心理。

这种急需的新觉悟就是我们自己要认错。我们必须承认我们自己百事不如人,不但物质上不如人,不但机械上不如人,并且政治社会道德都不如人。

何以百事不如人呢?

不要尽说是帝国主义者害了我们。那是我们自己欺骗自己的话！我们要睁开眼睛看看日本近六十年的历史,试想想何以帝国主义的侵略压不住日本的发愤自强？何以不平等条约捆不住日本的自由发展？

何以我们跌倒了便爬不起来呢？

因为我们从不曾悔祸,从不曾彻底痛责自己,从不曾彻底认错。二三十年前,居然有点悔悟了,所以有许多谴责小说出来,暴扬我们自己官场的黑暗,社会的卑污,家庭的冷酷。十余年来,也还有一些人肯攻击中国的旧文学,旧思想,旧道德宗教,——肯承认西洋的精神文明远胜于我们自己。但现在这一点点悔悟的风气都消灭了。现在中国全部弥漫着一股夸大狂的空气：义和团都成了应该崇拜的英雄志士,而西洋文明只须"帝国主义"四个字便可轻轻抹煞！政府下令提倡旧礼教,而新少年高呼"打倒文化侵略！"

我们全不肯认错。不肯认错,便事事责人,而不肯责己。

我们到今日还迷信口号标语可以打倒帝国主义。我们到今日还迷信不学无术可以统治国家。我们到今日还不肯低头去学人家治人富国的组织与方法。

所以我说,今日的第一要务是要造一种新的心理：要肯认错,要大彻大悟地承认我们自己百不如人。

第二步便是死心塌地的去学人家。老实说,我们不须怕模仿。"学之为言效也",这是朱子的老话。学画的,学琴的,都要跟别人学起；学的纯熟了,个性才会出来,天才才会出来。

一个现代国家不是一堆昏庸老朽的头脑造得成的,也不是口号标语喊得出来的。我们必须学人家怎样用铁轨,汽车,电线,飞机,无线电,把血脉贯通,把肢体变活,把国家统一起来。我们必须学人家怎样用教育来打倒愚昧,用实业来打倒贫穷,用机械来征服自然,抬高人的能力与幸福。我们必须学人家怎样用种种防弊的制度来经营商业,办理工业,整理国家政治。

只要我们有决心,这三个大问题都容易解决。譬如粤汉铁路还缺二百八十英里,约需六千万元才造得起。多少年来,我们都说这六千万元那里去筹。然而国民政府在这一年之中便发了近一万万元的公债,不但够完成粤汉铁路,还可以造大铁桥贯通武昌汉口了。

义务教育办不成,也只因经费没有。然而今日全国各方面每天至少要用一百万元的军费(这是财政部次长的估计)。一个国家肯用三万六千万元一年的军费,而不能给全国儿童两年至四年的义务教育,这是不能呢? 还是不肯呢?

所以我们应该感谢安诺德先生,感谢他给我们几面好镜子,让我们照见自己的丑态,更感谢他肯对我们说许多老实话,教我们生点愧悔,引起我们一点向上的决心。

我很盼望我们不至于辜负了他这一番友谊的忠告。

1928,6,24 夜

(原载 1928 年 9 月 30 日《生活周刊》第 3 卷第 46 期)

漫游的感想

一 东西文化的界线

我离了北京,不上几天,到了哈尔滨。在此地我得了一个绝大的发现:我发现了东西文明的交界点。

哈尔滨本是俄国在远东侵略的一个重要中心。当初俄国人经营哈尔滨的时候,早就预备要把此地辟作一个二百万居民的大城,所以一切文明设备,应有尽有;几十年来,哈尔滨就成了北中国的上海。这是哈尔滨的租界,本地人叫做"道里",现在租界收回,改为特别区。

租界的影响,在几十年中,使附近的一个村庄逐渐发展,也变成了一个繁盛的大城。这是"道外"。

"道里"现在收归中国管理了,但俄国人的势力还是很大的,向来租界时代的许多旧习惯至今还保存着。其中的一种遗风就是不准用人力车(东洋车)。"道外"的街道上都是人力车。一到了"道里",只见电车与汽车,不见一部人力车。道外的东洋车可以拉到道里,但不准再拉客,只可拉空车回去。

我到了哈尔滨,看了道里与道外的区别,忍不住叹口气,自己想道:这不是东方文明与西方文明的交界点吗?东西洋文明的界线只是人力车文明与摩托车文明的界线——这是我的一大发现。

人力车又叫做东洋车,这真是确切不移。请看世界之上,人力车所至之地,北起哈尔滨,西至四川,南至南洋,东至日本,这不是东方文明的区域吗?

人力车代表的文明就是那用人作牛马的文明。摩托车代表的文明就是用人的心思才智制作出机械来代替人力的文明。把人作牛马看待,无论如何,够不上叫做精神文明。用人的智慧造作出机械来,减少人类的苦痛,便利人类的交通,增加人类的幸福,——这种文明却含有不少的理想主义,含有不少的精神文明的可能性。

我们坐在人力车上,眼看那些圆颅方趾的同胞努起筋肉,湾着背脊梁,流着血汗,替我们做牛做马,拖我们行远登高,为的是要挣几十个铜子去活命养家,——我们当此时候,不能不感谢那发明蒸汽机的大圣人,不能不感谢那发明电力的大圣人,不能不祝福那制作汽船汽车的大圣人:感谢他们的心思才智节省了人类多少精力,减除了人类多少苦痛!你们嫌我用"圣人"一个字吗?孔夫子不说过吗?"制而用之谓之器。利用出入,民咸用之,谓之神。"孔老先生还嫌"圣"字不够,他简直要尊他们为"神"呢!

二 摩托车的文明

去年 8 月 17 日的伦敦《晚报》(*Evening Standard*)有下列的统计:

全世界的摩托车共 24 590 000 辆。

全世界人口平均每七十一人有一辆摩托车。

美国每六人有车一辆。

加拿大与纽西兰每十二人有车一辆。

澳洲每二十人有车一辆。

今年 1 月 16 日纽约的《国民周报》(*The Nation*)有下列的统计:

全世界摩托车　　27 500 000

美国摩托车　　　22 330 000

美国摩托车数占全世界百分之八十一。

美国人口平均每五人有车一辆。

去年(1926)美国造的摩托车凡四百五十万辆,出口五十万辆。美国的路上,无论是大城里或乡间,都是不断的汽车。《纽约时报》上曾说一个故事:有一个北方人驾着摩托车走过 Miami 的一条大道,他开的速度是每点钟三十五英里。后面一个驾着两轮摩托车的警察赶上来问他为什么挡住大路。他说,"我开的已是三十五里了。"警察喝道:"开六十里!"

今年3月里我到费城(Philadelphia)演讲,一个朋友请我到乡间Haverford去住一天。我和他同车往乡间去,到了一处,只见那边停着一二百辆摩托车。我说:"这里开汽车赛会吗?"他用手指道:"那边不在造房子吗?这些都是木匠泥水匠坐来做工的汽车。"

这真是一个摩托车的国家!木匠泥水匠坐了汽车去做工,大学教员自己开着汽车去上课,乡间儿童上学都有公共汽车接送,农家出的鸡蛋牛乳每天都自己用汽车送上火车或直送进城。十字街头,向来总有一两家酒店的;近年酒禁实行了,十字街头往往建着汽油的小站。车多了,停车的空场遂成为都市建筑的一个大问题。此外还发生了许多连带的问题,很能使都市因此改观。例如我到丹佛城(Denver),看见墙上都没有街道的名字,我很诧异。后来才看见街名都用白漆写在马路两边的"行道"(Pavement or Side Walk)的底下,为的是要使夜间汽车灯光容易照着。这一件事便可以看出摩托车在都市经营上的影响了。

摩托车的文明的好处真是一言难尽。汽车公司近年通行"分月付款"的法子,使普通人家都可以购买汽车。据最近统计,去年一年之中美国人买的汽车有三分之二是分月付钱的。这种人家向来是不肯出远门的。如今有了汽车,旅行便利了,所以每日工作完毕之后,回家带了家中妻儿,自己开着汽车,到郊外去游玩;每星期日,可以全家到远地旅行游览。例如旧金山的"金门公园",远在海滨,可以纵观太平洋上的水光岛色;每到星期日,四方男女来游的真是人山人海!这都是摩托车的恩赐。这种远游的便利可以增进健康,开拓眼界,增加智识,——这都是我们在轿子文明与人力车文明底下想像不到的幸福。

最大的功效还在人的官能的训练。人的四肢五官都是要训练的;不练就不灵巧了,久不练就迟钝麻木了。中国乡间的老百姓,看见汽车来了,往往手足失措,不知道怎样回避;你尽着呜呜地压着号筒,他们只听不见;连街上的狗与鸡也只是懒洋洋地踱来摆去,不知避开。但是你若把这班老百姓请到上海来,请他们从先施公司走到永安公司去,他们便不能不用耳目手足了。走过大马路的人,真如《封神传》上黄天化说的"须要眼观四处,耳听八方"。你若眼不明,耳不聪,手足不灵动,必难免危险。这便是摩托车文明的训练。

美国的汽车大概都是各人自己驾驶的。往往一家中,父母子女都会开车。人工贵了,只有顶富的人家可以雇人开车。这种开车的训练真是"胜读十年书"!你开着汽车,两手各有职务,两脚也各有职务,眼要观四处,耳要听八方,还要手足眼耳一时并用,同力合作。你不但要会开车,还要会修车;随你是什么大学教授,诗人诗哲,到了半路车坏的时候,也不能不卷起袖管,替机器医病。什么书呆子,书蹩头,傻瓜,若受了这种训练,都不会四体不勤,五官不灵了。你们不常听见人说大学教授"心不在焉"的笑话吗?我这回新到美国,有些大学教授如孟禄博士等请我坐他们自己开的车,我总觉得有点栗栗危惧,怕他们开到半路上忽然想起什么哲学问题或天文学问题来,那才危险呢!但是我经过几回之后,才觉得这些大学教授已受了摩托车文明的洗礼,把从前的"心不在焉"的呆气都赶跑了,坐在轮子前便一心在轮子上,手足也灵活了,耳目也聪明了!猗欤休哉!摩托车的教育!

三 一个劳工代表

有些自命"先知"的人常常说:"美国的物质发展终有到头的一天;到了物质文明破产的时候,社会革命便起来了。"

我可以武断地说:美国是不会有社会革命的,因为美国天天在社会革命之中。这种革命是渐进的,天天有进步,故天天是革命。如所得税的实行,不过是十四年来的事,然而现在所得税已成了国家税收的一大宗,巨富的家私有纳税百分之五十以上的。这种"社会化"的现象随地都可以看见。从前马克思派的经济学者说资本愈集中则财产所有权也愈集中,必做到资本全归极少数人之手的地步。但美国近年的变化却是资本集中而所有权分散在民众。一个公司可以有一万万的资本,而股票可由雇员与工人购买,故一万万元的资本就不妨有一万人的股东。近年移民进口的限制加严,贱工绝迹,故国内工资天天增涨;工人收入既丰,多有积蓄,往往购买股票,逐渐成为小资本家。不但白人如此,黑人的生活也逐渐抬高。纽约城的哈伦区,向为白人居住的,十年之中土地房屋全被发财的黑人买去了,遂成了一片五十万人的黑人区域。人人都可以做有产阶级,故阶级战争的煽动不发生效力。

我且说一件故事。

我在纽约时,有一次被邀去参加一个"两周讨论会"(Fortnightly Forum)。这一次讨论的题目是"我们这个时代应该叫什么时代?"十八世纪是"理智时代",十九世纪是"民治时代",这个时期应该叫什么?究竟是好是坏?

依这个讨论会规矩,这一次请了六位客人作辩论员:一个是俄国克伦斯基革命政府的交通总长;一个是印度人;一个是我;一个是有名的"效率工程师"(Efficiency Engineer),是一位老女士;一个是纽约有名的牧师 Holmes;一个是工会代表。

有些人的话是可以预料的。那位印度人一定痛骂这个物质文明时代;那位俄国交通总长一定痛骂鲍尔雪维克;那位牧师一定是很悲观的;我一定是很乐观的;那位女效率专家一定鼓吹他的效率主义。一言表过不提。

单说那位劳工代表 Frahne(?) 先生。他站起来演说了。他穿着晚餐礼服,挺着雪白的硬衬衫,头发苍白了。他站起来,一手向里面衣袋里抽出一卷打字的演说稿,一手向外面袋里摸出眼镜盒,取出眼镜戴上。他高声演说了。

他一开口便使我诧异。他说:我们这个时代可以说是人类有历史以来最好的最伟大的时代,最可惊叹的时代。

这是他的主文。以下他一条一条地举例来证明这个主旨。他先说科学的进步,尤其注重医学的发明;次说工业的进步;次说美术的新贡献,特别注重近年的新音乐与新建筑。最后他叙述社会的进步,列举资本制裁的成绩,劳工待遇的改善,教育的普及,幸福的增加。他在十二分钟之内描写世界人类各方面的大进步,证明这个时代是人类有史以来最好的时代。

我听了他的演说,忍不住对自己说道:这才是真正的社会革命。社会革命的目的就是要做到向来被压迫的社会分子能站在大庭广众之中歌颂他的时代为人类有史以来最好的时代。

四　往西去!

我在莫斯科住了三天,见着一些中国共产党的朋友,他们很劝我在俄国多考察一些时。我因为要赶到英国去开会,所以不能久留。那时冯玉祥将军在莫斯科郊外避暑,我听说他很崇拜苏俄,常常绘画列宁的肖像。我对他的秘书刘伯坚诸君说:我很盼望冯先生从俄国向西去看看。即使不能看美国,至少也应该看看德国。

我的老朋友李大钊先生在他被捕之前一两月曾对北京朋友说:"我们应该写信给适之,劝他仍旧从俄国回来,不要让他往西去打美国回来。"但他说这话时,我早已到了美国了。

我希望冯玉祥先生带了他的朋友往西去看看德国、美国;李大钊先生却希望我不要往西去。要明白此中的意义,且听我再说一件有趣味的故事。

我在日本时,同了马伯援先生去访问日本最有名的经济学家福田德三博士。我说:"福田先生,听说先生新近到欧洲游历回来之后,先生的思想主张颇有改变,这话可靠吗?"

他说,"没有什么大的改变"。

我问,"改变的大致是什么?"

他说,"从前我主张社会政策;这次从欧洲回来之后,我不主张这种妥协的缓和的社会政策了。我现在以为这其间只有两条路:不是纯粹的马克思派社会主义,就是纯粹的资本主义。没有第三条路"。

我说:"可惜先生到了欧洲不曾走的远点,索性到美国去看看,也许可以看见第三条路,也未可知。"

福田博士摇头说:"美国我不敢去,我怕到了美国会把我的学说完全推翻了。"

我说:"先生这话使我颇失望。学者似乎应该尊重事实。若事实可以推翻学说,那么,我们似乎应该抛弃那学说,另寻更满意的假设。"

福田博士摇头说:"我不敢到美国去,我今年五十五了,等到我六十岁时,我的思想定了,不会改变了,那时候我要往美国看看去。"

这一次的谈话给了我一个绝大的刺激。世间的大问题决不是一两个抽象名词(如"资本主义"、"共产主义"等等)所能完全包括的。最要紧的是事实。现今许多朋友却只高谈主义,不肯看看事实。孙中山先生曾引外国俗语说"社会主义有五十七种,不知那一种是真的"。岂但社会主义有五十七种?资本主义还不止五百七十种呢!拿一个"赤"字抹杀新运动,那是张作霖、吴佩孚的把戏。然而拿一个"资本主义"来抹杀一切现代国家,这种眼光究竟比张作霖、吴佩孚高明多少?

朋友们,不要笑那位日本学者。他还知道美国有些事实足以动摇他的学说,所以他不敢去。我们之中却有许多人决不承认世上会有事实足以动摇我们的迷信的。

五　东方人的"精神生活"

我到纽约后的第十天——1月21日——《纽约时报》上登出一条很有趣味的新闻:

> 昨天下午一点钟,纽吉赛邦的恩格儿坞(Englewood, N. J.)的山郎先生住宅面前,围了许多男男女女,小孩子,小狗,等着要看一位埃及道人(Fakir)名叫哈密(Hamid Bey)的被活埋的奇事。
>
> 哈密道人站在那掘好的坟坑的旁边;微微的雨点洒在他的飘飘的长袍上。他身边站着两个同道的助手。
>
> 人越来越多了。到了一点一分的时候,哈密道人忽然倒在地下,不省人事了。两个请来的医生同了三个报馆访员动手把他的耳朵,鼻子,嘴,都用棉花塞好。随后便有人来把哈密道人抬下坟坑,放在坑里的内穴里。他脸上撒了一薄层的沙。内穴

上面用木板盖好。

内穴上面还有三尺深的空坑,他们也用泥土填满了。填满了后,活埋的工作算完了。

到场的许多人都走进山郎先生的家里去吃茶点。山郎夫人未嫁之前就是那位绰号"千眼姑娘"的李麻小姐。她在那边招待来宾,大家谈着"人生无涯"一类的问题,静候那活埋道人的复活。

一点钟过去了。……一点半过去了。……两点钟过去了。……

到了下午四点,三个爱耳兰的工人动手把坟掘开。三个黑种工人站在旁边陪着,——也许是给那三个白种同伴镇压邪鬼罢。

四点钟敲过不久,哈密道人扶起来了。扶到了空气里,他便颤动了,渐渐活过来了。他低低地喊了一声"胡帝尼",微微一笑,他回生了。

他未埋之先,医生验过他的脉跳是七十二,呼吸是十八。复活之后,脉跳与呼吸仍是七十二与十八。他在坑里足足埋了两点五十二分。

这回的安排布置全是勒乌公司(Loew's)的杜纳先生办理的。杜纳先生说,本想同这位埃及道人订一个"杂耍戏"的契约,不过还得考虑一会,因为看戏的人等不得三个钟头就都会跑光了。

哈密道人却很得意,他说他还可以活埋三天咧。

美国是个有钱的地方,世界各国的奇奇怪怪的宗教掮客都赶到这里来招揽信徒,炫卖花样。前一年,有个埃及道人名叫拉曼(Rahman)的,自称能收敛心神,停止呼吸。他当大众试验,闭在铁棺内,沉在赫贞河里,过一点钟之久。当时美国有大幻术家胡帝尼(Harry Houdini)研究此事,说这不是停止呼吸,乃是一种"浅呼吸",是可以操练出来的。胡帝尼自己练习,到了去年夏间,他也公开试验:睡在铁棺里，叫人沉在纽约谢尔敦大旅馆的水池里，过了一点半钟，方才捞起来。开棺之后，依然复生，不过脉跳增加至一百四十二跳而已。胡帝尼的成绩比拉曼加长半点钟，颇能使人明白这种把戏不过是一种技术上的训练，并没有什么精神作用。

胡帝尼死后，这班东方道人还不伏气，所以有今年1月20日哈密道人的公开试验。哈密的成绩又比胡帝尼加长了八十二分钟，应该够得上和勒乌公司订六个月的"杂耍戏"的契约了，然而杜纳先生又嫌活埋三点钟太干燥无味了，怕不能号召看戏的群众！可惜，可惜！大概哈密先生和他的道友们后来仍旧回到东方去继续他们的"内心生活"了罢。

胡帝尼的试验的精神是很可佩服的。其实即使这班东方道人真能活埋三点钟以至三天，完全停止呼吸，这又算得什么精神生活？这里面那有什么"精神的份子"？泥里的蚯蚓，以至一切冬天蛰伏的爬虫，不是都能这样吗？

六　麻将

前几年，麻将牌忽然行到海外，成为出口货的一宗。欧洲与美洲的社会里，很有许多人学打麻将的；后来日本也传染到了。有一个时期，麻将竟成了西洋社会里最时髦的一种游戏：俱乐部里差不多桌桌都是麻将，书店里出了许多种研究麻将的小册子，中国留学生没有钱的可以靠教麻将吃饭挣钱。欧美人竟发了麻将狂热了。

谁也梦想不到东方文明征服西洋的先锋队却是那一百三十六个麻将军！

这回我从西伯利亚到欧洲，从欧洲到美洲，从美洲到日本，十个月之中，只有一次在日本京都的一个俱乐部里看见有人打麻将牌。在欧美简直看不见麻将了。我曾问过欧洲和美国的朋友，他们说，"妇女俱乐部里，偶然还可以看见一桌两桌打麻将的，但那是很少的事了"。我在美国人家里，也常看见麻将牌盒子——雕刻装璜很精致的——陈列在室内，有时一家竟有两三副的。但从不见主人主妇谈起麻将；他们从不向我这位麻将国的代表请教此中的玄妙！麻将在西洋已成了架上的古玩了;麻将的狂热已退凉了。

我问一个美国朋友,为什么麻将的狂热过去的这样快?他说:"女太太们喜欢麻将,男子们却很反对,终于是男子们战胜了。"

这是我们意想得到的。西洋的勤劳奋斗的民族决不会做麻将的信徒,决不会受麻将的征服。麻将只是我们这种好闲爱荡,不爱惜光阴的"精神文明"的中华民族的专利品。

当明朝晚年,民间盛行一种纸牌,名为"马吊"。马吊只有四十张牌,有一文至九文,一千至九千,一万至九万等,等于麻将牌的筒子,索子,万子。还有一张"零",即是"白板"的祖宗。还有一张"千万",即是徽州纸牌的"千万"。马吊牌上每张上画有《水浒传》的人物。徽州纸牌上的"王英"即是矮脚虎王英的遗迹。乾隆嘉庆间人汪师韩的全集里收有几种明人的马吊牌(在《丛睦汪氏丛书》内)。

马吊在当日风行一时,士大夫整日整夜的打马吊,把正事都荒废了。所以明亡之后,吴梅村作《绥寇纪略》说,明之亡是亡于马吊。

三百年来,四十张的马吊逐渐演变,变成每样五张的纸牌,近七八十年中又变为每样四张的麻将牌(马吊三人对一人,故名"马吊脚",省称"马吊";"麻将"为"麻雀"的音变,"麻雀"为"马脚"的音变)。越变越繁复巧妙了,所以更能迷惑人心,使国中的男男女女,无论富贵贫贱,不分日夜寒暑,把精力和光阴葬送在这一百三十六张牌上。

英国的"国戏"是 Cricket,美国的国戏是 Baseball,日本的国戏是角抵。中国呢?中国的国戏是麻将。

麻将平均每四圈费时约两点钟。少说一点,全国每日只有一百万桌麻将,每桌只打八圈,就得费四百万点钟,就是损失十六万七千日的光阴,金钱的输赢,精力的消磨,都还在外。

我们走遍世界,可曾看见那一个长进的民族,文明的国家,肯这样荒时废业的吗?一个留学日本朋友对我说:"日本人的勤苦真不可及!到了晚上,登高一望,家家板屋里都是灯光;灯光之下,不是少年人跳着读书,便是老年人跪着翻书,或是老妇人跪着做活计。到了天明,满街上,满电车上都是上学去的儿童。单只这一点勤苦就可以征服我们了。"

其实何止日本？凡是长进的民族都是这样的。只有咱们这种不长进的民族以"闲"为幸福，以"消闲"为急务，男人以打麻将为消闲，女人以打麻将为家常，老太婆以打麻将为下半生的大事业！

从前的革新家说中国有三害：鸦片，八股，小脚。鸦片虽然没禁绝，总算是犯法的了。虽然还有做"洋八股"与更时髦的"党八股"的，但八股的四书文是过去的了。小脚也差不多没有了。只有这第四害，麻将，还是日兴月盛，没有一点衰歇的样子，没有人说它是可以亡国的大害。新近麻将先生居然大摇大摆地跑到西洋去招摇一次，几乎做了鸦片与杨梅疮的还敬礼物。但如今它仍旧缩回来了，仍旧回来做东方精神文明的国家的国粹，国戏！

后　记

"漫游的感想"本不止这六条，我预备写四五十条，作成一本游记。但我当时正在赶写《白话文学史》，忙不过来，便把游记搁下来了。现在我把这六条保存在这里，因为游记专书大概是写不成的了。

十九，三，十　胡适

（原载1927年8月13日、20日和9月17日《现代评论》第6卷第140、141、145期，《后记》为收入《胡适文存三集》时所加）

欧游道中寄书

1 慰慈：

车上读了 Morgenthan 的 *All in a Life Time* 很受感动。此人是一个"钱鬼子"(Money-maker)，中年以后，决计投身于政治社会的服务，为"好政府"奋斗，威尔逊之被选，很靠他的帮助。

前次与你谈国中的"新政客"有二大病：一不做学问，不研究问题，不研究事实；二不延揽人才。近来我想，还有一个大毛病，就是没有理想，没有理想主义。

我们不谈政治也罢。若谈政治，若干政治，决不可没有一点理想主义。我可以做一句格言：

　　计画不嫌切近，理想不嫌高远。

　　　　　　　　　　　　　　　　　　　适之

2 慰慈：

这是莫斯科的第三晚了。

在一个地方遇见美国芝加哥大学教授 Merriam 与 Harpers。今早同他们去参观监狱，我们都很满意。昨天我去参观 Museum of the Hevolution，很受感动。

我的感想与志摩不同。此间的人正是我前日信中所说有理想与理想主义的政治家；他们的理想也许有我们爱自由的人不能完全赞同的，但他们的意志的专笃(Seriousness of purpose)，却是我们不能不十分顶礼佩服的。他们在此做一个空前的伟大政治新试验；他们有理想，有计画，有绝对的信心，只此三项已足使我们愧死。

我们这个醉生梦死的民族怎么配批评苏俄！……

今天我同 Merriam 谈了甚久,他的判断甚公允。他说,狄克推多向来是不肯放弃已得之权力的,故其下的政体总是趋向愚民政策。苏俄虽是狄克推多,但他们却真是用力办新教育,努力想造成一个社会主义的新时代。依此趋势认真做去,将来可以由狄克推多过渡到社会主义的民治制度。

我看苏俄的教育政策,确是采取世界最新的教育学说,作大规模的试验。可惜此时各学校都放假了,不能看到什么实际的成绩。但看其教育统计,已可惊叹。

适之

3 慰慈:

我这两天读了一些关于苏俄的统计材料,觉得我前日信上所说的话不为过当。我是一个实验主义者,对于苏俄之大规模的政治试验,不能不表示佩服。凡试验与浅尝不同。试验必须有一个假定的计画(理想)作方针,还要想出种种方法来使这个计画可以见于实施。在世界政治史上,从不曾有过这样大规模的"乌托邦"计画居然有实地试验的机会。求之中国史上,只有王莽与王安石做过两次的"社会主义的国家"的试验;王莽那一次尤可佩服。他们的失败应该更使我们了解苏俄的试验的价值。

去年许多朋友要我加入"反赤化"的讨论,我所以迟疑甚久,始终不加入者,根本上只因我的实验主义不容我否认这种政治试验的正当,更不容我以耳为目,附和传统的见解与狭窄的成见。我这回不能久住俄国,不能细细观察调查,甚是恨事。但我所见已足使我心悦诚服地承认这是一个有理想,有计画,有方法的大政治试验。我们的朋友们,尤其是研究政治思想与制度的朋友们,至少应该承认苏俄有作这种政治试验的权利。我们应该承认这种试验正与我们试作白话诗,或美国试验委员会制与经理制的城市政府有同样的正当。这是最低限度的实验主义的态度。

至于这个大试验的成绩如何,这个问题须有事实上的答案,决不可随便信任感情与成见。还有许多不可避免的困难,也应该撇开;如革命的时期,如 1921 年的大灾,皆不能不撇开。1922 年以来的成绩是应该研究的。我这回如不能回到俄国,将来回国之后,很想组织一个俄国考察团,邀一班政治经济学者及教育家同来作一较长期的考察。

总之,许多少年人的"盲从"固然不好,然而许多学者们的"武断"也是不好的。……

适之

4

志摩:

我在火车上寄你的长信(由眉转)收到了没有?我在 London 住了十几天,委员会的人都四散了,没有事可做,所以来巴黎住几天。还想到瑞士去玩玩。

我这回去国,独自旅行,颇多反省的时间。我很感觉一种心理上的反动,于自己的精神上,一方面感觉 depression,一方面却又不少新的兴奋。究竟我回国九年来,干了一些什么!成绩在何处?眼看见国家政治一天糟似一天,心里着实难过。去国时的政治,比起我九年前回国时,真如同隔世了。我们固然可以自己卸责,说这都是前人种的恶因,于我们无关,话虽如此,我们种的新因却在何处?满地是"新文艺"的定期刊,满地是浅薄无聊的文艺与政谈,这就是种新因了吗?几个朋友办了一年多的《努力》,又几个朋友谈了几个月的反赤化,这又是种新因了吗?

这一类的思想使我很感觉烦恼。

但我又感觉一种刺激。我们这几年在北京实在太舒服了,太懒惰了,太不认真了。前年叔永说我们在北京的生活有点 frivolous,那时我们也许以此自豪。今年春间你们写信给我,叫我赶紧离开上海,因为你们以为我在上海的生活太 frivolous。但我现在想起来,我们在北京的生活也正是十分 frivolous。我在莫斯科三天,觉得那里的人有一种 seriousness of purpose,真有一种"认真"、"发愤有为"的气象。我去看那"革命博物馆",看那 1890—1917 年的革命运动,真使我们愧死。我想我们应该发愤振作一番,鼓起一点精神来担当大事,要严肃地做个人,认真地做点事,方才可以对得住我们现在的地位。

我们应当学 Mussolini 的"危险地过日子",——至少至少,也应该学他实行延长工作的时间。

英国不足学;英国一切敷衍,苟且过日子,从没有一件先见的计划;名为 evolutionary,实则得过且过,直到雨临头时方才做补漏的工夫。此次矿工罢业事件最足表现此民族心理。

我们应当学德国;至少应该学日本。至少我们要想法子养成一点整齐严肃的气象。这是我的新的兴奋。

你们也许笑我变成道学先生了。但是这是我一个月来的心理,不是一时偶然的冲动。我希望北京的几个朋友也认真想想这点子老生常谈。

傅孟真几天之内可以到 Paris。我在此等他来谈谈就走。

见着 Waley,我很爱他。在此见着 Pelliot,我也很爱他。昨天在 Bibliotheque Nationale 里看见敦煌卷子,很高兴。今天去游凡赛野,到傍晚方归。

庚款会大概要到 10 月初才续开。我 10 月底到 Frankport A. M. 去演讲一次。11 月须回到英国,到各大学讲演,约有十处,由 British and Irish Universities' China Committee 布置。以后的行止,尚不可知。如身体尚不甚健壮,拟往瑞士可过冬处去住一个冬天。以后便要作归计了。

我预备回国后即积极作工。很想带点"外国脾气"回来耍耍。带些什么还不能知道。大概不会是跳舞。

适之　十五年八月二十七日

5

志摩:

谢谢你的长信。

让我先给你赔个罪。我在八月底写了一封长信给你,信里说了许多"拉长了面孔"的话;写成了,我有点迟疑:我怕这是完全不入耳之言,尤其在这"坐不定,睡不稳"的时候,所以我把这信搁起了,这一搁就是一个多月。今天取出前信来看看,觉得还可以不必改动,现在补寄给你,并且请你恕我那时对你一点的怀疑。

你对于我关于苏俄的意见似乎不很能赞同。我很高兴,你们至少都承认苏俄有作这种政治试验的权利。但你们要"进一步"问:

第一,苏俄的乌托邦理想"在学理上有无充分的根据,在事实上有无实现的可能"?

第二,他们的方法对不对?

第三,这种办法有无普遍性?

第四,"难道就没有比较平和,比较牺牲小些的路径不成?"

我在苏俄可算是没有看见什么,所以不配讨论这些问题。但为提起大家研究这问题的兴趣起见,我也不妨随便谈谈。

第一,什么叫做"学理上的充分根据"?他们根本上就不承认你心里所谓"学理",这却也不是蛮劲。本来周公制礼未必就恰合周婆的脾胃,我们也就不应该拿周公的"学理"来压服周婆。平心说来,这个世界上有几个制度是"在学理上有充分的根据"的?记得前年独秀与天仇讨论,独秀拿出他们的"辨证的逻辑"来做武器。其实从我们实验主义者的眼光看起来,从我的历史眼光看来,政治上的历史是《红楼梦》上说的,"不是东风压了西风,便是西风压了东风"。资本主义有什么学理上的根据?国家主义有什么学理上的根据?政党政治有什么学理上的根据?

至于事实上的可能,那是事实的问题。我本来说过"至于这个大试验的成绩如何,须有事实上的答案,决不可随便信任感情与成见"。

其实这个世界上的大悲剧还只是感情与成见的权威。最大的一个成见就是:"私有财产废止之后,人类努力进步的动机就没有了。"其实何尝如此?许多科学家把他们的大发现送给人类,他们自己何尝因此发大财?近年英国医生发现了一种医肺病的药方,试验起来,有百分之八十五的成绩;但他不肯把药方告人,所以英国医学会说他玷辱科学家的资格,所以把他的会员资格取消了。试问,难道今日的医生因为科学的尊严不许他谋私利,就不肯努力去发明新医术或新方子吗?

最明白的例就是我们在国内办杂志。我做了十年的文章,只有几篇是卖钱的。然而我自信,做文章的时候,决不因为不卖钱就不用气力。你做诗也是如此的。

无论在共产制或私产制之下,有天才的人总是要努力向上走的。几百年前,做白话小说的人,不但不能发财做官,并且不敢用真名字。然而施耐庵、曹雪芹终于做小说了。现今做小说可以发大财了;然而施耐庵、曹雪芹还不曾出头露面!

至于大多数的"凡民"(王船山爱用这个名词),他们的不向上,不努力,不长进,真是"富贵不能淫,威武不能屈"的!私产共产,于他们有何分别?

苏俄的政治家却不从这个方向去着想。他们在这几年的经验里,已经知道生产(Production & productivity)的问题是一个组织的问题。资本主义的组织发达到了很高的程度,所以有极伟大的生产力。社会主义的组织没有完备,所以赶不上资本主义的国家的生产力。今年 Trotsky 著《俄国往那儿走》(*Whither Russia?*)一书,说,苏俄的生死关头全靠他能不能制造出货物,比美国还要便宜还要好。他承认,此时还做不到;但他同时承认此事并不是绝对不可能的。

我们也许笑他痴心妄想,但这又是一个事实的问题,我们不能单靠我们的成见就武断社会主义制度之下不能有伟大的生产力。

第二和第四都是方法。方法多着哩!你们说的是那一种?你们问:"难道就没有比较平和,比较牺牲小些的路径不成?"这是孩子气的问话,你没有读过 *Human Nature in Politics* 吗?你为什么不问问前回参加世界大战的那些文明国家?你为什么不问问英国今日罢工到一百五十多天的矿工人?你为什么不问问吴佩孚、张作霖、冯玉祥、孙传芳?谁说没有"比较平和,比较牺牲小些的路径"?但是有谁肯这样平和静气地去想呢?

去年我有几次向几个朋友说说我的"协商的割据论",他们都笑我是书生之见,"行不通!行不通!"可是"机关枪对打"就行得通了吗?然而他们却不笑了!

认真说来,我是主张"那比较平和比较牺牲小些"的方法的。我以为简单说来,近世的历史指出两个不同的方法:一是苏俄今日的方法,由无产阶级专政,不容有产阶级的存在。一是避免"阶级斗争"的方法,采用三百年来"社会化"(Socializing)的倾向,逐渐扩充享受自由享受幸福的社会。这方法,我想叫他做"新自由主义"(New Liberalism)或"自由的社会主义"(Liberal Socialism)。

共产党的朋友对我说,"自由主义是资本主义的政治哲学"。这是历史上不能成立的话。自由主义的倾向是渐次扩充的。十七八世纪,只是贵族争得自由。二十世纪应该是全民族争得自由的时期。这个观念与自由主义有何冲突?为什么一定要把自由主义硬送给资本主义?

美国近来颇有这个倾向。劳工与资本之争似乎很有比较满意的解决法;有几处地方尤其是 Detroit,很可以使英国人歆羡。最近英国政府派了一个考察团去到美国实地调查工业界解决劳动问题的方法。我这回到美国也想打听打听。只怕我这个书生不配做这种观察!

英国是不足学的。英国矿业的危机是大家早已知道的;但英国的苟安政治向来是敷衍过日子的,所以去年到今年,政府津贴矿业,共费了二千三百万金镑,——比退还庚款的本利全数多一倍多!——只买得一年多的苟安无事。这二万多万元的钱是出在纳税人的头上的;纳税人出了这么多的钱,到今年仍旧免不了这一场大乱子。罢工以来,五个多月了,还没有一个根本救济的方法。上个月,工人代表愿意让步,情愿减去一成工资,要求政府召集三方会议。矿主见工人有屈服的倾向,遂拒绝会议。(其中内容我前回给慰慈信上略提及。)现在政府仍是没有办法。政府提出的办法是:(一)各矿区自定办法,(二)政府设仲裁法庭,以处理之。现在工人拒绝"地方解决";即使工人承认此法,而"仲裁法庭"之案未必能通过这个保守党占多数的议会。也许终于"以不了了之"而已!

这种敷衍的政治,我最反对。我们不干政治则已;要干政治,必须要有计划,依计划做去。这是方法。其余皆枝叶耳。

第三,苏俄的制度是否有普遍性?我的答案是:什么制度都有普遍性,都没有普遍性。这不是笑话,是正经话。我们如果肯"干",如果能"干",什么制度都可以行。如其换汤不换药,如其不肯认真做去,议会制度只足以养猪仔,总统制只足以拥戴冯国璋、曹锟,学校只可以造饭桶,政党只可以卖身。你看,那一件好东西到了咱们手里不变了样子了?

你们以为"赞成中国行共产制"是"赤化",这是根本大错了。这样赤化的有几个人?

我以为今日的真正赤化有两种:一是迷信"狄克推多"制,一是把中国的一切罪状归咎于外国人。这是道地的赤化了。

我们应该仔细想!这两个问题,这两帖时髦药,是不是对的。这两个是今日的真问题,共产制实在不成什么真问题!

我个人的主张,不能详细说,只可说个大意。第一,我是不信"狄克推多"制的。今日妄想"狄克推多"的人,好有一比,那五代时的唐明宗每夜焚香告天,愿天早生圣人,以安中国! 这种捷径是不可妄想的。列宁一班人,都是很有学问经验的人,不是从天上掉下来的。况且"狄克推多"制之下,只有顺逆,没有是非,——今日之猪仔(不限于议员),正是将来"狄克推多"制下的得意人物。这种制度之下没有我们独立思想的人的生活余地。我们要救国,应该从思想学问下手;无论如何迂缓,总是逃不了的。第二,我是不肯把一切罪状都堆在洋鬼子头上的。中国糟到这步田地,一点一滴,都是我们自己不争气的结果。为什么外国人不敢去欺负日本呢? 我们要救国应该自己反省,应该问自己家里做点彻底改革的工夫。不肯反省,只责备别人,就是自己不要脸,不争气的铁证。

第一,不妄想天生狄克推多来救国,不梦想捷径而决心走远路,打百年计划;第二,"躬自厚而薄责于人"——这是"反赤化"。

关于苏俄教育一层,我现在不愿意答辩。我只要指出:(1)苏俄并不是轻视纯粹科学与文学:前天见着苏俄科学院(Academy of Sciences)的永久秘书 Oldenburg 博士,他说政府每年津贴科学院四百万卢布,今在科学上努力的有六百人之多。他说,一切科学上的设施,考古学家的大规模的探险与发掘,政府总是竭力赞助的。(2)我们只看见了他们的"主义教育"一方面,却忽略了他们的生活教育的方面。苏俄的教育制度,用刘湛恩先生告诉我的一句话,可说是"遍地是公民教育,遍地是职业教育"。他的方法完全採用欧、美最新的教育学说,如道尔顿制之类,养成人人的公民程度与生活能力,而同时充分给与有特别天才的人分途专习高等学问的机会。这种教育制度是不可抹煞的。(3)我用人家的"统计"向来是很慎重的。如他们说,小学教员最低薪俸每月有二十五卢布的,做火柴的工人每月连住屋津贴只有二十八卢布,这是他们自己深抱歉的事实,这不是"说瞎话"的。

适之 十五年十月四日

(1926年8月给张慰慈的3封信,原载1926年9月11日《晨报副镌》,原题为《一个态度》。1926年10月给徐志摩的2封信,原载1926年12月8日《晨报副镌》,原题为《新自由主义》)

名教

中国是个没有宗教的国家,中国人是个不迷信宗教的民族。——这是近年来几个学者的结论。有些人听了很洋洋得意,因为他们觉得不迷信宗教是一件光荣的事。有些人听了要做愁眉苦脸,因为他们觉得一个民族没有宗教是要堕落的。

于今好了,得意的也不可太得意了,懊恼的也不必懊恼了。因为我们新发现中国不是没有宗教的:我们中国有一个很伟大的宗教。

孔教早倒霉了,佛教早衰亡了,道教也早冷落了。然而我们却还有我们的宗教。这个宗教是什么教呢?提起此教,大大有名,他就叫做"名教"。

名教信仰什么?信仰"名"。

名教崇拜什么?崇拜"名"。

名教的信条只有一条:"信仰名的万能。"

"名"是什么?这一问似乎要做点考据。《论语》里孔子说,"必也正名乎",郑玄注:

> 正名,谓正书字也。古者曰名,今世曰字。

《仪礼·聘礼》注:

> 名,书文也。今谓之字。

《周礼·大行人》下注:

> 书名,书文字也。古曰名。

《周礼·外史》下注:

> 古曰名,今曰字。

《仪礼·聘礼》的释文说:

> 名,谓文字也。

总括起来,"名"即是文字,即是写的字。

"名教"便是崇拜写的文字的宗教;便是信仰写的字有神力,有魔力的宗教。

这个宗教,我们信仰了几千年,却不自觉我们有这样一个伟大宗教。不自觉的缘故正是因为这个宗教太伟大了,无往不在,无所不包,就如同空气一样,我们日日夜夜在空气里生活,竟不觉得空气的存在了。

现在科学进步了,便有好事的科学家去分析空气是什么,便也有好事的学者去分析这个伟大的名教。

民国十五年有位冯友兰先生发表一篇很精辟的《名教之分析》(《现代评论》第二周年纪念增刊,页一九四——一九六)。冯先生指出"名教"便是崇拜名词的宗教,是崇拜名词所代表的概念的宗教。

冯先生所分析的还只是上流社会和智识阶级所奉的"名教",它的势力虽然也很伟大,还算不得"名教"的最重要部分。

这两年来,有位江绍原先生在他的"礼部"职司的范围内,发现了不少有趣味的材料,陆续在《语丝》、《贡献》几种杂志上发表。他同他的朋友们收的材料是细大不捐,雅俗无别的;所以他们的材料使我们渐渐明白我们中国民族崇奉的"名教"是个什么样子。

究竟我们这个贵教是个什么样子呢?且听我慢慢道来。

先从一个小孩生下地说起。古时小孩生下地之后,要请一位专门术家来听小孩的哭声,声中某律,然后取名字(看江绍原《小品》百六八,《贡献》第八期,页二四)。现在的民间变简单了,只请一个算命的,排排八字,看他缺少五行之中的那一行。若缺水,便取个水旁的名字;若缺金,便取个金旁的名字。若缺火又缺土的,我们徽州人便取个"灶"字。名字可以补气禀的缺陷。

小孩命若不好,便把他"寄名"在观音菩萨的座前,取个和尚式的"法名",便可以无灾无难了。

小孩若爱啼啼哭哭,睡不安宁,便写一张字帖,贴在行人小便的处所,上写着:

  天皇皇,地皇皇,我家有个夜啼郎。过路君子念一遍,一夜睡到大天光。
文字的神力真不少。

小孩跌了一交，受了惊骇，那是骇掉了"魂"了，须得"叫魂"。魂怎么叫呢？到那跌交的地方，撒把米，高叫小孩子的名字，一路叫回家。叫名便是叫魂了。

小孩渐渐长大了，在村学堂同人打架，打输了，心里恨不过，便拿一条柴炭，在墙上写着诅咒他的仇人的标语："王阿三热病打死。"他写了几遍，心上的气便平了。

他的母亲也是这样。她受了隔壁王七嫂的气，便拿一把菜刀，在刀板上剁，一面剁，一面喊"王七老婆"的名字，这便等于乱剁王七嫂了。

他的父亲也是"名教"的信徒。他受了王七哥的气，打又打他不过，只好破口骂他，骂他的爹妈，骂他的妹子，骂他的祖宗十八代。骂了便算出了气了。

据江绍原先生的考察，现在这一家人都大进步了。小孩在墙上会写"打倒阿毛"了。他妈也会喊"打倒周小妹"了。他爸爸也会贴"打倒王庆来"了（《贡献》九期，江绍原《小品》页七八）。

他家里人口不平安，有病的，有死的。这也有好法子。请个道士来，画几道符，大门上贴一张，房门上贴一张，毛厕上也贴一张，病鬼便都跑掉了，再不敢进门了。画符自然是"名教"的重要方法。

死了的人又怎么办呢？请一班和尚来，念几卷经，便可以超度死者了。念经自然也是"名教"的重要方法。符是文字，经是文字，都有不可思议的神力。

死了人，要"点主"。把神主牌写好，把那"主"字上头的一点空着。请一位乡绅来点主。把一只雄鸡头上的鸡冠切破，那位赵乡绅把朱笔蘸饱了鸡冠血，点上"主"字。从此死者的灵魂遂凭依在神主牌上了。

吊丧须用挽联，贺婚贺寿须用贺联；讲究的送幛子，更讲究的送祭文寿序。都是文字，都是"名教"的一部分。

豆腐店的老板梦想发大财，也有法子。请村口王老师写副门联：

"生意兴隆通四海,财源茂盛达三江。"这也可以过发财的瘾了。

赵乡绅也有他的梦想,所以他也写副门联:"总集福荫,备致嘉祥。"

王老师虽是不通,虽是下流,但他也得写一副门联:"文章华国,忠孝传家。"

豆腐店老板心里还不很满足,又去请王老师替他写一个大红春帖:"对我生财",贴在对面墙上,于是他的宝号就发财的样子十足了。

王老师去年的家运不大好,所以他今年元旦起来,拜了天地,洗净手,拿起笔来,写个红帖子:"戊辰发笔,添丁进财。"他今年一定时运大来了。

父母祖先的名字是要避讳的。古时候,父名晋,儿子不得应进士考试。现在宽的多了,但避讳的风俗还存在一般社会里。皇帝的名字现在不避讳了。但孙中山死后,"中山"尽管可用作学校地方或货品的名称,"孙文"便很少人用了;忠实同志都应该称他为"先总理"。

南京有一个大学,为了改校名,闹了好几次大风潮,有一次竟把校名牌子抬了送到大学院去。

北京下来之后,名教的信徒又大忙了。北京已改做"北平"了;今天又有人提议改南京做"中京"了。还有人郑重提议"故宫博物院"应该改作"废宫博物院"。将来这样大改革的事业正多呢。

前不多时,南京的《京报附刊》的画报上有一张照片,标题是"军事委员会政治训练部宣传处艺术科写标语之忙碌"。图上是五六个中山装的青年忙着写标语;桌上,椅背上,地板上,满铺着写好了的标语,有大字,有小字,有长句,有短句。

这不过是"写"的一部分工作;还有拟标语的,有讨论审定标语的,还有贴标语的。

5月初济南事件发生以后,我时时往来淞沪铁路上,每一次四十分钟的旅行所见的标语总在一千张以上;出标语的机关至少总在七八十个以上。有写着"枪毙田中义一"的,有写着"活埋田中义一"的,有写着"杀尽矮贼"而把"矮贼"两字倒转来写,如报纸上寻人广告倒写的"人"字一样。"人"字倒写,人就会回来了;"矮贼"倒写,矮贼也就算打倒了。

现在我们中国已成了口号标语的世界。有人说,这是从苏俄学来的法子。这是很冤枉的。我前年在莫斯科住了三天,就没有看见墙上有一张标语。标语是道地的国货,是"名教"国家的祖传法宝。

试问墙上贴一张"打倒帝国主义",同墙上贴一张"对我生财"或"抬头见喜",有什么分别?是不是一个师父传授的衣钵?

试问墙上贴一张"活埋田中义一",同小孩子贴一张"雷打王阿毛",有什么分别?是不是一个师父传授的法宝?

试问"打倒唐生智"、"打倒汪精卫",同王阿毛贴的"阿发黄病打死",有什么分别?王阿毛尽够做老师了,何须远学莫斯科呢?

自然,在党国领袖的心目中,口号标语是一种宣传的方法,政治的武器。但在中小学生的心里,在第九十九师十五连第三排的政治部人员的心里,口号标语便不过是一种出气泄愤的法子罢了。如果"打倒帝国主义"是标语,那么,第十区的第七小学为什么不可贴"杀尽矮贼"的标语呢?如果"打倒汪精卫"是正当的标语,那么"活埋田中义一"为什么不是正当的标语呢?

如果多贴几张"打倒汪精卫"可以有效果,那么,你何以见得多贴几张"活埋田中义一"不会使田中义一打个寒噤呢?

故从历史考据的眼光看来,口号标语正是"名教"的正传嫡派。因为在绝大多数人的心里,墙上贴一张"国民政府是为全民谋幸福的政府"正等于门上写一条"姜太公在此",有灵则两者都应该有灵,无效则两者同为废纸而已。

我们试问,为什么豆腐店的张老板要在对门墙上贴一张"对我生财"?岂不是因为他天天对着那张纸可以过一点发财的瘾吗?为什么他元旦开门时嘴里要念"元宝滚进来"?岂不是因为他念这句话时心里感觉舒服吗?

要不然,只有另一个说法,只可说是盲从习俗,毫无意义。张老板的祖宗下来每年都贴一张"对我生财",况且隔壁剃头店门口也贴了一张,所以他不能不照办。

现在大多数喊口号,贴标语的,也不外这两种理由:一是心理上的过瘾,一是无意义的盲从。

少年人抱着一腔热沸的血,无处发泄,只好在墙上大书"打倒卖国贼",或"打倒日本帝国主义"。写完之后,那二尺见方的大字,那颜鲁公的书法,个个挺出来,好生威武,他自己看着,血也不沸了,气也稍稍平了,心里觉得舒服的多,可以坦然回去休息了。于是他的一腔义愤,不曾收敛回去,在他的行为上与人格上发生有益的影响,却轻轻地发泄在墙头的标语上面了。

这样的发泄情感,比什么都容易,既痛快,又有面子,谁不爱做呢?一回生,二回熟,便成了惯例了,于是"五一"、"五三"、"五四"、"五七"、"五九"、"六三"……都照样做去:放一天假,开个纪念会,贴无数标语,喊几句口号,就算做了纪念了!

于是月月有纪念,周周做纪念周,墙上处处是标语,人人嘴上有的是口号。于是老祖宗几千年相传的"名教"之道遂大行于今日,而中国遂成了一个"名教"的国家。

我们试进一步,试问,为什么贴一张"雷打王阿毛"或"枪毙田中义一"可以发泄我们的感情,可以出气泄愤呢?

这一问便问到"名教"的哲学上去了。这里面的奥妙无穷,我们现在只能指出几个有趣味的要点。

第一,我们的古代老祖宗深信"名"就是魂,我们至今不知不觉地还逃不了这种古老迷信的影响。"名就是魂"的迷信是世界人类在幼稚时代同有的。埃及人的第八魂就是"名魂"。我们中国古今都有此迷信。《封神演义》上有个张桂芳能够"呼名落马";他只叫一声"黄飞虎还不下马,更待何时!"黄飞虎就滚下五色神牛了。不幸张桂芳遇见了哪吒,喊来喊去,哪吒立在风火轮上不滚下来,因为哪吒是莲花化身,没有魂的。《西游记》上有个银角大王,他用一个红葫芦,叫一声"孙行者",孙行者答应一声,就被装进去了。后来孙行者逃出来,又来挑战,改名做"行者孙",答应了一声,也就被装了进去!因为有名就有魂了(参看《贡献》八期,江绍原《小品》百五四)。民间"叫魂",只是叫名字,因为叫名字就是叫魂了。因为如此,所以小孩在墙上写"鬼捉王阿毛",便相信鬼真能把阿毛的魂捉去。党部中人制定"打倒汪精卫"的标语,虽未必相信"千夫所指,无病自死";但那位贴"枪毙田中"的小学生却难保不知不觉地相信他有咒死田中的功用。

第二,我们的古代老祖宗深信"名"(文字)有不可思议的神力,我们也免不了这种迷信的影响。这也是幼稚民族的普通迷信,高等民族也往往不能免除。《西游记》上如来佛写了"唵嘛呢叭咪吽"六个字,便把孙猴子压住了一千年。观音菩萨念一个"唵"字咒语,便有诸神来见。他在孙行者手心写一个"迷"字,就可以引红孩儿去受擒。小说上的神仙妖道作法,总得"口中念念有词"。一切符咒,都是有神力的文字。现在有许多人似乎真相信多贴几张"打倒军阀"的标语便可以打倒张作霖了。他们若不信这种神力,何以不到前线去打仗,却到吴淞镇的公共厕所墙上张贴"打倒张作霖"的标语呢?

第三,我们的古代圣贤也曾提倡一种"理智化"了的"名"的迷信,几千年来深入人心,也是造成"名教"的一种大势力。卫君要请孔子去治国,孔老先生却先要"正名"。他恨极了当时的乱臣贼子,却又"手无斧柯,奈龟山何!"所以他只好做一部《春秋》来褒贬他们,"一字之贬,严于斧钺;一字之褒,荣于华衮"。这种思想便是古代所谓"名分"的观念。尹文子说:

> 善名命善,恶名命恶。故善有善名,恶有恶名。……今亲贤而疏不肖,赏善而罚恶。贤不肖,善恶之名宜在彼;亲疏赏罚之称宜属我。……"名"宜属彼,"分"宜属我。我爱白而憎黑,韵商而舍徵,好膻而恶焦,嗜甘而逆苦。白黑商徵,膻焦甘苦,彼之"名"也;爱憎韵舍,好恶嗜逆,我之"分"也。定此名分,则万事不乱也。

"名"是表物性的,"分"是表我的态度的。善名便引起我爱敬的态度,恶名便引起我厌恨的态度。这叫做"名分"的哲学。"名教"、"礼教"便建筑在这种哲学的基础之上。一块石头,变作了贞节牌坊,便可以引无数青年妇女牺牲她们的青春与生命去博礼教先生的一篇铭赞,或志书"列女"门里的一个名字。"贞节"是"名",羡慕而情愿牺牲,便是"分"。女子的脚裹小了,男子赞为"美",诗人说是"三寸金莲",于是几万万的妇女便拼命裹小脚了。"美"与"金莲"

是"名",羡慕而情愿吃苦牺牲,便是"分"。现在人说小脚"不美",又"不人道",名变了,分也变了,于是小脚的女子也得塞棉花,充天脚了。——现在的许多标语,大都有个褒贬的用意:宣传便是宣传这褒贬的用意。说某人是"忠实同志",便是教人"拥护"他。说某人是"军阀","土豪劣绅","反动","反革命","老朽昏庸",便是教人"打倒"他。故"忠实同志"、"总理信徒"的名,要引起"拥护"的分。"反动分子"的名,要引起"打倒"的分。故今日墙上的无数"打倒"与"拥护",其实都是要寓褒贬,定名分。不幸标语用的太滥了,今天要打倒的,明天却又在拥护之列了;今天的忠实同志,明天又变为反革命了。于是打倒不足为辱,而反革命有人竟以为荣。于是"名教"失其作用,只成为墙上的符箓而已。

两千年前,有个九十岁的老头子对汉武帝说:"为治不在多言,顾力行何如耳。"两千年后,我们也要对现在的治国者说:

  治国不在口号标语,顾力行何如耳。

一千多年前,有个庞居士,临死时留下两句名言:

  但愿空诸所有。慎勿实诸所无。

"实诸所无",如"鬼"本是没有的,不幸古代的浑人造出"鬼"名,更造出"无常鬼","大头鬼","吊死鬼"等等名,于是人的心里便像煞真有鬼了。我们对于现在的治国者,也想说:

  但愿实诸所有。慎勿实诸所无。

末了,我们也学时髦,编两句口号:

  打倒名教! 名教扫地,中国有望!

十七,七,二

关于"名"的迷信,除江绍原、冯友兰的文章之外,可参考 Ogden and Richards: *Meaning of Meaning*, Chapter 2. Conybeare: *Myth, Magic and Morals*, Chapter 13.

(原载 1928 年 7 月 10 日《新月》第 1 卷第 5 号)

胡适文存三集　卷二

几个反理学的思想家

前年(1927)我在上海东亚同文书院讲演《中国近三百年的四个思想家》,我举了四个人代表这三百年中"反理学"的趋势:(一)顾炎武,(二)颜元,(三)戴震,(四)吴敬恒。讲演全文曾在《贡献》杂志第一卷里发表过。本来我想把前三章放大重写,加上几个人,作为一部单行的册子。但一年多以来,这个志愿终不能实现。现在只好把这几篇讲稿收在《文存》里,改题为"几个反理学的思想家",表示这三百年中不仅是这四个人,我不过举他们四人作为有代表性的例子罢了。

参看我的《费经虞与费密》(《文存》二集卷一,页七五——一三八)和《戴东原的哲学》(商务印书馆出版)。

十九,一,廿八

一 引子

中国的近世哲学可分两个时期:

(A)理学时期——西历1050至1600。

(B)反理学时期——1600至今日。

理学是什么?理学挂着儒家的招牌,其实是禅宗、道家、道教、儒教的混合产品。其中有先天太极等等,是道教的分子;又谈心说性,是佛教留下的问题;也信灾异感应,是汉朝儒教的遗迹。但其中的主要观念却是古来道家的自然哲学里的天道观念,又叫做"天理"观念,故名为道学,又名为理学。

程颢(大程子,明道先生,死于1085)最初提出"天理"的观念,要人认识那无时不存,无往不在的天理。人生的最高境界只是体认天理,"廓然而大公,物来而顺应"。这是纯粹的道家的自然哲学。

程颐(小程子,伊川先生,死于1107)的天资不如他的哥哥,但比他哥哥切实的多。他似乎受了禅宗注重理解的态度的影响,明白承认知识是行为的向导,"譬如行路,须要光照"。他提出了一个重要的方案,规定了近世哲学的两条大路:——

涵养须用敬,

进学则在致知。

"敬"是中古宗教遗留下来的一点宗教态度。凡静坐,省察,无欲,等等都属于"主敬"的一条路。"致知"是一条新开的路,即是"格物",即是"穷理":"即凡天下之物,莫不因其已知之理而益穷之,以求至乎其极。"所以程子教人"今日格一物,明日又格一物;今日穷一理,明日又穷一理"。

后来的理学都跳不出这两条路子。有些天资高明的人便不喜欢那日积月累的工作,便都走上了那简易直截的捷径,都希望从内心的涵养得到最高的境界。宋代的陆象山(九渊,死于1192)与明代的王阳明(守仁,生1472,死1528)都属于这一派。

有些天资沉着的人便不喜欢那空虚的捷径,便耐心去做那积铢累寸的格物工夫,他们只想脚踏实地,一步一步地做到那最后的"一旦豁然贯通"的境界。宋代的朱子(朱熹,生1130,死1200)便是这一派的最伟大的代表。

要明白这两派的争点,可看王阳明格竹子的故事。阳明说:

众人只说格物要依晦翁(朱子),何曾把他的说去用?我着实曾用来。初年与钱友同论做圣贤要格天下之物,因指亭前竹子,令去格看。钱子早夜去穷格竹子的道理,竭其心思,至于三日,便致劳神成疾。当初说他是精力不足,某因自去穷格,早夜不得其理,到七日亦以劳思致疾。遂相与叹圣贤是做不得的,无他大力量去格物了!

这个故事很可以指出"格物"一派的毛病。格物致知是不错的,但当时的学者没有工具,没有方法,如何能做格物的工夫?痴对着亭前的竹子,能格出竹子之理来吗?故程朱一派讲格物,实无下手之处;所以他们至多只能研究几本古书的传注,在烂纸堆里钻来钻去,跑不出来。反对他们的人都说他们"支离,破碎"。

但陆王一派也没有方法。陆象山说,心即是理,理不解自明。王阳明教人"致良知"。这都不是方法。所以这一派的人到后来也只是口头说"静",说"敬",说"良知",都是空虚的玄谈。

五百多年(1050—1600)的理学,到后来只落得一边是支离破碎的迂儒,一边是模糊空虚的玄谈。到了十七世纪的初年,理学的流弊更明显了。五百年的谈玄说理,不能挽救政治的腐败,盗贼的横行,外族的侵略。于是有反理学的运动起来。

反理学的运动有两个方面:

(1) 打倒(破坏)

打倒太极图等等迷信的理学,——黄宗炎、毛奇龄等。

打倒谈心说性等等玄谈,——费密、颜元等。

打倒一切武断的,不近人情的人生观,——颜元、戴震、袁枚等。

(2) 建设

建设求知识学问的方法,——顾炎武、戴震、崔述等。

建设新哲学,——颜元、戴震等。

现在我想在这几天内,提出四个人来代表这反理学的时期。顾炎武代表这时代的开山大师。颜元、戴震代表十七八世纪的发展。最后的一位,吴稚晖先生,代表现代中国思想的新发展。

二 顾炎武(亭林,生 1613,死 1682)

顾炎武三十二岁时,明朝就亡了。他的母亲是个贞女,受过明朝的旌表,故明亡之后,她就绝食三十日而死,遗命教她的嗣子不做新朝的官,故他终身做明朝的遗民。他深痛亡国之祸,决心要研究有实用的学术。他是苏州昆山人,国变后移居北方,住山东稍久,旅行西北各地。他旅行时,用二匹马,二头骡子,载书自随;遇山川险要,便寻老兵访问形势曲折;有新奇的发现,便在村店中打开书籍参考。他的著作有几十种,最重要的是:

《音学五书》,三十九卷。

《日知录》,三十六卷。

《天下郡国利病书》，一百二十卷。

顾氏很崇敬朱子；他在陕西时，曾捐钱助建朱子祠。但他很反对宋、明以来的理学。他有《与友人论学书》说：

> 百余年来之为学者，往往言心言性，而茫然不得其解也。……聚宾客门人数十百人，与之言心，言性，舍"多学而识"以求"一贯"之方，置四海困穷不言，而讲危微精一。……我弗敢知也。……愚所谓圣人之道者如之何？曰博学于文，曰行己有耻。自一身以至于天下国家，皆学之事也。自子臣弟友以至出入往来辞受取与之间，皆有耻之事也。士而不先言耻，则为无本之人；非好古多闻，则为空虚之学。以无本之人而讲空虚之学，吾见其日从事于圣人，去之弥远也。

他的宗旨只有两条，一是实学，一是实行。他所谓"博学于文"，并不专指文学，乃是包括一切文物，——"自一身以至于天下国家，皆学之事也。"故他最研究国家典制，郡国利病，历史形势，山川险要，民生状况。他希望拿这些实学来代替那言心言性的空虚之学。

他又说：

> 古之所谓理学，经学也，非数十年不能通也。……今之所谓理学，禅学也；不取之五经，而但资之语录；较诸帖括之文而尤易也。

他讲经学，也开一个新的局面。也反对那主观的解说，所以他提倡一种科学的研究法，教人从文字声音下手。他说：

> 读九经自考文始，考文自知音始。以至诸子百家之书，亦莫不然。（《答李子德书》）

"考文"便是校勘之学，"知音"便是音韵训诂之学。清朝一代近三百年中的整治古书，全靠这几种工具的发达。在这些根本工具的发达史上，顾炎武是一个开山的大师。

我们举一条例来证明他治学的方法。《书经·洪范》有这二句：

> 无偏无颇，遵王之义。

唐明皇说"颇"不协韵，当改作"陂"字。顾氏说"颇"字不误，因为古音读"义"如"我"，与"颇"字正协韵。他举了两条证据：

(1)《易·象传》： 鼎耳革,失其义也。
覆公𫗧,信如何也。
(2)《礼记·表记》:仁者右也,道者左也。
仁者人也,道者义也。

这样用证据(Evidence)来考订古书,便是学术史上的一大进步。这便是科学的治学方法。科学的态度只是一句话:"拿证据来!"

这个方法不是顾炎武始创的,乃是人类常识逐渐发明的。"证"这个观念本是一个法律上的观念。法庭讯案,必须人证与物证。考证古书,研究科学,其实与法官断案同一方法。用证据法来研究古书,古来也偶然有人。但到了十七世纪初年,这种方法才大发达。在顾炎武之前,有个福州人陈第作了几部研究古音的书,——《毛诗古音考》等。陈第的书便是用证据作基础。他在自序里说他考定古音,列"本证"、"旁证"两种:

本证者,《诗》自相证也。
旁证者,采之他书也。

用《诗经》证《诗经》,为本证。用《易经》、《楚辞》等等来证《诗经》,便是旁证。

陈第的《毛诗古音考》作于十七世纪初年(1601—1606)。顾炎武的《音学五书》作于十七世纪中叶以后(1650—1680)。顾氏完全采用陈第的方法,每考证一个古音,也列举"本证"、"旁证"两项,但搜罗更广,材料更富,证据更多。陈第考"服"字古音"逼",共举出

本证——十四,
旁证——十。

顾氏作《诗本音》,于"服"字下举出

本证——十七,
旁证——十五。

顾氏作《唐韵正》,于"服"字下举出

证据——一百六十二。

为了考究一个字的古音而去寻求一百六十二个证据,这种精神是古来不曾有过的;这种方法是打不倒的。用这种搜求证据的方法来比

较那空虚想像的理学,我们不能不说这是一个新时代了。

三 颜元(习斋,生 1635,死 1704)

颜元,号习斋。他的父亲本是直隶博野县北杨村人,后来卖给蠡县刘村的朱九祚做养子,故改姓朱。颜元四岁时(崇祯十一年,1638),满洲兵犯境,他的父亲正同朱家闹气,遂跟了满洲兵跑了,从此没有音信。他十二岁时,他的母亲也改嫁去了。颜元在朱家长大,在私塾读书。他少年时曾学神仙,学炼气,学八股时文,不务正业,喝酒游嬉。他十岁时,明朝就亡了,后来朱家也衰败,很贫了,颜元到二十岁时,才发愤务农养家。二十二岁,他因为家贫,学做医生,为糊口之计。他十九岁时曾中秀才,二十四岁,他开了一所私塾,训蒙度日,并为人治病。他那时完全是一个村学究,却有点狂气,喜看兵书,也学技击;后来他又读理学书,先读陆象山、王阳明的书,又读程子、朱子的书,自命要学圣贤,做诗有

> 识得孔叟便是吾,
>
> 更何乾坤不熙皞!

他虽耕田工作,却常常学静坐。家中立一个"道统龛",正位供着伏羲以下至周公、孔子,配位供颜子、曾子、子思、孟子、周敦颐、程颢、程颐、张载、邵雍、朱熹。他三十岁时,有《柳下坐记》,说他的心得,最可表现他的村陋气象:

> 思古人(他自号思古人)引仆控骥,披棉褐,䭾麦里左。仆秣。独坐柳下,仰目青天,和风泠然,白云聚散,朗吟程子"云淡风轻"之句,不觉心泰神怡,……若天地与我外,更无一物事。微闭眸观之,浓叶蔽日,如绿罗裹宝珠,精光隐露。苍蝇绕飞,闻其声不见其形,如跻虞廷,听《九韶》奏也!胸中空焉洞焉,莫可状喻。

直到三十四岁时(1668),他忽然经过一次思想上的大革命。这时候,他还不知道他的本姓。他的义祖母死了,他是"承重孙",居丧时,一切代行他父亲的"子职",实行朱子的《家礼》,三日不食,朝夕哭。葬后,他仍尽哀,寝苦枕块三个月,日夜不脱衰绖。后来遍体生疮,到了第五个月,竟病倒了。有一个老翁哀怜他,对他说明他不是

朱家的孙子,何必这样哀恸?他跑去问他出嫁的母亲,证明了这件事,他方才减哀。然而他已扮演了五个月的苦戏了!

他在这几个月里,实地试验了朱子的《家礼》,深深感觉宋儒有些地方不近人情,又碰了这一个大激刺,使他不能不回想他十余年来做的理学工夫。他自己说,他最得力于这一年的居丧时期,

> 哀毁庐中,废业几年。忽知予不宜承重,哀稍杀。既不读书,又不接人,坐卧地炕,猛一冷眼,觉程、朱气质之说大不及孟子性善之旨。因徐按其学,原非孔子之旧。是以……《存性》、《存学》之说,为后二千年先儒救参杂之小失,为前二千年圣贤揭晦没之本原。(《存学编》三,2)

他三十五岁(1669)著《存性编》,又著《存学编》,后来随时有所增加,但他的思想的大旨都在这两书之中。

三十五岁至五十七岁为在乡里讲学时期。五十七岁(1691),他南游河南,数月后回家。这一次出游,使他反对理学的宗旨更坚决了。他说:

> 予未南游时,尚有将就程、朱,附之圣门支派之意。自一南游,见人人禅子,家家虚文,直与孔门敌对;必破一分程、朱,始入一分孔、孟,——乃定以为孔、孟与程、朱判然两途,不愿作道统中乡愿矣!(《年谱》下,17)

他六十二岁时曾主教肥乡漳南书院,他定下书院规模,略如下图。不幸那一年漳水大涨,书院都没在水里。他叹曰,"天也"!遂辞归。他死时七十岁。

他的学派,人称为"颜氏学派";又称为"颜、李学派",因为他的弟子李塨(刚主,生1659,死1733)颇能继续颜元的学派,传授于南北;颜元的名誉不大;李塨与方苞、毛奇龄等往来,传授的弟子也有很出名的(如程廷祚),故颜、李并称。

颜元与李塨的著作有

《颜李遗书》,《畿辅丛书》本。

《颜李全书》,北京四存学会本。

中国的哲学家之中,颜元可算是真正从农民阶级里出来的。他的思想是从乱离里经验出来的,从生活里阅历过来的。他是个农夫,又是个医生,这两种职业都是注重实习的,故他的思想以"习"字为主脑。他自己改号习斋,可见他的宗旨所在。他说:

> 仆妄谓性命之理不可讲也,虽讲,人亦不能听也,虽听,人亦不能醒也,虽醒,人亦不能行也。所可得而共讲之,共醒之,共行之者,性命之作用,如诗书六艺而已。即诗书六艺,亦非徒列坐讲听。要唯一讲即教习。习至难处来问,方再与讲。讲之功有限,习之功无已。……人之岁月精神有限;诵说中度一日,便习行中错一日;纸墨上多一分,便身世上少一分。(《存学编》一,2)

所以他的《存学编》的宗旨只是要人明白"道不在诗书章句,学不在颖悟诵读,而期如孔门博文约礼,身实学之,身实习之,终身不懈"。

学习什么呢?《尚书》里的

> 六府:金,木,水,火,土,谷。
> 三事:正德,利用,厚生。

还有《周礼》里的

> 三物:六德,——智,仁,圣,义,忠,和。
> 六行,——孝,友,睦,姻,任,恤。
> 六艺,——礼,乐,射,御,书,数。

这都是应学习的"物"。"格物"便是实地学习这些实物。格字如"手格猛兽"之格,格便是"犯手去做"。

这些六府六艺似乎太粗浅,故宋、明儒者鄙薄不为,偏要高谈性命之理。这正是魔道。颜元说:

> 学之亡也,亡其粗也。愿由粗以会其精。政之亡也,亡其迹也。愿崇迹以行其义。(《年谱》)

这真是重要的发明。宋、明儒者不甘淡薄,要同禅宗和尚争玄斗妙,故走上空虚的死路。救弊之道只在挽回风气,叫人注重那粗的浅的实迹。颜元又说：

> 孔子则只教人习事。迨见理于事,则已彻上彻下矣。(《存学编》)

宋儒的大病只是能静坐而不习事。朱子叙述他的先生李侗的生平,曾有一句话说：

> 先生居处有常,不作费力事。

这句话引起了颜元的大反对。颜元说：

> 只"不作费力事"五字,……将有宋大儒皆状出矣。子路问政,子曰,"先之,劳之"。天下事皆吾儒分内事。儒者不费力,谁费力乎?……夫讲读著述以明理,静坐主敬以养性,不肯作一费力事,虽日口谈仁义,称述孔孟,其与释老之相去也几何? (《存学编》二,13)

用"不作费力事"一个标准,来比较"犯手去做"的一个标准,我们便可以明白颜学与理学的根本大分别了。

颜元的思想很简单,很浅近。因为他痛恨那故意作玄谈的理学家,

> 谈天论性,聪明者如打诨猜拳,愚浊者如捉风听梦,……各自以为孔、颜复出矣。(《存学编》一,1)

他也论"性",但他只老老实实地承认性即是这个气质之性。

> 譬之目矣,……光明之理固是天命,眶疱睛皆是天命。更不必分何者是天命之性,何者是气质之性。(《存性编》)

这便是一笔勾销了五百年的烂帐,何等痛快!

人性不过如此,最重要的是教育,而教育的方法只是实习实做那有用的实事实物。颜元是个医生,故用学医作比喻：

> 譬之于医。《黄帝》、《素问》、《金匮》、《玉函》,所以明医理也。而疗疾救世则必诊脉,制药,针灸,摩砭为之力也。今有妄人者,止务览医书千百卷,熟读详说,以为予国手矣;视诊脉制药针灸摩砭,以为术家之粗,不足学也。书日博,识日精,一人倡之,举世效之。岐黄盈天下,而天下之人病相枕,死相接也。可谓明医乎?

> 愚以为从事方脉,药饵,针灸,摩砭,疗疾救世者,所以为医也。读书,取以明此也。若读尽医书而鄙视方脉,药饵,针灸,摩砭,妄人也。不惟非岐黄,并非医也。尚不如习一科,验一方者之为医也。读尽天下书而不习行六府六艺,文人也,非儒也;尚不如行一节,精一艺者之为儒也。(《存学编》一,10)

他在别处又用学琴作比喻:

> 以读经史,订群书为穷理处事以求道之功,则相隔千里。以读经史,订群书为即穷理处事,曰道在是焉,则相隔万里矣。……
>
> 譬之学琴然。诗书犹琴谱也。烂熟琴谱,讲解分明,可谓学琴乎? 故曰以讲读为求道之功相隔千里也。
>
> 更有一妄人,指琴谱曰,"是即琴也。辨音律,协声韵,理性情,通神明,此物此事也。"谱果琴乎? 故曰以书为道,相隔万里也。……
>
> 歌得其调,抚娴其指,弦求中音,徽求中节,声求协律,是谓之学琴矣,未为习琴也。手随心,音随手,清浊疾徐有常规,鼓有常功,奏有常乐,是之谓习琴矣,未为能琴也。弦器可手制也,音律可耳审也,诗歌惟其所欲也,心与手忘,手与弦忘,私欲不作于心,太和常在于室,感应阴阳,化物达天,于是乎命之曰能琴。今手不弹,心不会,但以讲读琴谱为学琴,是渡河而望江也。故曰千里也。今目不睹,耳不闻,但以谱为琴,是指蓟北而谈云南也。故曰万里也。(《存学编》三,6至7)

这种说法,初看似很粗浅,其实很透辟。如王阳明说"良知",岂不很好听? 但良知若作"不学而知"解,则至多不过是一些"本能",决不能做是非的准则。良知若作"直觉"的知识解,若真能"是便知是,非便知非",那样的知识决不是不学而知的,乃是实学实习,日积月累的结果。譬如那弹琴的,到了那"心与手忘,手与弦忘"的地步,随心所欲便成曲调,那便成了直觉的知识。又如诗人画家,烂醉之后,兴至神来,也能随意成杰作,这也成了直觉的知识。然而这种境地都是实习功久的结果,是最后的功夫,而不是不学而知,不学而能的呵。

又如阳明说"知行合一",岂不也很好听？但空谈知行合一,不从实习实行里出来,那里会有知行合一！如医生之诊病开方,疗伤止痛,那便是知行合一。如弹琴的得心应手,那才是知行合一。书本上的知识,口头的话柄,决不会做到知行合一的。宋人语录说：

> 明道谓谢显道曰,"尔辈在此相从,只是学某言语,故其学心与口不相应。盍若行之？"请问焉,曰："且静坐。"

学者问如何行,先生却只教他静坐,静坐便能教人心口相应,知行合一了吗？颜元的批评最好：

> 因先生只说话,故弟子只学说话。心口且不相应,况身乎？况家国天下乎？措之事业,其不相应者多矣。
>
> 吾尝谈天道性命,若无甚扞格。一著手算九九数,辄差。……以此知心中醒,口中说,纸上作,不从身上习过,皆无用也。(《存学编》二,1)

这是颜、李学派的实习主义(Pragmatism)。

四 戴震(东原,生1724,死1777)

十七八世纪是个反理学的时期。第一流的思想家大抵都鄙弃那谈心说性的理学。风气所趋,遂成了一个"朴学"时代,大家都不讲哲学了。"朴学"的风气最盛于十八世纪,延长到十九世纪的中叶。"朴学"是做"实事求是"的工夫,用证据作基础,考订一切古文化。其实这是一个史学的运动,是中国古文化的新研究,可算是中国的"文艺复兴"(Renaissance)时代。这个时期的细目有下列各方面：

(1) 语言学(Philology),包括古音的研究,文字的假借变迁等等。

(2) 训诂学(Semantics),用科学的方法,客观的证据,考定古书文字的意义。

(3) 校勘学(Textual Criticism),搜求古本,比较异同,校正古书文字的错误。

(4) 考订学(Higher Criticism),考定古书的真伪,著者的事迹等等。

(5) 古物学(Archaeology)，搜求古物，供历史的考证。
这个大运动，又叫做"汉学"，因为这时代的学者信汉儒"去古未远"，故崇信汉人过于宋学。又叫做"郑学"，因为郑玄是汉代的大师。但"朴学"一个名词似乎最妥当一点。

这个运动的特色是没有组织大哲学系统的野心，人人研究他的小问题，做专门的研究：或专治一部书(如《说文》)，或专做一件事(如辑佚书)，或专研究一个小题目(如《释绘》)，这个时代的风气是逃虚就实，宁可做细碎的小问题，不肯妄想组成空虚的哲学系统。

但这个时代也有人感觉不满意。如章学诚(实斋)便说这时代的学者只有功力，而没有理解，终身做细碎的工作，而不能做贯串的思想，如蚕食叶而不吐丝。

其时有大思想家戴震出来，用当时学者考证的方法，历史的眼光，重新估定五百年的理学的价值，打倒旧的理学，而建立新的理学。是为近世哲学的中兴。

戴震是徽州休宁人。少年时，曾从婺源江永受学，江永是经学大师，精通算学，又长于音韵之学，又研究程、朱理学。在这几方面，戴震都有很精深的研究。他是一个举人，但负一时的盛名，受当世学者的推重。壮年以后，他往来南北各省，著作甚多。乾隆三十八年(1773)开四库全书馆，他被召为纂修，赐同进士出身，授庶吉士。他死时(1777)只有五十五岁。他的《戴氏遗书》，有微波榭刻本。其中最重要的哲学著作是他的《孟子字义疏证》。此书初稿本名"绪言"，现有《粤雅堂丛书》本可以考见初稿的状态，但当时是个轻视哲学的时代，他终不敢用这样一个大胆的书名，故他后来修正此书时，竟改为《孟子字义疏证》，——表面上是一部讲经学的书，其实是一部哲学书(参看胡适校读本，附在他的《戴东原的哲学》之后，商务印书馆出版)。

我曾指出理学的两条路子，即程颐说的：

涵养须用敬，进学则在致知。

程、朱一派走上了格物致知的大路,但终丢不了中古遗留下来的那一点宗教的态度,就是主敬的态度。他们主张静坐,主张省察"喜怒哀乐未发之前是何气象",主张无欲,都属于这个主敬的方面,都只是中古宗教的遗毒。因为他们都不肯抛弃这条宗教的路,故他们始终不能彻底地走那条格物致知的路。万一静坐主敬可以得到圣人的境界,又何必终身勤苦去格物致知呢?

颜元、李塨终身攻击程、朱的主静主敬,然而颜、李每日自己记功记过,"存理去欲",做那"小心翼翼,昭事上帝"的工夫,其实还是那"主敬"的态度。相传李塨日记上有"昨夜与老妻敦伦一次"的话,此言虽无确据,然颜元自定功过格里确有"不为子嗣比内"的大过(《年谱》,《畿辅丛书》本,下,页十)。他们尽管要推翻理学,其实还脱不了理学先生的陋相。

戴震生在朴学最盛的时代,他是个很能实行致知格物的工夫的大学者,所以他一眼看破程、朱一派的根本缺点在于走错了路,在于不肯抛弃那条中古宗教的路。他说:

> 程子、朱子……详于论敬而略于论学(《疏证》十四)。

为什么程、朱有这根本大病呢?因为他们不曾抛弃中古宗教留下来的谬见。戴震说:

> 人物以类区分。……人与人较,其材质等差凡几?古贤圣知人之材质有等差,是以重学问,贵扩充。老、庄、释氏谓有生皆同,故主于去情欲以勿害之,不必问学以扩充之。

> 在老、庄、释氏既守己自足矣,因毁訾仁义以伸其说。……陆子静、王文成诸人向于老、庄、释氏,而改其毁訾仁义者以为自然全乎仁义,巧于伸其说者也。

> 程子、朱子尊"理"而以为天与我,……谓理为形气所污坏,是圣人以下形气皆大不美,……而其所谓"理"别为凑泊附着之一物,犹老、庄、释氏所谓"真宰"、"真空"之凑泊附着于形体也。理既完全自足,难于言学以明理,故不得不分理气为二本,而咎形气。盖其说杂糅傅合而成,令学者眩惑于其中。……

> 理为形气所污坏,故学焉"以复其初"。"复其初"之云,见

庄周书。(《庄子·缮性》篇)盖其所谓"理",即如释氏所谓"本来面目"。而其所谓"存理",亦即如释氏所谓"常惺惺"。(《疏证》十四)

他认清了理学的病根在于不肯抛弃那反人情性的中古宗教态度,在于尊理而咎形气,存理而去欲,故他的新理学只是并力推翻那"杂糅傅合"的,半宗教半玄学的旧理学。旧理学盲目的推崇"理",认为"天理",认为"得于天而具于心",故无论如何口头推崇格物致知,结果终走上主静主敬的宗教路上去,终舍不掉那"复其初"的捷径。旧理学崇理而咎欲,故生出许多不近人情的,甚至于吃人的礼教。一切病根在于分理气为二元与分理欲为二元。故戴震的新理学只从推翻这种二元论下手。

他的宇宙观便否认向来的理气二元论:

> 一阴一阳,流行不已,夫是之为道而已。(《疏证》十七)

他说:

> "道"犹行也。气化流行,生生不息,是故谓之道。(《疏证》十六)

阴阳即是气化的两个方面,五行只是五种气化流行,"行"即道也。

他论"性",也否认理气二元。性只是气质之性。他以为古书论性的话,最好的是《大戴礼》的

> 分于道谓之命,形于一谓之性。

道即是阴阳五行;"分于阴阳五行以有人物,而人物各限于所分以成其性。阴阳五行,道之实体也。血气心知,性之实体也。"(《疏证》十六)

这是很明白的唯物论(Materialism),宇宙只是气化的流行。阴阳五行的自然配合,由于分配的不同,而成为人物种种不同。性只是"分于阴阳五行以为血气心知"。血气固是阴阳五行的配合,心知也是阴阳五行的配合。这不是唯物论吗?这里面正用不着勉强拉出一个"理"或"天理"来"凑泊附着以为性"。于是六百年的理学的天论与性论也都用不着了。

他是主张"性善"的,但他的根据也只是说人的知觉,高于禽兽,

故说人性是善的。

> 性者,飞潜动植之通名。性善者,论人之性也。……人以有礼义,异于禽兽,实人之知觉,大远乎物,则然。(二十七)

这样看来,说人性善,不过是等于说人的知觉比禽兽高一点。人性有三大部分:欲,情,知。三者之中,知最重要。

> 惟有欲有情而又有知,然后欲得遂也,情得达也。(三十)

情与欲也是性,不当排斥。

> 喜怒哀乐,爱隐感念,愠愺怨愤,恐悸虑叹,饮食男女,郁悠戚咨,惨舒好恶之情,胥成性则然,是故谓之道。(《原善》中)

他又说:

> 凡出于欲,无非以生以养之事。……天下必无舍生养之道而得存者。凡事为皆有于欲。无欲则无为矣。有为而归于至当不易之谓理。无欲无为,又焉有理?(《疏证》四十三)

这是反对向来理学家的无欲论。他说:

> 使饮食男女与夫感于物而动者,脱然无之,以归于静,归于一,又焉〔有恻隐〕,有羞恶,有辞让,有是非?此可以明仁义礼智非他,不过怀生畏死,饮食男女,与夫感于物而动者之皆不可脱然无之,以归于静,归于一;而恃人之心知异于禽兽,能不惑乎所行,即为懿德耳。古圣贤所谓"仁义礼智",不求于所谓"欲"之外,不离乎血气心知。(二十一)

这是很大胆的思想。性即是血气心知,其中有欲,有情,有知觉;因为有情有欲,故有生养之道,故有事业,有道德。心知的作用,使人不惑于所行,不糊涂做去,便是美德;使行为归于至当,便是理。道德不在情欲之外,理即在事为之中。

这种思想同旧日的理学家的主张很有根本的不同。朱子曾说:

> 理在人心,是谓之性……性便是许多道理,得之天而具于心者。

理学家先假定一个浑然整个的天理,散为万物;理附着于气质之上,便是人性。他们自以为"性"里面具有"许多道理",他们误认"性即是理在人心",故人人自信有天理。于是你静坐冥想出来的,也自命为天理；他读书傅会出来的，也自命为天理。人人都可以把他自己的私见，偏见，认作天理。"公有公的道理，婆有婆的道理。"人人拿他的"天理"来压迫别人，你不服从他，他就责你"不讲理"！

戴震最痛恨这种思想，他说这种态度的结果必至于"以理杀人"。他说：

> 六经孔孟之言，以及传记群籍，"理"字不多见。今虽至愚之人，悖戾恣睢，其处断一事，责诘一人，莫不辄曰"理"者，自宋以来始相习成俗，则以"理"为如有物焉，得于天而具于心，因以心之意见当之也。于是负其气，挟其势位，加以口给者，理伸；力弱气慑，口不能道辞者，理屈。呜呼！其孰谓以此制事，以此制人之非理哉？……
>
> 昔人知在己之意见不可以"理"名，而今人轻言之。夫以理为如有物焉，得于天而具于心，未有不以意见当之者也。（五）

以意见为"理"，必至于"以理杀人"。

> 呜呼！今之人其亦弗思矣！圣人之道使天下无不达之情，求遂其欲，而天下治。后儒不知情之至于纤微无憾是谓"理"；而其所谓"理"者，同于酷吏之所谓"法"。酷吏以法杀人，后儒以理杀人，浸浸乎舍法而论理。死矣！更无可救矣！（《文集·与某书》）

怎么叫做"以理杀人"呢？例如程子说：

> 饿死事极小，失节事极大。

这分明是一个人的偏见，然而八百年来竟成为"天理"，竟害死了无数无数的妇人女子！又如宋儒罗仲素说：

> 天下无不是的父母。

这也明明是一个人的私见，然而八百年来竟成为"天理"，遂使无数无数做儿子的，做媳妇的，负屈含冤，无处伸诉！所以说"以理杀人"酷于"以法杀人"。

戴震因此提出他的"理"说。理即是事物的条理，分理。

> 理者，察之而几微必区以别之名也。是故谓之"分理"。在物之质曰肌理，曰腠理，曰文理。得其分，则有条而不紊，谓之条

理。(一)

　　就事物言,非事物之外别有理义也。有物必有则,以其则正其物,如是而已矣。(八)("以秉持为经常曰则。"——三)

　　不谬之谓得理。……疑谬之谓失理。(六)

在人事的方面,理即在情之中。

　　理者,情之不爽失者也。未有情不得而理得者也。(二)

　　无过情,无不及情,之谓理。(三)

　　人伦日用,……通天下之情,遂天下之欲,权之而分理不爽,是谓理。(四〇)

他所谓"理",总括起来,是:

　　事物之理,必就事物剖析至微,而后理得。(四一)

　　心之明之所止,于事情区以别焉,无几微爽失,则理义以明。(《原善》中,四)

　　古人曰理解者,即寻其腠理而析分之也。(《与段玉裁书》,《年谱》页三四)

依他的说法,理即是事物的条理,在事情之中,而不在人心之内。人心只有血气心知,心知只是可以求理的官能;用心知去寻求事情的条理,剖析区分,至于无差失,那就是理。科学家求真理,是如此的。法官判断诉讼也是如此。人生日用上的待人接物,谋合理的生活,也是如此的。

理学最不近人情之处在于因袭中古宗教排斥情欲的态度,戴学的大贡献正在于充分指出这一个紧要关键。

周子《通书》曰,

　　圣可学乎?曰,可。

　　有要乎?曰,有。

　　请问焉。曰,一为要。一者,无欲也。无欲则静虚动直。静虚则明,明则通。动直则公,公则溥。明,通,公,溥,庶矣哉!

戴氏引此段,加上评论道:

　　此即老、庄、释氏之说(他说"老、庄、释氏",即是泛指"中古宗教",全书一致如此)。朱子亦屡言"人欲所蔽",皆以为无欲

> 则无蔽。……有生而愚者，虽无欲，亦愚也。凡出于欲，无非以生以养之事。欲之失为私不为蔽。自以为得理，而所执之（疑当作者）实谬，乃蔽而不明。
>
> 天下古今之人，其大患，私与蔽二端而已。私生于欲之失，蔽生于知之失。欲生于血气，知生于心。因私而咎欲，因欲而咎血气。因蔽而咎知，因知而咎心。
>
> 老氏所以言常使民无知无欲。彼自外其形骸，贵其真宰。后之释氏，其论说似异而实同。宋儒出入于老、释，故杂乎老、释之言以为言。（程明道"出入于老、释者几十年。"张横渠"访诸老、释之书累年，尽究其说。"朱子学禅最早，见李延平后，复回到释氏，至四十岁左右，尚说"为他佛说得相似。"）
>
> 《诗》曰，"民之质矣，日用饮食"。《记》曰，"饮食男女，人之大欲存焉"。圣人治天下，体民之情，遂民之欲，而王道备。人知老、庄、释氏异于圣人，闻其无欲之说，犹未之信也。于宋儒则信以为同于圣人；理欲之分，人人能言之。故今之治人者视古贤圣体民之情，遂民之欲，多出于鄙细隐曲，不措诸意，——不足为怪。而及其责以理也，不难举旷世之高节，著于义而罪之。（《疏证》十）

这里的历史见解是很正确的。宋儒以来的理学挂着孔教的招牌，其实因袭了中古宗教的种种不近人情的教条。中古宗教的要点在于不要做人而想做菩萨神仙。这固是很坏，然而大多数的人究竟还想做人，而不想做神仙菩萨。故中古宗教的势力究竟还有个限度。到了理学家出来，他们把中古宗教做菩萨神仙之道搬运过来，认为做人之道，这就更坏了。主静去欲，本是出世之法，今被误认作入世之法，又傅会《伪尚书》"人心惟危，道心惟微"的话，于是一班士大夫便不知不觉地走上了顾炎武所谓"置四海困穷不言，而讲危微精一"。戴震也说宋以来的理学家对于

> 举凡饥寒愁怨，饮食男女，常情隐曲之感，则名之曰"人欲"；故终其身见欲之难制。其所谓存理，空有理之名，究不过绝情欲之感耳。（《疏证》四三）

这都是中古不近人情的宗教的变相。人人乱谈"存天理,去人欲",人人瞎说"得乎天理之极而无一毫人欲之私",于是中国的社会遂变成更不近人情的社会了。

戴学的重要正在于明白攻击这种不近人情的中古宗教遗风。例如朱子曾说,

> 人欲云者,正天理之反耳。

这种人生观把一切人欲都看作反乎天理,故主张去欲,无欲,不顾人的痛苦,做出种种违反人情的行为。这正是认一种偏见为天理了。戴氏以为这样把"理"、"欲"看作相反的,有三种大害处:

（1）专苛责贤者,使天下无好人,君子无完行。——俗话说的:"又要马儿好,又要马儿不吃草。"

（2）养成刚愎自用,残忍惨酷的风气。——即是上文说的"以理杀人"。人人认意见为理,故挂了"理"的招牌,做许多残忍惨酷之事。

（3）鼓励人做诈伪的行为。——伪君子便是一种结果。虚荣心的引诱,使人做出不近人情的行为,以博虚名或私利。

所以他大胆地说:

> 理者,存乎欲者也。（十）
> 理者,情之不爽失者也。
> 情之至于纤微无憾是谓理。

所以他的人生哲学是:

> 老、庄、释氏主于无欲无为,故不言理。圣人务在有欲有为之咸得理。是故君子亦无私而已矣,不贵无欲。（四三）

而他的政治哲学也只是:

> 体民之情,遂民之欲,而王道备。（十）

这个时代是一个考证学昌明的时代,是一个科学的时代。戴氏是一个科学家,他长于算学,精于考据,他的治学方法最精密,故能用这个时代的科学精神到哲学上去,教人处处用心知之明去剖析事物,寻求事情的分理条则。他的哲学是科学精神的哲学:

> 闻见不可不广,务在能明于心。一事豁然使无余蕴,更一事

> 而亦如是。久之，心知之明进于圣智，虽未学之事，岂足以穷其智哉？（四一）

这才是宋儒"今日格一物，明日又格一物"的真意义。宋儒的毛病在于妄想那"一旦豁然贯通焉"的最高境界。戴氏却只要人从一事一物里训练那心知之明，使他渐渐进于圣智。

> 致其心之明，自然权度事情，无几微差失。又焉用知"一"求"一"哉？（四一）

五　吴敬恒（稚晖）

吴先生是常州人，今年六十三岁了，但在思想界里他仍是一个打先锋的少年。近年国内的人大都知道他的为人，所以我不叙述他的历史了。

前几年他五十九岁时，有一天他对我说，他第一天进江阴的南菁书院，去见山长黄以周先生，见他座上写着"实事求是，莫作调人"八个大字。他说这八个字在他一生留下很深的印象。"实事求是，莫作调人"是一种彻底的精神，只认得真理的是非，而不肯随顺调和。近几十年来，国内学者大都是受生计的压迫，或政治的影响，都不能有彻底思想的机会。吴稚晖先生自己能过很刻苦的生活，酬应绝少，故能把一些大问题细细想过，寻出一些比较有系统的答案。在近年的中国思想家之中，以我个人所知而论，他要算是很能彻底的了。

他的著作很多，最重要的是他前几年发表的长篇《一个新信仰的宇宙观及人生观》。我今天说他的思想便用此文作根据，有时候参考别种著作。

中国近世思想的趋势在于逐渐脱离中古的宗教，而走上格物致知的大路。但中古宗教的势力依然存在；"居敬"，"主静"，"无欲"，都是中古宗教的变相。致知是纯粹理智的路，主敬是宗教的路。向来理学家说这两条路"如车之两轮，鸟之双翼"，其实这两条路"分之则两全，合之则俱伤"。五百年的理学所以终于失败，正因为认路不清,名为脱离中古宗教,其实终不曾跳出宗教的圈子。

　　这三百年学术界的趋势只是决心单走那格物致知的路,不管那半宗教半玄学的理学。顾炎武以后,有了做学问的方法,故第一二流的人才自然走到学问的路上去。但程、朱的威权始终存在,如汉学家惠定宇的楹帖:

　　　　六经尊服郑(服虔、郑玄),
　　　　百行法程朱。

可见当时一种调和派的心理,很像西洋近世初期的科学家说"宗教治心,科学治物",只要你们不干涉我们的治学,我们也不排斥你们的讲道。这种态度的缺点是缺乏一种自觉性,不能了解"朴学"运动自身带有反理学的使命。那些明目张胆反抗理学的人,如北方之颜、李,又轻视学问,故末流终带点陋气,不能受南方学术界的信仰。"朴学"的大师能同时明白反抗理学的,止有戴震一派。戴学后来虽然声势浩大,但真正的传人其实很少:传得考订训诂之学的最多,传得戴震大胆破坏的精神的已不多了,传得他的建设的思想的竟没有一个人(参看胡适《戴东原的哲学》,页八十至一九七)。戴震死于1777年,这一百五十年中(1777—1927)正统的理学虽然因为"朴学"的风尚,减了不少的气焰,然而终因为缺乏明白自觉的批评与攻击,理学的潜势力依然存在,理学造成的种种不近人情的社会礼俗也依然存在。到了最近一二十年中,中国的学者学得西洋正统哲学(也是富有中古宗教的遗毒的)的皮毛,回转头来做点杂糅傅合的工夫,于是正统的理学居然又成为国粹的上上品;捧场鼓吹的人又不少了。

　　民国十二年(1923),中国的思想界里忽然起了一场很激烈的笔战,当时叫做"科学与玄学的论战"(参看《科学与人生观》,亚东图书馆出版)。国内许多学者都加入这个笔战,大家笔端都不免带点情感,一时笔飞墨舞,题外出题,节外生枝,打到后来,大家都有点莫名其妙了。现在事过境迁,我们回来凭吊古战场,徘徊反省,用历史的眼光来观察这场战事,方才明白原来这场争论还只是拥护理学与排斥理学的历史的一小段。

引起争端的导火线是张君劢先生的一篇《人生观》;在此文里,张先生很明白地说:

> 自孔、孟以至宋、元、明之理学家,侧重内心生活之修养,其结果为精神文明。三百年来之欧洲,侧重以人力支配自然界,故其结果为物质文明。

第一个出来攻打张君劢先生的便是丁文江先生;他认清了论争之点,故他的题目便是《玄学与科学》。丁先生一方面极力拥护科学,

> 科学不但无所谓向外,而且是教育同修养最好的工具,因为天天求真理,时时想破除成见,不但使学科学的人有求真理的能力,而且有爱真理的诚心……拿论理来训练他的意想,而意想力愈增;用经验来指示他的直觉,而直觉力愈活;了然于宇宙生物心理种种的关系,才能觉真知道生活的乐趣。这种"活泼泼地"心境,只有拿望远镜仰察过天空的虚漠,用显微镜俯视过生物的幽微的人,方能参领得透彻。——又岂是枯坐谈禅,妄言玄理的人所能梦见?

他一方面又很明白地排斥理学:

> 明末陆、王学派风行天下。……士大夫不知古又不知今,……有起事来,如痴子一般,毫无办法。陕西的两个流贼,居然做了满洲人的前驱。单是张献忠在四川杀死的人,比这一次欧战死的人已经多了一倍以上。……这种精神文明有什么价值?配不配拿来做招牌攻击科学?

这些议论都可见当日所谓"科学与玄学"的争论其实只是理学与反理学的争论的再起。丁先生是科学家,走的是那条纯理智的格物致知的路。张先生推崇"内心生活",走的仍是那半宗教半玄学的理学的路。

张君劢先生的《再论人生观与科学,并答丁在君》,洋洋几万字,然其结论(下篇,第二三节,页七七至九五)仍然是明白地指斥物质文明与主张"新宋学"的复活。在这里我们更可以明瞭这一次论战的历史的意义了。

当时参加这次笔战的人都不曾见到这一点历史的意义,——我

在那年11月底做《科学与人生观》论集的序时,也不曾明瞭这一点。当时只有吴稚晖先生看得最清楚。他那年在北京《晨报副刊》上发表了一篇《箴洋八股化之理学》,他标出的题目便是一针见血,叫人猛省。他在那篇文里说:

> 最近张、丁科学之争,虽大家引出了许多学理,沾溉我们浅学不少,然主旨所在,大家抛却,惟斗些学问的法宝,纵然工力悉敌,不免混闹一阵。实在的主旨,张先生是说科学是成就了物质文明,物质文明是促起了空前大战,是祸世殃民的东西。他的人生观是用不着物质文明的。就是免不了,也大家住着高粱干子的土房,拉拉洋车,让多数青年懂些宋、明理学,也就够了。于是丁先生发了气,要矫正他这种人生观,却气极了嫚骂了玄学鬼一场,官司就打到别处去了。后来他终究对着林宰平先生把他的初意简单说了出来,他说:"林先生若承认欧战不一定是科学促成,我的目的达了。"(大意如此)

吴先生曾从中国旧思想里打过滚出来,经过了多少次的思想变迁与多年的亲身阅历,他深切感觉中国思想有彻底改造的必要。他又深切感觉中国思想的根本改造决不是洋八股式的理学所能收效的,也不是所谓"整理国故"的工作所能收效的。宋、明的理学固然应该反对,清朝的汉学、朴学也济得甚事?吴先生在二十年前便同陈颂平先生相约不看中国书。他现在索性对我们说:

> 这"国故"的臭东西,……非再把他丢在毛厕里三十年(不可)。现今鼓吹成一个干燥无味的物质文明,人家用机关枪打来,我也用机关枪对打,把中国站住了,再整理什么国故,毫不嫌迟!

这些话自然叫我们大家听了摇头皱眉,但这种地方正是吴先生过人之处。他只是"实事求是,莫作调人"。我们若肯平心细想,定可以承认他这个主张是思想改造的彻底方法,唯一方法。用程、朱来打陆、王,用许慎、郑玄来打程、朱,甚至于用颜元、戴震来打程、朱、陆、王,结果终不免拖泥带水,做个"调人"。所以吴先生止要我们下决心鼓吹一个干燥无味的物质文明,止有这条路子可以引我们到思想彻底改造的地位。

粗看吴先生的文章,我们定要嫌他太缺乏历史的观念,故说出那种极端的主张来。其实吴先生是个最有历史眼光的思想家,他对于中国文化演变的历史最有精明的研究,最有独到的见解,他那很像过激的主张,其实都是根据于他的历史见解的。他见得透辟,故说得恳切;他深明历史的背景,故不肯作拖泥带水的调和论。

在他的《一个新信仰的宇宙观及人生观》里,他有这样一段的文化比较史论:

> 自春秋、战国以来,有文化者四族。一白种亚利安族,即所谓希腊、罗马,至于英、美、德、法,西洋化之民族也。二白种闪弥与罕弥两族,即春秋前之埃及、巴比伦,中古以来为希伯来,下至亚剌伯之民族也。三黄白合种,印度民族。四黄种,中国民族。
>
> 宗教皆创自亚剌伯民族,印度亦受其影响,故一为神秘,一为虚玄,简直是半人半鬼的民族。所以什么佛,什么祆神上帝,好像皆是《西游记》、《封神传》中人物,其实他的圣贤,皆懒惰躐蹋,专说玄妙空话。所以他的总和,道德最劣。最相宜的,请他讲人死观。凡懒惰躐蹋人接近之。我料三千年后,他们必定止剩少数,在山谷中苟延残喘(内惟犹太少数流徙者并入欧族)。
>
> 中国在古代,最特色处,实是一老实农民,没有多大空想,能建宗教;止祈祷疾病等,向最古传下来的木石蛇鼠献些虔诚,至今如此。即什么宗教侵入,皆以此等形式待遇。他是安分守己,茹苦耐劳。惟出了几个孔丘、孟轲等,始放大了胆,像要做都邑人,所以强成功一个邦国局面。若照他们多数大老官的意思,还是要剖斗折衡,相与目逆,把他们的多收十斛麦,含铺鼓腹,算为最好。于是孔二官人,也不敢蔑视父老昆季,也用乐天知命等委蛇。晋、唐以前,乃是一个乡老(老、庄等)局董(尧、舜、周、孔)配合成功的社会。晋、唐以来"唐僧"同"孙悟空"带来了红头阿三的空气,徽州朱朝奉就暗采他们的空话,改造了局董的规条(六朝人止去配合乡老的闲谈,所以止是柴积上日黄中的话

头。到配了规条,便有了威权)。所以现在读起《十三经》来,虽孔圣人、孟贤人直接晤对,还是温温和和,教人自然。惟把朝奉先生等语录学案一看,便顿时入了黑洞洞的教堂大屋,毛骨竦然,左又不是,右又不是。尽管那种良知先生已是粗枝大叶,然还弄得小后生"看花是天理,折花是人欲",板僵了半边。然而这种民族的真相还是止晓得擎了饭碗,歇工时讲讲闲话,完工后破被里一攒,一觉黄粱,挣挣眼眦再做工。怕做工的小半,便躲躲闲,去鸡偷狗窃。有福的跟着乡老,在柴积上日黄中讲讲玄学,赏玩赏玩清风明月。虽局董也有什么洒扫应对,礼乐射御,许多空章程贴着;他们止是着衣也不曾着好,吃饭也不像吃饭,走路也不像走路,鼻涕眼泪乱迸,指甲内泥污积叠。所以他们的总和,道德叫做低浅。

止有他们客住一种矮人(指日本人),性情脾气虽也大略相同,惟勤快得多,清洁则居世界之上。所以拿他们的总和看起来,他家虽然有名的圣贤极少,却一班无名的局董倒是振作。……

现在要讲一个算账民族(指西洋民族),什么仁义道德,孝弟忠信,吃饭睡觉,无一不较上三族的人较有作法,较有热心……讲他的总和,道德叫做高明(一二九至一三二)

这几段议论,看上去像很平常,其实是很彻底的,很激烈的见解。第一,吴先生根本排斥宗教,他指出那些产生宗教的民族(亚剌伯、印度)都是懒惰蹒跚,道德最劣;他们不配讲人生观,只配讲人死观。这不过是据事直说,毫不足怪。但中国人向来认印度为"西天乐国",如梁漱溟先生悬想印度文化将来可成为世界文化,如梁启超先生也曾说那产生大乘佛教的印度文化是世界最高的文化。在这种传统的眼光里,吴先生的一笔抹杀印度文化,自然是很惊人的议论了。

第二,吴先生很老实地指出中国人的总和是道德低浅,而西洋民族"什么仁义道德,孝弟忠信,吃饭睡觉,无一不较上三族的人较有作法,较有热心。……讲他们的总和,道德叫做高明"。这样不客气地"内夷狄而外诸夏",是最不合时宜的。近年国内的论调又渐渐回到三四十年前的妄自尊大的神气;有先知先觉的使命的人如孙中山先生,有时也不免要敷衍一般夸大狂的中国人,说"中国从前的忠孝仁爱信义种种的旧道德"都是"驾乎外国人"。所以吴先生说的老实话是很不中听的。然而这种地方正可以表示吴先生的伟大,他说的话只是"实事求是,不作调人"。

第三,吴先生对于中国文化史有很透辟的见解,当代的一般学者都见不到,说不出。我现在把他这个见解的大意,略加说明如下:

(1)中国古代民族的最大特色是朴实勤苦,没有多大空想,不能建立宗教。他们也有不少的迷忌,却没有宗教。

(2)到了中国文化成熟的时期,一面有老、庄一派的乡老思想,自己则乐天安命,逍遥自得,对政治则希望不干涉,无为而治;一面又出了孔、孟一派的局董思想,爱谈谈什么治国平天下之道,逐渐成个国家的局面。晋、唐以前,便是一个乡老(老、庄)局董(周公、孔子)配合成功的社会。

(3)但印度的宗教势力侵入之后,中国文化便起了绝大的变化。中国从此有宗教了;本来不知道天堂的,忽然有三十三层天了;本来没有地狱的,忽然有十八层地狱了;本来安分做人的,忽然妄想成佛成菩萨或往生净土了。

(4)宋、明的理学只是晋、唐以来的印度宗教被中国讲学家暗采过来,杂糅傅合成功的东西。在这一点上,吴先生见的最明白清楚。他说:

> 佛者教人出世之道。徽州朱朝奉等倒暗把他来装点入世之道,弄得局董的规条上生出战栗的威权,真弄了一出悲剧。你看南宋以后社会多少干枯!(一四二)

他又说:

> 六朝人止〔把红头阿三的宗教〕去配合乡老的闲谈,所以止是柴积上日黄中的话头。到配了〔局董的〕规条,便有了威权。

这两句话真是吴先生独到的历史眼光。他的意思是说,六朝人止用老、庄(乡老)的思想来傅会佛教思想,不过是一种新式的清谈而已。到了宋儒用佛教思想来解释儒家(局董)的思想,用出世之道来做修己治人的规条，便有了威权了。所以吴先生说：

> 现在读起《十三经》来，虽孔圣人、孟贤人直接晤对，还是温温和和，教人自然。惟把朝奉先生等语录学案一看，便顿时入了黑洞洞的教堂大屋，毛骨竦然，左又不是，右又不是。

这种见解，从历史上看来，同戴震等人的反理学的主张完全相同。但戴震等人想推翻理学而回到《六经》，那便是不懂历史趋势的论调。吴先生看清了历史，所以他的反理学的结论要我们向前走，走上科学的路，创造物质文明。

吴先生承认这三百年的中国学术史是一个"文艺复兴时期"。他说：

> 南宋以后，社会多少干枯！经老鞑子（元）小和尚（明太祖）同他们缠夹二先生了一阵，空气里稍有一点生趣。不料他又要嘘冷气；幸亏所谓王阳明、顾宪成之类，也是粗粗粗；就被顾炎武等跑到前面去了。所以新鞑子的世界便五光十色，大放光明。我们的经院黑暗时代，最冷酷的是南宋；文艺复兴是清朝。……今日社会尚有一种怪声，群谓我们还要从文艺复兴入手，又是骑马寻马，倒开火车的大谬误。我们今日文学美术自然也当整理改造，正是接连了令他光大的时代；与欧洲今日去整理改造那三百年前复兴之草创物，其事正同。今之所谓国学，在顾、黄辈远接汉、唐，推倒宋、元之空疏黑暗，乃为复兴。于是戴、钱接顾、黄，段、阮接戴、钱，经洪、杨小顿挫，俞樾、张之洞、黄元同、王先谦等又接段、阮；接俞、张等者，如刘师培、章炳麟等，竟跑进民国，或尚生存。何时黑暗，而当复兴？即文学美术，但就中国言清朝至今，亦复兴了汉、唐之盛，远过南宋、元、明。何时黑暗，而当复兴？难道把戊戌以后十余年之一短时，给梁启超的《西学书目表》打倒了张之洞的《书目答问》，又经陈颂平与吴稚晖私把线装书投入毛厕，便算黑暗么？然而其时恰又制造了中国裴根、狄卡儿、斯密亚丹等，如丁文江、张嘉森、章士钊等一群怪物出来。乃是文艺复兴后的新气象，何能算黑暗？文艺不曾黑暗，复兴二字，真算无的放矢之谈。（一四二至一四三）

"文艺何时黑暗,而当复兴?"这也是吴先生独到的历史见解。欧洲的"文艺复兴"时期,在历史上固然重要,然而西洋文化之有今日,却并不靠这个时期的成绩。希腊、罗马的文艺之提倡,宗教的改革,也不过如清代汉学时期脱离中古宗教稍远,使社会稍有生趣而已。欧洲从文艺复兴与宗教改革,再进一步,做到工业革命,造成科学世界的物质文明,方才有今日的世界。吴先生也只是要我们再进一步,抛开宋学、汉学之争,抛开洋八股,努力造成一个干燥无味的物质文明,然后这三百年的文化趋势才可算有了个交代也。

丁文江先生骂张君劢先生被"玄学鬼附在身上",张先生也就居之不疑,极力代玄学辩护。吴老先生在旁边看的分明,忍不住大笑道:

> 张先生并不是撞见了玄学鬼,他乃不曾请教玄学鬼。他的人生观是误在他的宇宙观。(《箴洋八股》,页三)

这不是说笑话。吴先生的意思是说,现在我们若要讨论人生观的问题,不可不建立一种新的玄学。当日替科学作战的丁文江先生,也只到了英国式的"存疑主义"便停住了,不肯再向前进。只有吴老先生奋勇冲向前去,大胆地建立他的新玄学。当时我曾代他说明道:

> 我们在这个时候,既不能相信那没有充分证据的有神论,心灵不灭论,天人感应论,……又不肯积极地主张那自然主义的宇宙观,唯物的人生观,……怪不得独秀要说"科学家站开!且让玄学家来解疑"了。吴稚晖先生便不然。他老先生宁可冒"玄学鬼"的恶名,偏要冲到那"不可知的区域"里去打一阵。他希望"那不可知区域里的假设,责成玄学鬼。也带着论理色彩去假设着"(《宇宙观及人生观》,页九)。这个态度是对的。我们信仰科学的人,正不妨也做一番大规模的假设。只要我们的假设处处建筑在已知的事实之上,只要我们认我们的建筑不过是一种最满意的假设,可以跟着新证据修正的,——我们带着这种科学的态度,不妨冲进那不可知的区域里,正如姜子牙展开了杏黄旗,也不妨冲进十绝阵里去试试。

吴先生自己也说：

> 我敢说，附在我身上的玄学鬼，他是受过科学神的洗礼的。这种玄学鬼一定到世界末日可以存在，不受孔德排斥的。

新玄学要建筑在科学的基础之上，在现在看来，并不算很困难的事，因为

> 有的东西，在从前圣人也糊涂的，到如今柴积上日黄中的老头儿也知觉了。

吴先生的新宇宙观与人生观就建筑在那向来圣人不懂得而现在乡下老儿都可以懂得的科学常识之上。

先说他的新宇宙观。

他假定一个"一个"，做个起点。这"一个"是有质，有力，有感觉的活东西。他不耐烦同我们辩论，他只"劈头的假设着"：

> 万"有"皆活，有质有力，并"无"亦活，有质有力。

从这"一个"，生出宇宙：

> 在无始之始，有一个混沌得着实可笑，不能拿言语来形容的怪物，住在无何有之乡，自己对自己说道，"闷死我也！"……说时迟，那时快，自己不知不觉便破裂了。……顷刻变起了大千宇宙，换言之，便是说兆兆兆兆的"我"。他那变的方法也很简单。无非是具质力的"不思议"量，合成某某子；合若干某某子，成为电子；合若干电子，成为原子；合若干原子，成为星辰日月，山川草木，鸟兽昆虫鱼鳖。……终之他至今没有变好；并且似乎还没有一样东西值得他满意，留了永久不变——这是我的宇宙观。

（三五）

在这个自然的变化里，用不着什么上帝，也用不着什么灵魂，或"精神元素"等等。他曾借用柏格森（Bergson）同尼采（Nietzsche）的话头，作这样的假设：

> 宇宙是一个大生命，他的质同时含有力。在适用别的名词时，亦可称其力曰权力。由于权力，乃生意志。其意是欲"永远的流动"；及至流动而为人，分得机械式之生命（质与力），本乎生命之权力，首造意志。从而接触外物，则造感觉。迎拒感觉，

则造情感。恐怕情感有误,乃造思想而为理智。经理智再三审查,使特种情感恰像自然的常如适当,或更反纠理智之蔽,是造直觉。有些因为其适于心体,而且无需审检,故留遗而为本能。于是每一作用,皆于神经系增造机械,遂造成三斤二两的脑髓,又接上五千零四十八根脑筋(常州俗话"头大九斤半",三分之一是"三斤二两",又常州俗话说极多为"五千○四十八",故吴先生戏用这两个数目字)。(三十)

他这样嘻嘻哈哈的胡诌,便轻轻的"开除了上帝的名额,放逐了精神元素的灵魂",只剩一个纯粹自然的演变。他嫌西洋哲学家都不免带着"绅士气",不能不应酬上帝,故终不敢排斥灵魂。我们东方人得罪上帝不算什么大罪过,正不妨老实承认干脆的自然主义,大不必向上帝灵魂献假殷勤也。

从这新宇宙观上生出他的新人生观。

什么叫做"人"?

人便是外面止剩两只脚,却得到了两只手,内面有三斤二两脑髓,五千○四十八根脑筋,比较占有多额神经系质的动物。(三九)

什么叫做"生"?生就是那两手两脚,戴着大脑的动物在宇宙的舞台上演他的戏。

生者,演之谓也,如是云尔。生的时节就是锣鼓登场,清歌妙舞,使枪弄棒的时节。未出娘胎,是在后台。已进棺木,是回老家。(四十)

这出戏不是儿戏,该当唱得认真。吴先生虽像是说戏话,却是很严肃的演说他的人生观:

所谓人生,便是用手用脑的一种动物,轮到"宇宙大剧场"的亿垓八京六兆五万七千幕,正在那里出台演唱。请作如是观,便叫做人生观。

这个大剧场是我们自己建筑的。这一出两手动物的"文明新戏"是我们自己编演的;并不是敷衍什么后台老板,贪图趁几

> 个工钱,乃是替自己尽着义务。倘若不卖力,不叫人"叫好",反叫人"叫倒好",也不过反对了自己的初愿。因为照这么随随便便的敷衍,或者简直跟跟跄跄的闹笑话,不如早还守着漆黑的一团。何必轻易的变动,无聊的绵延,担任那兆兆兆兆幕,更提出新花样,编这一幕的两手动物呢?
>
> 并且看客也就是自己的众兄弟们,他们也正自粉墨了登场。演得好不好,都没有什么外行可欺,用得着自己骗自己吗?
>
> 并且,卖钱的戏只要几个"台柱子",便敷衍过去。其余"跑龙套"的也便点缀点缀,止算做没有罢了。这唱的是义务戏,自己要好看才唱的;谁便无端的自己扮做跑龙套的,辛苦的出台,止算做没有呢?
>
> 并且,真的戏,唱不来,下场了不再上场,就完了。这是叫做物质不灭,连带着变动,连带着绵延,永远下了场马上又要登台的呀!尽管轮到你唱,止是随随便便的敷衍,跟跟跄跄的闹笑话,叫人搜你的根脚,说道,"这到底是漆黑一团的子孙,终是那漆黑一团的性气!"不丢人吗?(四七至四八)

这是吴先生的人生观。他盼望"既有了人生,便要……把演唱的脚本做得好好的,然后不枉一登场"。(九二)

怎么样方才能把这出义务戏唱得好好的呢?吴先生说:用你的两只手去做工,用你的脑力去帮助两只手制造器械,发明科学,制作文明,增进道德。

人是制器的动物。器械愈备,文明愈高。科学愈进步,道德越进步。

> 人之所以尤进于禽兽者,何在乎?即以其前之两足,发展为两手。所作之工愈备,其生事愈备,凡可以善生类之群,补自然之缺者,愈周也。(《勤工俭学传》书后)

这个思想常在他的口中。

> 人者,能以人工补天行,使精神上一切理想的道德无不可由之而达到又达到者也。(《杭育》十)

说得详细点,便成了他的"品物进步论"。

> 总括言之,世界的进步只随品物而进步。科学便是备物最有力的新法。

> 什么叫做世界的进步止随品物而进步呢?……人类或云已有三兆年,或云有了一兆年。姑取后说,认为止有一兆年,于是分:

> 七十四万年为原人时代,品物一无所有。

> 一十五万年为老石器时代,器物止有不多几种的坚石卵,名曰石斧。

> 十万年为新石器时代,器物始有石斧,石箭,骨针,角锤,种种,——甚而至于有青铜器。

> 一万年至今为书契代了结绳,文明肇开时代。自琴瑟,耒耜,杵臼,至今轮船,火车,飞机,潜艇,无非极言其品物之多而已。

即论这书契以后的一万年:

> 五千年草昧初开时代,……那时的茹毛饮血,衣不蔽体的状态,东西不能讳。

> 三千五百年为专制时代。……

> 三百年为宪政时代,——西方歌白尼(Copernicus)一声大喊,太阳居中而不动,金牛宪章成立。

> 一百五十年为共和时代,则华特(Watt)的汽机出世之故。

(《杭育》十一)

吴先生对于物质文明的信仰是很可以叫我们这些信仰薄弱的后生小子奋发鼓舞的。他曾自己宣布他的几个信条:

(一)我是坚信精神离不了物质。(《宇宙观及人生观》,页一一二至一一三)

(二)我是坚信宇宙都是暂局,然兆兆兆兆境没有一境不该随境努力;兆兆兆兆时没有一时不该随时改进。(页一一三至一一四)

(三)也许有少数古人胜过今人,但从大部分着想,可坚决的断定古人不及今人,今人又不及后人。

（四）善也古人不及今人，今人不及后人；恶也古人不及今人，今人不及后人。知识之能力可使善亦进，恶亦进。人每忽于此理，所以生出许多厌倦，弄成许多倒走。

（五）我信物质文明愈进步，品物愈备，人类的合一愈有倾向，复杂的疑难亦愈易解决。（一一四至一二八）

最后这一项便是他的"品物进步论"。他说：

> 我们再讲物质文明帮助人类在地球上大同之进行。前年美总统有选举之说，无线德律风预备临时添置二百万具。那就人民普遍监察，运用愈周，共和可以愈真。如德国之工业教育，虽全厂工程师战死，工头能代行职务！工头又死，工人亦能勉强开工。于是劳工大学等之设备成为理论。工人智识愈高，合作工厂将代用资本工厂，业组之社会主义可不烦流血而成。铁柱日铸万枝，水泥日出万桶，试验仪器充积厂屋，精铁油木之棹椅满贮仓库；三十里而峨焕完备之大学已在面前，二十里而崇闳富丽之书库博览室又堪驻足；一动车而千亩云堆，一开机而万卷雪叠，人皆为适量之节育，亦各操两小时之工：如此而共产，庶几名实两符。你想，倘要如此"睡昏"的做梦，缚了理智之脚，要想请直觉先生去苦滴滴的进行，他高兴么？回头过去，向后要求，走最高等之一路，是其结果矣。

吴先生"开除了上帝的名额，放逐了精神元素的灵魂"，但是旧玄学鬼还有几件法宝可以拿出骗人，如"直觉"，"良知"，"良心"，"非量"等等。吴先生把这些有麻醉性的名词也都一笔勾销了；他很坚决地说：

> 直觉罢，良知罢，非量罢，良心罢，都明明是理智支配的东西；并不是什么灵机活动，麻醉得了不得的神物。（页一〇〇）

他本来说过，（引见上文）

> ……人……接触外物，则造感觉；迎拒感觉，则造情感；恐怕情感有误，乃造思想而为理智；经理智再三审查，使特种情感恰像自然的常如适当，或更反纠理智之蔽，是造直觉；有些因其适

于心体,而且无需审检,故留遗而为本能。如是每一作用,皆于神经系增造机械,遂成三斤二两脑髓,又接上五千零四十八根脑筋。(页三〇,又一〇一)

这里关于直觉与本能的起原,最不满一班旧玄学者之意。吴先生自己另有详细说明(页一〇一至一〇三),大意是说,

> 本能便是情感要登台,经理智习练成的动作,作为不能候登台后再整备的应用品。直觉便是情感要盲进,经理智在恒河沙数时代,及恒河沙数环境,细细审查过,遗传了,经验了,留为情感一发不及思索时的救急扶持品。

他指出

> 因为直觉〔其中含有旧理智〕并能纠新理智之失,故古来把直觉算灵机的玄学鬼就误把直觉放到理智之上,(那里知道他不过是理智精神的产物?)以为理智是不能批评直觉。岂知直觉固然一定是一种救急宝药,却并非万应灵丹。他也要靠着情感理智更迭作用,做一个恒河沙数不断的演进。没有理智常川的助他演进,那直觉就可以显出无办法,无意味,闹起直觉的破产,那就"良心靠不住","良知包办不来"的怪声反聒耳的来了。(页一〇三)

旧玄学者最爱引用孟子说的"四端"来证明直觉出于先天。吴先生也就用"四端"来证明直觉不出于先天。四端之中,辞让之心与是非之心,"自己的面孔便不像天生,可以省却纠缠",故吴先生止讨论恻隐与羞恶两端。他在讨论恻隐之心的一段(页一〇四至一一一)里,举了两件北京实事作例。一位中国陆军次长的汽车撞伤了两个学生,竟自开车走了,不顾那受伤流血的学生。一位瑞典使馆秘书的汽车撞伤了一个煤车夫,也流血了;那位瑞典秘书立即停车,叫人把受伤的人扛上自己的汽车,送入医院,留下自己的住址,方才回去。吴先生说:

> 这就是,瑞典秘书的祖宗已算了几十代账;陆军次长的祖宗止把恻隐之心(此四字原文作"孺子入井",今以意改)算做灵机活动,没有算账到少爷翻车上去,所以直觉便有程度差等的

分别。

关于羞恶的直觉,他说:

> 激起羞恶,虽较锐利,然而要想解决他,却靠了理智更多,理智要替他用算账工夫筹备得更劳。

他试举男女的关系作例,举出了三件实事:

> (1) 后汉名士荀爽(八龙中的无双)之女荀采,嫁给阴氏,生一女而夫死。荀爽把她别许郭氏,他自己诈称病笃,把女儿骗回家,强载她送到郭家。她到郭家,自缢而死。《后汉书》记此事,但表荀采之节,而完全不责荀爽之迫女再嫁。
>
> (2) 一千七百年后,松江周女士在某校教书,因与校长互相惬意,就正式结了婚。她的父亲周举人以为他的女儿做出"不端"之事,把女儿骗回家,同船到中途,推她坠水而死。
>
> (3) 又过了十五年,日本文学家有岛武郎是个有妻之夫,同一位有夫的波多野夫人发生了极热烈的恋爱,遂相约自杀了。中国有位理学少年谢先生对于此事却居然大加赞叹,称他们俩有杀身成仁的直觉。

依这三件事看来,究竟谁的羞恶之心可算是先天的直觉呢?吴先生说:

> 所以理智审查了情感,预贮些直觉在脑子里,做个应急时的宝丹,是我们人动物(或不止人动物)的一种能耐。然而环境的变动,静稳舒缓,一代一代止把老方子使用,好像只是一个上帝钦定的御方,……也就说得去。若环境变动剧烈,止十五年,便药不对症;一定发见或是前的直觉(周举人的),或是后的直觉(谢世兄的),终有一个假冒仙传。
>
> 若要说彼此被环境改动,那就要问谁是改方先生呢。方才晓得那改方先生姓理名智。于是理智先生在剧烈变动的环境中,便门诊出诊,应酬一个不了(页一五一至一五五)。

在这一方面,吴先生最接近戴震。戴震要人知道"理"只是事物的条理,并没有什么"得于天而具于心"的理。人心止有心知,可以扩充训练到圣智的地步;训练的法子止是"一事豁然使无余蕴,更一事而亦如是;久之心知之明进于圣智,虽未学之事,岂足以穷其智哉?"戴震要排斥那"得于天而具于心"的理,因为他深信"以理为如有物焉,得于天而具于心,未有不以意见当之者也"。

吴先生所以要排斥那些"把直觉算灵机活动的玄学鬼",也止是因为认直觉为天理流行,或灵机活动,必至于把那些成见习俗"假冒仙传"的老方子认作良知直觉,其害正等于认理为得于天而具于心。戴震要人"致其心之明,权度事情无几微差失",这种纯任理智的态度也和吴先生相同。吴先生并不完全否认直觉,他止要我们明白直觉到底"还是要经过理智不断的帮助,叫他进而愈进"。不受理智指导帮助的直觉,正和戴震所谓"意见"是同样的东西,同样的盲目,同样的武断专制。

戴震要人"致其心之明",至于"无蔽",方才可以得理。吴先生更要进一步,要人平日运用理智,养成为善的能力,造成为善的设备。单有无蔽的理智,或单有直觉的好心,若没有可以为善的能力与设备,还不是空口讲白话?例如孟子讲恻隐之心,只敢说"今人乍见孺子将入于井",吴先生便要追问,假使把"将"字换了个"已"字,又怎么办?(页一〇七至一一一)吴先生的人生观是把人看作两手一个大脑的动物在台上做义务戏。这出戏不是容易做的,须充分训练这两只手,充分运用这个大脑,增加能力,提高智慧,制造工具:品物越备,人的能力越大,然后"能以人工补天行,使精神上一切理想的道德无不可由之而达到又达到"。努力朝这路上走,"没有一境不该随境努力,没有一时不该随时改进",这才算得"人生观"。

反乎此者,都只是"人死观"。"涅槃","寂灭","出世",都是人死观,不用说了。就是那些什么"持中","调和","顺天理而待尽","物来而顺应",也都只是懒惰人的半生半死观,——人也够不上整个的人,生也够不上活泼泼的生,止是苟延残喘而已。世间一班昏人,偏要赞叹这种半生半死的生活,自命为"精神生活"!吴先生喝道:

> 玄学美学先生,他的个体精神被自然物质屈服了,发起一种麻醉性的精神,被清风明月弄得穷愁潦倒,又把同类的臭皮囊害

得风餐露宿,反自矜精神以外无长物,便叫做"精神生活"。

以被屈为和平,以被屠为牺牲;青山绿野,载寝载哦,似乎神仙境界,特不免于刀俎上之宛转呼号而终,——这叫牛羊的精神生活。(《杭育》五)

这便是吴先生说的"无端的……辛苦的出台,止算做没有"。

吴先生的人生观的结论是:

言生而至于有人,宇宙之戏幕自更精彩。至此而挟极度之创造冲动,及最高之克己义务,始可自责曰,人者庶几万物之灵!凡覆天载地之大责任,为宇宙间万有之朋友所不能招呼者,壹由吾人招呼之。如此,岂是"就生活而生活","顺天理而待尽",可以胜彼艰巨?

是故人也者,吹个大法螺,即代表漆黑一团,而使处办宇宙,又以处办得极精彩的宇宙之一段双手交出,更以处办宇宙之责任付诸超人者也……

悠悠宇宙,将无穷极,

愿吾朋友勿草草人生!

1928,2,7 改定稿

(本文原为胡适1927年12月在上海同文书院的讲演稿,曾载1928年1月25日至2月15日《贡献》旬刊第6至8号。此为改定稿)

治学的方法与材料

现在有许多人说：治学问全靠有方法；方法最重要，材料却不很重要。有了精密的方法，什么材料都可以有好成绩。粪同溺可以作科学的分析，《西游记》同《封神演义》可以作科学的研究。

这话固然不错。同样的材料，无方法便没有成绩，有方法便有成绩，好方法便有好成绩。例如我家里的电话坏了，我箱子里尽管有大学文凭，架子上尽管有经史百家，也只好束手无法，只好到隔壁人家去借电话，请电话公司派匠人来修理。匠人来了，他并没有高深学问，从没有梦见大学讲堂是什么样子。但他学了修理电话的方法，一动手便知道毛病在何处，再动手便修理好了。我们有博士头衔的人只好站在旁边赞叹感谢。

但我们却不可不知道这上面的说法只有片面的真理。同样的材料，方法不同，成绩也就不同。但同样的方法，用在不同的材料上，成绩也就有绝大的不同。这个道理本很平常，但现在想做学问的青年人似乎不大了解这个极平常而又十分要紧的道理，所以我觉得这个问题有郑重讨论的必要。

科学的方法，说来其实很简单，只不过"尊重事实，尊重证据"。在应用上，科学的方法只不过"大胆的假设，小心的求证"。

在历史上，西洋这三百年的自然科学都是这种方法的成绩；中国这三百年的朴学也都是这种方法的结果。顾炎武、阎若璩的方法，同葛利略（Galileo）、牛敦（Newton）的方法，是一样的。他们都能把他们的学说建筑在证据之上。戴震、钱大昕的方法，同达尔文（Darwin）、柏司德（Pasteur）的方法，也是一样的：他们都能大胆地假设，小心地求证（参看《胡适文存》初排本卷二，《清代学者的治学方法》，页二〇五——二四六）。

中国这三百年的朴学成立于顾炎武同阎若璩；顾炎武的导师是陈第，阎若璩的先锋是梅鷟。陈第作《毛诗古音考》（1601—1606），注重证据；每个古音有"本证"，有"旁证"；本证是《毛诗》中的证据，旁证是引别种古书来证《毛诗》。如他考"服"字古音"逼"，共举了本证十四条，旁证十条。顾炎武的《诗本音》同《唐韵正》都用同样的方法。《诗本音》于"服"字下举了三十二条证据，《唐韵正》于"服"字下举了一百六十二条证据。

梅鷟是明正德癸酉（1513）举人，著有《古文尚书考异》，处处用证据来证明伪《古文尚书》的娘家。这个方法到了阎若璩的手里，运用更精熟了，搜罗也更丰富了，遂成为《尚书古文疏证》，遂定了伪古文的铁案。有人问阎氏的考证学方法的指要，他回答道：

> 不越乎"以虚证实，以实证虚"而已。

他举孔子适周之年作例。旧说孔子适周共有四种不同的说法：

（1）昭公七年（《水经注》）
（2）昭公二十年（《史记·孔子世家》）
（3）昭公二十四年（《史记索隐》）
（4）定公九年（《庄子》）

阎氏根据《曾子问》里说孔子从老聃助葬恰遇日食一条，用算法推得昭公二十四年夏五月乙未朔日食，故断定孔子适周在此年。（《尚书古文疏证》卷八，第一百二十条）

这都是很精密的科学方法。所以"亭林、百诗之风"造成了三百年的朴学。这三百年的成绩有声韵学，训诂学，校勘学，考证学，金石学，史学，其中最精采的部分都可以称为"科学的"；其间几个最有成绩的人，如钱大昕、戴震、崔述、王念孙、王引之、严可均，都可以称为科学的学者。我们回顾这三百年的中国学术，自然不能不对这班大师表示极大的敬意。

然而从梅鷟的《古文尚书考异》到顾颉刚的《古史辨》，从陈第的《毛诗古音考》到章炳麟的《文始》，方法虽是科学的，材料却始终是文字的。科学的方法居然能使故纸堆里大放光明，然而故纸的材料终久限死了科学的方法,故这三百年的学术也只不过文字的学术,三百年的光明也只不过故纸堆的火焰而已!

我们试回头看看西洋学术的历史。

当梅鷟的《古文尚书考异》成书之日,正哥白尼(Copernicus)的天文革命大著出世(1543)之时。当陈第的《毛诗古音考》成书的第三年(1608),荷兰国里有三个磨镜工匠同时发明了望远镜。再过一年(1609),意大利的葛利略(Galileo)也造出了一座望远镜,他逐渐改良,一年之中,他的镜子便成了欧洲最精的望远镜。他用这镜子发现了木星的卫星,太阳的黑子,金星的光态,月球上的山谷。

葛利略的时代,简单的显微镜早已出世了。但望远镜发明之后,复合的显微镜也跟着出来。葛利略死(1642)后二三十年,荷兰有一位磨镜的,名叫李文厚(Leeuwenhoek),天天用他自己做的显微镜看细微的东西。什么东西他都拿来看看,于是他在蒸溜水里发现了微生物,鼻涕里和痰唾里也发现了微生物,阴沟臭水里也发现了微生物,微菌学从此开始了。这个时候(1675)正是顾炎武的《音学五书》成书的时候,阎若璩的《古文尚书疏证》还在著作之中。

从望远镜发现新天象(1609)到显微镜发现微菌,(1675),这五六十年之间,欧洲的科学文明的创造者都出来了。试看下表:

	中　　国	欧　　洲
1606	陈第《古音考》。	
1608		荷兰人发明望远镜。
1609		葛利略的望远镜。
		解白勒(Kepler)发表他的火星研究,宣布行星运行的两条定律。
1610	黄宗羲生。	
1613	顾炎武生。	
1614		奈皮尔(Napier)的对数表。
1619	王夫之生。	解白勒的行星第三律。
1618—21		解白勒的《哥白尼天文学要指》。
1623	毛奇龄生。	
1625	费密生。	
1626		倍根死。

	中　　国	欧　　洲
1628	用西法修新历。	哈维（Harvey）的《血液运行论》。
1630		葛利略的《天文谈话》。
		解白勒死。
1633		葛利略因天文学受异端审判。
1635	颜元生。	
1636	阎若璩生。	
1637	宋应星的《天工开物》。	笛卡儿（Descartes）的《方法论》，发明解析几何。
1638		葛利略的《科学的两新支》。
1640	徐霞客（宏祖）死。	
1642		葛利略死，牛敦生。
1644		葛利略的弟子佗里杰利（Torricelli）用水银试验空气压力，发明气压计的原理。
1655	阎若璩开始作《尚书古文疏证》，积三十余年始成书。	
1657	顾炎武注《韵补》。	
1660		英国皇家学会成立。
		化学家波耳（Boyle）发表他的气体新试验（波耳氏律）。
1661		波耳的《怀疑的化学师》。
1664	废八股。	
1665		牛敦发明微分学。
1666	顾炎武的《韵补正》成。	牛敦发明白光的成分。
1667	顾炎武的《音学五书》成。	
1669	复八股。	
1670	顾炎武初刻《日知录》八卷。	
1675		李文厚用显微镜发现微生物。
1676	顾炎武《日知录》自序。	
1680	顾炎武《音学五书》后序。	
1687		牛敦的杰作《自然哲学原理》。

我们看了这一段比较年表，便可以知道中国近世学术和西洋近世学术的划分都在这几十年中定局了。在中国方面，除了宋应星的《天工开物》一部奇书之外，都只是一些纸上的学问；从八股到古音的考证固然是一大进步，然而终久还是纸上的工夫。西洋学术在这几十年中便已走上了自然科学的大路了。顾炎武、阎若璩规定了中

国三百年的学术的局面；葛利略、解白勒、波耳、牛敦规定了西洋三百年的学术的局面。

他们的方法是相同的，不过他们的材料完全不同。顾氏、阎氏的材料全是文字的，葛利略一班人的材料全是实物的。文字的材料有限，钻来钻去，总不出这故纸堆的范围；故三百年的中国学术的最大成绩不过是两大部《皇清经解》而已。实物的材料无穷，故用望远镜观天象，而至今还有无穷的天体不曾窥见；用显微镜看微菌，而至今还有无数的微菌不曾寻出。但大行星已添了两座，恒星之数已添到十万万以外了！前几天报上说，有人正在积极实验同火星通信了。我们已知道许多病菌，并且已知道预防的方法了。宇宙之大，三百年中已增加了几十万万倍了；平均的人寿也延长了二十年了。

然而我们的学术界还在烂纸堆里翻我们的筋斗。

不但材料规定了学术的范围，材料并且可以大大地影响方法的本身。文字的材料是死的，故考证学只能跟着材料走，虽然不能不搜求材料，却不能捏造材料。从文字的校勘以至历史的考据，都只能尊重证据，却不能创造证据。

自然科学的材料便不限于搜求现成的材料，还可以创造新的证据。实验的方法便是创造证据的方法。平常的水不会分解成轻气养气；但我们用人功把水分解成轻气和养气，以证实水是轻气和养气合成的。这便是创造不常有的情境，这便是创造新证据。

纸上的材料只能产生考据的方法；考据的方法只是被动的运动材料。自然科学的材料却可以产生实验的方法；实验便不受现成材料的拘束，可以随意创造平常不可得见的情境，逼拶出新结果来。考证家若没有证据，便无从做考证；史家若没有史料，便没有历史。自然科学家便不然。肉眼看不见的，他可以用望远镜，可以用显微镜。生长在野外的，他可以叫他生长在花房里；生长在夏天的，他可以叫他生在冬天。原来在人身上的，他可以移种在兔身上，狗身上。毕生难遇的，他可以叫他天天出现在眼前；太大了的，他可以缩小；整个的，他可以细细分析；复杂的，他可以化为简单；太少了的，他可以用人功培植增加。

故材料的不同可以使方法本身发生很重要的变化。实验的方法也只是大胆的假设,小心的求证;然而因为材料的性质,实验的科学家便不用坐待证据的出现,也不仅仅寻求证据,他可以根据假设的理论,造出种种条件,把证据逼出来。故实验的方法只是可以自由产生材料的考证方法。

葛利略二十多岁时,在本地的高塔上抛下几种重量不同的物件,看他们同时落地,证明了物体下坠的速率并不依重量为比例,打倒了几千年的谬说。这便是用实验的方法去求证据。他又做了一块板,长十二个爱儿(每个爱儿长约四英尺),板上挖一条阔一寸的槽。他把板的一头垫高,用一个铜球在槽里滚下去,他先记球滚到底的时间,次记球滚到全板四分之一的时间。他证明第一个四分之一的速度最慢,需要全板时间的一半。越滚下去,速度越大。距离的相比等于时间的平方的相比。葛利略这个试验总做了几百次,他试过种种不同的距离,种种不同的斜度,然后断定物体下坠的定律。这便是创造材料,创造证据。平常我们所见物体下坠,一瞬便过了,既没有测量的机会,更没有比较种种距离和种种斜度的机会。葛氏的试验便是用人力造出种种可以测量,可以比较的机会。这便是新力学的基础。

哈维研究血的循环,也是用实验的方法。哈维曾说:

> 我学解剖学同教授解剖学,都不是从书本子来的,是从实际解剖来的;不是从哲学家的学说上来的,是从自然界的条理上来的。(他的《血液运行》自序)

哈维用下等活动物来做实验,观察心房的跳动和血的流行。古人只解剖死动物的动脉,不知死动物的动脉管是空的。哈维试验活动物,故能发现古人所不见的真理。他死后四年(1661),马必吉(Malpighi)用显微镜看见血液运行的真状,哈维的学说遂更无可疑了。

此外如佗里杰利的试验空气的压力,如牛敦的试验白光的七色,都是实验的方法。牛敦在暗室中放进一点日光,使他通过三棱镜,把光放射在墙上。那一圆点的白光忽然变成了五倍大的带子,白光变成了七色:红、橘红、黄、绿、蓝、靛青、紫。他再用一块三棱镜把第一块三棱镜的光收回去,便仍成圆点的白光。他试验了许多回,又想出一个法子,把七色的光射在一块板上,板上有小孔,只许一种颜色的光通过。板后面再用三棱镜把每一色的光线通过,然后测量每一色光的曲折角度。他这样试验的结果始知白光是曲折力不同的七种光复合成的。他的实验遂发明了光的性质,建立了分光学的基础。

以上随手举的几条例子,都是顾炎武、阎若璩同时人的事,已可以表见材料同方法的关系了。考证的方法好有一比,比现今的法官判案,他坐在堂上静听两造的律师把证据都呈上来了,他提起笔来,宣判道:某一造的证据不充足,败诉了;某一造的证据充足,胜诉了。他的职务只在评判现成的证据,他不能跳出现成的证据之外。实验的方法也有一比,比那侦探小说里的福尔摩斯访案:他必须改装微行,出外探险,造出种种机会来,使罪人不能不呈献真凭实据。他可以不动笔,但他不能不动手动脚,去创造那逼出证据的境地与机会。

结果呢?我们的考证学的方法尽管精密,只因为始终不接近实物的材料,只因为始终不曾走上实验的大路上去,所以我们的三百年最高的成绩终不过几部古书的整理,于人生有何益处?于国家的治乱安危有何裨补?虽然做学问的人不应该用太狭义的实利主义来评判学术的价值,然而学问若完全抛弃了功用的标准,便会走上很荒谬的路上去,变成枉费精力的废物。这三百年的考证学固然有一部分可算是有价值的史料整理,但其中绝大的部分却完全是枉费心思。如讲《周易》而推翻王弼,回到汉人的"方士《易》";讲《诗经》而推翻郑樵、朱熹,回到汉人的荒谬诗说;讲《春秋》而回到两汉陋儒的微言大义,——这都是开倒车的学术。

为什么三百年的第一流聪明才智专心致力的结果仍不过是枉费心思的开倒车呢?只因为纸上的材料不但有限,并且在那一个"古"字底下罩着许多浅陋幼稚愚妄的胡说。钻故纸的朋友自己没有学问眼力,却只想寻那"去古未远"的东西,日日"与古为邻",却不知不觉地成了与鬼为邻,而不自知其浅陋愚妄幼稚了!

那班崇拜两汉陋儒方士的汉学家固不足道。那班最有科学精神的大师——顾炎武、戴震、钱大昕、段玉裁、孔广森、王念孙、王引之等——他们的科学成绩也就有限的很。他们最精的是校勘训诂两种学问,至于他们最用心的声韵之学简直是没有多大成绩可说。如他们费了无数心力去证明古时有"支"、"脂"、"之"三部的区别,但他们到如今不能告诉我们这三部究竟有怎样的分别。如顾炎武找了一百六十二条证据来证明"服"字古音"逼",到底还不值得一个广东乡下人的一笑,因为顾炎武始终不知道"逼"字怎样读法。又如三百年的古音学不能决定古代究竟有无入声;段玉裁说古有入声而去声为后起,孔广森说入声是江左后起之音。二百年来,这个问题似乎没有定论。却不知这个问题不解决,则一切古韵的分部都是将错就错。况且依二百年来"对转"、"通转"之说,几乎古韵无一部不可通他部。如果部部本都可通,那还有什么韵部可说!

　　三百年的纸上工夫,成绩不过如此,岂不可叹!纸上的材料本只适宜于校勘训诂一类的纸上工作;稍稍逾越这个范围,便要闹笑话了。

　　西洋的学者先从自然界的实物下手,造成了科学文明,工业世界,然后用他们的余力,回来整理文字的材料。科学方法是用惯的了。实验的习惯也养成了。所以他们的余力便可以有惊人的成绩。在音韵学的方面,一个格林姆(Grimm)便抵得许多钱大昕、孔广森的成绩。他们研究音韵的转变,文字的材料之外,还要实地考察各国各地的方言,和人身发音的器官。由实地的考察,归纳成种种通则,故能成为有系统的科学。近年一位瑞典学者珂罗倔伦(Bernhard Karlgren)费了几年的工夫研究《切韵》,把二百六部的古音弄的清清楚楚。林语堂先生说:

> 珂先生是《切韵》专家,对中国音韵学的贡献发明,比中外过去的任何音韵学家还重要。(《语丝》第四卷第廿七期)

珂先生的成绩何以能这样大呢?他有西洋的音韵学原理作工具,又很充分地运用方言的材料,用广东方言作底子,用日本的汉音吴音作参证,所以他几年的成绩便可以推倒顾炎武以来三百年的中国学者的纸上工夫。

　　我们不可以从这里得一点教训吗?

纸上的学问也不是单靠纸上的材料去研究的。单有精密的方法是不够用的。材料可以限死方法，材料也可以帮助方法。三百年的古韵学抵不得一个外国学者运用活方言的实验。几千年的古史传说禁不起三两个学者的批评指摘。然而河南发现了一地的龟甲兽骨，便可以把古代殷商民族的历史建立在实物的基础之上。一个瑞典学者安特森（J. G. Anderson）发现了几处新石器，便可以把中国史前文化拉长几千年。一个法国教士桑德华（Père Licent）发现了一些旧石器，便又可以把中国史前文化拉长几千年。北京地质调查所的学者在北京附近的周口店发见了一个人齿，经了一个解剖学专家步达生（Davidson Black）的考定，认为远古的原人，这又可以把中国史前文化拉长几万年。向来学者所认为纸上的学问，如今都要跳在故纸堆外去研究了。

所以我们要希望一班有志做学问的青年人及早回头想想。单学得一个方法是不够的；最要紧的关头是你用什么材料。现在一班少年人跟着我们向故纸堆去乱钻，这是最可悲叹的现状。我们希望他们及早回头，多学一点自然科学的知识与技术：那条路是活路，这条故纸的路是死路。三百年的第一流的聪明才智销磨在这故纸堆里，还没有什么好成绩。我们应该换条路走走了。等你们在科学试验室里有了好成绩，然后拿出你们的余力，回来整理我们的国故，那时候，一拳打倒顾亭林，两脚踢翻钱竹汀，有何难哉！

十七年九月

（原载 1928 年 11 月 10 日《新月》第 1 卷第 9 号，又载 1929 年 1 月《小说月报》第 20 卷第 1 期）

整理国故与"打鬼"
给浩徐先生信

浩徐先生：

今天看见一〇六期的《现代》，读了你的《主客》，忍不住要写几句话寄给你批评。

你说整理国故的一种恶影响是造成一种"非驴非马"的白话文。此话却不尽然。今日的半文半白的白话文，有三种来源。第一是做惯古文的人，改做白话，往往不能脱胎换骨所以弄成半古半今的文体。梁任公先生的白话文属于这一类，我的白话文有时候也不能免这种现状。缠小了的脚，骨头断了，不容易改成天足，只好塞点棉花，总算是"提倡"大脚的一番苦心，这是大家应该原谅的。

第二是有意夹点古文调子，添点风趣，加点滑稽意味。吴稚晖先生的文章（有时因为前一种原因）有时是有意开玩笑的。鲁迅先生的文章，有时是故意学日本人做汉文的文体，大概是打趣"《顺天时报》派"的；如他的《小说史》自序。钱玄同先生是这两方面都有一点的：他极赏识吴稚晖的文章，又极赏识鲁迅弟兄，所以他做的文章也往往走上这一条路。

第三是学时髦的不长进的少年。他们本没有什么自觉的主张，又没有文学的感觉，随笔乱写，既可省做文章的工力，又可以借吴老先生作幌子。这种懒鬼，本来不会走上文学的路去，由他们去自生自灭罢。

这三种来源都和"整理国故"无关。你看是吗？

平心说来，我们这一辈人都是从古文里滚出来的，一二十年的死工夫或二三十年的死工夫究竟还留下一点子鬼影，不容易完全脱胎换骨。即如我自己,必须全副精神贯注在修词造句上,方才可以做纯粹的白话文;偶一松懈(例如做"述学"的文字,如《章实斋年谱》之类),便成了"非驴非马"的文章了。

大概我们这一辈"半途出身"的作者都不是做纯粹国语文的人。新文学的创造者应该出在我们的儿女的一辈里。他们是"正途出身"的;国语是他们的第一语言;他们大概可以避免我们这一辈人的缺点了。

但是我总想对国内有志作好文章的少年们说两句忠告的话。第一,做文章是要用力气的。第二,在现时的作品里,应该拣选那些用气力做的文章做样子,不可挑那些一时游戏的作品。

其次,你说国故整理的运动总算有功劳,因为国故学者判断旧文化无用的结论可以使少年人一心一意地去寻求新知识与新道德。你这个结论,我也不敢承认。

国故整理的事业还在刚开始的时候,决不能说已到了"最后一刀"。我们这时候说东方文明是"懒惰不长进的文明",这种断语未必能服人之心。六十岁上下的老少年如吴稚晖、高梦旦也许能赞成我的话。但是一班黑头老辈如曾慕韩、康洪章等诸位先生一定不肯表同意。

那"最后一刀"究竟还得让国故学者来下手。等他们用点真工夫,充分采用科学方法,把那几千年的烂账算清楚了,报告出来,叫人们知道儒是什么,墨是什么,道家与道教是什么,释迦达摩又是什么,理学是什么,骈文律诗是什么,那时候才是"最后的一刀"收效的日子。

近来想想,还得双管齐下。输入新知识与新思想固是要紧,然而"打鬼"更是要紧。宗杲和尚说的好:

> 我这里无法与人,只是据款结案。恰如将个琉璃瓶子来,护惜如什么,我一见便为你打破。你又将得摩尼珠来,我又夺了。见你恁地来时,我又和你两手截了。所以临济和尚道,"逢佛杀佛,逢祖杀祖,逢罗汉杀罗汉"。你且道,既称善知识,为什么却

要杀人？你且看他是什么道理？

浩徐先生，你且道，清醒白醒的胡适之却为什么要钻到烂纸堆里去"白费劲儿"？为什么他到了巴黎不去参观柏斯德研究所，却在那敦煌烂纸堆里混了十六天的工夫？

我披肝沥胆地奉告人们：只为了我十分相信"烂纸堆"里有无数无数的老鬼，能吃人，能迷人，害人的厉害胜过柏斯德（Pasteur）发现的种种病菌。只为了我自己自信，虽然不能杀菌，却颇能"捉妖"、"打鬼"。

这回到巴黎、伦敦跑了一趟，搜得不少"据款结案"的证据，可以把达摩、慧能，以至"西天二十八祖"的原形都给打出来。据款结案，即是"打鬼"。打出原形，即是"捉妖"。

这是整理国故的目的与功用。这是整理国故的好结果。

你说，"我们早知道在那方面做工夫是弄不出好结果来的"。那是你这聪明人的一时懵懂。这里面有绝好的结果。用精密的方法，考出古文化的真相；用明白晓畅的文字报告出来，叫有眼的都可以看见，有脑筋的都可以明白。这是化黑暗为光明，化神奇为臭腐，化玄妙为平常，化神圣为凡庸：这才是"重新估定一切价值"。他的功用可以解放人心，可以保护人们不受鬼怪迷惑。

西滢先生批评我的作品，单取我的《文存》，不取我的《哲学史》。西滢究竟是一个文人；以文章论，《文存》自然远胜《哲学史》。但我自信，中国治哲学史，我是开山的人，这一件事要算是中国一件大幸事。这一部书的功用能使中国哲学史变色。以后无论国内国外研究这一门学问的人都躲不了这一部书的影响。凡不能用这种方法和态度的，我可以断言，休想站得住。

梁漱溟先生在他的书里曾说，依胡先生的说法，中国哲学也不过如此而已（原文记不起了，大意如此）。老实说来，这正是我的大成绩。我所以要整理国故，只是要人明白这些东西原来"也不过如此！"本来"不过如此"，我所以还他一个"不过如此"。这叫做"化神奇为臭腐，化玄妙为平常"。

禅宗的大师说："某甲只将花插香炉上，是和尚自疑别有什么

事。"把戏千万般,说破了"也不过如此"。(下略)

适之　十六,二,七

附录一　西滢跋语

　　适之先生要我看完这信,转交给浩徐。这时浩徐不在北京,好在适之先生本预备发表,所以就在这里发表了。

　　适之先生说我批评他的作品,单取他的《文存》,不取他的《哲学史》,因此断定我"究竟是一个文人"。这话也许有部分的理由,因为正如适之先生所说,"以文章论,《文存》自然远胜《哲学史》"。可是我并不是单把文章好坏做我去取的标准。《文存》里大部分是提倡革命,扫除旧思想,建设新文学的文字。在那里适之先生引我们上了一条新路。可是在"革命尚未成功,同志还须努力"的当儿,胡先生忽然立停了脚,回过头去编他的《哲学史》了。固然不错,他做的还是破坏的功夫,"捉妖"、"打鬼"的事业,只是他丢开了另一方面,在我们看来,更加重要的工作。没有走过的新路是不容易走的。前面得有披荆斩棘的先锋,熟识道途的引导者。适之先生的地位应当在那里。可是他杀回头去了,所以虽然还有些人在新路上往前觅道,大部分的人只得立住了脚,不知道怎样好。更不幸的,一般近视眼的先生,不知道胡先生是回去扫除邪孽,清算烂账的,只道连胡先生都回去了,他们更不可不回去了。于是一个个都钻到烂纸堆里去,"化臭腐为神奇,化平常为玄妙,化凡庸为神圣",弄得乌烟瘴气,迷濛天地。吴稚晖先生说:"胡先生的《大纲》,杂有一部分浇块垒的话头,虽用意是要革命,也很是危险,容易发生流弊。果然引出了梁漱溟的文化哲学及梁启超的学术讲演。胡先生所发生的一点革命效果,不够他们消灭。"他的话真是说的入骨三分。所以对吴老先生的又一句话,线装书给胡先生看,他"是热烈赞同的",我实在热烈的不赞同。我以为别人可以"整理国故",适之先生却不应当"整理国故"。这怪他自己不好,谁叫他给自己创造出来一个特殊的地位呢?

　　老实说,我对于"整理国故"这个勾当,压根儿就不赞成。本来,一个人喜欢研究国故,犹之另一个人喜欢研究化学,第三人喜欢研究昆虫,他有绝对的自由,用不着我们来赞成或反对。可是研究化学的人,在试验室静悄悄的做他的试验。研究昆虫的人,不声不响的在田野中搜集他的标本。只有研究国故的人整日价的摇旗呐喊,金鼓震天,吵得我们这种无辜的人不能安居乐业,叫人不得不干涉。国故学者总以为研究国故是"匹夫有责"的;适之先生自己就给我们开了一个最低限度的国学书目;梁任公先生更进一步,说无论什么人没有读他开的书单,就"不能算中国的学人";国立大学拿"整理国故"做入学试题;副刊杂志看国故文字为最时髦的题目。结果是线装书的价钱,十年以来,涨了二三倍。浩徐先生说:"国故整理运动倒也不是完全无益",因为"国故整理家对国故所下的结论,才是在那半生不死的国故动物的喉咙里,杀进去的最后一刀,使以后的青年们能够毫无牵挂地一心一意地去寻求新道德新知识新艺术"。我们不能不说他实在看错了。那"最后一刀"的结论,适之先生已经不敢承认了,虽然他说"究竟还得让国故学者来下手"。可是,我们试问,除了适之先生自己和顾颉刚、唐擘黄、钱玄同等三四位先生外,那一个国故学者在"磨刀霍霍"呢?唉,那一个不是在进汤灌药,割肉补疮呢!那一个不是在垃圾桶里掏宝,灰土堆中搜珍奇呢!青年们本来大都是"学时髦的不长进的少年"。"整理国故"既然这样时髦,也难怪他们随声附和了。

我觉得现在还没有到"整理国故"的时候。一座旧房子里的破烂家具,无论你怎样的清查,怎样的整理,怎样的搬动,怎样的烧劈老朽,怎样的重新估定价值,怎样的报告一个"不过如此",弄来弄去,左不过还是那些破旧东西。而且,"入鲍鱼之肆,久而不觉其臭。"外国人登广告的目的,就利用人们对于常常耳闻目睹的东西认为自然良好的心理。所以一个人整天的钻在烂纸堆里,他也许就慢慢的觉得那也不是什么索然无味的事,甚而至于觉得那是人生最有趣味的事。所以我们目前的急需,是要开新的窗户,装新的地板,电灯,自来水,造新的厨房,辟新的毛厕,添种种新的家具。新的有用的来了,旧的无用的自然而然的先被挤到一边去,再被挤到冷房子里去,末了换给打估的人了。所以只有一心一意地去寻求新道德,新知识,新艺术,然后才能"在那半生不死的国故动物的喉咙里",杀最后的一刀。要是倒因为果的做起来,那一刀是万杀不进去的。这时候我们大伙儿一心一意的去寻求新道德新知识新艺术还嫌"力薄能疏,深惧陨越",那里再有闲功夫去算什么旧账?

还有一层,我觉得现在的国故学者十九还不配去整理国故。他们大家打的旗帜是运用"科学方法"。可是什么是科学方法?离开了科学本身,那所说的"科学方法"究竟是什么呢?一个人不懂得什么是科学,他又怎样的能用科学方法呢?而且,用"科学方法"做工具,去整理国故,与用"外国文知识"做工具,去翻译西方的各种学识一样的可笑,一样的荒唐。一般人都以为一个人认识了几个洋字,就可以翻译爱斯坦的《相对论》,佛洛爱特的心理学,拜伦的诗,法郎士的小说,而且有人就这样做。不知道一个人学了几年物理,还不一定懂得《相对论》;一个人没有细心研究过心理,断不能懂佛洛爱特的学说;一个人没有注意过英、法两国的人情风俗,思想潮流,也不能完全了解拜伦的诗,法郎士的小说。研究国故不也是这样的吗?什么是国故?是不是我们过去所有的成绩都包括在里面?适之先生似乎是这样想,因为他说过"中国的一切过去的文化历史,都是我们的国故"。那么,我们要问了,这种工作,是不是一个仅仅能读几本线装书的人,挟了"科学方法"所能够胜任的?还是要让经济学者去治经济史,政治学者去治政治史,宗教学者去治宗教史,文艺批评者去治文学史艺术史呢?上面已经说过了,我们要这些人都去研究经济,政治,宗教,文艺等种种方面的新思想,新知识,新艺术;我们要他们介绍种种欧美各国已经研究了许久,已经有心得的新思想,新知识,新艺术给我们,没有时候去弄"国故"那玩意儿。再过几十年,他们也许有这样的余力了,这样的闲暇了。那么到那时再说"整理国故"不好吗?

(原载 1927 年 3 月 19 日《现代评论》第 5 卷第 119 期)

附录二 主客答问

浩徐

(客) 民国十五年又快到尽头了。在这迎新送旧的时候,你有什么感想呢？或把问题缩小些,你对于中国的知识阶级有什么希望呢？

（主）　希望多着哪！第一,希望大家别忙着整顿国故,……

（客）　对不起,让我插说一句,那"整顿国故"的工作,是近来一重要部分知识阶级的重要工作哪！

（主）　但是整顿出来的结果呢？整顿了四五年之后,他们的结论仍然是:"这样受物质环境的拘束与支配,不能跳出来,不能运用人的心思智力来改造环境改造现状的文明,是懒惰不长进的民族的文明,是真正唯物的文明。这种文明只可以过抑而决不能满足人类精神上的要求。"这是整顿国故的首功胡适之的结论。又比如唐擘黄虽然不昌言整顿国故,也是在国故里下过功夫的,他的结论是:"可惜太聪明了！"倒是成长期中的白话文倒受了国故的影响,弄出来了现今这种"文言为体白话为用"的非驴非马的白话文,无怪乎章行严说白话文看不下去,现在这种白话文是古人读不通今人看不懂的。

（客）　这话不错。整顿国故的工作,真是白费劲儿;要使把那些优秀的知识分子的有为的光阴,去认真输入西洋的各种科学艺术,那是多么有益,想起来真是可惜。

（主）　国故整理运动倒也不是完全无益。说功劳他也是有功劳的。因为民国七八年那时候是中国人初次对于西洋文明开了眼睛的时候,那时候中国人虽然赞美西洋文明,但是还不曾从西洋文明的立脚点来看察过中国文明。就好像一个嫁了人的娘们,虽然对于夫妇生活觉得满足,总还对于娘家多少有点留恋。等到回到娘家过了一些日子之后,才能够觉到娘家的生活只是过去的生活,那新生活才是她真正应该生活的生活。要是没有那些人去干一阵整顿国故的工作,中国人一定对于他们的国故,还抱着多大的幻想,还以为那国故海上,一定还有虚无缥缈的仙山。要等那国故整顿舰队开进那海里去搜讨一番,然后大家才能相信那里头真正是空虚。所以国故整理家对国故所下的结论,才是在那半生不死的国故动物的喉咙里杀进去的最后一刀,使以后的青年们能够毫无牵挂地一心一意地去寻求新道德新知识新艺术。这就是国故整顿运动的功劳。不过在文化那建筑物上他不曾积极地加上一砖一瓦罢了。我们早知道在那方面做工夫是弄不出好结果来的。(下略)

(原载1926年12月18日《现代评论》第4卷第106期)

读书

"读书"这个题，似乎很平常，也很容易。然而我却觉得这个题目很不好讲。据我所知，"读书"可以有三种说法：

（一）要读何书　关于这个问题，《京报副刊》上已经登了许多时候的"青年必读书"；但是这个问题，殊不易解决，因为个人的见解不同，个性不同。各人所选只能代表各人的嗜好，没有多大的标准作用。所以我不讲这一类的问题。

（二）读书的功用　从前有人作"读书乐"，说什么"书中自有千钟粟，书中自有黄金屋，书中自有颜如玉"，现在我们不说这些话了。要说，读书是求智识，智识就是权力。这些话都是大家会说的，所以我也不必讲。

（三）读书的方法　我今天是要想根据个人所经验，同诸位谈谈读书的方法。我的第一句话是很平常的，就是说，读书有两个要素：第一要精，第二要博。

现在先说什么叫"精"。

我们小的时候读书，差不多每个小孩都有一条书签，上面写十个字，这十个字最普遍的就是"读书三到：眼到，口到，心到"。现在这种书签虽不用，三到的读书法却依然存在。不过我以为读书三到是不够的；须有四到，是："眼到，口到，心到，手到"。我就拿它来说一说。

眼到是要个个字认得，不可随便放过。这句话起初看去似乎很容易，其实很不容易。读中国书时，每个字的一笔一画都不放过。近人费许多功夫在校勘学上，都因古人忽略一笔一画而已。读外国书要把 A, B, C, D,……等字母弄得清清楚楚。所以说这是很难的。如有人翻译英文,把 port 看作 pork,把 oats 看作 oaks,于是葡萄酒一变而为猪肉,小草变成了大树。说起来这种例子很多,这都是眼睛不精细的结果。书是文字做成的,不肯仔细认字,就不必读书。眼到对于读书的关系很大,一时眼不到,贻害很大,并且眼到能养成好习惯,养成不苟且的人格。

口到是一句一句要念出来。前人说口到是要念到烂熟背得出来。我们现在虽不提倡背书,但有几类的书,仍旧有熟读的必要;如心爱的诗歌,如精采的文章,熟读多些,于自己的作品上也有良好的影响。读此外的书,虽不须念熟,也要一句一句念出来,中国书如此,外国书更要如此。念书的功用能使我们格外明了每一句的构造,句中各部分的关系。往往一遍念不通,要念两遍以上,方才能明白的。读好的小说尚且要如此,何况读关于思想学问的书呢?

心到是每章每句每字意义如何?何以如是?这样用心考究。但是用心不是叫人枯坐冥想,是要靠外面的设备及思想的方法的帮助。要做到这一点,须要有几个条件:

(一)字典,辞典,参考书等等工具要完备。这几样工具虽不能办到,也当到图书馆去看。我个人的意见是奉劝大家,当衣服,卖田地,至少要置备一点好的工具。比如买一本韦氏大字典,胜于请几个先生。这种先生终身跟着你,终身享受不尽。

(二)要做文法上的分析。用文法的知识,作文法上的分析,要懂得文法构造,方才懂得它的意义。

(三)有时要比较参考,有时要融会贯通,方能了解。不可但看字面。一个字往往有许多意义,读者容易上当。例如 turn 这字:

作外动字解有十五解,

作内动字解有十三解,

作名词解有二十六解,

共五十四解,而成语不算。

又如 Strike:

作外动字解有三十一解,

作内动字解有十六解，

　　作名词解有十八解，

　　共六十五解。

又如 go 字最容易了，然而这个字：

　　作内动字解有二十二解，

　　作外动字解有三解，

　　作名词解有九解，

　　共三十四解。

　　以上是英文字须要加以考究的例。英文字典是完备的；但是某一字在某一句究竟用第几个意义呢？这就非比较上下文，或贯串全篇，不能懂了。

　　中文较英文更难，现在举几个例：

　　祭文中第一句"维某年月日"之"维"字，究作何解？字典上说它是虚字。《诗经》里"维"字有二百多，必需细细比较研究，然后知道这个字有种种意义。

　　又《诗经》之"于"字，"之子于归"、"凤凰于飞"等句，"于"字究作何解？非仔细考究是不懂的。又"言"字人人知道，但在《诗经》中就发生问题，必须比较，然后知"言"字为联接字。诸如此例甚多。中国古书很难读，古字典又不适用，非是用比较归纳的研究方法，我们如何懂得呢？

　　总之，读书要会疑，忽略过去，不会有问题，便没有进益。

　　宋儒张载说："读书先要会疑。于不疑处有疑，方是进矣。"他又说："在可疑而不疑者，不曾学。学则须疑。"又说："学贵心悟，守旧无功。"

　　宋儒程颐说："学原于思。"

　　这样看起来，读书要求心到；不要怕疑难，只怕没有疑难。工具要完备，思想要精密，就不怕疑难了。

　　现在要说手到。手到就是要劳动劳动你的贵手。读书单靠眼到，口到，心到，还不够的；必须还得自己动动手，才有所得。例如：

　　（1）标点分段，是要动手的。

（2）翻查字典及参考书,是要动手的。

（3）做读书札记,是要动手的。札记又可分四类：

（a）抄录备忘。

（b）作提要,节要。

（c）自己记录心得。张载说："心中苟有所开,即便札记。不则还塞之矣。"

（d）参考诸书,融会贯通,作有系统的著作。

手到的功用。我常说：发表是吸收智识和思想的绝妙方法。吸收进来的智识思想,无论是看书来的,或是听讲来的,都只是模糊零碎,都算不得我们自己的东西。自己必须做一番手脚,或做提要,或做说明,或做讨论自己重新组织过,申叙过,用自己的语言记述过,——那种智识思想方才可算是你自己的了。

我可以举一个例。你也会说"进化",他也会谈"进化",但你对于"进化"这个观念的见解未必是很正确的,未必是很清楚的；也许只是一种"道听途说",也许只是一种时髦的口号。这种知识算不得知识,更算不得是"你的"知识。假使你听了我句话,不服气,今晚回去就去遍翻各种书籍,仔细研究进化论的科学上的根据；假使你翻了几天书之后,发愤动手,把你研究所得写成一篇读书札记；假使你真动手写了这么一篇"我为什么相信进化论?"的札记列举了

（一）生物学上的证据,

（二）比较解剖学上的证据,

（三）比较胚胎学上的证据,

（四）地质学和古生物学上的证据,

（五）考古学上的证据,

（六）社会学和人类学上的证据。

到这个时候,你所有关于"进化论"的知识,经过了一番组织安排,经过了自己的去取叙述,这时候这些知识方才可算是你自己的了。所以我说,发表是吸收的利器；又可以说,手到是心到的法门。

至于动手标点,动手翻字典,动手查书,都是极要紧的读书秘诀,诸位千万不要轻轻放过。内中自己动手翻书一项尤为要紧。我记得

前几年我曾劝顾颉刚先生标点姚际恒的《古今伪书考》。当初我知道他的生活困难,希望他标点一部书付印,卖几个钱。那部书是很薄的一本,我以为他一两个星期就可以标点完了。那知顾先生一去半年,还不曾交卷。原来他于每条引的书,都去翻查原书,仔细校对,注明出处,注明原书卷第,注明删节之处。他动手半年之后,来对我说,《古今伪书考》不必付印了,他现在要编辑一部疑古的丛书,叫作"辨伪丛刊"。我很赞成他这个计划,让他去动手。他动手了一两年之后,更进步了,又超过那"辨伪丛刊"的计划了,他要自己创作了。他前年以来,对于中国古史,做了许多辨伪的文字;他眼前的成绩早已超过崔述了,更不要说姚际恒了。顾先生将来在中国史学界的贡献一定不可限量,但我们要知道他成功的最大原因是他的手到的工夫勤而且精。我们可以说,没有动手不勤快而能读书的,没有手不到而能成学者的。

第二要讲什么叫"博"。

什么书都要读,就是博。古人说:"开卷有益",我也主张这个意思,所以说读书第一要精,第二要博。我们主张"博"有两个意思:

第一,为预备参考资料计,不可不博。

第二,为做一个有用的人计,不可不博。

第一,为预备参考资料计。

在座的人,大多数是戴眼镜的。诸位为什么要戴眼镜?岂不是因为戴了眼镜,从前看不见的,现在看得见了;从前很小的,现在看得很大了;从前看不分明的,现在看得清楚分明了?王荆公说得最好:

> 世之不见全经久矣。读经而已,则不足以知经。故某自百家诸子之书,至于《难经》、《素问》、《本草》诸小说,无所不读;农夫女工,无所不问;然后于经为能知其大体而无疑。盖后世学者与先王之时异矣;不如是,不足以尽圣人故也。……致其知而后读,以有所去取,故异学不能乱也。惟其不能乱,故能有所去取者,所以明吾道而已。(《答曾子固》)

他说:"致其知而后读。"又说:"读经而已,则不足以知经。"即如

《墨子》一书在一百年前,清朝的学者懂得此书还不多。到了近来,有人知道光学,几何学,力学,工程学……等,一看《墨子》,才知道其中有许多部分是必须用这些科学的知识方才能懂的。后来有人知道了论理学,心理学……等,懂得《墨子》更多了。读别种书愈多,《墨子》愈懂得多。

所以我们也说,读一书而已则不足以知一书。多读书,然后可以专读一书。譬如读《诗经》,你若先读了北大出版的《歌谣周刊》,便觉得《诗经》好懂的多了;你若先读过社会学,人类学,你懂得更多了;你若先读过文字学,古音韵学,你懂得更多了;你若读过考古学,比较宗教学等,你懂得的更多了。

你要想读佛家唯识宗的书吗?最好多读点论理学,心理学,比较宗教学,变态心理学。无论读什么书总要多配几副好眼镜。

你们记的达尔文研究生物进化的故事吗?达尔文研究生物演变的现状,前后凡三十多年,积了无数材料,想不出一个简单贯串的说明。有一天他无意中读马尔图斯的人口论,忽然大悟生存竞争的原则,于是得着物竞天择的道理,遂成一部破天荒的名著,给后世思想界打开一个新纪元。

所以要博学者,只是要加添参考的材料,要使我们读书时容易得"暗示";遇着疑难时,东一个暗示,西一个暗示,就不至于呆读死书了。这叫做"致其知而后读"。

第二,为做人计。

专工一技一艺的人,只知一样,除此之外,一无所知。这一类的人,影响于社会很少。好有一比,比一根旗竿,只是一根孤拐,孤单可怜。

又有些人广泛博览,而一无所专长,虽可以到处受一班贱人的欢迎,其实也是一种废物。这一类人,也好有一比,比一张很大的薄纸,禁不起风吹雨打。

在社会上,这两种人都是没有什么大影响,为个人计,也很少乐趣。

理想中的学者,既能博大,又能精深。精深的方面,是他的专门学问。博大的方面,是他的旁搜博览。博大要几乎无所不知,精深要几乎惟他独尊,无人能及。他用他的专门学问做中心,次及于直接相关的各种学问,次及于间接相关的各种学问,次及于不很相关的各种学问,以次及毫不相关的各种泛览。这样的学者,也有一比,比埃及的金字三角塔。那金字塔(据最近《东方杂志》,第二十二卷第六号,页一四七)高四百八十英尺,底边各边长七百六十四英尺。塔的最高度代表最精深的专门学问;从此点以次递减,代表那旁收博览的各种相关或不相关的学问。塔底的面积代表博大的范围,精深的造诣,博大的同情心。这样的人,对社会是极有用的人才,对自己也能充分享受人生的趣味。宋儒程颢说的好:

须是大其心使开阔:譬如为九层之台,须大做脚始得。

博学正所以"大其心使开阔"。我曾把这番意思编成两句粗浅的口号,现在拿出来贡献给诸位朋友,作为读者的目标:

为学要如金字塔,

要能广大要能高。

十四,四,廿二夜改稿

(原载1925年4月18日《京报副刊》,收入

《胡适文存三集》时,作者做了修改)

庐山游记

4月3日的早晨,我走过沈昆三先生的门口,他见了我,便说,"适之,昨晚上我同梦旦想来看你,我们想邀你逛庐山去"。我问何时去,昆三说,"明晚就行,船票都定好了,你去不去?"我问还有谁去。他说,"高梦旦,蒋竹庄,你和我"。

我想,要我自动地去逛庐山,那是不容易做到的事。我在北京九年,没有游过长城,我常常笑我自己。任叔永常说,"当趁我们脚力尚健时,多游几处山水"。我想起了叔永的话,便联想到前十天我因脚上有一块红肿,竟有六天不能下楼。这双脚从来没有享过这样清福,现在该让他们松动松动了。

所以我便问昆山道,"我可以带我的儿子去吗?"他说,"带他到船上再补票。明天晚上,太古码头,吴淞船上再见"。

十七,四,七
船到九江,已一点一刻。

先到商务印书馆,经理王少峰先生替我们招呼,雇人力车到汽车公司。九江表面情形同我两年前所见没有什么不同;除了几处青天白日旗之外,看不出什么革命影响。路上见两个剪了发的女子,这是两年前没有的。

汽车到莲花洞,即由汽车公司中人替我们雇藤轿上山,经过斗笠树,踏水河,月弓堑,小天池等处,到牯岭。踏水河以上,山路很陡峻,很不易行。小天池为新辟地,几年前志摩、歆海都说此地很好,将来可以发展。我们今天不曾去看此地,但望见其一角而已。

到牯岭住的是胡金芳旅馆。主人胡君给我们计划三天的游玩路

程如下:

8日(上午)御碑亭,仙人洞,大天池。(下午)五老峰,三叠泉,海会寺。

9日由海会寺到白鹿洞,万杉寺,秀峰寺,青玉峡,归宗寺,温泉。

10日由归宗寺到观音桥,金井,玉渊,栖贤寺,含鄱口,黄龙寺。

梦旦带有吴炜的《庐山志》(淮南李滢,歙州闵麟嗣大概是实际编辑人,书成于康熙七年),共十五卷,我借来翻看。这也是临时抱佛脚的工作。此书篇幅太多,编辑又没有条理,——二百多年前的路径是不能用作今日的游览程序的,——故匆匆翻读,很难得益处。

十七,四,八

七点起程。因《山志》太繁,又借得陈云章、陈夏常合编的《庐山指南》(商务出版;十四年增订四版)作帮助。

将起程时,见轿夫玩江西纸牌,引起我的注意,故买了一副来查考,果有历史价值。此牌与福建牌,徽州牌,同出于马吊,源流分明。一万至九万皆有《水浒》人物画像。一吊至九吊,一文至九文,则都没有画像了。此二十七种各有四张,共百零八张。另有千万四张,枝花(一枝花、蔡庆)四张,"全无"(轿夫说,湖北人叫做"空文",则与马吊更合)四张,此则今之中发白三种之祖。空文即"零",故今为"白版"。以上共百二十张。另有福,禄,寿,喜,财,五种,各一张,则"花"也。共一百二十五张。

徽州牌有"枝花"五张,"喜"五张,"千万"五张,"王英"(矮脚虎)五张。

到御碑亭。亭在白鹿升仙台上(此据《旧志》。今则另有一"白鹿升仙台",其实是捏造古迹也)。地势高耸,可望见天池及西北诸山。亭内有碑,刻明太祖的《周颠仙人传》全文。此文见《庐山志》二,页三十六——四十一,叙周颠事最详,说他在元末天下未乱时,到处说"告太平",后来"深入匡庐,无知所之"。末又记赤脚僧代周颠及天眼尊者送药治太祖的病事。此传真是那位"流氓皇帝"欺骗世人的最下流的大文章。王世贞《游东林天池记》(《庐山志》二,页二十八)论此碑云:

> 颠圣凡不足论,天意似欲为明主一表征应,以服众志耳。

这句话说尽明太祖的欺人心事。自明以来,上流社会则受朱熹的理学的支配,中下社会则受朱元璋的"真命天子"的妖言的支配,二朱狼狈为奸,遂造成一个最不近人情的专制社会。

济颠和尚的传说似与周颠的神话有关。将来当考之(小说《英烈传》说周颠故事甚详)。

御碑亭下为佛手崖,更下为仙人洞,有道士住在此,奉的是吕祖,神龛俗气可厌。

由此往西,到天池寺。天池本在天池山顶,朱熹《山北纪行》所谓:

> 天池寺在小峰绝顶,乃有小池,泉水不竭。(《志》二,页七)

是也。今之天池寺似非旧址。寺中亦有池水;寺极简陋;宋、明诸人所游览咏叹的天池寺,今已不存片瓦。寺西有庐山老母亭,有乡间小土地庙那么大,时见乡下人来跪拜。遥望山岗上有新起塔基,人说是旧日的天池塔,《旧志》说是韩侂胄建的,毁于洪杨之乱,仅存五级;去年唐生智最得意时,毁去旧塔,出资重建新塔,仅成塔基,而唐已下野了。朱和尚假借周颠的鬼话,装点天池,遂使这一带成为鬼话中心。唐和尚(唐生智信佛教,在他势力所及的几省大倡佛教。)也想装点天池,不幸鬼话未成立,而造塔的人已逃到海外。朱和尚有知,不知作何感想。

天池寺在明朝最受帝室礼敬,太祖在此建聚仙亭,祀周颠等,赐铜鼓象鼓;宣德时,恩礼犹未衰。王守仁于正德己卯擒宸濠,明年游天池,有诗三首,最有名。其中一首云:

> 天池之水近无主,木魅山妖竞偷取,公然又盗岩头云,却向人间作风雨。

又《文殊台夜观佛灯》一首云:

> 老夫高卧文殊台,拄杖夜撞青天开,撒落星辰满平野,山僧

尽道佛灯来。

此老此时颇有骄气,然他的气象颇可喜。今则天池已不成个东西,仅有赤脚乡下人来此跪拜庐山老母而已!

我们回到旅馆吃午饭,饭后起程往游山南。经过女儿城,大月山,恩德岭等处,山路极崎岖,山上新经野烧,无一草一木,使人厌倦。大月山以后,可望见五老峰之背,诸峰打成一片,形如大灵芝,又如大掌扇,耸向鄱阳湖的方面,远望去使人生一种被压迫而向前倾倒的感觉。平常图中所见五老峰皆其正面,气象较平易,远不如背景的雄浑逼人。

鄱阳湖也在望中,大孤山不很清楚,而鞋山一岛很分明,望远镜中可见岛上塔庙。湖水正浅,多淤地,气象殊不伟大。

梦旦带有测高器,测得山高度如下:

牯岭(胡金芳旅馆)　　　　1 150 公尺
女儿城　　　　　　　　　1 380
大月山　　　　　　　　　1 550
恩德岭　　　　　　　　　1 550

据此则大月山高 5 038 英尺。陈氏《指南》说:

　　大月山计高四千六百尺,较汉阳峰仅低百六十尺。(页六十五)

不知是谁的错误。《指南》(页四十一)又说:

　　汉阳峰高出海面四千七百六十尺。

据牯岭测量原工程师 John Berkin 说,他不曾实测过汉阳峰,陈氏所据不知是何材料。

途中看三叠泉瀑布,源出大月山,在五老峰的背面。这时正当水少的时候,三叠泉并不见如何出色。这也许是因为我们在对山高处远望,不能尽见此瀑布的好处,也许是因为我曾几次看过尼格拉大瀑布(Niagara Falls);但我看了此泉后,读王世懋、方以智诸人惊叹此瀑布的文字(《庐山志》九,页十七,又十九),终觉得他们的记载有点不实在。梦旦先生也说,此瀑大不如雁宕的瀑泉。

庐山多瀑布,但唐、宋人所称赞的瀑布大都是山南的一些瀑布,尤其是香炉峰、双剑峰一带的瀑布。他们都不曾见三叠泉。方以智说：

> 阅张世南《纪闻》载水帘三叠以绍熙辛亥始见。(《志》九，页二十)

《庐山志》又引范訫云：

> 新瀑之胜，其见知人间始于绍熙辛亥(1191)年。至绍定癸巳(1233)，汤制干仲能品题之，以为不让谷帘，有诗寄张宗端曰：……鸿渐但知唐代水，涪翁不到绍熙年。从兹康谷宜居二，试问真岩老咏仙。(九，页二十一)

朱熹《送碧崖甘叔怀游庐阜》三首之二云："直上新泉得雄观，便将杰句写长杠。"自跋云："新泉近出，最名殊胜，非三峡漱石所及，而余未之见，故诗中特言之。……"此可证三叠泉之发现在朱子离开南康以后。

过山入南康境，树木渐多，山花遍地，杜鹃尤盛开，景色绝异山北。将近海会寺时，万松青青，微风已作松涛。松山五老峰峥嵘高矗，气象浑穆伟大。一个下午的枯寂干热的心境，到此都扫尽了。

到海会寺过夜。海会寺不见于《旧志》；即古代的华严寺遗址，后(《指南》说，清康熙时)改为海会庵。光绪年间，有名僧至善住此，修葺增大，遂成此山五大丛林之一。(《指南》说，重建在癸卯。)

寺僧说寺中有高阁可望见鄱阳湖与五老峰，因天晚了我们都没有上去。寺中藏有赵子昂写画的《法华经》，很有名；我们不很热心去看，寺僧也就不拿出来请我们看。我问他借看至善之徒普超用血写的《华严经》八十一卷全部。他拿出《普贤行愿品》来给我们看，并说普超还有血书《法华经》全部。《华严经》有康有为、梁启超两先生的题跋，梁跋很好。此外题跋者很多，有康白情的一首诗尚好，但后序中有俗气的话。

刺血写经是一种下流的求福心理。但我们试回想中古时代佛教信徒舍身焚身的疯狂心理，便知刺血写经已是中古宗教的末路了。庄严伟大的寺庙已仅存破屋草庵了；深山胜地的名刹已变作上海租界马路上的"下院"了;憨山莲池的中兴事业也只是空费了一番手足,终不能挽救已成的败局。佛教在中国只剩得一只饭碗,若干饭桶,中古宗教是过去的了。

寺中有康有为先生光绪己丑(1889)题赠至善诗的真迹,署名尚是"长素康祖诒"。书法比后来平易多了。至善临终遗命保存此诗卷,故康先生戊午(1918)重来游作诗很有感慨,有"旧墨笼纱只自哀"之语。后来他游温泉,买地十亩,交海会寺收管,以其租谷所入作为至善的香火灯油费(温泉买地一节,是归宗寺僧告我的)。

十七,四,九

昨夜大雨,终夜听见松涛声与雨声,初不能分别,听久了才分得出有雨时的松涛与雨止时的松涛,声势皆很够震动人心,使我终夜睡眠甚少。

早起雨已止了,我们就出发。从海会寺到白鹿洞的路上,树木很多,雨后青翠可爱。满山满谷都是杜鹃花,有两种颜色,红的和轻紫的,后者更鲜艳可喜。去年过日本时,樱花已过,正值杜鹃花盛开,颜色种类很多,但多在公园及私人家宅中见之,不如今日满山满谷的气象更可爱。因作绝句记之:

> 长松鼓吹寻常事,最喜山花满眼开。
> 嫩紫鲜红都可爱,此行应为杜鹃来。

到白鹿洞。书院旧址前清时用作江西高等农业学校,添有校舍,建筑简陋潦草,真不成个样子。农校已迁去,现设习林事务所。附近大松树都钉有木片,写明保存古松第几号。此地建筑虽极不堪,然洞外风景尚好。有小溪,浅水急流,铮淙可听;溪名贯道溪,上有石桥,即贯道桥,皆朱子起的名字。桥上望见洞后诸松中一松有紫藤花直上到树杪,藤花正盛开,艳丽可喜。

白鹿洞本无洞;正德中,南康守王溱开后山作洞,知府何浚凿石鹿置洞中。这两人真是大笨伯!

白鹿洞在历史上占一个特殊地位,有两个原因。第一,因为白鹿洞书院是最早的一个书院。南唐升元中(937—942)建为庐山国学,置田聚徒,以李善道为洞主。宋初因置为书院,与睢阳、石鼓、岳麓三书院并称为"四大书院",为书院的四个祖宗。第二,因为朱子重建白鹿洞书院,明定学规,遂成后世几百年"讲学式"的书院的规模。宋末以至清初的书院皆属于这一种。到乾隆以后,朴学之风气已成,方才有一种新式的书院起来;阮元所创的诂经精舍,学海堂,可算是这种新式书院的代表。南宋的书院祀北宋周、邵、程诸先生;元、明的书院祀程、朱;晚明的书院多祀阳明;王学衰后,书院多祀程、朱。乾、嘉以后的书院乃不祀理学家而改祀许慎、郑玄等。所祀的不同便是这两大派书院的根本不同。

朱子立白鹿洞书院在淳熙己亥(1179),他极看重此事,曾札上丞相说:

> 愿得比祠官例,为白鹿洞主,假之稍廪,使得终与诸生讲习其中,犹愈于崇奉异教香火,无事而食也。(《志》八,页二,引《洞志》)

他明明指斥宋代为道教宫观设祠官的制度,想从白鹿洞开一个儒门创例来抵制道教。他后来奏对孝宗,申说请赐书院额,并赐书的事,说:

> 今老、佛之宫布满天下,大都逾百,小邑亦不下数十,而公私增益势犹未已。至于学校,则一郡一邑仅置一区;附郭之县又不复有。盛衰多寡相悬如此!(同上,页三)

这都可见他当日的用心。他定的《白鹿洞规》,简要明白,遂成为后世七百年的教育宗旨。

庐山有三处史迹代表三大趋势:(一)慧远的东林,代表中国"佛教化"与佛教"中国化"的大趋势。(二)白鹿洞,代表中国近世七百年的宋学大趋势。(三)牯岭,代表西方文化侵入中国的大趋势。

从白鹿洞到万杉寺。古为庆云庵,为"律"居,宋景德中有大超和尚手种杉树万株,天圣中赐名万杉。后禅学盛行,遂成"禅寺"。南宋张孝祥有诗云:

> 老干参天一万株,庐山佳处着浮图。只因买断山中景,破费

神龙百斛珠。(《志》五,页六十四,引《桯史》)
今所见杉树,粗仅如瘦腕,皆近年种的。有几株大樟树,其一为"五爪樟",大概有三四百年的生命了;《指南》说"皆宋时物",似无据。

从万杉寺西行约二三里,到秀峰寺。吴氏《旧志》无秀峰寺,只有开先寺。毛德琦《庐山新志》(康熙五十九年成书。我在海会寺买得一部,有同治十年,宣统二年,民国四年补版。我的日记内注的卷页数,皆指此本)说:

  康熙丁亥(1707)寺僧超渊往淮迎驾,御书秀峰寺赐额,改今名。

开先寺起于南唐中主李景。李景年少好文学,读书于庐山;后来先主代杨氏而建国,李景为世子,遂嗣位。他想念庐山书堂,遂于其地立寺,因为开国之祥,故名为开先寺,以绍宗和尚主之。宋初赐名开先华藏;后有善暹,为禅门大师,有众数百人。至行瑛,有治事才,黄山谷称"其材器能立事,任人役物如转石于千仞之溪,无不如意"。行瑛发愿重新此寺。

  开先之屋无虑四百楹,成于瑛世者十之六,穷壮极丽,迄九年乃即功。(黄庭坚《开先禅院修造记》,《志》五,页十六至十八)

此是开先极盛时。康熙间改名时,皇帝赐额,赐御书《心经》,其时"世之人无不知有秀峰"(郎廷极《秀峰寺记》,《志》五,页六至七),其时也可称是盛世。到了今日,当时所谓"穷壮极丽"的规模只剩败屋十几间,其余只是颓垣废址了。读书台上有康熙帝临米芾书碑,尚完好;其下有石刻黄山谷书《七佛偈》,及王阳明正德庚辰(1520)三月《纪功题名碑》,皆略有损坏。

寺中虽颓废令人感叹,然寺外风景则绝佳,为山南诸处的最好风景。寺址在鹤鸣峰下,其西为龟背峰,又西为黄石岩,又西为双剑峰,又西南为香炉峰,都欹奇可喜。鹤鸣与龟背之间有马尾泉瀑布,双剑之左有瀑布水;两个瀑泉遥遥相对,平行齐下,下流入壑,汇合为一水,迸出山峡中,遂成最著名的青玉峡奇景。水流出峡,入于龙潭。

昆三与祖望先到青玉峡，徘徊不肯去，叫人来催我们去看。我同梦旦到了那边，也徘徊不肯离去。峡上石刻甚多，有米芾书"第一山"大字，今钩摹作寺门题榜。

徐凝诗"今古长如白练飞，一条界破青山色"，即是咏瀑布水的。李白《瀑布泉》诗也是指此瀑。《旧志》载瀑布水的诗甚多，但总没有能使人满意的。

由秀峰往西约十二里，到归宗寺。我们在此午餐，时已下午三点多钟，饿的不得了。归宗寺为庐山大寺，也很衰落了。我向寺中借得《归宗寺志》四卷，是民国甲寅先勤本坤重修的，用活字排印，错误不少，然可供我的参考。

我们吃了饭，往游温泉。温泉在柴桑桥附近，离归宗寺约五六里，在一田沟里，雨后沟水浑浊，微见有两处起水泡，即是温泉。我们下手去试探，一处颇热，一处稍减。向农家买得三个鸡蛋，放在两处，约七八分钟，因天下雨了，取出鸡蛋，内里已温而未熟。田陇间有新碑，我去看，乃是星子县的告示，署民国十五年，中说，接康南海先生函述在此买田十亩，立界碑为记的事。康先生去年死了。他若不死，也许能在此建立一所浴室。他买的地横跨温泉的两岸。今地为康氏私产，而业归海会寺管理，那班和尚未必有此见识作此事了。

此地离栗里不远，但雨已来了，我们要赶回归宗，不能去寻访陶渊明的故里了。道上是一石碑，有"柴桑桥"大字。《旧志》已说"渊明故居，今不知处"（四，页七）。桑乔疏说，去柴桑桥一里许有渊明的醉石（四，页六）。《旧志》又说，醉石谷中有五柳馆，归去来馆。归去来馆是朱子建的，即在醉石之侧。朱子为手书颜真卿《醉石诗》，并作长跋，皆刻石上，其年月为淳熙辛丑（1181）七月（四，页八）。此二馆今皆不存，醉石也不知去向了。庄百俞先生《庐山游记》说他曾访醉石，乡人皆不知。记之以告后来的游者。

今早轿上读《旧志》所载宋周必大《庐山后录》，其中说他访栗里，求醉石，土人直云，"此去有陶公祠，无栗里也"（十四，页十八）。南宋时已如此，我们在七百年后更不易寻此地了，不如阙疑为上。

《后录》有云：

  尝记前人题诗云：

    五字高吟酒一瓢，庐山千古想风标。

    至今门外青青柳，不为东风肯折腰。

  惜乎不记其姓名。

我读此诗，忽起一感想：陶渊明不肯折腰，为什么却爱那最会折腰的柳树？今日从温泉回来，戏用此意作一首诗：

    陶渊明同他的五柳

    当年有个陶渊明，不惜性命只贪酒。

    骨硬不能深折腰，弃官回来空两手。

    瓮中无米琴无弦，老妻娇儿赤脚走。

    先生吟诗自嘲讽，笑指篱边五株柳：

    "看他风里尽低昂！这样腰肢我无有。"

晚上在归宗寺过夜。

归宗寺最多无稽的传说，试考订其最荒谬的几点，以例其余：

（一）传说归宗寺是王羲之解浔阳郡守后，舍宅为西域僧佛驮耶舍造的(《志》四，页二十四，引桑疏)。此说之谬，《归宗志》已辨之。《归宗志》说：

  考《晋史》，佛陀耶舍于安帝义熙十年甲寅(414)始至庐山；羲之守九江在成帝咸康初。归宗寺则咸康六年(340)所造也。前后相去六十余年。当知所请为达磨多罗，而耶舍实金轮开山，继主归宗耳。(《庐山志》四，页二十五引)

《归宗志》能指出王羲之不曾为佛驮耶舍造寺，是很对的。但他又说，羲之所请为达磨多罗，那又是极荒谬的杜撰典故。达磨多罗的《禅经》是庐山道场译出的，但达磨多罗从不曾到过中国。此可见羲之造寺之说，全出捏造。咸康六年之说亦无据。

（二）归宗寺有王羲之洗墨池。羲之造寺之说大概因此而起。宋荦《商丘漫语》已辨之，他说：

  临池而池水黑者，谓因墨之多也。羲之虽善书，安能变地

脉,易水色,使之久而犹黑哉?(《志》四,页二十六引)
知道了墨池之不可信,便知因此而起之羲之造寺说也不可信。

(三)归宗寺背后山上有金轮峰,峰上有舍利塔,庄百俞《游记》说:

> 金轮峰顶有铁塔,佛驮耶舍负铁于峰顶成之,以藏如来舍利。

这是最有趣的传说,其说始见于释庆宜的《复生松记略》,《毛志》(四,页三十一)始引之。庆宜大概是康熙时人。二三百年来,此说已牢不可破了。今试考其来源,指其荒谬:

(A)《旧志》引《神僧传》中的《佛驮耶舍传》,从无说他负铁造塔藏舍利的话,也无王羲之为他造寺的话。

(B)周必大《庐山录》云:

> 石镜溪上直紫霄峰,铁塔在焉。(《志》十四,页十五)

又他的《庐山后录》云:

> 三将军正庙……自归宗登山,才里余。又其上八里,则紫霄峰,峰顶有铁浮图九级,藏舍利。远望如枯木,而晋梵僧耶舍亦有坟在其上。(《志》十四,页十八)

这是我们所得的最早记载。可见南宋时已有铁塔,但不名耶舍塔,其峰名紫霄峰(《庐山录》下文另有一个金轮峰)。其时已捏造出一座耶舍坟,用意在于坐实王羲之为耶舍造寺的传说,却不在与塔发生关系。

(C)元延祐己卯(1315)李洞有《庐山游记》,中说:

> 从报国寺、杏坛间遥望白云、紫霄诸峰,森犹紫笋,矗其巅耶舍塔,冠簪玉如。(十四,页三十五)

其时人已不知耶舍墓,而此塔遂叫做耶舍塔了。但其峰仍名紫霄峰。

(D)明嘉靖中桑乔作《庐山纪事》(自序在嘉靖辛酉,1561)即《旧志》所称《桑疏》,为后来《庐山志》的根据。他说:

> 耶舍塔山在般若峰东。……明正统中(约1440),〔塔〕为雷所击摧折,惟一级存。

此时去正统不很远,其言可信。那时人已不知紫霄峰之名了,但称耶舍塔山。

《旧志》因袭此说,故云:

> 峰从山腰拔起,峭丽如簪玉笋。然无名,以塔得名。(《志》四,页二十)

(E)此塔正统间被雷毁去之后,至万历间,僧修慈重修(据《归宗寺志》)。《旧山志》不记此事;毛氏《续志》也不记此事,但有施闰章诗云,

> 铁塔孤飞峰顶烟。(《志》四,页三十七)

又王养正(死于清初)诗云,

> 塔耸金轮舍利藏。

皆可证明末清初塔已修好了。王养正诗说"塔耸金轮",又可证晚明以后的人都误认塔所在之峰为金轮峰。其实金轮峰在归宗寺后,山并不高,《旧志》明说他"形如轮"(四,页二十五),与那"峭丽如簪玉笋"的耶舍塔山显然是两处。《旧志》卷首有地图(图五),归宗之上为金轮,再上为观音岩,再上为耶舍塔山,可以为证。但后人皆不知细考;《归宗寺志》(民国三年活字本)卷二也遂认此塔所在之山为金轮峰。陈氏《指南》,庄百俞《游记》皆沿其误。于是宋人所谓紫霄峰,一变而为耶舍塔山,再变而为金轮峰了。寺后之金轮峰从此高升两级,张冠李戴,直到如今。

(F)元人误称此塔为耶舍塔,以后遂有耶舍负铁上山顶造塔的谬说出来。庆宜作《复生松记略》,便直说

> 耶舍躬负铁于金轮峰顶为浮屠,以藏如来舍利。

其时考证之学风渐起,故《归宗旧志》(《庐山志》所引)竟能证明耶舍与王羲之的年代相差六十余年(引见上文)。但这班和尚总不肯使耶舍完全脱离关系,故一面否认耶舍为归宗开山之祖,一面又扩大耶舍造塔的神话,于是有"金轮开山,继主归宗"(引见上文)的调和论。毛德琦《续志》说的更荒谬了:

> 耶舍尊者定中三见轮峰,乃奉佛舍利至匡庐,建塔于顶。

(四,页二十)

于是耶舍之来竟专为造塔来了!

（G）此塔既是神僧负铁所造，自然历久不坏！于是世人皆不信此塔年代之晚。此塔全毁于正统间（见桑乔《纪事》），重修于万历间，再修于乾隆十四年，后来又毁了；至光绪三十一年，海会寺至善之徒碧莲募款重修，得方□□（我偶忘记其名）之助，雇用宁波工匠，用新法铸补。以上均见《归宗志》。此塔孤立山顶，最易触电，故屡次被毁；所谓"新法"大概有避电的设备。此塔今日能孤立矗天，云遮不住，雷打不伤，原来都出宁波工匠用科学新法之赐。但有信心的善男子善女人都不肯研究历史，或仍认为耶舍负铁所造（如庄百俞《游记》），或称其"历久不圮"（《指南》页五十三）。此事是一个思想习惯的问题，故不可不辨正。

以上是我在船上记的，手头无书，仅据《旧志》所引材料，略加比较参证而已。我回上海后，参考各书，始知佛陀耶舍从不曾到过庐山，一切关于他的传说都可不攻而破了！

梁慧皎《高僧传》的《佛陀耶舍传》中说耶舍于秦弘始十二年（410，即晋义熙六年）在长安译出《四分律》，《长阿含》等。至十五年（413）解座。

> 耶舍后辞还外国，至罽宾，得《虚空藏经》一卷，寄《贾客传》与凉州诸僧。后不知所终。（金陵刻经处本，卷二，页十六）

这是很明白的记载。他是罽宾人，仍回到罽宾，走的是陆路，决没有绕道江南的必要。他既没有到过庐山，于是

（1）《归宗志》所谓"考《晋史》，佛陀耶舍于安帝义熙十年甲寅始至庐山"，乃是妄说。《晋书》那有此事？《王羲之传》也不说他守江州在何年。

（2）《神僧传》说他在"弘始元年译《四分律》并《长阿含》等经。……南至庐山，与释慧远会莲社"的话，也是妄说。弘始元年，鸠摩罗什还不曾到长安，何况耶舍？庐山结社的话全无根据。

（3）他既还外国，庐山那会有他的坟墓？

（4）他既不曾到庐山，那有王羲之为他造归宗寺之事？那有他"金轮开山继主归宗"的事？那有负铁造舍利塔的事？

我于是更考佛陀耶舍到庐山之说起于何时。日本僧最澄于唐德宗贞元二十年(804)入唐,明年回日本,携有经典多种;他著有《内证佛法相承血脉谱》,中引《传法记》云:

> 达磨大师谓弟子佛陀耶舍云:"汝可往震旦国传法眼。"……耶舍奉师付嘱,便附舶来此土。……耶舍向庐山东林寺,其时远大师见耶舍来,遂请问。……后时耶舍无常。达磨大师知弟子无常,遂自泛船渡来此土。……(《传教大师全集》,卷二,页五—七)

敦煌本《历代法宝记》(伦敦、巴黎皆有唐写本,我有影印本)所记与此略同,但把"佛陀"、"耶舍"误截作两个人!此种荒诞的传说起于当日禅宗和尚争法统的时期,其时捏造的法统史不计其数,多没有历史的根据。如上引《传法记》的话,谬处显然,不待辨论。

此为耶舍到庐山之说之最早记载,其起原当在八世纪。后来的《东林十八高贤传》(北宋时始出现,称陈舜俞刊正,沙门怀悟详补)与《神僧传》都更是晚书,皆是删改《高僧传》,而加入到庐山入社一句。李龙眠画《莲社十八贤图》,李元中作记;晁补之续作图,又自作记,皆依此说,此说遂成真事迹了。

但后来这个传说又经过不少变迁,可以作故事演变的一个好例。起初耶舍与庐山的关系只在北山东林寺一带。故《庐山志》(十二上,页二)说:

> 分水岭之西,〔东林寺之北〕有耶舍塔。

桑乔《纪事》云:

> 耶舍塔,并塔院,西域僧佛驮耶舍建。并废。

后来山南佛寺大兴,也要拉几位神僧来撑场面,于是把耶舍的传说移到山南。于是有王羲之为耶舍造归宗寺的谬说,有耶舍坟的捏造,有耶舍定中三见金轮峰,遂奉舍利来造塔的传说,以至于耶舍负铁至山顶起塔的神话。久而久之,北山的耶舍塔毁了,耶舍的传说也冷淡了;而南山的耶舍塔却屡毁屡造,耶舍的神话也遂至今不绝!

让我再进一步,研究耶舍神话的来历。佛驮耶舍的传说全是抄袭佛驮跋陀罗的故事的。庐山当日确有印度名僧佛驮跋陀罗;《高

僧传》(卷二,页十七至廿一)道他在长安时,

> 语弟子云:"我昨见本乡有五舶俱发。"既而弟子传告外人;关中旧僧咸以为显异惑众。……大被谤黩。……于是率侣宵征,南指庐岳。沙门释慧远久服风名,闻至欣喜。……乃遣弟子昙邕致书姚主及关中众僧,解其摈事。远乃请出禅数诸经。贤(佛驮跋陀罗,译言觉贤)志在游化,居无求安;停山岁余,复西适江陵。

他在庐山住了一年多,便到江陵,再移建业道场寺,译出《华严经》等。他死在元嘉六年(429),年七十一。

佛驮跋陀罗为《华严》译主,又曾译《禅经》,名誉极大,故神话最多。他和庐山不过一年的因缘,庐山却一定要借重他,故《十八高贤传》说他于元嘉六年"念佛而化,塔于庐山北岭"。《庐山志》(十二上,页二)说:

> 东林寺之北为上方塔院,有舍利塔。

桑乔说:

> 舍利塔即上方塔,在平冈之巅。初西域佛驮跋陀罗尊者自其国持佛舍利五粒来,瘗于此山。在东林之上,故曰上方。

南唐保大丙辰(周世宗显德三年,956)彭滨奉敕作《舍利塔记》(《志》十二,页二至四),中叙佛驮跋陀罗在长安时,

> ……忽尔西望白众曰:"适见东国五舶俱来。"众皆责其虚诞,遂出之庐山。未久,五舶俱至,共服其灵通。即持佛舍利五粒,建塔于寺北上方。其后……以元嘉十七年乙亥(此与《高僧传》不合。乙亥为元嘉十二年,亦误)终于京师。……其舍利塔至开元十七年(729)……重建,又感舍利十四粒。……保大甲寅岁(954),奏上重修。

元明之际,王祎有《庐山游记》云:

> 佛驮耶舍入庐山,常举铁如意示慧远,不悟,即拂衣去。

(十二上,页十七)

明末但宗皋论此事云:

> 予考诸《灯录》,止载跋陀禅师拈起如意问生公,……恐误

以跋陀为耶舍耳。(十二上,页四十二)

其实何止此一事？到庐山的是佛驮跋陀罗,而传说偏要硬拉佛驮耶舍。耶舍"定中三见轮峰",即是抄跋陀的定中见印度五舶俱发。耶舍造塔藏舍利,即是抄跋陀造塔瘗舍利。故东林之耶舍塔即是抄东林之跋陀舍利塔;而归宗之耶舍舍利塔却又是抄东林之耶舍塔;其实都是后起的谬说,都没有历史的根据。

十七,四,十四,补记

今夜又见游国恩君的《莲社年月考》(《国学月报汇刊》第一集,页二六五——二六八),游君责备梁任公先生"并《莲社传》亦未寓目"。其实《莲社传》(即《十八高贤传》)乃是晚出的伪书,不足依据。

又记

十七,四,十

从归宗寺出发,往东行,再过香炉、双剑诸峰与马尾、瀑水诸瀑。天气清明,与昨日阴雨中所见稍不同。

到观音桥。此桥本名三峡桥,即栖贤桥,观音桥是俗名。桥建于宋祥符时。桥长约八十尺,跨高岩,临深渊,建筑甚坚壮。桥下即宋人所谓"金井",在桥下仰看桥身,始知其建筑工程深合建筑原理。桥石分七行,每行约二十余石,每石两头刻作榫头,互相衔接,渐湾作穹门,历九百年不坏。昆三是学工程的,见此也很赞叹。他说:"古时人已知道这样建筑可以经久,可惜他们不研究何以能经久之理。"桥下中行石上刻"维皇宋祥符七年岁次甲寅(1014)二月丁巳朔,建桥,上愿皇帝万岁,法轮常转,雨顺风调,天下民安。谨题"(字已有不清楚的,此据《旧志》)。又刻"福州僧智朗勾当造桥,建州僧文秀教化造桥,江州匠陈智福、弟智汪、智洪"。这是当日的工程师,其姓名幸得保存,不可不记。(也据《旧志》六,页三十三)

金井是一深潭,上有急湍,至此穿石而下,成此深潭,形势绝壮丽。苏东坡《三峡桥诗》写此处风景颇好,故抄其一部分:

吾闻泰山石,积日穿线溜。况此百雷霆,万世与石斗！深行九地底,险出三峡右。长输不尽溪,欲满无底窦。……空濛烟雨间,潝洞金石奏。弯弯飞桥出,激激半月觳。……垂瓶得清甘,可咽不可漱。

我们又寻得小径,走到上流,在石上久坐,方才离去。

由此更东北行,约二里,近栖贤寺,有"玉渊",山势较开朗,而奔湍穿石,怒流飞沫,气象不下乎"金井"。石上有南宋诗人张孝祥石刻"玉渊"二大字。英国人 Berkin 对我说,十几年前,有一队英国游人过此地,步行过涧石上,其一人临流洗脚,余人偶回顾,忽不见此人,遍寻不得。大家猜为失脚卷入潭中;有一人会泅水,下潭试探,也不复出来了。余人走回牯岭,取得捞尸绳具,复至此地,至次日两尸始捞得。此处急流直下,入潭成旋涡,故最善泅水的也无能为力。现在潭上筑有很长的石栏,即是防此种意外的事的。

金井与玉渊皆是山南的奇景,气象不下于青玉峡。由玉渊稍往西,便是栖贤寺,也很衰落了。但寺僧招呼很敏捷;山南诸寺,招待以此处为最好。我们在此午饭。

饭后启行回牯岭。过含鄱岭,很陡峻,我同祖望都下轿步行。岭上有石级,颇似徽州各岭。庄百俞《游记》说这些是民国七年柯凤巢、关鹤舫等集款修筑的,共长 8 470 英尺。陈氏《指南》说有三千五百余级,长二万五千二百二十一尺。我们不曾考订两说的得失。

岭上有息肩亭,再上为欢喜亭,石上刻有"欢喜亭"三字,又小字"顾贞观书",大概是清初常州词人顾贞观。由此更上,到含鄱口,为此岭最高点,即南北山分水之岭。此地有张伯烈建的屋。含鄱岭上可望汉阳峰。鄱阳湖则全被白云遮了。

梦旦测得高度如下表:

归宗寺	50 公尺
三峡桥	390
栖贤寺	160
(梦旦疑心此二处的高度有误。)	
欢喜亭	780
含鄱口	1 200

《指南》说含鄱岭高三千六百尺,与此数相符。

过含鄱口下山,经俄租界,到黄龙寺。黄龙寺也是破庙,我们不愿在庙里坐,出门看寺外的三株大树,其一为金果树,叶似白果树,据 Berkin 说,果较白果小的多,不可食。其二为柳杉,相传为西域来的"宝树",真是山村和尚眼里的宝呵! 我们试量其一株,周围共十八英尺。过大树为黄龙潭,是一处阴凉的溪濑。我坐石上洗脚,水寒冷使人战栗。

从此回牯岭,仍住胡金芳旅社。三日之游遂完了。牯岭此时还不到时候,故我们此时不去游览,只好留待将来。我们本想明天下山时绕道去游慧远的东林寺,但因怕船到在上午,故决计直下山到九江,东西二林留待将来了。

我作《庐山游记》,不觉写了许多考据。归宗寺后的一个塔竟费了我几千字的考据! 这自然是性情的偏向,很难遏止。庐山有许多古迹都很可疑;我们有历史考据癖的人到了这些地方,看见了许多捏造的古迹,心里实在忍不住。陈氏《庐山指南》云:

> 查庐山即古之敷浅原。……今在紫霄峰上(山之北部)尚有石刻"敷浅原"三字,足以证此。(页一——二)

这里寥寥四十个字,便有许多错误。紫霄峰即是归宗寺后的高峰,即今日所谓金轮峰,考证见上文,并不在"山之北部"。康熙时李滢作《敷浅原辨》,引《南康旧志》说,

> 山南紫霄峰有"敷浅原"三大字,未详何时剷石。

这句话还有点存疑的态度。陈氏不知紫霄峰在何处,自然不曾见此三字。即使他见了这三字,也不能说这三字"足以证此"。一座山上刻着"飞来峰"三个大字,难道我们就相信此三字"足以证"此山真是飞来的了? 又如御碑亭上,明太祖刻了近二千字的《周颠仙人传》,一个皇帝自己说的话,不但笔之于书,并且刻之于石:难道这二千字石刻就"足以证"仙人真有而"帝王自有真"了吗?

一千八百多年前,王充说的真好:

> 世间书传,多若等类;浮妄虚伪,没夺正是。心溃涌,笔手扰,安能不论? 论则考之以心,效之以事;浮虚之事,辄立证验。

(《论衡·对作篇》)

我为什么要做这种细碎的考据呢?也不过"心溃涌,笔手扰",忍耐不住而已。古人诗云:

> 无端题作木居士,便有无穷求福人。

黄梨洲《题东湖樵者祠》诗云:

> 姓氏官名当世艳,一无凭据足千年。

这样无限的信心便是不可救药的懒病,便是思想的大仇敌。要医这个根本病,只有提倡一点怀疑的精神,一点"打破沙锅问到底"的习惯。

昨天(4月19日)《民国日报》的《觉悟》里,有常乃悳先生的一篇文章,内中很有责备我的话。常先生说:

> 将一部《红楼梦》考证清楚,不过证明《红楼梦》是记述曹雪芹一家的私事而已。知道了《红楼梦》是曹氏的家乘,试问对于二十世纪的中国人有何大用处?……试问他(胡适之)的做《〈红楼梦〉考证》是"为什么"?

他又说:

> 《〈红楼梦〉考证》之类的作品是一种"玩物丧志"的小把戏;唱小丑打边鼓的人可以做这一类的工作,而像胡先生这样应该唱压轴戏的人,偏来做这种工作,就未免太不应该了。

常先生对于我的《〈红楼梦〉考证》这样大生气,他若读了我这篇《庐山游记》,见了我考据一个塔的几千字,他一定要气的胡子发抖了。(且慢,相别多年,常先生不知留了胡子没有,此句待下回见面时考证。)

但我要答复常先生的质问。我为什么要考证《红楼梦》?

在消极方面,我要教人怀疑王梦阮、徐柳泉、蔡子民一班人的谬说。

在积极方面,我要教人一个思想学问的方法。

我要教人疑而后信,考而后信,有充分证据而后信。

我为什么要替《水浒传》作五万字的考证?我为什么要替庐山一个塔作四千字的考证?我要教人一个思想学问的方法。我要教人知道学问是平等的,思想是一贯的,一部小说同一部圣贤经传有同等的学问上的地位,一个塔的真伪同孙中山的遗嘱的真伪有同等的考虑价值。肯疑问佛陀耶舍究竟到过庐山没有的人,方才肯疑问夏禹是神是人。有了不肯放过一个塔的真伪的思想习惯,方才敢疑上帝的有无。

十七,四,二十补记

(原载 1928 年 5 月 10 日《新月》第 1 卷第 3 号,
1928 年新月书店出版单行本)

胡适文存三集　卷三

《〈左传〉真伪考》的提要与批评

一　著者珂罗倔伦先生

这本《〈左传〉考》是欧洲的"支那学"大家珂罗倔伦先生（Bernhard Karlgren）做的。珂先生是瑞典人，在中国颇久，回欧洲后仍继续研究支那学。在西洋的支那学者之中，除了法国的伯希和先生（Paul Pelliot），他要算是第一人了。他的专门研究是中国言语学，包括音韵与文法的方面。他在音韵上的研究最有成绩，著有《中国音韵学研究》（*Etudes sur la Phonologie chinoise*），及近年编成的杰作《中文解析字典》（*Analytic Dictionary of Chinese*）。中国向来研究古今声韵沿革的学者，自陈第、顾炎武以至章炳麟，都只在故纸堆里寻线索，故劳力多而成功少；所分韵部只能言其有分别，而不能说明其分别是什么样子；至于声母，更少精密的成绩了。珂先生研究中国古音，充分地参考各地的方言，从吴语、闽语、粤语以至于日本、安南所保存的中国古音，故他的《中文解析字典》详列每一字的古今音读，可算是上集三百年古音研究之大成，而下开后来无穷学者的新门径。

他在中国文法沿革的研究上也曾有很好的成绩。我见着的只有他在1920年发表的《论原始的中国文》（*Le proto-chinois, langue flexionnelle*）一篇与此书的下半。那篇《论原始的中国文》是说中国古文是有文法上的变化的，如"吾"、"我"之别，"尔"、"汝"之别，"其"、"之"之别，都是可以证实的。他当时并没有看见我早年发表的《尔汝篇》与《吾我篇》，但他用的方法与材料都和我大致相同，故结论也和我相同；不过我作那两篇文字时是在海外留学时代，只用了一些记忆最熟的《论语》、《孟子》、《檀弓》（珂先生所谓"鲁语"的书），下的结论也只是概括的结论。珂先生却用了统计法，并且把各条例外都加上心理学上的说明，大可以补我的不逮。

我在《尔汝篇》之末曾表示文法的研究可以用来做考证古书的工具。但十几年来，人事匆匆，我竟不曾有机会试用这种工具来考证古书。今读珂先生这部书，见他的下篇完全是用文法学的研究来考订《左传》，他这种开山的工作使我敬畏，又使我惭愧了。

二　作序的因缘

承著者珂先生的好意，把他这本小册子寄给我。我在太平洋舟中读完之后，曾费了半日之功，把书中大意节译出来，做了几十页的提要，寄到厦门大学给顾颉刚先生看，请他看了之后转给钱玄同先生看，并请他们两位都做一篇跋，与我的节译本同时发表。

不幸我的提要寄到厦门时，颉刚已不在那边了；后来他从广东来上海，至今还不曾见着我的原信。恰好陆侃如先生从北京来，带着他译此书的全稿来给我看。那时我的一本原书又不在身边，故我只能匆匆看过，不能细细替他校对。现在此书已排好了，颉刚的序还没有做，玄同又远在北方，新月书店同人要我做一篇序。我对于《左传》的问题没有特别的研究，本不配说什么。但为读者的便利起见，我很愿意做一篇提要式的序文。

三　什么叫做"《左传》的真伪"

珂先生此书分上下两篇。上篇专论《左传》的真伪。下篇从文法的分析上研究《左传》的性质。

先述上篇。珂先生先问，什么叫做《左传》的真伪问题？中国学者如刘逢禄、康有为等人说《左传》是伪造的，不过是说刘歆把《国语》的一部分与《春秋》有关的，改作《春秋左氏传》；或是说当日原有一部《左氏春秋》，刘歆取出一部分做了《春秋左氏传》，剩下的部分做了《国语》。依此说法，《春秋》本无《左氏传》，故今之《左氏传》是"伪托"的。但《左传》的来源，

叫他做《左氏春秋》也罢,《国语》也罢,却是真的古代史料。疑古最力的钱玄同先生虽说:

> 刘歆把《国语》底一部分改成《春秋》的传,意在抵制《公羊传》。

但他同时又说他

> 对于今之《左传》,认为它里面所记事实远较《公羊传》为可信,因为它是晚周人做的历史,而《公羊传》则是"口说流行",至汉时始著竹帛者。(《古史辨》页二八〇)

这就是说《左传》是一部"伪"的《春秋传》,而却是一部"真"的晚周人做的历史。

珂先生作此书,大致也持这个态度。他说:

> 假使能证明此书在焚书(前213)前存在,也不能因此证明从孔门产出。反过来说,假使能说它与鲁国无关系,这也不是说此书是伪造的。
>
> 只有能证明此书是汉人所作来冒充焚书前的文件,然后可说它是伪的。(页三——四)

他又说:

> 如果它真是在纪元前213年以前写定的,假使它是纪元前722到468年中的事实的真记载,是作者尚可自由参考各种文件的时候所写定的,——那么,此书便是真的了。(页四——五)

珂先生的话,与钱玄同先生的主张正相同。但钱先生先就承认《左传》是"晚周人做的历史",而珂先生却先要证明此书是否"晚周人做的历史",是否焚书以前的真记载。

四 论《左传》原书是焚书以前之作

珂先生自己似不曾读过刘逢禄、康有为诸人的书,只引据德国弗朗克(Otto Franke)的转述;至于近人的著述如崔适的《〈史记〉探原》、《〈春秋〉复始》等书,便连弗朗克先生也不曾见了。弗朗克的结论(页一六引)是:

向来传为《左传》一书,并非《春秋》的传注,乃是一部完全独立的著作,大约是晚周传下的各种《春秋》之一;一直到了纪元前一世纪的末年刘歆窜乱之后,才同《春秋》连了起来,变成《春秋传》。

此意与上文引的钱玄同先生的话完全相同。但珂先生总嫌"康有为是个政客,并且是个宣传家",并且疑心"他的考证方法不是科学的论证,而有点新闻纸的味儿"。所以珂先生有点想替刘歆打抱不平。他提议要研究三项的佐证:

(1)研究刘歆在秘府发现《左传》的记载,

(2)评判后汉前期关于刘歆以前《左传》存在与否的别种佐证,

(3)评判百年前司马迁关于《左氏春秋》及其作者的记载。(页一九——二〇)

关于(1)项,珂先生实在未免太信任《汉书·刘歆传》了。他因此相信《左传》在刘歆之前已有"它的门徒,其中最著名的一个就是翟方进"(页二一)。翟方进的自杀在纪元前七年,在刘向死之前一年。他与刘歆、尹咸都是同时的人,也许都是同谋改造《左传》的人。故无论《翟方进传》说他"好《左氏传》"一句是否可信,方进之治《左传》并不足证明《左传》之早出而早有传人。

关于(2)点(页二五——二九),珂先生也有同样的错误。他所引的人——班固、王充、许慎——都是后一世纪的人;他们的话只可以表示纪元后第一世纪有某种传说而已,并不足证明刘歆以前《左传》的存在与传授,更不足证明"刘歆以前《左传》已很著名,并且自成一派的研究"。

刘歆《移让太常博士书》并不敢说《左传》是壁中书,而后一世纪的王充却敢说"《春秋左氏传》盖出孔子壁中"了。刘歆原书并不敢说西汉早年有人传《左传》,而后一世纪晚年的许慎在《说文·序》里却敢说"北平侯张苍献《春秋左氏传》"了。西历100年顷的许慎捏造《左传》的传授,还不过到张苍为止;而七世纪的陆德明、孔颖达却敢捏造刘向《别录》叙述左丘明传曾申以下十余世的详细传授表了!这都是世愈后则说愈详,如滚雪球,越滚越大。这不可以使我们怀疑反省吗？

故对于这(1)(2)两项，我们不能不说珂先生的评判是颇有错误的。

但关于(3)项，——司马迁的记载——珂先生的见解却是很可佩服的。《史记·十二诸侯年表》说"鲁君子左丘明"的一段，今文家多很怀疑，弗朗克也很怀疑，但珂先生却认为确是《史记》的原文（页二九——三四）。我以为珂先生的主张是不错的。这一段文字向来只引关于《左氏春秋》的一小部分，珂先生也不曾全引。我试引其相连的各部分如下：

> 孔子……论史记旧闻，兴于鲁而次《春秋》。……约其辞文，去其烦重，以制义法。王道备，人事浃。七十子之徒口受其传指，为有所刺讥褒讳挹损之文辞，不可以书见也。
>
> 鲁君子左丘明惧弟子人人异端，各安其意，失其真，故因孔子史记具论其语，成《左氏春秋》。
>
> 铎椒为楚威王傅，为王不能尽观《春秋》，采取成败，卒四十章，为《铎氏微》。
>
> 赵孝成王时，其相虞卿上采《春秋》，下观近世，亦著八篇，为《虞氏春秋》。
>
> 吕不韦者，秦庄襄王相，亦上观尚古，删拾《春秋》，集六国时事，……为《吕氏春秋》。
>
> 及如荀卿、孟子、公孙固、韩非之徒，各往往捃摭《春秋》之文以著书，不可胜纪。汉相张苍历谱五德，上大夫董仲舒推《春秋》义，颇著文焉。

看这一段，我们可以知道司马迁只认《左氏春秋》为许多《春秋》的一种，并不曾说它是一部《春秋左氏传》。至于司马迁说此书的作者是"鲁君子左丘明"，这大概是一种传说，或是一种猜想。这种猜想是错的，说作者是"鲁君子"更是错的，这一层珂先生在本书下篇另有专论。

珂先生在上篇（页三四——四四）只要证明《左传》的原本（《左氏春秋》）比《史记》早。他的方法是考察《史记》里所有的《左传》的文句。司马迁用《尚书》，常把古奥难懂的文句翻译成浅近的文句；他引用《左传》，也是这样。珂先生引了几十条例（三四——四一）如《左传》昭二十七年"我尔身"，《史记》作"我身，子之身也"；如哀七年"求之曹，无之，戒其子曰"，《史记》改为"求之曹，无此人，梦者戒其子曰"，——都可见"司马迁改动《左传》；《左传》是原本，《史记》是副本"。

故珂先生的结论是："司马迁看见一部巨制的史书（他叫它做《左氏春秋》）便从它引用了许多材料。""所以我们可以说至少在前100年的时候，《左传》已经存在了。"

司马谈与司马迁去藏书解禁之时（190）不远；若此书是焚书以后的伪作，司马迁父子不会容易受欺。珂先生因此深信司马迁所见的《左传》是作于焚书以前的。

故此书上篇的结论只是：《左传》的原本（大概有别的名称，并且没有割成系年的形式）是焚书以前存在的。

五　从文法上证明《左传》不是鲁国人做的

现在要说此书的下篇了。下篇又分三个部分：第一部分（页四五——七七）从文法上证明《左传》不是鲁国人做的。第二部分（页七七——一〇〇）用《书经》、《诗经》、《庄子》、《国语》等书来比较《左传》的文法，证明《左传》有特殊的文法组织，不是作伪者所能虚构的。第三部分（页一〇〇以下）又用《左传》的文法来比较"前三世纪的标准文言"，证明《左传》是前四五世纪的作品。

先说第一部分，这是珂先生最得意的一部分。这是用文法的研究来考证古书的初次尝试，他的成功与失败都应该引起我们的注意。

司马迁说《左氏春秋》是鲁君子左丘明做的。珂先生要试证此说是否可信，所以从文法上着手，把《左传》的语言假定作"左语"，又把《论语》、《孟子》的语言假定作"鲁语"，再看左语是否鲁国的语言。

他选了七种"助词"作为比较的标准：

（1）"若"与"如"。

珂先生统计的结果是：

（甲）作"假使"解时，《左传》全用"若"，而鲁语全用"如"。

（乙）作"像"解时，《左传》全用"如"，而鲁语则"如"与"若"并用。

（2）"斯"字作"则"字解。

珂先生说，"斯"字这种用法，如"观过斯知仁矣"，在鲁语里很常见，而在左语里是没有的。

（3）"斯"字作"此"字解。

珂先生说，"斯"字作"此"字解在鲁语中是很常见的，而在《左传》中是没有的。

（4）"乎"字作"于"字解。

他说鲁语里"乎"字常常用作"于"字，而在《左传》里却是绝无而仅有的。

（5）"与"字作疑问语尾。

他说鲁语常用"与"（欤）字作疑问话的语尾，而《左传》里竟全没有这个用法。

（6）"及"与"与"。

他又说，两个并列的名词之间，鲁语内只用"与"字，如"富与贵"，"惟我与尔"；而左语内则兼用"及"与"与"，而"及"字尤其通行，如云"宋及郑平"，"生秦穆夫人及太子申生"。鲁语里从不用"及"字。

（7）"於"与"于"。

珂先生的最大发现是《左传》里"於"和"于"的分别。他指出这个介词有三种不同的用处：

（甲）用如法文的 chez, aupres de, vis-a-vis de，置于人名之前，表示一种动作所向的人。在《左传》里多用"於"字。例如"请於武公"，"公问於众仲"，"言於齐侯"，"晋君宣其明德於诸侯"。

（乙）用如英文的 at, to，或法文的 à，置于地名之前，表示一种行为所在之地。在左语里，多用"于"字。例如"败宋师于黄"，"至于廪延"，"遂田于贝丘"。

（丙）用如英文的 in, into, 法文的 dans, 表示地位所在或动作所止, 但其下不是地名, 故与（乙）项不同。

此一类在《左传》里颇不分明,"於"与"于"乱用。例如"见孔父之妻于路","杀孟阳于床",但又有"淹久於敝邑","赵旃夜至於楚军"。

珂先生作一个统计表如下：

	於	于
（甲）用如 dupres de	581	85
（乙）用如 á	97	501
（丙）用如 pans	197	182

珂先生又从校勘学上得着有力的旁证。例如雷格（Legge）用的是《钦定春秋传说汇纂》本,其中的"於"、"于"多不严格地分开。而阮元《〈左传〉校勘记》与《经典释文》所载古本异同, 与《四部丛刊》所据宋本, 其中作"于"字之处,《汇纂》本皆作"於"。又伯希和在敦煌发见的古写本《左传》四残卷, 其中"於"、"于"的分别也都和珂先生的（甲）（乙）两类的区分相符合。

但左语里的这些分别, 在《论语》、《孟子》里却都不存在。鲁语里只用"於"字。如地名之前, 左语常用"于", 而鲁语一律用"於"。故珂先生作一比较表如下：

	左语	鲁语
（甲）	於	於
（乙）	于	於
（丙）	於 于	於

珂先生依据上列七项标准得的结论是:《左传》的文法与《论语》、《孟子》的文法是很不同的。故《左传》不是孔子作的, 也不是孔门弟子作的, 也不是司马迁所谓"鲁君子"作的, 因为此书的语言不是鲁语。这部书的文法一致, 可见它是一个人或同一学派中的几个同乡人作的。

这是下篇第一部分的提要。

六 关于这一部分的批评

我们趁此机会讨论这一部分的重要结论是否完全可以成立。

清华学校研究院的卫聚贤先生给此书做了一篇跋（页一〇九——一二〇），他批评珂先生所论"於"、"于"的分别是只"有时间性的，而无空间性的"。他说：

> 甲骨文，金文，《尚书》，《诗经》，《春秋》，都是用"于"字作介词的；《左传》，《国语》，《论语》，《孟子》，《庄子》，都是用"於"和"于"作介词的。

他又说，"於"和"于"的比例，

《左传》为　19:17

《国语》为　9:2

《论语》为　21:1

《孟子》为　96:1

《庄子》为　849:1

卫先生说，这可见"於"和"于"的"升降之际"了。

卫先生之说，也有相当的价值，因为文法的变迁确有时间的关系。如《论语》与《孟子》同为鲁语，而《孟子》用"于"字比《论语》少的多。又如《论语》只有"斯"字，而无"此"字，而《孟子》里便多用"此"字，很少"斯"字了。（参看我的《国语文法概论》，《胡适文存》初排本卷三，页六五——六六。顾炎武在《日知录》里已指出"《论语》之言'斯'者七十，而不言'此'；《檀弓》之言'斯'者五十有二，而言'此'者一而已"。）此外如我在《尔汝篇》（《胡适文存》初排本卷二，页十二），指出《论语》与《孟子》时代用"尔"、"汝"的风尚的不同，也是时间性的一例。又如珂先生所举第一项的"若"、"如"两字的例，均含有时代先后的影响。如"何如"则全用"如"，"若何"则用"若"多于"如"。为什么呢？为的是"何"在"如"之先为古文法，而"何"移在"如"或"若"之下则是后起的新文法了。故卫先生指出文法变迁之有时间性是很不错的。

但卫先生说"於"、"于"之别只有时间性而无空间性，那便是太武断的结论，是大错的。即如卫先生举出各书用"於"与"于"的比例，从《论语》的"21∶1"到《孟子》的"96∶1"还可说是时代升降的关系；但何以解释《左传》的"19∶17"呢？难道卫先生可以说《左传》之作远在《论语》之前吗？（依卫先生自己的结论，《左传》作于西元前425与403之间；《论语》之作不会在其后。）

　　况且卫先生说珂先生用"於"、"于"的分别来证明《左传》非鲁国的作品，这未免太冤枉珂先生了。珂先生明明用了七项标准作证，"於"、"于"之别不过是七项中之一项。七项参校的结果，珂先生认《左传》的文法与《论语》、《孟子》的文法是两种不同的方言的文法。我以为这种研究方法是不错的；珂先生的结论也是很可以成立的。

　　珂先生的特别贡献正在他指出文法差异与地域的关系。近年赵元任先生指出北京话里有"我们"与"咱们"的区别，国语区域里只有此一处了，吴语区域里也只有无锡一处。这便是文法差异的地域关系的一例。又如唐、宋人诗词里常有"底"字用作"什么"的意思；如"干卿底事"之类。现在只有常州几县之中，还有用"底"字的地方，有读如 di 的，有读如 dya 的。这也是一个例。我们要知道，文法因时代变迁而有沿革，其起点都是从某地方言里来的。一个代名词的被采用，一个介词的区别，一个助词的废止，大抵都起于一地的方言而渐渐推行到各地去。故文法上的变迁，有时是某地方言的胜利，有时是某地方言的失败；有时由方言变为普通话，有时或由普通话降作方言。故"於"、"于"由有别而变成无别，可说是左语的失败，也可说是鲁语的胜利；而"斯"终被"此"字打倒，又是鲁语的失败了。人称代名词的多数，各地方言皆有，或称"我人"，或称"我家"，或称"唔俚"，或称"阿拉"，或称"我们"，而"们"字竟成为普通话。这是由方言而升作普通话。如"底"在一个时代似很普通，现在仅限于常州几处，那又是降为方言了。

　　故珂先生指出的地域关系，我们不但应该赞成，并且应该推行到别种古书研究上去。如《诗经》与《楚辞》的比较，又如《诗经》中各国风诗的分析的研究，都可采用这种方法。

　　最可注意的是珂先生用文法上的区别来证明《左传》不是鲁国

人做的,而同时不相识的卫聚贤先生也从别的方面证明《左传》的著者不是山东人。卫先生的文章共有三篇:一是《〈左传〉之研究》(《国学论丛》第一卷,第一号,商务印书馆发行),一是《〈春秋〉的研究》(《国学月刊》第二卷,第六号以下,北京朴社发行),一是本书的跋。他在《〈左传〉之研究》里举出两项证据:

(1)从《春秋》、《左传》、《国语》分国纪事详简的统计上知《左传》的著者所在之地为晋国。(页二一八)

这一项证据颇薄弱。晋是大国,故占《左传》篇幅最多,约百分之二十六;鲁以小国而占百分之十三有另,不算少了。《国语》纪晋事也最多,占百分之四十以上,而卫先生却不因此断定《国语》作者也在晋国。《国语》纪鲁事远不如《左传》之详,而他却信《国语》的作者是鲁人。故这一项的证据是没有多大用处的。

(2)他从方音上证明《左传》的著者"非齐鲁人"。

这一项,他后来在本书跋里说的更详细,故当依此跋为准(本书页百十二——百十三)。他用了三个例证:(a)"邾",《公羊》与《礼记》作"邾娄",《郑语》、《孟子》、《庄子》作"邹",而《左传》作"邾",与《纪年》合。因此可见《左传》非山东人的作品。(b)《左传》的《春秋》庄十二年书"宋万弑其君捷",而《公羊》的《春秋》作"弑其君接"。卫先生以今日山东、山西的方言证之,定《左传》为非山东人的作品。(c)《左传》桓五年的"仍叔",《榖梁》作"任叔",卫先生以今日的方言证之,定《左传》为非山东人的作品。

卫先生举出的三个方音的例,都有点漏洞。我们从何处得知公羊、榖梁为山东人呢?不过根据《汉书·艺文志》的小注而已。我们试举"邾"、"仍"、"捷"三字的三传异同表(依卫先生自己的《〈春秋〉的研究》,页二七八——二八〇)来批评卫先生的方法:

《左传》	《公羊》	《榖梁》	(异文次数)
邾	邾娄	邾	25
仍	仍	任	1
捷	接	捷	3

"邾"字与"捷"字,《公羊》异于《左传》,而《榖梁》同于《左传》;"仍"

字则《公羊》同于《左传》，而《穀梁》异于《左传》。同于《左传》则不取，异于《左传》则被取，故于"邾"字与"捷"字皆仅取《公羊》之异，而不顾《穀梁》之同；而于"仍"字则不顾《公羊》之同，而仅取《穀梁》之异！故在"邾"、"捷"两条下，《左传》与《公羊》不同，那便是山西话的证据，而与《穀梁》相同却不是山东话的证据。到了"仍"字条下，《左传》与《公羊》相同，却又不是山东话的证据，而与《穀梁》不同却便可证明其为山西话了！这种任意的去取，岂不是很危险的方法吗？

故我以为卫先生说《左传》不是山东人的作品，那不过是一个大胆的假设；他的证据却不能算是充分的。倒是珂先生的文法比较上的证据可以替卫先生添不少强有力的证据。卫先生得着这个有力的助手，应该拥护他，不应该冤枉他。

七　下篇的最后两部分

下篇的第二部分（页七七——一〇〇）是用《左传》来比较《书经》，《诗经》，《礼记》和《大戴礼》，《庄子》，《国语》等书，看他们文法上的同异。他的结果都在他的比较统计表（页九六——九八）里，我们不必逐一申述了。他的总结论是：

> 在周、秦和汉初书内，没有一种有和《左传》完全相同的文法组织的。最接近的是《国语》，此外便没有第二部书在文法上和《左传》这么相近的了。（页九九）

珂先生原定了七项文法标准，在这一部分里他又加上了两项：一项是"吾"、"我"、"予"，一项是"邪"、"耶"，共计九项。珂先生的比较表上显出只有《国语》与《左传》有八项相符合，只有第一项（"如"、"若"）有点不同。所以他说《国语》最接近《左传》。

这种结果大可帮助今文家的主张。今文家说刘歆割裂《国语》，造为《春秋左氏传》；今本的《国语》只是刘歆割裂的残余了。如今珂先生从文法比较上证明这"两部书的文法组织很是相同"，这岂不是给今文家寻得了有力的新证据吗？我很希望我的朋友钱玄同先生能继续珂先生的工作，把《左传》与《国语》再作一番更精密的比较，对

这个问题下一个最后的结论。(钱先生的主张见顾颉刚的《古史辨》,页二七八——二八〇)

珂先生在这一部分的工作,虽然给了我们不少的有用的暗示,却不算是很精密的工作。《尚书》,《诗经》,《大小戴记》,《庄子》都是复合的作品,没有一部书可以拢统地算作一种单纯的作品。珂先生把这几部书都认作自成文法系统的作品,这是根本的大错。珂先生研究《礼记》,也承认这一点,故他不曾把《大小戴记》列入比较总表内。其实《尚书》、《诗经》也都应该这样办。

况且这几部书都是大书,每一部的文法研究已够一位外国学者的长期工作了。珂先生却要把这些书合起来作综合的研究,他的工作自然太难了,他的不精密之处是很可以原谅的。

试举一条作例。珂先生说:

> 《诗经》里照例用"于",有几处还用"於"(没有特别的作用,和"于"完全同义),多数见于那不曾严格整理的《国风》。一共有十八个"於",十二个见于《国风》(在六国的六篇内),两个见于《小雅》的一篇,三个见于《大雅》的两篇,一个在《颂》内。
>
> (页八八;译文略有修改)

《诗经》用作介词的"於"字只有十四个,十一个见于《国风》,两个见于《小雅》,一个见于《颂》。《大雅》里的"於"字都是感叹词。这十二个之中,只有《周颂·清庙》里的一句

　　无射於人斯

颇不容易解释。其余十一条似乎都是"有特别的作用"的。试把他们排列如下:

(1) 与"我"连用,凡九次。

　　俟我於城隅(《静女》)
　　俟我於著乎而(《著》)
　　俟我於庭乎而
　　俟我於堂乎而
　　於我乎夏屋渠渠(《权舆》)
　　於我乎每食四簋

　　　　於我归处(《蜉蝣》)
　　　　於我归息
　　　　於我归说
　（2）与"女"连用,二次。
　　　　於女信宿(《九罭》)
　　　　於女信处
　（3）与"焉"连用,二次。
　　　　於焉逍遥(《白驹》)
　　　　於焉嘉客

这岂是随便乱用的吗？再看《诗经》里,凡用"于"作介词,决不同"我"、"女"、"焉"连用。最可注意的是"我"字。珂先生曾指出《国风》里有二十二个"乎"字用作介词的(页八七),他不曾留意那二十二个之中,十六个也是同"我"字连用的：

　　　　期我乎桑中　三见　(《桑中》)
　　　　要我乎上宫　三见
　　　　送我乎淇之上矣　三见
　　　　俟我乎巷兮(《丰》)
　　　　俟我乎堂兮
　　　　遭我乎峱之间兮(《还》)
　　　　遭我乎峱之道兮
　　　　於我乎夏屋渠渠(《权舆》)
　　　　於我乎每食四簋(这两个"乎"似不是介词？)

我们似乎可以假设"于"字与"我"字因为声音上的原因,不能不互相回避,故"我"字的上下不用"于"而改用"於"或用"乎"、"女"字与"我"同纽,"焉"字古音近"于",故也不用"于"。此外用"乎"之字,如"胡为乎",如"殊异乎",如"心乎爱矣",似乎也都是因为声音上的原因。我是不懂古音的人,手头又没有珂先生的《解析字典》,只好提出这个假设来请教于珂先生和别位古音学者。

　　我举这一条来表示《诗经》等书的文法研究不是那样容易的事；满意的结果似乎要等待将来的工作。但珂先生有开路的大功,那是我们都该感谢的。

下篇的最后一部分(页一〇〇——一〇七)是用《左传》来比较一些前三四世纪的书,如《庄子》,《荀子》,《吕氏春秋》,《战国策》,《韩非子》之类,看他们文法上的关系。珂先生归纳的结果定出一种"前三世纪的标准文言",大致有下列几种现象:

(1)没有代"则"字的"斯"。
(2)没有代"此"字的"斯"。
(3)有"若",有"如",都作"像"解。
(4)有"乎"的介词。
(5)有句尾的"与"。(欤)
(6)没有介词"及"。
(7)没有"於""于"的特殊区别。
(8)有句尾的"邪"。(耶)

珂先生说《左传》和这种"前三世纪的文言"大不同,"这便天然使我们猜想《左传》代表一个更早的时期",所以他断定此书多份是前468年到300年中间作的。他又说,"无论如何,总在前213年(焚书之年)以前"。

珂先生敬爱《左传》,总想把此书抬到前四五世纪去。这是个感情问题,而感情往往影响到人的理智。珂先生自己也曾说过,孟子在三世纪可以用鲁语著书,何以见得《左传》的作者就不能在三世纪仍用他自己的方言著书呢?但珂先生感情上不认这个假定,故他说这话绕湾子太远了,不如说《左传》是更早的作品罢。这岂非感情的战胜吗?

故我以为珂先生用《左传》的特别文法组织来和"鲁语"相比较,证明《左传》的语言自成一个文法组织,决非"鲁君子"所作,——这是他的最大成功。其次,他因此又证明《左传》和《国语》在文法上最接近,这是他的第二功。这两个结论和刘逢禄、康有为、崔适、钱玄同诸人的主张的大旨都可以互相印证。但今文家所主张的枝节问题,如说"《左传》是《国语》里抽出来的","《左氏春秋》变成《春秋》的

《左氏传》是刘歆干的",……这些问题还是悬案。珂先生不能证明《左传》原是《春秋传》，今文家也不能根据珂先生的成绩而就断定刘歆的作伪。

珂先生又想进一步证明《左传》著作的年代，在这一方面，他的成绩便不很好了。我们怀疑的原因有几点：（1）如上文所说，孟子可以用鲁语著书，何以《左传》用"左语"便应属于更早的时代呢？（2）珂先生讨论《尚书》的时候（页八五——八六），也曾指出《尚书》的伪造部分的文法反比真的部分更精密一致。这岂不要几乎根本推翻这种文法学上的工具吗？（3）珂先生又在讨论《淮南子》的时候（页九一——九二，注十）曾指出《淮南子》的前五卷用"於"与"于"同《左传》、《国语》的规则一样。这岂不要使我们更怀疑《左传》著作的年代吗？

所以我以为研究《左传》著作的年代应该参用《左传》本身的证据。在这一点上，我以为卫聚贤先生的《〈左传〉之研究》颇有参考的价值。

卫先生说"左氏"是地名，不是人姓名。他引《韩非子·外储说右上》：

吴起，卫左氏中人也。

又引《国策·卫策》：

卫嗣君时，胥靡逃之魏，卫赎之百金，不与。乃请以左氏。
群臣谏，君曰："民无廉耻，虽有十左氏，将何用之？"

但卫先生是山西人，他的感情作用使他抬出子夏为《左氏春秋》的作者，说此书是子夏在魏之西河时作的；因传于左氏人吴起，故有左氏之名。其实左氏若真是因地得名，那么，何不直截假定吴起为《左传》的作者呢？

这一点感情作用，也影响到《左传》著作的年代问题。《左传》称赵襄子的谥法，故卫先生说《左传》之作最早在襄子死后，在前425年之后。这是可信的。但昭公二十九年说"晋其亡乎"，昭公二十八年说魏氏"其长有后于晋国乎"，闵公元年说毕万"公侯之子孙必复其始"，庄公二十二年说田完"八世之后，莫之与京"，——这都可见作者亲见三家分晋,与田和代齐,故此书著作的年代又当移后:至早当在前403年三晋为诸侯之后,或竟在386年田和为诸侯之后。但卫先生定要委曲说明此书之作最晚当在前403年以前,这未免是他的偏见了。

总之,《左传》的年代问题,此时还在讨论的时期,还没有定论。现在我们稍稍有把握的一点只是《左传》不是"鲁君子左丘明"做的。卫先生提出的"《左传》不是山东人做的"一个假定,得着珂先生的文法比较的结果,可算是有了强硬的佐证;而卫先生在《〈左传〉之研究》里举出《左传》袒魏,又详于述晋国霸业,而略于齐桓霸业,等等佐证也可以帮助珂先生的结论。这可见我们只要能破除主观的成见,多求客观的证据,肯跟着证据走,终有东海、西海互相印证的一日的。

1927,10,4 在上海寓所

(收入高本汉著、陆侃如译:《〈左传〉真伪考》,
1927年10月上海新月书店出版,本文原为
珂罗倔伦著《〈左传〉真伪考》序)

入声考

入声是韵母收声于-k、-p、-t 三种声尾的声韵。试用《广韵》第五卷所分韵部为根据,入声有三种大分别:

(1) 收声于-k 的为

(a) 屋觉类 （屋——觉） 皆闭口

(b) 药德类 （药——德） 皆开口

(2) 收声于-p 的为辑乏类 （辑——乏）

(3) 收声于-t 的为质薛类 （质——薛）

现在只有粤语各系中保存古入声最完全;长江中流下流的入声已无此三类的区别,只存一种短促的收声而已;北方各地则自宋、元以来入声已分散在平上去三声了;西南语言则入声皆变成平声了。

本篇所考,只关于汉以前有无入声的问题。这问题二百年来未有定论,学者之说约有下列各种:

(1) 古无入声说　孔广森首倡此说,但他还立"合"部,是还不否认收声于-p 的入声。到了严可均以下,乃废"合"部,并入"谈"部。

(2) 古有平上入而无去声说　段玉裁倡此说,他又说"古平上为一类,去入为一类"。

(3) 有一部分古有去入而无平上说　王念孙立"至"、"祭"二部,无平上;江有诰立"祭"部而不分"至"部。

(4) 古无上去惟有平入说　黄侃倡此说,其书我未见。

这几种说法,至今没有定论,故古音的研究至今弄不清楚。因为入声有特别的声尾,和阳声之收声于-m、-n、-ng 者固然不同,和阴声之收声于单纯韵母或复合韵母者,也绝不相同。《三百篇》中,入声字往往同他声之字协韵,如"来"字可以有这些协韵法:

思,来,(《雄雉》)（《子衿》）
期,哉,埘,来,思,(《君子于役》)
疚,来,(《采薇》)（《杕杜》)
来,又,(《南有嘉鱼》)
牧,来,载,棘,(《出车》)
来,服,(《大东》)
亟,来,囿,伏,(《灵台》)
塞,来,(《常武》)

究竟"来"字是平声呢,还是入声呢?若"来"是平声,则不当和入声之"服"、"棘"、"塞"等字为韵。若是入声,则不当和平声字为韵。若"来"是平声,则"服"、"棘"等字当然也是平声,方可为韵;若是入声,则"思"、"期"、"埘"、"哉"等也是入声,方可为韵。但决无入声和平声相为韵之理。

又如"昭"与"乐,懆,藐,虐",为韵(《抑》),段玉裁说此部无入声,皆是平声。但我们何以不可说"昭"字与"沼"、"炤"等字古时同是入声呢?

故古代有无入声的问题不解决,则古音的研究开口便错。

旧说之最谬者为古无入声之说。孔广森说:

至于入声,则自缉合等闭口音外,悉当分隶自"支"至"之"七部,而转为去声。

盖入声创自江左,非中原旧读。其在《诗》曰,
参差荇菜,左右芼之。
窈窕淑女,钟鼓乐之。

初不知哀乐之乐当入声也。《离骚》曰,
理弱而媒拙兮,恐导言之不固,
时溷浊而嫉贤兮,好蔽美而称恶。

初不知美恶之恶当入声也。

昔周舍举"天子圣哲"以晓梁武帝,帝雅不信用。沈约作《郊居赋》以示王筠,读至"雌霓连蜷"句,常恐筠呼霓为倪。是则江左文人尚有不知入声者,况可执以律三代之文章哉?(《诗

声类》卷一,《经解》本四四,页二)

孔广森的话似乎很有理由,其实是很错的。凡从毛的字古皆读入声,《板》之四章,"毡"字协

> 虐,谑,跻,毡,谑,熇,药,

《抑》之十一章,

> 昭,乐,懆,藐,教,虐,毡,

皆可为证。又"罩"字亦是入声,亦是一证。从固的字古亦读入声,涸字可为证。故《关雎》之"芼"与《楚辞》之"固"皆入声也。

段玉裁虽说古有平上入而无去,但他实不曾明白入声的性质,其说仍多错误。他分配平入,以质栉屑配真先,以缉合配侵覃,王念孙已指其误了。他的大错在于不明入声为最古之声,故说"第二部平多转为入声",竟是认入声为可以从平声变出的了。

段氏所谓"第二部",包括有下列偏旁的字:

> 毛 乐 枭 尞 小 麃 暴 夭 敖 卓 龠 翟 交
> 虐 高 乔 刀 召 孚 勺 ……

他见从这偏旁的字现在读平声的居多,而中古韵书已多有列在平声的,故断定此部的字古本为平声,后来转为入声。殊不知此一部的字古时本都在入声,中古时代始有一部分脱去声尾,变成平声。段氏之说正是倒果为因。

向来研究古音的材料不外两种:

(1) 古韵文的韵脚,(2) 谐声字的偏旁。

故段玉裁说:

> 考周、秦有韵之文,某声必在某部,至赜而不可乱。故视其偏旁以何字为声,而知其音在某部。易简而天下之理得也。

(《六书音均表》卷二)

这话固然不错,但有一条附带的原则,不可不知。从某字得声之字音的演变,有先后的不同,约有两条路子:

(1) 母声之字历久未变,而滋生的字早已变了。

如"卓"仍是入声,而"淖悼"已成去声。

如"谷"仍是入声,而"裕"字已成去声。

如"各"仍是入声,而"路"字已成去声。

如"北"仍是入声,而"背"字已成去声。

如"白"仍是入声,而"怕"字已成去声。

(2) 母声之字变了,而滋生之字中尚留有古音的遗迹。

如"乍"已变去声,而"作"、"昨"等字仍入声。

如"亚"已变去声,而"恶"字仍入声。

如"固"已变了,而"涸"字仍入声。

如"寺"已变了,"时","诗","埘"等字也变了,而仍留一个"特"字是入声。

如"毛"已变了,仍留一个"犛"字是入声。

如"交"已变了,仍留"猎较"的"较"字是入声。

如"高"已变了,而仍留一两个入声的"熇"、"嗃"。

如"乔"已变了,而仍留一两个入声的"蹻"、"屩"。

如"召"已变了,而仍留一个入声的"炤"。……

两条路都是很自然的(声纽之变,也有这两条大路。如"登"不变纽,而"澄"、"证"已变;如"真"已变纽,而"填"、"滇"、"阗"仍存古纽)。但何以知道入声为古而他声为转音呢?

瑞典学者珂罗倔伦(Karlgren)曾根据粤语及日本之汉音吴音,举出一条颠扑不破的证据。他说:

"乍"已读成去声,而"昨"字仍是入声;"敝"已读成去声,而"蹩"字仍是入声。如果先有去声,后变成入声,则"乍"、"敝"等字的韵母尽可以随便加上三种入声声尾之任何一种,可以加-k 尾(屋药等部),可以加-p 尾(缉乏等部),可以加-t 尾(质薛等部)。何以从"乍"之入声字皆只有-k 尾(铎部),从"至"之入声字皆只有-t 尾(质屑部),从"敝"之入声字皆只有-t 尾(屑部),而不会混入别种声尾呢?

由此可知"乍"字古本是有喉音的声尾(-k 或-g)的入声,"至"与"敝"本是有齿音的声尾(-t 或-d)的入声。(节译《分析字典》引论二七)

不但如此,如上文所举母声之字已变而滋生之字尚留入声之例中,如从"交"之字已全变,只留半个"较"字;从"毛"从"高"从"乔"从"召"之字都已全变了,而只剩那几个绝冷僻的"翆"、"犒"、"踦"、"炤",——以常识论之,也就可以知道这几个不变的音是本来的古音,因为绝冷僻而得残留的了。

所以我们可以大胆地说:

> 段氏的第二部,古代皆读入声。此部之字脱去入声声尾甚早,其时只有平入,——尚无去声,——故一变便成平声。到中古时仍读平声。

我们又可以大胆地说,

> 凡同偏旁之字,古代平入同押的,其时皆是入声。

此说在下文另有详论。

王念孙、江有诰之说,稍稍进了一步,但仍承认古有四声,终是不彻底。江有诰之说更不如王念孙之说,故我取王氏之说稍加讨论。王氏分古韵为廿一部,其要点有五:

(1) 阳声九部(东,蒸,侵,谈,阳,耕,真,谆,元。他反对孔广森、江有诰之分东冬二部)皆无入声。

(2) 歌部无入声。

(3) 盍缉二部无平上去。

(4) 至部与祭部皆有去入而无平上。

(5) 脂,支,之,鱼,侯,幽,宵,七部有平上去入四声。

(1)(2)(3) 三点都不错。(1) 阳声无入声者,阳声收声于-m,-n,-ng,与入声收声于-k,-p,-t,正同等,故决不会有入声。普通人所谓"东,董,冻,笃"固然大错,段玉裁先生的以质配真,以缉合配侵覃,也是大错的。(2) 歌部无入声者,歌部收声于纯粹韵母,不带声尾,与阳声之带-m,-n,-ng 声尾固然不同,与入声之带-k,-p,-t 声尾也绝不同性质。此所谓"孤驹未尝有母",有母便非孤驹了。(3) 盍缉两部无平上去声者,此二部各韵皆收声于-p,其有-p 尾脱落,便混入阴声各韵(例如"劫"从去,而其他从去之字已混入他部);其有-p 尾转为-m 尾,便成侵覃类的阳声(例如"玷贬"),也不是入声了。故盍缉二部只有入声,孔广森虽不信古有入声,亦不能不认此二部"不能备

三声"。(《诗声类》十二)

(4) 王念孙指出"至"、"祭"二部古有去入同无平上,乃是一大发现。江有诰也分出"祭"部,但不分"至"部,其说见于《答王石臞先生书》。如今看来,似王说为长。王氏说:

案去声之"至"、"霁"二部,及入声之"质"、"栉"、"黠"、"屑"、"薛"五部中,凡从至,从彑,从质,从吉,从七,从日,从疾,从悉,从栗,从柔,从毕,从乙,从失,从入,从必,从卩,从节,从血,从彻,从设之字,及闭,实,逸,一,别等字,皆以去入同用,而不与平上同用。固非"脂"部之入声,亦非"真"部之入声。

又说:

"祭"、"泰"、"夬"、"废"四部……考《三百篇》及群经《楚辞》,此四部之字皆与入声之"月""曷""末""黠""镕""薛"同用,而不与"至"、"未"、"霁"、"怪"、"队"及入声之"述"、"物"、"迄"、"没"同用。且此四部有去入而无平上。

王念孙的观察不错,但他的解释不很对。这些去入同用的字,古时皆是入声,皆有-t尾,后来一部分脱去-t尾,皆成去声。"至"字已变,而垤,室,窒,侄等字还是入声。"祭"字已变,而察字还是入声。"夬"、"快"已变,而决,玦,诀等字还是入声。"废"字已变,而发,拨,泼等字还是入声。"害"字已变,但古与"曷"通,而"曷"字至今是入声;辖,豁,割等字至今是入声。皆可为证。(参看珂氏《分析字典》引论二七以下)

王念孙能知道这两部不是"脂部之入声,亦非真部之入声",他能把这两部分出,别立无平上的两部,这确是一大进步,比段玉裁、孔广森等精密多了。

但王念孙的第五点——支,脂,之,鱼,侯,幽,宵,七部有平上去入四声,——仍是为旧见解所拘束,根本上有错误,所以他和江有诰都主张古有四声之说。

根本上的错误是什么呢?就是那人人平常都不疑问的"某部有平上去入"一句最不通的话。入声自有特别的声尾,故决不会和平上去为同部。故说某部四声皆备,开口便错。

所谓某部古备四声,其实只是某种入声字有一部分很早就失掉了声尾,变成了平上声;后来又有一部分失掉了声尾,变成了去声。

王念孙知道"至"、"祭"两部的字古无平上,这就等于说这些字古时都是入声,我们已在上文讨论过了。他们所以要说阴声七部古有四声,只因为两个理由:(一)是古韵文中这七部的字往往平入同协韵,(二)是此类平入同协的字(或同偏旁的字)在中古(《切韵》时)时代已多读平上去声了。

这两项理由即是段玉裁认第二部入声古读平声的理由。我们在上文论段氏第二部时已曾证明萧宵等部内凡与入声同用的字都是古入声。今更就其他六部试举一些证据。

支部之字,如:

枝,知,(《隰有苌楚》)

斯,提,(《小弁》)

提,辟,揥,刺,(《葛屦》)

簧,知,斯,(《何人斯》)

易,知,祇,(《何人斯》)

故知"知"与"易"为同韵,而"提"与"辟"等为同韵。但"易"、"辟"、"刺"等皆是入声,如

益,易,辟,辟,(《荡》一)

辟,绩,辟,适,解,(《殷武》三)　绩,辟,(《文王有声》)

甓,鹝,惕,(《防有鹊巢》)　辟,剔,(《皇矣》)

刺,狄,(《瞻卬》)

以此推之,可知"斯"、"知"、"提"等字古时皆是入声:"斯"读如"析","知"读如"的","提"读如"湜"、"遆"。

大概此部之字,古皆入声,皆有-k尾。其脱去声尾最早者转入平声上声。其变平稍晚者成为去声。故"簧"为平声,"祇"为上声,而"递"为去声,古时皆入声也。卑字之为入声,有椑,革,箪,焷等字可证。帝字之为入声,有啻,适,……等字可证。兒字之为入声,有觬,屍,阋,㵎等字可证。

以上说支部古无平上去。当称为"益"部,其韵母为-ik。其后-k

声尾脱去,转为-i 者,则入"之"、"哈"各部;转为-u 者,则入"宵"、"幽"各部,如吊本读汋,条本读涤。翟音狄,见《郦风》;其与"爵"为韵者,见《邶风·简兮》;此是方音之不同,但皆在入声,一为 tik,一为 tiak。孔广森(《诗声类》十一)一定要说翟"于古只有去声",便是倒果为因。

"之"部之字,上文已略指出一点。如"来"字一面与"思"、"期"、"哉"、"坶"等为韵,一面又同一些明明入声的字为韵,如

牧,来,载,棘,(《出车》)

来,服,(《大东》)(子,来,子,服,子,裘,子,赋。)

亟,来,囿,伏,(《灵台》)

塞,来,(《常武》)

可知"来"字在古时必是入声,与"麦"字为同韵,读如 lak。"来"字既是入声,则同"来"为韵的"期"、"思"等字也应该是入声。"坶"字是入声,从寺的字皆是入声,有"特"字可证;鸡栖于坶,即是鸡栖于鸡栅也。

以此推之,"之"声在古时大概也多是入声,当改称"弋"部,其韵母为-ek。-k 声尾脱去,转为-i,则成"哈"、"海"等部,如"代"从"弋"声,"刻"从"亥"声。亥亦是古入声。

"脂"部的字在古韵文中无有平上与去入同用之例,大概"脂"、"微"等韵的平声为古阴声。其韵母为-i。

"至"、"祭"各去声韵则是古入声,说已见前。此部的入声与上文所举的"益"(支)"弋"(之)两部的入声有根本的不同:"益"、"弋"皆有-k 声尾,而此部各韵则皆收声于-t 尾。这是脂部所以同支之有分别的原因。段玉裁晚年答江有诰书云:

> 足下能确知所以支脂之分为三之本源乎?仆老耄倘得闻而死,岂非大幸?(《经韵楼集》六)

他若问广东人,便早知道了。可惜他问的戴震、江有诰都是我们徽州人,所以他终于抱憾而死。

"宵"、"幽"、"侯"等部大概古时多是入声,也收声于-k 声尾。证之古韵文:

轴,陶,抽,好,(《清人》)
皓,绣,鹄,忧,(《扬之水》)
修,啸,啸,淑,(《中谷有蓷》)
祝,六,告,(《干旄》) 俶,告,(《既醉》)
木,附,猷,属,(《角弓》)
惄,雠,售,(《谷风》)
罦,造,忧,觉,(《兔爰》)

这可见"陶"、"抽"、"好"、"忧"、"修"、"猷"、"雠"、"罦"等都是古入声字。从由之字皆与"轴"同韵,从肃之字皆与"肃"同韵,从告之字(如造)皆与"鹄"同韵,从叔之字(如椒、俶)皆与"叔"同韵,从谷之字(如裕)皆与"谷"、"欲"同韵,从"翏"之字(如瘳、膠)皆与"戮"同韵。这都是从偏旁里得来的证据,可以助证古韵文里的证据。

从孚之字也是入声。《兔爰》诗中"罦"与"造"、"觉"为韵。《角弓》之"木,附,猷,属","附"即是"桴"字的假借字,即"朴"字。(郑笺:"附,木桴也。"疏谓木表之粗皮也。《说文》,"朴,木皮也。")《角弓》八章之"浮,流,髦,忧","髦"为入声,说已见前。"忧"字与"鹄,绣,皓"为韵(《扬之水》),与"造,觉"为韵(《兔爰》),亦是入声字。以此推之,从孚之字皆是入声。

东汉之初,佛陀译为"浮屠",此音不当用收声于-d 的入声,可知那时候"浮"字已失掉声尾,不读入声,只剩 pu 音了。

"鱼"、"模"各韵,也是古入声,皆有-k 声尾。试以古韵文证之。
夫,夜,夕,恶,(《雨无正》)
度,虞,(《抑》五)
呼,夜,(《荡》五)
恶,斁,夜,誉,(《振鹭》)
洳,莫,度,度,路,(《汾沮洳》)
茹,狁,(《六月》)

从夜之字皆是入声,有"液","掖","被","腋"等字可证。以此推之,可知"夫","呼","誉"等皆入声字。"狁"、"度"、"莫"、"路"(从各之字同)皆入声,故知"茹"、"洳"亦皆入声;以此推之,从如之字皆入声也。

上文曾论及"固"字是入声。《三百篇》中,

固,除,庶,(《天保》)

梏,柞,路,固,(《皇矣》)

《老子》五十五章用

螫,据,搏,固,作,嗄,

《管子·内业》篇用

舒,固,舍,薄,

从庶之字皆是入声,有墌,摭,蹠,蟅,可证。从石之字皆是入声,有硕,祐,鈶,秙,鼯,拓,跖,趏,砶等字可证。《楚茨》三章用

踖,硕,炙,莫,庶,客,错,度,获,格,酢,

我们试以此章之韵比较《老子》五十五章之韵,便可知"庶"、"固"、"路"等之为入声绝无可疑,又可知孔广森以《离骚》"固"恶"互韵证"恶"为去声正是恰得其反了。

以上所论,都是要证明"支,脂,之,鱼,侯,幽,宵,等七部的字古有平上去入四声"之说是错误的。以我的观察,阴声各部的古音在《三百篇》时代大概有下列的状况:

(1) 歌部是收声于韵母的平声。

(2) 脂微的平声在古时大概是收声于-i 的平声。

(3) 至祭各去声韵是收声于-t 的古入声。

(4) 术物等入声是古入声。

(5) 支部是古入声,无平声,可称"益"部。

(6) 之部是古入声,似无平声,可称"弋"部。

(7) 宵幽侯各部古时也是入声。

(8) 鱼模各韵也是古入声。——以上从支到鱼模,皆收声于-k。

最后,我想申说几句关于方法的话。段玉裁有"古音韵至谐说":

明乎古本音,则知古人用韵精严,无出韵之句矣。明乎音有

正变,则知古人哈音同之,先音同真,本无诘屈聱牙矣。明乎古四声异今韵,则知"平仄通押","去入通押"之说未为审矣。

古文音韵至谐。自唐而后,昧兹三者,皆归之"协韵"二字。"古文音韵至谐"是一条最重要的原则。古时没有韵书,民间歌唱都用当时当地和谐的音韵,故无出韵之理,亦无阴声与入声通押之事。出韵便不谐和了;阴声与入声通押,便更不和谐了。

但段玉裁诸人都不明白"入声"的性质,故终不能充分了解"古文音韵至谐"的原则的意义。入声的特别性质在于有-k、-p、-t 三种声尾。故(1)决不能与无声尾之阴声平上去通押,(2)也决不能与有-m、-n、-ng 声尾之阳声同押。而段玉裁以"质"、"栉"、"屑"配"真"、"臻"、"先",以"缉"、"叶"、"怗"配"侵"、"盐"、"添",以"合"、"盍"等配"覃"、"谈",是认入声为可与阳声同部了。后来的学者虽已能知阳声无入声,却终不能明白阴声各部与入声各部有根本的区别,决不能认为同部。

既认古韵文本是和谐的,故不能不说明何以古韵文中有平入同押和去入同押的现象。段玉裁最谨慎,但他也认萧部之入声古时是平声。孔广森以后的学者便把各部的入声都认为古平去了。我们的解释恰恰相反。我们认入声为最古;凡古韵文中平入同押或去入同押的字,古时都是入声。我们的证据已散见上文了;现在总括起来,这些证据可分三种。

(1)同偏旁的字,绝大多数全都变平声或去声了,但往往有几个冷僻不常用的字还在入声。如从高之嚆熇,从交之较,从乔之跻屩,从召之炤,从毛之𦬆,从固之涸,从夜之袯、腋,𡸣等,从至之蛭,垤等,从寺之特,从是之湜,……此项冷僻之字决不会是由平声变成的入声,必是因冷僻而得保留古音。故我们认入声为古。

(2)用方音的参证。珂罗倔伦先生用广东话和日本的汉音吴音作参证,推知中古时期(隋代《切韵》成书时期)的入声的音值。就这一千几百年的音韵演变的历史看来,无论在那一种方言里,都只见入声之变平,从不见平声之变入。故我们可以推知入声之古。

(3)珂罗倔伦先生指出,如果入声是后起的,那么,由无声尾的阴声韵母变为有声尾的入声,其间应该可以随便乱加声尾,可以加-k,加-p,也可以加-t,何以同偏旁之字,从"乍"者皆只有-k尾,同在入声之一韵,从"至"者皆只有-t尾,又同在入声之另一韵,而不会紊乱呢?故知"乍"本读"昨"音,"敝"本读"瞥"音,乃入声之变去,而不是去声之变入。

依据这三组证据去重新整理古代的韵文,便可以解决许多困难的问题,便可以明白古代声韵的真面目,又可以知孔广森古无入声之说为妄说,而"某韵部有平上去入"之说也是开口便错的了。

我这个主张可以解决的问题甚多,如段玉裁的第二部古皆平声的问题,如"之,脂,支"分别的真原因的问题,本篇已说起了。此外如"对转"、"通转"等等问题,皆可从此解决,详论当另作专篇,此处只可略举大意,表示解决的方法而已。

"通转"的问题,即所谓"合韵"、"通韵"的问题的一部分。其关于声纽的,我们可不论。其关于韵的,大都与入声有关。如"实"、"寔"本不可通,"疾"、"戚"本不可通,而汉朝经师指出当日东部方音中实寔通用,读疾如戚,此可证当日在那一个区域里入声的-k与-t两种声尾已失掉了,故两种绝不同的入声已没有分别了。故我们当用历史演变的眼光去研究"通转"的现象。

"对转"也是"合韵"、"通韵"的问题的一部分,——其中较有规律可寻的部分。因为较有规律可寻,故自孔广森以至章太炎先生,都把这种规律看作古韵学的重要部分。但这些学者不曾明白这个现象和入声的关系,故他们只把"对转"看作阳声和阴声的双方关系,却不知道它是入声同阴阳声的三角关系。凡入声有-k声尾的,一方面脱去声尾,便成阴声;一方面-k转为-ng(或由-g再混为-ng),便成耕蒸各部的阳声了。故所谓之支与耕蒸对转者,其实是声尾上"见溪群疑"同类的混化。凡有-p声尾之入声,一方面脱去声尾成为阴声(如劫从去,而去字无-p声),一方面-p转为-m,便成谈侵各部的阳声了。故所谓谈合对转者,其实是声尾上"邦滂并明"同类的混化也。又有-t声尾的入声,一方面脱去声尾,便成阴声,一方-t转为-n(如"怛"之与"旦"),便成真寒各部的阳声了。故所谓脂真对转者,其实是声尾上"端透定泥"同类的混化也。

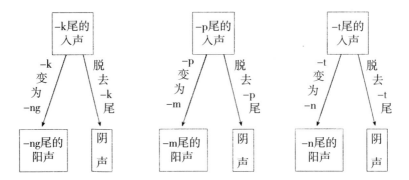

试以古韵文证之：

桀,怛,(《甫田》)

发,偈,怛,(《匪风》)

来,赠,(《女曰鸡鸣》)

能,又,时,(《宾之初筵》)

怛古音为 tat,一面-t 尾全脱去,则成北方今音之"妲"(ta);一面-t 变为-n,则成"旦"音。来古音为 lak,一面-k 尾脱去,则成后来的"来"音(lai);一面当其未脱去时,亦可以勉强与从-ng 之"赠"音为韵。能古音似是 nak,故与从-k 尾的古入声"又"、"时"为韵("来"亦与"又"为韵);一面-k 尾脱去,便成"耐"音(nai);一面-k 转为-ng,便成今"能"音,便是阳声了。

1928 年 10 月初稿

1928 年除夕写定

（原载 1929 年 1 月 10 日《新月》第 1 卷第 11 号）

附录　寄夏剑丞先生书

先生一定要我说几句讨论大作《古声通转例证》的话,我本不配说话,只因为却不过先生的好意,只好说几句门外汉的话,还请先生切实指正。

大作两部分的绝大贡献在于搜罗例证。这三大本的例子便是研究古声韵的材料。即此搜集之勤与广,已足令前人俯首。何况有这样精密的分析部勒呢。这种功力,我最敬服。每一部之末列举各种"例外",眉目清楚,最有用处。

我于此道完全是门外汉,但以门外汉的眼光看来,总觉得这三百年的音韵学方法固然精密,功力固然勤苦,而见解上终不免有点根本错误,故成绩上也就不免因此受大影响。

所谓见解上之根本错误者,第一,不曾先辨清某字某字的古音究竟如何读法,却去先分韵部;各个字的音未能决定,故其所分韵部未免只是纸上的区分,仍无从确定某部之音究竟如何读法。此一误也。段玉裁认古有入声,而去声为晚出。孔广森谓古无入声,魏、晋以下始有之。此一个重要问题,至今未有定论。然清代学者分古韵部,其阴声各部,平入同收,究竟古读平声呢?还是入声呢?还是平入可以同部呢?如《关雎》用"芼"协"乐",是"乐"应读去声呢?还是"芼"应读入声呢?而近百年学者似多从孔氏古无入声之说,于是古音的真相遂更不易认识了。此又一误也。古人未有韵书,民间歌唱多依其地之自然方言为韵脚。其有一地不可通协,而在他地可通协者,皆由于方言之异(如郑玄、高诱皆明说齐人读殷如衣)。声韵之变迁固然有条理可寻,然此类变迁皆是一时或一地的现象,不当离开时与地的限制而认为古声韵的普遍现象。孔广森以下,学者不先辨各个字音,而好谈通转的律例,此又一误也。

旧日学者之分韵部,以不立入声各部为最无理由。孔广森不信古有入声,然他仍立"合"部。严可均与先生皆不立"合"部,并入"谈"部,似无充分理由。遍观古韵文,皆没有缉合诸部入声与谈部阳声协韵之例。

此外阴声各部之入声,皆须分出,自为一大类别。其分部可略依《切韵》之次第,先分三大类:

(1) 屋药类　(屋—觉)(药—德)　收声于-k
(2) 质薛类　(质—薛)　收声于-t
(3) 缉乏类　(缉—乏)　收声于-p

然后于此三类之中，依开口闭口等分别，参证古韵文，为分子目，成为入声的古韵部。

此三类之音，与"阴声"不同之处在于阴声各韵皆收声于韵母，而此三类皆于元音之后另有声尾。其与"阳声"又不同者，阳声之韵母之后也有声尾，但阳声之声尾为-n（真元），-ng（耕蒸），及-m（侵谈）；而入声之声尾为-k，-p，-t。

我以为既要分韵部，自宜加详，加细。段玉裁以平上为一类，去入为一类，其说最有理，可作为大纲领。前者为"平"，后者可名为"仄"。王念孙分阳声九部，大致已不差。王氏分阴声及入声，似尚多可加细。缉盍之分，可仍其说。至祭之增，亦是一大进步。推至祭二部之理言之，则其阴声各部（除歌部）皆可如此分剖。

试以"支"韵为例。遍观古韵文，似此部古无平声。如"知"协"斯"（《陈墓门》），"斯"协"提"（《小弁》），"提"协"辟，掷，刺"（《葛屦》），"知"又协"易，衹"（《何人斯》），"辟"则为入声无可疑。以此言之，似是古读"斯"如"析"，读"提"如"渥"，读"知"如"的"，皆入声也。"刺"，"解"，"帝"等更易证明。

脂之两部，平仄之不互协，古韵文多可为证。先生所举之例证中，脂部所有平仄互协之例皆似是误举，如《豳风·七月》首章之"火衣"自相协，与下二章之"火衣"、"火苇"同例，而与本章之"发烈褐岁"无关。又如《小雅·杕杜》之用韵，更为明白，其式如下：

——至
——恤
　——偕止
　——近止
　——迩止

此处前后两组各不相关也。

《宾之初筵》之"旨偕"与"设逸"，《生民》之"惟脂"，皆与此同。《鸱鸮》之"既取我子，无毁我室"，并非用韵，下文句句用韵，起首不妨无韵也。

"之"部的入声与"支"部的古入声都收声于-k声尾。而"脂"部的古入声则收声于-t声尾,与"之"、"支"二部绝不相通。

"之"部中入声也特别多。此部在古韵文中所以与"萧"部通协甚多者,正以此部入声之字收声于-k,与"告"、"造"、"毒"、"鞠"等字同一种声尾,故可相协。

"之"部中有许多平声字,在古时大概多读入声。"之"读如"的","试"如"式","寺"、"诗"如"特"。

最可怪的如"来"字:

《小雅·出车》　牧,来,载,棘,
　《大东》　　来,服,裘,试,
《大雅·灵台》　亟,来,囿,伏,
　《常武》　　塞,来,

我疑心古时必有一地方音读"来"与"麦"同韵的。

以此推下去,萧,鱼,侯,幽诸部之去入声皆可如此分出,自为韵部。

如此分法,约计韵部可增一小半,或可稍近于古代的韵部了。

段玉裁认入声为古,而去声为后起,其说甚是。然而他又说"第二部平多转为入声",恰得其反。他的第二部的乐,龠,爵,绰,较,虐,药,……等字,他说"绎《三百篇》皆平声"。这是他不能笃信入声之古。他只见《三百篇》中此部之字与从毛从召从乔之字相协,遂疑此部的入声字古读平声。他不知道从毛从召从乔之字古多读入声,从来乃变为去声平声。但一部分的字还不曾变,故"炤"之音灼,"跻"之音"其略反","熇"之音"许各反",犹是古音。从毛之字,《关雎》以"芼"协"乐",《板》之四章以"耄"协"虐,谑,药",《抑》之十一章以"耄"协"乐,貌,虐",皆可证其古在入声。"昭"字多与入声相协,古音当与"炤"相同。

此项平入互协的字,古韵文中很多,何以我们必要断定他们原是入声,而不肯认他们原为平声转为入声呢?

瑞典学者珂罗倔伦曾举一证,最令人心服。他说:

例如乍(dz'a)与昨(d'zak),敝(b'iei)与瞥(p'iet),若仅认声母与韵头之相似,便认前者为后者得声之源(此即等于认先有阴声而后有入声),那么,从乍之字应该可以随便有种种韵尾:可以加-t尾,也可以加-p尾。何以从乍之字从没有-t-p两种韵尾呢?何以作,昨,怍,酢,窄,舴各入声皆属于-k尾而不紊乱呢?同样的例不胜枚举。如:

从至之字:侄,晊,桎,蛭,挃,厔,铚,室,姪,垤,絰,室等字皆收韵于-t尾。

从曳之字:拽,𠈄,洩,绁等字皆收韵于-t尾。

从夜之字:液,袯,烨,掖,腋等字皆收韵于-k尾。

以此看来,可知古音"乍"字原有喉音的韵尾,"散"字原有齿音的韵尾,至中古时代乃失掉的。(《分析字典》引言二七)

珂先生之论虽专为入声变去声之字而发,然其理可推到阴声字之平上去三声。大概古与入声同协而后世读为平声之字皆脱离入声韵尾之最早者,年代久远,遂不易辨认其入声的本来面目了。

萧潇箫等字皆久已成平韵,然"肃"字仍为入声。从翏之字多有读平声的,然"蓼,僇,戮"仍是入声。此如声纽之变,"者"已变了,而"都"、"睹"仍保存古纽;"真"已变了,而"填"、"滇"仍保存古纽。

此皆幸有不变的一部分可以为证据。但有些字已无同偏旁之字可作证的,那便不能不靠古韵文作证了。

万一这样研究的结果竟逼我们承认阴声之中有几部在古代某一时期只有入声而无平声,例如"支"、"侯"等部,这也不足为奇。惟如孔广森所谓古无入声,乃真足奇怪耳。

总之,古人用韵,既无韵书可遵守,自必依音韵之自然和协为标准。此天然的和协即是当日的"韵部"。古人用"昭"协"乐",若非"昭"读入声,则是"乐"读平声。但必无平与入同用之理也。

但声韵之变,最宜注重时与地的关系。《三百篇》之韵文包含的时代很长,地域的距离又很大,其间必有时代上纵的不同,与地域上横的不同。以时言之,则《周颂》与《大雅》为古,而《国风》之中,除《豳风》外,似皆东周之诗。以地言之,则《秦》、《豳》、《王》与《大雅》、《周颂》同其区域,同为西北之诗;《齐》为最东,二《南》为最南(江、汉、汝之间);余皆中部之诗也。古韵中所谓通协,所谓对转,大率皆可以时与地的关系解释之。

大作《经传师读通假例证》中有许多方言音变的例子,最有用处。如《诗·韩奕》笺云,

> 实当作寔。赵魏之东,实寔同声。

又《礼记·缁衣》"资冬祈寒"注：

> 资当为至,齐、鲁之语,声之误也。祈之言是也,齐西偏之语。

又《周礼·考工记》"无以为戚速"注：

> 齐人有名疾为戚者。

"寔"字古音 d'iek,"实"字古音 d'iet；"疾"古音 d'ziet,"戚"古音 tsiek,绝不相同,其所以以"寔"为"实",以"戚"为"疾"者,因为其时东方的一种方言(赵、魏之东即齐也)已有将入声之声尾吞没而成为今日下江流域之入声的趋势,故可以混用。若以为仅支脂或脂萧之通假,则错了。大作又引《诗·瓠叶》"有兔斯首"笺云：

> 斯,白也。今俗语斯白之斯作鲜,齐、鲁之间声近斯。

斯白即析白,即白晳。《尔雅·释诂》,"鲜,善也",《释文》,"鲜本亦作誓"。《禹贡》之析支,《大戴记》作"鲜支"。此皆方音与古音之异。若皆以通转或通假释之,则是以例外为通则矣。何况"支"、"元"不在对转之列呢？

从前治古韵者,为入声所累,把入声和平声混在一部,故不敢断定古韵部的正确音读。今后的古韵学似宜先将"对转"、"旁转"等等枝节问题暂时搁起,先设法研究某一字古音究竟怎样读法。各字的音读明白后,"韵部"自然区分了。若只分韵部,而始终不知各部之各字之读法,岂是真正研究古音之目的吗？

今先将入声提出,阴声各类的字音便较易研究了。此如歌部无入声,故歌部之音较易规定。其他各部,亦复如此。

阴声各韵的精确规定,比较最为困难。此外的入声与阳声便很容易了。

阳声各韵的古音,惟"东"、"侵"二部稍费周详。其余无大困难。

入声则非细研究广东音与日本汉读吴读不可。文字上的材料但

可作为材料之一种而已。

总之,古音学必须先辨各个字的古音,通转等等不过是其中的一种现象耳。

以上全是我的外行话,其中定多过于武断或过于大胆之处,然先生既要我大胆说出,故不敢不说,千万请先生切实指示教正。

先生的书使我得益不少。以上所说,虽大半是引申王念孙与珂罗倔伦之说,然若没有先生的三大册例证,我决无从说起。我对于此道,向来毫无研究,因见了先生的书,引起我一点兴致,遂稍稍翻了几部书,略窥一点门径。此皆先生之厚赐,不可不再三道谢。

书稿三册奉上。偶有笔误,曾用铅笔记出一二处,以便修正。

胡适敬上　十七,十一,廿九

后　记

这篇《入声考》本是夏剑丞先生(敬观)的两部书引起的,故将我寄夏先生的原书附录在此。其中有一部分的议论可以补充《入声考》的主张。

本篇得力于珂罗倔伦先生的书之处最多。珂先生研究"切韵"最精,但他不曾注意到汉以前的古音,故我当初作此文,实在是想引申珂先生的研究,略补他的不足。又珂先生认古入声变去声的,古声尾为-g-d;其不曾变的入声,古声尾为-k,-t。这个区别,我认为不必要,故本篇全不用-g-d 的说法。

但本篇初稿写定后,忽收到珂先生从瑞典寄来他的近作《中国古音问题》(Problems in Archaic Chinese)一篇长文,是在10月份的 Journal of Royal Asiatic Society 发表的专文。他这次也放手讨论中古以前的"古音"了。最奇怪的是他用的材料,方法,和得的结论,都几乎完全和我相同。他在《分析字典》里主张的-g-d 两种声尾说也修正取消了(珂先生的主张,将来另有介绍和讨论)。

珂先生从前研究中国古文中的代名字,发表了一篇文章,他的方法,材料,结论,也和我先发表的《尔汝篇》、《吾我篇》差不多相同;林语堂先生当时诧为奇事。今年我和珂先生研究古音,彼此又不相谋,又得着差不多完全相同的结论,恰巧林语堂先生又是最先读我的文章的人。这也可算是中国学史上的一桩很巧的因缘了。

1929,1,16　胡适

林语堂先生允许我一篇文字专讨论这个问题。我很盼望我的外行话可以引起专家学者的教正讨论。

(原载 1929 年 1 月 10 日《新月》第 1 卷
第 11 号,此号实际延期出版)

读《吕氏春秋》

一 《吕氏春秋》的贵生主义

《吕氏春秋》是秦国丞相吕不韦的宾客所作。吕不韦本是阳翟的一个商人,用秦国的一个庶子作奇货,做着了一笔政治上的投机生意,遂做了十几年的丞相(前249—前237),封文信侯,食客三千人,家僮万人。《史记》说:

> 是时诸侯多辩士,如荀卿之徒,著书布天下。吕不韦乃使其客人人著所闻,集论以为八览,六论,十二纪,二十余万言,以为备天地万物古今之事,号曰《吕氏春秋》。(《史记》八十五)

吕不韦死于秦始皇十二年(前235)。此书十二纪之末有《序意》一篇的残余,首称"维秦八年",当纪元前239年。此可见成书的年代。

《吕氏春秋》虽是宾客合纂的书,然其中颇有特别注重的中心思想。组织虽不严密,条理虽不很分明,然而我们细读此书,不能不承认他代表一个有意综合的思想系统。《序意》篇说:

> 维秦八年,岁在涒滩,秋,甲子朔。朔之日,良人请问十二纪。文信侯(吕不韦)曰:"尝得学黄帝之所以诲颛顼矣:'爰有大圜在上,大矩在下。汝能法之,为民父母'。盖闻古之清世,是法天地(大圜即天,大矩即地)。凡十二纪者,所以纪治乱存亡也,所以知寿夭吉凶也。上揆之天,下验之地,中审之人,若此则是非可不可无所遁矣。天曰顺,顺维生。地曰固,固维宁。人曰信,信维听。三者咸当,无为而行。行也者,行其理也。行〔其〕数,循其礼,平其私。夫私视使目盲,私听使耳聋,私虑使心狂。三者皆私设精则智无由公。智不公则福日衰,灾日隆。……"

这是作书的大意。主旨在于"法天地",要上揆度于天,下考验于地,中审察于人,然后是与非,可与不可,都不能逃遁了。分开来说,

  天曰顺,顺维生。

  地曰固,固维宁。

  人曰信,信维听。

第一是顺天,顺天之道在于贵生。第二是固地,固地之道在于安宁。第三是信人,信人之道在于听言。"三者咸当,无为而行。"无为而行,只是依着自然的条理,把私意小智平下去,这便是"行其数,循其理,平其私"。一部《吕氏春秋》只说这三大类的事:贵生之道,安宁之道,听言之道。他用这三大纲来总汇古代的思想。

  法天地的观念是黄、老一系的自然主义的主要思想(这时代有许多假托古人的书,自然主义一派的人因为儒、墨都称道尧、舜,尧、舜成了滥调了,故他们造出尧、舜以前的黄帝的书来。故这一系的思想又称为"黄、老之学")。而这个时代的自然主义一派思想,经过杨朱的为我主义,更趋向个人主义的一条路上去,故孟子在前四世纪末年说杨朱、墨翟之言盈天下,又说当时的三大系思想是杨、墨、儒三家。杨朱的书,如《列子》书中所收,虽在可信可疑之间,但当时的"为我主义"的盛行是决无可疑的。我们即使不信《列子》的《杨朱篇》,至少可以从《吕氏春秋》里寻得无数材料来表现那个时代的个人主义的精义,因为这是《吕氏春秋》的中心思想。

  《吕氏春秋》的第一纪的第一篇便是《本生》,第二篇便是《重己》;第二纪的第一篇便是《贵生》,第二篇便是《情欲》。这都是开宗明义的文字,提倡的是一种很健全的个人主义,叫做"贵生"主义,大体上即是杨朱的"贵己"主义(《不二篇》说,"阳生贵己"。李善注《文选》引作"杨朱贵己"。是古本作"杨朱",或"阳朱")。其大旨是:

  圣人深虑天下,莫贵于生……尧以天下让于子州支父,子州支父对曰:"以我为天子,犹可也。虽然,我适有幽忧之病,方将治之,未暇在天下也。"天下,重物也,而不以害其生,又况于他物乎?惟不以天下害其生也者,可以托天下。(《贵生》)

> 倕,至巧也;人不爱倕之指而爱己之指,有之利故也。人不爱昆山之玉,江、汉之珠,而爱己之一苍璧小玑,有之利故也。今吾生之为我有而利我亦大矣!论其贵贱,爵为天子不足以比焉。论其轻重,富有天下不可以易之。论其安危,一曙失之,终身不复得。此三者,有道者之所慎也。(《重己》)

这就是"拔一毛而利天下,不为也"的本意。本意只是说天下莫贵于吾生,故不以天下害吾生。这是很纯粹的个人主义。《吕氏春秋》说此义最详细,如云:

> 身者,所为也。天下者,所以为也。审〔所为〕所以为,而轻重得矣。今有人于此,断首以易冠,杀身以易衣,世必惑之。是何也?冠所以饰首也,衣所以饰身也。杀所饰,要所以饰,则不知所为矣。世之走利,有似于此。危身伤生,刘颈断头以徇利,则亦不知所为也。……不以所以养害所养。……能尊生,虽贵富,不以养伤身;虽贫贱,不以利累形。今受其先人之爵禄,则必重失之。生之所自来者久矣,而轻失之,岂不惑哉?(《审为》)

> 凡圣人之动作也,必察其所以之,与其所以为。今有人于此,以随侯之珠弹千仞之雀,世必笑之。是何也?所用重,所要轻也。夫生岂特随侯珠之重也哉?(《贵生》)

以上都是"贵生"的根本思想。因为吾生比一切都重要,故不可不贵生,不可不贵己。

贵生之道是怎样呢?《重己》篇说:

> 凡生之长也,顺之也。使生不顺者,欲也。故圣人必先适欲(高诱注,适,节也)。

《情欲》篇说:

> 天生人而使有贪有欲。欲有情,情有节。圣人修节以止欲,故不过行其情也。故耳之欲五声,目之欲五色,口之欲五味,情也。此三者,贵贱愚智贤不肖欲之若一。虽神农、黄帝,其与桀、纣同。圣人之所以异者,得其情也。由"贵生"动,则得其情矣。不由"贵生"动,则失其情矣。此二者,死生存亡之本也。

怎么叫做"由贵生动"呢?

> 夫耳目鼻口,生之役也。耳虽欲声,目虽欲色,鼻虽欲芬香,口虽欲滋味,害于生则止。在四官者不欲,利于生者则弗为〔止〕。由此观之,耳目鼻口不得擅行,必有所制;譬之若官职,不得擅为,必有所制。此贵生之术也。(《贵生》)

这样尊重人生,这样把人生看作行为动作的标准,看作道德的原则,这真是这一派个人主义思想的最大特色。

贵生之术不是教人贪生怕死,也不是教人苟且偷生。《吕氏春秋》在这一点上说的最分明:

> 子华子(据《吕氏春秋·审为》篇,子华子是韩昭侯时人,约当前四世纪的中叶。昭侯在位年代为前358到333。)曰:"全生为上,亏生次之,死次之,迫生为下。"故所谓"尊生"者,全生之谓。所谓全生者,六欲皆得其宜也。所谓亏生者,六欲分得其宜也(分是一部分,故叫做亏。亏是不满)。亏生则于其尊之者薄矣。其亏弥甚,其尊弥薄。所谓死者,无有所以知,复其未生也。所谓迫生者,六欲莫得其宜也,皆获其所甚恶者,服是也,辱是也(服字高诱训"行也",是错的。服字如"服牛乘马"的服,在此有受人困辱羁勒之意)。辱莫大于不义,故不义,迫生也。而迫生非独不义也。故曰迫生不若死。奚以知其然也?耳闻所恶,不若无闻;目见所恶,不若无见。故雷则掩耳,电则掩目,此其比也。凡六欲皆知其所甚恶(《墨经》云,知,接也。)而必不得免,不若无有所以知。无有所以知者,死之谓也。故迫生不若死。

> 嗜肉者,非腐鼠之谓也。嗜酒者,非败酒之谓也。尊生者,非迫生之谓也。(《贵生》)

正因为贵生,所以不愿迫生。贵生是因为生之可贵,如果生而不觉其可贵,只得其所甚恶,故不如死,孟轲所谓"所恶有甚于死者"正是此理。贵生之术本在使所欲皆得其宜,如果生而不得所欲,死而得其所安,那自然是生不如死了。《吕氏春秋》说:

> 天下轻于身,而士以身为人。以身为人者如此其重也!(《不侵》)

因为天下轻于一身,故以身为人死,或以身为一个理想死,才是真正看得起那一死。这才叫做一死重于泰山。岂但重于泰山,直是重于天下。故《吕氏春秋》又说:

> 石可破也,而不可夺坚。丹可磨也,而不可夺朱。坚与朱,性之有也。性也者,所受于天也,非择取而为之也。豪士之自好者,其不可漫以污也,亦犹此也。……(此下引伯夷、叔齐饿死的事)……人之情莫不有重,莫不有轻。有所重则欲全之,有所轻则以养所重。伯夷、叔齐此二士者,皆出身弃生以立其意,轻重先定也。(《诚廉》)

全生要在适性,全性即是全生。重在全性,故不惜杀身"以立其意"。老子曾说:

> 故贵以身为天下,若(乃)可寄天下。爱以身为天下,若可托天下。

《吕氏春秋》解释此意道:

> 惟不以天下害其生也者,可以托天下。

又说:

> 天下轻于身,而士以身为人。以身为人者如此其重也!

明白了这种精神,我们才能了解这种贵生重己的个人主义。

儒家的"孝的宗教"虽不是个人主义的思想,但其中也带有一点贵生重己的色彩。孝的宗教教人尊重父母的遗体,要人全受全归,要人不敢毁伤身体发肤,要人不敢以父母之遗体行殆,这里也有一种全生贵己的意思。"大孝尊亲,其次弗辱",这更有贵生的精神。推此精神,也可以养成"不降其志,不辱其身"的人格。所不同者,贵生的个人主义重在我自己,而儒家的孝道重在我身所自生的父母,两种思想的流弊大不同,而在这尊重自身的一点上确有联盟的可能。故《吕氏春秋》也很注重孝的宗教,《孝行览》一篇专论孝道,甚至于说:

> 夫执一术而百善至,百邪去,天下从者,其惟孝也。

这是十分推崇的话了。但他所引儒家论孝的话,都是全生重身的话,如曾子说的:

> 身者,父母之遗体也。行父母之遗体,敢不敬乎?居处不

庄,非孝也。事君不忠,非孝也。莅官不敬,非孝也。朋友不笃,非孝也。战陈无勇,非孝也。五行不遂,灾及乎亲,敢不敬乎?

又如曾子"舟而不游,道而不径"的话;又如乐正子春下堂伤足的故事里的"父母全而生之,子全而归之,不亏其身,不损其形,可谓孝矣"的一段话,都可以算作贵生重己之说的别解。《孝行览》又说:

> 身也者,非其私有也,严亲之遗躬也。……父母既没,敬行其身,无遗父母恶名,可谓能终矣。

这正是一种变相的贵生重己主义。

二 《吕氏春秋》的政治思想

《吕氏春秋》的政治思想,根据于"法天地"的自然主义,充分发展贵生的思想,侧重人的情欲,建立一种爱利主义的政治哲学。此书开篇第一句话便是:

> 始生之者,天也。养成之者,人也。能养天之所生而勿撄之,谓之天子。天子之动也,以全天为故者也。此官之所自立也。立官者,以全生也。今世之惑主多官而反以害生,则失所为立之矣。譬之若修兵者,以备寇也。今修兵而反以自攻,则亦失所为修之矣。(《本生》)

政府的起原在于"全生",在于利群。《恃君》篇说:

> 凡人之性,爪牙不足以自守卫,肌肤不足以扞寒暑,筋骨不足以从利辟害,勇敢不足以却猛禁悍,然且犹栽万物,制禽兽,服狡虫,寒暑燥湿弗能害,不唯先有其备而以群聚耶? 群之可聚也,相与利之也。利之出于群也,君道立也。故君道立则利出于群,而人备可完矣。昔太古尝无君矣,其民聚生群处,知母不知父,无亲戚兄弟夫妻男女之别,无上下长幼之道,无进退揖让之礼,无衣服履带宫室畜积之便,无器械舟车城郭险阻之备:此无君之患。……自上世以来,天下亡国多矣,而君道不废者,天下之利也。故废其非君而立其行君道者。

这里可以看出《吕氏春秋》的个人主义在政治上并不主张无政府。政府之设是为一群之利的,所以说:

> 置君非以阿君也,置天子非以阿天子也,置官长非以阿官长也。(《恃君》)

所以说:

> 故废其非君而立其行君道者。

所以说:

> 天下非一人之天下也,天下之天下也。(《贵公》)

政府的功用在于全生,故政府的手段在于利用人的情欲。《用民》篇说:

> 民之用也有故。得其故,民无所不用。用民有纪有纲。壹引其纪,万目皆起。壹引其纲,万目皆张。为民纪纲者何也?欲也,恶也。何欲?何恶?欲荣利,恶辱害。辱害所以为罚充也。(充,实也。)荣利所以为赏实也。赏罚皆有充实,则民无不用矣。

《为欲》篇说:

> 使民无欲,上虽贤,犹不能用。夫无欲者,其视为天子也,与为舆隶同;其视有天下也,与无立锥之地同;其视为彭祖也,与为殇子同。天子,至贵也;天下,至富也;彭祖,至寿也。诚无欲,则是三者不足以劝。舆隶,至贱也;无立锥之地,至贫也;殇子,至夭也。诚无欲,则是三者不足以禁。……
>
> 故人之欲多者,其可得用亦多。人之欲少者,其得用亦少。无欲者不可得用也。

从前老子要人"无知无欲",要"我无欲而民自朴",要"不欲以静,天下将自定"。墨者一派提倡刻苦节用,以自苦为极,故其后进如宋钘有"情欲寡浅"(欲字是动词,即"要"字)之说,以为人的情欲本来就是不要多而要少的(《荀子·正论》篇、《正名》篇,《庄子·天下》篇;看我的《古代哲学史》第十一篇第三章三,第十二篇第一章二)。这种思想在前三世纪已很受严重的批评了,最有力的批评是荀卿的《正名》和《正论》两篇。荀卿很大胆的说:

> 凡语治而待去欲者,无以道欲而困于有欲者也。凡语治而待寡欲者,无以节欲而困于多欲者也。……治乱在于心之所可,

亡于情之所欲。(《正名》)

《吕氏春秋》从贵生重己的立场谈政治,所以说的更彻底了,竟老实承认政治的运用全靠人有欲恶,欲恶是政治的纪纲;欲望越多的人,越可得用;欲望越少的人,越不可得用;无欲的人,谁也不能使用。所以说:

> 善为上者能令人得欲无穷,故人之可得用亦无穷也。(《为欲》)

这样尊重人的欲恶,这样认政府的作用要"令人得欲无穷",便是一种乐利主义的政治学说。墨家也讲一种乐利主义,但墨家律己太严,人人"以自苦为极",而对人却要"兼而爱之,兼而利之",这里面究竟有点根本的矛盾。极少数人也许能有这种牺牲自己而乐利天下的精神,但这种违反人情的人生观之上决不能建立真正健全的乐利主义。创始的人可以一面刻苦自己而一面竭力谋乐利天下,但后来的信徒必有用原来律己之道来责人的;原来只求自己刻苦,后来必到责人刻苦;原来只求自己无欲,后来必至于要人人无欲。如果自苦是不应该的,那么,先生为什么要自苦呢? 如果自苦是应该的,那么,人人都应该自苦了。故自苦的宗教决不能有乐利的政治,违反人情的道德观念决不能产生体贴人情的政治思想。《庄子·天下》篇说的最好:

> 其生也勤,其死也薄,其道大觳,使人忧,使人悲,其行难为也。……反天下之心,天下不堪。墨子虽能独任,奈天下何? ……将使后世之墨者必自苦,以腓无胈胫无毛相进而已矣。乱之上也,治之下也。

故健全的乐利主义的政治思想必须建筑在健全的贵己贵生的个人主义的基础之上(近世的乐利主义〔Utilitarianism〕的提倡者,如边沁,如穆勒,皆从个人的乐利出发)。《吕氏春秋》的政治思想重在使人民得遂其欲,这便是一种乐利主义。故此书中论政治,时时提出"爱利"的目标,如云:

> 若夫舜汤则苞裹覆容,缘不得已而动,因时而为,以爱利为本,以万民为义。(《离俗》)

如云：

> 古之君民者，仁义以治之，爱利以安之，忠信以导之，务除其灾，思致其福。（《适威》）

如云：

> 圣人南面而立，以爱利民为心，号令未出而天下皆延颈举踵矣。（《精通》）

如云：

> 爱利之为道大矣！夫流于海者，行之旬月，见似人者而喜矣。及其期年也，见其所尝见物于中国者而喜矣。夫去人滋久而思人滋深欤？乱世之民，其去圣王亦久矣，其愿见之，日夜无间。故贤王秀士之欲忧黔首者，不可不务也。（《听言》）

这一派的思想以爱利为政治的纲领，故虽然时时钦敬墨者任侠好义的行为，却终不能赞同墨家的许多极端主张。他们批评墨家，也就是用乐利主义为立论的根据。如他们批评"非乐"的话：

> 始生人者，天也，人无事焉。天使人有欲，人弗得不求。天使人有恶，人弗得不辟。欲与恶，所受于天也，人不得兴焉，不可变，不可易。世之学者有非乐者矣，安由出哉？（《大乐》）

这样承认音乐是根据于"不可变，不可易"的天性，便完全是自然主义者的乐利思想。

他们批评"非攻"、"偃兵"之论，也是从人民的利害上立论。第一，他们认战争为人类天性上不可避免的：

> 古圣王有义兵而无有偃兵。兵之所自来者久矣，与始有民俱。凡兵也者，威也。威也者，力也。民之有威力，性也。性也者，所受于天也，非人之所能为也。武者不能革，而工者不能移。（《荡兵》）

这仍是自然主义者的话，与上文所引承认欲恶为天性是一样的理论。第二，战争虽是不能革，不能移，其中却有巧拙之分，义与不义之别，分别的标准在于人民的利害。他们说：

> 夫有以噎死者，欲禁天下之食，悖。有以乘舟死者，欲禁天下之船，悖。有以用兵丧其国者，欲偃天下之兵，悖。

> 夫兵不可偃也。譬之若水火然，善用之则为福，不能用之则为祸。若用药者然，得良药则活人，得恶药则死人。义兵之为天下良药也亦大矣！
>
> 兵诚义，以诛暴君而振苦民，民之说也，若孝子之见慈亲也，若饥者之见美食也。民之号呼而走之也，若强弩之射于深豀也，若积大水而失其壅堤也。(《荡兵》)
>
> 攻无道而伐不义，则福莫大焉，黔首利莫厚焉。禁之者，是息有道而伐有义也，是穷汤、武之事而遂桀、纣之过也。(《振乱》)

在这些话里，我们可以看出秦始皇的武力统一政策的理论。我们不要忘了吕不韦是秦始皇的丞相，秦始皇是他的儿子，将来帮助始皇做到天下统一的李斯也是吕不韦门下的舍人，也许即是当日著作《吕氏春秋》的一个人。当时秦国的兵力已无敌于中国，而武力的背后又有这种自觉的替武力辩护的理论，明白的排斥那些非攻偃兵的思想，明白的承认吊民伐罪是正当的。这是帝国统一的思想背景。看他们说：

> 今周室既灭，而天子已绝（秦灭周室在始皇即位前十年，纪元前250）。乱莫大于无天子。无天子则强者胜弱，众者暴寡，以兵相残，不得休息。今之世当之矣。(《谨听》)

这完全是当仁不让的口气了。

《吕氏春秋》的政治思想虽然侧重个人的欲恶，却不主张民主的政治。《不二》篇说：

> 听群众人议以治国，国危无日矣。

为什么呢？因为治国是一件很繁难的事，需要很高等的知识和很谨慎的考虑，不是群众人所能为的。《察微》篇说：

> 使治乱存亡若高山之与深豀，若白垩之与黑漆，则无所用智，虽愚亦可矣。

可惜天下没有这样简单容易的事！

> 治乱存亡则不然。如可知，如不可知；如可见，如不可见。

故智士贤者相与积心愁虑以求之,犹尚有管叔、蔡叔之事,与东夷八国不听之谋。故治乱存亡,其始若秋毫,察其秋毫则大物不过矣。

因为治乱存亡的枢机不容易辨别,"如可知,如不可知;如可见,如不可见",所以有贤能政治的必要。"弩机差以米则不发"(《察微》篇语),治国之事也是如此。群众往往是短见的,眼光望不出一身一时的利害之外,故可以坐享成功,而不能深谋远虑。

禹之决江水也,民聚瓦砾。事已成,功已立,为万世利。禹之所见者远也,而民莫之知。故民不可与虑化举始,而可以乐成功。(《乐成》)

舟车之始见也,三世然后安之。夫开善岂易哉?(同)

《乐成》一篇中历举孔子治鲁,子产治郑的故事,来说明民众的缺乏远见。最有趣的是魏襄王请史起引漳水灌邺田的故事:

史起曰,"臣恐王之不能为也"。

王曰,"子诚能为寡人为之,寡人尽听子矣"。

史起敬诺,言之于王曰,"臣为之,民必大怨臣,大者死,其次乃籍臣(籍是抄没家产)。臣虽死籍,愿王之使他人遂之也"。

王曰,"诺"。使之为邺令。史起因往为之。邺民大怨,欲籍史起,史起不敢出而避之。王乃使他人遂为之。水已行,民大得其利,相与歌之曰,

"邺有圣令,时为史公,

决漳水,灌邺旁。

终古斥卤,生之稻粱。"

使民知可与不可,则无所用贤矣。

治国之道,知虑固不易,施行也不易。不知固不能行,行之而草率苟且也不能有成,行之而畏难中止,或畏非议而中止,也不能有成。计虑固须专家,施行也须要贤者。这是贤能政治的理论。

《吕氏春秋》主张君主政治,其理由如下:

军必有将,所以一之也。国必有君,所以一之也。天下必有天子,所以一之也。天子必执一,所以专之也。一则治,两则乱。

今御骊马者使四人人操一策,则不可以出于门闾者,不一也。(《执一》)

这是当时政治思想的最普通的主张,无甚深意。墨家的尚同主义不但要一个一尊的天子,还要上同于天。儒家的孟、荀都主张君主。孟子虽有民为贵之论,但也不曾主张民权,至多不过说人民可以反抗独夫而已。古代东方思想只有"民为邦本"、"民为贵"之说,其实并没有什么民主民权的制度。极端左派的思想确有"无君"、"无所事圣王"之说,但无政府是一件事,民主制度另是一件事。东方古代似乎没有民主的社会背景,即如古传说的尧、舜禅让,也仍是一种君主制。因为没有那种历史背景,故民权的学说无从产生。西洋的政治史上是先有民权制度的背景,然后有民权主义的政治学说。

但世袭的君主制究竟和贤能政治的理想不能相容。君主的威权是绝对的,而君主的贤不肖是不能预定的。以无知或不贤的人当绝对的大威权,这是绝大的危险。而名分既定,臣民又无可如何,难道只好听他虐民亡国吗?这是古代政治思想的一个中心问题。这问题便是:怎样可以防止避免世袭君主制的危险?前四世纪到三世纪之间,政治哲学对于这个问题曾有几种重要的解答。第一是提倡禅国让贤。禅让之说在这时代最风行,造作的让国神话也最多,似乎都有暗示一种新制度的作用。第二是主张人民对于暴君有反抗革命的权利。孟子所谓"君之视民如土芥,则臣视君如寇仇","闻诛独夫纣矣,未闻弑君也",都是很明白的承认人民革命的权利。第三是提倡法治的虚君制度。慎到(《古代哲学史》第十二篇,第一章,一)、韩非(同书第十二篇,第二章,四)等人都主张用法治来代替人治。韩非说的最透彻:

> 释法术而以心治,尧不能正一国。去规矩而妄意度,奚仲不能成一轮。……使中主守法术,拙匠守规矩尺寸,则万不失矣。君人者能去贤巧之所不能,守中拙之所万不失,则人力尽而功名立。(《韩非子·用人》篇)

这是说,若能守着标准法,则君主的贤不贤都不关重要了。这是一种立宪政体的哲学,其来源出于慎到的极端自然主义。慎到要人"弃

知,去已,而缘不得已",《庄子·天下》篇说此理最妙:

> 推而后行,曳而后往,若飘风之还,若羽之旋,若磨石之隧,全而无非,动静无过,未尝有罪。是何故?夫无知之物,无建已之患,无用知之累,动静不离于理,是以终身无誉。故曰至者无知之物而已,无用贤圣。夫块不失道。

这是当日的法治主义的学理的根据。慎到要人学无知之物,弃知,去己,不用主观的私见,不用一己的小聪明,而完全依着物观的标准,不得已而后动,如飘风之旋,如石头之下坠,动静皆不离于自然之理。这种无知无为的思想应用到政治上便成了法治的哲学。

《吕氏春秋》的政治哲学大概很受了这种思想的影响,故虽不主张纯粹的法治主义,却主张一种无知无为的君道论。《君守》篇说:

> 得道者必静,静者无知。知乃无知,可以言君道也(乃字疑当在可字上)……天无形而万物以成,至精无象而万物已化,大圣无事而千官尽能。此乃谓不教之教,无言之诏。故有以知君之狂也,以其言之当也。有以知君之惑也,以其言之得也。君也者,以无当为当,以无得为得者也。当与得不在于君而在于臣。

> 故善为君者无识,其次无事。有识则有不备矣,有事则有不恢矣。

《任数》篇说:

> 君道无知无为,而贤于有知有为,则得之矣。

为什么要无知无为呢?因为

> 耳目心智其所以知识甚阙,其所以闻见甚浅。以浅阙博居天下,安殊俗,治万民,其说固不行。十里之间而耳不能闻,帷墙之外而目不能见,三亩之官而心不能知。其以东至开梧,南抚多鹦,西服寿麻,北怀儋耳,若之何哉?(《任数》)

因为

> 人主好以已为,则守职者舍职而阿主之为矣。阿主之为,有过则主无以责之,则人主日侵而人臣日得。(《君守》)

因为

> 人主自智而愚人,自巧而拙人,若此则……请者愈多,且无

> 不请也。主虽巧智,未无不知也。以"未无不知"应"无不请",其道固穷。为人主而数穷于下,将何以君人乎?(《知度》)

因为这些理由,人主应该无知无事。

> 去听,无以闻,则聪。去视,无以见,则明。去智,无以知,则公。去三者不任则治,三者任则乱。……
>
> 耳目知巧固不足恃,惟循其数,行其理,为可。(《任数》。循字旧作修,依《序意》篇改。)

这就是上文所引《序意》篇所说"行其数,循其理,平其私。夫私视使目盲,私听使耳聋,私虑使心狂"的意思。用个人的耳目智巧,总不能无私,所以人君之道须学那无知之物,然后可以无建己之患,无用知之累。故说:

> 至智弃智,至仁忘仁,至德不德。无言无思,静以待时。时至而应,心暇者胜。……无唱有和,无先有随。古之王者,其所为少,其所因多。因者,君术也。为者,臣道也。为则扰矣,因则静矣。因冬为寒,因夏为暑,君奚事哉?(《任数》)

无唱有和,无先有随,即是慎到所谓"推而后行,曳而后往",即是"因"。慎到说"因"字最好:

> 因也者,因人之情也。人莫不自为也。……用人之自为,不用人之为我,则莫不可得而用矣。此之谓因。

人皆欲荣利,恶辱害,国家因而立赏罚,这便是因人之情,便是用人之自为(说详上文)。《分职》篇说:

> 先王用非其有,如己有之,通乎君道者也。夫君也者,处虚素服而无智,故能使众智也。智反无能,故能使众能也。能执无为,故能使众为也。无智,无能,无为,此君之所执也。……
>
> 武王之佐五人,武王之于五人者之事无能也,然而世皆曰取天下者武王也。故武王取非其有,如己有之,通乎君道也。……枣,棘之有;裘,狐之有也。食棘之枣,衣狐之皮,先王固用非其有而己有之。

用非其有,如己有之,也是"因"。

> 今召客者,酒酣歌舞,鼓瑟吹竽。明日不拜乐己者,而拜主

人,主人使之也。先王之立功名,有似于此。……

譬之若为宫室必任巧匠。……巧匠之宫室已成,不知巧匠而皆曰,"善,此某君某王之宫室也"。此不可不察也。(《分职》)

我们看了这种议论,可以知道《吕氏春秋》虽然采用自然主义者的无知无为论,却仍回到一种虚君的丞相制,也可以说是虚君的责任内阁制。君主无知无事,故不负责任,所谓"块不失道",即是虚君立宪国家所谓"君主不会做错事"。不躬亲政事,故不会做错事。政事的责任全在丞相身上。《君守》篇所谓"当与得不在于君而在于臣"是也。慎到是纯粹法治家,故说"无用贤圣,夫块不失道"。但《吕氏春秋》的作者是代一个丞相立言,故有时虽说"正名",有时虽说"任数",却终不能不归到信任贤相,所谓"为宫室必任巧匠,匠不巧则宫室不善"。君主是世袭的,位固定而人不必皆贤。丞相大臣是选任的,位不固定而可以选贤与能。故说:

凡为善难,任善易。奚以知之?人与骥俱走,则人不胜骥矣。居于车上而任骥,则骥不胜人矣。人主好治人官之事,则是与骥俱走也,必多所不及矣。夫人主亦有居车,无去车,则众善皆尽力竭能矣。(《审分》)

有司请事于齐桓公,桓公曰,"以告仲父"。有司又请,公曰,"告仲父"。若是三。习者曰,"一则仲父,二则仲父,易哉为君!"桓公曰,"吾未得仲父则难。已得仲父之后,曷为其不易也?"(《任数》)

这是虚君的丞相制。《勿躬》篇又说管仲推荐宁遫为大田,隰朋为大行,东郭牙为大谏臣,王子城父为大司马,弦章为大理,

桓公曰,善,令五子皆任其事,以受令于管子。十年,九合诸侯,一匡天下,皆夷吾与五子之能也。

这是虚君的责任内阁制。大臣受令于丞相,丞相对君主负责任,这种制度似乎远胜于君主独裁制了。但在事实上,谁也不能叫君主实行无知无为,这是一大困难。丞相受任于君主,谁也不能叫他必任李斯而不任赵高,这是二大困难。一切理想的虚君论终没有法子冲破这

两大难关,所以没有显著的成绩可说。猫颈上挂串铃儿,固然于老鼠有大利益。但叫谁去挂这串铃呢?后世的虚君内阁制所以能有成效,都是因为实权早已不在君主手里了。

我在上文曾指出《吕氏春秋》不信任民众的知识能力,故不主张民主政治,而主张虚君之下的贤能政治。但《吕氏春秋》的政治主张根本在于重民之生,达民之欲,要令人得欲无穷,这里确含有民主政治的精神。所以此书中极力提倡直言极谏的重要,认为宣达民人欲望的唯一方法,遂给谏官制度建立一个学理的基础。《达郁》篇说:

> 凡人三百六十节,九窍,五藏,六府,肌肤欲其比(高注,比犹致也。毕沅注,谓致密)也,血脉欲其通也,筋骨欲其固也,心志欲其和也,精气欲其行也。若此,则病无所居,而恶无由生矣。病之留,恶之生也,精气郁也。故水郁则为污,树郁则为蠹,草郁则为蒉。(毕沅引梁履绳说,《续汉书·郡国志》三注引《尔雅》"木立死曰菑,又引此"草郁即为菑",疑蒉本是菑字,即菑也,因形近而讹。)国亦有郁。生德不通,民欲不达,此国之郁也。国郁处久则百恶并起而万灾丛至矣。上下之相忍也,由此出矣。故圣王之贵豪士与忠臣也,为其敢直言而决郁塞也。

此下引召公谏周厉王的话:

> 防民之口,甚于防川。川壅而溃,败人必多。夫民犹是也。是故治川者决之使导,治民者宣之使言。是故天子听政,使公卿列士正谏,好学博闻献诗,瞽箴,师诵,庶人传语,近臣尽规,亲戚补察,而后王斟酌焉。是以下无遗善,上无过举。(此文又见《国语》,文字稍不同。)

《自知》篇说:

> 欲知平直,则必准绳;欲知方圆,则必规矩。人主欲自知,则必直士。故天子立辅弼,设师保,所以举过也。夫人固不能自知,人主独甚。尧有欲谏之鼓,舜有诽谤之木,汤有司过之士,武王有戒慎之铭,犹恐不能自知。今贤非尧、舜、汤、武也,而有掩蔽之道,奚由自知哉? ……范氏之亡也,百姓有得钟者,欲负而走,则钟大不可负;以椎毁之,钟况然有音。恐人闻之而夺己也,

遽掩其耳。恶人闻之,可也。恶己自闻之,悖矣。为人主而恶闻其过,非犹此耶?

这都是直言极谏的用处:达民欲,决郁塞,闻过失,都可以补救君主政治的缺点。中国古来本有这个直言极谏的风气,史传所记的直谏故事不可胜举,最动人的莫如《吕氏春秋》所记葆申笞责楚文王的故事:

> 荆文王得茹黄之狗,宛路之矰,以畋于云梦,三月不反;得丹之姬,淫期年不听朝。葆申曰,"先王卜以臣为葆,吉。(《说苑》引此事,葆作保。保即是保傅,申是人名)。今王得茹黄之狗,宛路之矰,畋三月不反;得丹之姬,淫期年不听朝:王之罪当笞。"
>
> 王曰,"不谷免衣襁褓而齿于诸侯,愿请变更而无笞"。
>
> 葆申曰,"臣承先王之令,不敢废也。王不受笞,是废先王之令也。臣宁抵罪于王,毋抵罪于先王"。
>
> 王曰,"敬诺"。
>
> 引席,王伏,葆申束细荆五十,跪而加之于背,如此者再。谓王"起矣!"
>
> 王曰,"有笞之名一也;遂致之"。(既然打了,爽性用力打罢!)
>
> 申曰,"臣闻'君子,耻之;小人,痛之'。耻之不变,痛之何益?"葆申趣出,自流于渊,请死罪。
>
> 文王曰,"此不谷之过也,葆申何罪?"
>
> 王乃变更,召葆申,杀茹黄之狗,折宛路之矰,放丹之姬。
>
> (《直谏》)

这一类的故事便是谏诤制度的历史背景。御史之官出于古之"史",而巫祝史卜同是宗教的官,有宗教的尊严。春秋时代,齐之太史直书崔杼弑君,兄弟相继被杀而不肯改变书法;晋之太史董狐直书赵盾弑君,而赵氏不敢得罪他。史官后来分化,一边仍为记事之史,而执掌天文星占之事,仍有一点宗教的权威;一边便成为秦以下的御史,便纯粹是谏官了。葆申故事里说先王卜他为保,故他能代表先王,这里面也含有宗教的权威。古代社会中有了这种历史背景,加上自觉的理论,故谏官制度能逐渐演进,成为裁制君权的最重要制度。

三 《吕氏春秋》与李斯

我在前面曾说《吕氏春秋》也许有李斯的手笔,这虽是一种臆测,然而此书的政治思想有"不法先王"的议论,上承荀卿"法后王"的思想,而下合李斯当国时的政策,李斯与韩非同是荀卿的弟子,而在这一点历史进化的见解上他们的主张完全相同,这大概不是偶然的事吧?试看《吕氏春秋》说:

> 上胡不法先王之法?非不贤也,为其不可得而法。先王之法,经乎上世而来者也,人或益之,人或损之,胡可得而法?
>
> 虽人弗损益,犹若不可得而法。东夏之命(东是东部,秦在西部,故自称夏而称余国为东),古今之法,言异而典殊,故古之命多不通乎今之言者,今之法多不合乎古之法者。殊俗之民有似于此。其所为欲同,其所为异。……先王之法胡可得而法?
>
> 虽可得,犹若不可法。凡先王之法,有要于时也。时不与法俱至,法虽今而至,犹若不可法。
>
> 故择(一作释)先王之成法,而法其所以为法。先王之所以为法者,何也?先王之所以为法者,人也。而已亦人也。故察己则可以知人,察今则可以知古。古今一也,人与我同耳。有道之士贵以近知远,以今知古,以所见知所不见。故审堂下之阴而知日月之行,阴阳之变;见瓶水之冰而知天下之寒,鱼鳖之藏也。(《察今》)

这里的"古今一也"之说最近于荀子的"古今一度也,类不悖,虽久同理"(《古代哲学史》第十一篇第二章二至三)。其实此说不够说明"不法先王"的主张,并且和"时不与法俱至"的话是恰相冲突的。如果真是"古今一也,人与我同耳",先王之法何以不可得而法呢?何以还怕"时不与法俱至"呢?大概"法后王"之说出于荀卿,但荀卿所谓"法后王"并不含有历史演化的意义,只是说"文久而灭",不如后王制度之粲然可考,既然古今同理,何必远谈那"久则论略"的先王制度呢？韩非、李斯一辈人虽然也主张"不法先王"，但他们似受了自然演化论的影响，应用到历史上去，成为一种变法的哲学，韩非所谓"世异则事异，事异则备变"，即是此书所谓"有要于时，时不与法俱至"，这才是此书主张不法先王的真意义（韩非的书流传入秦，史不记何年。《始皇本纪》说用李斯计攻韩在始皇十年，其时始皇已读了韩非的书了，似韩非书传入秦国或在八年吕不韦著书之前）。这里偶然杂入了一句荀卿旧说，其实不是著书者的本意。试看此篇下文云：

> 荆人欲袭宋，使人先表澭水（表是测量）。澭水暴益，荆人勿知，循表而夜涉，溺死者千有余人。……向其先表之时，可导也。今水已变而益多矣，荆人尚犹循表而导之，此所以败也。
>
> 今世之主法先王之法也，有似于此。其时已与先王之法亏矣，而曰，"此先王之法也"，而法之以为治，岂不悲哉？
>
> 故治国无法则乱，守法而弗变则悖。悖乱不可以持国。世易时移，变法宜矣。譬之若良医，病万变，药亦万变。病变而药不变，向之寿民今变为殇子矣。故凡举事必循法以动，变法者因时而化。若此论则无过举矣。
>
> 夫不敢议法者，众庶也。以死守〔法〕者，有司也。因时变法者，贤主也。是故有天下七十一圣，其法皆不同，非务相反也，时势异也。（《察今》）

这种变法的哲学最像韩非的《五蠹》篇，其根据全在一种历史演进的观念。此种观念绝非荀卿一辈主张古今虽久而同理的儒家所能造出，乃是从庄子一派的自然演化论出来的，同时又是那个国际竞争最激烈的时势的产儿。其时已有商鞅、赵武灵王的变法成绩，又恰有自然演变的哲学思想，故有韩非、李斯的变法哲学。《察今》篇中的表澭水的故事，说的何等感慨恳切。此故事和同篇的"刻舟求剑"的寓言，和韩非《五蠹》篇的"守株待兔"的寓言，命意都绝相同，很可以看出他们的思想渊源。韩非不得用于韩国，又不得用于秦国，终于死在李斯、姚贾手里。韩非虽死，他的变法的哲学却在李斯手里发生了绝大的影响。李斯佐秦始皇统一中国之后，废除封建制度，分中国为郡县,统一法度,画一度量衡,同一文字,都是中国有历史以来的绝大改革。后来因为博士淳于越等的反对新政,李斯上焚书的提议,说:

　　　五帝不相复,三代不相袭,各以治,非其相反,时变异也。

此与《察今》篇的"七十一圣"一段相同。议奏中又切责诸生"不师今而学古","语皆道古以害今",又说"三代之事何足法也",又有"以古非今者族"的严刑。这都是《五蠹》篇和《察今》篇的口气。究竟还是《吕氏春秋》采纳了韩非的思想来做《察今》篇呢?还是李斯借了吕不韦来发挥他自己的变法哲学呢?还是李斯不过实行了韩非的哲学呢?还是李斯、韩非同是时代的产儿,同有这种很相同的思想呢?——可惜我们现在已无法解答这些疑问了。

十九,三,十四——二十初稿
十九,三,二十校改
(此文后收入《中国中古思想史长编》,
为第二章第二、三部分)

胡适文存三集　卷四

禅学古史考

印度人是没有历史观念的民族，佛教是一个"无方分（空间）无时分（时间）"的宗教。故佛教的历史在印度就没有可靠的记载。去年（1927）的夏间，我在上海美国学校的中国学暑期讲习会内讲演了四次"中国禅宗小史"，听讲的有两位印度人，他们听我讲"慧能死于西历713年，……道一死于788年，……百丈、怀海死于814年，……丹霞、天然死于824年，……"觉得十分可怪。他们后来到我家里闲谈，说起此事，认为中国民族特别富于历史观念的表现。他们说："怎么连佛教和尚的生死年代都记的这样清楚详细！"

关于禅学在古代的传授，史料很残缺；我们没有法子，只能在中国旧译的禅法书及其序跋里面钩出一点比较可信的材料，使人知道古代佛教徒的传说里的禅法传授史是个什么样子。

古代翻译的禅法诸书，举其重要的，约有下列各种：

（1）《道地经》一卷（缩刷《藏经》暑六）

"天竺须赖拏国三藏僧伽罗叉，汉言众护，造。"后汉安息国三藏安世高（约西历148—170）译。凡七章。

（2）《大安般守意经》一卷（宿五）

安世高译。旧录作一卷。今缩《藏》所收乃是康僧会与陈慧注本，注文与经文混合，故分二卷。

（3）《禅行三十七品经》一卷（宿八）

（4）《禅行法想经》一卷（宿八）

以上均安世高译。安世高还有《大小十二门经》各一卷，也是禅书，今不存。

(5)《小道地经》一卷（暑六）

后汉支曜（约185）译。

(6)《禅要经》一卷（暑六）

在后汉录。译人不详。

(7)《修行道地经》七卷（暑六）

众护（僧伽罗叉）造，西晋三藏竺法护译。跋作六卷二十七品，今本有七卷三十章，而目只有二十九章。南条文雄说，末三品依《法华经》。大概此三品是后来加入的。

序题"《瑜迦遮复弥经》，晋名'修行道地'"。跋言太康五年（284）二月二十三日译成。

(8)《坐禅三昧法门经》二卷（暑六）

僧伽罗刹造。姚秦鸠摩罗什（402—412）译。

(9)《禅法要解经》二卷（暑六）

(10)《思惟略要法》一卷（暑六）

(11)《菩萨诃色欲法》一卷（暑六）

以上都是鸠摩罗什译的。

(12)《禅秘要法经》三卷（宿五）

鸠摩罗什译。首行有"后秦弘始年……译"字样。

此书乃众家所造。《高僧传》七，《僧睿传》云："《禅法要》三卷，始是鸠摩罗陀所制，末是马鸣所说，中间是外国诸圣共造。"僧睿序文中说的更详细：

……寻蒙〔鸠摩罗什法师〕抄撰众家禅要，得此三卷。初四十三偈是鸠摩罗罗陀法师所造。后二十偈是马鸣菩萨之所造也。其中五门是婆须密，僧伽罗叉，沤波崛，僧伽斯那，勒比丘（疑是"胁比丘"之误），马鸣，罗陀《禅要》之中抄集之所出也。六觉中偈，是马鸣菩萨修习之以释六觉也。初观淫恚痴相及其三门，皆僧伽罗叉之所撰也。息门六事，诸论师说也。（序文见僧祐《出三藏记》九）

(13)《修行方便禅经》四卷（即所谓《达磨多罗禅经》）（藏八）

达磨多罗与佛大先造。东晋佛陀跋陀罗在庐山（约410）译，慧远作序。序尾有一行云:"《庾伽遮罗浮迷》,译言修行道地。"

(14)《五门禅经要用法》一卷(暑六)

"佛陀蜜多撰,宋罽宾三藏昙摩蜜多(424—440)译。"

(15)《治禅病秘要法》二卷(宿五)

宋居士沮渠京声译。跋言孝建二年(455)译成。

以上译出的禅法书,是依时代的先后排列的。我们可以作一表如下:

第二世纪的晚年

安世高译《道地经》,《大安般经》等。

支曜译《小道地经》。

第三世纪的晚年

284年,竺法护在敦煌译《修行道地经》的全文。

第五世纪的初期

鸠摩罗什在长安译各种禅经。(约在404)

佛驮跋陀罗在庐山译《达磨多罗禅经》。(约在410)

昙摩蜜多在建业译《五门禅经》。(约在450)

这表上可以看出印度禅法逐渐输入中国的历史。安世高等译的书,都很简略,不很容易懂得。故《道地经》有道安等的章句,而《安般经》有道安的注及陈慧等的注本。法护译的是僧伽罗叉的全文,但其书远在敦煌,又不久即遭大乱,似乎不很流通。故五世纪初年慧远作《禅经》序云:

> 每慨大教东流,禅数尤寡。三业无统,斯道殆废。顷鸠摩耆婆(即鸠摩罗什,Kumarajiva)宣马鸣所述,乃有此业。虽其道未融,盖是为山于一篑。

故其时僧睿序罗什所出《禅经》云:

> 此土先出《修行》,《大小十二门》,《大小安般》,虽是其事,既不根悉,又无受法。学者之戒,盖阙如也。

以此推知禅法之推行是五世纪以后的事。五世纪初期,北有罗什,南有慧远,其所出诸书又都是提要钩元的书,故印度的禅法遂稍稍流行于中国。

据近代学者的考证,释迦牟尼大概生于纪元前六世纪(约560),死于前五世纪(约480)。故鸠摩罗什时代上距释迦不过八九百年,可算是"去古未远"。这八九百年中的传说之中,含有一些史料,其可信之程度总稍胜于后世的种种传法说。故我们研究印度禅学的传授,应该先研究这些较古的史料。

佛教的禅法的来源很古,《奥义书》(Upanishads)中已有禅定之法,其名为"瑜伽"(Yoga)(看忽滑谷快天《禅学思想史》上卷,页三九——五二)。此种书在佛教产生时已成为很有势力的经典,故佛教不免受他的影响。数论一派(Sānkbya,印度六家哲学之一)也注重"瑜伽"。稍后起之瑜伽一派(六家之一),更把禅定作为主要的修行法门,故其学派即称瑜伽(看忽滑谷快天同书上,页六六——八四)。

佛教之禅法也名为"瑜伽",习禅者名为"瑜伽遮罗",禅法名为"瑜伽遮罗布迷",即是"瑜伽师地",译言"修行道地"。故法护译的僧伽罗叉的《修行道地经》序题:

《瑜伽遮复弥经》,晋名修行道地。

故庐山译出的《达摩多罗禅经》序末说:

《庾伽遮罗浮迷》,译言修行道地。

僧祐记录此经,也说:

《禅经修行方便》二卷。一名《庾伽遮罗浮迷》,译言修行道地。一名《不净观经》,凡有十七品。

可见僧伽罗叉的书,和达摩多罗与佛大先合作的书,都叫做《瑜伽遮罗布迷》(Yogáchàrabhūmi)都可译作《瑜伽师地论》(《高僧传》二,《佛陀跋陀罗传》,他译有《修行方便论》,本不称"经"也)。

南条文雄的《明藏目录》于《道地经》下注原名为

Màrgabhumi

又于《修行道地经》下注原名为

Karyàmràgabhūmi

又于《达摩多罗禅经》下注原名为
Dharmatara Dhyana-sutra
这都是出于臆测的,全没有根据。

这个书名关系不小。我们因此可以知道这时期的禅法上承《奥义书》,中间与外学胜论派及瑜伽派相关,下接唯识宗的瑜伽师地。

汉、晋时代译的许多禅法书之中,从不提及无著(Asanga)弟兄之名。大概无著弟兄的时代很晚,其年代约在第四或第五世纪。Peri 说他们的年代在 280 至 360 之间,似乎还过早(参考 Eliot, *Hinduism and Buddhism*, Vol.Ⅱ, P.65)他们不过是"瑜伽遮罗"的后起之秀。试取无著的《瑜伽师地论》(玄奘译本)与法护,罗什,佛陀跋陀罗诸人译的各种《瑜伽师地论》相比较,便可知道他们的内容大致相同,演变的线索也很明显。不过无著所造更多烦琐的分析,遂成为唯识的烦琐哲学。更进一步,便成了下流的密宗了。

在中国方面,赖有中国古代思想的抵抗力,这种烦琐的分析同中国人的头脑不能相容。中国的文字也不配玩这种分析牛毛的把戏,故五世纪以下的禅学趋势便是越变越简单,直到呵佛骂祖而后止!中间虽有玄奘、窥基的大卖气力,而中国思想终走不上唯识的烦琐哲学上去;虽有不空、金刚智同许多帝后的提倡,而中国居然不曾堕落成为真言宗与喇嘛教的国家。

这两种趋势可以表示如下:

古印度的瑜伽 (佛教的禅法 / 胜论——瑜伽派) —— { 变烦琐的趋势——唯识——密宗 / 变简易的趋势——中国的禅宗

这是后话,表过不提。

我们现在要研究古禅学的传授略史。庐山译出的《禅经》有小序云:

……佛灭度后,尊者大迦叶,尊者阿难,尊者末田地,尊者舍那婆斯,尊者优波崛,尊者婆须密,尊者僧伽罗叉,尊者达摩多罗,乃至尊者不若密多罗,诸持法者,以此慧灯次第传授。我今如其所闻而说是义。

此是佛大先的口气,故有达摩多罗而无佛大先自己。我们应该先考定佛大先的年代。

佛大先即佛陀斯那(Buddhasena)。《禅要秘密治病经》有后记云:

> 河西王从弟大沮渠、安阳侯,于于阗国衢摩帝大寺,从天竺比丘大乘沙门佛陀斯那。其人天才特拔,诸国独步;诵半亿偈,兼明禅法;内外综博,无籍不练。故世人咸曰"人中师子"。沮渠亲面禀受,忆诵无滞。以宋孝建二年九月八日(455),于竹园精舍书出此经,至其月二十五日讫。尼慧浚为檀越。(《出三藏记》九)

据《开元释教录》四:

> 安阳侯沮渠京声,即河西王蒙逊从弟,……少时尝度流沙,到于阗国,于瞿摩帝大寺遇天竺法师佛陀斯那,安阳从之咨问道义。……以茂虔(即牧犍)承和年中译《禅法要解》一部。

《高僧传》二《昙无谶传》后附《安阳侯传》,也说他从于阗、高昌东归,回到河西,即译出《禅要》。又说:

> 及伪魏吞并西凉,乃南奔于宋……初出《弥勒》、《观世音》二观经。……后竹园寺慧浚尼复请出《禅经》。安阳既通习积久,临笔无滞,旬有七日,出为五卷。

沮渠王国被灭时在承和七年,当宋元嘉十六年己卯(439)。其译《禅经》,在宋孝建二年(455)。《开元录》记载有误。也许他在河西,曾译初本;后在南方受请,又重译一本,故十七日而译成。沮渠蒙逊开国在401年;《僧传》说安阳侯少时在于阗见着佛大先,大概佛大先当四百年时还生存。

此说颇多傍证。《高僧传》三《智严传》中说:

> 智严……周流西国,进至罽宾,入摩天陀罗精舍,从佛驮先比丘咨受禅法。渐染三年,功逾十载。佛驮先见其禅思有绪,特深器异。

智严与佛陀跋陀罗同回中国,《僧传》二说:

> 佛驮跋陀……少受业于大禅师佛大先。先时亦在罽宾,乃

谓智严曰:"可以振维僧徒,宣授禅法者,佛驮跋陀其人也"。

他们到长安时,鸠摩罗什已在长安,当五世纪的初年。这都可证佛大先当四百年时还生存。他的及门弟子到中国的有三人:

佛大先 { 佛陀跋陀罗(死于429,年七十一)
智严
沮渠京声(死在455以后) }

其次,我们要考定佛大先以上的几个人的年代。慧观序《修行地不净观经》云:

此一部典名为《具足清净法场》。传此法至于罽宾,转至富若蜜罗,亦尽诸漏,具足六通。后至弟子富若罗,亦得应真。此二人于罽宾中为第一教首。

富若蜜罗去世已来五十余年,弟子去世二十余年。昙摩多罗菩萨与佛陀斯那俱共咨得高胜,宣行法本。佛陀斯那化行罽宾,为第三教首。有于彼来者亲从其受法教诲,见其涅槃时遗教言,"我所化人众数甚多,入道之徒具有七百"。富若罗所训为教师者十五六人,如今于西域中炽盛教化,受学者众。

昙摩罗(依上文当作昙摩多罗)从天竺来,以是法要传与婆陀罗,婆陀罗与佛陀斯那。佛陀斯那愍此旃丹(震旦)无真习可师,故传此法本流至东州。(《出三藏记》九)

慧观是鸠摩罗什的弟子,又与佛陀跋陀罗同在建业道场寺,死于宋元嘉中。他的史事知识大概是从这两个大师得来的,故有可信的价值。他说的罽宾一派的世系都是几十年间的事,故更可信。罽宾的三世教首是:

富若蜜罗——富若罗——佛大先(佛陀斯那)

又有从天竺来的一支:

昙摩多罗(即达摩多罗)——婆陀罗——佛大先

考僧祐《出三藏记集》十二有萨婆多部的世系表两种。一种是僧祐所辑,一种是"长安齐公寺萨婆多部佛大跋陀罗师宗相承"世系,其中有可与慧观所记相印证的,今列表如下:

	萨婆多部记		慧观所记
(1)僧祐所记		(2)齐公寺本	
(49)弗若蜜多罗汉(衍汉字)		(无)	富若蜜罗
(50)婆罗多罗		(48)婆罗多罗	婆陀罗
(51)不若多罗		(44)不若多罗	富若罗
(52)佛驮先		(49)佛大先	佛陀斯那
(53)达磨多罗菩萨		(50)昙摩多罗	昙摩多罗

慧观又说：

　　富若蜜罗去世已来五十余年，弟子〔富若罗〕去世二十余年。

可惜慧观所序的《修行地不净观经》，今不传了，各种经录皆不载此经的传译年代。此经与庐山所译《达摩多罗禅经》必是同一本子。僧祐虽载其序，而不记录此经，我们竟不知此书有第二译本。故我疑心此序即是他来南方后为庐山《禅经》作的。此序之作约在410年之后。他同佛陀跋陀罗都栖止建业的道场寺，跋陀即庐山《禅经》的译主，慧观为作新序，大旨与慧远原序相同，稍补其史实的不足而已。若作序年代在410至420之间，则我们可以推定

　　富若蜜多罗(庐山《禅经序》的不若蜜多罗)死于365年左右。

　　富若罗(不若多罗)死于395年左右。

更合罽宾与天竺两支的禅师为下表：

　　富若蜜多罗——富若罗　　　⎫
　　达摩多罗——婆陀罗　　　　⎬ 佛大先
　　　　　　　　　　　　　　　⎭

可知达摩多罗与婆陀罗都是四世纪中叶至下半的人。焦镜法师作《后出杂阿毗昙心序》(《出三藏记》十)说达摩多罗生在"晋中兴之世"，这可证他是四世纪的人。(后秦弘始年中，有罽宾律师弗若多罗到长安，与罗什共译《十诵律》，未完而死。此人似另是一人，不是富若罗？)

　　慧远序中说达摩多罗与佛大先两人的禅法的不同，很可注意。他说：

　　　　达摩多罗与佛大先，其人西域之俊，禅训之宗，……弘教不

> 同，故有详略之异。达摩多罗阖众篇于同道，开一色为恒沙；其为观也，明起不以生，灭不以尽；虽往复无际，而未始出于如；故曰，"色不离如，如不离色；色则是如，如则是色"。佛大先以为澄源引流固宜有渐；是以始自二道，开甘露门，释四义以反迷，启归途以领会；分别阴界，导以正观；然后令原始反终，妙寻其极。……

这里面便有了顿渐二门之别。达摩多罗之说近于般若宗的中观（Mādhyamaka）；他是从印度来的，故颇有大乘意味。佛大先似乎受罽宾的萨婆多部（Sarvāstivādin）的影响最深，故谨守小乘禅的渐修法门。序中所谓"二道"，即方便道与胜道；"四义"即(1)退，(2)住，(3)升进，(4)决定。用此标准来看庐山的《禅经》，我们只见佛大先的"二道"、"四义"笼罩一切，其中似很少达摩多罗的成分。此书后来被称为《达摩多罗摩经》，真是冤枉了达摩多罗!

以上的考证，只到第四世纪为止。四世纪以上，我们就在迷雾里了。从不若蜜多罗和达摩多罗，一跳就到僧伽罗叉。《出三藏记》十引失名作者的《僧伽罗刹经序》云：

> 僧伽罗刹者，须赖国人也。佛去世后七百年生此国；出家学道，游教诸邦；至犍陀，越土甄陀，罽宾王师焉。高明绝世，多所述作。此土《修行经》，《大道地经》，其所集也。又著此经。……

此序作于苻秦建元二十年（384），元、明《藏》本皆说是道安作的。其时道安未死，序中所说史实当有所本。佛去世在前五世纪之初，则僧伽罗叉当是纪元后第二世纪至三世纪的人。但罗叉的《道地经》，在二世纪下半，已由安世高摘要译出，故罗叉的年代至晚当在第二世纪的前半，或至二世纪中叶尚生存，而其书已到中国；正如后来佛大先尚生存，其书也已到中国了。

旧来传说往往把释迦的年代提早二三百年。故凡用"佛灭度后若干年"计算的年代，都只是存一个大概而已，都不能作为正确的计算。

僧祐记萨婆多部的师资，罗叉在第二十九。他又引齐公寺的本子,罗叉(众护)在第二十六。僧伽罗叉行化于罽宾,罽宾即 Kashmir,亦译罽贰,在当时为萨婆多部的中心。大概僧伽罗叉是"有部"的大师。

僧伽罗叉虽在"有部",却是一个折衷派的学者。他的《僧伽罗刹集经》便是采集各家造成的。他的《修行道地经》也是采集各家的书造成的。《高僧传》一,《安世高传》说:

> 初外国三藏众护,撰述经要为二十七章。高乃剖析护所集七章,译为……《道地经》。

《修行道地经序》云:

> 众护"总众经之大较,建易进之径路"。

《修行道地经》第二品有偈云:

> 从若干经采明要,立不老死甘露言。

我们在上文说过,"瑜伽遮罗"(禅法)本是印度各宗派所同有,本不是佛教所独创。佛教各宗派之中,也各有他们的"修行道地"。僧伽罗叉采取各经的《禅法要义》,编为二十七章,其书明显扼要,故成为禅学的名著,不但风行西域,且能风行中国。

不但罗叉的《道地经》采集各家的。庐山所出的《禅经》也就是几家合成的。鸠摩罗什在关中译的《禅经》也是采集诸家合成一书的。僧睿序罗什所译《禅经》云:

> ……寻蒙抄撰众家禅要,得此三卷。初四十三偈是鸠摩罗罗陀法师所造;后二十偈是马鸣菩萨之所造也。其中五门是婆须蜜,僧伽罗叉,沤波崛,僧伽斯那,勒(胁)比丘,马鸣,罗陀《禅要》之中抄集之所出也。六觉中偈,是马鸣菩萨修习之以释六觉也。初观淫恚痴相及其三门,皆僧伽罗叉之所撰也。息门六事,诸论师说也。菩萨习禅法中,后更依《持世经》,益《十二因缘》一卷,《要解》一卷,别时撰出。……(《出三藏记》九)

罗什采自罗叉最多,而罗叉本书自说"从若干经采明要"。这可见这些书的折衷的性质了。

僧睿所记的《禅法》作者,与庐山《禅经》序首所记稍有不同。同者三人：

  优波崛 婆须密 僧伽罗叉

  庐山《禅经》所无者四人：

  鸠摩罗陀 马鸣 僧伽斯那 胁比丘

《庐山经》序又有最早的三人：

  大迦叶 阿难 末田地

除了僧伽斯那无可考外，其余九人都见于《付法藏因缘传》及僧祐所记两种萨婆多部世系之中，列表如下：

(1)僧祐记萨婆多部	(2)齐公寺本萨婆多部	(3)《付法藏传》
大迦叶第一		大迦叶(1)
阿难第二	阿难第一	阿难(2)
末田地第三	末田地第二	末田地(旁出)
优波崛第五	优婆掘第四	优波𪚥多(4)
婆须密第八	婆须密第六	(无)
胁长老第十	勒(胁)比丘第八	胁比丘(9)
马鸣第十一	马鸣第九	马鸣(11)
鸠摩罗驮第十二	鸠摩罗大第廿五	鸠摩罗陀(18)
僧伽罗叉第廿九	众护第廿六	(无)

  大迦叶本是外道，后归佛教。阿难是佛的忠实信徒。据《阿育王传》四，末田地是阿难弟子，后来在罽宾传教。这几个人大概多是前五世纪上半的人。

  优婆崛是佛去世百年后的人，其年代当纪元前四世纪。《阿育王传》说他与阿育王同时。阿育王的年代，经近世学者考定，他即位约当纪元前273年，死时约当前232年。优婆崛似乎在他之前。

  慧远序《禅经》云：

  ……如来泥洹未久，阿难传其共行弟子末田地，末田地传舍那婆斯。此三应真咸乘至愿，冥契于昔。……其后有优波崛弱

> 而超悟，智绝世表，才高应寡，触理从简。八万法藏，所存惟要，五部之分始自于此。……自兹已来，感于事变，怀其旧典者，五部之学并有其人，咸惧大法将颓，理深其慨，遂各述赞《禅经》，以隆盛业。……

慧观序中与此略同，也说五部之分起于优婆崛。僧祐记萨波多部《十诵律》六十一卷的缘起云：

> ……昔大迦叶具持法藏，次传阿难，至于第五师优波崛，本有八十诵。优波崛以后世钝根不能具受故，删为十诵。……自兹以下，师资相传五十余人。……（《出三藏记》三）

五部即

（1）萨婆多部（Sarvātivāda），律为《十诵律》。

（2）昙无德部（Dharmagupta），律名《四分律》。

（3）弥沙塞部（Mahisásaka），律名《五分律》。

（4）迦叶毗部（Kāśyapiya），律与《五分律》同。

（5）婆粗富罗部（Vatsiputriya），即犊子部，其律即《摩诃僧祇律》。

优婆崛虽是《十诵律》的创始人，他又是一个大禅师。诸书说他"坐禅第一"；又记他感化淫女婆须达，用的理论即是后世所谓"不净观"。《付法藏传》三记他少时，商那和修教他"系念"之法，

> 若起恶心，当下黑石；设生善念，下白石子。……渐渐修习，白黑正等。至满七日，心转纯净，黑石都尽，惟有白者。

这也是禅法的方便法门。

婆须蜜，亦作筏苏蜜呾罗（Vasumitra），译言世友，或作天友。据《俱舍光论》，他是佛死后三百年时人，著有《众事分阿毗昙》。又《异部宗轮论》的作者也名世友，《宗轮论述记》称他是佛灭度后四百许年时人，大概另是一人。《出三藏记》集十收有《婆须蜜集序》，却说婆须蜜是佛的及门弟子，佛死后他教化周妫国，槃柰国。此说似不可信。婆须蜜是很通行的印度名字，而萨婆部大师世友大概是纪元前二三世纪的人。

胁比丘，梵言波奢（Parsva）；他晚年出家，刻意苦修，胁不至席，

故有此名。

据鸠摩罗什译出的《马鸣菩萨传》(《藏》九),胁比丘是马鸣之师;僧祐所记萨婆多部两种传授表,也都说马鸣直承胁比丘。《付法藏传》则说胁比丘传富那奢,富那奢传马鸣。

马鸣是佛灭度后五百年时人,当西历第一世纪。他先是外道沙门,后归佛教。他有文学天才,为大乘佛教的大诗人。

鸠摩罗陀,亦作鸠摩罗逻多,译言童首,亦言童受。僧睿序《成实论》云:

> 《成实论》者,佛灭度后八百九十年,罽宾小乘学者之匠鸠摩罗陀上足弟子诃梨跋摩之所造也。

玄畅作《诃梨跋摩传》(《出三藏记》十一),说与此同。诃梨跋摩既是佛死后八百九十年时人,则罗陀是四世纪人,或生于三世纪,而死于四世纪。

我们现在可以把古代传说里的禅学传授者,列为一个总表如下:

西历前五世纪…… { 大迦叶 / 阿难 / 末田地 }

前四世纪……优婆崛

前二三世纪……婆须蜜

纪元前后……胁比丘

一世纪……马鸣

二世纪……僧伽罗叉

三四世纪……鸠摩罗陀

四世纪…… { 富若蜜多罗　达摩多罗 / 富若罗　婆陀罗 }

四世纪末尚存……佛大先 { 佛陀跋罗陀(死于429) / 智严 / 沮渠京声(死于455以后) }

十七年七月

(原载1928年8月10日《新月》第1卷第6号)

从译本里研究佛教的禅法

我们现在研究古代所谓"禅法"是些什么东西,应该用敦煌、关中、庐山三处所出的禅经作研究资料;三世纪以前所译的禅书太简单了,不能应用。

《坐禅三昧经》说五门对治法,我们用作禅法的纲要:

(1) 多淫欲人,不净法门治。
(2) 多瞋恚人,慈心法门治。
(3) 多愚痴人,思惟观因缘法门治。
(4) 多思觉人,念息法门治。
(5) 多等分人,念佛法门治。

"等分"二字不明,辞典也没有说明。细看文义,似是指那些兼有淫欲,瞋恚,愚痴,思觉各病,成分略相等的人。经文又言"治等分行及重罪人求索佛,如是人等当教一心念佛三昧"。故知"等分"是兼有上种种病的重病。

先说"不净观"。

《禅经》云:

> 修行爱欲增,应往至冢间,取彼不净相,还来本处坐。所见诸死尸,我身亦复然。一心内观察,如彼冢间相。彼为我作证,由是得真实。已得真实相,不复起邪念。(卷三第九)

这是很浅近的说法。又如教人观察:

> 从足至发,不净充满:发毛爪齿,薄皮厚皮,血肉筋脉骨髓,肝肺心脾肾胃,大肠小肠,屎尿涕唾汗泪,垢圫脓脑胞胆痰水,微肤脂肪脑膜,身中如是种种不净。(《三昧经》上)(此名三十六

不净）

不净观为印度宗教的一个发明；其说有粗有细，粗者略如上说；细者分析人身一切骨节，筋脉，九十九万毛孔，每一毛孔内八万侵食细虫，——这样分析，不是为生理及医学，乃是要人了知人身不净，"生死内外，都是不净"。《禅经》云：

> 五欲亦五坏，随病而对治；相对真实相，修行正观察。"色变"若"离散"，"威仪容止灭"，"羸朽"及"磨碎"，是名五种坏。此则自身中，无量诸境界；修行正忆念，悉能得自在。

不净观有时发生厌患，便可用"净观"对治，使人于不净中看出净相，"除肉观骨"，"白骨流光出"，以至于"种种微妙色"，"处处庄严现"。《禅经》说：

> 佛说不净念，一切诸种子。世尊说贪欲，利入深无底；正受对治药，当修厌离想。一切余烦恼，悉能须臾治。（卷三，十一）

次说慈心法门。《修行道地经》云：

> 修行道地建大弘慈，当何行之？
> 设修行者在于暑热，求处清凉，然后安隐；在冰寒处，求至温暖，然后安隐；如饥得食，如渴得饮，如行远路疲极困甚而得乘车，然后安隐；……执心不乱，所可爱敬，亲亲恩爱，父母兄弟妻子亲属朋友知识皆令安隐；一切众生诸苦恼者，亦复如我身得安隐；十方人民，悉令度脱，身心得安。欲使二亲宗族中外悉得安隐。次念凡人等加以慈。普及怨家，无差特心，皆令得度，如我身安。（第六）

此经在别处（第八）说慈有四品：

> 一曰父母宗亲；二曰中间之人无大亲疏；三曰凡人众庶；四曰护于怨家，仁心具足。

《修行道地经》有"忍辱"及"弃加恶"二品，与"慈心法门"有关，附录于此：

> 设使有人挝骂行者，尔时修道当作是观：
> 所可骂詈，但有音声；谛惟计之，皆为空无，适起即灭。譬如

文字,其名各异,一一计字,无有骂声。……譬如夷狄异音之人虽来骂我,譬如风响,是声皆空。(《忍辱品》十三)

假使行者坐于寂定,人来挃捶,刀杖瓦石以加其身,当作是观:名色皆空,所捶可捶,悉无所有,本从何生?谁为瞋者?向何人怒?(《弃加恶品》十四)

次说思惟法门。思惟是观因缘。十二因缘之观省,分为三步:

若初习行,当教言:生缘老死,无明缘行:如是思惟,不令外念。

若已习行,当教言:行缘识,识缘名色,名色缘六入,六入缘触,触缘受,受缘爱,爱缘取,取缘有:如是思惟,不令外念。

若久习行,当教言:无明缘行,行缘识,识缘名色,名色缘六入,六入缘触,触缘受,受缘爱,爱缘取,取缘有,有缘生,生缘老死:如是思惟,不令外念。(《三昧经》上)

次说安那般那三昧法门,即数息门。安那(ana)是入息,般那(pâna)是出息。亦译为安般。《三昧经》也分三步:

若初习行,当教言:一心念数入息出息,若长若短,数一至十。

若已习行,当教言:数一至十,随息入出;念与息俱,止心一处。

若久习行,数,随,止,观,转观清净。

《禅经》分"数,随,止,观"四步。上文第一步"数一至十"即是数。第二步"随息入出,念与息俱,止心一处"即是"随,止"两步。第三步即是四步合修。罗叉与罗什皆以"止观"为一步,而以"还净"为最后一步。

数息甚易明,不须细说。

"随"者,《禅经》云:

内外出入息,去则心影随。……修行出入息,随到所起处。

原注云:

> 出入息所起处同在脐。

随只是"念与息俱",跟着气息,跟到他所到处。

"止"者,"止心一处";《禅经》云:

> 安止极风处。

原注云:

> 极上下风际。

风即是气息。

"观"者,《禅经》云:

> 修行止住已,种种观察风。

诸书说"观",各有长处,不易合在一块。《修行道地经》云:

> 修行者已得相随,尔时当观;如牧牛者,住在一面,遥视牛食;行者若兹,从初数息,至后究竟,悉当观察。

此即是"止观",近于《禅经》所谓"止"。《道地经》接着说:

> 修行者已成于观,当复还净;如守门者,坐于门上,观出入人,皆识知之;行者如是,系心鼻头,当观数息,知其出入。(二十三)

此即罗什所谓"转观清净",即《禅经》所谓"观"。

《禅经》分"止观"二事甚明白。他说:

> 修行观若增,制之令以止。修行若止增,起之令从观。(第五)

又说:

> 出息入息时,正观无常相。息法次第生,展转更相因,乃至众缘合,起时不暂停;当知和合法,是性速朽灭,法从因缘起,性羸故无常;一切众缘力,是法乃得生,虚妄无坚固,速起而速灭。……
>
> 修行如是观,此则决定念。譬如运行天,息变疾于彼。决定无常想,修行趣涅槃。……
>
> 于息能觉了,具足众苦相。如是谛思惟,说名为决定。(第七)

《修行道地经》于《数息品》之外,也另有《观品》,也是以无常一念为

主。(第二十四)《观品》列举"五十五事",明"身则本无"。如云:

> 是身为聚沫,不可手捉;是身如海,不厌五欲;是身如江,归于渊海,趣老病死;是身如粪,明智所损;是身如沙城,疾就磨灭;……

《观品》又云:

> 修行者当以四事观其无常:
> 一曰,所生一切万物皆归无常。
> 二曰,其所兴者无有积聚。
> 三曰,万物灭尽,亦不耗减。
> 四曰,人物悉归败坏,亦不尽灭。
>
> 颂曰:
> 人物虽有生,不积聚,不灭,
> 亦不舍众形;虽没而不灭。
> 虽终相连续,皆从四因缘。
> 观万物如是,超越度终始。

佛教本重智慧,故"观"为极重要的一步。数息法门中所谓"观",范围尚小;因息而推知万法无常,便不止"如守门人坐于门上观出入人"的观法了。

梵文 Samatha,译言止;Vipasyana,译言观。《大乘义章》十曰:"守心住缘,离于散动,故为止;止心不乱,故复名定。……于法推求简择,名观;观达称慧。"后来天台宗用"止"来包括数息法门的前三步,用"观"来指后一步,而推广"观"义,包括智慧思惟。天台宗又有"六妙法门":一数,二随,三止,四观,五还,六净。这是强分《道地经》,四步为六步;还是"反本还源",净是"体识本性清净"。

次说念佛法门。《三昧经》分三步:

> 若初习行,令往观佛像,相相明了,一心取持,还至静处,心眼观佛像,令意不转;系念在像,不令他念。……如是不已,心不散乱,便得心眼见佛像相,光明如眼所见,无有异也。
>
> 是时当更念佛初降神时震动天地,有三十二大人相,八十种

小相;以至后来成正等觉,初转法轮,……得至涅槃,佛身如是,感发无量。专心念佛,不令外念……如是不乱,便得见一佛,二佛,乃至十方无量世界诸佛色身:——以心想故,皆得见之。既得见佛,当复念佛功德法身,无量大慧,无崖底智,不可计德。……尔时复念……无量尽虚空界皆悉如是。……尔时惟观二事:虚空佛身及佛功德,更无异念,心得自在,意不驰散,得成念佛三昧。

念佛法门大概是晚出的。然而这里的念佛还与净土一派不全同。这也是可以注意的。

以上述五法门,完了。次说习禅的结果,所谓"四禅"的境界。

(1) 初禅　行者呵弃爱欲,灭断欲火,一心精勤信乐,令心精进,意不散乱,观欲心厌,除结恼尽,得初禅定(《三昧经》下)。初禅相有多种,如空,明,定,智,善心,柔软,喜,乐,解脱,境界相应等,是为十功德。(《辞典》八〇九)

(2) 二禅　初禅得力于"思力"居多,如不净观,慈心观,念佛三昧皆是。此等名为"觉观","因善觉观,而生爱著",故已得禅者,当除却觉观,始可入第二禅。《要解》云:

> 觉观恼乱,如人疲极安眠,众音恼乱。……觉观乱心,如风动水。……无觉无观,定生喜乐,入于二禅。……以无觉观故,内心清净,如水澄净,无有风波;星月诸出悉皆照见。如是内心清净,故名贤圣默然。……定生喜乐,妙胜初禅。

(3) 三禅　二禅已除觉观,还有喜心。《要解》云:

> 得二禅大喜,喜心过差,心变着喜,生诸结使。以是故,喜为烦恼之本。……喜是悦乐,甚为利益,滞着难舍。以是故,佛说舍喜得入三禅。……复次,喜为粗乐,今欲舍粗乐而求细乐,故言离喜更入深定,求异定乐。……第三禅身受乐世间最乐无有过者。

Eliot(Ⅰ.314)译喜为 joy,乐(Sukham)为 Ease。

(4) 四禅　三禅舍了喜,还有乐在。第四禅就连乐也去了。

《要解》云：

行者依于涅槃乐,能舍禅乐。……若比丘断乐断苦,先灭忧喜,不苦不乐,护念清净,入第四禅。……第四禅名为真禅,余三禅者方便阶梯。是第四禅譬如山顶,余三禅定如上山道。是故第四禅佛说为不动处,……又名安隐调顺之处。譬如善御调马,随意所至。

《要解》云：

行者得此第四禅,欲行四无量心,随意易得;欲修四念处,修之则易;欲得四谛,疾得不难;欲得六通,求之亦易。

我们依此次第,说明禅法的功用。

什么叫做四无量心?
一者慈无量,
二者悲无量,
三者喜无量,
四者舍无量。

兹无量心与前面说的慈心观略同。《禅经》第十四云：

……于一切众生起法饶益心,修三种慈:广大慈,极远慈,无量慈;舍除瞋碍,住仁爱心,随其所应,功德善根,一切佛法,皆悉与之;谓与种种法乐,修种种慈:先与在家乐,次与出家乐,次与禅定正受乐,次与菩提乐,次与寂灭乐。

《要解》云：

念一城众生,愿令得乐;如是一国土;一阎浮提,四天下,小千国土,三千大千国土,乃至十方恒河沙等无量无边众生,慈心遍覆,皆愿得乐。

悲与慈有分别。《禅经》云：

饶益众生,说明慈心;除不饶益,说名悲心。……若先观众生受无量苦,起除不饶益心,然后见众生除不饶益;除不饶益已,受种种乐,——非与乐也。是名悲心。

喜无量者，《禅经》云：

> 修行于慈境界，以……一切功德饶益众生；见一切众生得法乐已，其心欢喜，……念言快哉，永使安乐。

舍无量者，《禅经》云：

> 谓平等清净，离苦乐相。

什么叫做四念处？四念处又名四空定，又名四无色定。Eliot 译为四种 Jrances。

(1) 空无边处，又名虚空处，又名初无色定。《要解》云：

> ……离一切色相，得入虚空处。

又云：

> 行者系心身内虚空，所谓口鼻咽喉眼耳胸腹等，既知色为众恼，空为无患，是故心乐虚空。若心在色，摄令在空，心转柔软。令身内虚空渐渐广大，自见色身如藕根孔。习之转利，见身尽空，无复有色。外色亦尔。内外虚空同为一空。是时心缘虚空，无量无边，便离色想，安隐快乐；如鸟在瓶，瓶破得出，翱翔虚空，无所触碍。是名初无色定。

这段文章真是妙文，故全引之。

(2) 识无边处，又名识处。《要解》云：

> 行者……知是心所想虚空欺诳虚妄，先无今有，已有还无；既知其患，是虚空从识而有。谓识为真，但观于识，舍虚空缘。习于识观，渐见识相相续而生，如流水灯焰，未来，现在，过去识识相续，无边无量。……是名无边识处。

(3) 无所有处。《要解》云：

> 行者得识处已，更求妙定，观识为患，……观识如幻虚诳，属诸因缘，而不自在；有缘则生，无缘则灭；识不住情，亦不住缘，亦不住中间：非有住处，非无住处：识相如是。……行者如是思惟已，得离识处。……虚空虚诳，识相亦尔。……空无所有，是安隐处。作是念已，即入无所有处。
>
> 虚空处与无所有处有何差别？答曰，前者心想虚空为缘，此

中心想无所有为缘。是为差别。

(4) 非想非非想处。《要解》云：

> 行者作是念：一切想地，皆粗可患，如病，如疮，如箭。无想地则是痴处。今寂灭微妙第一处，所谓非想非非想处。如是观已，则离无所有处想地，则入非有想无想处。是中为有想，为无想？答曰，是中有想……此地中想微细不利，想用不了，(想的作用不大明了)故不名为想。

《要解》又谓无所有处属想，非想非非想处属行。五阴之中，"行"最难说。《俱舍论》云："行名造作"；《大乘义章》三说"内心涉境"为行。这样看来，行是内心的造作(Mental construction)。

四谛即"苦，集，灭，道"四谛。我们不用细说了。

五神通或六神通，皆是第四禅的效果。今举五神如下：

(1) 神境通，(巴利文 iddhi)又名如意通，又名变化神通。

(2) 大耳通。

(3) 他心通。

(4) 宿命通。

(5) 天眼通。

神境通又分四种：

(1) 身飞虚空，如鸟飞行。

(2) 远能令近。

(3) 此灭彼出。

(4) 犹如意疾。

今试举《要解》说明飞行的一段，作一个例。

> 人身虽重，心力强，故身飞虚空。……若行住于第四禅，依四如意分，一心摄念观身，处处虚空如藕根孔，取身轻疾相；习之不已，身与心合，如铁与火合，灭身粗重相，但有轻疾身。

五神通是一种印度古来的迷信。释迦牟尼自己大概也相信这种神通的可能，他的大弟子之中便有以如意通著名的。四《阿含》中也提及各种神通。佛教入中国后，这种迷信常见于各种记载之中。各种《僧传》里常有其事;小说杂记里更多了。非佛家的宗教也往往受他的影响,如《抱朴子》记《墨子五行记》有变化的幻术;又如儒家记邵雍死时能闻远处人谈话,那也是一种天耳通。

我们现在可以总括的讨论古代禅法的基本性质了。《修行道地经》云:

> 何谓修行?　云何谓行?
> 谓能顺行修习遵奉,是为修行。其修及习是谓为行。何谓修行道?专精寂道是为修行道。(一)

又云:

> 其修行者计有三品:一曰或身行道而心不随,二曰或心行道而身不从,三曰修道身心俱行也。(八)

结跏趺坐,不动如山,而其心迷散,是第一类。心性调和而身不端坐,是第二类。"身坐端正,心不放逸,内根皆寂,亦不走外随诸因缘",是第三类。此名"身心相应"。"瑜伽"本义为相应,谓身心相应也。

《修行道地经》的《劝意品》(九)写一个擎钵大臣的故事,说修习心不放逸的效用。这个故事最有文学意味;不但是一种哲学的寓言,故我摘抄在这里,作这篇记载的结论:

> 昔有一国王,选择一国明智之人以为辅臣。尔时国王设权方便无量之慧,选得一人,聪明博达,其志弘雅,威而不暴,名德具足。王欲试之,故以重罪加于此人;敕告臣吏盛满钵油而使擎之,从北门来,至于南门,去城二十里,园名调戏,令将到彼。设所持油堕一渧者,便级其头,不须启问。

> 尔时群臣受王重教,盛满钵油以与其人。其人两手擎之,甚大愁忧,则自念言:其油满器,城里人多,行路车马观者填道;⋯⋯是器之油擎至七步尚不可诣,况有里数邪?

> 此人忧愤,心自怀懅。

> 其人心念:吾今定死,无复有疑也。设能擎钵使油不堕,到彼园所,尔乃活耳。当作专计:若见是非而不转移,唯念油钵,志不在余,然后度耳。

> 于是其人安行徐步,时诸臣兵及众观人无数百千,随而视

之，如云兴起，围绕太山。……众人皆言，观此人衣形体举动定是死囚。斯之消息乃至其家；父母宗族皆共闻之，悉奔走来，到彼子所，号哭悲哀。其人专心，不顾二亲兄弟妻子及诸亲属。心在油钵，无他之念。

时一国人普来集会，观者扰攘，唤呼震动，驰至相逐，躃地复起，转相登蹑，间不相容。其人心端，不见众庶。

观者复言，有女人来，端正姝好，威仪光颜，一国无双；如月盛满，星中独明；色如莲华，行于御道。……尔时其人一心擎钵，志不动转，亦不察观。

观者皆言，宁使今日见此女颜，终身不恨，胜于久存而不睹者也。彼时其人虽闻此语，专精擎钵，不听其言。

当尔之时，有大醉象，放逸奔走，入于御道，……舌赤如血，其腹委地，口唇如垂；行步纵横，无所省录，人血涂体，独游无难，进退自在，犹若国王，遥视如山；暴鸣哮吼，譬如雷声；而擎其鼻，瞋恚忿怒。……恐怖观者，令其驰散；破坏兵众，诸众奔逝。……

尔时街道市里坐肆诸卖买者，皆慷，收物，盖藏闭门，畏坏屋舍，人悉避走。

又杀象帅，无有制御瞋，或转甚，踏杀道中象马，牛羊，猪犊之属；碎诸车乘，星散狼藉。

或有人见，怀振恐怖，不敢动摇。或有称怨，呼嗟泪下。或有迷惑，不能觉知；有未著衣，曳之而走；复于迷误，不识东西。或有驰走，如风吹云，不知所至也。……彼时有人晓化象咒，……即举大声而诵神咒。……尔时彼象闻此正教，即捐自大，降伏其人，便顺本道，还至象厩，不犯众人，无所娆害。

其擎钵人不省象来，亦不觉还。所以者何？专心惧死，无他观念。

尔时观者扰攘驰散，东西走故，城中失火，烧诸宫殿，及众宝舍；楼阁高台现妙巍巍，展转连及。譬如大山，无不见者。烟皆周遍，火尚尽彻。……

火烧城时，诸蜂皆出，放毒啮人。观者得痛，惊怪驰走。男女大小面色变恶。乱头衣解，宝饰脱落；为烟所熏，眼肿泪出。遥见火光，心怀怖懅，不知所凑，展转相呼。父子兄弟妻息奴婢，更相教言，"避火！离水！莫堕泥坑！"

　　尔时官兵悉来灭火。其人专精，一心擎钵，一渧不堕，不觉失火及与灭时。所以者何？秉心专意，无他念故。……

　　尔时其人擎满钵油，至彼园观，一渧不堕。诸臣兵吏悉还王宫，具为王说所更众难，而人专心擎钵不动，不弃一渧。得至园观。

　　王闻其言，叹曰，"此人难及，人中之雄！……虽遇众难，其心不移。如是人者，无所不办。……"其王欢喜，立为大臣。……

　　修行道者，御心如是。虽有诸患及淫怒痴来乱诸根，护心不随，摄意第一。……颂曰：

　　如人持油钵，不动无所弃。
　　妙慧意如海，专心擎油器。
　　若人欲学道，执心当如是。……
　　有志不放逸，寂灭而自制。
　　人身有病疾，医药以除之。
　　心疾亦如是，回意止除之。
　　心坚强者，志能如是，则以指爪坏雪山，以莲华根钻穿金山，以锯断须弥宝山。……有信精进，质直智慧，其心坚强，亦能吹山而使动摇，何况而除淫怒痴也？……

我们读了这个极美的故事，忍不住要引《宗门武库》里的一条来做个比较：

　　草堂侍立晦堂。晦堂（黄龙宝觉禅师，名祖心）举风幡话问草堂。草堂云，"迥无入处"。晦堂云："汝见世间猫捕鼠乎？双目睁视而不瞬，四足踞地而不动；六根顺向，首尾一直，然后举无不中。诚能心无异缘，意绝妄想，六窗寂静，端坐默究，万不失一也。"

1925，1 月

菩提达摩考
中国中古哲学史的一章

菩提达摩的传说在禅宗史上是一件极重要的公案。禅宗尊达摩为初祖,造出许多无稽的神话,引起后来学者的怀疑,竟有人疑达摩为无是公、乌有先生一流的人。我们剔除神话,考证史料,不能不承认达摩是一个历史的人物,但他的事迹远不如传说的那么重要。

记载达摩最早的书是魏杨衒之的《洛阳伽蓝记》。此书成于东魏武定丁卯(西历547),其中记达摩的事凡两条。其一条云:

> 修梵寺有金刚,鸠鸽不入,鸟雀不栖。菩提达摩云,得其真相也。(绿君亭本,卷一,页二十一)

其一条云:

> 永宁寺,熙平元年(西历516)太后胡氏所立也。……殚土木之功,穷造形之巧。佛事精妙,不可思议。……时有西域沙门菩提达摩者,波斯国胡人也,起自荒裔,来游中土;见金盘炫日,光照云表,宝铎含风,响出天外,——歌咏赞叹,实是神功,自云,"年一百五十岁,历涉诸国,靡不周遍;而此寺精丽,阎浮所无也。极佛境界,亦未有此。"口唱"南无",合掌连日。(同上本,卷一,页一以下。)

杨衒之著书的时候,距此寺被毁之时不远,他与达摩可算是先后同时的人,此其可信者一。那时未有禅宗的传说,杨氏无伪托的必要,此其可信者二。故从杨氏的记载,我们可以承认当日实有菩提达摩,"起自荒裔,来游中土",自称年一百五十岁。

永宁寺建于熙平元年(516),至孝昌二年(526)刹上宝瓶被大风吹落;建义元年(528)尔朱荣驻兵于此;明年(529)北海王元颢又在此驻兵。至永熙三年(534),全寺为火所烧,火延三个月不灭。依此看来,达摩在洛阳当在此寺的全盛时,当西历516—526年。此可证《景德传灯录》所记达摩于梁普通八年(527)始到广州之说是不确的了。

记达摩的书,《伽蓝记》之后要算道宣的《续高僧传》为最古了。道宣死于唐高宗乾封二年(667),他的《僧传》续至贞观十九年(645)止。那时还没有禅宗后起的种种传说,故此书比较还算可信。道宣的《达摩传》云:

菩提达摩,南天竺婆罗门种,神慧疏朗,闻皆晓悟。志存大乘,冥心虚寂,通微彻数,定学高之。

悲此边隅,以法相导。初达宋境南越,末又北度至魏。随其所止,诲以禅教。于时合国盛弘讲授,乍闻定法,多生讥谤。有道育、慧可,此二沙门年虽在后,而锐志高远;初逢法将,知道有归,寻亲事之,经四五载,给供咨接;感其精诚,诲以真法。(卷十六)

以下述"四法"与"壁观",末云:

摩以此法开化魏土。识真之士,从奉归悟,录其言语,卷传于世。

自言年一百五十余岁。游化为务,不测于终。

这篇传与《洛阳伽蓝记》有一点相同,就是说达摩自言年一百五十余岁。最不同的一点是《伽蓝记》说他是波斯国胡人,而此传说他是南天竺婆罗门种。此可以见传说的演变,由"起自荒裔"的波斯胡,一变而为南天竺婆罗门种,再变就成了南天竺国王第三子了!

然道宣所记,有几点是很可注意的。(1)此传说达摩"初达宋境南越",此可见他来中国时还在宋亡以前。宋亡在西历479。此可以打破一切普通八年(527)或普通元年(520)达摩到广州之说。假定他于479年到广州,"末又北度至魏",到520年左右他还在洛阳瞻礼永宁寺,那么他在中国南北共住了四十多年,所以他能在中土传授禅学,自成一宗派。此说远胜于"九年化去"之说。

（2）此传说他在本国时"冥心虚寂"、"定学高之"；又说他到中国后，"随其所止，诲以禅教"，又说他的"定法"、"壁观"。大概达摩确是一个习禅定的和尚，故道宣把他引入"习禅"一门。《伽蓝记》说他见了永宁寺便"歌咏赞叹，口唱'南无'，合掌连日"，这又可见他虽习禅定，却决不像后来中国禅宗里那种"呵佛骂祖"打倒一切文字仪式的和尚。

（3）此传中全无达摩见梁武帝的故事，也没有折苇渡江一类的神话，可见当七世纪中叶，这些谬说还不曾起来。达摩与梁武帝问答的话全是后人伪造出来的。

（4）此传记达摩的结局云："游化为务，不测于终。"此可见七世纪中叶还没有关于达摩结局的神话。同传附见慧可传中有"达摩灭化洛滨"的话，但也没有详细的叙述。记达摩的终局，当以此传为正。《旧唐书·神秀传》说"达摩遇毒而卒，其年魏使宋云于葱岭回，见之。门徒发其墓，但有只履而已"。此为后起的神话。《洛阳伽蓝记》记宋云事甚详，也不说他有遇达摩的事。八世纪中，东都沙门净觉作《楞伽师资纪》（有敦煌唐写本），其中记达摩事尚无遇毒的话。八世纪晚年，保唐寺无住一派作《历代法宝记》（有敦煌唐写本），始有六次遇毒，因毒而终的神话。此亦可见故事的演变。

（5）道宣记达摩的教旨最简单明白。传云：

> 如是安心，谓壁观也。如是发行，谓四法也。如是顺物，教护讥嫌。如是方便，教令不著。

这是总纲。

> 然则入道多途，要惟二种，谓理行也。

何谓"理入"？

> 藉教悟宗，深信舍生同一真性；客尘障故，令舍伪归真，疑（同凝）住壁观，无自无他，凡圣等一；坚住不移，不随他教；与道冥符，寂然无为，名"理入"也。

何谓"行入"？

> 行入，四行，万行同摄。
> 初，报怨行者，修行苦至，当念往劫舍本逐末，多起爱憎；今

虽无犯,是我宿作;甘心受之,都无怨怼。经云,逢苦不忧,识达故也。此心生时,与道无违,体怨进道故也。

二,随缘行者,众生无我,苦乐随缘;纵得荣誉等事,宿因所构,今方得之,缘尽还无,何喜之有?得失随缘,心无增减;违顺风静,冥顺于法也。(按,末二语不易解。据敦煌写本《楞伽师资纪》引此文云,"喜风不动,冥顺于道",可以参证。)

三,名无所求行。世人长迷,处处贪著,名之为"求"。道士悟真,理与俗反;安心无为,形随运转。三界皆苦,谁而得安?经曰,"有求皆苦,无求乃乐也"。

四,名称法行,即性净之理也。

以上所述,似是有所依据。道宣说:"识真之士,从奉归悟,录其言语,卷传于世。"据净觉的《楞伽师资纪》(敦煌唐写本,藏巴黎图书馆,及伦敦大英博物院)说:

此四行是达摩禅师亲说,余则弟子昙林记师言行,集成一卷,名曰《达摩论》也。

昙林的事迹无可考,疑即是《续高僧传》附传之"林法师"。据传云:林法师当"周灭法时(574),与可(慧可)同学,共护经像"。《续僧传》记达摩的宗派传授如下:

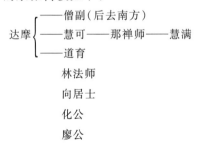

慧满死时,已在贞观十六年(642)以后,与道宣正同时,故道宣所记应该是最可信的。

达摩的教旨分"理"与"行"两途。理入只是信仰凡含生之伦同有真性;因为客尘障蔽,故须凝住壁观。壁观只是向壁静坐,要认得"凡圣等一,无自无他"。所谓少林面壁的故事乃是后人误把少林寺佛陀的故事混作达摩的故事了。

四行之中，第四行即性净之理，即是"理人"一条所谓"含生同一真性"之理。其余三行，报怨行认"苦"为宿业，随缘行认荣誉为宿因所造，苦乐均不足动心，故能行无所求。无所求即无所贪著，"安心无为，形随运转"。

总括看来，达摩的教旨不出三端：一为众生性净，凡圣平等；二为凝住壁观，以为安心之法；三为苦乐随缘，心无所求，无所执著。《续僧传》附《向居士传》中说向居士寄书与慧可云：

> 除烦恼而求涅槃者，喻去形而觅影。离众生而求佛者，喻默声而寻响。

烦恼即是涅槃，故甘心受苦；凡圣平等，众生即是佛，故不离众生而别求佛也。此正是达摩的教旨。这一宗派主张苦乐随缘，故多苦行之士。《续僧传》记那禅师"唯服一衣，一钵，一坐，一食"。又慧满也是"一衣，一食，但畜二针；冬则乞补，夏便通舍，复赤而已。往无再宿，到寺则破柴，造履，常行乞食"。……"贞观十六年（642）满于洛州南会善寺侧宿柏墓中，遇雪深三尺，……有请宿斋者，告云，'天下无人，方受尔请。'"这都是达摩一派的遗风。

宋代的契嵩不明此义，妄说四行之说非"达摩道之极"（《传法正宗记》卷五）。他生在宋时，听惯了晚唐、五代的禅宗玄谈，故羡慕后人的玄妙而轻视古人的淡薄。他不知道学说的演变总是渐进的，由淡薄而变为深奥，由朴素而变为繁缛；道宣所述，正因为是淡薄朴素，故更可信为达摩的学说。后来的记载，自《景德传灯录》以至《联灯会要》，世愈后而学说愈荒诞繁杂，全是由于这种不甘淡薄的谬见，故不惜捏造"话头"，伪作"机缘"，其实全没有史料的价值。

今试举达摩见梁武帝的传说作一个例，表示一个故事的演变的痕迹。

七世纪中叶，道宣作《续高僧传》，全无见梁武帝的事。

八世纪时，净觉作《楞伽师资纪》，也没有达摩与梁武帝相见问答的话。

九世纪初年(804—805)日本僧最澄入唐,携归佛书多种;其后他作《内证佛法相承血脉谱》,引《传法记》云:

> 谨案,《传法记》云:……达摩大师……渡来此土,初至梁国,武帝迎就殿内,问云,"朕广造寺度人,写经铸像,有何功德?"达摩大师答云,"无功德。"武帝问曰,"以何无功德?"达摩大师云,"此是有为之事,不是实功德。"不称帝情,遂发遣劳过。大师杖锡行至嵩山,逢见慧可,志求胜法,遂乃付嘱佛法矣。(《传教大师全集》卷二,页五一八)

《传法记》现已失传,其书当是八世纪的作品。此是记梁武帝与达摩的故事的最早的。

八世纪晚年,成都保唐寺无住一派作《历代法宝记》,记此事云:

> 大师至梁,武帝出城躬迎,升殿问曰:"和上从彼国将何教法来化众生?"达摩大师答,"不将一字来。"帝问:"朕造寺度人,写经铸像,有何功德?"大师答,"并无功德。此有为之善,非真功德。"武帝凡情不晓。乃出国,北望有大乘气,大师来至魏朝,居嵩山,接引群品,六年,学人如云奔雨骤,如稻麻竹笔(此据巴黎图书馆藏敦煌写本)。

此与《传法记》同一故事,然已添了不少枝叶了。

柳宗元在元和十年(815)作《大鉴禅师碑》,其中有云:

> 梁氏好作有为,师达摩讥之,空术益显。(《柳先生集》八)

这可见九世纪初年所传达摩与梁武帝的问答还不过是"有为"一段话。

越到后来,禅学的"话头"越奇妙了,遂有人嫌"有为"之说为太浅薄了,于是又造出更深奥的一段话,如《传灯》诸录所载:

> 十月一日到金陵。帝问,"朕自即位而来,造寺写经度僧不可胜数,有何功德?"祖云,"并无功德。"帝云,"何得无功德?"祖云,"此但人天小果,如影随形,虽有非实。"
>
> 帝云,"如何是真功德?"祖云,"净智妙圆,体自空寂。如是功德,不可以世求。"
>
> 帝问,"如何是圣谛第一义?"祖云,"廓然无圣。"帝云,"对

朕者谁？"祖云，"不识。"

　　　　帝不领旨。祖于是月十九日潜渡江北。十一月二十二日届于洛阳（此用宋僧悟明的《联灯会要》卷二，页二二九）。

这一段记事里，不但添了"真功德"、"廓然无圣"、"对朕者谁"三条问答，并且还添上了详细的年月日！七世纪人所不纪，八世纪人所不能详，而十一世纪以下的人偏能写出详细的年月日，这岂非最奇怪的灵迹吗？（参看忽滑谷快天《禅学思想史》上，页三〇七，论"廓然无圣"之语出于僧肇之《涅槃无名论》。）

　　这一件故事的演变可以表示菩提达摩的传说如何逐渐加详，逐渐由唐初的朴素的史迹变成宋代的荒诞的神话。传说如同滚雪球，越滚越大，其实禁不住史学方法的日光，一照便销溶净尽了。

　　达摩的传说还有无数的谬说。如菩提达摩（Bodhidharma）与达摩多罗（Dharmatrata）本是两个人，后来被唐代的和尚硬并作一个人，竟造出一个最荒谬的名字，叫做菩提达摩多罗！于是六世纪还生存的菩提达摩，竟硬被派作五世纪初年（约413）译出的《禅经》的作者了！

　　又如《传法记》（最澄引的）说菩提达摩曾遣弟子佛陀耶舍先来中国。《历代法宝记》也记此事，却把佛陀耶舍截作两人（见敦煌唐写本）！这真是截鹤之颈，续鸭之脚了！

1927 年 8 月 21 日

书《菩提达摩考》后

　　我假定菩提达摩到中国时在刘宋亡以前；宋亡在479年，故达摩来时至迟不得在479以后。我的根据只是道宣《僧传》中"初达宋境南越"一语。

　　今日重读道宣《僧传》，在僧副传中又得一个证据。传中说僧副是太原祁县人，

　　　　性爱定静，游无远近，裹粮寻师，访所不逮。有达摩禅师，善明观行，循扰岩穴，言问深博，遂从而出家。义无再问，一贯怀

> 抱,寻端极绪,为定学宗焉。
>
> 后乃周历讲座,备尝经论,并知学唯为己,圣人无言。
>
> 齐建武年,南游杨辇,止于钟山定林下寺。……萧渊藻出镇蜀部,遂即拂衣附之。……久之还返金陵,……卒于开善寺,春秋六十有一,即〔梁〕普通五年也。

齐建武为西历494—497。梁普通五年为524。僧副生时当464年,即宋孝武帝末年。建武元年他才有三十岁,已快离开北方了。故依据传文,他从达摩受学,当在二十多岁时,约当萧齐的初期,西历485—490之间。其时达摩已在北方传道了。

以此推之,达摩到广州当在宋亡以前,约当470年(宋明帝泰始六年)左右。

他在南方大概不久,即往北方。他在北方学得中国语言,即授徒传法,僧副即是他的弟子中的一人。

他当520年左右还在洛阳瞻礼永宁寺,可见他在中国约有五十年之久,故虽隐居岩穴,而能有不小的影响。他大概享高寿,故能自称一百五十岁。

十八,九,卅

又　记

道宣在"习禅"门后有总论,其中论达摩一宗云:

> 属有菩提达摩者,神化居宗,阐导江、洛。大乘壁观,功业最高。在世学流,归仰如市。然而诵语难穷,厉精盖少。审其□慕,则遣荡之志存焉;观其立言,则罪福之宗两舍。详夫真俗双翼,空有两轮,帝网之所不拘,爱见莫之能引,静虑筹此,故绝言乎?

"诵语"二语,是指他的学徒虽众,真能传道的很少。"遣荡"是指壁观,"罪福两舍"是指他的四行。

"详夫"以下不是单论达摩,乃是合论僧稠与达摩两宗,故下文云:

> 然而观彼两宗,即乘之二轨也。稠怀念处,清范可崇;磨法

虚宗,玄旨幽赜。可崇则情事易显,幽赜则理性难通。
"念处"是禅法的"四念处"。僧稠传的是印度小乘以下的正宗禅法。达摩只有壁观而已,已不是正统了。道宣是律师,故他论中推崇僧稠及南岳、天台一派,而对于达摩一派大有微词。

十八,九,卅

又 记

《慧可传》中明说"达摩灭化洛滨,可亦埋形河涘。……后以天平之初,北就新邺,盛开秘苑"。这可见达摩死于东魏天平(534—537)以前,其时尚未有北齐。北齐开国在550年。故今本《续僧传》传目上作"齐邺下南天竺僧菩提达摩传",这"齐"字是错误的。

十八,九,卅

(原载1928年6月《现代评论》第3周年增刊)

论禅宗史的纲领

一　汤用彤教授来书

适之先生：

前在《现代评论》增刊中见尊作《菩提达磨考》,至为钦佩。兹寄上旧稿一段,系于前年冬日在津所草就。其时手下书极少,所作误略至多,今亦不加修正,盖闻台端不久将发表"禅宗史"之全部,未见尊书,不能再妄下笔。先生大作如有副稿,能寄令先睹,则无任欣感。

达磨"四行"非大小乘各种禅观之说,语气似婆罗门外道,又似《奥义书》中所说。达磨学说果源于印度何派,甚难断言也。

汤用彤　7月16日

二　胡适答汤用彤教授书

用彤先生：

7月16日的手书,已读过了。

《中国佛教史略》中论禅宗一章,大体都很精确,佩服之至。先生谓传法伪史"盖皆六祖以后禅宗各派相争之出产品",此与鄙见完全相同。我在巴黎、伦敦发见了一些禅宗争法统的史料,影印带回国,尚未及一一整理。先生若来上海,请来参观。

此项史料皆足证明禅宗法统至八世纪之末尚无定论,与我数年前所作《二十八祖考》完全相印证。但九世纪禅宗所认之二十八祖,与宋僧契嵩以后所认之二十八祖又多不相同,尤其是师子以下的四人。其作伪之迹显然,其中有许多笑柄,去年我在科学社年会讲演,曾略述之。

我的《禅宗史》稿本尚未写定,大部分须改作,拟于今夏稍凉时动手改作。有所成就,当寄呈乞正。

今将我的大纲略述于此,不能详也。

(一)禅有印度禅,有中国禅。自《安般经》以至于达磨多罗《禅经》,皆是印度之禅。天台一派,《续僧传》列入"习禅"一门,其人皆承袭印度禅,而略加修正,"止观"即旧禅法的两个阶级,天台始以为禅之要旨。故天台是过渡时期。达摩一宗亦是一种过渡时期的禅。此项半中半印的禅,盛行于陈、隋之间,隋时尤盛行。至唐之慧能、道一,才可说是中国禅。中国禅之中,道家自然主义的成分最多,道一是最好代表。

(二)菩提达摩一宗在当时名为楞伽宗。其传法系统见于道宣《续僧传》"感通门"之《法冲传》中。巴黎、伦敦有敦煌本《楞伽师资记》,是此宗的重要史料。

(三)"顿悟"之说起源甚早。《僧传》与《续僧传》中可以寻得许多线索。

(四)慧能在当日确有革命之功;现发现敦煌本《坛经》,我有影本,可以考见他的思想。

(五)慧能在当时并不出名,其人不过南方一派的大师而已。至神会北上,与正统派挑战,自称正统,并说其师有传衣为信,于是始有法统之争。北宗神秀已死,死无对证,而神会之才辩又足以夺人,故北宗的权威大摇动,不得已乃出于压迫的手段,故有卢奕的弹劾。神会放逐三次,名声更大,安史乱后,北宗遂倒,神会遂成第七祖。

(六)神会著作散失,我在巴黎发现两卷他的语录,最可宝贵。又在伦敦发现他的《显宗记》古本。

(七)八世纪下半,各派争造法统伪史,其多不可胜记。有七世说(楞伽宗北宗),有十三世说(神会最早之语录),有二十四世说,二十五世说,……二十八及二十九世说,甚至有五十世说(《白香山集·传法堂碑》)。杂见于《全唐文》,及敦煌残卷中。

(八)《续法记·宝林传》皆当时法统伪史的一部分。

(九)唐代所出传法之说的根据为(1)达摩多罗《禅经》序,(2)《付法藏传》。师子以下之诸人则出于捏造,无所依据。

（十）故宋僧契嵩出而修正之，有"正宗"、"定祖"的大议论，其说以僧祐《出三藏记集》为据，后来竟为正统的法统说。今比较唐、宋之世系如下：

唐（宗密。日本书。敦煌卷子。）　　宋以后

```
第23  师子              第7   婆须密
  24  舍那婆斯            24  师子
  25  优婆掘              25  婆舍斯多
  26  婆修密              26  不如密多
  27  僧伽罗叉            27  般若多罗
  28  菩提达磨多罗!       28  菩提达摩
```

（十一）八世纪下半至九世纪上半的禅宗派别，应以宗密《圆觉大疏抄》卷三之下及《禅源诸诠集都序》所述为最可信的史料。《大疏》分七家，《都序》分十室，我们向来不很了解，今在敦煌发现新史料之中，有许多史料可补充，于是十室之中可得七八了。

你所引的《北山录》作者神清即出于七家之一，——金和尚——其世系如下：

弘忍——智诜——处寂——无相（金和尚）——神清。

他出于北宗，故多掊击当时的伪法统史。

（十二）南宗成为正宗之后，北宗门下又多捏造世系，自附于正统。故保唐寺一派（七家之一），本出于金和尚门下，也自附于南宗。马祖、道一也出于金和尚门下，因为有怀让的关系，遂成为南宗宗子了!

（十三）神会一派不久便衰歇。道一门下不久成为正统。"中国禅"至此始完全成立。

以上略述纲要，似乎能成一个有线索的故事了。材料太多，一时不及整理。将来也许有随时更动之处。所以先写呈此纲领者，正欲得先生的指示教正耳。千万请勿吝珠玉为盼。

又《付法藏传》之为伪作,自不待言,但其书作于何时,亦有考证之价值。鄙意此书是天台一派造出的,其内容引见智者之《摩诃止观》,及湛然之《止观辅行传弘决》等书。故自迦叶至师子之世系,本是天台一派所认之世系,后来乃被"南宗"攘为宗谱。此意不知有当否,也请指教。

又来书疑达摩四行说"似婆罗门外道,又似《奥义书》中所说",此意似不误。杨衒之说达摩是波斯胡,道宣说他是南天竺婆罗门种。他又提倡《楞伽经》,此经是南方佛教徒所造无疑,"大乘入楞伽"似是史实。大概佛教行到南天竺与锡兰,与外道教义结合,成此新经,达摩即是此南方新佛教的产儿。

印度之"南宗"后来竟成中国之"南宗",也是有趣的偶合。

胡适敬上　十七,七,廿一

白居易时代的禅宗世系

《白氏长庆集》卷二十四有《传法堂碑》,也是九世纪的一种禅宗史料。

《传法堂碑》(校改本)

王城离域有佛寺号兴善。寺之坎地,有僧舍名传法堂。先是大彻禅师宴居于是寺,说法于是堂,因名焉。有问师之名迹,曰,号惟宽,姓祝氏,衢州西安人,祖曰安,父曰皎。生十三岁出家,二十四具戒,僧腊三十九,报年六十三,终兴善寺,葬灞陵西原,诏谥曰大彻禅师元和正真之塔云。有问师之传授,曰,释迦如来欲涅槃时,以正法密印付摩诃迦叶,传至马鸣;又十二叶,传至师子比丘;及二十四叶,传至佛驮先那;先那传圆觉达摩,达摩传大弘可,可传镜智璨,璨传大医信,信传大满忍,忍传大鉴能,是为六祖。能传南岳让,让传洪州道一,一谥曰大寂,寂即师之师。贯而次之,其传授可知矣。有问师之道属,曰,自四祖以降,虽嗣正法,有冢(原作家)嫡而支派者,犹大宗小宗焉。以世族譬之,即师与西堂藏,甘泉贤,勒潭海,百岩晖,俱父事大寂,若兄弟然。章敬澄若从父兄弟。径山钦若从祖兄弟。鹤林素,华严寂,若伯叔然。当山忠,东京会,若伯叔祖。嵩山秀,牛头融,若曾伯叔祖。推而序之,其道属可知矣。有问师之化缘,曰,师为童男时,见杀生者蠲然不忍食,退而发出家心,遂求落发于僧昙,受尸罗于僧崇,学毗尼于僧如,证大乘法于天台止观,成最上乘道于大寂道一。贞元六年(790)始行于闽越间,岁余而回心改服者百数。七年驯猛虎于会稽,作胜家道场。八年(792)与山神受八戒于鄱阳,作回响道场。十三年感非人于少林寺。二十一年(805,即永贞元年)作有为功德于卫国寺。明年(806)施无为功德于天宫寺。元和四年(809)宪宗章武皇帝召见于安国寺。五年(810)问法于麟德殿。其年复灵泉于不空三藏池。十二年(817)二月晦,大说法于是堂。说讫,就化。其化缘云尔。有问师之心要,曰,师行禅演法垂三十年。度白黑众殆百千万亿。应病授药,安可以一说尽其心要乎？然居易为赞善大夫时,常四诣师,四问道。第一问云,既曰禅师,何故说法？师曰,无上菩提者,被于身为律,说于口为法,行于心为禅,应用有三,其实一也。如江湖河汉,在处立名,名虽不一,水性无二。律即是法,法不离禅,云何于中妄起分别？第二问云,既无分别,何以修心？师曰,心本无损伤,云何要修理？无论垢与净,一切勿起念。第三问云,垢即不可念,净无念,可乎？师曰,如人眼睛上,一物不可住。金屑虽珍宝,在眼亦为病。第四问云,无修无念,亦何异于凡夫耶？师曰,凡夫无明,二乘执着,离此二病,是名贞修。贞修者,不得勤,不得忘。勤即近执着,忘即落无明。其心要云尔。师之徒殆千余,达者三十九人。其入室受道者,有义崇,有圆镜,以先师常辱与予言,知予尝醍醐喂薝蔔者有日矣。师既殁后,予出守南宾郡,远托撰述,迫今而成。呜呼,斯文岂直起师教,慰门弟子心哉？抑且志吾受然灯记,记灵山会于将来世,故其文不避繁。铭曰：佛以一印付迦叶,至师五十有九叶,故名师堂为传法。

此为马祖嫡派造出的传法世系,大可注意。此说与诸家皆不同。

篇末铭云：

　　　　佛以一印付迦叶,至师五十有九叶。

今试倒数上去：

　　佛驮先那—达摩—可—璨—信—忍—能—让—道——惟宽
　　　　50　　51　　52　53　54　55　56　57　58　59

这个世系是根据于僧祐《出三藏记》的。此书载佛大跋陀罗的师宗相承,自阿难第一到佛大先为第四十九,达摩多罗为第五十。若加上大迦叶为第一,则佛大先为第五十,而达摩为第五十一,与此世系正合。故知其出于此。

又此碑云：

> 释迦如来……以正法密印付摩诃迦叶，传至马鸣；又十二叶，传至师子比丘；及二十四叶，传至佛驮先那；先那传圆觉达摩。

按《出三藏记》的次第，马鸣第九，师子第二十一，其间正是十二叶。惟师子第二十一，而佛大先第四十九，其间有二十八代，疑白碑本作二十八叶，讹为二十四叶。此皆可证此派主张的世系是根据《出三藏记》的。

白碑甚精确，所记惟宽的"心要"四项，正合道一的学说，故此碑不是潦草应酬之作。大概道一一派也加入当日争法统之争，而不满意于当日各家捏造的世系，故他们依据《出三藏记》，建立这"五十代说"。

权德舆作《百岩禅师碑》（《唐文粹》六四）说怀晖作有《法眼师资传》一编，"自鸡足山大迦叶而下，至于能秀，论次详矣。"怀晖也是道一的门下，其书今不传了，但我们可以推想他的主张也许是这"五十代说"。

惟宽死在817，此说可算是八九世纪之间的一种说法。

十七，三，二四

（原载1928年8月《浙江图书馆报》第2卷）

跋宋刻本《白氏文集》影本

此本是涵芬楼用瞿氏铁琴铜剑楼藏本影照的。瞿氏有提要,见他家的《书目》卷十九,页三九——四十。瞿氏因书中"构"字注"御名","桓"字注"渊圣讳",故定为绍兴初年刻本;并说,《白集》"无逾是本之最古矣"。

昨夜用日本翻宋本的影印本(《四部丛刊》本)校此本,始知这两本互有得失。瞿本有极好处,远胜日本本;然亦有大误不如日本本之处。我不曾全校,但举曾细校的几篇的异同如下:

《传法堂碑》(卷数页数及行数依日本本)

卷	页	行	日本本	宋本	备考
24	11	上8	师有之	有问师之	宋本是
		下4	天鉴	大鉴	又
	12	上2	父父兄弟	从父兄弟	又
		上2	遥山	径山	又
		下3	回郁道场	回响道场	又
		下3	盛非人	感非人	又
	13	上6	在立名	在处立名	又
		下3	金屑虽珍	金屑虽珍宝	又
	14	上2	志音	志吾	又

以上九条,皆瞿本不误,皆足校正日本本之脱误。但有一条似应依日

本本：

卷	页	行	日本本	宋本
24	13	下5	不得勤，不得忘。	不得勤，不得妄。
		下6	勤即近执著，忘即落无明。	勤即近执著，忘即落无明。

此处两"忘"字，瞿本一作"妄"，一仍作"忘"。大概原本皆作"忘"，瞿本偶误其一耳。

《与元九书》

卷	页	行	日本本	宋本	备考
① 28	4	上2	不可及他	不暇及他	《旧唐书》作"暇"。
②		下4	因雪	（脱）	《旧唐书》有此二字。
③	5	上4	李杜。李之作	李杜之作	《旧唐书》有下"李"字。
④		上6	千余首	千余人	《旧唐书》作"首"。
⑤		上7	新开安	新安	《旧唐书》作"新安"。
⑥		上8	芦子关	芦子开	《旧唐书》作"关"。
⑦		上9	十三四	三四十	《旧唐书》作"三四十"。
⑧		下1	愤发	愤发	《旧唐书》作"愤"。
⑨	11	下4	城南	成南	《旧唐书》作"城"。

以上九条，《旧唐书》所引，同于瞿本的只有四条。其中第⑦条，虽与《旧唐书》相同，然以文义看来，似以日本本作"十三四"为优。此外五条，《旧唐书》所引皆与日本本相同，显然是宋本的讹误或脱文。此文为集中极重要的文章，然瞿本脱三字，误四字，倒一处，不如日本本之佳。

《长恨歌传》

卷	页	行	日本本	宋 本	备考
12	14	上3	列在清贵	列在清贯	
		上6	为之侧目	为侧目	
	16	上3	言讫悯默	言讫悯默	
		下9	不亦久人间	亦不久人间	
	18	上7	缓歌缦舞	缓歌慢舞	
	19	下5	字玉真	字太真	
	20	上2	泪拦干	泪阑干	
		下2	无尽期	无绝期	

《琵琶引》

卷	页	行	日本本	宋 本	备考
12	22	下1	曲罢悯默	曲罢悯默	
	23	上2	犹抱琵琶	犹把琵琶	
		上9	冰下滩	水下难	
		上9	冰泉冷涩弦凝绝	冰泉冷涩弦疑绝	
		上9	凝绝不通	疑绝不通	
		下3	东船西舫	东舟西舫	
	24	下2	杜鹃啼血	杜鹃啼哭	

这两篇是白诗中最风行的,我故校出两本的异文,以备参考。这些异文大体都不很关紧要。但有一点可作校勘学的趣事看。段玉裁曾说:

> 白乐天"间关莺语花底滑,幽咽泉流水下滩"。"泉流水下滩"不成语,且何以与上句属对?昔年曾谓当作"泉流冰下难",故下文接以"冰泉冷涩";"难"与"滑"对,"难"者"滑"之反也。

"莺语花底","泉流冰下",形容涩滑二境,可谓工绝。(《与阮芸台书》,《经韵楼集》卷八〇)

段氏未见古本,但就文理推测,假定原文如此。他校《说文》,也往往有这种大胆的假定。今日本本果作"冰下滩",而瞿藏的宋本作"水下难";但宋本下句作"冰泉冷涩弦疑绝",这可见底本大概作"冰下难"(《全唐诗》此句下校云,一作"冰下难",是康熙时尚有见古本如此的)。段氏的假设可算是证实了。这岂非校勘学史上一段佳话吗?

下二句"冰泉冷涩弦疑绝",瞿本作"疑",日本本作"凝";更下一句也如此。这里的优劣很难决定。我的私见却以为日本本近是。因为上句说"疑绝"还可通;下句说"疑绝不通声暂歇",便不如作"凝"字的通顺,原意似说,"弦由凝涩而到完全不通,故声暂歇",所以下文明说"此时无声"。

《旧唐书·白居易传》有奏状几篇,我试用两本校之,都以瞿氏的宋本为优:

《初授拾遗书》日本本(卷四十一)有

　　臣与崔君同状陈谢

宋本作"崔群",与《唐书》合。

《论魏征旧宅状》日本本(卷四十一)有

　　合加忧恤

宋本作"优恤"。

《论王锷状》日本本(卷四十一)有

　　皆生异望之心

宋本作"皆生冀望之心"。又此下有

　　若尽与则典章大坏,又末感恩。

"末"字宋本作"未",不知何者为原文。

《论元稹第三状》(卷四十二)两本全相同,但有三处可与《旧唐书》参校的:

(1)"内外权贵,亲党纵横,有大过大罪者,必相容隐而已。"

《旧唐书》无"横"字,则"纵"字连下读,文义更顺。然原文似有"横"

字,史臣有意删去的。

(2)"又奏王绍。违法给券,令监军神枢及家口入驿。"《旧唐书》王绍作王沼,不知原文究竟如何。又"神枢"《旧唐书》作"押枢"。张菊生先生校云,"宋本作神",与《白集》两本相合。

《论元稹状》明说

> 元稹与中使刘士元争厅,……刘士元踏破驿门,夺将鞍马;仍索弓箭,吓辱朝官。

《旧唐书·白居易传》载此书全文,《元稹传》中也详记他与刘士元争厅,被士元殴伤的事。《新唐书》却于《元稹传》中改刘士元为仇士良。这大概因为仇士良为最著名的宦官,故史官误记。《新唐书》的元、白两传都极干枯无味,远不如《旧唐书》。这种错误更不应该有。因校《白集》,偶想及此事,遂附记于此。

十七,四,二六

附录　单不庵先生来书及答书

1

适之先生:

大著允登馆报,欣幸无已,敬谢敬谢。

近来无暇校书,读尊稿顿觉技痒,因就尊校《传法堂碑》诸篇(《长恨歌传》、《琵琶引》不在内),以《全唐文》与《四部丛刊》本《白氏长庆集》互相勘对,即举其异同如下:

(一)《传法堂碑》(卷页行数依《四部丛刊》本)

卷	页	行	《四部丛刊》本	《全唐文》
①	24	11	上 1	传法堂碑	西京兴善寺传法堂碑铭(并序)
②			上 2	次也	坎地
③			上 4	因名曰焉	因名焉
④			上 5	信安	西安
⑤			上 8	正直	正真
⑥			上 8	师有之	有问师之
⑦			下 4	天鉴	大鉴

(续)

卷	页	行	《四部丛刊》本	《全唐文》
⑧		下 7	自四祖	由四祖
⑨		下 8	家嫡	冢嫡
⑩	12	上 2	父父	从父
⑪		上 2	遥山	径山
⑫		上 2	鹊林	鹤林
⑬		上 4	曾伯叔祖	曾祖伯叔
⑭		下 3	回郁	回响
⑮		下 3	盛非人	感非人
⑯		下 7	三藏也	三藏池
⑰	13	上 6	在立名	在处立名
⑱		上 9	本无损伤	心本无损伤
⑲		下 3	虽珍	虽珍宝
⑳		下 5	是名真修。真修者	是名贞修。贞（一作真）修者
㉑		下 5	不得勤	不得动
㉒		下 6	勤即近执著	动即近执著
㉓	14	上 2	志音	志吾

右[上]列二十三条，与尊校合者九条，如⑥⑦⑩⑪⑭⑮⑰⑲㉓条是。可以《全唐文》正《四部丛刊》本之误者六条，如①②③④⑨⑯条是。可灼知《全唐文》误而《四部丛刊》本不误者两条，如㉑㉒条是。至⑤⑧⑫⑬⑱五条，未敢断其是非，请教正。

（二）《与元九书》

卷	页	行	《四部丛刊》本	《全唐文》
①	28	2 上 2	枉赠答	所赠答
②		上 5	既受	既爱
③		上 8	亦无出	亦无

（续）

卷	页	行	《四部丛刊》本	《全唐文》
④		上9	卒不能	率不能
⑤		下3	所畜	所蓄
⑥	3	上2	贤圣	圣贤
⑦		下2	大宝	大窦
⑧		下4	作戒	足戒
⑨	4	上2	不可及	不暇及
⑩		上9	陵夷矣	陵夷
⑪		下4	因雪	因雪
⑫	5	上3	鲍鲂	鲍防
⑬		上4	李杜。李之作	李杜。李之作
⑭		上6	千余首	千余篇
⑮		上7-8	然撮其新开安石壕潼关吏芦子关花门之章	然撮其新安吏石壕吏潼关吏塞芦子留花门之章
⑯		上9	十三四	三四十首
⑰		下1	愤发	愤发
⑱		下2	嗟乎	嗟呼
⑲	6	上6	乡赋	乡试
⑳		下5	手请	月请
㉑	7	上9	举世不过	举不过
㉒	8	上1	初应进士中时朝	初应进士时,中朝
㉓		上2	空拳	空鸢
㉔	9	上1	其间哉	其间
㉕		上9	谪佐	谪在
㉖		下4	囊衺	囊篋
㉗		下5	所适	所遇
㉘		下9	事物	事务

（续）

卷	页	行	《四部丛刊》本	《全唐文》
㉙	10	上1	情理	情性
㉚		上2	绝句	短句
㉛		下4	故览仆诗	故览仆诗者
㉜		下6	非平生所尚者	非平生所尚
㉝	11	上1	才丽	清丽
㉞		上4-5	然人贵之	然后人贵之
㉟		下4	知吾最要	知吾罪吾
㊱		下4	成南	城南
㊲	12	上6	且与仆	且欲与仆
㊳		下9	诗笔	诗律
㊴	13	上6	微之微之	微之

右（上）共三十九条。其中⑨⑪⑬⑰㊱五条，与尊校合。⑯条当如尊论，以日本本为优。此外如⑧⑫⑮⑲㉒㉓㉕㉞八条，似当从《全唐文》，③⑦⑩⑱㉑㉘㉙㉛㉜㉟㊳㊴十二条，似当从《四部丛刊》本。又有疑不能决者，如①②④⑤⑥⑭⑳㉔㉖㉗㉚㉝㊲等十三条，还希指示。

（三）《初授拾遗献书》

卷	页	行	《四部丛刊》本	《全唐文》
① 41	1	下8	崔君	崔群
②	2	上3	庭诤	廷诤
③		上9	未足惜	不足惜
④	3	上4	颙颙然	禺禺然
⑤		上7	候陛下	倘陛下

此篇第①条同尊校，第②条当从《全唐文》，第④条当从《四部丛刊》

本,第③⑤条且存疑。

（四）《论魏征旧宅状》

	卷	页	行	《四部丛刊》本	《全唐文》
①	41	17	下 6	合加忧恤	合加优恤
②			下 9	臣恐非宜	臣知非宜
③		18	上 4	便还后嗣	使还后嗣

此篇第①条同尊校,余两条恐当从《四部丛刊》本。

（五）《论王锷欲除官事宜状》

	卷	页	行	《四部丛刊》本	《全唐文》
①	41	18	上 9	右臣窃有所闻云	右臣窃闻
②			下 5	异望	冀望
③			下 6	又未感恩	又未感恩

以上②③两条亦同尊校,第一条恐以《四部丛刊》本为是。

（六）《论元稹第三状》

	卷	页	行	《四部丛刊》本	《全唐文》
①	49	9	下 2	先以	必先以
②			下 4	纵横	纵横
③		10	上 9 / 下 1	枉法收没	枉法收没入
④			下 1	王绍	王绍
⑤			下 2	神柩	押柩
⑥			下 6	方便	方镇
⑦			下 7	臣闻	臣伏闻
⑧		11	上 7	所损者微	所损者深
⑨			上 9	京司	京师

此篇与尊校《旧唐书》同者为②⑤两条,《四部丛刊》本是而《全唐文》误者为⑥⑧两条,《全唐文》是而《四部丛刊》本误者为第⑨条,余阙疑。(五绍虽与香山同时,然考《新旧唐书》本传,无"违法给券"等事,似当"盖阙"。)

上来所校,是否有当?统希切实指教,幸甚幸甚。

不庵　十七,五,七

2

不庵先生：

《全唐文》的《白集》出于一个很好的古本,其本远胜日本本与瞿藏宋本。

即以《传法堂碑》一篇论之,计尊校之①②③⑨⑯五条,皆可以正日本本之误。⑨条我也校出了,因其讹误显然,故已改正,不列入校记。③条明衍一"曰"字,及见宋本也如此,遂不敢改;《全唐文》不误。惟④条则《全唐文》误而日本本宋本皆不误。信安即今衢州常山也。

㉑㉒两条,尊校甚是。顷检《景德传灯录》卷七惟宽传中引白居易问法四段,正作"勤"字"忘"字,可证日本本不误,《全唐文》误两"动"字,宋本误一"妄"字。

至尊校未断定诸条,⑧条不成问题,两读皆可用。⑬条似当从日本本及宋本作"曾伯叔祖"为顺。⑤条当从"正真",《传灯录》作"正真",可证。⑫条当从"鹤林",此乃润州鹤林寺之玄素也。"鹤林"乃佛教典故,写者因上句"兄弟"字样,误改为"鹡林"。⑱条当有"心"字,此四句当作五言偈读,少一字便不成偈了。《传灯》有"心"字,可证。

又⑰条,《传灯》有"处"字;⑲条,《传灯》有"宝"字,此四句也当作五言偈读。⑳条,《传灯》作"真",皆可证。

我也去借了《全唐文》来,再校一遍,又得先生失校者几条,列举于下：

	卷	页	行		《全唐文》
(a)	24	12	上1	百严晖	百岩晖

作"岩"是也。此即柏岩。

| (b) | 24 | 12 | 下 8 | 说讫说化 | 说讫就化 |

作"就"是也。我初拟改为"蜕",后见宋本同,遂不敢改。《传灯》作"说法讫就化",可证。

| (c) | 24 | 12 | 下 2 | 八日与山神受 | 八日(一作年)与山 |
| | | | | 八戒于鄱阳 | 神受八戒于鄱阳 |

作"八年"是也。我初校改为"八年",后见宋本,遂不敢坚持,乃以"八日"属上句读。今当依《全唐文》改"八年",此贞元八年也。属下读。《传灯》作"八年,至鄱阳,山神求受八戒",可证。

此碑现已完全可读了。此碑乃是禅宗重要史料,故我曾作一篇考证。其中疑点,今皆冰释了。止有"及二十四叶传至佛驮先那"(24,11,下2。)一句,我认为当作"二十八叶",至今尚未得旁证。遍考《金石萃编》、《续编》及《佛教史迹》等,皆不见此碑文。不知此碑见于何种金石书否?先生得空闲时,乞代一检,不胜感谢。

碑文标点本及跋语,寄上乞正。阅后请仍赐还,因未及录副也。

瞿藏宋本现将由商务影印单行。尚未出版,我所见乃是底样。

其余《白集》诸篇,先生所校皆极有用。连日极忙,今日曾取《旧唐书》一校,尚未及写出。

适之 十七,五,十二夜

3

适之先生:

尊著《白居易时代的禅宗世系》,考定"马祖嫡派造出的传法世系,根据《出三藏记》"。此语前人所未道,一经先生证明,顿令我昭若发蒙,既佩卓识,亦欢喜无量。

先生谓白碑"及二十四叶传至佛驮先那"一句,当作"二十八叶",所论极是。惟遍考馆中所藏金石书,俱不载此碑文,又考《陕西通志》亦未见此碑,竟不能为先生觅一确证,愧极歉极。

近见明隆庆刊本《文苑英华》卷八六六载有白碑,即以《四部丛

刊》本所载碑文复勘一过,校记如左[下]:

《传法堂碑》(卷页行数依《四部丛刊》本)

	卷	页	行	《四部丛刊》本	《文苑英华》本	附 记
①	24	11	上1	传法堂碑	西京兴善寺传法堂碑	《全唐文》所载,"碑"下有"铭"字,并注"并序"二字。
②			上2	次也	坎地	
③			上4	因名曰焉	因名焉	
④			上5	信安	西安	
⑤			上6	二十四具戒	二十四岁具戒	《全唐文》无"岁"字。
⑥			上8	正直	正真	
⑦			上8-9	师有之传授	有问师之传授	
⑧			下1	传至马鸣又十二叶	其下(二字集作传至马鸣文)十二叶	原注"文"字,疑"又"字之误。《全唐文》与《四部丛刊》本同。
⑨			下2	及二十四叶	又(集作及)二十四叶	《全唐文》同《四部丛刊》本。
⑩			下3	达摩传大弘可	达摩大弘可	《全唐文》同《四部丛刊》本。
⑪			下4	信传圆满忍	信传大满忍	《全唐文》"圆"下有注云:"一作大"。
⑫			下4	忍传天鉴能	忍传大鉴能	
⑬			下5	让传洪州道一	让洪州道一	《全唐文》同《四部丛刊》本。
⑭			下8	冢嫡	冢嫡	
⑮		12	上1	百严晖	百岩晖	
⑯			上1-2	章敬澄若父父兄弟	章敬尘澄若从父兄弟	《全唐文》无"尘"字。
⑰			上2	遥山	径山	

(续)

行	卷	页	行	《四部丛刊》本	《文苑英华》本	附　记
⑱			上2-3	鹄林素华严寂若伯叔然	鹄林素花(集作华)严集若叔然	《全唐文》"严寂"与《四部丛刊》本同。
⑲			上4	若曾伯叔祖	若曾伯叔祖	《全唐文》作"若曾祖伯叔"。
⑳			上6	见杀生者	见杀生	《全唐文》同《四部丛刊》本。
㉑			上7	受尸罗于僧崇	受户罗于僧藏崇	《全唐文》"受"字同《四部丛刊》本。"尸"下有注云："一作户"。"僧崇"下有注云："一作僧藏崇"。
㉒			上9	始行于闽越间	始行化闽越间	《全唐文》同《四部丛刊》本。
㉓			下1	岁余	藏余	《全唐文》同《四部丛刊》本。
㉔			下2	滕家	胜(集作滕)家	《全唐文》同《四部丛刊》本。
㉕			下2	八日	八年	《全唐文》作"八日",有注云："一作年"。
㉖			下3	回郁	回响(集作郁)	《全唐文》作"回响"。
㉗			下3	盛非人于少林寺	感非人于小林寺	《全唐文》"小"作"少"。
㉘			下5-6	宪宗章武皇帝	宪宗章皇帝	《全唐文》同《四部丛刊》本。
㉙			下7	不空三藏也	不空三藏池	
㉚			下8	说讫说化	说讫就化	
㉛		13	上1	殆百千万亿	百千万亿	《全唐文》同《四部丛刊》本。
㉜			上2	应病授药	应病受(集作授)药	《全唐文》同《四部丛刊》本。
㉝			上3	常四诣师	尝四诣师	

（续）

卷	页	行	《四部丛刊》本	《文苑英华》本	附　记
㉞		上4	何故说法	何故问法	《全唐文》同《四部丛刊》本
㉟		上6	在立名	在在立名	《全唐文》作"在处立名"。
㊱		上6-7	水性无二	水性如一（集作无二）	《全唐文》同《四部丛刊》本。
㊲		上9	本无损伤	心本无损伤	
㊳		下1	第三问云	第三问	《全唐文》同《四部丛刊》本。
㊴		下2	师曰	师告之（集无此二字）曰	《全唐文》同《四部丛刊》本。
㊵		下2-3	金屑虽珍在眼亦为病	念玉（二字即作金）屑虽珍宝在眼前亦为病	注中"即"字疑"集"字之误。《全唐文》"珍"下有宝字，余同《四部丛刊》本。
㊶		下3-4	亦何异于凡夫耶	又（集作亦）何异于凡夫耶	《全唐文》同《四部丛刊》本。
㊷		下5	是名真修	是名真修	《全唐文》"真"作贞。下文"贞修者"句中有注云："一作真"。
㊸		下5-6	不得勤不得忘勤即近执著忘即落无明	不得动不得忘动即近执著忘则（集作即）落无名明	《全唐文》作"忘即落无明"。
㊹		下7	其入室受道者	其入室受遗（集作道）者	《全唐文》同《四部丛刊》本。
㊺		下8	以先师常辱与予言	以先师尝欲与予言	《全唐文》同《四部丛刊》本。
㊻	14	上2-3	抑且志音受然灯记记灵山会于将来世	抑且志吾受信默（仁字作然）灯记记于灵山会于将来世	原注"仁"恐当作"二"，"作"上疑脱"集"字。《全唐文》"音"作"吾"，余与《四部丛刊》本同。

又补校

| | 11 | 下7 | 自四祖以降 | 自四祖以降 | 《全唐文》"自"作"由"。 |

以上所校，无附记者《文苑英华》本与《全唐文》同。就中①⑩⑬⑯⑱㉘㉛㉞㊳九条，自以《全唐文》所载为是。⑳条"杀生"下，赞宁《高僧传》卷十有"者"字，㉓条"藏余"，《高僧传》（卷同上）作"岁餘"（"藏"、"岁"形近致误，"余"盖"餘"之破体字，此说或足备一解），㉖条"回响"，《高僧传》作"回向"，㉗条"小林寺"，《高僧传》作"少林寺"，均与《全唐文》合，又㉟条"在在"，《五灯会元》卷三作"在处"，亦与《全唐文》合，皆足据改《文苑英华》本。惟⑤条"二十四"下有"岁"字，似足补《全唐文》、《四部丛刊》本之遗。㉒条"行化"二字，与《高僧传》卷十所载同，㊹条"受遗者"，《高僧传》作"受遗寄者"，似皆足证《文苑英华》本不误。至㊵条"在眼"下多"前"字，㊸条"无明"之"无"下多"名"字，㊺条"辱与"作"欲与"，㊻条"记灵山会"之"记"下多"于"字，又谬误显然，未可据依。

《全唐文》载白碑，于"圆满"、"尸罗"、"僧崇"、"八日"、"贞修"下皆注"一作某"，《文苑英华》本校注尤多，如⑧⑨⑱㉔㉖㉜㊱㊴㊵㊶㊸㊹十二条，皆注"集作某"（46条不注"集"字，殆误脱），以意度之，《文苑英华》所载或根据石拓，惜考之累日无左证，幸先生有以教之。

尊示谓"信安即今衢州常山"，恐未谛。考《新唐书》卷四十一《地理志》云："西安，……本信安。……咸通中更信安曰西安"，据此则信安即今衢县。先生以为然否？

不庵　十七，五，二二

4

不庵先生：

《文苑英华》本多注"集作某"，虽不能定其所据必为石拓，然必是集以外的本子，故其本虽多讹误，也有很可供考证的。先生校出的②③⑤⑨⑪⑮⑱之"鹤"字，㉒㉕㉚㊲㊹诸条，皆足使我们高兴。

⑤㉒㊹三条尤可贵。

④条信安作"西安",与《全唐文》同。先生指出信安即今衢县,是也。我前次所说是错的。但信安改西安在咸通中,故白碑当从"信安"。

㉑条当从"尸罗"(Sila),即"戒",作"户"者误。

㉔条似以《英华》本为优,但我不曾考得"胜家"之义。以"回响道场"例之,似作"滕"者为误。

⑨条作"又"为胜。此处之"二十四叶",蒙先生遍考诸书,感谢之至。我终疑此处当作"二十八",因上文"二十四具戒"而误耳。不知将来能得一确证否?

顷检常盘大定之《支那佛教史迹》,虽有兴善寺的照片,却不见此碑。

为了这一篇碑文,你和我竟费了这许多精力,还不能得完全满意。史料之难用,近古正未必易于上古也。

稍得闲暇时,当重写此碑文一通,用《全唐文》为主,把其他各本异文附注于下。

胡适 十七,五,二五

5 适之先生:

近检《文苑英华》所载白香山文,多注"集作某",与别家文字注"一作某"、"文粹作某"、"或作某"者不同,因考得其校语之由来,即以奉告。

《文苑英华》有周必大识语,其文曰:

> 臣伏睹太宗皇帝丁时太平,以文化成天下;既得诸国图籍,聚名士于朝,诏修三大书:曰《太平御览》,曰《册府元龟》,曰《文苑英华》,各一千卷。今二书闽蜀已刊,惟《文苑英华》士大夫家绝无而仅有。……臣事孝宗皇帝,间闻圣谕欲刻江钿《文海》,臣奏其去取差谬不足观,帝乃诏馆职衷集《皇朝文鉴》。臣因及《英华》虽秘阁有本,然舛误不可读。俄闻传旨取入,遂经乙览。时御前置校正书籍一二十员,皆书生稍习文墨者,月给餐钱,满

数岁,补进武校尉。既得此为课程,往往妄加涂注,缮写装饰,付之秘阁,后世将遂为定本。臣过计有三不可:国初文集(集作籍)虽写本,然雠校颇精。后来浅学改易,浸失本指。今乃尽以印本易旧书,是非相乱,一也。凡庙讳未祧,止当阙笔。而校正者,于赋中以"商"易"殷",以"洪"易"弘",或值押韵,全韵随之。至于唐讳及本朝讳,存改不定,二也。元阙一句或数句,或颇用古语,乃以不知为知,擅自增损,使前代遗文幸存者转增疵颣,三也。顷尝属荆帅范仲艺均倅丁介稍加校正。晚幸退休,遍求别本与士友详议,疑则阙之。凡经史子集传注《通典》、《通鉴》及《艺文类聚》、《初学记》下至乐府释老小说之类,无不参用。惟是元修书时历年颇多,非出一手,丛脞重复,首尾衡决。一诗或折为二,三诗或合为一,姓氏差互,先后颠倒,不可胜计。其间赋多用"员来",非读《秦誓正义》,安知今之"云"字乃"员"之省文?以"尧韭"对"舜荣",非《本草》注,安知其为菖蒲?又如"切磋"之"磋","驰驱"之"驱","挂帆"之"帆","仙装"之"装",《广韵》各有侧音,而流俗改"切磋"为"效课",以"驻"易"驱",以"席"易"帆",以"仗"易"装",今皆正之,详注逐篇之下,不复遍举。始雕于嘉泰改元春,至四年秋讫工。……深惧来者莫知其由,故列兴国至雍熙成书岁月,而述证误本末如此。阙疑尚多,谨俟来哲。(据《文苑英华》本节录)

又彭叔夏《文苑英华辨证序》曰:

叔夏尝闻太师益公先生之言曰:校书之法,实事是正,多闻阙疑。……《文苑英华》一千卷,字画鱼鲁,篇次混淆,比他书尤甚。曩经孝宗皇帝乙览,付之御前校勘官,转失其真,详见益公序篇。公既退老丘园,命以校雠,肤见浅闻,宁免谬误。然考订商榷,用功为多,散在本文,览者难遍,因荟萃其说,以类而分,各举数端,不复具载,小小异同,在所弗录。原注颇略,今则加详(谓如一作某字非者,今则声说),其未注者,仍附此篇(初不注者,后因或人议及,今存一二)。勒成十卷,名曰《文苑英华辨证》云。(据《文苑英华辨证》节录。小注悉仍原本)

如上所载,知校正《文苑英华》者为周必大、彭叔夏,今本所有校语,即出周、彭二人之手。顾周、彭虽曾校刊,而今所传隆庆刻本,却未必尽仍周、彭之旧。武英殿本《文苑英华辨证》卷一有案语曰:

> 案此书所载《文苑英华》语句,考之《文苑英华》刊本,每有不同,如李邕《日赋》之"闲谷"改作"闲阁",董思恭《日诗》之"十枝"仍作"十丈",王延昌《河渎碑》之"麾城"误作"靡城",于邵《谢赐甘子状》之"绝劣"又作"绝少",殆后来校刊未见此《辨证》,且不尽依彭叔夏所据原本。今略举大凡,附识于此。

据此则隆庆本《英华》有据彭说改正者,如"闲谷"之"闲"作"闲"是。有妄改者,如"闲谷"之"谷"作"阁","麾城"之作"靡城","绝劣"之作"绝少"是。然有《辨证》在,苟有空闲,将全书一一校勘,所获当不少,如《英华》不易得何!

我前信谓《文苑英华》所载《传法堂碑》,恐据石拓,此次一经考订,自知其误,惭愧惭愧。

不但此也,前校《文苑英华》所收白碑,于"水性无二"句,失校一字,兹补正于左(下):

卷	页	行	《四部丛刊》本	《文苑英华》本
24	13	上 6-7	水性无二	水往如一(集作无二)

"性"误为"往",显而易见,我又轻轻略过,吾过矣!吾过矣!

白碑所云"滕家道场",《英华》本"滕"作"胜"而注"集作滕"。尊示谓作"滕"似误,但不曾考得"胜家"之义。(未照原文,乞恕之。)我欲觅一确解供先生浮一大白,那知东找西找,只见《大唐西域记》有"昔如来起自胜林"语,《楞严经》有"当初发心于我法中如何胜相"语,绝不见"胜家"二字。必不得已,只可说佛家本好用"胜"字,如"胜幢"、"胜因"、"胜果"之类,皆属习见,以此例推,"胜家"二字,或系佛家一种术语。如此推测,先生得无笑其瞎说乎?

先生欲重写《传法堂碑》,用《全唐文》为主,并其他各本异文附注于下,甚好甚好。

"二十四叶"当作"二十八",自无可疑。既未得确证,将来写定碑文时,明注尊意于下以俟续考,何如?

不庵 十七,六,三

6

不庵先生:

承示《文苑英华》校语之由来,甚感。家中偶有《周益国文忠公集》,因检《文苑英华序》校之,亦稍有同异,如:

凡庙讳未祧　　　集作"凡庙讳未祧之前"
三诗或合为一　　集"三"作"二"
广韵各有侧音　　集"音"作"声"
效课　　　　　　集作"郊课"(注云:"翰苑本注,郊一作效。")

《文苑英华》的《传法堂碑》,虽不是据石拓,然周氏序中说:

　　修书官于宗元、居易……辈,或全卷取入。

可见《英华》所收《白集》,乃是据宋初写本,也很可宝贵了。

来示不曾提及《文苑英华辨证》于《传法碑》有所辨证否,此间无《辨证》,便中乞一示知,甚感甚感。

"胜家道场",鄙意疑是"胜业道场",但不敢臆断,将来或别有旁证发见,亦未可知。

胡适 十七,六,八

7

适之先生:

承示《文苑英华序》,隆庆本与《周益国文忠公集》本略有同异,甚感。浙馆无周集,兹据文澜阁本《文忠集》与隆庆本《英华》相校,与尊校颇有出入,列举如左(下):

《文苑英华序》

隆庆本《文苑英华》	文澜阁本《文忠集》
① 诏修三大书	绍修三大书
② 修书官于宗元居易权德舆李商隐顾云罗隐辈	故修书官于宗元居易权德与李商隐顾云罗隐辈
③ 国初文集(集作籍)虽写本	国初文集虽写本

④ 浸失本指	浸失本旨
⑤ 凡庙讳未祧止当阙笔	凡庙讳未祧止当阙笔（与隆庆本同）
⑥ 一诗或折为二	一诗或析为二
⑦ 三诗或合为一	二诗或合为一
⑧ 安知今之云字乃员之省文	安知之云字乃员之省文
⑨ 广韵各有侧音	广韵各有侧音（与隆庆本同）
⑩ 而流俗改切磋为效课	而流俗均切磋为效课（效课二字同隆庆本）
⑪ 以驻易驱	以注易驱
⑫ 七月七日少傅观文殿大学士致仕益国公食邑一万五千六百户食实封五千八百户臣周必大谨识	七月七日具位臣周某记

右（上）第⑦条与尊校合。⑤⑨⑩条与尊校截然不同，考《邵亭知见传本书目》卷十三《文忠集》下注"四库依钞本"，疑文澜本亦据钞本迻录，故与尊处刻本不同，此说是否有当？请教正。又③条"文集"之"集"不作"籍"，不知刻本如何？②条"修书官"上多"故"字，⑥条"折为二"作"析为二"，似文澜本为优。①条"诏修"之"诏"作"绍"，⑩条"改切磋"之"改"作"均"，⑪条"以驻易驱"之"驻"作"注"，均属误字，⑧条"今之云字"作"之云字"，又系脱字，似皆可以断定。倘荷先生以刻本核示，尤盼。

《文苑英华辨证》于《传法堂碑》未经提及，我前次已细检过矣。

文澜阁本《白集》与《英华》，误脱颇少。近取《传法堂碑》与《四部丛刊》本校了一遍，颇有从未见过者，如《白集》所载碑文，于"僧昙"、"醍醐"、"苍卜"各注音，亦至可宝（《英华》无特异处）。兹将校文另纸录呈，请察阅。

文澜阁本《周文忠集》，乾隆时原抄尚存一百四十八卷，《英华序》即系原抄，并告。

不庵　十七，六，一二

附《传法堂碑》校文

《传法堂碑》校文（卷页行数依《四部丛刊》本）

卷	页	行	《四部丛刊》本《白氏长庆集》	文澜阁本《白氏长庆集》	文澜阁本《文苑英华》
24	11	上1	传法堂碑		△西京兴善寺传法堂碑
		上2	寺之次也		△寺之坎地
		上4	因名曰焉	○因名焉	△因名焉
		上5	信安		△西安
		上6	二十四		△二十四岁
		上7	六十三		三十三(三十必六十之误)
		上8	正直		△正真
		上8-9	师有之传授	○有问师之传授	△有问师之传授
		下1	传至马鸣又十二叶		△其下(二字集作传至马鸣文)十二叶
		下2	及二十四叶		△又(集作及)二十四叶
		下3	达摩传大弘可		△达摩大弘可
		下4	信传圆满忍		△信传大满忍
		下4	忍传天鉴能	○忍传大鉴能	△忍传大鉴能
		下5	让传洪州道一		△让洪州道一
		下7	自四祖以降	田四祖以降	(田必由之误)
		下8	冢嫡		△冢嫡
	12	上1	百严晖	○百岩晖	△百岩晖
		上1	章敬澄		△章敬尘澄
		上1-2	若父父兄弟	○若从父兄弟	△若从父兄弟
		上2	遥山钦	○径山钦	△径山钦
		上2	鹤林	○鹤林	△鹤林
		上2	素华		△素花(集作华)

（续）

	上3	严寂		△严集
	上4	若曾伯叔祖	○若曾祖伯叔	
	上6	见杀生者		△见杀生
	上7	僧昙	僧昙（徒含切）	
	上7	尸罗		△户罗
	上7	僧崇		△僧藏崇
	上9	始行于越闽间		△始行化闽越间
	下1	岁余		△藏余
	下2	滕家		△胜（集作滕）家
	下2	八日		△八年
	下3	回郁	○回响	△回响（集作郁）
	下3	盛非人于少林寺	□非人于少林寺	△感非人于小林寺（入必人之误）
	下5-6	宪宗章武皇帝		△宪宗章皇帝
	下7	不空三藏也		△不空三藏池
	下8	说讫说化		△说讫就化
13	上1	殆百千万亿		△百千万亿
	上1	应病授药		△应病受（集作授）药
	上3	常四诣师	○尝四诣师	△尝四诣师
	上4	何故说法		△何故问法
	上6	在立名	○在处立名	△在在立名
	上6	水性无二		△水往如一（集作无二）
	上9	本无损伤	○心本无损伤	△心本无损伤
	下1	第三问云		△第三问

（续）

	下 2	师曰		△师告之（集无此二字）曰
	下 2-3	金屑虽珍	○金屑虽珍宝	△念玉（二字即作金）屑虽珍宝
	下 3	在眼亦为病		△在眼前亦为病
	下 3-4	亦何异于凡夫耶		△又（集作亦）何异于凡夫耶
	下 5	真修。真修者	○贞修。贞修者	
	下 5	不得勤		△不得动
	下 5	不得忘	不得妄	
	下 6	勤即近执著		△动即近执著
	下 6	忘即落无明	妄即落无明	△忘则（集作即）落无名明
	下 7-8	其入室受道者		△其入室受遺（集作道）者
	下 8	常辱与予言		△尝欲与予言
	下 8-9	知予尝醍醐嗅蕎卜者有日矣	知予尝醍（杜兮切）醐（洪孤切）嗅蕎（睹敢切）卜（步黑切）者有日矣	
4	上 2-3	抑且志音受然灯记	○抑且志吾受然灯记	△抑且志吾受信默（仁字作然）灯记
	上 3	记灵山会		△记于灵山会
	上 3-4	故其文不避繁	故其文不避繁	（其下必脱文字）

　　文澜阁本《白氏长庆集》卷四十一与《文苑英华》卷八百六十六皆丁氏补抄。

　　文澜本《白集》与《全唐文》同者以○识之。

　　文澜本《英华》与隆庆本《英华》同者以△识之。

8 不庵先生：

我藏的《周益国文忠公集》里的《文苑英华序》与文澜阁本稍有出入，除上次已奉告的几条之外，其余几条如下：

文澜本《周集》	刻本《周集》
① 绍修三大书	诏修三大书
② 故修书官于宗元……	故修书官于宗元……
③ 国初文集	国初文集
④ 寖失本旨	浸失本旨
⑤ 或析为二	或析为二
⑥ 安知之云字	安知今之云字
⑦ 而流俗均切磋为效课	而流俗改切磋为郊课（翰苑本注：郊一作效。）
⑧ 以注易驱	以驻易驱
⑨ 七月七日具位臣周某记	七月七日具位臣周某谨记

据刻本诸序中说，王赠芳在史馆时借得翰苑抄本（又说是"内府皮阁本"），与诸同人分册缮录。即所谓"翰苑本"。

我这部《周益公集》是江西欧阳棨刻本，共二百卷。前百六十二卷成于道光二十八年戊申，后刻杂著述二十三卷，书稿十五卷，附录五卷，成于咸丰元年。我这一部的首页又有"光绪二十五年镌，周日新堂藏板"字样；惟续刻之首页则仍有"咸丰元年镌"字样。似乱后此书之板尚存。但今日此书全部已不易得；我在北京偶然买得此书，中有补抄的三册。价约三四十元，我记不得了。

《传法碑》又承用文澜阁本《英华》与《白集》校两遍，感谢之至。文澜阁本《英华》全同于隆庆本，其误处亦然，可见当日抄书时总算是很谨严的了。

胡适　十七，六，十四夜

9 适之先生：

接奉 7 月 16 日手书，并荷以刘大白先生信见示，感谢感谢。《传法堂碑》中"胜家道场"，先生 6 月 8 日来示谓"疑是'胜业道

场'"。昨夜读《白氏长庆集》卷六十《祭中书韦相公文》,有云:

> 去年腊月,胜业宅中,公云:"必结佛缘,无如愿力。"因自开经箧,出《大方广佛华严经》中《十愿品》一通,合掌焚香,口读手授。……曾未经旬,公即捐馆。……今即日于道场斋心持念,一愿一礼,如公在前。……(日本本《白集》卷六十页十一下面)

上云"胜业宅中……出《大方广佛华严经》中《十愿品》,……口读手授",似在韦氏"宅中"作佛事,故不曰"道场",曰"宅中"。下云"于道场斋心持念,……如公在前",似在庙中作佛事,故有"道场"之名。果尔,则"胜业宅中"与"胜业道场",似名词虽有异其实则同。如此说法,先生以为牵强否?幸教吾,勿客气。上海报载先生须往广西讲学,信否?祝先生康乐。

不庵　七,二十

(原载 1928 年 8 月《浙江图书馆报》第 2 卷)

海外读书杂记

我去年到欧洲,除会议及讲演之外,居然能在巴黎的国立图书馆(Bibliothèque Nationale)和伦敦的英国博物院(British Museum)读了不少的敦煌写本。我在巴黎读了五十卷子,在伦敦读了近一百卷子。我的主要目的在于发现关于禅宗史的唐代原料。在这一点上,我的成绩可算是很满意。但这些原料一时还不能整理出来,须待将来回国之后细细考证一番,才可发表。现在我且把一些零碎的材料,整理出几件来,送给留英学生会的杂志主任,也许可以引起海外留学的朋友们的注意,也许可以勾引他们也到这破纸堆里去掏摸一点好材料出来。

在我的杂件之前,我不能不略说这些古写本的历史与内容。

一　敦煌写本的略史

敦煌的千佛洞中,有一个洞里藏有古代写本书卷,大概是一个"僧寺图书馆"。这一个洞自从北宋仁宗时(约1035)就封闭了,埋没了;年代久远,竟无人过问。直到八百多年后,约当光绪庚子年(1900),此洞偶然被一个道士发现,人间始知道这洞里藏着二万多卷写本经卷。那时交通不便,这件事竟不曾引起中国人士的注意。1907年,英国斯坦因爵士(Sir Aurel Stein)到中亚细亚去探险,路过敦煌,知道此洞的发现;斯氏不懂汉文,带去的翻译也不是学者,不知道如何选择,便笼统购买了六千多卷,捆载回去。到了第二年(1908),法国伯希和氏(M. Paul Pelliot)也到此地,他是中国学的大家,从那剩余的书卷堆里挑了约有二千多卷子,带回法国。后来中国的学者知道了此事,于是北京的学部方才命甘肃的当局把剩余的经卷尽数送到北京保存。其时偷的偷，送人情的送人情，结果还存六七千卷，现在京师图书馆里。

这一洞藏书，全数约有二万多卷，现在除去私家收藏不可稽考之外，计有三大宗：

（A）伦敦　　　　约6000卷
（B）巴黎　　　　约2500卷
（C）北京　　　　约7000卷

这二万卷里，除了几本最古印本（现在伦敦）之外，都是写本。有许多是有跋尾，有年代可考的。从这些有年代的卷子看来，这洞里的写本最古的有西历五世纪（406）写的，最晚的约在十世纪的末年（995—997）。这六个世纪的书卷，向来无从访求；现在忽然涌出二万卷的古书卷来，世间忽然添了二万卷的史料，这是近代中国学术史上的一件绝重要的事。

二　敦煌卷子的内容

北京的几千卷子，至今还没有完全的目录。伦敦的六千卷，已有五千多"目"编成，还有一千多"目"未成。北京大学《国学季刊》第一卷里有罗福苌先生的《伦敦藏敦煌写本略目》，可以参看。巴黎的二千多卷子已有目录；法文本在巴黎"国立图书馆"（Bibliothèque Nationale）；中文有罗福苌译本，载在《国学季刊》第一卷。

我们可以说，敦煌的写本的内容可分为七大类：

（甲）绝大多数为佛经写本，约占全数的百分之九十几。其中绝大部分多是常见的经典，如《般若》，《涅槃》，《法华》，《金刚》，《金光明》……之类，没有什么大用处，至多可以供校勘而已；但也可以考见中古时代何种经典最流行，这也是一种史料。其中有少数不曾收入"佛藏"的经典，并有一些"疑伪经"，是很值得研究的。日本的学者矢吹博士曾影印了不少，预备收入新编的《大正藏经》。

（乙）道教经典。中古的道教经典大多是伪造的，然而我们都不知道现行的《道藏》里那些经是宋以前的作品。敦煌所藏的写本道经可以使我们考见一些最早的道教经典是什么。其中的写本《老子》、《庄子》等,大可作校勘的材料。

（丙）宗教史料。以上两类都可算是宗教史料;但这里面最可宝贵的是一些佛经、道经之外的宗教史料。如禅宗的史料,如敦煌各寺的尼数,如僧寺的账目,如摩尼教(Manichaeism)的经卷的发现,……皆是很有价值的史料。

（丁）俗文学(平民文学)。我们向来不知道中古时代的民间文学。在敦煌的书洞里,有许多唐、五代、北宋的俗文学作品。从那些僧寺的"五更转"、"十二时",我们可以知道"填词"的来源。从那些"季布"、"秋胡"的故事,我们可以知道小说的来源。从那些"《维摩诘》唱文",我们可以知道弹词的来源。

（戊）古书写本。如《论语》,《左传》,《老子》,《庄子》,《孝经》等,皆偶有校勘之用。

（己）佚书。如《字宝碎金》,贾耽《劝善经》,《太公家教》,韦庄《秦妇吟》,王梵志《诗集》,等等,皆是。

（庚）其他史料。敦煌藏书中有许多零碎史料,可以补史书所不备。如沙州曹氏的历史,已经好几位学者(如罗振玉先生等)指出了。此外尚有无数公文,《社司转帖》,户口人数,账目,信札,……皆有史料之用。

三 神会的《显宗记》及语录

在禅宗的历史上,神会和尚(荷泽大师)是一个极重要的人物。六祖(慧能)死后,神会出来明目张胆地和旧派挑战,一面攻击旧派,一面建立他的新宗教,——"南宗"。那时旧派的势焰熏天,仇恨神会,把他谪贬三次。御史卢奕说他,"聚徒,疑萌不利",初贬到弋阳,移到武当,又移到荆州。然而他奋斗的结果居然得到最后的胜利。他死后近四十年,政府居然承认他为"正宗",下敕立神会为禅门第七祖(贞元十二年,西历796)。从此以后,南宗便成了"正统"。

这样一个重要的人物,后来研究禅宗史的人都往往忽略了他;却是两个无名的和尚(行思与怀让),依靠后辈的势力,成为禅宗的正统! 这是历史上一件最不公平的事。

神会的语录与著作都散失了；世间流传的只有《景德传灯录》（卷三十）里载的一篇《显宗记》，转载在《全唐文》（卷九一六）里。我当时看《显宗记》里有这几句话：

> 自世尊灭度后，西天二十八祖共传无住之心，同说如来知见。至于达摩，届此为初，递代相承，于今不绝。

我很疑心"二十八祖"之说不应该起的这样早，所以我疑心这篇《显宗记》不是神会的著作。

我到巴黎，不上几天，便发现了一卷无名的语录，依据内容，定为神会的语录的残卷。后来我从别种敦煌卷子里得着旁证（例如《历代法宝记》），可以确定此为神会的语录。（卷子号目 Pelliot 3488）

过了几天，又发现了一长卷语录，其中一处称"荷泽和尚"，三次自称"会"，六次自称"神会"，其为神会的语录无疑。此卷甚长，的确是唐人写本，最可宝贵。（号目 P.3047）

从此世间恢复了两卷《神会语录》的古本，这是我此行最得意的事！

我到了伦敦，无意之中发现了一卷破烂的写本，尾上有"顿悟无生般若讼一卷"九个字。我读下去觉得很像是一篇读过的文字；读到"如王系珠，终不妄与"，我忽然大悟这是《显宗记》的"如王髻珠，终不妄与"！检出《显宗记》全文细校，始知这残卷果然是向来所谓《显宗记》的古本，前面缺去约三分之一，从"□□不有，即是真空"起，以下都完全。

此残本有可注意的两点：

第一，此卷有原题，叫做"顿悟无生般若讼一卷"。南宗本是"顿宗"，主张"顿悟"；此文中有云：

> 般若无照，能照涅槃；
>
> 涅槃无生，能生般若（《显宗记》"照"作"见"）

又云：

> 无生既（《显宗记》作"即"）无虚妄，法是空寂之心。
>
> 知空寂而了法身，〔了法身〕（原卷脱此三字，依《显宗记》补）而真解脱。

可证原题不错。"讼"当是"颂"或"说"之讹。《显宗记》当是后人立的名字,应该改用原题。

第二,上文我引了那几句可疑的话,指出"二十八祖"之说不应出现如此之早。此卷里却没有"自世尊灭度后,西天二十八祖共传无住之心,同说如来知见"二十四个字。此可见这二十四字乃是后人添进去的。这一点可以证明"二十八祖"说的晚出,又可以使我们承认这篇文字为神会之作了。

此卷与《显宗记》传本,文字上稍有异同,我已一一校出了,将来可以发表。(号目 Stein 468)

从此以后,我们不但添了两卷神会的语录,又还给《显宗记》洗刷去后人添入的字句,恢复了原本,恢复了他的信用,也可以说是替神会添了一件原料了。

四　所谓《永嘉证道歌》

《大藏经》里收有永嘉玄觉和尚的《证道歌》一篇,向来无人怀疑。

但此篇却使我们研究史料的人十分怀疑。为什么呢?旧史都说玄觉是六祖同时的人,曾参谒六祖,言下大悟,六祖留他一宿,明日下山去。故他有"一宿觉"的绰号。六祖死于先天二年(713)。《联灯会要》说玄觉也死于先天二年。《释氏通鉴》说他死于先天元年(712)。《宗统编年》说他死于开元二年(714)。无论如何,旧史都说玄觉与六祖同一年死,或先后一年死。

然而《证道歌》里已有这些话了:

> 建法幢,竖宗旨,
> 明明佛敕曹溪是。
> 第一迦叶首传灯,
> 二十八代西天记。
> 入此土,菩提达磨为初祖。
> 六代传衣天下闻,
> 后人得道何穷数?

如果《证道歌》是真的,那么,慧能(六祖)在日,不但那"六代传衣"之说已成了"天下闻"的传说,并且那时早已有"二十八代"的传说了。何以唐人作和尚碑志,直到九世纪初年,还乱说"二十三代"、"二十五代"呢?

这回我在巴黎发现一卷子,有"太平兴国五年"(980)的字样,上面抄着各种文件,其中有一件题为:

  禅门秘要决
   招觉大师一宿觉。

我抄出细读,始知为世间所谓《永嘉证道歌》的全文!后来校读一遍,其中与今本几乎没有什么出入。

我现在还不曾考出"招觉大师"是谁。但我们因此可知此文并不是玄觉所作,原题也不叫做《证道歌》,本来叫做《禅门秘要决》。

我们竟可以进一步说,所谓"永嘉禅师玄觉"者,直是一位乌有先生!本来没有这个人。那位绰号"一宿觉"的和尚,叫做"招觉",生在"二十八祖"之说已成定论的时代,大概在晚唐、五代之时。他与六祖绝无关系,他生在六祖死后近二百年。

玄觉有《永嘉集》十篇,为一卷;旧说是唐庆州刺史魏静所集,其中并无《证道歌》。向来的人因此疑《永嘉集》是伪作的,现在看来,《证道歌》与玄觉无关;《永嘉集》不收《证道歌》,也许倒可以证明《永嘉集》是一部比较可靠的书。若《永嘉集》也是伪作,那么,玄觉更是乌有先生了(手头无《永嘉集》,无从考证)。

读禅宗书的人,应该知道禅门旧史家最喜欢捏造门徒,越添越多。六祖门下添一个玄觉,便是一例。(此卷号目 P.2104)

五 《维摩诘经唱文》的作者与时代

自从敦煌写本发现之后,我们渐渐知道唐朝民间有许多白话的文学作品。蒋氏的《沙州文录》,罗氏的《敦煌零拾》,都载着一些敦煌写本的唐代民间文学。其中最可注意的是《维摩诘经》的唱文残卷。(罗氏称为"佛曲")

《维摩经》为大乘佛典中的一部最有文学趣味的小说。鸠摩罗什的译笔又十分畅达。所以这部书渐渐成为中古时代最流行,最有势力的书。美术家用这故事作壁画;诗人文人用这故事作典故。大诗人王维,字摩诘,虽然有腰斩维摩诘的罪过,却也可见这部书的魔力。

这些残本的唱文便是用通俗的韵文,夹着散文的叙述,把维摩诘的故事逐段演唱出来。往往一百来字的经文可演成四千字的唱文。这种体裁,有说有唱,的确是后代弦索弹词的老祖宗。这部唱文,现在只存残片;北京存两长卷,伦敦存一些残卷,巴黎存若干卷。依原文一百字演成三四千字的比例,全部唱文至少须有二三百万字!这要算是世界上最伟大的"记事诗"(Epic)了!

我们看这些残卷,知道他在中国白话文学史上的重要,只苦于不能考定这种伟大作品的作者与时代。

今回我到巴黎,发现了一卷完整的《维摩诘》唱文,演的是"佛告弥勒菩萨"一长段,及"佛告光严童子"一长段。两段都完整无缺。卷尾跋云:

> 广政十年(西历947)八月九日,在西川静真禅院写此第二十卷文书,恰遇抵黑书了。

又一行云:

> 不知如何到乡地去。

跋尾另黏上一纸,有大字跋云:

> 年至四十八岁,于州中应明寺开讲,极是温热。

卷首也黏有一纸,是一张问候帖子:

> 普贤院主比丘靖通
> 　右　　靖通　谨祗候
> 起居,陈
> 贺
> 院主大德。　　谨状。
> 　　　　　　　正月　日　普贤院主比丘靖通状。

这帖子的反面有号数云:第"十九,二十"。与跋尾"第二十卷"相合。

我们从这些跋尾里可以知道一些极重要的事实:

第一，这部唱文是一部有组织，有卷第的大著作；此卷为"第十九，二十"卷：《弥勒》一卷为第十九，《光严》一卷为第二十。依此类推，我们可以想见这部伟大的 Epic 的组织。

第二，这两卷作于"广政十年八月九日，在西川静真禅院"。这正是《花间集》出世的时代；蜀中太平日久，文物富丽，是我们知道的；但谁也想不到西川当日一个僧寺的客僧有这样伟大的作品。我们可以推想这些唱文的其他部分也是作于十世纪的中叶。

第三，我们不知道靖通是否这些唱文的作者。也许此帖是人家问候他的；也许是他自己写了问候院主，丢了不用的。为方便起见，我们可以暂时假定作者是靖通。

我们可以知道他大概是敦煌一带的人；先到西川，流寓在静真禅院，"不知如何到乡地去！"他在这无聊作客的时候，作了一些唱文，也许是他解愁破闷的法子。后来他回到家乡了，大概是沙州，或瓜州。他四十八岁的时候在"州中"的应明寺开讲这两卷唱文。他说："极其温热"，我们可说是"极其热闹"。他高兴的很，回到房里，黏上一纸，大笔加上一跋，特别记出这几卷客中破闷的文字现在居然极受听众的欢迎。这一点"人的风趣"不但写出作者的为人，还可以使我们想像当日这种民间文学的背景。

随便写来，手实在酸了，可以交卷了。
    1927，1，10 在"American Banker"船上，船在大西洋上已十天了。"不知何时到乡地去！"

附　记

关于三、四两节，我近来见解稍变，参看我的《神会和尚遗集》（亚东出版）。

胡适文存三集　卷五

重印乾隆壬子本《红楼梦》序

从前汪原放先生标点《红楼梦》时，他用的是道光壬辰（1832）刻本。他不知道我藏有乾隆壬子（1792）的程伟元第二次排本。现在他决计用我的藏本做底本，重新标点排印。这件事在营业上是一件大牺牲，原放这种研究的精神是我很敬爱的，故我愿意给他做这篇新序。

《红楼梦》最初只有钞本，没有刻本。钞本只有八十回。但不久就有人续作八十回以后的《红楼梦》了。俞平伯先生从戚本八十回的评注里看出当时有一部"后三十回的《红楼梦》"（《〈红楼梦〉辨》下卷，一——三七），这便是续书的一种。高鹗续作的四十回，也不过是续书的一种。但到了乾隆五十六年至五十七年之间，高鹗和程伟元串通起来，把高鹗续作的四十回同曹雪芹的原本八十回合并起来，用活字排成一部，又加上一篇序，说是几年之中搜集起来的原书全稿。从此以后，这部百二十回的《红楼梦》遂成了定本，而高鹗的续本也就"附骥尾以传"了（看我的《〈红楼梦〉考证》，页五三——六七；俞平伯《〈红楼梦〉辨》上卷，一——一六二）。

程伟元的活字本有两种。第一种我曾叫做"程甲本"，是乾隆五十六年（1791）排印，次年发行的。第二种我曾叫做"程乙本"，是乾隆五十七年改订的本子。

程甲本，我的朋友马幼渔教授藏有一部。此书最先出世，一出来就风行一时，故成为一切后来刻本的祖本。南方的各种刻本，如道光壬辰的王刻本等，都是依据这个程甲本的。

但这个本子发行之后，高鹗就感觉不满意，故不久就有改订本出来。程乙本的"引言"说：

>……因急欲公诸同好,故初印时不及细校,间有纰缪。今复聚集各原本,详加校阅,改订无讹。惟阅者谅之。

马幼渔先生所藏的程甲本就是那"初印"本。现在印出的程乙本就是那"聚集各原本,详加校阅,改订无讹"的本子,可说是高鹗、程伟元合刻的定本。

这个改本有许多改订修正之处,胜于程甲本。但这个本子发行在后,程甲本已有人翻刻了;初本的一些矛盾错误仍旧留在现行各本里,虽经各家批注里指出,终没有人敢改正。我试举一个最明显的例子为证。第二回冷子兴说贾家的历史,中有一段道:

>第二胎生了一位小姐,生在大年初一,就奇了。不想次年又生了一位公子,说来更奇,一落胞胎,嘴里便衔下一块五彩晶莹的玉来,还有许多字迹。

后来评读此书的人,都觉得这里必有错误,因为后文第十八回贾妃省亲一段里明说"宝玉未入学之先,三四岁时,已得贾妃口传授教了几本书,识了数千字在腹中;虽为姊弟,有如母子"。这样一位长姊,何止大他一岁?所以戚本便改作:

>第二胎生了一位小姐,生在大年初一日,就奇了。不想后来又生了一位公子。

这是一种改法。程甲本也作"次年"。我的程乙本便大胆地改作了:

>第二胎生了一位小姐,生在大年初一,就奇了。不想隔了十几年,又生了一位公子。

这三种说法,究竟那一种是原本呢?

前年我的朋友容庚先生在冷摊上买得一部旧钞本的《红楼梦》,是有百二十回的。他不但认这本是在程本以前的抄本,竟大胆地断定百二十回本是曹雪芹的原本。他做了一篇《〈红楼梦〉的本子问题,质胡适之、俞平伯先生》(北京大学《国学周刊》第五、六、九期),举出他的抄本文字上与程甲本及亚东本不同的地方,要证明他的抄本是程本以前的曹氏原本。我去年夏间答他一信,曾指出他的抄本是全抄程乙本的,底本正是高鹗的二次改本,决不是程刻以前的原本。他举出的异文,都和程乙本完全相同。其中有一条异文就是第

二回里宝玉的生年。他的抄本也作:
> 不想隔了十几年,又生了一位公子。

我对容先生说:凡作考据,有一个重要的原则,就是要注意可能性的大小。可能性(Probability)又叫做"几数",又叫做"或然数",就是事物在一定情境之下能变出的花样。把一个铜子掷在地上,或是龙头朝上,或是字朝上,可能性都是百分之五十,是均等的。把一个"不倒翁"掷在地上,他的头轻脚重,总是脚朝下的,故他有一百分的站立的可能性。试用此理来观察《红楼梦》里宝玉的生年,有二种可能:

(1)原本作"隔了十几年"而后人改作了"次年"。
(2)原本作"次年",而后人改为"隔了十几年"。

以常理推之,若原本既作"隔了十几年",与第十八回所记正相照应,决无反改为"次年"之理。程乙本与抄本之改作"十几年",正是他晚出之铁证。高鹗细察全书,看出第二回与十八回有大相矛盾的地方,他认定那教授宝玉几千字和几本书的姊姊,既然"有如母子",至少应该比宝玉大十几岁,故他就假托参校各原本的结果,大胆地改正了。

直到今年夏间,我买得了一部乾隆甲戌(1754)抄本《脂砚斋重评石头记》残本十六回,这是曹雪芹未死时的抄本,为世间最古的抄本。第二回记宝玉的生年,果然也是:
> 第二胎生了一位小姐,生在大年初一,这就奇了。不想次年又生了一位公子。

这就证实了我的假定了。我曾考清朝的后妃,深信康熙、雍正、乾隆三朝没有姓曹的妃子。大概贾元妃是虚构的人物,故曹雪芹先说她比宝玉大一岁,后来越造越不像了,就不知不觉地把元妃的年纪加长了。

我再举一条重要的异文。第二回冷子兴又说:
> 当日宁国公、荣国公是一母同胞弟兄两个。宁公居长,生了四个儿子。

程甲本,戚本都作"四个儿子"。我的程乙本却改作了"两个儿子"。

容庚先生的抄本也作"两个儿子"。这又是高鹗后来的改本,容先生的抄本又是抄高鹗改订本的。我的《脂砚斋石头记》残本也作"四个儿子",可证"四个"是原文。但原文于宁国公的四个儿子,只说出长子是代化,其余三个儿子都不曾说出名字,故高鹗嫌"四个"太多,改为"两个"。但这一句却没有改订的必要。《脂砚斋》残本有夹缝朱批云:

> 贾蔷、贾菌之祖,不言可知矣。

高鹗的修改虽不算错,却未免多事了。

我在《〈红楼梦〉考证》里曾说,

> 程伟元的序里说,《红楼梦》当日虽只有八十回,但原本却有一百二十卷的目录。这话可惜无从考证(戚本目录并无后四十回)。我从前想当时各抄本中大概有些是有后四十回目录的,但我现在对于这一层很有点怀疑了。

俞平伯先生在《〈红楼梦〉辨》里,为了这个问题曾作一篇长文(卷上,一一——二六)。辨"原本回目只有八十"。他的理由很充足,我完全赞同。但容庚先生却引他的抄本第九十二回的异文作证据,很严厉地质问平伯道:

> 我们读第九十二回"评《女传》巧姐慕贤良,玩母珠贾政参聚散",只觉得宝玉评《女传》,不觉得巧姐慕贤良的光景;贾政玩母珠,也不觉得参什么聚散的道理。这不是很大的漏洞吗?
>
> 使后四十回的回目系曹雪芹做的,高鹗补作,不大了解曹雪芹的原意,故此说不出来,尚可勉强说得过去。无奈俞先生想证明后四十回系高鹗补作,不能不把后四十回目一并推翻,反留下替高鹗辨护的余地。
>
> 现在把抄本关于这两段的抄下。后四十回既然是高鹗补的,干么他自己一次二次排印的书都没有这些的话?没有这些话是否可以讲得去?请俞先生有以语我来?(《国学周刊》第六期,页十七。)

容先生的抄本所有的两段异文,都是和这个程乙本完全一样的,也都是高鹗后来修改的。容先生没有看见我的程乙本,只看见了幼渔先生的程甲本,他不该武断地说高鹗"自己一次二次排印的书都没有这些话"。我们现在知道高鹗的初稿(程甲本)与现行各本同没有这两段;但他第二次改本(程乙本)确有这两段。我们把这两段分抄在这里:

(1) 第一段"慕贤良":
(程甲本与后来翻此本的各本)

  宝玉道:"那文王后妃,是不必说了,想来是知道的。那姜后脱簪待罪;齐国的无盐虽丑,能安邦定国:是后妃里头的贤能的。若说有才的,是曹大家,班婕妤,蔡文姬,谢道韫诸人。孟光的荆钗布裙,鲍宣妻的提瓮出汲,陶侃母的截发留宾,还有画荻教子的:这是不厌贫的。那苦的里头有乐昌公主破镜重圆,苏蕙的回文感主。那孝的是更多了:木兰代父从军,曹娥投水寻父的尸首等类也多,我也说不得许多。那个曹氏的引刀割鼻,是魏国的故事。那守节的更多了,只好慢慢的讲。若是那些艳的,王嫱,西子,樊素,小蛮,绛仙等;妒的是,'秃妾发,怨洛神'。……等类。文君,红拂,是女中的豪侠。"

  贾母听到这里,说:"毂了;不用说了。你讲的太多,他那里还记得呢?"

(程乙本)(容抄本同)

  宝玉便道:"那文王后妃,不必说了。那姜后脱簪待罪,和齐国的无盐安邦定国:是后妃里头的贤能的。"巧姐听了,答应个"是"。宝玉又道:"若说有才的,是曹大家,班婕妤,蔡文姬,谢道韫诸人。"巧姐问道:"那贤德的呢?"宝玉道:"孟光的荆钗布裙,鲍宣妻的提瓮出汲,陶侃母的截发留宾:这些不厌贫的,就是贤德的了。"巧姐欣然点头。宝玉道:"还有苦的像那乐昌破镜,苏蕙回文。那孝的木兰代父从军,曹娥投水寻尸等类,也难尽说。"巧姐听到这些,却默默如有所思。宝玉又讲那曹氏的引刀割鼻,及那些守节的。巧姐听着,更觉肃敬起来。宝玉恐他不自在,又说:"那些艳的,如王嫱,西子,樊素,小蛮,绛仙,文君,红拂都是女中的……"尚未说出,贾母见巧姐默然,便说:"够了;不用说了。讲的太多,他那里记得?"

(2)第二段"参聚散":

(程甲本与后来翻此本的各本)

　　冯紫英道:"人世的荣枯,仕途的得失,终属难定。"贾政道:"像雨村算便宜的了。还有我们差不多的人家,就是甄家,从前一样的功勋,一样的世袭,一样的起居,我们也是时常来往。不多几年,他们进京来,差人到我这里请安,很还热闹。一会儿抄了原籍的家财,至今杳无音信。不知他近况若何,心下也着实惦记。看了这样,你想做官的怕不怕?"贾赦道:"咱们家里再没有事的。"

(程乙本)(容抄本同)

　　冯紫英道:"人世的荣枯,仕途的得失,终属难定。"贾政道:"天下事都是一个样的理哟!比如方才那珠子:那颗大的就像有福气的人是的。那些小的都托赖着他的灵气护庇着。要是那大的没有了,那些小的也就没有收揽了。就像人家儿当头人有了事,骨肉也都分离了,亲戚也都零落了,就是好朋友也都散了,转瞬荣枯,真似春云秋叶一般。你想做官有什么趣儿呢?像雨村算便宜的了。还有我们差不多的人家儿,就是甄家;从前一样功勋,一样世袭,一样起居,我们也是时常来往。不多几年,他们进京来,差人到我这里请安,还很热闹。一会儿抄了原籍的家财,至今杳无音信。不知他近况若何,心下也着实惦记着。"贾赦道:"什么珠子?"贾政同冯紫英又说了一遍给贾赦听。贾赦道:"咱们家是再没有事的。"

容庚先生想用这两大段异文来证明,不但后四十回的回目是曹雪芹原稿有的,并且后四十回的全文也是曹雪芹的原文。他不知道这两大段异文便是高鹗续书的铁证,也是他伪作回目的铁证。

高鹗的"引言"里明明说:

　　(一)书中前八十回,抄本各家互异。今广集核勘,准情酌理,补遗订讹。其间或有增损数字处,意在便于披阅,非敢争胜前人也。

（一）书中后四十回系就历年所得,集腋成裘,更无他本可考,惟按其前后关照者,略为修辑,使其有应接而无矛盾。至其原文,未敢臆改。俟再得善本,更为厘定,且不欲尽掩其本来面目也。

前八十回有"抄本各家互异",故他改动之处,如上文举出第二回里的改本,还可以假托"广集核勘"的结果。但他既明明承认"后四十回更无他本可考",又既明明宣言这四十回的原文"未敢臆改",何以又有第九十二回的大改动呢？岂不是因为他刻成初稿（程甲本）之后,自己感觉第九十二回的内容与回目不相照应,故偷偷地自己修改了,又声明"未敢臆改"以掩其作伪之迹吗？他料定读小说的人决不会费大工夫用各种本子细细校勘。他那里料得到一百三十多年后居然有一位容庚先生肯用校勘学的工夫去校勘《红楼梦》,居然会发现他作伪的铁证呢？

这个程乙本流传甚少；我所知的,只有我的一部原刻本和容庚先生的一部旧抄本。现在汪原放标点了这本子,排印行世,使大家知道高鹗整理前八十回与改订后四十回的最后定本是个什么样子,这是我们应该感谢他的。

1927,11,14　在上海

（收入曹雪芹著,汪原放标点:《红楼梦》,

1927年亚东图书馆版）

考证《红楼梦》的新材料

一 残本《脂砚斋重评〈石头记〉》

去年我从海外归来,便接着一封信,说有一部钞本《脂砚斋重评〈石头记〉》愿让给我。我以为"重评"的《石头记》大概是没有价值的,所以当时竟没有回信。不久,新月书店的广告出来了,藏书的人把此书送到店里来,转交给我看。我看了一遍,深信此本是海内最古的《石头记》钞本,遂出了重价把此书买了。

这部脂砚斋重评本(以下称"脂本")只剩十六回了,其目如下:

第一回至第八回

第十三回至第十六回

第二十五回至第二十八回

首页首行有撕去的一角,当是最早藏书人的图章。今存图章三方,一为"刘铨畐子重印",一为"子重",一为"髯眉"。第二十八回之后幅有跋五条。其一云:

> 《红楼梦》虽小说,然曲而达,微而显,颇得史家法。余向读世所刊本,辄逆以己意,恨不得起作者一谭。睹此册,私幸予言之不谬也。子重其宝之。青士、椿余同观于半亩园并识。乙丑孟秋。

其一云:

> 《红楼梦》非但为小说别开生面,直是另一种笔墨。昔人文字有翻新法,学《梵夹书》。今则写西法轮齿,仿《考工记》。如《红楼梦》实出四大奇书之外,李贽、金圣叹皆未曾见也。戊辰秋记。

此条有"福"字图章,可见藏书人名刘铨福,字子重。以下三条跋皆是他的笔迹。其一云：

> 《红楼梦》纷纷效颦者无一可取。唯《痴人说梦》一种及二知道人《红楼梦说梦》一种尚可玩，惜不得与佟四哥三弦子一弹唱耳。此本是《石头记》真本，批者事皆目击，故得其详也。癸亥春日白云吟客笔。（有"白云吟客"图章）

> 李伯盂郎中言翁叔平殿撰有原本而无脂批，与此文不同。

又一条云：

> 脂砚与雪芹同时人，目击种种事，故批笔不从臆度。原文与刊本有不同处，尚留真面，惜止存八卷。海内收藏家更有副本，愿抄补全之，则妙矣。五月廿七日阅又记。（有"铨"字图章）

另一条云：

> 近日又得妙复轩手批十二巨册。语虽近凿，而于《红楼梦》味之亦深矣。云客又记。（有"阿㿗㿗"图章）

> 此批本丁卯夏借与绵州孙小峰太守，刻于湖南。

第三回有墨笔眉批一条，字迹不像刘铨福，似另是一个人；跋末云：

> 同治丙寅（五年，1866）季冬月左绵痴道人记。

此人不知即是上条提起的绵州孙小峰吗。但这里的年代可以使我们知道跋中所记干支都是同治初年。刘铨福得此本在同治癸亥（1863），乙丑（1865）有椿余一跋，丙寅有痴道人一条批，戊辰（1868）又有刘君的一跋。

刘铨福跋说"惜止存八卷"，这一句话不好懂。现存的十六回，每回为一卷，不该说止存八卷。大概当时十六回分装八册，故称八卷；后来才合并为四册。

此书每半页十二行，每行十八字。楷书。纸已黄脆了，已经了一次装衬。第十三回首页缺去小半角，衬纸与原书接缝处印有"刘铨畐子重印"图章，可见装衬是在刘氏收得此书之时，已在六十年前了。

二　脂砚斋与曹雪芹

脂本第一回于"满纸荒唐言，一把辛酸泪"一诗之后，说：

> 至脂砚斋甲戌抄阅再评,仍用《石头记》。出则既明,且看石上是何故事。

"出则既明"以下与有正书局印的戚抄本相同。但戚本无此上的十五字。甲戌为乾隆十九年(1754),那时曹雪芹还不曾死。

据此,《石头记》在乾隆十九年已有"抄阅再评"的本子了。可见雪芹作此书在乾隆十八九年之前。也许其时已成的部分止有这二十八回。但无论如何,我们不能不把《红楼梦》的著作时代移前。俞平伯先生的《红楼梦年表》(《〈红楼梦〉辨》八)把作书时代列在乾隆十九年至二八年(1754—63),这是应当改正的了。

脂本于"满纸荒唐言"一诗的上方有朱评云:

> 能解者方有辛酸之泪哭成此书。壬午除夕,书未成,芹为泪尽而逝。余尝哭芹,泪亦待尽。每意觅青埂峰再问石兄,余不遇癞头和尚何!怅怅!……甲午八月泪笔。(乾隆三九,1774)

壬午为乾隆二十七年,除夕当西历 1763 年 2 月 12 日(据陈垣《中西回史日历》检查)。

我从前根据敦诚《四松堂集》"挽曹雪芹"一首诗下注的"甲申"二字,考定雪芹死于乾隆甲申(1764),与此本所记,相差一年余。雪芹死于壬午除夕,次日即是癸未,次年才是甲申。敦诚的挽诗作于一年以后,故编在甲申年,怪不得诗中有"絮酒生刍上旧坰"的话了。现在应依脂本,定雪芹死于壬午除夕。再依敦诚挽诗"四十年华付杳冥"的话,假定他死时年四十五,他生时大概在康熙五十六年(1717)。我的《考证》与平伯的年表也都要改正了。

这个发现使我们更容易了解《红楼梦》的故事。雪芹的父亲曹頫卸织造任在雍正六年(1728),那时雪芹已十二岁,是见过曹家盛时的了。

脂本第一回叙《石头记》的来历云:

> 空空道人……从头至尾抄录回来,问世传奇:因空见色,由色生情,传情入色,自色悟空,遂易名为情僧,改《石头记》为《情僧录》。至吴玉峰题曰《红楼梦》;东鲁孔梅溪则题曰《风月宝鉴》。后因曹雪芹于悼红轩中披阅十载,增删五次,纂成目录,

分出章回,则题曰《金陵十二钗》。

此上有眉评云:

> 雪芹旧有《风月宝鉴》之书,乃其弟棠村序也。今棠村已逝,余睹新怀旧,故仍因之。

据此,《风月宝鉴》乃是雪芹作《红楼梦》的初稿,有其弟棠村作序。此处不说曹棠村而用"东鲁孔梅溪"之名,不过是故意作狡狯。梅溪似是棠村的别号,此有二层根据:第一,雪芹号芹溪,脂本屡称芹溪,与梅溪正同行列。第二,第十三回"三春去后诸芳尽,各自须寻各自门"二句上,脂本有一条眉评云:"不必看完,见此二句,即欲堕泪。梅溪。"顾颉刚先生疑此即是所谓"东鲁孔梅溪"。我以为此即是雪芹之弟棠村。

又上引一段中,脂本比别本多出"至吴玉峰题曰《红楼梦》"九个字。吴玉峰与孔梅溪同是故设疑阵的假名。

我们看这几条可以知道脂砚斋同曹雪芹的关系了。脂砚斋是同雪芹很亲近的,同雪芹弟兄都很相熟。我并且疑心他是雪芹同族的亲属。第十三回写秦可卿托梦于凤姐一段,上有眉评云:

> "树倒猢狲散"之语,全犹在耳,曲指三十五年矣。伤哉!宁不恸杀!

又可卿提出祖茔置田产附设家塾一段上有眉评云:

> 语语见道,字字伤心。读此一段,几不知此身为何物矣。松斋。

又此回之末凤姐寻思宁国府中五大弊,上有眉评云:

> 旧族后辈受此五病者颇多。余家更甚。三十年前事,见书于三十年后,今(令?)余想恸血泪盈□。(此处疑脱一字)

又第八回贾母送秦钟一个金魁星,有朱评云:

> 作者今尚记金魁星之事乎?抚今思昔,肠断心摧。

看此诸条,可见评者脂砚斋是曹雪芹很亲的族人,第十三回所记宁国府的事即是他家的事,他大概是雪芹的嫡堂弟兄或从堂弟兄,——也许是曹颙或曹頫的儿子。松斋似是他的表字,脂砚斋是他的别号。

这几条之中,第十三回之一条说

> 曲指三十五年矣，

又一条说

> 三十年前事，见书于三十年后。

脂本抄于甲戌(1754)，其"重评"有年月可考者，有第一回(抄本页十)之"丁亥春"(1767)，有上文已引之"甲午八月"(1774)。自甲戌至甲午，凡二十年。折中假定乾隆二十九年(1764)为上引几条评的年代，则上推三十五年为雍正七年(1729)，曹雪芹约十三岁，其时曹頫刚卸任织造(1728)，曹家已衰败了，但还不曾完全倒落。

此等处皆可助证《红楼梦》为记述曹家事实之书，可以摧破不少的怀疑。我从前在《〈红楼梦〉考证》里曾指出两个可注意之点：

第一，十六回凤姐谈"南巡接驾"一大段，我认为即是康熙南巡，曹寅四次接驾的故事。我说：

> 曹家四次接驾乃是很不常见的盛事，故曹雪芹不知不觉的——或是有意的——把他家这桩最阔的大典说了出来。

(《考证》页四一)

脂本第十六回前有总评，其一条云：

> 借省亲事写南巡，出脱心中多少忆昔感今！

这一条便证实了我的假设。我又曾说赵嬷嬷说的贾家接驾一次，甄家接驾四次，都是指曹家的事。脂本于本回"现在江南的甄家……接驾四次"一句之傍，有朱评云：

> 甄家正是大关键，大节目。勿作泛泛口头语看。

这又是证实我的假设了。

第二，我用《八旗氏族通谱》的曹家世系来比较第二回冷子兴说的贾家世次，我当时指出贾政是次子，先不袭职，又是员外郎，与曹頫一一相合，故我认贾政即是曹頫。(《考证》四三——四四)这个假设在当时很受朋友批评。但脂本第二回"皇上……赐了这政老爹一个主事之衔，令其入部习学，如今现已升了员外郎"一段之傍有朱评云：

> 嫡真实事，非妄拥也。

这真是出于我自己意料之外的好证据了！

故《红楼梦》是写曹家的事,这一点现在得了许多新证据,更是颠扑不破的了。

三　秦可卿之死

第十三回记秦可卿之死,曾引起不少人的疑猜。今本(程乙本)说:

> ……人回东府蓉大奶奶没了。……彼时合家皆知,无不纳闷,都有些伤心。

戚本作

> 彼时合家皆知,无不纳叹,都有些伤心。

坊间普通本子有一种却作

> 彼时合家皆知,无不纳闷,都有些疑心。

脂本正作

> 彼时合家皆知,无不纳罕,都有些疑心。

上有眉评云:

> 九个字写尽天香楼事,是不写之写。

又本文说:

> 这四十九日,单请一百单八众禅僧在大厅上拜大悲忏。……另设一坛于天香楼上。

此九字旁有夹评云:

> 删却,是未删之笔。

又本文云:

> 又听得秦氏之丫环名唤瑞珠者,见秦氏死了,他也触柱而亡。

旁有夹评云:

> 补天香楼未删之文。

天香楼是怎么一回事呢?

此回之末,有朱笔题云:

> "秦可卿淫丧天香楼",作者用史笔也。老朽因有魂托凤姐贾家后事二件嫡是安富尊荣坐享人能想得到处,其事虽未漏,其

言其意则令人悲切感服,姑赦之,因命芹溪删去。

又有眉评云:

> 此回只十页,因删去天香楼一节,少却四五页也。

这可见此回回目原本作

> 秦可卿淫丧天香楼,
> 王熙凤协理宁国府。

后来删去天香楼一长段,才改为"死封龙禁尉",平仄便不调了。

秦可卿是自缢死的,毫无可疑。第五回画册上明明说

> 画着高楼大厦,有一美人悬梁自缢(此从脂本)。其判云:
> 情天情海幻情身,情既相逢必主淫。
> 漫言不肖皆荣出,造衅开端实在宁。

俞平伯在《〈红楼梦〉辨》里特立专章,讨论可卿之死(中卷,页一五九——一七八)。但顾颉刚引《红楼佚话》说有人见书中的焙茗,据他说,秦可卿与贾珍私通,被婢撞见,羞愤自缢死的。平伯深信此说,列举了许多证据,并且指出秦氏的丫环瑞珠触柱而死,可见撞见奸情的便是瑞珠。现在平伯的结论都被我的脂本证明了。我们虽不得见未删天香楼的原文,但现在已知道

(1)秦可卿之死是"淫丧天香楼"。

(2)她的死与瑞珠有关系。

(3)天香楼一段原文占本回三分之一之多。

(4)此段是脂砚斋劝雪芹删去的。

(5)原文正作"无不纳罕,都有些疑心",戚本始改作"伤心"。

四 《红楼梦》的"凡例"

《红楼梦》各本皆无"凡例"。脂本开卷便有"凡例",又称"《红楼梦》旨义",其中颇有可注意的话,故全抄在下面:

> 凡例
>
> 《红楼梦》旨义。是书题名极多。《□□红楼梦》,是总其全部之名也。又曰《风月宝鉴》,是戒妄动风月之情。又曰《石头记》,是自譬石头所记之事也。此三名皆书中曾已点睛矣。如

宝玉作梦,梦中有曲,名曰"红楼梦十二支",此则《红楼梦》之点睛。又如贾瑞病,跛道人持一镜来,上面即錾"风月宝鉴"四字,此则《风月宝鉴》之点睛。又如道人亲眼见石上大书一篇故事,则系石头所记之往来,此则《石头记》之点睛处。然此书又名曰《金陵十二钗》,审其名则必系金陵十二女子也。然通部细搜检去,上中下女子岂止十二人哉?若云其中自有十二个,则又未尝指明白系某某。极(?)至《红楼梦》一回中亦曾翻出金陵十二钗之簿籍,又有十二支曲可考。

　　书中凡写长安,在文人笔墨之间,则从古之称;凡愚夫妇儿女子家常口角,则曰中京,是不欲着迹于方向也。盖天子之邦,亦当以中为尊。特避其东南西北四字样也。

　　此书只是着意于闺中。故叙闺中之事切,略涉于外事者则简,不得谓其不均也。

　　此书不敢干涉朝廷。凡有不得不用朝政者,只略用一笔带出,盖实不敢以写儿女之笔墨唐突朝廷之上也。又不得谓其不备。

以上四条皆低二格抄写。以下紧接"此书开卷第一回也,作者自云……"一长段,也低二格抄写。今本第一回即从此句起;而脂本的第一回却从"列位看官,你道此书从何而来"起。"此书开卷第一回也"以下一长段,在脂本里,明是第一回之前的引子,虽可说是第一回的总评,其实是全书的"旨义",故紧接"凡例"之后,同样低格抄写。其文与今本也稍稍不同,我们也抄在"凡例"之后,凡脂本异文,皆加符号记出:

　　此〔书〕开卷第一回也。作者自云,〔因〕曾历过一番梦幻之后,故将真事隐去,而撰此《石头记》一书也,故曰"甄士隐梦幻识通灵"。但书中所记何事,〔又因何而撰是书哉?〕自云,〔今〕风尘碌碌,一事无成,忽念及当日所有之女子,一一细推了去,觉其行止见识皆出〔于〕我之上,〔何〕堂堂之须眉诚不若彼〔一干〕裙钗,实愧则有余,悔则无益〔之〕大无可奈何之日也!当此时,〔则〕自欲将已往所赖〔上赖〕天恩,〔下承〕祖德,锦衣纨袴之时,饫甘餍美之日,背父母教育之恩,负师兄(今本作友)规训之德,已致今日一事(今本作技)无成,半生潦倒之罪,编述一记(今本作集)以告普天下〔人〕。虽(今本作知)我之罪固不能免(此五字今本作"负罪固多"),然闺阁中〔本自〕历历有人,万不可因我不肖(此处各本多"自护己短"四字),则一并使其泯灭也。虽今日之茆椽蓬牖,瓦灶绳床,其风晨月夕,阶柳庭花,亦未有伤于我之襟怀笔墨者,何为不用假语村言,敷演出一段故事来,以悦人之耳目哉?(此一长句与今本多不同)故曰"风尘怀闺秀"。〔乃是第一回题纲正义也。开卷即云"风尘怀闺秀",则知作者本意原为记述当日闺友闺情,并非怨世骂时之书矣。虽一时有涉于世态,然亦不得不叙者,但非其本旨耳。阅者切记之。

诗曰

浮生着甚苦奔忙?盛席华筵终散场。

悲喜千般同幻渺,古今一梦尽荒唐。

谩言红袖啼痕重,更有情痴抱恨长。

字字看来皆是血,十年辛苦不寻常。〕

我们读这几条凡例,可以指出几个要点:(1)作者明明说此书是"自譬石头所记之事",明明说"系石头所记之往来"。(2)作者明明说"此书只是着意于闺中",又说"作者本意原为记述当日闺友闺情,并非怨世骂时之书"。(3)关于此书所记地点问题,凡例中也有明白的表示。曹家几代住南京,故书中女子多是江南人,凡例中明明说"此书又名曰《金陵十二钗》,审其名则必系金陵十二女子也"。我因此疑心雪芹本意要写金陵,但他北归已久,虽然"秦淮残梦忆繁华"(敦敏赠雪芹诗),却已模糊记不清了,故不能用北京作背景。所以贾家在北京,而甄家始终在江南。所以凡例中说,"书中凡写长安,……家常口角则曰中京,是不欲着迹于方向也。……特避其东南西北字样也"。平伯与颉刚对于这个地点问题曾有很长的讨论(《〈红楼梦〉辨》,中,五九——八十),他们的结论是"说了半天还和没有说一样,我们究竟不知道《红楼梦》是在南或是在北"(页七九)。

我的答案是:雪芹写的是北京,而他心里要写的是金陵;金陵是事实所在,而北京只是文学的背景。

至如大观园的问题,我现在认为不成问题。贾妃本无其人,省亲也无其事,大观园也不过是雪芹的"秦淮残梦"的一境而已。

五 脂本与戚本

现行的《红楼梦》本子,百廿回本以程甲本(高鹗本)为最古,八十回本以戚蓼生本为最古,戚本更古于高本,那是无可疑的。平伯在数年前对于戚本曾有很大的怀疑,竟说他"决是辗转传抄后的本子,不但不免错误,且也不免改窜"(《〈红楼梦〉辨》,上,一二六)。但我曾用脂砚斋残本细校戚本,始知戚本一定在高本之前,凡平伯所疑高本胜于戚本之处(一三五——一三七),皆戚本为原文,而高本为改本。但那些例子都很微细,我在此文里不及讨论,现在要谈几个更重要之点。

我用脂本校戚本的结果,使我断定脂本与戚本的前二十八回同出于一个有评的原本,但脂本为直接抄本,而戚本是间接传抄本。

何以晓得两本同出于一个有评的原本呢?戚本前四十回之中,有一半有批评,一半没有批评;四十回以下全无批评。我仔细研究戚本前四十回,断定原底本是全有批评的,不过抄手不止一个人,有人连评抄下,有人躲懒便把评语删了。试看下表:

第一回	有评	第二回	无评
第三回	有评	第四回	无评
第五回	有评	第六回	无评
第七回	有评	第八回	无评
第九回	有评	第十回	无评
		第十一回	无评
第十二回至廿六回	有评		
第廿七回至卅五回	无评		
第卅六回至四十回	有评		

看这个区分,我们可以猜想当时抄手有二人,先是每人分头抄一回,

故甲抄手专抄奇数,便有评;乙抄手抄偶数,便无评;至十二回以下甲抄手连抄十五回,都有评;乙抄手连抄九回,都无评。

戚本前二十八回,所有评语,几乎全是脂本所有的,意思与文字全同,故知两本同出于一个有评的原底本。试更举几条例为铁证。戚本第一回云:

> 一家乡官,姓甄(真假之甄宝玉亦借此音,后不注)名费废,字士隐。

脂本作

> 一家乡官,姓甄(真□后之甄宝玉亦借此音,后不注)名费(废),字士隐。

戚本第一条评注误把"真"字连下去读,故改"后"为"假",文法遂不通。第二条注"废"字误作正文,更不通了。此可见两本同出一源,而戚本传抄在后。

第五回写薛宝钗之美,戚本作

> 品格端方,容貌丰美,人多谓黛玉所不及(此句定评),想世人目中各有所取也。按黛玉、宝钗二人一如娇花,一如纤柳,各极其妙,此乃世人性分甘苦不同之故耳。

今检脂本,始知"想世人目中"以下四十二字都是评注,紧接"此句定评"四字之后。此更可见二本同源,而戚本在后。

平伯说戚本有脱误,上举两例便可证明他的话不错。

我因此推想得两个结论:

(1)《红楼梦》的最初底本是有评注的。

(2)最初的评注至少有一部分是曹雪芹自己作的,其余或是他的亲信朋友如脂砚斋之流的。

何以说底本是有评注的呢?脂本抄于乾隆甲戌,那时作者尚生存,全书未完,已是"重评"的了,可以见甲戌以前的底本便有评注了。戚本的评注与脂本的一部分评注全同,可见两本同出的底本都有评注。又高鹗所据底本也有评注。平伯指出第三十七回贾芸上宝玉的书信末尾写着

> 男芸跪书一笑,

检戚本始知"一笑"二字是评注,误入正文。程甲本如此,程乙本也如此。平伯说,"高氏所依据的抄本也有这批语,和戚本一样,这都是奇巧的事"(《〈红楼梦〉辨》,上,一四四)。其实这并非"奇巧",只证明高鹗的底本也出于那有评注的原本而已。(高、程刻本合删评注)

原底本既有评注,是谁作的呢?作者自加评注本是小说家的常事;况且有许多评注全是作者自注的口气,如上文引的第一回"甄"字下注云:

真□后之甄宝玉亦借此音,后不注。

这岂是别人的口气吗?又如第四回门子对贾雨村说的"护官符"口号,每句下皆有详注,无注便不可懂,今本一律删去了。今钞脂本原文如下:

上面皆是本地大族名宦之家的谚俗口碑,其口碑排写得明白,下面皆注着始祖官爵并房次。石头亦曾照样抄写一张。今据石上所抄云:

贾不假,白玉为堂金作马。(宁国、荣国二公之后,共二十房分,除宁、荣亲派八房在都外,现原籍住者十二房。)(适按,二十房,误作十二房,今依戚本改正。)

阿房宫,三百里,住不下金陵一个史。(保龄侯尚书令史公之后,房分共十八,都中现住者十房,原籍现住八房。)(适按,十八,戚本误作二十。)

丰年好大雪,珍珠如土金如铁。(紫微舍人薛公之后,现领内府帑银行商,共八房分。)

东海缺少白玉床,龙王来请金陵王。(都太尉统制县伯王公之后,共十二房,都中二房,余在籍。)(适按,在籍二字误脱,今据戚本补。)

这四条注都是作者原书所有的,现在都被删去了。脂本里,这四条注也都用朱笔写在夹缝,与别的评注一样钞写。我因此疑心这些原有的评注之中,至少有一部分是作者自己作的。又如第一回"无材补天,幻形入世"两句有评注云:

八字便是作者一生惭恨。

这样的话当然是作者自己说的。

以上说脂本与戚本同出于一个有评注的原本,而戚本传抄在后。但因为戚本传抄在后,《红楼梦》的底本已经过不少的修改了,故戚本有些地方与脂本不同。有些地方也许是作者自己改削的;但大部分的改动似乎都是旁人斟酌改动的;有些地方似是被抄写的人有意删去,或无意抄错的。

如上文引的全书"凡例",似是抄书人躲懒删去的,如翻刻书的人往往删去序跋以节省刻资,同是一种打算盘的办法。第一回序例,今本虽保存了,却删去了不少的字,又删去了那首"字字看来皆是血,十年辛苦不寻常"很好的诗。原本不但有评注,还有许多回有总评,写在每回正文之前,与这第一回的序例相像,大概也是作者自己作的。还有一些总评写在每回之后,也是墨笔楷书,但似是评书者加的,不是作者原有的了。现在只有第二回的总评保存在戚本之内,即戚本第二回前十二行及诗四句是也。此外如第六回、第十三回、十四回、十五回、十六回,每回之前皆有总评,戚本皆不曾收入。又第六回、二十五回、二十六回、二十七回、二十八回,每回之后皆有"总批"多条,现在只有四条(廿七回及廿八回后)被收在戚本之内。这种删削大概是抄书人删去的。

有些地方似是有意删削改动的。如第二回说元春与宝玉的年岁,脂本作

> 第二胎生了一位小姐,生在大年初一,这就奇了。不想次年又生了一位公子。

戚本便改作了

> 不想后来又生了一位公子。

这明是有意改动的了。又戚本第一回写那位顽石

> 一日正当嗟悼之际,俄见一僧一道远远而来,生得骨格不凡,丰神迥异,来至石下,席地而坐,长谈,见一块鲜明莹洁美玉,且又缩成扇坠大小的可佩可拿。那僧托于掌上,……

这一段各本大体皆如此;但其实文义不很可通,因为上面明说是顽

石,怎么忽已变成宝玉了?今检脂本,此段多出四百二十余字,全被人删掉了。其文如下:

> 俄见一僧一道远远而来,生得骨格不凡,丰神迥别,说说笑笑,来至峰下,坐于石边,高谈快论。先是说些云山雾海,神仙玄幻之事,后便说到红尘中荣华富贵。此石听了,不觉打动凡心,也想要到人间去享一享这荣华富贵,但自恨粗蠢,不得已,便口吐人言,向那僧道说道:"大师,弟子蠢物,不能见礼了。适问(闻)二位谈那人世间荣耀繁华,心切慕之。弟子质虽粗蠢,性却稍通。况见二师仙形道体,定非凡品,必有补天济世之材,利物济人之德。如蒙发一点慈心,携带弟子,得入红尘,在那富贵场中,温柔乡里,受享几年,自当永佩洪恩,万劫不忘也。"二仙师听毕,齐憨笑道:"善哉,善哉!那红尘中有却有些乐事,但不能永远依恃。况又有'美中不足,好事多魔'八个字紧相连属,瞬息间则又乐极悲生,人非物换。究竟是到头一梦,万境归空。到不如不去的好。"这石凡心已炽,那里听得进这话去?乃复苦求再四,二仙知不可强制,乃叹道:"此亦静极思动,无中生有之数也。既如此,我们便携你去受享受享。只是到不得意时,切莫后悔。"石道,"自然,自然。"那僧又道:"若说你性灵,却又如此质蠢,并更无奇贵之处。如此,也只好踮脚而已。也罢,我如今大施佛法,助你〔一〕助。待劫终之日,复还本质,以了此案。你道好否?"石头听了,感谢不尽。那僧便念咒书符,大展幻术,将一块大石登时变成一块鲜明莹洁的美玉,且又缩成扇坠大小的可佩可拿。

这一长段,文章虽有点噜苏,情节却不可少。大概后人嫌他稍繁,遂全删了。

六 脂本的文字胜于各本

我们现在可以承认脂本是《红楼梦》的最古本,是一部最近于原稿的本子了。在文字上,脂本有无数地方远胜于一切本子。我试举几段作例。

第一例　第八回
(1) 脂砚斋本
　　宝玉与宝钗相近,只闻一阵阵凉森森甜丝丝的幽香,竟不知系何香气。
(2) 戚本
　　宝玉此时与宝钗就近,只闻一阵阵凉森森甜甜的幽香,竟不知是何香气。
(3) 翻王刻诸本(亚东初本)(程甲本)
　　宝玉此时与宝钗相近,只闻一阵香气,不知是何气味。
(4) 程乙本(亚东新本)
　　宝玉此时与宝钗挨肩坐着,只闻一阵阵的香气,不知何味。

戚本把"甜丝丝"误抄作"甜甜",遂不成文。后来各本因为感觉此句有困难,遂索性把形容字都删去了。高鹗最后定本硬改"相近"为"挨肩坐着",未免太露相,叫林妹妹见了太难堪!

第二例　第八回
(1) 脂本
　　话犹未了,林黛玉已摇摇的走了进来。
(2) 戚本
　　话犹未了,林黛玉已走了进来。
(3) 翻王刻本
　　话犹未了,林黛玉已摇摇摆摆的来了。
(4) 程乙本
　　话犹未完,黛玉已摇摇摆摆的进来。

原文"摇摇的"是形容黛玉的瘦弱病躯。戚本删了这三字,已是不该的了。高鹗竟改为"摇摇摆摆的",这竟是形容詹光、单聘仁的丑态了,未免太唐突林妹妹了!

第三例　第八回
(1) 脂本与戚本
　　黛玉……一见了(戚本无"了"字)宝玉,便笑道,"嗳哟,我来的不巧了!"宝玉等忙起身笑让坐。宝钗因笑道,"这话怎么说?"黛玉笑道,"早知他来,我就不来了"。宝钗道,"我更不解这意"。黛玉笑道:"要来时一群都来,要不来一个也不来。今儿他来了,明儿我再来(戚本作"明日我来"),如此间错开了来着,岂不天天有人来了,也不至于太冷落,也不至于太热闹了?姐姐如何反不解这意思?"

（2）翻王刻本

黛玉……一见宝玉,便笑道:"嗳呀！我来的不巧了！"宝玉等忙起身让坐。宝钗因笑道:"这话怎么说?"黛玉道:"早知他来,我就不来了。"宝钗道:"我不解这意。"黛玉笑道:"要来时,一齐来；要不来,一个也不来。今儿他来,明儿我来,如此间错开了来,岂不天天有人来了,也不至太冷落,也不至太热闹?姐姐如何不解这意思?"

（3）程乙本

黛玉……一见宝玉,便笑道:"哎哟！我来的不巧了！"宝玉等忙起身让坐。宝钗笑道:"这是怎么说?"黛玉道:"早知他来,我就不来了。"宝钗道:"这是什么意思?"黛玉道:"什么意思呢？来呢,一齐来；不来,一个也不来。今儿他来,明儿我来,间错开了来,岂不天天有人来呢？也不至太冷落,也不至太热闹。姐姐有什么不解的呢?"

高鹗最后改本删去了两个"笑"字,便像林妹妹板起面孔说气话了。

第四例　第八回

（1）脂本

宝玉因见他外面罩着大红羽缎对衿褂子,因问,"下雪了么?"地下婆娘们道,"下了这半日雪珠儿了"。宝玉道,"取了我的斗篷来了不曾?"黛玉便道,"是不是！我来了,你就该去了！"宝玉笑道,"我多早晚说要去了？不过是拿来预备着"。

（2）戚本

……地下婆娘们道,"下了这半日雪珠儿"。宝玉道,"取了我的斗篷来了不曾?"黛玉道,"是不是！我来了,他就讲去了！"宝玉笑道,"我多早晚说要去来着？不过拿来预备"。

(3) 翻王刻本

……地下婆娘们说,"下了这半日了"。宝玉道:"取了我的斗篷来。"黛玉便笑道:"是不是? 我来了,你就该去了!"宝玉道:"我何曾说要去? 不过拿来预备着。"

(4) 程乙本

……地下老婆们说,"下了这半日了"。宝玉道:"取了我的斗篷来。"黛玉便笑道:"是不是? 我来了,他就该走了!"宝玉道:"我何曾说要去? 不过拿来预备着。"

戚本首句脱一"了"字,末句脱一"着"字,都似是无心的脱误。"你就该去了",戚本改的很不高明,似系误"该"为"讲",仍是无心的错误。"我多早晚说要去了?"这是纯粹北京话。戚本改为"我多早晚说要去来着?"这还是北京话。高本嫌此话太"土",加上一层翻译,遂没有味儿了。("多早晚"是"什么时候")

最无道理的是高本改"取了我的斗篷来了不曾"的问话口气为命令口气。高本删"雪珠儿"也无理由。

第五例 第八回

(1) 脂本与戚本

李嬷嬷因说道,"天又下雪,也好早晚的了,就在这里同姐姐妹妹一处顽顽罢"。

(2) 翻王刻本

天又下雪,也要看早晚的,就在这里和姐姐妹妹一处顽顽罢。

(3) 程乙本

天又下雪,也要看时候儿,就在这里和姐姐妹妹一处顽顽儿罢。

这里改的真是太荒谬了。"也好早晚的了",是北京话,等于说"时候不很早了"。高鹗两次改动,越改越不通。高鹗是汉军旗人,应该不至于不懂北京话。看他最后定本说"时候儿"又说"顽顽儿",竟是杭州老儿打官话儿了!

这几段都在一回之中,很可以证明脂本的文学的价值远在各本之上了。

七 从脂本里推论曹雪芹未完之书

从这个脂本里的新证据,我们知道了两件已无可疑的重要事实:

(1) 乾隆甲戌(1754),曹雪芹死之前九年,《红楼梦》至少已有一部分写定成书,有人"抄阅重评"了。

(2) 曹雪芹死在乾隆壬午除夕(1763年2月13日)。

我曾疑心甲戌以前的本子没有八十回之多,也许止有二十八回,也许止有四十回。为什么呢?因为如果甲戌以前雪芹已成八十回,那么,从甲戌到壬午,这九年之中雪芹做的是什么书?难道他没有继续此书吗?如果他续作的书是八十回以后之书,那些书稿又在何处呢?

如果甲戌已有八十回稿本流传于朋友之间,则他以后十年间续作的稿本必有人传观抄阅,不至于完全失散。所以我疑心脂本当甲戌时还没有八十回。

戚本四十回以下完全没有评注。这一点使我疑心最初脂砚斋所据有评的原本至多也不过四十回。

高鹗的壬子本引言有一条说:

> 如六十七回,此有彼无,题同文异。

平伯曾用戚本校高本,果见此回很大的异同。这一点使我疑心八十回本是陆续写定的。

但我仔细研究脂本的评注,和戚本所无而脂本独有的"总评"及"重评",使我断定曹雪芹死时他已成的书稿决不止现行的八十回,虽然脂砚斋说:

> 壬午除夕,书未成,芹为泪尽而逝。

但已成的残稿确然不止这八十回书。我且举几条证据看看。

(1) 史湘云的结局,最使人猜疑。第三十一回目"因麒麟伏白首双星"一句话引起了无数的猜测。平伯检得戚本第三十一回有总评云:

> 后数十回,若兰在射圃所佩之麒麟,正此麒麟也。提纲伏于

此回中,所谓草蛇灰线在千里之外。

平伯误认此为"后三十回的《红楼梦》"的一部分,他又猜想:

> 在佚本上,湘云夫名若兰,也有个金麒麟,或即是宝玉所失,湘云拾得的那个麒麟,在射圃里佩着。(《〈红楼梦〉辨》,下,二四)

但我现在替他寻得了一条新材料。脂本第二十六回有总评云:

> 前回倪二、紫英、湘莲、玉菡四样侠文,皆得传真写照之笔。惜卫若兰射圃文字迷失无稿,叹叹!

雪芹残稿中有"卫若兰射圃"一段文字,写的是一种"侠文",又有"佩麒麟"的事。若兰姓卫,后来做湘云的丈夫,故有"伏白首双星"的话。

(2)袭人与蒋琪官的结局也在残稿之内。脂本与戚本第二十八回后都有总评云:

> 茜香罗,红麝串,写于一回。棋官(戚本作"盖琪官"。脂本一律作棋官。)虽系优人,后回与袭人供奉玉兄、宝卿,得同终始者,非泛泛之文也。

平伯也误认这是指"后三十回"佚本。这也是雪芹残稿之一部分。大概后来袭人嫁琪官之后,他们夫妇依旧"供奉玉兄、宝卿,得同终始"。高鹗续书大失雪芹本意。

(3)小红的结局,雪芹也有成稿。脂本第二十七回总评云:

> 凤姐用小红,可知晴雯等埋没其人久矣,无怪有私心私情。且红玉后有宝玉大得力处,此于千里外伏线也。

二十六回小红与佳蕙对话一段有朱评云:

> 红玉一腔委曲怨愤,系身在怡红,不能遂志,看官勿错认为芸儿害相思也。狱神庙红玉、茜雪一大回文字,惜迷失无稿。

又二十七回凤姐要红玉跟她去,红玉表示情愿。有夹缝朱评云:

> 且系本心本意。狱神庙回内方见。

狱神庙一回,究竟不知如何写法。但可见雪芹曾有此"一大回文字"。高鹗续书中全不提及小红,遂把雪芹极力描写的一个大人物完全埋没了。

（4）惜春的结局，雪芹似也有成文。第七回里，惜春对周瑞家的笑道：

> 我这里正和智能儿说，我明儿也剃了头，同他作姑子去呢？

有朱评云：

> 闲闲笔，却将后半部线索提动。

这可见评者知道雪芹"后半部"的内容。

（5）残稿中还有"误窃玉"的一回文字。第八回，宝玉醉了睡下，袭人摘下通灵玉来，用手帕包好，塞在褥下，这一段后有夹评云：

> 交代清楚。塞玉一段又为"误窃"一回伏线。

误窃宝玉的事，今本无有，当是残稿中的一部分。

从这些证据里，我们可以知道雪芹在壬午以前，陆续作成的《红楼梦》稿子决不止八十回，可惜这些残稿都"迷失"了。脂砚斋大概曾见过这些残稿，但别人见过此稿的大概不多了，雪芹死后遂完全散失了。

《红楼梦》是"未成"之书，脂砚斋已说过了。他在二十五回宝玉病愈时，有朱评云：

> 叹不得见玉兄悬崖撒手文字为恨。

戚本二十一回宝玉续《庄子》之前也有夹评云：

> 宝玉之情，今古无人可比，固矣。然宝玉有情极之毒，亦世人莫忍为者。看至后半部则洞明矣。……宝玉看此为世人莫忍为之毒，故后文方有"悬崖撒手"一回。若他人得宝钗之妻，麝月之婢，岂能弃而为僧哉？

脂本无廿一回，故我们不知道脂本有无此评。但看此评的口气，似也是原底本所有。如此条是两本所同有，那么，雪芹在早年便已有了全书的大纲，也许已"纂成目录"了。宝玉后来有"悬崖撒手""为僧"的一幕，但脂砚斋明说"叹不得见"这一回文字，大概雪芹止有此一回目，尚未有书。

以上推测雪芹的残稿的几段，读者可参看平伯《〈红楼梦〉辨》里论"后三十回的《红楼梦》"一长篇。平伯所假定的"后三十回"佚本是没有的。平伯的错误在于认戚本的"眉评"为原有的评注，而不知戚本所有的"眉评"是狄楚青先生所加,评中提及他的"笔记",可以为证。平伯所猜想的佚本其实是曹雪芹自己的残稿本,可惜他和我都见不着此本了!

1928,2,12—16

(原载1928年3月10日《新月》第1卷第1号)

百二十回本《忠义水浒传》序

一 《水浒》版本出现的小史

这三百年来,大家都读惯了金圣叹的七十一回本《水浒传》,很少人知道《水浒传》的许多古本了。《水浒传》古本的研究只是这十年内的事。十年之中,居然有许多古本出现,这是最可喜的事。

十年前(民国九年七月)我开始做《〈水浒传〉考证》的时候,我只有金圣叹的七十一回本和坊间通行而学者轻视的《征四寇》。那时候,我虽然参考了不少的旁证,我的许多结论都只可算是一些很大胆的假设,因为当时的证据实在太少了。(《胡适文存》初排本卷三,页八一——一四六)

但我的《〈水浒传〉考证》引起了一些学者的注意,遂开了搜求《水浒传》版本的风气。我的《考证》出版后十个月之内,我便收到了这些版本:

(1)李卓吾批点《忠义水浒传》百回本的第一回到第十回,日本冈岛璞翻明刻本。(1728年刻)

(2)《忠义水浒传》百回本的日文译本,冈岛璞译。(1907年排印)

(3)《忠义水浒传》百十五回本,与《三国志演义》合刻,名为《英雄谱》,坊间名为《汉宋奇书》(有熊飞的序,似初刻在崇祯末年)。

(4)百二十四回本《水浒传》(光绪己卯,即1879年,大道堂藏版,有乾隆丙午年的序)。

此外我还知道两种版本:

(5)百十回本《忠义水浒传》,也是与《三国志》合刻的《英雄谱》本。(日本铃木虎雄先生藏)

(6) 百二十回本《忠义水浒传》，明刻本。（日本京都府立图书馆藏，有杨定见序）

这两种我当时虽未见，却蒙日本学者青木正儿先生把他们的回目和序例都抄录了寄给我。

我有了这六种版本作根据，遂又作了一篇《〈水浒传〉后考》。（《胡适文存》初排本卷三，页一四七——一八四）。这是民国十年六月的事。

民国十二年左右，我知道有三四部百二十回本《忠义水浒全书》出现，涵芬楼得了一部，我自己得了一部，还有别人收着这本子的。后来北京孔德学校收着一部精刻本，图画精致可爱。

民国十三年，李玄伯先生的侄儿兴秋在北京冷摊上得着一部百回本《忠义水浒传》。据玄伯说（《重刊忠义水浒传·序》）：

观其墨色纸色，的是明本。且第一册图上每有新安刻工姓名，尤足证明即郭英（适按，当作郭勋）在嘉靖年间刻于新安者。明代《水浒》面目，遂得重睹。

我不曾见着兴秋先生的原本，但此书既名《忠义水浒传》，似非郭武定的旧本，因为我们从百二十回本的发凡上知道"忠义"二字是李卓吾加上去的。新安刻工姓名，算不得证据，因为近几百年的刻图工人，要算徽州工人为最精，至今还有刻墨印的专业。故我们只能认李先生的百回本是李卓吾的《忠义水浒传》的一种本子。（玄伯的本子没有"引首"一段，只从张天师祈禳起，与日本翻刻的李卓吾本稍不同，不知是否偶阙这几页。）

玄伯先生于民国十四年把这部百回本标点排印出来，于是国中遂有百回本的重印本。（北京锡拉胡同一号李宅发行，装五册，价二元七角。）

前年商务印书馆把涵芬楼所藏的百二十回本《水浒传》也排印出来，因为我的序迟迟不能交卷，遂延到今年方才出版。

总计近年所出的《水浒传》版本，共有下列各种：

甲　七十一回本（金圣叹本）

乙　《征四寇》本（亚东图书馆《水浒续集》本）

丙　百十五回本(《英雄谱》本)
丁　百十回本(《英雄谱》本)(铃木虎雄藏)
戊　百二十四回本(胡适藏)
己　李卓吾《忠义水浒传》百回本
（1）李玄伯排印本
（2）日本冈岛璞翻刻前二十回本
（3）日本冈岛璞译本
庚　《忠义水浒全书》百二十回本

二　十年来关于《水浒传》演变的考证

十年前我研究《水浒传》演变的历史,得着一些假设的结论,大致如下：

（1）南宋到元朝之间,民间有种种的宋江三十六人的故事。有《宣和遗事》和龚圣与的三十六人赞可证。

（2）元朝有许多《水浒》故事,但没有《水浒传》。有许多元人杂剧可证。

（3）明初有一部《水浒传》出现,这部书还是很幼稚的。我们叫他做"原百回本《水浒传》"。这部书也许是罗贯中做的。

（4）明朝中叶,约当弘治正德时代,另有一种七十回本《水浒传》出现。我假定这部书是用"原百回本"来重新改造过的,大致与现行的金圣叹本相同。这部书也许是"施耐庵"作的,但"施耐庵"似是改作《水浒传》者的托名。

（5）到了明嘉靖朝,武定侯郭勋家里传出一部定本《水浒传》来,有新安刻本,共一百回,我们叫他做"百回郭本"。我假定这部书的前七十回全采"七十回本"。后三十回是删改"原百回本"的后半部的。"原百回本"后半有"征田虎"和"征王庆"的两大部分,郭本都删去了,却加入了"征辽国"一大段。据说旧本有"致语",郭本也删去了。据说郭本还把阎婆事"移置"一番。这几点都是"百二十回本"的发凡里指出的郭本与旧本的不同之点(郭本已不可得,我们只知道李卓吾的百回本)。

（6）明朝晚年有杨定见、袁无涯编刻的百二十回本《忠义水浒全书》出现。此本全采李卓吾百回本，而加入"征田虎"、"征王庆"两大段；但这两段都是改作之文，事实与回目皆与别本（《征四寇》，百十五回本，百十回本，百二十四回本。）绝不相同；王庆的故事改变更大。

（7）到金圣叹才有七十一回本出现，没有招安和以后的事，却多卢俊义的一场梦，其他各本都没有这场梦。

（8）七十一回本通行之后，百回本与其他各本都渐渐稀少，于是书坊中人把旧本《水浒传》后半部印出单行，名为《征四寇》。我认《征四寇》是"原百回本"的后半，至少其中征田虎、王庆的两部分是"原百回本"留剩下来的。

这是我九年十年前的见解的大致。当时《水浒》版本的研究还在草创的时期，最重要的百回本和百二十回本，我都不曾见着，故我的结论不免有错误。最大的错误是我假定明朝中叶有一部七十回本的《水浒传》（《胡适文存》初排本卷三，页一七一——一七六）。但我举出的理由终不能叫大家心服；而我这一种假设却影响到其余的结论，使我对于《水浒传》演变的历史不能有彻底的了解。

六七年来，修正我的主张的，有鲁迅先生，李玄伯先生，俞平伯先生。

鲁迅先生的主张是：

> 原本《水浒传》今不可得。……现存之《水浒传》，则所知者有六本，而最要者四。
>
> 一曰一百十五回本《忠义水浒传》，前署"东原罗贯中编辑"，明崇祯末与《三国演义》合刻为《英雄谱》，单行本未见。……文词蹇拙，体制纷纭，中间诗歌亦多鄙俗，甚似草创初就，未加润色者。虽非原本，盖近之矣……又有一百十回之《忠义水浒传》，亦《英雄谱》本。……别有一百二十四回之《水浒传》，文词脱略，往往难读，亦此类。
>
> 二曰一百回本《忠义水浒传》，……武定侯郭勋家所传之本，……今未见。别有本，亦一百回，有李贽序及批点，殆即出郭

氏本，而改题为"施耐庵集撰，罗贯中纂修"。……文辞乃大有增删，几乎改观，除去恶诗，增益骈语，描写亦愈入细微。如述林冲雪中行沽一节，即多于百十五回本者至一倍余。

三曰百二十回本《忠义水浒全书》，亦题"施耐庵集撰，罗贯中纂修"。……全书自首至受招安，事略全同百十五回本；破辽小异，且少诗词，平田虎、王庆，则并事略亦异。而收方腊又悉同。文词与百回本几无别，特于字句稍有更定。……诗词又较多，则为刊时增入。……

发凡云："古本有罗氏致语，相传灯花婆婆等事，既不可复见，乃后人有因'四大寇'之拘而酌损之者，有嫌一百廿回之繁而淘汰之者，皆失。郭武定本即旧本移置阎婆事，甚善。其于寇中去王、田而加辽国，犹是小家照应之法，不知大手笔者正不尔尔。"是知《水浒》有古本百回，当时"既不可复见"；又有旧本，似百二十回，中有"四大寇"，盖谓王、田、方及宋江，即柴进见于白屏风上御书者。郭氏本始破其拘，削王、田而加辽国，成百回；《水浒全书》又增王、田，仍存辽国，复为百二十回。……然破辽故事，虑亦非始作于明。宋代外敌凭陵，国政弛废，转思草泽，盖亦人情，故或造野语以自慰；复多异说，不能合符，于是后之小说既以取舍不同而纷歧，所取者又以话本非一而违异。田虎、王庆在百回本与百二十回本，名同而文迥别，殆亦由此而已。惟其后讨平方腊，则各本悉同，因疑在郭本所据旧本之前，当又有别本，即以平方腊接招安之后，如《宣和遗事》所记者，……然而证信尚缺，未能定也。

总上五本观之，知现存之《水浒传》实有两种：其一简略，其一繁缛。胡应麟（《笔丛》四十一）云：

"余二十年前所见《水浒传》本，尚极足寻味。十数载来，为闽中坊贾刊落，止录事实，中间游词余韵神情寄寓处一概删之，遂不堪覆瓿。复数十年，无原本印证，此书将永废。"

应麟所见本，今莫知如何。若百十五回简本，则成就殆当先于繁本，以其用字造句，与繁本每有差违，倘是删存，无烦改作也。……

　　四曰七十回本《水浒传》。……为金人瑞字圣叹所传,自云得古本,止七十回,于宋江受天书之后,即以卢俊义梦全伙被缚于嵇叔夜终。……其书与百二十回本之前七十回无甚异,惟刊去骈语特多;百廿回本发凡有"旧本去诗词之繁累"语,颇似圣叹真得古本。然文中有因删去诗词而语气遂稍参差者,则所据殆仍是百回本耳。(《中国小说史略》,页一四一——一四八)

鲁迅先生之说,很细密周到,我很佩服,故值得详细征引。他的主张,简单说来,约有几点:

(1)《水浒》古本有两种,其原百回本在晚明已不可复见,但还有一种百二十回的旧本,中有"四大寇",谓王、田、方及宋江。

(2)也许还有一种古本,招安之后即接叙征方腊。

(3)这些古本的真相已不可考,但百十五回本的文字"虽非原本,盖近之矣"。

(4)一百回的郭刻本与李卓吾本,删田虎、王庆两大段,而加辽国。文字大有增删,几乎改观,描写也更细密。

(5)一百二十回本的文字,与百回本几乎无分别,加入改作的田虎、王庆两大段,仍保存征辽一大段。

(6)总而言之,《水浒传》有繁本与简本两大类:百十五回本,百十回本,与百二十四回本,属于简本;百回本与百二十回本,属于繁本。明人胡应麟(生1551,死在1600以后)以为简本是后起的,是闽中坊贾刊落繁本的结果。鲁迅先生则以为简本近于古本,繁本是后人修改扩大的。

(7)七十回本是金圣叹依据百回本而截去后三十回的,为《水浒传》最晚出的本子。

俞平伯先生的《论〈水浒传〉七十回古本的有无》(《小说月报》十九卷四号,页五〇五——五〇八),即采用鲁迅先生的主张,不承认有七十回古本。鲁迅先生曾说:

　　又简本撰人止题罗贯中,……比郭氏本出,始著耐庵,因疑施乃演为繁本者之托名,当是后起,非古本所有。

平伯承认此说,列为下表:

简本百回　　　　罗贯中
繁本百回　　　　施耐庵　　罗贯中
金本七十一回　　施耐庵

平伯又指出圣叹七十一回本的特点,除掉伪作施耐庵序之外,只多了第七十一回的卢俊义的一场恶梦。平伯以为这一梦是圣叹添入的。他说:

依适之《后考》的说法,……是各本均无此梦也。适之以为圣叹曾有的古本,岂不成为孤本乎?

李玄伯先生(宗侗)重印百回本《水浒传》时,做了一篇很有价值的《读〈水浒〉记》,其中第一节是"《水浒》故事的演变",很有独到的见解。玄伯先生说,《水浒》故事的演变,可分四个时期:

第一个时期,先有口传的故事,不久即变成笔记的《水浒》故事。这时期约当北宋末年以至南宋末年。玄伯说:

这种传说当然是没有系统的,在京东的注意梁山泺,在京西的注意太行山,在两浙的注意平方腊。并且各地还有他所喜爱的中心英雄。

这还是《水浒》故事口传的时期。这时期的经过不甚久,因为南宋时已经有了笔记的《水浒》故事了。

玄伯引龚圣与的《宋江三十六人赞序》和《宣和遗事》为证。他说:

但是那时的记载,……只是短篇的。这种本子现时固然逸失了,我却有几个间接的证据。

(一)现在《水浒传》内,常在一段大节目之后加一句"这个唤作……",如……"这个唤做'智取生辰纲'"。大约以前有段短篇作品,唤作《智取生辰纲》。所以结成长篇以后,还留了这么一句。

(二)宋江等在梁山,忽然叙写他们去打华州,似乎非常的无道理。但是我们要明白了初一步的《水浒》是短篇的,是无系统的,就可明白了这无道理的理由。上边我说过,梁山左近有梁山的《水浒》故事,京西有京西的《水浒》故事。龚圣与的赞有四处"太行"字样,足可证说宋江等起于京西的,在当时颇盛行。华州事即京西故事之一。后人想综合京东、京西各种为一长篇,想将宋江从京东搬到京西,只好牵出史进被陷,……以作线索了。

玄伯又说:

> 这些短篇《水浒》故事,是与元代的杂剧同时或稍前的。元曲的《水浒》剧即取材于这些篇。因为他们的传说,作者,产地的不同,所以内容常异,杂剧内人物的性格也因取材的不同而不一致。

第二个时期,约在元、明之间,"许多的短篇笔记,连贯成了长篇,截成一回一回的,变作章回体的长篇《水浒》故事"。玄伯很大胆地假定当时至少有所谓"《水浒》四传":

> 第一传的事迹,约等于百回本的第一回至第八十回所包含的,就是从误走妖魔起,至招安止。
>
> 第二传是百回本的第八十回至第九十回,平辽一段。
>
> 第三传是百回本所无,征田虎、王庆一段。
>
> 第四传是百回本第九十回至一百回,平方腊一段。

为什么说《水浒》四传,而不说一传呢?

> 重要的理由是四传内的事迹互相冲突。在短篇的时候,各种故事的产生,地点不同,流传不同,互相冲突的地方在所不免。如果当时就直接的成为一传,……自应删去冲突字句,前后照应。现在所以不如此者,恰因是经过四传分立的阶级,在合成一传则冲突者,在四传各身固不必皆冲突也。

玄伯举了几条证据,第一条即是我十年前指出王进即是王庆的化身(《〈水浒传〉考证》页一二五,《后考》页一五九——一六一)。玄伯不信我的主张,他的解释是"两传或者同一蓝本"。第二条是我九年前指出智真和尚两次送给鲁智深的四句终身偈语,前后不同,我疑心前四句是七十回本所独有(《后考》页一七三——一七四)。玄伯说:

"以前大约相传有智真长老赠四句言语的这回事,两传皆窃仿罢了。"第三条证据是前传的蓼儿洼是梁山泊的一部分,而方腊传里却把蓼儿洼认为楚州南门外的一块地方。

玄伯又说:

> 即以文体而论,四传亦不甚相同,且所用地名,亦多古今的分别,皆足证明各传非一人一时之所集,更足证各传集成时的先后。前传及征方腊传,征二寇传较老,征辽传次之。征方腊传所用宋代地名最多。……前传经后人修改处似较多。

第三时期,约在明代,"即将《水浒》长篇故事,或二传,或三传,或四传,合成更长篇的《水浒传》。百回本即合三传(前传、征辽、征方腊)而成,百二十回本即合四传而成者。……因为他们是分开的,自成一段,所以合二传,三传,四传,皆无不成"。

第四时期,即清初以后,"田、王、征辽,方腊三传皆被删去,前传亦被删去七十一回以后的事迹,加了卢俊义的一梦,变作现行的七十回本。这种变化,完全是独出心裁。他虽假托古本,这个古本却似并未存在过"。

李玄伯先生之说,有很大胆的假设,有很细密的推论,我也很佩服,所以也详细摘抄在这里。

三 我的意见

玄伯先生的四期说,我最赞成他的第一时期。他指出最初的《水浒》故事是短篇的,没有系统的,不一致的,并且各地有各地最喜欢的英雄。玄伯是第一个人发现这种"地方性",可以解决许多困难。元人杂剧里的《水浒》故事,便是从这种有地方性的短篇来的。

但玄伯说的第二时期,我却不敢完全赞同。他假定最早的长篇《水浒》故事曾经过所谓"四传"的过渡时期。他说:

> 如果当时就直接的成为一传,……自应删去冲突字句,前后照应。

这个理由,我认为不充分。百回本是结合成一传的了,前后并不冲突,冲突的字句都删去了。百十五回本和百二十四回本也是结成一传的,其中便有前后冲突的地方,如既有王进被高俅陷害,又有王庆被高俅陷害;既有高俅投奔柳世权,又有高俅投奔柳世雄。可见冲突字句的有无,全靠改编的人的本事高低,并不关曾否经过四传的阶级。

况且四传之说,本身就很难成立。第一传从开篇说到招安,还可成一传。第二传单说征辽,第三传单记征田虎、王庆,第四传单记征方腊,似乎都不能单独存在罢?如果真有这三传,他们也不过是三种短篇,与《智取生辰纲》,《大闹江州》,有什么分别?既是独立的短篇,便应该属于玄伯所谓第一时期,不应该别立所谓第二时期了。故"四传"之说,我认为大可不必有,远不如鲁迅先生的"话本不同"说,可以免除更多的困难。

鲁迅与玄伯都主张一种"多元的"说法。鲁迅说:

> 后之小说,既以取舍不同而纷歧,所取者,又以话本不同而违异。

这是说《水浒传》原本有各种"话本不同",他假定有百回古本,有述四大寇的百二十回本,又有招安之后直接平方腊之别本,又有破辽的故事,其来源也许在明以前。——这便是四种或三种长篇古本了。这个多元的长篇全传说,似乎比玄伯的"四传"说满意得多。

大概最早的长篇,颇近于鲁迅先生假定的招安以后直接平方腊的本子,既无辽国,也无王庆、田虎。这个本子可叫做"X"本。

玄伯先生也认前传与征方腊传用的地名最为近古。不但如此,征辽与征田虎、王庆三次战事都没有损失一个水浒英雄,只有征方腊一役损失过三分之二。这可见征方腊一段成立在先,后人插入的部分若有阵亡的英雄,便须大大的改动原本了。为免除麻烦起见,插入的三大段只好保全一百另八人,一个不叫阵亡。这是一种证据。征田虎、王庆时收的降将,如马灵、乔道清之流,在征方腊一役都用不着了。这也可见征方腊一段是最早的,本来没有这些人,故不能把他们安插进去。这又是一种证据。

这个"X"本,也许就是罗贯中的原本。

后来便有人误读《宣和遗事》里的"三路之寇"一句话,硬加入田虎、王庆两大段，便成了一种更长的本子，也许真有百二十回之多。这个本子可叫做"Y"本。

后来又有一种本子出来，没有王庆、田虎两大段，却插入了征辽国的一大段。这个本子可叫做"Z"本。鲁迅先生疑心征辽的故事起于明以前，也许在南宋时。玄伯先生则以为征辽的一传最晚出。我想玄伯的话，似乎最近事实。

这三种古本的回数，现在已不可考了。大概"X"本不足百回，"Y"本大概在百回以外，"Z"本大概不过百回。

到了明朝、嘉靖时代，武定侯郭勋家里传出一部《水浒传》，有新安刻本，有汪太函（道昆）的序，托名"天都外臣"（此据《野获编》）。汪道昆，字伯玉，嘉靖二十六年（1547）进士，与王世贞齐名，是当时的一个大文学家。他是徽州人，此本又刻在徽州，也许汪道昆即是这个本子的编著者。当时武定侯郭勋喜欢刻书，故此本假托为郭家所传。郭勋死在嘉靖二十八年（1549），也许此本刻出时，他已死了，故更容易假托。其时士大夫还不敢公然出名著作白话小说，故此本假托于"施耐庵"。这个本子，因为号称郭勋所传，故我们也称为"郭本"。

近见邓之诚先生的《骨董琐记》卷三有云：

> 闻缪艺风丈云：光绪初叶，曾以白金八两得郭本于厂肆，书本阔大，至一尺五六寸，内赤发鬼尚作尺八腿，双枪将作一直撞云。（页二二）

缪先生死后，他的藏书多流传在外，但这部郭本《水浒传》至今无人提及，不知流落在何方了。百二十回本的发凡说：

> 郭武定本，即旧本，移置阎婆事甚善，其于寇中去王、田而加辽国，犹是小家照应之法，不知大手笔者正不尔尔。如本内王进开章而不复收缴，此所以异于诸小说，而为小说之圣也欤！

又说：

> 旧本去诗词之烦芜，……颇直截清明。

又说：

> 订文音字，旧本亦具有功力，然淆讹舛驳处尚多。

总以上所说，郭本可知之点如下：

(1) 王进开章，与今所见各本同。

(2) 移置阎婆事，不知如何移置法。

(3) 去王庆、田虎二段。

(4) 加辽国一段。

(5) 删去诗词。

(6) 有订文音字之功。

(7) 据缪荃孙所见，书本阔大，其中双枪将作一直撞，还保存《宣和遗事》的旧样子；赤发鬼作尺八腿，则和龚圣与《宋江三十六人赞》相同。

我们关于郭本，所知不过如此。

胡应麟说：

> 余二十年前所见《水浒传》本，尚极足寻味。十数载来，为闽中坊贾刊落，止录事实，中间游词余韵神情寄寓处，一概删之，遂不堪覆瓿。后数十年，无原本印证，此书将永废。

胡应麟生于1551年(据王世贞《石羊生传》)，当嘉靖三十年。他的死年不可考，他的文集(《少室山房类稿》，有《四库全书》本，有《续金华丛书》本)里无万历庚子(1600)以后的文字，他死时大概年约五十岁。他说的"二十年前所见《水浒传》本"，当是他少年时，约当隆庆、万历之间，当西历1572年左右。他所见的本子，正是新安刻的所谓郭本。他说那种本子"尚极足寻味"，中间多有"游词余韵神情寄寓处"，更证以上文所引"王进开章"的话，我们可以断定郭本的文字必定和李贽批点的《忠义水浒传》百回本相差不远。

李贽(卓吾)死在万历三十年(1602)，年七十六。今世所传《忠义水浒传》，大概出于李贽死后。因为他爱批点杂书，故坊贾翻刻《水浒传》，也就借重这一位身死牢狱而名誉更大的名人。日本冈岛璞翻刻的《忠义水浒传》，有李贽的《读〈忠义水浒传〉序》一篇。此序虽收在《焚书》及《李氏文集》，但《焚书》与《文集》皆是李贽死后的辑本，不足为据。此如《三国演义》之有金圣叹的"外书"，似是书坊选家的假托。若李氏批点本《水浒传》出在1600年以前，胡应麟藏书最多，又很推崇《水浒传》，不应该不见此本。故我疑心李氏批点本是1600年以后刻印的，大概去李氏之死不很久，约当1605年左右。大概郭本流传不多，而闽中坊贾删节的本子却很盛行，当时文学家如胡应麟之流，都曾感觉惋惜，于是坊贾有翻刻郭本的必要，遂假托于李贽批点之本。试看冈岛璞翻刻本所保存的李贽批语，与百二十回本的批语，差不多没有一个字相同的。如第二回，两本各有十几条眉批，但只有一条相同。两本同是所谓李贽批点本，而有这样的大不同，故我们可以断定两本同是假托于李贽的。

这种李氏百回本，大概是根据于郭本的，故我们可以从这种本子上推论郭本的性质。

郭本似是用已有的"X"、"Y"、"Z"等本子来重新改造过的。"X"本的事迹大略，似乎全采用了。"Y"本的田虎、王庆两大段，太幼稚了，太荒唐了，实在没有采用的价值。但郭本的改作者却看中了王庆被高俅陷害的一小段，所以他把这一段提出来，把王庆改作了王进，柳世雄改作了柳世权，把称王割据的王庆改作了一个神龙见首不见尾的孝子，把一段无意识的故事改作了一段最悲哀动人又最深刻的《水浒》开篇。此外，王庆和田虎的两大段便全删去了。

郭本虽根据"X"、"Y"等本子，但其中创作的成分必然很多。这位改作者（施耐庵或汪道昆）起手确想用全副精力做一部伟大的小说，很想放手做去，不受旧材料的拘束，故起首的四十回（从王进写到大闹江州），真是绝妙的文字。这四十回可以完全算是创作的文字，是《水浒传》最精采的部分。但作者到了四十回以后，气力渐渐不加了，渐渐地回到旧材料里去，草草地把一百零八人都挤进来，草草地招安他们，草草地送他们出去征方腊。这些部分都远不如前四十回的精采了。七十回以下更潦草的厉害，把元曲里许多幼稚的《水浒》故事，如李逵乔坐衙，李逵负荆，燕青射雁等等，都穿插进去。拼来凑去，还凑不满一百回。王庆、田虎两段既全删了，只好把"Z"本中篇幅较短的征辽国一段故事加进去。

故郭本和所谓李卓吾批点的百回本《水浒传》，是用"X"本事迹的全部而大加改造，加上"Z"本的征辽故事，又加上从"Y"本借来重新改造过的王进与高俅的故事作为开篇,但完全删除了王庆、田虎两大部分。

但据胡应麟所说,十六世纪的晚年,闽中坊贾刻有删节本的《水浒传》(其说引见上文)。邓之诚先生《骨董琐记》卷三引金坛王氏《小品》说:

> 此书每回前各有楔子,今俱不传。予见建阳书坊中所刻诸书,节缩纸板,求其易售,诸书多被刊削。此书亦建阳书坊翻刻时删落者。

每回前各有楔子,是不可能的事;此与周亮工《书影》所说"一百回各以妖异语引其首",同是以讹传讹,后文我另有讨论。王彦泓所记建阳书坊删削《水浒》事,可与胡应麟所记互相印证,同是当时人士的记载。此种删节的《水浒传》,我们现在所见的,有百十五回本,有百二十四回本;虽未见而知道的,有百十回本。这些本子都比李卓吾批点本简略的多。鲁迅先生称这些本子为"简本",但他不信百十五回本就是胡应麟说的闽中坊贾删节本。他以为百十五回简本"文词蹇拙,体制纷纭,中间诗歌亦多鄙俗,甚似草创初就,未加润色者。虽非原本,盖近之矣"。鲁迅主张百十五回简本的成就"殆当先于繁本"。他的理由是:"以其用字造句,与繁本每有差违,倘是删存,无烦改作也。"

鲁迅先生所举的理由,颇不能使我心服。他论金圣叹七十回本时,曾说:

> 然文中有因删去诗词而语气遂稍参差者,则所据殆仍是百回本耳。

这可见"倘是删存,无烦改作"之说不能完全成立。再试看我所得的百二十四回本,删节更厉害了,但改作之处更多。如鲁迅所引林冲雪中行沽的一段:

在百回本(日本翻明本)	有六百零一字(百二十回本同)
在百十五回本	有二百四十八字
在百二十四回本	只有一百四十一字

可见百二十四回本是删节最甚的本子，然而这个本子也有很分明的改作之处。如林冲在天王堂遇着酒生儿李小二，小二夫妻在酒店里偷听得陆虞候同管营差拨的阴谋，他们报告林冲，劝他注意，林冲因此带了刀，每日上街去寻他的仇人，以后才是接管草料场的文章。这一大段在百回本和百二十回本里都有二千字之多，在百十五回本里也有一千一百多字。但在百二十四回本里，李小二夫妻同他们的酒店都没有了。只说有一天，一个酒保来请管营与差拨吃酒，他们到了店里，见两个军官打扮的人，自称陆谦、富安，把高太尉的书信给管营与差拨看了，他们定下计策，分手而去。全文只有三百五十多个字。故若添上李小二夫妻的故事，须有一千一百到二千字；若删了他们，改造一番，三百多字便够用了。这可见删节也往往正有改作的必要，故鲁迅先生"删存无烦改作"之说不能证明百十五回本之近于古本，也不能证明此种简本成于百回繁本之先。俞平伯先生也主张此说，同一错误。

今日市上最风行的每页插图的节本小说多种，专为小孩子和下流社会做的，俗名"画书"。每页上图画差不多占全页，图画上方印着四五十个字的本文，其中有《水浒传》，《西游记》，《薛仁贵征东》等等，删节之处最多，有时因删节上的需要，往往改动原文，以便删节。看了这些本子，便知"删存无烦改作"之说是不能成立的。

故我主张，百十回本和百二十四回本等等简本大概都是胡应麟所说的坊贾删节本：其中从误走妖魔到招安后征辽的部分，和后文征方腊到卷末，都是删节百回郭本的；其中间插入征田虎、王庆的部分，是采用百回郭本以前的旧本（上文叫做"Y"本）的。加入这两大段，又不曾删去征辽一段，便不止百回了。故有百十回到百二十四回的参差。

外面通行的《征四寇》，即是从这坊贾删节本出来的。我从前认《征四寇》是从"原百回本"出来的，那是我的误解。

四　论百二十回本

这种有田虎、王庆两段的删节本《水浒传》，自然比那些精刻的郭本、李本流行更广，于是一般读者总觉得百回本少了田、王两寇，像是一部不完全的《水浒传》。所以不久便有百二十回本出现，即是现在商务印书馆翻印的"绣像评点《忠义水浒全书》"。因为大家感觉百回本的不完全，故这部书叫做"全书"。

这部百二十回本又叫做"新镌李氏藏本《忠义水浒全书》"，卷首有"楚人凤里杨定见"的小引，自称是"事卓吾先生"的，又说"先生殁而名益尊，道益广，书益播传；即片牍单词留向人间者，靡不珍为瑶草，俨然欲倾宇内"。李贽死在万历三十年，此书之刻，当在崇祯初期，去明亡不很远了。

杨序又说，他在吴中，遇着袁无涯，遂取李贽"所批定《水浒传》"付无涯。大概杨定见是改造百二十回本的人，袁无涯是出钱刻印这书的人，可惜都不可考了。

此本有"发凡"十条，其中颇多可供考证的材料，故我在《水浒传后考》里，鲁迅先生在《中国小说史略》里，往往征引"发凡"的话。但十年以来，新材料稍稍出现，可以证明"发凡"中的话有很不可信之处，如第六条说：

> 古本有罗氏致语，相传"灯花婆婆"等事，既不可复见；乃后人有因四大寇之拘而酌损之者，有嫌一百廿回之繁而淘汰之者，皆失。

这些话，十年来我们都信以为真，故我同鲁迅先生都信古本《水浒》有罗氏致语，有相传"灯花婆婆"等事，鲁迅又相信古本真有百二十回本。我现在看来，这些话都没有多大根据，杨定见并不曾见"古本"，他说"古本"怎样怎样，大概都是信口开河，假托一个古本，作为他的百二十回改造本的根据而已。

罗氏致语之说，除此本"发凡"之外，还有周亮工《书影》说的：

> 故老传闻，罗氏《水浒传》一百回，各以妖异语冠其首。嘉靖时，郭武定重刻其书，削其致语，独存本传。

又《王氏小品》也说：

> 此书每回前各有楔子，今俱不传。

这都是以讹传讹的话。每回前各有妖异的致语，这是不可能的事。

《水浒传》的前面有"洪太尉误走妖魔"的一段,这便是《水浒传》的"致语"。全书只有这一段"妖异语"的致语,别没有什么"灯花婆婆"等事。"灯花婆婆"的故事乃是《平妖传》的致语,其书现存,可以参证。这是因为《水浒传》和《平妖传》相传都是罗贯中做的,两书各有一段妖异的致语,后来有人记错了,遂说"灯花婆婆"的故事是古本《水浒传》的致语。后来的人更张大其词,遂说一百回各有妖异的致语了。(参看胡适《宋人话本八种序》页一——四,又页二七——三十。)

至于古本有百二十回之说,也是"托古改制"的话头,不足凭信。大概古本不止一种,上文所考,"X"本无征辽及王、田二寇,必没有一百回;"Y"本有王、田而无辽国,"Z"本有辽国而无王、田,大概至多不过在百回上下,都没有百二十回之多。坊间的删节本,始合王、田二寇与辽国为一书,文字被删节了,事实却增多了,故有超过百十回的本子。杨定见改造王、田二寇,文字增加不少,成为百二十回本,所以要假托古本有百二十回,以抬高其书;其实他所谓"古本",不过是建阳书坊的删节本罢了。

百二十回本的大贡献在于完全改造旧本的田虎、王庆两大寇。原有的田虎、王庆两部分是很幼稚的,我们看《征四寇》或百十五回本,都可以知道这两部分没有文学的价值。郭本与李卓吾本都删去这两部分,大概是因为这些部分太不像样了,不值得保存。况且王庆的故事既然提出来改作了王进,后面若还保留王庆,重复矛盾的痕迹就太明显了,所以更有删除的必要。后来杨定见要想保留田虎、王庆两大段,却也感觉这两段非大大地改作过,不能保存。于是杨定见便大胆把旧有的田虎、王庆两段完全改作了。田虎一段,百十五回本和百二十回本的回目可以列为比较表如下:(见下页)

旧本写征田虎一役,全无条理,只是无数琐碎的战阵而已。改本认定几个关键的人物,如乔道清,孙安,琼英郡主,用他们作中心,删去了许多不相干的小战阵,故比旧本精密的多多。旧本又有许多不近

百十五回本	百二十回本
(84) 宿太尉保举宋江 卢俊义分兵征讨	(91) 宋公明兵渡黄河 卢俊义赚城黑夜
(85) 盛提辖举义投降 元仲良愤激出家	(92) 振军威小李广神箭 打盖郡智多星密筹
(86) 众英雄大会唐斌 琼英郡主配张清	(93) 李逵梦闹天池 宋江兵分两路
(87) 公孙胜访罗真人 没羽箭智伏道清	(94) 关胜义降三将 李逵莽陷众人
(88) 宋江兵会苏林岭 孙安大战白虎关	(95) 宋公明忠感后土 乔道清术败宋兵
(89) 魏州城宋江祭诸将 石羊关孙安擒勇士	(96) 幻魔君术窘五龙山 入云龙兵围百谷岭
(90) 卢俊义计攻狮子关 段景住暗认玉栏楼	(97) 陈瓘谏官升安抚 琼英处女做先锋
(91) 宋江梦中朝大圣 李逵异境遇仙翁	(98) 张清缘配琼英 吴用计鸩邬梨
(92) 道清法迷五千兵 宋江义释十八将	(99) 花和尚解脱缘缠井 混江龙水灌太原城
(93) 卞祥卖阵平河北 宋江得胜转东京	(100) 张清琼英双建功 陈瓘宋江同奏捷

情理的地方，改本也都设法矫正了。试举张清匹配琼英的故事作例。旧本中此事也颇占重要的地位，但张清所以去假投降者，不过是要打

救被乔道清捉去的四将而已。改本看定张清、琼英的故事可作为破田虎的关键,故在第九三回即在李逵的梦里说出神人授与的"要夷田虎族,须谐琼矢镞"十个字,又加入张清梦中被神人引去教授琼英飞石的神话,这便是把这段姻缘提作田虎故事的中心部分了。这是一不同。

旧本既说琼英是乌利国舅的女儿,后文乔道清又说她是"田虎亲妹",这种矛盾是很明显的。况且无论她是田虎的亲妹或表妹,她的背叛田虎,总于她的人格有点损失,至于张清买通医士,毒死她的亲父,也未免太残忍。改本认清了此二点,故不但说琼英"原非邬梨亲生的",并且说田虎是杀她的父母的仇人。这样一来,琼英的背叛,变成了替父母报仇,毒死邬梨也只是报仇,琼英的身分便抬高多了。这是二不同。

旧本写张清配合琼英,完全是一种军事策略,毫无情义可说。改本借安道全口中说出张清梦中见了琼英,醒来"痴想成疾";后来琼英在阵上飞石连打宋将多人,张清听说赶到阵前,要认那女先锋,那边她早已收兵回去了,张清只得"立马怅望"。这很像受了当时风行的《牡丹亭》故事的影响,但也抬高张清的身分不少。这是三不同。

这一个故事的改作,很可以表示杨定见改本用力的方向与成绩。此外如乔道清,如孙安,性格描写上都很有进步。田虎部下的将领中有王庆,有范全,都和下文王庆故事中的王庆、范全重复了,所以改本把这些人都删去了。这些地方都是进步。

王庆的故事改造更多。这是因为这里的材料比较更容易改造。田虎一段,只有征田虎的事,而没有田虎本人的历史。百十五回本叙田虎的历史,只有寥寥一百个字。百二十回本稍稍扩大了一点,也只有四百二十字。王庆个人的故事,在百十五回里,便占了四回之多,足足有一万三千多字。材料既多,改造也比较容易了。

不但如此。上文我曾指出王庆故事的原本太像王进的故事了,这分明是百回本《水浒传》的改造者(施耐庵?)把王庆的故事提出来,改成了《水浒传》的开篇,剩下的糟粕便完全抛弃了。百二十回本的改造者也看到了这一点,故他要保存王庆的故事,便不能不根本改造这一大段的故事。

原本的王庆故事的大纲如下：

（1）高俅未遇时，流落在灵璧县，曾受军中都头柳世雄的恩惠。

（2）高俅做殿前太尉时，柳世雄已升指挥使，来见高俅。高俅要报他的大恩，叫八十万禁军教头王庆把他该升补的总管之职让给柳世雄。

（3）高俅教王庆比武时让柳世雄一枪。王庆心中不愿，比枪时把柳世雄的牙齿打落。

（4）高俅怀恨，要替柳世雄报仇，亲自到十三营点名，王庆迟到，诉说家中有香桌香炉飞动进门的怪事，他打碎香桌，闪了臂膊，赎药调治，误了点名。高俅判他捏造妖言，不遵节制，斥去官职，杖二十，刺配淮西李州牢城营安置。

这是王庆故事的第一段，是他刺配淮西的原因。这段故事有几点和王进故事相像：（1）两个故事同说高俅贫贱时流落淮西；（2）高俅的恩人柳世雄，在王进故事里作柳世权，明明是一个人；（3）王庆、王进同是八十万禁军教头，明明是一个人的化身；（4）王庆、王进同因点名不到，得罪高俅。因为这些太相像之点，这两个故事不能同时存在，故百回本索性把王庆故事删了，故百二十回本决定把这个故事完全改作。

这一段的改本的大纲是：

（1）王庆不是八十万禁军教头，只是开封府的一个副排军，是一个赌钱宿娼的无赖。

（2）王庆在艮岳见着蔡攸的儿媳妇，是童贯的侄女，小名唤作娇秀。他们彼此留情，就勾搭上了。

（3）一日王庆醉后把娇秀的事泄漏出去，风声传到童贯耳朵里。童贯大怒，想寻罪过摆布他。

（4）他在家乘凉，一条板凳忽然四脚走动，走进门来。王庆喝声"奇怪"！一脚踢去，用力太猛，闪了胁肋，动弹不得。

（5）王庆因腰痛误了点名，被开封府府尹屈打成招，定了个捏造妖言，谋为不轨的死罪。后来童贯、蔡京怕外面的议论，教府尹速将王庆刺配远恶军州。于是王庆便被刺配到陕州牢城。

这里面高俅不见了,柳世雄也不见了,八十万禁军教头换成了一个副排军,于是旧本的困难都解决了。

王庆故事的第二段,在旧本里,大略如下:

(1) 王庆在路上因盘费用尽,便在路口镇使棒乞钱。遇着龚端,送他银子作路费,并且给他介绍信,去投奔他的兄弟龚正。

(2) 他到了四路镇龚正店里,龚正请众邻舍来,请王庆使一回棒,请众人各帮一贯钱,共聚得五百贯钱。

(3) 不幸被黄达出来拦阻,要和王庆比棒,王庆赢了他,却结下了冤仇。

(4) 王庆到了李州牢城,把五百贯钱上下使用,管营教他去管天王堂,每日烧香扫地。

(5) 王庆因比棒打伤了本州兵马提辖张世开的妻弟庞元,结下了冤仇。张世开要替庞元报仇,把王庆调去当差,寻事叫他赔钱吃棒,预备要打他九百九十九棒。

(6) 王庆吃苦不过,把张世开打死,逃出李州,在吴太公庄上教武艺。又逃到龚正庄上,被黄达叫破,王庆把黄达打死,又逃到镇阳城去投奔他的姨兄范全。

(7) 王庆在快活林使朴刀枪棒,打倒了段五虎,又打败了段三娘,段三娘便嫁了他。

(8) 恰好庞元在本地做巡检,王庆记念旧仇,把他杀了,同段三娘逃上红桃山做强盗。

(9) 王庆故事中处处写一个卖卦的金剑先生李杰;李杰邀了龚正弟兄来助王庆;王庆请他做军师,定下制度,占了秦州,王庆称秦王。

这段故事,人物太多,头绪纷繁,描写的技术也很幼稚。百二十回本的改作者决心把这个故事整理一番,遂变成了这个新样子:

(1) 王庆刺配陕州,路过新安县,打伤了使棒的庞元,结识了龚端、龚正弟兄。龚氏弟兄与黄达寻仇,王庆打伤了黄达,在龚家村住了十余日,龚正送他到陕州,上下使用了银钱,管营张世开把王庆发在单身房内,自在出入。

（2）后来张世开忽然把他唤去做买办,不但叫他天天赔钱,还时时寻事打他,前后计打了他三百余棒。王庆后来在棒疮医生处打听得张世开的小夫人便是庞元的姐姐,又知道张世开有意摆布他,代庞元报仇。王庆夜间偷进管营内室,偷听得张世开与庞元阴谋,要在棒下结果他的性命,一时怒起,遂杀了张、庞二人,越城逃走了。

（3）他逃到房州,躲在表兄范全家中,用药销去了脸上的金印。有一天,段家庄的段氏弟兄接了个粉头,搭戏台唱戏,王庆也去看热闹,在戏台下赌博,和段氏弟兄争斗,又打败了段三娘。次日,段太公叫金剑先生、李助去做媒,把段三娘嫁给他。成亲之夜,忽有人报到,说新安县的黄达打听得王庆的踪迹,报告房州州尹,就要来捉人了。

（4）李助给他们出主意,教他们反上房山去做强盗。后来他们打破房州,声势浩大,打破附近南丰、荆南各地。王庆自称楚王,在南丰城中建造宫殿,占了八座军州,做了草头天子。

这样大改革,人物与事实虽然大致采用原本,而内容完全变了,地理也完全改换了,描写也变细密了,事迹与人物也集中了。

百二十回本作序的杨定见自称"楚人",他知道河南、湖北、江西一带的地理,故把王庆故事原本的地理完全改变了。旧本的王庆故事说王庆占据"秦州",称"秦王"。书中可考的地名,如梁州,洮阳,秦州,皆在陕西、甘肃两省。这便不是"淮西"了！杨定见是湖北人,故把王庆的区域改在河南西南,湖北全境,及江西的建昌一角。（看本书百五回,页四七——四八）所以王庆不能称"秦王"了,便改成了"楚王"。旧本的卖卦李杰是洮西人,此本也改为"荆南李助",这也是杨定见认同乡的一证。

原本中的地名,如"天王堂",和林冲故事的天王堂重复了,如"快活林",和武松故事的快活林重复了,改本中都一概删改了,这也算一种进步。

改本把王庆早年故事集中在新安,陕州,房州三处,把龚端、龚正放在一处,把李杰的几次卖卦删成一次,把张世开和管营相公并作一个人,把庞元和张世开并在一块被杀,把吴太公等等无关重要的人都删了。——这都是整理集中的本事,都胜于原本。

原本的王庆故事显然分作两截:王庆得罪高俅以至称王的历史,自成一截。宋江征王庆的事,又自成一截。这两截各不相谋,两截中的人物也毫不相干,前截的人物如李杰,段氏兄妹,龚氏弟兄,皆不见于后截。这一点可证明李玄伯先生假定的短篇的《水浒》故事。大概王庆的历史一截,只是一种短篇王庆故事,本没有下文宋江征讨的结局。这个王庆本是一条好汉,可以改作梁山上的一个弟兄,也可以改作《水浒》开篇而不上梁山的王进,也可以改作与宋江等人并立的一寇。后来旧本的一种便把他改作四寇之一,又硬添上宋江征王庆的一段事。百回本的作者便把他改作王进,开篇而不结束。百十五回等本把这两种办法并入一部《水浒传》,便闹出种种矛盾和不照应的笑话来了。杨定见看出了这里面的种种短处,于是重新改作一番,把李助(李杰),段二,段五,段三娘,龚端等人,都插入后截宋江征讨的一段里,使这个故事前后照应。这是百二十回本的大进步。

至于描写的进步,更是百二十回本远胜旧本之处。百十五回本叙王庆的历史只有一万三千字;百二十回本把事迹归并集中了,而描写却更详细了,故字数加至二万字。试举几条例子。如李杰第一次卖卦,百十五回本只有一百六十个字的记载,百二十回本便加到八百字的描写。其中有这样细腻的文字:

……王庆接了卦钱,对着炎炎的那轮红日,弯腰唱喏;却是疼痛,弯腰不下,好似那八九十岁老儿,硬着腰半揖半拱的兜了一兜,仰面立着祷告。……

李助摇着一把竹骨摺叠油纸扇。……王庆对着李助坐地,当不的那油纸扇儿的柿漆臭,把皂罗衫袖儿掩着鼻,听他。(百二回,页十二——十三)

又如写定山堡段家庄的戏台下的情形:

那时粉头还未上台,台下四面有三四十只桌子,都有人围挤着在那里掷骰赌钱。那掷骰的名儿非止一端,乃是六凤儿,五幺子,火燎毛,朱窝儿。

又有那撷钱的,蹲踞在地上,共有二十余簇人。那撷钱的名儿也不止一端,乃是浑沌儿,三背间,八叉儿。

　　那些掷色的在那里呼幺喝六,撅钱的在那里唤字叫背;或夹笑带骂,或认真厮打。那输了的,脱衣典裳,褪巾剥袜,也要去翻本。……那赢的,意气扬扬,东摆西摇,南闯北踅的寻酒头儿再做;身边便袋里,搭膊里,衣袖里,都是银钱;到后来捉本算帐,原来赢不多;赢的都被把梢的,放囊的,拈了头儿去。(百四回,页三三)

这样细密的描写,都是旧本的王庆故事里没有的。

　　旧本于征王庆的一段之中,忽然插入"宋公明夜游玩景,吴学究帷幄谈兵"一回,前半宋江和卢俊义,吴用,乔道清诸人各言其志,后半吴用背诵《武侯新书》,全是文言的,迂腐的可厌。百二十回本把这一回全删去了。但征讨王庆的战事,无论如何彻底改造,总不见怎样出色;不过比旧本稍胜而已。

　　我在上文举的这些例子,大概可以表示百二十回本的性质了。百二十回本的改作者,大概就是作序的楚人杨定见,他想把田虎、王庆两部分提高,要使这两段可以和其他的部分相称,故极力修改田虎故事;又发愤改造王庆故事,避免了旧本里所有和百回本重复或矛盾之处,改正了地理上的错误,删除了一切潦草的,幼稚的记载(如王庆与六国使臣比枪),提高了书中主要人物的性格(如张清、琼英等),统一了本书对王庆一群人的见解(王庆在旧本里并不算小人,此本始放手把他写成一个无赖),并且抬高了人物描写的技术。——这是百二十回本的用意和成绩。

　　但《水浒传》的前半部实在太好了,其他的各部分都赶不上。最末的部分,——平方腊班师以后,——还有几段很感动人的文字;如写鲁智深之死,燕青之去,宋江之死,徽宗之梦,都还有点文学的意味。百回本里的征辽一段,实在是百回本的最弱部分,毫没有精采。碣石天文以后,征辽以前,那一长段也无甚精采。征方腊的部分也不很高明。至于田虎、王庆两大段,无论是旧本,或百二十回的改本,总不能叫人完全满意。

如果《水浒传》单是一部通俗演义书,那么,百二十回的改本已可算是很成功的了。但《水浒传》在明朝晚年已成了文人共同欣赏赞叹的一部文学作品,故其中各部分的优劣,很容易引起文人的注意。后来删削《水浒传》七十回以下的人,即是最崇拜《水浒传》的金圣叹。圣叹曾说:

> 天下之文章无出《水浒》右者!

他删去《水浒》的后半部,正是因为他最爱《水浒》,所以不忍见《水浒》受"狗尾续貂"的耻辱。

也许还有时代上的原因。我曾说:

> 圣叹生在流贼遍天下的时代,眼见张献忠、李自成一班强盗流毒全国,故他觉得强盗是不可提倡的,是应该口诛笔伐的。……圣叹又亲见明末的流贼伪降官兵,后复叛去,遂不可收拾,所以他对于《宋史》侯蒙请赦宋江使讨方腊的事,大不满意,极力驳他,说他"一语有八失";所以他又极力表章那没有招安以后事的七十回本。(《〈水浒传〉考证》)

金圣叹的文学眼光能认识《水浒》七十回以下的文笔远不如前半部,他的时代背景又使他不能赞成招安强盗的政策,所以他大胆地把七十回以下的文字全删了,又加上卢俊义的一个梦,很明显地教人知道强盗灭绝之后天下方得太平。这便是圣叹的七十一回本产生的原因。

圣叹的辩才是无敌的,他的笔锋是最能动人的。他在当日有才子之名,他的被杀又是当日震动全国的一件大惨案。他死后名誉更大,在小说批评界,他的权威直推翻了王世贞、李贽、钟惺等等有名的批评家。那部假托"圣叹外书"的《三国演义》尚且风行三百年之久,何况这部真正的圣叹评本的七十回本《水浒传》呢?无怪乎三百年来,我们只知道七十回本,而忘记了其他种种版本的存在了。

我们很感谢李玄伯先生,使我们得见百回本的真相;我们现在也很感谢商务印书馆,使许多读者得见百二十回本的真相。我个人很感谢商务印书馆要我作序,使我有机会把这十年来考证《水浒》的公案结一笔总帐。万一将来还有真郭本出现的一天,我们对于《水浒传》的历史的种种假设的结论，就可以得着更有力的证实了。

1929,6,23

《水浒》版本源流沿革表

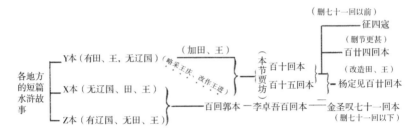

（原载 1929 年 9 月《小说月报》第 20 卷第 10 期）

胡适文存三集　卷六

《三侠五义》序

一　包公的传说

历史上有许多有福之人。一个是黄帝，一个是周公，一个是包龙图。上古有许多重要的发明，后人不知道是谁发明的，只好都归到黄帝的身上，于是黄帝成了上古的大圣人。中古有许多制作，后人也不知道究竟是谁创始的，也就都归到周公的身上，于是周公成了中古的大圣人，忙的不得了，忙的他"一沐三握发，一饭三吐哺！"

这种有福的人物，我曾替他们取个名字，叫做"箭垛式的人物"；就同小说上说的诸葛亮借箭时用的草人一样，本来只是一扎干草，身上刺猬也似的插着许多箭，不但不伤皮肉，反可以立大功，得大名。

包龙图——包拯——也是一个箭垛式的人物。古来有许多精巧的折狱故事，或载在史书，或流传民间，一般人不知道他们的来历，这些故事遂容易堆在一两个人的身上。在这些侦探式的清官之中，民间的传说不知怎样选出了宋朝的包拯来做一个箭垛，把许多折狱的奇案都射在他身上。包龙图遂成了中国的歇洛克·福尔摩斯了。

包拯在《宋史》里止有一篇短传（卷三一六），说他"立朝刚毅，贵戚宦官为之敛手，闻者皆惮之。人以包拯笑比黄河清。童稚妇女亦知其名，呼曰包待制。京师为之语曰，'关节不到，有阎罗包老'。旧制，凡讼诉不得径造庭下。拯开正门，使得至前陈曲直，吏不敢欺"。这是包拯故事的根源。他在当日很得民众的敬爱，故史称"童稚妇女皆知其名"。后来民间传说，遂把他提出来代表民众理想中的清官。他却也有这种代表资格，如上文引的《宋史》所说"笑比黄河清"，"关节不到"等事，都可见他的为人。《宋史》又说他：

性峭直，恶吏苛刻，务敦厚；虽甚嫉恶，而未尝不推以忠恕也。与人不苟合，不伪辞色悦人。平居无私书，故人亲党皆绝之。虽贵，衣服器用饮食如布衣时。尝曰："后世子孙仕宦有犯赃者，不得放归本家；死，不得葬大茔中。不从吾志，非吾子若孙也。"

他的长处在于峭直而"务敦厚"，嫉恶而"未尝不推以忠恕"。《宋史》本传纪载他的爱民善政很多，大概他当日所以深得民心，也正是因为这个原故。不过后世传说，注重他的刚毅峭直处，遂埋没了他的敦厚处了。

关于包拯断狱的精明，《宋史》只记他：

> 知天长县，有盗割人牛舌者。主来诉，拯曰，"第归，杀而鬻之"。寻复有来告私杀牛者。拯曰，"何为割牛舌而又告之？"盗惊服。

他大概颇有断狱的侦探手段。民间传说，愈传愈神奇，不但把许多奇案都送给他，并且造出"日断阳事，夜断阴事"的神话。后世佛、道混合的宗教遂请他做了第五殿的阎王。这种神话的源流是很可供社会史家的研究的。

大概包公断狱的种种故事，起于北宋，传于南宋；初盛于元人的杂剧，再盛于明清人的小说。

《元曲选》一百种之中，有十种是包拯断狱的故事，其目如下：

① 包待制陈州粜米　（无名氏）
② 包龙图智赚合同文字　（无名氏）
③ 包龙图单见黑旋风
　　神奴儿大闹开封府　（无名氏）
④ 包待制三勘蝴蝶梦　（关汉卿）
⑤ 包待制智斩鲁斋郎　（关汉卿）（以上两本《录鬼簿》记关氏所著杂剧目中不载，疑是无名氏之作，《元曲选》误收为关氏之作。）
⑥ 包龙图智勘后庭花　（郑庭玉）
⑦ 包待制智赚灰阑记　（李行道）
⑧ 王月英元夜留鞋记　（曾瑞卿）
⑨ 玎玎珰珰盆儿鬼　（无名氏）

⑩ 包待制智赚生金阁　（武汉臣）

这都是保存至今的。此外还有不传的杂剧：

⑪ 糊突包待制　（江泽民）（见《录鬼簿》）
⑫ 包待制判断烟花鬼　（张鸣善）（同上）
⑬ 风雪包待制　（无名氏）（见《太和正音谱》）
⑭ 包待制双勘丁　（无名氏）（同上）

我们看《元曲选》中保存的包公杂剧，可以知道宋、元之间包公的传说不但很盛行，并且已有了一个大同小异的中心。例如各剧都说：

> 老夫姓包，名拯，字希文，乃庐州金斗郡四望乡老儿村人氏。

《宋史》说他字希仁，王铚《默记》也称包希仁；而传说改称字希文。《宋史》只说他是庐州合肥人，而传说捏造出"金斗郡四望乡老儿村"来。这些小节都可证当日必有一种很风行的包公故事作一种底本。又如《灰阑记》云：

> 敕赐势剑金牌，体察滥官污吏。

《留鞋记》云：

> 因为老夫廉能清正，奉公守法，圣人敕赐势剑金牌，着老夫先斩后奏。

《盆儿鬼》云：

> 敕赐势剑金牌，容老夫先斩后奏，专一体察滥官污吏，与百姓伸冤理枉。

《陈州粜米》云：

> 〔范学士云〕待制再也不必过虑。圣人的命敕赐与你势剑金牌，先斩后闻。

这就是后来"赐御铡三刀"的传说的来源。元人杂剧里已有"铜铡"的名称，如《后庭花》云：

> 〔赵廉访云〕与你势剑铜铡，限三日便与我问成这桩事。……〔正末云〕是好一口剑也呵！〔唱〕
> 这剑冷飕飕，取次不离匣。这恶头儿揽与咱家。我若出公门，小民把我胡扑搭，莫不是这老子卖弄这势剑铜铡？

在《音释》里，镴字注"音查"，即是铡字。又《灰阑记》也说：
> 若不是呵，就把铜镴来切了这个驴头。

这都可见"敕赐势剑铜铡"已成了那时的包公故事的公认的部分了。

又如《盆儿鬼》云：
> 上告待制老爷听端的：
> 人人说你白日断阳间，
> 到得晚时又把阴司理。

可见"日断阳事，夜断阴事"在那时已成了公认的中心部分了。

以上所说，都可见当时必有一种通行的底本。最可注意的是《盆儿鬼》中张憨古列举包公的奇案云：
> 也曾三勘王家蝴蝶梦，
> 也曾独枭陈州老仓米，
> 也曾智赚灰阑年少儿，
> 也曾诈斩斋郎衙内职，
> 也曾断开双赋《后庭花》，
> 也曾追还两纸合同笔。

这里面举的六件事即是《元曲选》里六本杂剧的故事。这事可有两种解释。也许这些故事在当日早已成了包公故事的一部分，杂剧家不过取传说中的材料，加上结构，演为杂剧。也许是杂剧家彼此争奇斗巧，你出一本《鲁斋郎》，他出一本《陈州粜米》；你出一本《智赚灰阑记》，他又出一本《智赚合同文字》；正如英国伊里沙白女王时代的各戏园争奇斗巧，莎士比亚出一本《丹麦王子》悲剧，吉德(Kyd)就出一本《西班牙悲剧》(*Spanish Tragedy*)；马罗(Marlowe)出一本《福司特博士》(*Doctor Faustus*)，格林(Greene)就出一本《倍根教士与彭该教士》(*Friar Bacon and Friar Bungay*)。这两说之中，似后说为较近情理。大概元代杂剧家的争奇斗巧是包公故事发展扩大的一个重要原因；《盆儿鬼》似最晚出，故列举当日已出的包公杂剧中的故事，而后来《盆儿鬼》的故事——即《乌盆记》——却成了包公故事中最通行的部分。

元朝的包公故事,略如上述。坊间现有一部《包公案》,又名《龙图公案》,乃是一部杂记体的小说。这书是晚出的书,大概是明、清的恶劣文人杂凑成的,文笔很坏;其中的地理、历史、制度,都是信口开河,鄙陋可笑。书中地名有南直隶,可证其为明朝的书。但我们细看此书,似乎也有一小部分,来历稍古。如《乌盆子》一条,即是元曲《盆儿鬼》的故事,但人物姓名不同罢了。又如《桑林镇》一条,记包公断太后的事,与元朝杂剧《抱妆盒》(说见下)虽不同,却可见民间的传说已将李宸妃一案也堆到包拯身上去了。又如《玉面猫》一条,记五鼠闹东京的神话,五鼠先化两个施俊,又化两个王丞相,又化两个宋仁宗,又化两个太后,又化两个包公;后来包公奏明玉帝,向西方雷音寺借得玉面猫,方才收服了五鼠。这五鼠的故事大概是受了《西游记》里六耳猕猴故事的影响;五鼠闹东京的故事又见于《西洋记》(即《三保太监下西洋》),比《包公案》详细的多;大概《包公案》作于明末,在《西游》、《西洋》之后。五鼠后来成为五个义士,玉猫后来成为御猫展昭,这又可见传说的变迁与神话的人化了。

杂记体的《包公案》后来又演为章回体的《龙图公案》,那大概是清朝的事。《三侠五义》即是从这里面演化出来。但《龙图公案》仍是用包公为主体,而《三侠五义》却用几位侠士作主体,包公的故事不过做个线索,做个背景;这又可见传说的变迁;而从《包公案》演进到《三侠五义》,真不能不算是一大进步了。

二 李宸妃的故事

宋仁宗生母李宸妃的故事,在当日是一件大案,在后世遂成为一大传说,元人演为杂剧,明人演为小说,至《三侠五义》而这个故事变的更完备了;《狸猫换太子》在前清已成了通行的戏剧(包括《断后》、《审郭槐》等出),到近年竟演成了连台几十本的长剧了。这个故事的演变也颇有研究的价值。

《宋史》卷二四二云:

　　李宸妃,杭州人也。……初入宫,为章献太后(刘后)侍

> 儿。庄重寡言，真宗以为司寝。既有娠，从帝临砌台。玉钗坠。妃恶之。帝心卜："钗完，当为男子。"左右取以进，钗果不毁。帝甚喜。已而生仁宗。……仁宗即位，为顺容，从守永定陵。……
>
> 初仁宗在襁褓，章献（刘后）以为己子，使杨淑妃保视之。仁宗即位，妃嘿处先朝嫔御中，未尝自异。人畏太后，亦无敢言者。终太后世，仁宗不自知为妃所出也。
>
> 明道元年，疾革，进位宸妃。薨，年四十六。初章献太后欲以宫人礼治丧于外，丞相吕夷简奏礼宜从厚。太后遽引帝起。有顷，独坐帘下，召夷简问曰，"一宫人死，相公云云，何欤？"夷简曰，"臣待罪宰相，事无内外，无不当预"。太后怒曰，"相公欲离间吾母子耶？"夷简从容对曰，"陛下不以刘氏为念，臣不敢言。尚念刘氏，则丧礼宜从厚"。太后悟，遽曰，"宫人，李宸妃也。且奈何？"夷简乃请治丧用一品礼，殡洪福院。夷简又谓入内都知罗崇勋曰，"宸妃当以后服殓，用水银实棺。异时勿谓夷简未尝道及"。崇勋如其言。
>
> 后章献太后崩，燕王为仁宗言，"陛下乃李宸妃所生，妃死以非命"。仁宗号恸，顿毁，不视朝累日，下哀痛之诏自责，尊宸妃为皇太后，谥庄懿（后改章懿）。幸洪福寺祭告，易梓宫，亲哭视之。妃玉色如生，冠服如皇太后；以水银养之，故不坏。仁宗叹曰，"人言其可信哉？"遇刘氏加厚……

这传里记李宸妃一案，可算是很直率的了。章献刘后乃是宋史上一个很有才干的妇人；真宗晚年，她已预闻政事了；真宗死后，仁宗幼弱，刘后临朝专政，前后当国至十一年之久。李宸妃本是她的侍儿，如何敢和她抵抗？所以宸妃终身不敢认仁宗是她生的，别人也不敢替她说话。宸妃死于明道元年，刘后死于明道二年。刘后死后，方有人说明此事。当时有人疑宸妃死于非命，但开棺验看已可证宸妃不曾遭谋害；况且刘后如要谋害她，何必等到仁宗即位十年之后？但当时仁宗下哀痛之诏自责，又开棺改葬，追谥陪葬，这些大举动都可以引起全国的注意，唤起全国的同情，于是种种传说也就纷纷发生，历八九百年而不衰。

宋人王铚作《默记》,也曾记此事,可与《宋史》所记相参证:

> 章懿李太后生昭陵(仁宗),而终章献之世,不知章懿为母也。章懿卒,先殡奉先寺。昭陵以章献之崩,号泣过度。章惠太后(即杨淑妃)劝帝曰,"此非帝母;帝自有母宸妃李氏,已卒,在奉先寺殡之"。仁宗即以犊车亟走奉先寺,撤殡观之。在一大井上,四铁索维之。既启棺,而形容如生,略不坏也。时已遣兵围章献之第矣;既启棺,知非鸩死,乃罢遣之。(涵芬楼本,上,页七)

王铚生当哲宗、徽宗时,见闻较确;他的记载很可代表当时的传说。然而他的记载已有几点和《宋史》不同:

① 宸妃死后,殡于洪福院;《默记》作奉先寺。(《仁宗本纪》作法福院)

② 《宋史》记告仁宗者为燕王,而《默记》说是杨淑妃。

③ 《默记》记仁宗"即以犊车亟走奉先寺",这种具体的写法便已是民间传说的风味了。(据《仁宗本纪》,追尊宸妃在三月,幸法福寺在九月。)

《默记》又记有两件事,和宸妃的故事都有点关系。其一为张茂实的历史:

> 张茂实太尉,章圣(真宗)之子,尚宫朱氏所生。章圣畏惧刘后,凡后宫生皇子公主,俱不留。以与内侍张景宗,令养视,遂冒姓张。既长,景宗奏授三班奉职;入谢日,章圣曰,"孩儿早许大也"。
>
> 昭陵(仁宗)出阁,以为春坊谒者,后擢用副富郑公使房,作殿前步帅。……
>
> 厚陵(英宗)为皇太子,茂实入朝,至东华门外,居民繁用者迎马首连呼曰,"亏你太尉!"茂实惶恐,执诣有司,以为狂人而黥配之。其实非狂也。
>
> 茂实缘此求外郡。至厚陵即位,……自知蔡州坐事移曹州,忧恐以卒,谥勤惠。

滕元发言,尝因其病问之,至卧内。茂实岸帻起坐,其头角巉然,真龙种也,全类奇表。盖本朝内臣养子未有大用至节帅者。于此可验矣。(上,页十二)

其二为记冷青之狱:

皇祐二年有狂人冷青言母王氏,本官人,因禁中火,出外。已尝得幸有娠,嫁冷绪而后生青。……诣府自陈,并妄以英宗(涵芬楼本误作神宗)与其母绣抱肚为验。知府钱明逸……以狂人,置不问,止送汝州编管。

推官韩绛上言,"青留外非便,宜按正其罪,以绝群疑"。翰林学士赵概亦言,"青果然,岂宜出外?若其妄言,则匹夫而希天子之位,法所当诛"。

遂命概并包拯按得奸状,……处死。钱明逸落翰林学士,以大龙图知蔡州;府推张式、李舜元皆补外。

世妄以宰相陈执中希温成(仁宗的张贵妃,死后追册为温仁皇后)旨为此,故诛青时,京师昏雾四塞。殊不知执中已罢,是时宰相乃文富二贤相,处大事岂有误哉?(下,页四)

这两件事都很可注意。前条说民人繁用迎着张茂实的马首喊叫,后条说民间传说诛冷青时京师昏雾四塞。这都可见当时民间对于刘后的不满意,对于被她冤屈的人的不平。这种心理的反感便是李宸妃故事一类的传说所以流行而传播久远的原因。张茂实和冷青的两案究竟在可信可疑之间,故不能成为动听的故事。李宸妃的一案,事实分明,沉冤至二十年之久,宸妃终身不敢认儿子,仁宗二十三年不知生母为谁(仁宗生于1010,刘后死于1033);及至昭雪之时,皇帝下诏自责,闹到开棺改葬,震动全国的耳目;——这样的大案子自然最容易流传,最容易变成街谈巷议的资料,最容易添枝添叶,以讹传讹,渐渐地失掉本来的面目,渐渐地神话化。

《宋史》记宸妃有娠时玉钗的卜卦,已是一种神话了。坠钗时的"心卜",谁人听见?谁人传出?可见李宸妃的传记已采有神话化的材料了。元朝有无名氏做的"李美人御苑拾弹丸,金水桥陈琳抱妆盒"杂剧,可以表见宋、元之间这个故事已变到什么样子。此剧情节如下:

楔子:真宗依太史官王弘之奏,打造金弹丸一枚,向东南方打去,令六宫妃嫔各自寻觅;拾得金丸者,必生贤嗣。

第一折:李美人拾得金丸,真宗遂到西宫游幸。

第二折:李美人生下一子,刘皇后命寇承御去把孩子骗出来弄死。寇承御骗出了太子,只见"红光紫雾罩定太子身上";遂和陈琳定计,把太子放在黄封妆盒里,偷送出宫,交与八大王抚养。恰巧刘皇后走过金水桥,撞见陈琳,盘问妆盒中装的何物,几乎揭开盒盖。幸得真宗请刘后回宫,陈琳才得脱身。

楔子:陈琳把太子送到南清宫,交与八大王。

第三折:八大王领太子去见真宗;刘后见他面似李美人,遂生疑心,回宫拷问寇承御,寇承御熬刑不过,撞阶而死。

第四折:真宗病重时,命取楚王(即八大王)第十二子承继大统,即是陈琳抱出的太子。太子即位后,细问陈琳,才知李美人为生母。那时刘后与李美人都活着,仁宗不忍追究,只"将西宫改为合德宫,奉李美人为纯圣皇太后,寡人每日问安视膳"。

这里的李宸妃故事有可注意的几点:(1)玉钗之卜已变成了金弹之卜,神话的意味更重了。(2)"红光紫雾"的神话。(3)写刘皇后要害死太子,与《宋史》说刘后养为己子大不同。这可见民间传说不知不觉地已加重了刘后的罪过,与古史上随时加重桀、纣的罪过一样。(4)造出了一个寇承御和一个陈琳,但此时还没有郭槐。(5)李美人生子,由陈琳送与八大王抚养,后来入继大统;这也可见民间传说不愿意让刘后有爱护仁宗之功,所以不知不觉地把这件功劳让与八大王了。(6)仁宗问出这案始末时,刘后与李妃都还不曾死,这也可见民间心理希望李妃享点后福,故把一件悲剧改成一件喜剧了。(7)没有狸猫换太子的话,只说"诈传万岁爷要看诓出宫来"。(8)没有包公的事。这时期里,这个故事还很简单;用不着郭槐,也用不着包龙图的侦探术。

我们再看《包公案》里的李宸妃故事，便不同了。《包公案》的"桑林镇"一条说包公自陈州赈济回来，到桑林镇歇马放告。有一个住破窑的婆子来告状，那婆子两目昏眊，衣服垢污，放声大哭，诉说前事。其情节如下：

① 李妃生下一子，刘妃也生下一女。六宫大使郭槐作弊，把女儿换了儿子。

② 李妃一时气闷，误死女儿，被困冷宫。有张园子知此事冤屈，见天子游苑，略说情由；被郭槐报知刘后，绞死张园子，杀他一十八口。

③ 真宗死后，仁宗登极，大赦冷宫罪人，李妃方得出宫，来到桑林镇乞食度日。

④ 有何证据呢？婆子说，生下太子时，两手不开；挽开看时，左手有"山河"二字，右手有"社稷"二字。

⑤ 后来审问郭槐，郭槐抵死不招。包公用计，请仁宗假扮阎罗天子，包公自扮判官，郭槐说出真情，罪案方定。

⑥ 李后入宫，"母子二人悲喜交集，文武庆贺"。仁宗要令刘后受油熬之刑，包公劝止，只"着人将丈二白丝帕绞死"，郭槐受鼎镬之刑。

这是这个故事在明、清之间的大概模样。这里面有几点可注意：

① 造出了一个坏人郭槐和一个好人张园子，却没有寇承御与陈琳。

② 包公成了此案的承审官与侦探家。

③ 八大王抚养的话抛弃了，变为男女对换的法子，但还没有狸猫之计。

④ 李妃受的冷宫与破窑之苦，是元曲里没有的。先写她很痛苦，方可反衬出她晚年的福气。

⑤ 破案后，李后享福，刘后受绞死之刑。这也可见民众的心理。

我们可以把宋、元、明三个时期的李宸妃故事的主要分子列为一个比较表：

	主文	坏人	好人	破案人	结局
宋	刘后养李氏子为己子			燕王(《宋史》)杨淑妃(《默记》)	追尊李妃为太后,与刘后平等。
元	刘后要杀李氏子,遇救而免,养于八大王家。	刘后	寇承御陈琳八大王	陈琳	两后并奉养。
明	刘后生女,换了李氏所生子。	刘后郭槐	张园子	包公	李后尊荣,刘后绞死。

《三侠五义》里的"狸猫换太子"故事是把元、明两种故事参合起来,调和折衷,组成一种新传说,遂成为李宸妃故事的定本(看本书第一回及第十五至十九回)。我们看上面的表,可以知道这个故事有两种很不同的传说;这两种传说不像是同出一源逐渐变成的,乃是两种独立的传说。前一种——元曲《抱妆盒》——和《宋史》还相去不很远,大概是宋、元之间民间演变的传说。后一种——《包公案》——是一个不懂得历史掌故的人编造出来的,他只晓得宋朝有这件事,他也不曾读过《宋史》,也不曾读过元曲,所以凭空造出一条包公断后的故事来。这两种不同的传说,一种靠戏本的流传,一种靠小说的风行,都占有相当的势力。后来的李宸妃故事遂不得不选择调和,演为一种折衷的定本。

《三侠五义》里的李宸妃故事的情节如下:

① 钦天监文彦博奏道:"夜观天象,见天狗星犯阙,恐于储君不利。"时李、刘二妃俱各有娠,真宗因各赐玉玺龙袱一个,镇压天狗星;又各赐金丸一枚,内藏九曲珠子一颗,将二妃姓名宫名刻在上面,随身佩带。

② 李妃生下一子;刘妃与郭槐定计,将狸猫剥去皮毛,换出太子,叫寇珠送到销金亭用裙带勒死。

③ 寇珠与陈琳定计,把太子放在妆盒里,偷送出宫。路上碰见郭槐与刘妃,几乎被他们查出。

④ 八大王收藏太子，养为己子。

⑤ 李妃因产生妖孽，贬入冷宫。刘妃生下一子，立为太子。

⑥ 刘妃所生子六岁时得病死了，真宗因立八大王之第三世子为太子，即是李妃所生。太子无意中路过冷宫，见着李妃，怜她受苦，回去替她求情。刘后生疑，拷问寇珠，寇珠撞阶而死。

⑦ 刘后对真宗说李妃怨恨咒诅，真宗大怒，赐白绫七尺，令她自尽。幸得小太监余忠替死，李妃扮作余忠，逃至陈州安身。

⑧ 包公自陈州回来，在草州桥歇马放告。有住破窑的瞎婆子来告状，诉说前事，始知为李宸妃，有龙袱金丸为证。

⑨ 包公之妻李夫人用"古今盆"医好李妃的双目。李妃先见八大王的狄后，说明来历；狄后引她见仁宗，母子相认。

⑩ 包公承审郭槐，郭槐熬刑不招。包公灌醉郭槐，假装森罗殿开审，套出郭槐的口供，方能定案。

⑪ 刘后正在病危的时候，闻知此事，病遂不起。

这个故事把元、明两朝不同的传说的重要分子都容纳在里面了。《抱妆盒》杂剧里的分子是：

① 金弹丸变成了藏珠的金丸了。

② 寇承御得一个新名字，名寇珠。

③ 陈琳不曾变。

④ 抱妆盒的故事仍保存了。

⑤ 八大王仍旧。

⑥ 寇承御骗太子，元剧不曾详说；此处改为郭槐与产婆尤氏用狸猫换出太子。

⑦ 陈琳捧妆盒出宫之时，路上遇刘妃查问。此一节全用元剧的结构。

但《包公案》的说法也被采取了不少部分：

① 郭槐成了重要脚色。

② 包公成了重要脚色。

③ 用女换男，改为用狸猫换太子。

④ 冷宫与破窑的话都被采取了。

⑤ 瞎婆子告状的部分。

⑥ 审郭槐,假扮阎罗王的部分。

此外便是新添的部分了:

① 狸猫换太子是新添的。

② 刘后也生一子,六岁而死,是新添的。

③ 产婆尤氏,冷宫总管秦凤,替死太监余忠是新添的。张园子太寒伧了,所以他和他的一十八口都被淘汰了。

④ 李夫人医治李妃双目复明,是新添的。

⑤ 狄后的转达,是新添的。

我们看这一个故事在九百年中变迁沿革的历史,可以得一个很好的教训。传说的生长,就同滚雪球一样,越滚越大,最初只有一个简单的故事作个中心的"母题"(Motif),你添一枝,他添一叶,便像个样子了。后来经过众口的传说,经过平话家的敷演,经过戏曲家的剪裁结构,经过小说家的修饰,这个故事便一天一天的改变面目:内容更丰富了,情节更精细圆满了,曲折更多了,人物更有生气了。《宋史·后妃传》的六百个字在八九百年内竟演成了一部大书,竟演成了几十本的连台长戏。这件事的本身本不值得多大的研究。但这个故事的生长变迁,来历分明,最容易研究,最容易使我们了解一个传说怎样变迁沿革的步骤。这个故事不过是传说生长史的一个有趣味的实例。此事虽小,可以喻大。包公身上堆着许多有主名或无主名的奇案,正如黄帝、周公身上堆着许多大发明大制作一样。李宸妃故事的变迁沿革也就同尧、舜、桀、纣等等古史传说的变迁沿革一样,也就同井田禅让等等古史传说的变迁沿革一样。就拿井田来说罢。孟子只说了几句不明不白的井田论;后来的汉儒,你加一点,他加一点,三四百年后便成了一种详密的井田制度,就像古代真有过这样的一种制度了(看《胡适文存》初排本卷二,页二六四——二八一)。尧、舜、桀、纣的传说也是如此的。古人说的好,"爱人若将加诸膝,恶人若将坠诸渊"。人情大抵如此。古人又说,"纣之不善,不如是之甚也。是以君子恶居下流,天下之恶皆归之"。古人把一切罪恶都堆到桀、纣身上,就同古人把一切美德都堆到尧、舜身上一样。这多是一点一点地加添起来的,同李宸妃的故事的生长一样。尧、舜就是李宸妃,桀、纣就是刘皇后。稷、契、皋陶就是寇珠、陈琳、余忠、张园子;飞廉、恶来、妲己、妺喜就是郭槐、尤氏。许由、巢父、伯夷、叔齐也不过像玉钗金弹,红光紫雾,随人的心理随时添的枝叶罢了。我曾说:

> 其实古史上的故事没有一件不曾经过这样的演进,也没有一件不可用这个历史演进的方法去研究。尧、舜、禹的故事,黄帝、神农、庖牺的故事,汤的故事,伊尹的故事,后稷的故事,文王的故事,太公的故事,周公的故事,都可以做这个方法的实验品。

(《胡适文存二集》卷一,页一五三——一五七)

三 《三侠五义》与《七侠五义》

《三侠五义》原名《忠烈侠义传》,是从《龙图公案》变出来的。我藏的一部《三侠五义》(即亚东此本的底本),光绪八年壬午(1882)活字排本,有三篇短序。问竹主人(著者自号)序说:

> 是书本名《龙图公案》,又曰《包公案》,说部中演了三十余回,从此书内又续成六十多本;虽是传奇志异,难免怪力乱神。兹将此书翻旧出新,添长补短,删去邪说之事,改出正大之文,极赞忠烈之臣,侠义之事,……故取传名曰"忠烈侠义"四字,集成一百二十回。

又有退思主人序说:

> 原夫《龙图》一传,旧有新编;貂续千言,新成其帙。补就天衣无缝,独具匠心;裁来云锦缺痕,别开生面。百二回之通络贯脉,三五人之义胆侠肠,……

这可见当时作者和他的朋友都承认这书是用《龙图公案》作底本的。但《龙图公案》"虽是传奇志异,难免怪力乱神",所以改作的人"将此书翻旧出新,添长补短,删去邪说之事,改出正大之文",遂成了一部完全不同的新书。《龙图公案》里闹东京的五鼠是五个妖怪,玉猫是一只神猫;改作之后,五鼠变成了五个侠士,玉猫变成了"御猫"展昭,神话变成了人话,志怪之书变成了写侠义之书了。这样的改变真是"翻旧出新",可算是一种极大的进步。

可惜我们现在还不能知道这部书的作者究竟是什么样的人。依壬午活字本的三篇序看来,这书的原作者自号"问竹主人"。但壬午本还有两篇序,一篇是入迷道人做的,他说:

> 辛未春(1871),由友人问竹主人处得是书而卒读之。……草录一部而珍藏之。乙亥(1875)司榷淮安,公余时从新校阅,另录成编,订为四函。年余始获告成。去冬(1878)有世好友人退思主人者,……携去,……付刻于聚珍板。

退思主人序也说:

> 戊寅冬(1878)于友人入迷道人处得是书写本,知为友人问竹主人互相参合删定,汇而成卷。

是此书曾经入迷道人的校阅删定。

壬午本首页题"忠烈侠义传,石玉昆述"。我们因此知道问竹主人即是石玉昆。石玉昆的事迹,现在还无从考起。后来光绪庚寅(1890)北京文光楼续刻《小五义》及《续小五义》,序中说有"友人与石玉昆门徒素相往来,……将石先生原稿携来"。这话大概不可相信。《三侠五义》的末尾有续集的要目,其中不提及徐良;而《小五义》以下,徐良为最重要的人。这是一可疑。《三侠五义》已写到军山的聚义,而《小五义》仍从颜按院上任叙起,重迭至四十一回之多;情节多与前书不同,文章又很坏,远不如前集。这是二可疑。《小五义》中,沈仲元架走颜按院一件事是最重要的关键。然而前集百零六回叙邓车行刺的事并无气走沈仲元的话;末尾的要目预告里也没有沈仲元架跑按院的话。这是三可疑。《三侠五义》末尾预告续集"也有不足百回",而《小五义》与《续小五义》共有二百几十回。这是四可疑。从文章上看来,《三侠五义》与《小五义》决不是一个人做的。所以《〈小五义〉序》里的话是不可靠的。然而《〈小五义〉序》却使我们得一个消息:大概石玉昆此时(1890)已死了。他若不曾死,文光楼主人决不敢扯这个大谎。

(附记)我从前曾疑心石玉昆的原本也许是很幼稚的,文字略如《小五义》。如果《〈小五义〉序》所说可信,那么,入迷道人修改年余的功劳真不小了。

《三侠五义》成书在1871年以前，至1879年始出版。十年后（1889），俞曲园先生（樾）重行改订一次，把第一回改撰过，改颜查散为颜眘敏，改书名《三侠五义》为《七侠五义》。《七侠五义》本盛行于南方，近年来《三侠五义》旧排本已不易得，南方改本的《七侠五义》已渐渐侵入京津的书坊，将来怕连北方的人也会不知道《三侠五义》这部书了。其实《三侠五义》原本确有胜过曲园先生改本之处。就是曲园先生最不满意的第一回也远胜于改本。近年上海戏园里编《狸猫换太子》新戏，第一本用《三侠五义》第一回作底本，这可见京班的戏子还忘不了《三侠五义》的影响，又可见改本的第一回删去了那有声有色的描写部分便没有文学的趣味，便不合戏剧的演做了。这回亚东图书馆请俞平伯先生标点此书，全用《三侠五义》作底本，将来定可以使这个本子重新流行于国中，使许多读者知道这部小说的原本是个什么样子。平伯是曲园先生的曾孙。《三侠五义》因曲园先生的表章而盛行于南方，现在《三侠五义》的原本又要靠平伯的标点而保存流传，这不但是俞家的佳话，也可说是文学史上的一段佳话了。

曲园先生对于此书曾有很热烈的赏赞。他的序里说：
……及阅至终篇，见其事迹新奇，笔意酣恣，描写既细入毫芒，点染又曲中筋节，正如柳麻子说"武松打店"，初到店内无人，蓦地一吼，店中空缸空甓皆瓮瓮有声：闲中着色，精神百倍。如此笔墨方许作平话小说；如此平话小说方算得天地间另是一种笔墨！

这篇序虽没有收入《春在堂集》里去，然而曲园先生的序跋很少有这样好的文章，也没有第二篇流传这样广远的。曲园先生在学术史上自有位置，正不必靠此序传后；然而他以一代经学大师的资格来这样赞赏一部平话小说，他的眼力总算是很可钦佩的了。

《三侠五义》有因袭的部分，有创造的部分。大概写包公的部分是因袭的居多，写各位侠客义士的部分差不多全是创造的。

第一回狸猫换太子的故事，其中各部分大抵是因袭元朝以来的各种传说，我们在上章已分析过了。这一回里最有精采的部分是写陈琳抱妆盒出宫，路遇刘皇后盘诘的一段。这一段是沿用元曲《抱妆盒》第二折的。我摘抄几段来做例：

〔刘皇后引宫女冲上云〕休将我语同他语，未必他心似我心。那寇承御这小妮子，我差他干一件心腹事去，他去了大半日才来回话，说已停当了。我心中还信不过他。如今自往金水桥河边看去：有甚么动静，便见分晓。〔做见科，云〕兀的垂杨那壁不是陈琳？待我叫他一声。陈琳！〔正末慌科，云〕是刘娘娘叫，我死也。〔唱〕……（曲删）……〔做放盒见科〕〔刘皇后云〕陈琳，你那里去？〔正末云〕奴婢往后花园采办时新果品来。〔刘皇后云〕别无甚公事么？〔正末云〕别无甚公事。〔刘皇后云〕这等，你去罢。〔正末做捧盒急走科〕〔刘皇后云〕你且转来。〔正末回，放盒，跪科，云〕娘娘有甚分付？〔刘皇后云〕这厮，我放你去，就如弩箭离弦，脚步儿可走的快。我叫你转来，就如毡上拖毛，脚步儿可这等慢。必定有些蹊跷。我问你，……待我揭开盒儿看个明白。果然没有夹带，我才放你出去。……取盒儿过来，待我揭开看波。〔正末用手按盒科，云〕娘娘，这盒盖开不的。上有黄封御笔，须和娘娘同到万岁爷跟前面说过时，方才敢开这盒盖你看。〔刘皇后云〕我管甚么黄封御笔！则等我揭开看看。〔正末按住科〕……〔刘皇后做怒科，云〕陈琳，你不揭开盒儿我看，要我自动手么？〔正末唱〕

呀！见娘娘走向前，唉！

可不我陈琳呵，这死罪应该？

〔刘皇后云〕我只要辩个虚实，觑个真假，审个明白。〔正末唱〕

他待要辩个虚实，

觑个真假，

审个明白！

〔寇承御慌上科，云〕请娘娘回去。圣驾幸中宫要排筵宴哩。

〔刘皇后云〕陈琳，恰好了你。若不是驾幸中宫，我肯就放了你出去？……〔并下〕

我们拿这几段来比较《三侠五义》第一回写抱妆盒的一段，可以看出石玉昆沿用元曲，只加上小小的改动，删去了"驾幸中宫"的话，改成这样更近情理的写法：

……刘妃听了，瞧瞧妆盒，又看看陈琳，复又说道："里面可有夹带？……"陈琳当此之际，把死付于度外，将心一横，不但不怕，反倒从容答道："并无夹带。娘娘若是不信，请去皇封，当面开看。"说着话，就要去揭皇封。刘妃一见，连忙拦住道："既是皇封封定，谁敢私行开看？难道你不知规矩么？"陈琳叩头说："不敢！不敢！"刘妃沉吟半晌；因明日果是八千岁寿辰，便说："既是如此，去罢！"陈琳起身，手提盒子，才待转身；忽听刘妃说："转来！"陈琳只得转身。刘妃又将陈琳上下打量一番，见他面上颜色丝毫不漏，方缓缓的说道："去罢。"

读者不要小看了这一点小小的改动。须知道从"刘皇后匆匆而去"改到"刘妃缓缓的说道，去罢"，这便是六百年文学技术进化的成绩。

这书中写包公断案的各段大都是沿袭古来的传说，稍加上穿插与描写的工夫。最有名的乌盆鬼一案便是一个明显的例。我们试拿本书第五回来比较元曲《盆儿鬼》，便可以知道这一段故事大段是沿用元朝以来的传说，而描写和叙述的技术都进步多了。在元曲里，盆儿鬼的自述是：

孩儿叫做杨国用，就是汴梁人，贩些南货做买卖去，赚得五六个银子。前日回来，不期天色晚了，投到瓦窑村"盆罐赵"家宵宿。他夫妻两个图了我财，致了我命，又将我烧灰捣骨，捏成盆儿。

在《三侠五义》里，他的自述是：

我姓刘名世昌，在苏州阊门外八宝乡居住。家有老母周氏，妻子王氏，还有三岁的孩子乳名百岁。本是缎行生理。只因乘驴回家，行李沉重，那日天晚，在赵大家借宿；不料他夫妻好狠，将我杀害,谋了资财,将我血肉和泥焚化。

张憨古只改了一个"别"字,盆罐赵仍姓赵,只是杨国用改成了刘世昌。此外,别的部分也是因袭的多,创造的少。例如张别古告状之后,叫盆儿不答应,被包公撵出两次,这都是抄袭元曲的。元曲里,盆儿两次不应:一次是鬼"恰才口渴的慌,去寻一钟儿茶吃";一次是鬼"害饥,去吃个烧饼儿";直到张别古不肯告状了,盆儿才说是"被门神户尉挡住不放过去"。这种地方未免太轻薄了,不是悲剧里应有的情节。所以《三侠五义》及后来京戏里便改为第一次是门神拦阻,第二次是赤身裸体不敢见"星主"。

元曲《盆儿鬼》很多故意滑稽的话,要博取台下看戏的人的一笑,所以此剧情节虽惨酷,而写的像一本诙谐的喜剧。石玉昆认定这个故事应该着力描写张别古的任侠心肠,应该写的严肃郑重,不可轻薄游戏,所以他虽沿用元曲的故事,而写法大不相同。他一开口便说张三为人鲠直,好行侠义,因此人都称他为别古。"与众不同谓之别,不合时宜谓之古。"同一故事,见解不同,写法便不同了。书中写告状一段云:

> 老头儿为人心热。一夜不曾合眼,不等天明,爬起来,挟了乌盆,拄起竹杖,锁了屋门,竟奔定远县而来。出得门时,冷风透体,寒气逼人,又在天亮之时;若非张三好心之人,谁肯冲寒冒冷,替人鸣冤?
>
> 及至到了定远县,天气过早,尚未开门;只冻〔的〕他哆哆嗦嗦,找了个避风的所在,席地而坐。喘息多时,身上觉得和暖。老头子又高兴起来了,将盆子扣在地下,用竹杖敲着盆底儿,唱起《什不闲》来了。刚唱句"八月中秋月照台",只听的一声响,门分两扇,太爷升堂。

这种写法正是曲园先生所谓"闲中着色,精神百倍"。

写包公的部分,虽然沿袭旧说的地方居多,然而作者往往"闲中着色",添出不少的文学趣味。如乌盆案中的张别古,如阴错阳差案中的屈申,如先月楼上吃河豚的一段,都是随笔写来,自有风趣。

《三侠五义》本是一部新的《龙图公案》，但是作者做到了小半部之后，便放开手做去，不肯仅仅做一部《新龙图公案》了。所以这书后面的大半部完全是创作的，丢开了包公的故事，专力去写那班侠义。在这创作的部分里，作者的最成功的作品共有四件：一是白玉堂，二是蒋平，三是智化，四是艾虎。作者虽有意描写南侠与北侠，但都不很出色。只有那四个人真可算是石玉昆的杰作了。

白玉堂的为人很多短处。骄傲，狠毒，好胜，轻举妄动，——这都是很大的毛病。但这正是石玉昆的特别长处。向来小说家描写英雄，总要说的他像全德的天神一样，所以读者不能相信这种人材是真有的。白玉堂的许多短处，倒能教读者觉得这样的一个人也许是可能的；因为他有这些近情近理的短处，我们却格外爱惜他的长处。向来小说家最爱教他的英雄福寿全归；石玉昆却把白玉堂送到铜网阵里去被乱刀砍死，被乱箭射的"犹如刺猬一般，……血渍淋漓，漫说面目，连四肢俱各不分了。"这样的惨酷的下场便是作者极力描写白玉堂的短处，同时又是作者有意教人爱惜这个少年英雄，怜念他的短处，想念他的许多好处。

这书中写白玉堂最用力气的地方是三十二回至三十四回里他和颜查散的订交。这里突然写一个金生，"头戴一顶开花儒巾，身上穿一件零碎蓝衫，足下穿一双无根底破皂靴头儿，满脸尘土"；直到三十七回里方才表出他就是白玉堂。这种突兀的文章，是向来旧小说中没有的，只有同时出世的《儿女英雄传》写十三妹的出场用这种笔法。但《三侠五义》写白玉堂结交颜查散的一节，在诙谐的风趣之中带着严肃的意味，不但写白玉堂出色，还写一个可爱的小厮雨墨；有雨墨在里面活动，读者便觉得全篇生动新鲜，近情近理。雨墨说的好：

> 这金相公也真真的奇怪。若说他是诓嘴吃的，怎的要了那些菜来，他连筷子也不动呢？就是爱喝好酒，也不犯上要一坛来；却又酒量不很大，一坛子喝不了一零儿，就全剩下了，白便宜了店家。就是爱吃活鱼，何不竟要活鱼呢？说他有意要冤咱们，却又素不相识，无仇无恨。饶白吃白喝，还要冤人，更无此理。

小人测不出他是甚么意思来。

倘使书中不写这一件结交颜生的事，径写白玉堂上京寻展昭，大闹开封府，那就减色多多了。大闹东京只可写白玉堂的短处，而客店订交一大段却真能写出一个从容整暇的任侠少年。这又是曲园先生说的"闲中着色，精神百倍"了。

蒋平与智化有点相像，都是深沉有谋略的人才。旧小说中常有这一类的人物，如诸葛亮、吴用之流，但都是穿八卦衣，拿鹅毛扇的军师一类，很少把谋略和武艺合在一个人身上的。石玉昆的长技在于能写机警的英雄，智略能补救武力的不足，而武力能使智谋得实现。法国小说家大仲马著《侠隐记》(Three Musketeers)，写达特安与阿拉密，正是这一类。智化似达特安，蒋平似阿拉密。《侠隐记》写英雄，往往诙谐可喜；这种诙谐的意味，旧小说家最缺乏。诸葛亮与吴用所以成为可怕的阴谋家，只是因为那副拉长的军师面孔，毫无诙谐的趣味。《三侠五义》写蒋平与智化都富有滑稽的风趣；机诈而以诙谐出之，故读者只觉得他们聪明可喜，而不觉得阴险可怕了。

本书写蒋平最好的地方，如一百十四五回偷簪还簪一段，是读者容易赏识的。九十四回写他偷听得翁大、翁二的话，却偏要去搭那只强盗船；他本意要救李平山，后来反有意捉弄他，破了他的奸情，送了他的性命。这种小地方都可以写出他的机变与游戏。书中写智化，比蒋平格外出色。智化绰号黑妖狐，他的机警过人，却处处妩媚可爱。一百十二回写他与丁兆蕙假扮渔夫偷进军山水寨，出来之后，丁二爷笑他"妆什么，像什么，真真呕人"。智化说：

> 贤弟不知，凡事到了身临其境，就得搜索枯肠，费些心思。稍一疏神，马脚毕露。假如平日原是你为你，我为我。若到今日，你我之外又有王二、李四。他二人原不是你我；既不是你我，必须将你之为你，我之为我，俱各撤开，应是他之为他。既是他之为他，他之中决不可有你，亦不可有我。能够如此设身处地的做去，断无不像之理。

这岂但是智化自己说法？竟可说是一切平话家，小说家，戏剧家的技术论了。写一个乡下老太婆的说《史》、《汉》古文，这固是可笑；写一个叫化子满口欧化的白话文,这也是可笑。这种毛病都只是因为作者不知道"他之中决不可有你,亦不可有我"。一切有志作文学的人都应该拜智化为师,努力"设身处地的"去学那"他之为他"。

智化扮乞丐进皇城偷盗珠冠的一长段是这书里的得意文字。挖御河的工头王大带他去做工,

> 到了御河,大家按档儿做活。智爷拿了一把铁锹,撮的比人多,掷的比人远,而且又快。旁边作活的道:"王第二的!"(智化的假名)智爷道:"什么?"旁边人道:"你这活计不是这么做。"智爷道:"怎么?挖的浅咧?做的慢咧?"旁边人道:"这还浅!你一锹,我两锹也不能那样深。你瞧,你挖了多大一片,我才挖了这一点儿。俗语说的,'皇上家的工,慢慢儿的蹭'。你要这们做,还能吃的长么?"智爷道:"做的慢了,他们给饭吃吗?"旁边人道:"都是一样慢了,他能不给谁吃呢?"智爷道:"既是这样,俺就慢慢的。"(八十回)

这样的描写,并不说智化装的怎样像,只描写一堆作工人的空气,真可算是上等的技术了。这一段谈话里还含有很深刻的讥讽;"都是一样慢了,他能不给谁吃呢?"这一句话可抵一部《官场现形记》。然而这句话说的多么温和敦厚呵!

这书中写一个小孩子艾虎,粗疏中带着机警,烂漫的天真里带着活泼的聪明,也很有趣味。

《三侠五义》本是一部新的《龙图公案》,后来才放手做去,撇开了包公,专讲各位侠义。我们在上文已说过,包公的部分是因袭的居多,侠义的部分是创作的居多。我们现在再举出一个区别。包公的部分,因为是因袭的,还有许多"超于自然"的迷信分子;如狐狸报恩,乌盆诉冤,红衣菩萨现化,木头人魇魔,古今盆医瞎子,游仙枕示梦,阴阳镜治阴错阳差,等等事都在前二十七回里。二十八回以后,全无一句超于自然的神话(第三十七回柳小姐还魂,只是说死而复苏,与屈申、白氏的还魂不同)。在传说里,大闹东京的五鼠本是五个鼠怪,玉猫也本是一只神猫。石玉昆"翻旧出新",把一篇志怪之

书变成了一部写侠义行为的传奇,而近百回的大文章里竟没有一点神话的踪迹,这真可算是完全的"人话化",这也是很值得表彰的一点了。

十四,三,十五　北京

(收入石玉昆著,俞平伯标点:《三侠五义》,
1925年亚东图书馆初版)

《海上花列传》序

一　《海上花列传》的作者

《海上花列传》的作者自称"花也怜侬"，他的历史我们起先都不知道。蒋瑞藻先生的《小说考证》卷八引《谭瀛室笔记》说：

> 《海上花》作者为松江韩君子云。韩为人风流蕴藉，善弈棋，兼有阿芙蓉癖；旅居沪上甚久，曾充报馆编辑之职。所得笔墨之资悉挥霍于花丛。阅历既深，此中狐媚伎俩洞烛无遗，笔意又足以达之。

《小说考证》出版于民国九年；从此以后，我们又无从打听韩子云的历史了。民国十一年，上海清华书局重排的《海上花》出版，有许廑父先生的序，中有云：

> 《海上花列传》……或曰松江韩太痴所著也。韩初业幕，以伉直不合时宜，中年后乃匿身海上，以诗酒自娱。既而病穷，……于是乎有《海上花列传》之作。

这段话太浮泛了，使人不能相信。所以我去年想做《〈海上花〉序》时，便打定主意另寻可靠的材料。

我先问陈陶遗先生，托他向松江同乡中访问韩子云的历史。陶遗先生不久就做了江苏省长；在他往南京就职之前，他来回复我，说韩子云的事实一时访不着；但他知道孙玉声先生（海上漱石生）和韩君认识，也许他能供给我一点材料。我正想去访问孙先生，恰巧他的《退醒庐笔记》出版了。我第一天见了广告，便去买来看；果然在《笔记》下卷（页十二）寻得《海上花列传》一条：

> 云间韩子云明经，别篆太仙，博雅能文，自成一家言，不屑傍人门户。尝主《申报》笔政，自署曰大一山人，太仙二字之拆字

格也。辛卯(1891)秋应试北闱,余识之于大蒋家胡同松江会馆,一见有若旧识。场后南旋,同乘招商局海定轮船,长途无俚,出其著而未竣之小说稿相示,题曰"花国春秋",回目已得二十有四,书则仅成其半。时余正撰《海上繁华梦》初集,已成二十一回;舟中乃易稿互读,喜此二书异途同归,相顾欣赏不置。惟韩谓"花国春秋"之名不甚惬意,拟改为"海上花"。而余则谓此书通体皆操吴语,恐阅者不甚了了;且吴语中有音无字之字甚多,下笔时殊费研考,不如改易通俗白话为佳。乃韩言:"曹雪芹撰《石头记》皆操京语,我书安见不可以操吴语?"并指稿中有音无字之"𢫬㑚"诸字,谓"虽出自臆造,然当日仓颉造字,度亦以意为之。文人游戏三昧,更何妨自我作古,得以生面别开?"余知其不可谏,斯勿复语。逮至两书相继出版,韩书已易名曰《海上花列传》,而吴语则悉仍其旧,致客省人几难卒读,遂令绝好笔墨竟不获风行于时。而《繁华梦》则年必再版,所销已不知几十万册。于以慨韩君之欲以吴语著书,独树一帜,当日实为大误。盖吴语限于一隅,非若京语之到处流行,人人畅晓,故不可与《石头记》并论也。

我看了这一段,便写信给孙玉声先生,请问几个问题:

(1)韩子云的"考名"是什么?

(2)生卒的时代?

(3)他的其他事迹?

孙先生回信说这几个问题他都不能回答;但他允许我托松江的朋友代为调查。

直到今年二月初,孙玉声先生亲自来看我,带来《小时报》一张,有"松江颠公"的一条《懒窝随笔》,题为"《海上花列传》之著作者"。据孙先生说,他也不知道这位"松江颠公"是谁;他托了松江金剑华先生去访问,结果便是这篇长文。孙先生又说,松江雷君曜先生(瑨)从前作报馆文字时署名"颠"字,大概这位颠公就是他。

颠公说:

……作者自署为"花也怜侬",因当时风气未开,小说家身价不如今日之尊贵,故不愿使世人知真实姓名,特仿元次山"漫郎聱叟"之例,随意署一别号。自来小说家固无不如此也。

按作者之真姓名为韩邦庆,字子云,别号太仙,又自署大一山人,即太仙二字之拆字格也。籍隶旧松江府属之娄县。本生父韩宗文,字六一,清咸丰戊午(1858)科顺天榜举人,素负文誉,官刑部主事。作者自幼随父宦游京师,资质极聪慧,读书别有神悟。及长,南旋,应童试,入娄庠为诸生。越岁,食廪饩,时年甫二十余也。屡应秋试,不获售。尝一试北闱,仍铩羽而归。自此遂淡于功名。为人潇洒绝俗,家境虽寒素,然从不重视"阿堵物";弹琴赋诗,怡如也。尤精于弈;与知友楸枰相对,气宇闲雅;偶下一子,必精警出人意表。至今松人之谈善弈者,犹必数作者为能品云。

作者常年旅居沪渎,与《申报》主笔钱忻伯、何桂笙诸人暨沪上诸名士互以诗唱酬。亦尝担任《申报》撰著;顾性落拓不耐拘束,除偶作论说外,若琐碎繁冗之编辑,掉头不屑也。与某校书最昵,常日匿居其妆阁中。兴之所至,拾残纸秃笔,一挥万言。盖是书即属稿于此时。初为半月刊,遇朔望发行。每次刊本书一回,余为短篇小说及灯谜酒令谐体诗文等(适按,此语不很确,说详后)。承印者为点石斋书局,绘图甚精,字亦工整明朗。按其体裁,殆即现今各小说杂志之先河。惜彼时小说风气未尽开,购阅者鲜,又以出版屡屡愆期,尤不为阅者所喜。销路平平,实由于此。或谓书中纯用苏白,吴侬软语,他省人未能尽解,以致不为普通阅者所欢迎,此犹非洞见症结之论也。(适按,此指《退醒庐笔记》之说。)

书共六十四回,印全未久,作者即赴召玉楼,寿仅三十有九。殁后诗文杂著散失无存,闻者无不惜之。妻严氏,生一子,三岁即夭折;遂无嗣。一女字童芬,嫁聂姓,今亦夫妇双亡。惟严氏现犹健在,年已七十有五,盖长作者五岁云。

据颠公的记载,韩子云的夫人严氏去年(旧历乙丑)已七十五岁;我们可以推算她生于咸丰辛亥(1851)。韩子云比她少五岁,生于咸丰丙辰(1856)。他死时年仅三十九岁,当在光绪甲午(1894)。《海上花》初出在光绪壬辰(1892);六十四回本出全时有自序一篇,题"光绪甲午孟春"。作者即死在这一年,与颠公说的"印全未久,即赴召玉楼"的话正相符合。

过了几个月,《时报》(4月22日)又登出一条《懒窝随笔》,题为"太仙漫稿",其中也有许多可以补充前文的材料。我们把此条的前半段也转载在这里:

> 小说《海上花列传》之著作者韩子云君,前已略述其梗概。某君与韩为文字交,兹又谈其轶事云:君小名三庆,及应童试,即以庆为名,嗣又改名奇。幼时从同邑蔡蔼云先生习制举业,为诗文聪慧绝伦。入泮时诗题为"春城无处不飞花"。所作试帖微妙清灵,艺林传诵。逾年应岁试,文题为"不可以作巫医",通篇系游戏笔墨,见者惊其用笔之神妙,而深虑不中程式。学使者爱其才,案发,列一等,食饩于庠。君性落拓,年未弱冠,已染烟霞癖。家贫不能佣仆役,惟一婢名雅兰,朝夕给使令而已。时有父执谢某,官于豫省,知君家况清寒,特函招入幕。在豫数年,主宾相得。某岁秋闱,辞居停,由豫入都,应顺天乡试。时携有短篇小说及杂作两册,署曰《太仙漫稿》。小说笔意略近《聊斋》,而诙诡奇诞,又类似庄、列之寓言。都中同人皆啧啧叹赏,誉为奇才。是年榜发,不得售,乃铩羽而归。君生性疏懒,凡有著述,随手散弃。今此二册,不知流落何所矣。稿末附有酒令灯谜等杂作,无不俊妙,郡人士至今犹能道之。

二 替作者辩诬

关于韩子云的历史,我们只有这些可靠的材料。此外便是揣测之词了。这些揣测之词,本不足辩;但内中有一种传闻,不但很诬蔑作者的人格,并且伤损《海上花》的价值,我们不可以轻轻放过。这种传闻说:

> 书中赵朴斋以无赖得志,拥资巨万。方堕落时,致鬻其妹于青楼中,作者尝救济之云。会其盛时,作者侨居窘苦,向借百金,

不可得,故愤而作此以讥之也。然观其所刺褒瑕瑜,常有大于赵某者焉。然此书卒厄于赵,挥巨金,尽购而焚之。后人畏事,未敢翻刊。(清华排本《海上花》的许廑父序)

鲁迅先生的《中国小说史略》也引有一种传说。他说:

> 书中人物亦多实有,而悉隐其真姓名,惟不为赵朴斋讳。相传赵本作者挚友,时济以金,久而厌绝,韩遂撰此书以谤之。印卖至第二十八回,赵急致重赂,始辍笔,而书已风行。已而赵死,乃续作贸利,且放笔至写其妹为倡云。(《中国小说史略》页三〇九)

我们试比较这两条,便可断定这种传闻是随意捏造的了。前一条说赵朴斋挥金尽买此书而焚之,是全书出版时赵尚未死。后一条说赵死之后,作者乃续作全书。这是一大矛盾。前条说作者曾救济赵氏,后条说赵氏时救济作者:这是二大矛盾。前条说赵朴斋之妹实曾为倡;后条说作者"放笔至写其妹为倡",是她实不曾为倡而作者诬她为倡:这是三大矛盾。——这些矛盾之处,都可以教我们明白这种传说是出于揣测臆造。譬如汉人讲《诗经》,你造一说,他造一说,都自夸有师传;但我们试把齐、鲁、韩、毛四家的说法排列在一块,看他们互相矛盾的可笑,便可以明白他们全是臆造的了。

我这样的断案也许不能叫人心服。且让我从积极方面提出证据来给韩子云辩诬。韩子云在光绪辛卯年(1891)北上应顺天乡试,与孙玉声先生同行南归。他那时不是一个穷急无赖靠敲竹杠度日的人,有孙先生可作证。那时他的《海上花》已有二十四回的稿子了。次年壬辰(1892)二月,《海上花》的第一第二回就出版了。我们明白这一层事实,便知道韩子云决不至于为了借一百块钱不成而做一部二十五万字的书来报仇的。

况且《海上花》初出在壬辰二月,到壬辰十月出到第二十八回,方才停版,改出单行石印本。单行的全部六十四回本出版在光绪甲午(1894)年正月,距离停版之时,仅十四个月。写印一部二十五万字的大书要费多少时间?中间那有因得了"重赂"而辍笔的时候?懂得了这一层事实,更可以明白"印卖至第二十八回,赵急致重赂,始辍笔；……赵死乃续作贸利"的话全是无根据的诬蔑了。

其实这种诬蔑的话头，很容易看出破绽。许廑父的序里也说：

然观其所刺褒瑕瑜，常有大于赵某者焉。

鲁迅也说：

然二宝沦落，实作者豫定之局。（页三〇九）

这都是从本书里寻出的证据。许君所说，尤为有理。《海上花》写赵朴斋不过写他冥顽麻木而已，并没有什么过分的贬词。最厉害的地方如写赵二宝决计做妓女的时候，

朴斋自取红笺，亲笔写了"赵二宝寓"四个大字，粘在门首。

（第三十五回）

又如

赵二宝一落堂子，生意兴隆，接二连三的碰和吃酒，做得十分兴头。赵朴斋也趾高气扬，安心乐业。（同上回）

这不过是有意描写一个浑沌没有感觉的人，把开堂子只看作一件寻常吃饭事业，不觉得什么羞耻。天地间自有这一种糊涂人，作者不过据实描写罢了。造谣言的人，神经过敏，偏要妄想赵朴斋是"作者挚友"，"拥资巨万"，——这是造谣的人自己的幻想，与作者无关。作者写的是一个开堂子的老板的历史：这一点我们须要认清楚了，然后可以了解作者描写赵朴斋真是"平淡而近自然"，恰到好处。若上了造谣言的人的当，误认赵朴斋是作者的挚友或仇家，那就像张惠言、周济一班腐儒向晚唐、五代的艳词里去寻求"微言大义"一般，永远走入魔道，永远不能了解好文学了。

聪明的读者！请你们把谣言丢开，把成见撇开，跟我来重读这一部很有文学风趣的小说。

这部书决不是一部谤书，决不是一部敲竹杠的书。韩子云是熟悉上海娼妓情形的人；颠公说他"与某校书最昵，常日匿居其妆阁中"。他天天住在堂子里，所以能实地观察堂子里的情形，所以能描写的那样深刻真切。他知道赵二宝（不管她的真姓名是什么）一家的人物历史最清楚详细，所以这部书虽采用合传体，却不能不用"赵氏世家"做个大格局。这部书用赵朴斋做开场，用赵二宝做收场，不

但带写了洪氏姊弟,连赵朴斋的老婆阿巧在第二回里也就出现了。我们试仔细看这一大篇《赵氏家传》,便可以看出作者对于赵氏一家,只忠实地叙述他们的演变历史,忠实地描写他们的个性区别,并没有存心毁谤他们的意思。岂但不毁谤他们?作者处处都哀怜他们,宽恕他们,很忠厚地描写他们一家都太老实了,太忠厚了,简直不配吃堂子饭。作者的意思好像是说:这碗堂子饭只有黄翠凤、黄二姐、周兰一班人还配吃,赵二宝的一家门都是不配做这行生意的。洪氏是一个浑沌的乡下老太婆,决不配做老鸨。赵朴斋太浑沌无能了,正如吴松桥说的,"俚要做生意!耐看陆里一样生意末俚会做嗄?"阿巧也是一个老实人,客人同她"噪",她就要哭;作者在第二十三回里出力描写阿巧太忠厚了,太古板了,不配做大姐,更不配做堂子的老班娘娘。其中赵二宝比较最能干了;但她也太老实了,太忠厚了,所以处处上当。她最初上了施瑞生的当,遂致流落为娼妓。后来她遇着史三公子,感觉了一种真切的恋爱,决计要嫁她。史三公子走时,她局帐都不让他开销;自己还去借了几千块钱的债,置办四季嫁衣,闭门谢客,安心等候做正太太了。史三公子一去不回,赵朴斋赶到南京打听之后,始知他已负心另娶妻子了。赵二宝气的倒跌在地,不省人事;然而她睡在床上,还只回想"史三公子……如何契合情投,……如何性儿浃洽,意儿温存"(第六十二回)。后来她为债务所逼迫,不得已重做生意,——只落得她的亲娘舅洪善卿鼓掌大笑!(六十二回末)二宝刚做生意,便受"赖头鼋"的蹂躏:她在她母亲的病床前,"朴斋隅坐执烛,二宝手持药碗,用小茶匙喂与洪氏",楼上赖三公子一时性发,把"满房间粗细软硬,大小贵贱",都打的精光。二宝受了这样大劫之后,

　　思来想去,上天无路,入地无门,暗暗哭泣了半日,觉得胸口隐痛,两腿作酸,趑向烟榻,倒身偃卧。

她入梦了。她梦见史三公子做了扬州知府,差人来接太太上任;她梦见她母亲

　　洪氏头戴凤冠,身穿霞帔,笑嘻嘻叫声"二宝",说道:"我说三公子个人陆里会差!故歇阿是来请倪哉!"

这个时候,二宝心头的千言万语,挤作了一句话。她只说道:

无姆,倪到仔三公子屋里,先起头事体,勥去说起。

这十九个字,字字是血,是泪,真有古人说的"温柔敦厚,怨而不怒"的风格!这部《海上花列传》也就此结束了。

聪明的读者,你们请看,这一大篇《赵氏家传》是不是敲竹杠的书?做出这样"温柔敦厚,怨而不怒"的绝妙文章的韩子云先生是不是做书敲竹杠报私仇的人?

三 《海上奇书》

去年10月底,我同高梦旦先生、郑振铎先生去游南京。振铎天天去逛旧书摊,寻得了不少旧版的小说。有一天他跑回旅馆,高兴的很,说:"我找到一部宝贝了!"我们看时,原来他买得了一部《海上奇书》。这部《海上奇书》是一种有定期的"绣像小说",他的第一期的封面上印着:

光绪壬辰二月朔日,每本定价一角。申报馆代售。

第一期 《海上奇书》三种合编目录:

《太仙漫稿》□《陶侲妖梦记》 自一图至八图,此稿未完。

《海上花列传》□第一回 赵朴斋咸瓜街访舅 洪善卿聚秀堂做媒 第二回 小伙子装烟空一笑 清倌〔人〕吃酒枉相觊

《卧游集》□霁园主人《海市》 林嗣环《口技》

《海上奇书》共出了十四期,《海上花列传》出到第二十八回。先是每月初一、十五,各出一期的;到第十期以后,改为每月初一日出一期,直到壬辰(1892)十月朔日以后才停刊。

这三种书之中,《卧游集》专收集前人纪远方风物的小品文字,我们可以不谈。《太仙漫稿》是作者用古文做的短篇小说,其中很多狂怪的见解,可以表现作者的文学天才的一方面,所以我们把他们重抄付印,附在这部《海上花》的后面,作一个附录。《海上花列传》二十八回即是此书的最初版本,甚可宝贵。每回有两幅图,技术不很好,却也可以考见当时的服饰风尚。文字上也有可以校正现行各本的地方,汪原放君已细细校过了。最可注意的是作者自己的浓圈;凡一回中的精采地方，作者自己都用浓圈标出。这些符号至少可以使我们明了作者自己最得意或最用气力的字句。我们因此可以领会作者的文学欣赏力。

但最可宝贵的是《海上奇书》保存的《海上花列传·例言》。每一期的封面后幅上，印有一条例言。这些例言，我们已抄出印在这书的前面了。其中很多可以注意的。如云：

> 全书笔法自谓从《儒林外史》脱化出来，惟穿插藏闪之法则为从来说部所未有。一波未平，一波又起；或竟接连起十余波，忽东忽西，忽南忽北；随手叙来，并无一事完全，却并无一丝挂漏；阅之觉其背面无文字处尚有许多文字，虽未明明叙出，而可以意会得之：此穿插之法也。劈空而来，使阅者茫然不解其如何缘故，急欲观后文，而后文又舍而叙他事矣；及他事叙毕，再叙明其缘故，而其缘故仍未尽明；直至全体尽露，乃知前文所叙并无半个闲字：此藏闪之法也。

这是作者自写他的技术。作者自己说全书笔法是从《儒林外史》脱化出来的。"脱化"两个字用的好，因为《海上花》的结构实在远胜于《儒林外史》，可以说是脱化，而不可说是模仿。《儒林外史》是一段一段的记载，没有一个鸟瞰的布局，所以前半说的是一班人，后半说的另是一班人，——并且我们可以说，《儒林外史》每一个大段落都可以截作一个短篇故事，自成一个片段，与前文后文没有必然的关系。所以《儒林外史》里并没有什么"穿插"与"藏闪"的笔法。《海上花》便不同了。作者大概先有一个全局在脑中，所以能从容布置，把几个小故事都折叠在一块，东穿一段，西插一段，或藏或露，指挥自如。所以我们可以说，在结构的方面，《海上花》远胜于《儒林外史》；《儒林外史》只是一串短篇故事，没有什么组织；《海上花》也只是一串短篇故事，却有一个综合的组织。

然而许多不相干的故事——甲客与乙妓，丙客与丁妓，戊客与己妓……的故事——究竟不能有真正的，自然的组织。怎么办呢？只有用作者所谓"穿插，藏闪"之法了。这部书叫做《海上花列传》，命名之中就表示这书是一种"合传"。这个体裁起于《史记》；但在《史记》里,这个合传体已有了优劣之分。如《滑稽列传》每段之末用"其后若干年,某国有某人"一句作结合的关键,这是很不自然的牵合。如《魏其武安侯列传》全靠事实本身的连络,时分时合,便自然成一篇合传。这种地方应该给后人一种教训:凡一个故事里的人物可以合传;几个不同的故事里的人物不可以合传。窦婴、田蚡、灌夫可以合传,但淳于髡、优孟、优旃只可以"汇编"在一块,而不可以合传。《儒林外史》只是一种"儒林故事的汇编",而不能算作有自然连络的合传。《水浒传》稍好一点,因为其中的主要人物彼此都有点关系;然而有几个人——例如卢俊义——已是很勉强的了。《海上花》的人物各有各的故事,本身并没有什么关系,本不能合传,故作者不能不煞费苦心,把许多故事打通,折叠在一块,让这几个故事同时进行,同时发展。主脑的故事是赵朴斋兄妹的历史,从赵朴斋跌交起,至赵二宝做梦止。其中插入罗子富与黄翠凤的故事,王莲生与张蕙贞、沈小红的故事,陶玉甫与李漱芳、李浣芳的故事,朱淑人与周双玉的故事,此外还有无数小故事。作者不愿学《儒林外史》那样先叙完一事,然后再叙第二事,所以他改用"穿插,藏闪"之法,"一波未平,一波又起",阅者"急欲观后文,而后文又舍而叙他事矣"。其中牵线的人物,前半是洪善卿,后半是齐韵叟。这是一种文学技术上的试验,要试试几个不相干的故事里的人物是否可以合传。所谓"穿插,藏闪"的笔法,不过是实行这种试验的一种方法。至于这个方法是否成功,这却要读者自己去评判。看惯了西洋那种格局单一的小说的人,也许要嫌这种"折叠式"的格局有点牵强,有点不自然。反过来说,看惯了《官场现形记》和《九尾龟》那一类毫无格局的小说的人,也许能赏识《海上花》是一部很有组织的书。至少我们对于作者这样自觉地作文学技术上的试验,是应该十分表敬意的。

《例言》另一条说:

合传之体有三难。一曰无雷同:一书百十人,其性情言语面目行为,此与彼稍有相仿,即是雷同。一曰无矛盾:一人而前后数见,前与后稍有不符,即是矛盾。一曰无挂漏:写一人而无结局,挂漏也;叙一事而无收场,亦挂漏也。知是三者,而后可与言说部。

这三难之中,第三项并不重要,可以不论。第一第二两项即是我们现在所谓"个性的描写"。彼与此无雷同,是个性的区别;前与后无矛盾,是个人人格的一致。《海上花》的特别长处不在他的"穿插,藏闪"的笔法,而在于他的"无雷同,无矛盾"的描写个性。作者自己也很注意这一点,所以第十一期上有《例言》一条说:

> 第廿二回如黄翠凤、张蕙贞、吴雪香诸人皆是第二次描写,所载事实言语自应前后关照;至于性情脾气态度行为有一丝不合之处否?阅者反复查勘之,幸甚。

这样自觉地注意自己的技术,真可令人佩服。前人写妓女,很少能描写他们的个性区别的。十九世纪的中叶(1848)邗上蒙人的《风月梦》出世,始有稍稍描写妓女个性的书。到《海上花》出世,一个第一流的作者用他的全力来描写上海妓家的生活,自觉地描写各人的"性情,脾气,态度,行为",这种技术方才有充分的发展。《海上花》写黄翠凤之辣,张蕙贞之庸凡,吴雪香之憨,周双玉之骄,陆秀宝之浪,李漱芳之痴情,卫霞仙之口才,赵二宝之忠厚,……都有个性的区别,可算是一大成功。这些地方,读者大概都能领会,不用我们详细举例了。

四 《海上花》是吴语文学的第一部杰作

但是《海上花》的作者的最大贡献还在他的采用苏州土话。我们在今日看惯了《九尾龟》一类的书,也许不觉得这一类吴语小说是可惊怪的了。但我们要知道,在三十多年前,用吴语作小说还是破天荒的事。《海上花》是苏州土话的文学的第一部杰作。苏白的文学起于明代;但无论为传奇中的说白,无论为弹词中的唱与白,都只居于附属的地位,不成为独立的方言文学。苏州土白的文学的正式成立,要从《海上花》算起。

我在别处(《〈吴歌甲集〉序》)曾说:

> 老实说罢,国语不过是最优胜的一种方言;今日的国语文学在多少年前都不过是方言的文学。正因为当时的人肯用方言作

文学,敢用方言作文学,所以一千多年之中积下了不少的活文学,其中那最有普遍性的部分遂逐渐被公认为国语文学的基础。我们自然不应该仅仅抱着这一点历史上遗传下来的基础就自己满足了。国语的文学从方言的文学里出来,仍须要向方言的文学里去寻他的新材料,新血液,新生命。

这是从"国语文学"的方面设想。若从文学的广义着想,我们更不能不倚靠方言了。文学要能表现个性的差异;乞婆娼女人人都说司马迁、班固的古文固是可笑,而张三、李四人人都说《红楼梦》、《儒林外史》的白话也是很可笑的。古人早已见到这一层,所以鲁智深与李逵都打着不少的土话,《金瓶梅》里的重要人物更以土话见长。平话小说如《三侠五义》、《小五义》都有意夹用土话。南方文学中自晚明以来昆曲与小说中常常用苏州土话,其中很有绝精彩的描写。试举《海上花列传》中的一段作个例:

……双玉近前,与淑人并坐床沿。双玉略略欠身,两手都搭着淑人左右肩膀,教淑人把右手勾着双玉头项,把左手按着双玉心窝,脸对脸问道:"倪七月里来里一笠园,也像故歇实概样式一淘坐来浪说个闲话,耐阿记得?"(六十三回)

假如我们把双玉的话都改成官话:"我们七月里在一笠园,也像现在这样子坐在一块说的话,你记得吗?"——意思固然一毫不错,神气却减少多多了。……

中国各地的方言之中,有三种方言已产生了不少的文学。第一是北京话,第二是苏州话(吴语),第三是广州话(粤语)。京话产生的文学最多,传播也最远。北京做了五百年的京城,八旗子弟的游宦与驻防,近年京调戏剧的流行:这都是京语文学传播的原因。粤语的文学以"粤讴"为中心;粤讴起于民间,而百年以来,自从招子庸以后,仿作的已不少,在韵文的方面已可算是很有成绩的了。但如今海内和海外能说广东话的人虽然不少,粤语的文学究竟离普通话太远,他的影响究竟还很少。介于京语文学与粤语文学之间的,有吴语的文学。论地域,则苏、松、常、太、杭、嘉、湖都可算是吴语区域。论历史,则已有了三百年之久。三百年来,凡学昆曲的无不受吴音的训练;近百年中,上海成为全国商业的中心,吴语也因此而占特殊的重要地位。加之江南女儿的秀美久已征服了全国的少年心;向日所谓南蛮鴃舌之音久已成了吴中女儿最系人心的软语了。故除了京语文学之外,吴语文学要算最有势力又最有希望的方言文学了。

这是我去年九月里说的话。那时我还没有见着孙玉声先生的《退醒庐笔记》,还不知道三四十年前韩子云用吴语作小说的困难情形。孙先生说:

> 余则谓此书通体皆操吴语,恐阅者不甚了了;且吴语中有音无字之字甚多,下笔时殊费研考,不如改易通俗白话为佳。乃韩言:"曹雪芹撰《石头记》,皆操京语,我书安见不可以操吴语?"并指稿中有音无字之"朆""覅"诸字,谓"虽出自臆造,然当日仓颉造字,度亦以意为之。文人游戏三昧,更何妨自我作古,得以生面别开?"

这一段记事大有历史价值。韩君认定《石头记》用京话是一大成功,故他也决计用苏州话作小说。这是有意的主张,有计划的文学革命。他在《例言》里指出造字的必要,说,若不如此,"便不合当时神理"。这真是一针见血的议论。方言的文学所以可贵,正因为方言最能表现人的神理。通俗的白话固然远胜于古文,但终不如方言的能表现说话的人的神情口气。古文里的人物是死人;通俗官话里的人物是做作不自然的活人;方言土话里的人物是自然流露的活人。

我们试引本书第二十三回里卫霞仙对姚奶奶说的一段话做一个例:

> 耐个家主公末,该应到耐府浪去寻嘘。耐倽辰光交代拨倪,故歇到该搭来寻耐家主公?倪堂子里倒勿曾到耐府浪来请客人,耐倒先到倪堂子里来寻耐家主公,阿要笑话!倪开仔堂子做生意,走得进来,总是客人阿管俚是倽人个家主公!……老实搭耐说仔罢:二少爷来里耐府浪,故末是耐家主公;到仔该搭来,就是倪个客人哉。耐有本事,耐拿家主公看牢仔;为倽放俚到堂子

> 里来白相?来里该搭堂子里,耐再要想拉得去,耐去问声看,上海夷场浪阿有该号规矩?故歇勤说二少爷勿曾来,就来仔,耐阿敢骂俚一声,打俚一记!耐欺瞒耐家主公,勿关倪事;要欺瞒仔倪个客人,耐当心点!

这种轻灵痛快的口齿,无论翻成那一种方言,都不能不失掉原来的神气。这真是方言文学独有的长处。

但是方言的文学有两个大困难。第一是有许多字向来不曾写定,单有口音,没有文字。第二是懂得的人太少。

关于第一层困难,苏州话有了几百年的昆曲说白与吴语弹词做先锋,大部分的土话多少总算是有了文字上的传写。试举《金锁记》的《思饭》一出里的一段说白:

> (丑)阿呀,我个儿子,弗要说哉。啰里去借点偺得来活活命嘿好嗻?
> (付)叫我到啰里去借介?
> (丑)吓介朋友是多个耶。
> (付)我张大官人介朋友是实在多勾,才不拉我顶穿哉。
> (丑)阿呀,介嘿,直脚要饿杀个哉!阿呀,我个天吓!天吓!
> (付)来,阿姆,弗要哭。有商量里哉。到东门外头三娘姨氼(哝)去借点偺来活搭活搭罢。

然而方言是活的语言,是常常变化的;语言变了,传写的文字也应该跟着变。即如二百年前昆曲说白里的代名词,和现在通用的代名词已不同了。故三十多年前韩子云作《海上花》时,他不能不大胆地作一番重新写定苏州话的大事业。有些音是可以借用现成的字的。有时候,他还有创造新字的必要。他在《例言》里说:

> 苏州土白弹词中所载多系俗字;但通行已久,人所共知,故仍用之。盖演义小说不必沾沾于考据也。

这是采用现成的俗字。他又说:

> 惟有有音而无字者。如说"勿要"二字,苏人每急呼之,并为一音。若仍作"勿要"二字,便不合当时神理;又无他字可以

替代。故将"勿要"二字并写一格。阅者须知"覅"字本无此字，乃合二字作一音读也。……

读者请注意：韩子云只造了一个"覅"字；而孙玉声去年出版的笔记里却说他造了"朆"，"覅"等字。这是什么缘故呢？这一点可以证明两件事：(1)方言是时时变迁的。二百年前的苏州人说：

  弗要说哉。那说弗曾？(《金锁记》)

三十多年前的苏州人说：

  故歇覅。说二少爷勿曾来。(《海上花》二十三回)

现在的人便要说

  故歇覅。说二少爷朆来。

孙玉声看惯了近年新添的"朆"字，遂以为这也是韩子云创造的了(《海上奇书》原本可证)。(2)这一点还可以证明这三十多年中吴语文学的进步。当韩子云造"覅"字时，他还感觉有说明的必要。近人造"朆"字时，便一直造了，连说明都用不着了。这虽是《九尾龟》一类的书的大功劳，然而韩子云的开山大魄力是我们不可忘记的。(我疑心作者以"子云"为字，后又改名"奇"，也许是表示仰慕那喜欢研究方言奇字的扬子云罢？)

  关于方言文学的第二层困难——读者太少，我们也可以引证孙先生的笔记：

  迨至两书(《海上花》与《繁华梦》)相继出版，韩书……吴语悉仍其旧，致客省人几难卒读，遂令绝好笔墨竟不获风行于时。而《繁华梦》则年必再版，所销已不知几十万册。于以慨韩君之欲以吴语著书，独树一帜，当日实为大误。盖吴语限于一隅，非若京语之到处流行，人人畅晓，故不可与《石头记》并论也。

"松江颠公"似乎不赞成此说。他说《海上奇书》的销路不好，是因为"彼时小说风气未尽开，购阅者鲜，又以出版屡屡愆期，尤不为阅者所喜"。但我们想来，孙先生的解释似乎很近于事实。《海上花》是一个开路先锋，出版在三十五年前，那时的人对于小说本不热心，对于方言土话的小说尤其不热心。那时道路交通很不便，苏州话通行的区域很有限；上海还在轿子与马车的时代，还在煤油灯的时代，商业远不如今日的繁盛；苏州妓女的势力范围还只限于江南，北方绝少南妓。所以当时传播吴语文学的工具只有昆曲一项。在那个时候，吴语的小说确然没有风行一世的可能。所以《海上花》出世之后，销路很不见好，翻印的本子绝少。我做小学生的时候，只见着一种小石印本，后来竟没有见别种本子。以后二十年中，连这种小石印本也找不着了。许多爱读小说的人竟不知有这部书。这种事实使我们不能不承认方言文学创始之难，也就使我们对于那决心以吴语著书的韩子云感觉格外的崇敬了。

然而用苏白却不是《海上花》不风行的唯一原因。《海上花》是一部文学作品，富有文学的风格与文学的艺术，不是一般读者所能赏识的。《海上繁华梦》与《九尾龟》所以能风行一时，正因为他们都只刚刚够得上"嫖界指南"的资格，而都没有文学的价值，都没有深沉的见解与深刻的描写。这些书都只是供一般读者消遣的书，读时无所用心，读过毫无余味。《海上花》便不然了。《海上花》的长处在于语言的传神，描写的细致，同每一故事的自然地发展；读时耐人仔细玩味，读过之后令人感觉深刻的印象与悠然不尽的余韵。鲁迅先生称赞《海上花》"平淡而近自然"。这是文学上很不易做到的境界。但这种"平淡而近自然"的风格是普通看小说的人所不能赏识的。《海上花》所以不能风行一世，这也是一个重要原因。

然而《海上花》的文学价值究竟免不了一部分人的欣赏。即如孙玉声先生，他虽然不赞成此书的苏州方言，却也不能不承认他是"绝好笔墨"。又如我十五六岁时就听见我的哥哥绍之对人称赞《海上花》的好处。大概《海上花》虽然不曾受多数人的欢迎，却也得着了少数读者的欣赏赞叹。当日的不能畅销，是一切开山的作品应有的牺牲；少数人的欣赏赞叹，是一部第一流的文学作品应得的胜利。但《海上花》的胜利不单是作者私人的胜利，乃是吴语文学的运动的胜利。我从前曾说：

> 有了国语的文学，方才可以有文学的国语。……有了文学的国语，方才有标准的国语。(《建设的文学革命论》)

岂但国语的文学是这样的？方言的文学也是这样的。必须先有方言的文学作品，然后可以有文学的方言。有了文学的方言，方言有了多少写定的标准，然后可以继续产生更丰富更有价值的方言文学。三百年来，昆曲与弹词都是吴语文学的预备。但三百年中还没有一个第一流文人完全用苏白作小说的。韩子云在三十多年前受了曹雪芹的《红楼梦》的暗示，不顾当时文人的谏阻，不顾造字的困难，不顾他的书的不销行，毅然下决心用苏州土话作了一部精心结构的小说。他的书的文学价值终久引起了少数文人的赏鉴与模仿；他的写定苏白的工作大大地减少了后人作苏白文学的困难。近二十年中遂有《九尾龟》一类的吴语小说相继出世。《九尾龟》一类的书的大流行便可以证明韩子云在三十多年前提倡吴语文学的运动此时已到了成熟时期了。

我们在这时候很郑重地把《海上花》重新校印出版。我们希望这部吴语文学的开山作品的重新出世能够引起一些说吴语的文人的注意，希望他们继续发展这个已经成熟的吴语文学的趋势。如果这一部方言文学的杰作还能引起别处文人创作各地方言文学的兴味，如果从今以后有各地的方言文学继续起来供给中国新文学的新材料，新血液，新生命，——那么，韩子云与他的《海上花列传》真可以说是给中国文学开一个新局面了。

十五，六，三十　在北京

（收入韩邦庆著、汪原放标点：《海上花列传》，
1926年亚东图书馆初版）

《儿女英雄传》序

《儿女英雄传》原本有两篇假托的序,一篇为"雍正阏逢摄提格(十二年)上巳后十日观鉴我斋甫"的序,一篇为"乾隆甲寅(五十九年)暮春望前三日东海吾了翁"的序。这两篇序都是假托的,因为书中屡提到《红楼梦》,观鉴我斋序中也提及《红楼梦》,雍正朝那里有《红楼梦》?书中又提到《品花宝鉴》中的人物,徐度香与袁宝珠(第三十二回);《品花宝鉴》是咸丰朝出的,雍正、乾隆时的人那会知道这书里的人物呢?

蜚英馆石印本还有光绪戊寅(四年)古辽马从善的一篇序,这篇序却有点历史考证的材料。他说:

> 《儿女英雄传》一书,文铁仙先生(康)所作也。先生为故大学士勒文襄公(保)次孙,以贽为理藩院郎中,出为郡守,洊擢观察,丁忧旋里,特起为驻藏大臣,以疾不果行,遂卒于家。
>
> 先生少席家世余荫;门第之盛,无有伦比。晚年诸子不肖,家道中落;先时遗物斥卖略尽。先生块处一室,笔墨之外无长物,故著此书以自遣。其书虽托于稗官家言,而国家典故,先世旧闻,往往而在。且先生一身亲历乎盛衰升降之际,故于世运之变迁,人情之反复,三致意焉。先生殆悔其已往之过而抒其未遂之志欤?

我后来曾向北京的朋友打听这书的作者,他们说的话也可以证实马从善序中的话。志赞希先生(志锜)并且说:光绪中叶时,还有人见过《儿女英雄传》里的长姐儿,已不止半老的徐娘了。

文康的事迹,马从善序里已略述了。我的朋友李玄伯先生(宗侗)曾考证文康的家世,列有一表(《猛进》第二十二期),如下:

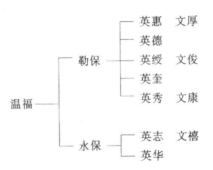

玄伯说,他不能定文康是英字辈那一个的儿子。这一家确曾有很阔的历史;马从善说他家"门第之盛,无有伦比",也不算太过。他家姓费莫氏,镶红旗人。温福做到工部尚书,在军机处行走;乾隆三十六年征金川,他是副将军,中枪阵亡,赏伯爵,由他的次子永保承袭。勒保做到陕甘总督,调云贵总督;嘉庆初年,他有平狆苗之功,封威勤侯;后来又有平定川、陕教匪之功,升至经略大臣,节制川、楚、陕、甘,豫五省军务,晋封公爵。永保也署过陕甘总督,做过云南巡抚,两广总督,死后谥恪敏。

英字一辈里也出过好几个大官;文字一辈中,文俊做到江西巡抚。

玄伯说:"他家有几个人上过西北;温福、永保皆在乌里雅苏台效过力,所以安骥也几乎上了乌里雅苏台。内阁学士兼礼部侍郎衔,勒保、英惠各做过一次,英绶二次,所以安骥也升了这官。"

玄伯这几句话固然不错,——如第四十回里安太太问乌里雅苏台在那儿,舅太太道:"咻,姑太太,你怎么忘了呢?家里四大爷不是到过这个地方儿吗?"这是一证。——但我们不可因此就说《儿女英雄传》是作者叙述他家历史的书。马从善说:"书中所指,皆有其人;余知之而不欲明言之。悉先生家世者自为寻绎可耳。"此言亦不可全信。所谓"皆有其人"者,如长姐儿是有人见过的;如三十二回邓九公说的那班戏子与"老斗",——"四大名班里的四个二簧硬脚儿",状元公史莲峰等,——大概都实有其人(虞太白即程长庚)。此外如十三妹,如邓九公,必是想像虚构的人物。安学海、安骥也不是作者自身的写照,至多只可说是文康晚年忏悔时的理想人物罢了。

依我个人看来,《儿女英雄传》与《红楼梦》恰是相反的。曹雪芹与文铁仙同是身经富贵的人,同是到了晚年穷愁的时候才发愤著书。但曹雪芹肯直写他和他的家庭的罪恶,而文铁仙却不但不肯写他家所以败落的原因,还要用全力描写一个理想的圆满的家庭。曹雪芹写的是他的家庭的影子;文铁仙写的是他的家庭的反面。文铁仙自序(假名"观鉴我斋"的序)也说:

> 修道之谓教。与其隐教以"不善降殃"为背面敷粉,曷若显教以"作善降祥"为当头棒喝乎?

这是很明白的供状。马从善自称"馆于先生家最久",他在那篇序里也说:

> 先生殆悔其已往之过,而抒其未遂之志欤?

这可见文铁仙是有"已往之过"的;不过他不肯老实描写那些"已往之过",偏要虚构一个理想的家庭来"抒其未遂之志"。于是《儿女英雄传》遂成一部传奇的而非写实的小说了。

我们读《儿女英雄传》,不可不记得这一点。《儿女英雄传》是有意写"作善降祥"一个观念的;是有意写一个作善而兴旺的家庭来反映作者身历的败落状况的。书中的情节处处是作者的家世的反面。文康是捐官出身的,而安学海与安骥都是科甲出身。文康做过大官而家道败落;安学海止做了一任河工知县,并且被参追赔,后来教子成名,家道日盛。文康是有"已往之过"的;安学海是个理学先生,是个好官,是个一生无疵的完人。文康晚年"诸子不肖,家道中落";而安学海"夫妻寿登期颐,子贵孙荣",安骥竟是"政声载道,位极人臣"。——这些地方都可以看出文康在最穷愁无聊的时候虚构一个美满的家庭,作为一种精神上的安慰:凡实际上他家最缺乏的东西,在那幻想的境地里都齐全了。古人说:"过屠门而大嚼,虽不得肉,固且快意。"一部《儿女英雄传》大可以安慰那"垂白之年重遭穷饿"的作者了。

我在《五十年来中国之文学》(《胡适文存二集》卷二)里,曾泛论五十年内的白话小说:

> 这五十年内的白话小说……可以分作南北两组:北方的评话小说,南方的讽刺小说。北方的评话小说可以算是民间的文学;他的性质偏向为人的方面,能使无数平民听了不肯放下,看了不肯放下;但著书的人多半没有什么深刻的见解,也没有什么浓挚的经验。他们有口才,有技术,但没有学问思想。他们的小说……只能成一种平民的消闲文学。《儿女英雄传》、《七侠五义》……等书属于这一类。南方的讽刺小说便不同了。他们的著者多是文人,往往是有思想有经验的文人。他们的小说,在语言的方面,往往不如北方小说那样漂亮活动;……但思想见解的方面,南方的几部重要小说都含有讽刺的作用,都可以算是社会问题的小说。他们既能为人,又能有我。《官场现形记》、《老残游记》……都属于这一类。

《儿女英雄传》本叫做《儿女英雄评话》,是一部评话的小说。他有评话小说的长处,也有评话小说的短处。短处在思想的浅陋,长处在口齿的犀利,语言的漂亮。

这部书的作者虽做过几任官,究竟是一个迂陋的学究,没有高尚的见解,没有深刻的经验。他自己说他著书的主旨是要写"作善降祥"的一个观念。从这个迂陋的根本观念上出发,这部书的内容就可想而知了。最鄙陋恶劣的部分是第三十五回"何老人示棘闱异兆"的一回。在前一回里,安公子在"成字第六号"熟睡,一个老号军眼见那第六号的房檐上挂着碗来大的盏红灯;他走到跟前,却早不见了那盏灯。这已是很可笑的迷信了。三十五回里,那位同考官娄养正梦中恍惚间忽见

> 帘栊动处,进来了一位清癯老者,……把拐杖指定方才他丢开的那本卷子说道:"……此人当中!"

娄主政还不肯信,

> 窗外又起了一阵风。这番不好了,竟不是作梦了。只听那阵风头过处,……门外明明的进来了一位金冠红袍的长

官。……只听那神道说道："……吾神的来意也是为着成字六号,这人当中!"

这种谈"科场果报"的文字,本是常见的;说也奇怪,在一部冒充写实的小说里,在实写调度典章的部分里,这种文字便使人觉得格外恶劣,格外迂陋。

这部书又要写"儿女英雄"两个字。作者说:

> 儿女无非天性,英雄不外人情。最怜儿女最英雄,才是人中龙凤。

他又说:

> 如今世上人……误把些使气角力好勇斗狠的认作英雄;又把些调脂弄粉断袖余桃的认作儿女。……殊不知有了英雄至性,才成就得儿女心肠;有了儿女真情,才作得出英雄事业。譬如世上的人立志要作个忠臣,这就是个英雄心;忠臣断无不爱君的,爱君这便是个儿女心。立志要作个孝子,这就是个英雄心;孝子断无不爱亲的,爱亲这便是个儿女心。……这纯是一团天理人情,没得一毫矫揉造作。浅言之,不过英雄儿女常谈;细按去,便是大圣大贤身分。

这是全部书的"开宗明义"。然而作者究竟也还脱不了那"世上人"的俗见。他写的"英雄",终脱不了那"使气角力"的邓九公、十三妹一流人。他写的"儿女",也脱不了那才子佳人夫荣妻贵的念头。这书的前半写十三妹的英雄:

> 挽了挽袖子,……把那石头撂倒在平地上,用右手推着一转,找着那个关眼儿,伸进两个指头去勾住了,往上只一悠,就把那二百多斤的石头碌碡单撒手儿提了起来。……一手提着石头,款动一双小脚儿,上了台阶儿,那只手撩起了布帘,跨进门去,轻轻的把那块石头放在屋里南墙根儿底下;回转头来,气不喘,面不红,心不跳。(第四回)

又写她在能仁寺,

> 片刻之间,弹打了一个当家的和尚,一个三儿;刀劈了一个瘦和尚,一个秃和尚;打倒了五个作工的僧人,结果了一个虎面

> 行者:一共整十个人。她这才抬头望着那一轮冷森森的月儿,长啸了一声,说:"这才杀得爽快!"(第六回)

这里的十三妹竟成了"超人"了!"超人"的写法,在《封神传》或《三宝太监下西洋》或《七剑十三侠》一类的书里,便不觉得刺目;但这部书写的是一个近代的故事,作者自言要打破"怪,力,乱,神"的老套,要"以眼前粟布为文章",怎么仍要夹入这种神话式的"超人"写法呢?

这样一个"超人"的女英雄在这书的前半部里曾对张金凤说:

> 你我不幸托生个(做?)女孩儿,不能在世界上烈烈轰轰作番事业,也得有个人味儿。有个人味儿,就是乞婆丐妇,也是天人;没些人味儿,让他紫诰金闺,也同狗彘。小姐又怎样?大姐又怎样?(第八回)

这是多么漂亮的见解啊!然而这位"超人"的十三妹结婚之后,"还不曾过得十二日",就会行这样的酒令:

> 赏名花:名花可及那金花?
> 酌旨酒:旨酒可是琼林酒?
> 对美人:美人可得作夫人?(第三十回)

这位"超人"这一跌未免跌的太低了罢?其实这并不是什么"超人"的堕落;这不过是那位迂陋的作者的"马脚毕露"。这位文康先生那里够得上谈什么"人味儿"与"超人"味儿?他只在那穷愁潦倒之中做那富贵兴隆的甜梦,梦想着有乌克斋、邓九公一班门生朋友,"一帮动辄是成千累万";梦想着有何玉凤、张金凤一类的好女子来配他的纨袴儿子;梦想着有这样的贤惠媳妇来劝他的脓包儿子用功上进,插金花,赴琼林宴,进那座清秘堂!

一部《儿女英雄传》里的思想见解都应该作如是观:都只是一个迂腐的八旗老官僚在那穷愁之中作的如意梦。

我们已说过,《儿女英雄传》不是一部讽刺小说;但这书中有许多描写社会习惯的部分,在当日虽不是有意的讥讽,在今日看来却很像是作者有意刻画形容,给后人留下不少的社会史料。正因为作者不是有意的，所以那些部分更有社会史料的价值；这种不打自招的供状，这种无心流露的心理，是最可宝贵的，比那些有意的描写还更可宝贵。

《儒林外史》极力描摹科举时代的社会习惯与心理，那是有意的讽刺。《儿女英雄传》的作者却没有吴敬梓的思想见解；他的思想见地正和《儒林外史》里的范进、高老先生差不多，所以他崇拜科举功名也正和范进、高老先生一班人差不多。《儿女英雄传》的作者正是《儒林外史》里的人物，所以《儿女英雄传》里的心理也正是《儒林外史》攻击讥讽的心理。不过吴敬梓是有意刻画，而文康却是无心流露罢了。

《儒林外史》里写周进、范进中举人的情形，是读者都不会忘记的。我们试看《儿女英雄传》里写安公子中举人的时候（第三十五回）：

> 安老爷看了〔报单〕，乐得先说了一句"谢天地！不料我安学海今日竟会盼到我的儿子中了！"手里拿着那张报单，回头就往屋里跑。这个当儿，太太早同着两个媳妇也赶出当院子来了。太太手里还拿着根烟袋。老爷见太太赶出来，便凑到太太面前道："太太，你看这小子，他中也罢了，亏他怎么还会中的这样高！太太，你且看这个报单。"太太乐得双手来接，那双手却攥着根烟袋，一时忘了神，便递给老爷。妙在老爷也乐得忘了，便拿着那根烟袋，指着报单上的字，一长一短，念给太太听。

那时候的安公子呢？

> 原来他自从听得"大爷高中了"一句话，怔了半天，一个人儿站在屋里，旮旯儿里脸是漆青，手是冰凉，心是乱跳，两泪直流的在那里哭呢。

连他们家里的丫头，长姐儿，也是

> 从半夜里就惦着这件事。才打寅正，他就起来了。心里又模模糊糊记得老爷中进士的时候，是天将亮报喜的就来了；可又记不真是头一天，是当天。因此，从半夜里盼到天亮，还见不着个信儿，就把他急了个红头涨脸。及至服侍太太梳头，太太看见

这个样子……忙伸手摸了摸他的脑袋,说,"真个的热呼呼的!你给我梳了头,回来到下屋里静静儿的躺一躺儿去罢。看时气不好!"他……因此扎在他那间屋里,却坐又坐不安,睡又睡不稳。没法儿,只拿了一床骨牌,左一回右一回的过五关儿,心里要就那拿的开拿不开上算占个卦。

还是那安公子的干丈母娘——舅太太——呢?

只听舅太太从西耳房一路唠叨着就来了,口里只嚷道:"那儿这么巧事!这么件大喜的喜信儿来了,偏偏儿的我这个当儿要上茅厕!才撒了泡溺,听见,忙的我事也没完,提上裤子,在那凉水盆里汕了汕手,就跑了来了。我快见见我们姑太太。"……他拿着条布手巾,一头走,一头说,一头擦手,一头进门。及至进了门,才想起……还有个张亲家老爷在这里。那样的敞快爽利人,也就会把那半老秋娘的脸儿臊了个通红。

顶热心至诚的,要算安公子的丈母张太太了。这时候,

满屋里一找,只不见这位张太太。……上上下下三四个茅厕都找到了,也没有亲家太太。……里头两位少奶奶带着一群仆妇丫鬟,上下各屋里,甚至茶房,哈什房,都找遍了。什么人儿,什么物儿都不短,只不见了张亲家太太。

原来张亲家太太一个人爬上魁星楼去了。她

听得人讲究,魁星是管念书赶考的人中不中的,他为女婿,初一十五必来望着楼磕个头。……今日在舅太太屋里听得姑爷果然中了,便如飞的……直奔到这里来,……大着胆子上去,要当面叩谢魁星的保佑。及至……何小姐……三步两步跑上楼去一看,张太太正闭着两只眼睛,冲着魁星,把脑袋在那楼板上碰的山响,嘴里可念的是"阿弥陀佛"合"救苦救难观世音菩萨"。

这一长段,全文约有五千字,专写安家的人听见报安公子中举人时候的心理。文康绝对想不到嘲讽挖苦安老爷以至张亲家太太一班人:他只是一心至诚地要做一篇赞叹歌颂科举的文字,他只是老老实实地要描摹他自己歆羡崇拜科举的心理,所以有这样淋漓尽致,自然流露的好文章。

文康极力赞颂科举,而我们读了只觉得科举流毒的格外可怕;他诚心诚意地描写科第的可歆羡,而我们在今日读了只觉得他给我们留下了一大篇科举制度之下崇拜富贵利禄的心理的绝好供状。所以我们说:《儿女英雄传》的作者自己正是《儒林外史》要刻画形容的人物,而《儿女英雄传》的大部分真可叫做一部不自觉的《儒林外史》。

《儿女英雄传》是一部评话,他的特别长处在于言语的生动,漂亮,俏皮,诙谐有风趣。这部书的内容是很浅薄的,思想是很迂腐的;然而生动的语言与诙谐的风趣居然能使一般的读者感觉愉快,忘了那浅薄的内容与迂腐的思想。旗人最会说话;前有《红楼梦》,后有《儿女英雄传》,都是绝好的记录,都是绝好的京语教科书。《儿女英雄传》的作者有意模仿说评话的人的口气,叙事的时候常常插入许多"说书人打岔"的话,有时颇觉讨厌,但往往很多诙谐的风味。

最好的例是能仁寺的凶僧举刀要杀安公子时,忽然一个弹子飞来,那和尚把身一蹲,

谁想他的身子蹲得快,那白光儿来得更快,噗的一声,一个铁弹子正着在左眼上。那东西进了眼睛,敢是不住要站,一直的奔了后脑杓子的脑瓜骨,咯噔的一声,这才站住了。

那凶僧虽然凶横,他也是个肉人。这肉人的眼珠子上要着上这等一件东西,大概比揉进一个沙子去利害,只疼得他"哎哟"一声,咕咚往后便倒;当啷啷,手里的刀子也扔了。

那时三儿在旁边正呆呆的望着公子的胸膛子,要看这回刀尖出彩,只听咕咚一声,他师傅跌倒了,吓了一跳,说:"你老人家怎么了?这准是使猛了劲,岔了气了。等我腾出手来扶起你老人家来哦。"才一转身,毛着腰,要把那铜镞子放在地下好去搀他师傅。这个当儿,又是照前噗的一声,一个弹子从他左耳朵眼儿里打进去,打了个过膛儿,从右耳朵眼里儿钻出来,一直打到东边那个厅柱上,吧挞的一声打了一寸来深,进去嵌在木头里边。那三儿只叫得一声"我的妈呀!"铛,把个铜镞子扔了,咕咕,也窝在那里了。那铜镞子里的水泼了一台阶子。那镞子唏

嘟咙嘟一阵乱响便滚下台阶去了。(第六回)
这种描写法,虽然全不是写实的,却很有诙谐趣味;这种风趣乃是北方评话小说的一种特别风趣。

　　第二十七回写何玉凤将出嫁之前,独自坐在屋里,心里越想越烦闷起来,——

　　　　可煞作怪!不知怎的,往日这两道眉毛一拧就锁在一块儿了,此刻只管要往中间儿拧,那两个眉梢儿他自己会往两边儿展;往日那脸一沉就绷住了,此刻只管往下瓜搭,那两个孤拐他自己会往上逗。不禁不由,就是满脸的笑容儿。益发不得主意。

这样有风致的描写,在中国小说中很不多见。

　　不但记叙的部分如此,这书里的谈话的漂亮生动,也是别的小说不容易做到的。小说里最难的部分是书中人物的谈话口气。什么官僚乞丐都谈司马迁、班固的古文腔调,固是不可;什么小姐小孩子都打着"欧化"式的谈话,也是不可;就是像《儒林外史》那样人人都说着长江流域的普通话,也叫人起一种单调的感觉,有时还叫人感觉这种谈话的不自然,不能传神写实。做小说的人要使他书中人物的谈话生动漂亮,没有别的法子,只有随时随地细心学习各种人的口气,学习各地人的方言,学习各地方言中的熟语和特别语。简单说来,只有活的方言可用作小说戏剧中人物的谈话;只有活的方言能传神写生。所以中国小说之中,只有几部用方言土语做谈话的小说能够在谈话的方面特别见长。《金瓶梅》用山东方言,《红楼梦》用北京话,《海上花列传》用苏州话:这些都是最有成绩的例。《儿女英雄传》也用北京话;但《儿女英雄传》出世在《红楼梦》出世之后一百二三十年,风气更开了,凡曹雪芹时代不敢采用的土语,于今都敢用了。所以《儿女英雄传》里的谈话有许多地方比《红楼梦》还更生动。如张亲家太太,如舅太太,她们的谈话都比《红楼梦》里的刘老老更生动。甚至于能仁寺中的王八媳妇,以至安老爷在天齐庙里碰着的两个妇人,他们的谈话,充满着土话,充满着生气,也都是曹雪芹不敢写或不能写的。

　　我们试举天齐庙里那个四十来岁的矮胖女人的说话作个例。

她说：

> 那儿呀？才刚不是我们打夥儿从娘娘殿里出来吗？瞧见你一个人儿仰着个颏儿尽着瞅着那碑上头，我只打量那上头有个甚么希希罕儿呢，也仰着个颏儿，一头儿往上瞧，一头儿往前走。谁知脚底下横不楞子爬着条浪狗，叫我一脚就造了他爪子上了。要不亏我躲的溜扫，一把抓住你，不是叫他敬我一乖乖，准是我自己闹个嘴吃屎。你还说呢！（第三十八回）

又如在能仁寺里，那王八媳妇夸说那大师傅待她怎么好，她说：

> 要提起人家大师傅来，忒好咧！……天天的肥鸡大鸭子，你想咱们配么？

那女子（十三妹）说道：

> 别咱们！你！

这四个字多么响亮生动！

第二十六回张金凤劝何玉凤嫁人的一长段，无论思想内容如何不高明，在言语的方面确然要算是很流利的辩论。在小说里，这样长篇的谈论是很少见的。《儿女英雄传》里的人物之中，安老爷与安公子的谈话最令人感觉迂腐可厌；然而那位安公子有时也居然能说几句有风趣的话。他和何玉凤成亲的那一晚，何小姐打定主意不肯睡，他

> 因被这位新娘磨得没法儿了，心想这要不作一篇偏锋文章，大约断入不了这位大宗师的眼，便站在当地向姑娘说道："你只把身子赖在这两扇门上，大约今日是不放心这两扇门。果然如此，我倒给你出个主意，你索性开开门出去。"

> 不想这句话才把新姑娘的话逼出来了。他把头一抬，眉一挑，眼一睁，说："啊，你叫我出了这门到那里去？"公子道："你出了这屋里便出房门；出了房门便出院门；出了院门便出大门。"姑娘益发着恼，说道："你，吤，待轰我出大门去？我是公婆娶来的，我妹子请来的，只怕你轰我不动！"公子道："非轰也；你出了大门，便向正东青龙方，奔东南巽地，那里有我家一个大大的场院，场院里有高高的一座土台儿，土台儿上有深深的一眼井。"

姑娘不觉大怒,说道:"咦!安龙媒!我平日何等待你,亏了你那些儿!今日才得进门,坏了你家那桩事,你叫我去跳井!"公子道:"少安无躁,往下再听。那井口边也埋着一个碌碡,那碌碡上也有个关眼儿。你还用你那两个小指头儿扣住那关眼儿,把他提了来,顶上这两扇门,管保你就可以放心睡觉了。"

　　姑娘听了这话,追想前情,回思旧景,眉头儿一逗,腮颊儿一红,不觉变嗔为喜,嫣然一笑。

　　总之,《儿女英雄传》的最大长处在于说话的生动与风趣。为了这点子语言上的风趣,我们真愿意轻轻地放过这书内容上的许多陋见与腐气了。

　　《儿女英雄传》的纪献唐自然是年羹尧的假名。但这部书不过是借一个"天大地大无大不大的大脚色"来映射十三妹的英雄,年羹尧不过是一个不登台的配角,与作者著书的本意毫无关系。蒋瑞藻先生说:

　　　意者年氏之死出于同僚诬蔑而非其罪,燕北闲人特隐约其词,记之小说,以表明之耶?(《小说考证》百四十三)

这是排满空气最盛的时代的时髦话。文康是一个八旗陋儒,他决没有替年羹尧伸冤的见解。况且这书中明说年羹尧有"谋为不轨"的行为(十八回),如何可说是代他"表明"的书呢?

　　我们读这种评话小说,要知他只是一种消闲的文学,没有什么微言大义。至多不过是带着"福善祸淫"一类的流俗信仰罢了。

　　年羹尧是历史的人物。十三妹的故事却全是捏造的。她的祖父名叫何焯:我们难道可信她是何义门(焯)的孙女吗?在《儿女英雄传》里,十三妹姓何,她父亲名叫何杞,是年大将军的中军副将。后来清朝晚年另有人编出一部《年公平西纪事》,又名《平金川》,书中也插入十三妹的故事。但十三妹在那书里却不姓何了,她父亲名叫裕周,是个都司。这书叙裕周被年大将军杀死之后,十三妹奉了母亲,"隐姓埋名,以待机会,再行报仇。语在《儿女英雄传》"(《平金川》第十八回)。这可见《平金川》是沿袭《儿女英雄传》的,不能证明当日确有这个故事。

十四年十二月病中作此自遣

(收入文康著、汪原放标点:《儿女英雄传》,
1925年亚东图书馆初版)

《官场现形记》序

《官场现形记》的著者自称"南亭亭长",人都知道他是李伯元,却很少人知道他的历史的。前几年因蒋竹庄先生(维乔)的介绍,我收到著者的侄子李祖杰先生的一封长信,才知道他的生平大概。

他的真姓名是李宝嘉,字伯元,江苏上元人,生于清同治六年(1867)。少年时,他在时文与诗赋上都做过工夫。他中秀才时,考的是第一名。他曾应过几次乡试,终不得中举人。后来在上海办《指南报》,不久就停了;又办《游戏报》,是上海"小报"中最早的一种。他后来把《游戏报》卖了,另办《繁华报》。他主办的《游戏报》,我不曾见过。我到上海时(1904),还见着《繁华报》。当时上海已有好几种小报专记妓女的起居,嫖客的消息,戏馆的角色等事。《繁华报》在那些小报之中,文笔与风趣都算得第一流。

他是一个多才艺的人。他的诗词小品散见当时的各小报;他又会刻图章,有《芋香印谱》行于世。他作长篇小说似乎多在光绪庚子(1900)拳祸以后。《官场现形记》是他的最长之作,起于光绪辛丑(1901),至癸卯年(1903)成前三编,每编十二回。后二年(1904—5)又成一编。次年(光绪丙午,1906)他就死了。此书的第五编也许是别人续到第六十回勉强结束的。他死时,《繁华报》上还登着他的一部长篇小说,写的是上海妓家生活,我不记得书名了;他死后此书听说归一位姓欧阳的朋友续下去,后来就不知下落了。他的长篇小说只有一部《文明小史》是做完的,先在商务印书馆的《绣像小说》里分期印出,后来单印发行。

李宝嘉死时只有四十岁,没有儿子,身后也很萧条。当时南方戏剧界中享盛名的须生孙菊仙,因为对他有知己之感,出钱替他料理丧事。(以上记的,大体根据鲁迅的《中国小说史略》,页三二七——八。鲁迅先生自注,他的记载是根据周桂笙《新庵笔记》三,及李祖杰致胡适书。我现在客中,李先生原书不在我身边,故不及参校。《小说史略》初版记李氏死于光绪三十三年三月,年四十,而下注西历为"1867—1906"。1906为光绪三十二年丙午,我疑此系印时误排为三十三年。今既不及参校,姑且改为丙午,俟将来用李先生原书订正。)

《官场现形记》是一部社会史料。它所写的是中国旧社会里最重要的一种制度与势力,——官。它所写的是这种制度最腐败,最堕落的时期,——捐官最盛行的时期。这书有光绪癸卯(1903)茂苑惜秋生的序,痛论官的制度;这篇序大概是李宝嘉自己作的。他说:

……选举之法兴,则登进之途杂。士废其读,农废其耕,工废其技,商废其业,皆注意于官之一字。盖官者,有士农工商之利而无士农工商之劳者也。天下爱之至深者,谋之必善;慕之至切者,求之必工。于是乎有脂韦滑稽者,有夤缘奔竞者,而官之流品已极紊乱。

限资之例,始于汉代。……开捐纳之先路,导输助之滥觞。所谓衣食足而知荣辱者,直是欺人之谈!……乃至行博弈之道,掷为孤注;操贩鬻之行,居为奇货。其情可想,其理可推矣。沿至于今,变本加厉,凶年饥馑,旱干水溢,皆得援救助之例,邀奖励之恩。而所谓官者乃日出而未有穷期,不至充塞宇宙不止!……

官者,辅天子则不足,压百姓则有余。……有语其后者,刑罚出之;有诮其旁者,拘系随之。……于是官之气愈张,官之焰愈烈。羊狠狼贪之技,他人所不忍出者,而官出之;蝇营狗苟之行,他人所不屑为者,而官为之。下之,声色货利则嗜若性命,般乐饮酒则视为故常。观其外,佹规而错矩;观其内,逾闲而荡检。种种荒谬,种种乖戾,虽罄纸墨,不能书也。得失重则妒忌之心生。倾轧甚则睚眦之怨起。……或因调换而龃龉,或因委署而齮龁,所谓投骨于地,犬必争之者,是也。其柔而害物者,且出全力以搏之,设深心以陷之,攻击过于勇夫,蹈袭逾于强敌。……

国衰而官强,国贫而官富。孝弟忠信之旧败于官之身,礼义廉耻之遗坏于官之手。……南亭亭长有东方之谐谑,与淳于之滑稽,又熟知夫官之龌龊卑鄙之要凡,昏聩糊涂之大旨。……因喟然叹曰:"……我之于官,既无统属,亦鲜关系,惟有以含蓄蕴酿存其忠厚,以酣畅淋漓阐其隐微,则庶几近矣。"穷年累月,殚精竭诚,成书一帙,名曰《官场现形记》。立体仿诸稗野,则无钩章棘句之嫌。纪事出以方言,则无诘屈聱牙之苦。开卷一过,凡神禹所不能铸之于鼎,温峤所不能烛之以犀者,无不毕备。

作者虽自己有"以含蓄蕴酿存其忠厚"的评语,但这一层实在没有做到,他只做到了"酣畅淋漓"的一步。这部书是从头至尾诅咒官场的书。全书是官的丑史,故没有一个好官,没有一个好人。这也是当时的一种自然趋势。向来人民对于官,都是敢怒而不敢言;恰好到了这个时期,政府的纸老虎是戳穿的了,还加上一种傥来的言论自由,——租界的保障,——所以受了官祸的人,都敢明白地攻击官的种种荒谬,淫秽,贪赃,昏庸的事迹。虽然有过分的描写与溢恶的形容,虽然传闻有不实不尽之处,然而就大体上论,我们不能不承认这部《官场现形记》里大部分的材料可以代表当日官场的实在情形。那些有名姓可考的,如华中堂之为荣禄,黑大叔之为李莲英,都是历史上的人物,不用说了。那无数无名的小官,从钱典史到黄二麻子,从那做贼的鲁总爷到那把女儿献媚上司的冒得官,也都不能说是完全虚构的人物。故《官场现形记》可算是一部社会史料。

《官场现形记》写的官是无所不包的,从那最下级的典史到最高的军机大臣,从土匪出身的到孝廉方正出身的,文的武的,正途的,军功的,捐班的,顶冒的,——只要是个"官",都有他的份。

一部大书开卷便是一个训蒙私塾,——制造官的工厂。那个傻小子王老三便是候补的赵温,赵温便是候补的王乡绅。王老三不争气,只会躲在赵家厨房里"伸着油晃晃的两只手在那里啃骨头"。赵温争气一点,能躺在钱典史的烟榻上捧着本《新科闱墨》用功揣摩。

其实那哼八股的新科举人同那啃骨头的傻小子有什么分别？所谓科举的"正途出身"，至多也不过是文章用浆子糊在桌子上，低着头死念的结果。工夫深了，运气来了，瞎猫碰到了死老鼠，啃骨头的王老三也会飞黄腾达地"中进士做官"去。

这便是正途出身的官。

钱典史便是捐班出身的官的好代表。他虽然只做得一任典史，却弄了不少的钱回来，造起新房子来，也可以使王乡绅睁着大眼睛流涎生羡，称赞他"这样做官才不算白做"。他的主义只是"千里为官只为财"。他的理想是："也不想别的好处，只要早些选了出来，到了任，随你甚么苦缺，只要有本事，总可以生发的。"

这都是全书的"楔子"，以下便是"官国活动大写真"的正文了。

正文的第一幕是在江西。江西的藩台正在那里大开方便，出卖官缺。替他经手的是他的兄弟三荷包。请看三荷包报的清账：

> 玉山的王梦梅是个一万二；萍乡的周小辫子，八千；新昌胡子根，六千；上饶莫桂英，五千五；吉水陆子龄，五千；庐陵黄霑甫，六千四；新畬赵苓州，四千五；新建王尔梅，三千五；南昌蒋大化，三千；铅山孔庆铬，武陵卢子廷，都是二千。还有些一千八百的，一时也记不清，至少也有二三十注，我笔笔都有账的。

这笔账很可以代表当日卖官的情形。无论经手的是江西的三荷包，或是两湖制台的十二姨太太，或是北京的黄胖姑，或是宫里的黑大叔，地域有不同，官缺有大小，神通有高低，然而走的都只是这一条路。这都是捐上的加捐。第一次捐的是"官"，加捐的是"缺"；第一次的钱，名分上是政府得的；第二次的钱是上司自己下腰包的。捐官的钱是有定额的，买缺的钱是没有定额而只有市价的。捐官的钱是史料，买缺的钱更是史料。

"千里为官只为财"，何况这班官又都是花了大本钱来的呢？他们到任之后，第一要捞回捐官的本钱，第二要捞回买缺的本钱，第三还要多弄点利钱。还有那班"带肚子"的账房二爷们，他们也都不是来喝西风的，自然也都要捞几文回去。羊毛总出在羊身上，百姓与国家自然逃不了这班饿狼馋狗的侵害了。公开卖官之弊必至于此。李宝嘉信手拈来，都成材料；其间尽有不实不尽之处，但打个小折扣之后，《官场现形记》终可算是有社会史料的价值的。

《官场现形记》写大官的地方都不见出色，因为这种材料都是间接得来的，全靠来源如何：倘若说故事的人也不是根据亲身的观察，那故事经过几道传述，使成了乡下人说朝廷事，决不会亲切有味了。例如书中说山东抚院阅兵会外宾（第六——七回）等事，看了令人讨厌。又如书中写北京官场的情形（第二四——二九回），看了也令人起一种不自然的感觉。大概作者写北京社会的部分完全是撷拾一些很普通的"话柄"勉强串成的。其中如溥四爷认"祟"字（第二四回，页一二），如华中堂开古董铺（第二五，二六回），徐大军机论碰头的妙语（第二六回），都不过是当日喧传人口的"话柄"罢了。在这种地方，这部书的记载是很少文学兴趣的，至多不过是撷拾话柄，替一个时代的社会情形留一点史料罢了。

有人说，李宝嘉的家里有人做过佐杂小官。这话我们没有证据，不敢轻信。但读过《官场现形记》的人总都感觉这书写大官都不自然，写佐杂小官却都有声有色。大概作者当初确曾想用全副气力描写几个小官，后来抵抗不住别的"话柄"的引诱，方才改变方针，变成一部撷拾官场话柄的类书。这是作者的大不幸，也是文学史上的大不幸。倘使作者当日肯根据亲身的观察，或亲属的经验，决计用全力描写佐杂下僚的社会，他的文学成绩必定大有可观，中国近代小说史上也许添一部不朽的名著了。可惜他终于有点怕难为情，终不肯抛弃"官场"全部的笼统记载，终不甘用他的天才来做一小部分的具体描写。所以他几回想特别描写佐杂小官，几回都半途收缩回去。

你看此书开头就捧出一位了不得的钱典史，此人真是做官的高手。无论在什么地方，他总抱定"实事求是"的秘诀。他先巴结赵温，不但想赚他几个钱，还想借他走他的座师吴赞善的门路。后来因为吴赞善对赵温很冷淡，钱典史的热心也就淡了下来。那一天，

> 门生请主考，同年团拜。……赵温穿着衣帽，也混在里头。钱典史跟着溜了进去瞧热闹。只见吴赞善坐在上面看戏，赵温坐的地方离他还远着哩；一直等到散戏，没有看见吴赞善理他

大家散了之后,钱典史不好明言,背地里说:"有现成的老师还不会巴结,叫我们这些赶门子拜老师的怎样呢?"从此以后,就把赵温不放在眼里。转念一想,读书人是包不定的,还怕他联捷上去,姑且再等他两天。(第二回)
这种细密的心思岂是那死读《新科闱墨》的举人老爷们想得到的吗?
　　第三回写钱典史交结戴升,走黄知府的路子,谋得支应局的收支差使,这一段也写的很好。但第四回以下,钱典史便失踪了;作者的眼界抬高了,遂叫一班大官把这些佐杂老爷们都赶跑了。第七回以下,一个候选通判陶子尧上了一个洋务条陈,居然阔了一阵子。
　　直到第四十三回,作者大概一时缺乏大官的话柄了,忽然又把笔锋收回来描写一大群佐杂小官的生活。第四十三,四十四,四十五回,这三回的"佐杂现形记"真可算是全书最有精采的部分。这部"佐杂现形记"共有好几幕,都细腻的很。第一幕是在首府(武昌府)的大堂门口,——佐杂太爷们给首府"站班"的所在。那一天,首府把其中的一员,蕲州吏目随凤占,唤了进去,说了几句话。随凤占得此异常的荣遇,出来的时候,同班的二三十个穷佐杂都围了上来,打听消息。这一幕好看的很

　　其时正是隆冬天气。有的穿件单外褂,有的竟其还是纱的,一个个都钉着黄线织的补子,有些黄线都已宕了下来。脚下的靴子多半是尖头上长了一对眼睛。有两个穿着"抓地虎",还算是好的咧。至于头上戴的帽子,呢的也有,绒的也有,都是破旧不堪;间或有一两顶皮的,也是光板子,没有毛的了。
　　大堂底下敞豁豁的,一堆人站在那里都一个个冻的红眼睛,红鼻子。还有些一把胡子的人,眼泪鼻涕从胡子上直挂下来,拿着灰色布的手巾在那里擦抹。如今听说首府叫随凤占保举人,便认定了随凤占一定有什么大来头了,一齐围住了他,请问贵姓台甫。
　　当中有一个稍些漂亮点的,亲自走到大堂暖阁后面一看,瞥见有个万民伞的伞架子在那里,他就搬了出来,靠墙摆好,请他坐下谈天。(第四三回,页一七)

底下便是几位佐杂太爷们——随凤占，申守尧，秦梅士等——的高论。后来，申守尧家的一个老妈子来替他拿衣服，无意之中说破了他家里没米下锅，申守尧生气了，打了她一个巴掌，老妈不伏气，倒在地上号咷起来。她这一闹，惊动了许多人，围住看热闹。申守尧又羞又急，拖她不起来。后来还亏本府的门政大爷出来骂了几句，要拿她送首县，她才住了哭，站了起来。

此时弄得个申守尧说不出的感激，意思想走到门政大爷跟前敷衍两句。谁知等到走上前去，还未开口，那门政大爷早把他看了两眼，回转身就进去了。申守尧更觉羞的无地自容，意思又想过来，趁势吆喝老妈两句，谁知老妈早已跑掉。靴子，帽子，衣包，都丢在地下，没有人拿。……（第四四回）

幸亏那位"古道热肠"的秦梅士喊他的儿子小狗子来帮忙。

小狗子从怀里掏出一个小布包，把鞋取出，等他爸爸换好。老头子也一面把衣裳脱下折好，同靴子包在一处；又把申守尧的包裹，靴子，帽盒，也交代儿子拿着。……无奈小狗子两只手拿不了许多，幸亏他人还伶俐，便在大堂底下找到一根棍子，两头挑着；又把他爸爸的大帽子合在自己头上，然后挑了衣包，吁呀吁呀的一路喊了出去。

第一幕完了。第二幕是在申守尧的家里。申守尧同那秦小狗子回到家里，只见那挨打的老妈子在堂屋里哭骂。申守尧要撵她走，她要算清了工钱才走，还要讨送礼的脚钱。申守尧没有钱，她就哭骂不止，口口声声"老爷赖工钱，吃脚钱！"

太太正在楼上捉虱子，所以没有下来，后来听得不像样子，只得蓬着头下来解劝。

其时小狗子还未走，……一手拉，一面说道："申老伯，你不要去理那混帐东西。等他走了以后，老伯要送礼，等我来替你送。就是上衙门，也是我来替你拿衣帽。……"申守尧道："世兄！你是我们秦大哥的少爷，我怎么好常常的烦你送礼拿衣帽呢？"小狗子道："这些事，我都做惯的；况且送礼是你申老伯挑我赚钱，以后十个钱我也只要四个钱罢了。"

等到太太把老妈子的气平下来了,那位秦太爷的大少爷还不肯走。

申守尧留他吃茶也不要,留他吃饭也不要,……只是站着不肯走。申守尧问他有什么话说,他说:"问申老伯要八个铜钱买糖山查吃。"

可怜申守尧……只得进去同太太商量。太太道:"我前天当的当只剩了二十三个大钱,在褥子底下,买半升米还不够。今天又没有米下锅,横竖总要再当的了。你就数八个给他,余下的替我收好。"

一霎时,申守尧把钱拿了出来,小狗子爬在地下给申老伯磕了一个头,方才接过铜钱,一头走,一头数了出去。

秦太爷的做官秘诀:"该同人家争的地方,一点不可放松"(第四三回,页二〇),都完全被他的大少爷学去了!

第二幕完了。第三幕在制台衙门的客厅上(第四四回,页一——一六),第四幕在蕲州(第四四回,页一七——第四五回,页六),第五幕在蕲州河里档子班的船上(第四五回,页六——二二),——都是绝好的活动写真,我不必多引了。

这一长篇的"佐杂现形记"真可算是很有精采的描写,深刻之中有含蓄,嘲讽之中有诙谐,和《儒林外史》最接近。这一部分最有文学趣味,也最有社会史料的价值。倘使全书都能有这样的风味,《官场现形记》便成了第一流小说了。

但作者终想贪多骛远,又把随凤占、钱琼光一班佐杂太爷抛开,又去写钦差大臣童子良(铁良)的话柄了。从此以后,这部书又回到话柄小说的地位上去。不久作者也就死了。

我在《五十年来的中国文学》里,曾说《官场现形记》是一部模仿《儒林外史》的讽刺小说(《胡适文存二集》,二,页一七三以下)。鲁迅先生在他的《中国小说史略》(页三二七以下)里另标出"谴责小说"的名目,把《官场现形记》,《二十年目睹之怪现状》,《老残游记》,《孽海花》等书都归入这一类。他这种区别是很有见地的。他说:

> 光绪庚子(1900)后，谴责小说之出特盛。盖嘉庆以来，虽屡平内乱(白莲教，太平天国，捻，回)，亦屡挫于外敌(英，法，日本)，细民暗昧，尚啧著听平逆武功，有识者则已翻然思改革，凭敌忾之心，呼维新与爱国，而于"富强"尤致意焉。戊戌变政既不成，越二年即庚子而有义和团之变，群乃知政府不足与图治，顿有抬击之意矣。其在小说，则揭发伏藏显其弊恶，而于时政，严加纠弹，或更扩充，并及风俗。虽命意在于匡世，似与讽刺小说同伦，而辞气浮露，笔无藏锋，甚且过甚其辞，以合时人嗜好，则其度量技术之相去亦远矣，故别谓之谴责小说。

鲁迅先生最推崇《儒林外史》，曾说：

> 迨吴敬梓《儒林外史》出，乃秉持公心，指摘时弊，……其文又戚而能谐，婉而多讽，于是说部中乃始有足称讽刺之书。(《小说史略》，页二四五)

他又说，

> 是后亦鲜以公心讽世之书如《儒林外史》者。(同书，页二五三)

鲁迅先生这样推重《儒林外史》，故不愿把近代的谴责小说同《儒林外史》并列。这种主张是我很赞同的。吴敬梓是个有学问，有高尚人格的人，他又不曾梦想靠做小说吃饭，故他的小说是一部全神贯注的著作。他是个文学家，又受了颜习斋、李刚主、程绵庄一派的思想的影响，故他的讽刺能成为有见解的社会批评。他的人格高，故能用公心讽世；他的见解高，故能"哀而不愠，微而婉"。近世做谴责小说的人大都是失意的文人，在困穷之中，借骂人为糊口的方法。他们所谴责的往往都是当时公认的罪恶，正不用什么深刻的观察与高超的见解，只要有淋漓的刻画，过度的形容，便可以博一般人的欢迎了。故近世的谴责小说的意境都不高，其中如刘鹗《老残游记》之揭清官之恶，真可算是绝无而仅有的特别见解了。

鲁迅先生批评《官场现形记》的话也很公平，他说：

> 凡所叙述，皆迎合，钻营，朦混，罗掘，倾轧等故事，兼及士人之热心于作吏，及官吏闺中之隐情。头绪既繁，脚色复夥，其记

> 事遂率与一人俱起,亦即与其人俱讫,若断若续,与《儒林外史》略同。然臆说颇多,难云实录,无自序所谓"含蓄蕴酿"之实,殊不足望文木老人后尘。况所搜罗,又仅"话柄",联缀此等,以成类书;官场伎俩,本小异大同,汇为长编,即千篇一律。特缘时势要求,得此为快,故《官场现形记》乃骤享大名;而袭用"现形"名目,描写他事,如商界学界女界者亦接踵也。(同书,页三二九)

这部书确是联缀许多"话柄"做成的,既没有结构,又没有剪裁,是第一短处。作者自己很少官场的经验,所记大官的秽史多是间接听得来的"话柄";有时作者还肯加上一点组织点缀的工夫,有时连这一点最低限度的技术都免去了,便成了随笔记帐。这是第二短处。这样信手拈来的记录,目的在于铺叙"话柄",而不在于描摹人物,故此书中的人物几乎没有一个有一点个性的表现,读者只看见一群饿狗嚷进嚷出而已。唐二乱子乱了一会,忽然又不乱了;刘大侉子侉了一会,忽然又不侉了。贾筱之(假孝子)假孝了一会,也就把老太太撇开了;甄守球(真守旧)似乎应该有点顽固的把戏,然而下文也就没有了。这是第三短处。此书里没有一个好官,也没有一个好人。作者描写这班人,只存谴责之心,毫没有哀矜之意;谴责之中,又很少诙谐的风趣,故不但不能引起人的同情心,有时竟不能使人开口一笑。这种风格,在文学上,是很低的。这是第四短处。

但我细读此书,看作者在第四十三回到四十五回里表现的技术,终觉得李宝嘉的成绩不应该这么坏,终觉他不曾充分用他的才力。他在开卷几回里,处处现出模仿《儒林外史》的痕迹。他似乎是想用心做一部讽刺小说的。假使此书用赵温与钱典史做全书的主人翁,用后来描写湖北佐杂小官的技术来叙述这两个人的宦途历史,假使作者当日肯这样做去,这部书未尝不可以成为一部有风趣的讽刺小说。但作者个人生计上的逼迫,浅人社会的要求,都不许作者如此做去。于是李宝嘉遂不得不牺牲他的艺术而迁就一时的社会心理,于是《官场现形记》遂不得不降作一部撷拾话柄的杂记小说了。

讽刺小说之降为谴责小说,固是文学史上大不幸的事。但当时中国屡败之后,政制社会的积弊都暴露出来了,有心的人都渐渐肯抛弃向来夸大狂的态度,渐渐肯回头来谴责中国本身的制度不良,政治腐败,社会龌龊。故谴责小说虽有浅薄,显露,溢恶种种短处,然他们确能表示当日社会的反省的态度,责己的态度。这种态度是社会改革的先声。人必须自己承认有病,方才肯延医服药。故谴责小说暴扬一国的种种黑暗,种种腐败,还不失为国家将兴,社会将改革的气象。但中国人终是一个夸大狂的民族,反省的心理不久就被夸大狂的心理赶跑了。到了今日,人人专会责人而不肯责己,把一切罪状都堆在洋鬼子的肩上;一面自己夸张中国的精神文明,礼义名教,一面骂人家都是资本主义,帝国主义,物质文明!在这一个"讳疾而忌医"的时代,我们回头看那班敢于指斥中国社会的罪恶的谴责小说家,真不能不脱下帽子来向他们表示十分敬意了。

1927,11,12　在上海
(收入李伯元著、汪协如标点:《官场现形记》,
1927年亚东图书馆初版)

《老残游记》序

一 作者刘鹗的小传

《老残游记》的作者自己署名为"洪都百炼生";他的真姓名是刘鹗,字铁云。罗振玉先生的《五十日梦痕录》里有一篇《刘铁云传》,纪叙他的事实和人品都很详细;我们没有更好的材料,所以把这篇转录在这里:

> 罗振玉的《刘铁云传》
>
> 予之知有殷虚文字,实因丹徒刘君铁云。铁云,振奇人也,后流新疆以死。铁云交予久;其平生事实,不忍没之,附记其略于此。
>
> 君名鹗,生而敏异。年未逾冠,已能传其先德子恕观察(成忠)之学,精畴人术,尤长于治河。顾放旷不守绳墨,而不废读书。予与君同寓淮安;君长予数岁。予少时固已识君,然每于衢路闻君足音,辄逡巡避去,不欲与君接也。是时君所交皆井里少年;君亦薄世所谓规行矩步者,不与近。已乃大悔,闭户敛迹者岁余。以岐黄术游上海,而门可罗爵。则又弃而习贾;尽倾其资,乃复归也。
>
> 光绪戊子(1888),河决郑州。君慨然欲有以自试,以同知往投效于吴恒轩中丞。中丞与语,奇之,颇用其说。君则短衣匹马,与徒役杂作;凡同僚所畏惮不能为之事,悉任之。声誉乃大起。河决既塞,中丞欲表其功绩,则让与其兄渭清观察(梦熊)而请归读书。中丞益异之。时方测绘三省黄河图,命君充提调官。河图成,时河患移山东,吾乡张勤果公(曜)方抚岱方。吴公为扬誉,勤果乃檄君往东河。

勤果故好客,幕中多文士,实无一能知河事者。群议方主贾让不与河争地之说,欲尽购滨河民地,以益河身。上海善士施少卿(善昌)和之,将移海内赈灾之款助官力购民地。君至则力争其不可,而主束水刷沙之说。草《治河七说》,上之。幕中文士力谋所以阻之,苦无以难其说。

时予方家居,与君不相闻也;忧当世之所以策治河者如是,乃著论五千余言,以明其利害,欲投诸施君,揭之报纸,以警当世。君之兄见而大韪之,录副寄君。君见予文,则大喜,乃以所为《治河七说》者邮君之兄以诒予,且附书曰:"君之说与予合者十八九。群盲方竞,不意当世尚有明目如公者也!但尊论文章渊雅,非肉食者所能解。吾文直率如老妪与小儿语,中用王景名,幕僚且不知为何代人,乌能读扬、马之文哉?"时君之玩世不恭尚如此。

岁甲午(1894),中东之役起,君方丁内艰归淮安,予与君相见,与君预测兵事。时诸军皆扼守山海关,以拱京师。予谓东人知我国事至熟,恐阳趋关门而阴捣旅、大以覆我海军,则我全局败矣。侪辈闻之,皆相非难。君之兄且引法、越之役法将语,谓旅、大难拔,以为之证。独君意与予合,忧旅、大且旦夕陷也。乃未久竟验。于是同侪皆举予与君齿,谓二人者智相等,狂亦相垺也。

君既服阕,勤果卒官,代之者福公(润),以奇才荐。乃征试于京师,以知府用。君于是慨然欲有所树立。留都门者二年,谓扶衰振敝当从兴造铁路始,路成则实业可兴,实业兴而国富,国富然后庶政可得而理也。上书请筑津镇铁路,当道颇为所动。事垂成,适张文襄公请修京、鄂线,乃罢京镇之议。而君之志不少衰,投予书曰:"蒿目时艰,当世之事百无一可为。近欲以开晋铁谋于晋抚,俾请于朝。晋铁开则民得养,而国可富也。国无素蓄,不如任欧人开之,我严定其制,令三十年而全矿路归我。如是,则彼之利在一时,而我之利在百世矣。"予答书曰:"君请开晋铁,所以谋国者则是矣,而自谋则疏。万一幸成,而蜚斐日集,利在国,害在君也。"君不之审。于是事成而君"汉奸"之名大噪于世。

庚子(1900)之乱,刚毅奏君通洋,请明正典刑。以在沪上,幸免。时君方受廛于欧人,服用豪侈。予亟以危行远害规君。君虽韪之,不能改也。联军入都城,两宫西幸。都人苦饥,道殣相望。君乃挟资入国门,议振恤。适太仓为俄军所据,欧人不食米,君请于俄军,以贱价尽得之,粜诸民,民赖以安。君平生之所以惠于人者实在此事,而数年后柄臣某乃以私售仓粟罪君,致流新疆死矣。

当君说晋抚胡中丞奏开晋铁时,君名佐欧人,而与订条约,凡有损我权利者,悉托政府之名以拒之,故久乃定约。及晋抚入奏,言官乃交劾,廷旨罢晋抚,由总署改约。欧人乘机重贿当道,凡求之晋抚不能得者,至是悉得之,而晋矿之开乃真为国病矣。

……至于君既受廛于欧人,虽顾惜国权,卒不能剖心自明于人,在君乌得无罪?而其所以致此者,则以豪侈不能自洁之故,亦才为之累也。噫,以天生才之难,有才而不能用,执政之过也。怀才而不善自养,致杀身而丧名,吾又焉能不为君疚哉?书毕,为之长叹。

我们读了这篇传,可以想像刘鹗先生的为人了。他是一个很有见识的学者,同时又是一个很有识力和胆力的政客。当河南初发现甲骨文字的时候,许多学者都不信龟甲兽骨能在地中保存几千年之久。刘先生是最早赏识甲骨文字的一位学者。他的一部《铁云藏龟》要算是近年研究甲骨文字的许多著作的开路先锋。罗振玉先生是甲骨文字之学的大师;他也是因为刘先生的介绍方才去研究这些古物的。只可惜近二十年来研究甲骨文字的大进步是刘先生不及见的了。

刘鹗先生最自信的是他对于治河的主张。罗先生说他在郑州河工上"短衣匹马,与徒役杂作";我们读《老残游记》中描写黄河与河工的许多地方,也可以知道他的治河主张是从实地观察得来的。罗《传》中记刘先生在张曜幕府中辨论治河的两段也可以和《老残游记》相参证。张曜即是《游记》中的庄宫保。第三回中老残驳贾让

"不与河争地"的主张,说:

> 贾让只是文章做得好,他也没有办过河工。

刘先生自己是曾在河工上"与徒役杂作"的,所以有驳贾让的资格了。当时张曜却已行过贾让的主张了。罗《传》中的施善昌大概即是《游记》第十四回的史观察。他的主旨载在第十四回里。这回试行"不与河争地","废了民埝,退守大堤"的结果是很可惨的。《游记》第十三回和第十四回在妓女翠环的口里极力描写那回的惨劫很能教人感动。老残的结论是:

> 然创此议之人却也不是坏心,并无一毫为己私见在内;只因但会读书,不谙世故,举手动足便错。……岂但河工为然? 天下大事坏于奸臣者十之三四,坏于不通世故之君子者倒有十分之六七也!(十四回)

刘先生自己主张王景的法子。老残说:

> 他(王景)治河的法子乃是从大禹一脉下来的,专主"禹抑洪水"的"抑"字。……他是从"播为九河,同为逆河","同""播"两个字上悟出来的。(三回)

这就是罗《传》说的"束水刷沙"的法子。刘鹗先生自信此法是有大功效的,所以他在《游记》第一回楔子里说一段黄瑞和浑身溃烂的寓言。黄瑞和即是黄河,"每年总要溃几个窟窿;今年治好这个,明年别处又溃几个窟窿。"老残"略施小技";"说也奇怪,这年虽然小有溃烂,却是一个窟窿也没有出过。"他说:

> 别的病是神农、黄帝传下来的方法,只有此病是大禹传下来的方法;后来唐朝有个王景得了这个传授,以后就没有人知道此方法了。

这段话很可以看出他对于此法的信仰了。

我们拿罗振玉先生做的那篇《传》来和《老残游记》对照着看,可以知道这部小说里的老残即是刘鹗先生自己的影子。他号铁云,故老残姓铁。他是丹徒人,寄居淮安;老残是江南人,他的老家在江南徐州(三回)。罗《传》中说刘先生曾"以岐黄术游上海,而门可罗爵";老残也会"摇个串铃,替人治病,奔走江湖近二十年"。最明显的是治河的主张;在这一方面老残完全是刘鹗,毫没有什么讳饰。

　　刘鹗先生一生有四件大事:一是河工,二是甲骨文字的承认,三是请开山西的矿,四是贱买太仓的米来赈济北京难民。为了后面的两件事,他得了许多毁谤。太仓米的案子竟叫他受充军到新疆的刑罚,然而知道此事的人都能原谅他,说他无罪。只有山西开矿造路的一案,当时的人很少能了解他的。他的计划是要"严定其制,令三十年而全矿路归我。如是则彼之利在一时,而我之利在百世矣"。这种办法本是很有远识的。但在那个昏愦的时代,远见的人都逃不了惑世误国的罪名,于是刘先生遂被人叫做"汉奸"了。他的老朋友罗振玉先生也不能不说:"君既受廪于欧人,虽顾惜国权,卒不能剖心自明于人,在君乌得无罪?"一个知己的朋友尚且说他乌得无罪,何况一般不相知的众人呢?

　　《老残游记》的第一回"楔子"便是刘先生"剖心自明于人"的供状。这一回可算得他的自叙或自传。老残同了他的两个至友德慧生与文章伯——他自己的智慧,道德,文章,——在蓬莱阁上眺望天风海水,忽然看见一只帆船"在那洪波巨浪之中,好不危险"。那只帆船便是中国。

　　　　船主坐在舵楼之上,楼下四人专管转舵的事。前后六枝桅杆,挂着六扇旧帆;又有两枝新桅,挂着一簇新的帆,一扇半新不旧的帆。

四个转舵的是军机大臣,六枝旧桅是旧有的六部,两枝新桅是新设的两部。

　　　　这船虽有二十三四丈长,却是破坏的地方不少:东边有一块,约有三丈长短,已经破坏,浪花直灌进去;那旁,仍在东边,又有一块,约长一丈,水波亦渐渐浸入;其余的地方,无一处没有伤痕。

二十三四丈便是二十三四个行省与藩属。东边那三丈便是东三省;还有那东边一丈便是山东。

　　　　那八个管帆的却是认真的在那里管,只是各人管各人的帆,仿佛在八只船上似的,彼此不相关照。那〔些〕水手只管在那坐船的男男女女队里乱窜,不知所做何事。用远镜仔细看去,方知道他[们]在那里搜他们男男女女所带的干粮,并剥那些人身上穿的衣服。

老残和他的朋友看见这种怪现状,气的不得了。德慧生和文章伯问老残怎样去救他们,老残说:

依我看来,驾驶的人并未曾错,只因两个缘故,所以把这船就弄得狼狈不堪了。怎么两个缘故呢?一则他们是走"太平洋"的,只会过太平日子,若遇风平浪静的时候,他驾驶的情状亦有操纵自如之妙,不意今日遇见这大的风浪,所以都毛了手脚。二则他们未曾预备方针,平常晴天的时候,照着老法子去走,又有日月星辰可看,所以南北东西尚还不大很错。这就叫做"靠天吃饭"。那知遇了这阴天,日月星辰都被云气遮了,所以他们就没了依傍。心里不是不想望好处去做,只是不知东南西北,所以越走越错。为今之计,依章兄法子驾只渔艇追将上去,他的船重,我们的船轻,一定追得上的。到了之后,送他一个罗盘,他有了方向,便会走了。再将这有风浪与无风浪时驾驶不同之处告知船主,他们依了我们的话,岂不立刻就登彼岸了吗?

这就是说,习惯的法子到了这种危险的时候就不中用了,须有个方针,认清了方向,作个计划,方才可行。老残提议要送给他们"一个最准的向盘,一个纪限仪,并几件行船要用的物件"。

但是他们赶到的时候,就听见船上有人在那里演说,要革那个掌舵的人的命。老残是不赞成革命的,尤其不赞成那些"英雄只管自己敛钱,叫别人流血的"。他们跳上船,把向盘纪限仪等项送给大船上的人。

正在议论,那知那下等水手里面忽然起了咆哮,说道:"船主!船主!千万不可为这人所惑!他们用的是外国向盘,一定是洋鬼子差遣来的汉奸!他们是天主教!他们将这只大船已经卖与洋鬼子了,所以才有这个向盘!请船主赶紧将这三人绑去杀了,以除后患;倘与他们多说几句话,再用了他的向盘,就算收了洋鬼子的定钱,他就要来拿我们的船了!"

谁知这一阵嘈嚷,满船的人俱为之震动。就是那演说的英雄豪杰也在那里喊道:"这是卖船的汉奸!快杀!快杀!"

船主舵工听了,俱犹疑不定。内中有一个舵工,是船主的叔叔,说道:"你们来意甚善,只是众怒难犯,赶快去罢。"

三人垂泪,赶忙回了小船。那知大船上人,余怒未息,看三人上了小船,忙用被浪打碎了的断桩破板打下船去。你想,一只小小渔船怎禁得几百个人用力乱砸?顷刻之间,将那渔船打得粉碎,看着沉下海中去了。

刘先生最伤心的是"汉奸"的喊声不但起于那些"下等水手"里面,并且出于那些"演说的英雄豪杰"之口!一班"英雄豪杰"只知道鼓吹革命是救国,而不知道献向盘与纪限仪也是救国,冒天下之大不韪来借债开矿造铁路也是救国!所以刘鹗"汉奸"的罪是决定不可改的了,他该充军了,该死在新疆了。

二 《老残游记》里的思想

《老残游记》有光绪丙午(1906)的自叙,作者自述这部书是一种哭泣,是一种"其力甚劲,其行弥远,不以哭泣为哭泣"的哭泣。他说:

> 吾人生今之时,有身世之感情,有家国之感情,有社会之感情,有种教之感情。其感情愈深者,其哭泣愈痛:此洪都百炼生所以有《老残游记》之作也。棋局已残,吾人将老,欲不哭泣也得乎?

这是很明显地说,这部小说是作者发表他对于身世,家国,种教的见解的书。一个倜傥不羁的才士,一个很勇于事功的政客,到头来却只好做一部小说来寄托他的感情见解,来代替他的哭泣:这是一种很可悲哀的境遇,我们对此自然都有无限的同情。所以我们读《老残游记》应该先注意这书里发挥的感情见解,然后去讨论这书的文学技术。

《老残游记》二十回只写了两个酷吏:前半写一个玉贤,后半写一个刚弼。此书与《官场现形记》不同:《现形记》只能摭拾官场的零星罪状,没有什么高明或慈祥的见解;《游记》写官吏的罪恶,始终认定一个中心

的主张,就是要指出所谓"清官"之可怕。作者曾自己说:

> 赃官可恨,人人知之;清官尤可恨,人多不知。盖赃官自知有病,不敢公然为非;清官则自以为不要钱,何所不可,刚愎自用,小则杀人,大则误国。吾人亲目所见,不知凡几矣。试观徐桐、李秉衡,其显然者也。廿四史中,指不胜屈。作者苦心愿天下清官勿以不要钱便可任性妄为也。历来小说皆揭赃官之恶;有揭清官之恶者,自《老残游记》始。(十六回原评)

这段话是《老残游记》的中心思想。清儒戴东原曾指出,宋明理学的影响养成一班愚陋无用的理学先生,高谈天理人欲之辨,自以为体认得天理,其实只是意见;自以为意见不出于自私自利便是天理,其实只是刚愎自用的我见。理是客观的事物的条理,须用虚心的态度和精密的方法,方才寻得出。不但科学家如此,侦探访案,老吏折狱,都是一样的。古来的"清官",如包拯之流,所以能永久传诵人口,并不是因为他们清廉不要钱,乃是因为他们的头脑子清楚明白,能细心考查事实,能判断狱讼,替百姓伸冤理枉。如果"清官"只靠清廉,国家何不塑几个泥像,雕几个木偶,岂不更能绝对不要钱吗?一班迂腐的官吏自信不要钱便可以对上帝,质鬼神了,完全不讲求那些搜求证据,研究事实,判断是非的法子与手段,完全信任他们自己的意见,武断事情,固执成见,所以"小则杀人,大则误国"。刘鹗先生眼见毓贤、徐桐、李秉衡一班人,由清廉得名,后来都用他们的陋见来杀人误国,怪不得他要感慨发愤,著作这部书,大声指斥"清官"的可恨可怕了。

《老残游记》最称赞张曜(庄宫保),但作者对于治河一案,也很有不满意于张曜的话。张曜起初不肯牺牲那夹堤里面几万家的生产,十几万的百姓,但他后来终于听信了幕府中人的话,实行他们的治河法子。《游记》第十四回里老残评论此事道:

> 创此议之人却也不是坏心,并无一毫为己私见在内;只因但会读书,不谙世故,举手动足便错。……岂但河工为然?天下大事坏于奸臣者十之三四,坏于不通世故之君子者倒有十分之六七也!

这不是很严厉的批评吗？

他写毓贤（玉贤），更是毫无恕词了。毓贤是庚子拳匪案里的一个罪魁；但他做山东曹州知府时，名誉很好，有"清官"、"能吏"之称。刘先生偏要描写他在曹州的种种虐政，预备留作史料。他写于家被强盗移赃的一案，上堂时，

玉大人拿了失单交下来，说："你们还有得说的吗？"于家父子方说得一声"冤枉"，只听堂上惊堂一拍，大嚷道："人赃现获，还喊冤枉？把他站起来！去！"左右差人连拖带拽拉下去了。（四回）

"站"就是受"站笼"的死刑。

这边值日头儿就走到公案面前，跪了一条腿，回道："禀大人的话：今日站笼没有空子，请大人示下。"那玉大人一听，怒道："胡说！我这两天记得没有站什么人，怎会没有空子呢？"值日差回道："只有十二架站笼，三天已满。请大人查簿子看。"

玉大人一查簿子，用手在簿子上点着说："一，二，三，昨儿是三个。一，二，三，四，五，前儿是五个。一，二，三，四，大前儿是四个。没有空，到也不错的。"差人又回道："今儿可否将他们先行收监？明天定有几个死的，等站笼出了缺，将他们补上，好不好？请大人示下。"

玉大人凝了一凝神，说道："我最恨这些东西！若要将他们收监，岂不是又被他多活了一天去了吗？断乎不行。你们去把大前天站的四个放下，拉来我看。"差人去将那四人放下，拉上堂去。大人亲自下案，用手摸着四人鼻子，说道："是还有点游气"。复行坐上堂去，说："每人打二千板子，看他死不死！"那知每人不消得几十板子，那四个人就都死了。

这是一个"清官"的行为！

后来于家老头子先站死了，于学礼的妻子吴氏跪倒在府衙门口，对着于学礼大哭一场，拔刀自刎了。这件事感动了三班差役，他们请稿案师爷去求玉大人把她的丈夫放了，"以慰烈妇幽魂"。玉大人笑道：

> 你们倒好！忽然的慈悲起来了！你会慈悲于学礼，你就不会慈悲你主人吗？……况这吴氏尤其可恨：他一肚子觉得我冤枉了他一家子！若不是个女人，他虽死了，我还要打他二千板子出出气呢！

于是于家父子三人就都死在站笼里了。

刚弼似是一个假名，只借"刚愎"的字音，却不影射什么人。贾家的十三条命案也是臆造出来的。故出事的地方名叫齐东镇，"就是周朝齐东野人的老家"；而苦主两家，一贾，一魏，即是假伪的意思。这件命案太离奇了，有点"超自然"的色彩，可算是这部书的一个缺点。但其中描写那个"清廉得格登登的"刚弼，却有点深刻的观察。魏家不合请一位糊涂的胡举人去行贿，刚弼以为行贿便是有罪的证据，就严刑拷问贾魏氏。她熬刑不过，遂承认谋害了十三命。

白耆复审的一回（十八回）只是教人如何撇开成见，研究事实，考察证据。他对刚弼说：

> 老哥所见甚是。但是兄弟……此刻不敢先有成见。像老哥聪明正直，凡事先有成竹在胸，自然投无不利。兄弟资质甚鲁，只好就事论事，细意推求，不敢说无过，但能寡过已经是万幸了。

"凡事先有成竹在胸"，这是自命理学先生刚愎自用的态度。"就事论事，细意推求"，这是折狱老吏的态度，是侦探家的态度，也就是科学家寻求真理的态度。

复审的详情，我们不用说了。定案之后，刚弼还不明白魏家既无罪何以肯花钱。他说："卑职一生就没有送过人一个钱。"白公呵呵大笑道：

> 老哥没有送过人的钱，何以上台也会契重你？可见天下人不全是见钱眼开的哟。清廉人原是最令人佩服的，只有一个脾气不好，他总觉得天下人都是小人，只他一个人是君子。这个念头最害事的。把天下大事不知害了多少！老兄也犯这个毛病，莫怪兄弟直言。至于魏家花钱，是他乡下人没见识处，不足为怪也。

有人说：李伯元做的是《官场现形记》，刘铁云做的是做官教科书。其实"就事论事,细意推求",这八个字何止是做官教科书?简直是做学问做人的教科书了。

我的朋友钱玄同先生曾批评《老残游记》中间桃花山夜遇玙姑、黄龙子的一大段(八回至十二回)神秘里夹杂着不少旧迷信,他说刘鹗先生究竟是"老新党头脑不清楚"。钱先生的批评固然是很不错的。但这一大段之中却也有一部分有价值的见解,未可完全抹煞。就是那最荒谬的部分也可以考见一个老新党的头脑,也未尝没有史料的价值。我们研究思想史的人,一面要知道古人的思想高明到什么地步,一面也不可不知道古人的思想昏谬到什么地步。

《老残游记》里最可笑的是"北拳南革"的预言。一班昏乱糊涂的妄人推崇此书,说他"关心治乱,推算兴亡,秉史笔而参易象之长"(坊间伪造四十回本《老残游记》钱启猷序);说他"于笔记叙事之中,具有推测步算之妙,较《推背图》、《烧饼歌》诸数书尤见明晰"(同书胶州傅幼圃序)。这班妄人的妄言,本不值一笑。但这种"买椟还珠"的谬见未免太诬蔑这部书了,我们不能不说几句辨正的话。

此书作于庚子乱后,成于丙午年,上距拳匪之乱凡五年,下距辛亥革命也只五年。他说拳祸,只是追记,不是预言。他说革命,也只是根据当时的趋势,作一种推测,也算不得预言。不过刘鹗先生把这话放在黄龙子的口里,加上一点神秘的空气,不说是事理上的推测,却用干支来推算,所以装出预言的口气来了。若作预言看,黄龙子的推测完全是错的。第一,他只看见甲辰(1904)的变法,以为科举的废止和五大臣出洋等事可以做到一种立宪的君主政治,所以他预定甲寅(1914)还有一次大变法,就是宪政的实行。"甲寅之后,文明大著,中外之猜嫌,满、汉之疑忌,尽皆销灭"。这一点他猜错了。第二,他猜想革命至庚戌(1910)而爆发,庚戌在辛亥革命前一年,这一点他几乎猜中。然而他推算庚戌以后革命的运动便"潜消"了,这又大错了。第三,他猜测"甲寅以后为文明华敷之世,⋯⋯直至甲子(1924)为文明结实之世,可以自立矣"。这一点又大错了。

总之,《老残游记》的预言无一不错。这都是因为刘先生根本不赞成革命,"北拳南革都是阿修罗部下的妖魔鬼怪",运动革命的人"不有人灾,必有鬼祸",——他存了这种成见,故推算全错了。然而还有许多妄人把这书当作一部最灵的预言书!妄人之妄,真是无药可医的!

然而桃花山中的一夕话也有可取之处。玙姑解说《论语》"攻乎异端"一句话,说"端"字当"起头"讲,执其两端是说执其两头;她批评"后世学儒的人,觉得孔孟的道理太费事,不如弄两句辟佛老的口头禅,就算是圣人之徒。……孔孟的儒教被宋儒弄的小而又小,以至于绝了"(九回)。这话虽然表示作者缺乏历史眼光,却也可以表示作者怀疑的态度。后来

子平闻了,连连赞叹,说:"今日幸见姑娘,如对明师!但是宋儒错会圣人意旨的地方,也是有的,然其发明正教的功德,亦不可及。即如'理'、'欲'二字,'主敬'、'存诚'等字,虽皆是古圣之言,一经宋儒提出,后世实受惠不少。人心由此而正,风俗由此而醇。"

那女子嫣然一笑,秋波流媚,向子平睇了一眼。子平觉得翠眉含娇,丹唇启秀,又似有一阵幽香沁入肌骨,不禁神魂飘荡。那女子伸出一双白如玉软如棉的手来,隔着炕桌子,握着子平的手,握住了之后,说道:"请问先生:这个时候比你少年在书房里贵业师握住你手'扑作教刑'的时候何如?"

子平默无以对。女子又道:"凭良心说,你此刻爱我的心,比爱贵业师何如?圣人说的,'所谓诚其意者,毋自欺也。如恶恶臭,如好好色。'孔子说:'好德如好色。'孟子说:'食色,性也。'子夏说:'贤贤易色。'这好色乃人之本性。宋儒要说好德不好色,非自欺而何?自欺欺人,不诚极矣!他偏要说'存诚',岂不可恨!圣人言情言礼,不言理欲,删诗以《关雎》为首。试问'窈窕淑女,君子好逑','求之不得',至于'辗转反侧',难道可以说这是天理,不是人欲吗?举此可见圣人决不欺人处。《关雎》序上说道:'发乎情,止乎礼义。'发乎情,是不期然而然的境界。即如今夕嘉宾惠临,我不能不喜,发乎情也。先生来

时,甚为困惫,又历多时,宜更惫矣,乃精神焕发,可见是很喜欢,如此亦发乎情也。以少女中男,深夜对坐,不及乱言,止乎礼义矣。此正合圣人之道。若宋儒之种种欺人,口难罄述。然宋儒固多不是,然尚有是处;若今之学宋儒者,直乡愿而已,孔孟所深恶而痛绝者也!"(九回)

这是很大胆的批评。宋儒的理学是从中古的宗教里滚出来的。中古的宗教——尤其是佛教——排斥肉体,禁遏情欲,最反乎人情,不合人道。宋儒用人伦的儒教来代替出世的佛教,固然是一大进步。然而宋儒在不知不觉之中受了中古禁欲的宗教的影响,究竟脱不了那排斥情欲的根本态度,所以严辨"天理"、"人欲"的分别,所以有许多不人道的主张。戴东原说宋儒的流弊遂使后世儒者"以理杀人";近人也有"吃人的礼教"的名言,这都不算过当的判断。刘鹗先生作这部书,写两个"清官"自信意见不出于私欲,遂固执自己的私见,自以为得理之正,不惜杀人破家以执行他们心目中的天理:这就是"以理杀人"的具体描写。玙姑的一段话也只是从根本上否认宋儒的理欲之辨。她不惜现身说法,指出宋儒的自欺欺人,指出"宋儒之种种欺人,口难罄述"。这虽是一个"头脑不清楚"的老新党的话,然而在这一方面,这位老新党却确然远胜于今世恭维宋明理学为"内心生活"、"精神修养"的许多名流学者了。

三 《老残游记》的文学技术

但是《老残游记》在中国文学史上的最大贡献却不在于作者的思想,而在于作者描写风景人物的能力。古来作小说的人在描写人物的方面还有很肯用气力的;但描写风景的能力在旧小说里简直没有。《水浒传》写宋江在浔阳楼题诗一段要算很能写人物的了;然而写江上风景却只有"江景非常,观之不足"八个字。《儒林外史》写西湖只说"真乃五步一楼,十步一阁;一处是金粉楼台,一处是竹篱茅舍;一处是桃柳争妍,一处是桑麻遍野"。《西游记》与《红楼梦》描写风景也都只是用几句烂调的四字句,全无深刻的描写。只有《儒林外史》第一回里有这么一段:

> 王冕放牛倦了,在绿草地上坐着。须臾,浓云密布,一阵大雨过了,那黑云边上镶着白云,渐渐散去,透出一派日光来,照耀得满湖通红。湖边上山,青一块,紫一块,绿一块。树枝上都像水洗过一番的,尤其绿得可爱。湖里有十来枝荷花,苞子上清水滴滴,荷叶上水珠滚来滚去。

在旧小说里,这样的风景画可算是绝无而仅有的了。旧小说何以这样缺乏描写风景的技术呢?依我的愚见看来,有两个主要的原因。第一是由于旧日的文人多是不出远门的书生,缺乏实物实景的观察,所以写不出来,只好借现成的词藻充充数。这一层容易明白,不用详细说明了。第二,我以为这还是因为语言文字上的障碍。写一个人物,如鲁智深,如王凤姐,如成老爹,古文里的种种烂调套语都不适用,所以不能不用活的语言,新的词句,实地作描写的工夫。但一到了写景的地方,骈文诗词里的许多成语便自然涌上来,挤上来,摆脱也摆脱不开,赶也赶不去。人类的性情本来多是趋易避难,朝着那最没有抵抗的方向走的;既有这许多现成的语句,现成的字面,何必不用呢?何苦另去铸造新字面和新词句呢?我们试读《红楼梦》第十七回贾政父子们游大观园的一大段里,处处都是用这种现成的词藻,便可以明白这种心理了。

《老残游记》最擅长的是描写的技术;无论写人写景,作者都不肯用套语烂调,总想熔铸新词,作实地的描画。在这一点上,这部书可算是前无古人了。

刘鹗先生是个很有文学天才的人;他的文学见解也很超脱。《游记》第十三回里他借一个妓女的嘴骂那些烂调套语的诗人。翠环道:

> 我在二十里铺的时候,过往的客人见的很多,也常有题诗在墙上的。我最喜欢请他们讲给我听。听来听去,大约不过这个意思。……因此我想,做诗这件事是很没有意思的,不过造些谣言罢了。

奉劝世间许多爱做诗的人们,千万不要为二十里铺的窑姐所笑!

刘鹗先生的诗文集,不幸我们没有见过。《游记》有他的三首诗。第八回里的一首绝句,嘲讽聊城杨氏海源阁(书中改称东昌府柳家)的藏书,虽不是好诗,却也不是造谣言的。第六回里的一首五言律诗,专咏玉贤的虐政,有"杀民如杀贼,太守是元戎"的话,可见他做旧律诗也还能发议论。第十二回里的一首五古,写冻河的情景,前六句云:

> 地裂北风号,长冰蔽河下。后冰逐前冰,相陵复相亚。河曲易为塞,嵯峨银桥架。

这总算是有意写实了。但古诗体的拘束太严了,用来写这种不常见的景物是不会满人意的。试把这六句比较这一段散文的描写:

> 老残洗完了脸,把行李铺好,把房门锁上,也出来步到河堤上看,见那黄河从西南上下来,到此却正是〔河〕的湾子,过此便向正东去了,河面不甚宽,两岸相距不到二里。若以此刻河水而论,也不过百把丈宽的光景。只是面前的冰插的重重叠叠的,高出水面有七八寸厚。再望上游走了一二百步,只见那上流的冰还一块一块的漫漫价来,到此地被前头的阑住,走不动,就站住了。那后来的冰赶上他,只挤得嗤嗤价响。后冰被这溜水逼的紧了,就窜到前冰上头去。前冰被压就渐渐低下去了。看那河身不过百十丈宽。当中大溜约莫不过二三十丈。两边俱是平水。这平水之上早已有冰结满。冰面却是平的,被吹来的尘土盖住,却像沙滩一般。中间的一道大溜却仍然奔腾澎湃,有声有势,将那走不过去的冰挤的两边乱窜。那两边平水上的冰被当中乱冰挤破了,往岸上跑。那冰能挤到岸上有五六尺远。许多碎冰被挤的站起来,像个小插屏似的。看了有点把钟功夫,这一截子的冰又挤死不动了。

这样的描写全靠有实地的观察作根据。刘鹗先生自己评这一段道:

> 止水结冰是何情状?流水结冰是何情状?小河结冰是何情状?大河结冰是何情状?河南黄河结冰是何情状?山东黄河结冰是何情状?须知前一卷所写是山东黄河结冰。(十三回原评)

这就是说,不但人有个性的差别,景物也有个性的差别。我们若不能实地观察这种种个性的分别,只能有笼统浮泛的描写,决不能有深刻的描写。不但如此。知道了景物各有个性的差别,我们就应该明白:因袭的词章套语决不够用来描写景物,因为套语总是浮泛的,笼统的,不能表现某地某景的个别性质。我们能了解这段散文的描写何以远胜那六句五言诗,便可以明白白话文学的真正重要了。

《老残游记》里写景的部分也有偶然错误的。蔡子民先生曾对我说,他的女儿在济南时,带了《老残游记》去游大明湖,看到第二回写铁公祠前千佛山的倒影映在明湖里,她不禁失笑。千佛山的倒影如何能映在大明湖里呢?即使三十年前明湖没有被芦田占满,这也是不可能的事。大概作者有点误记了罢?

第二回写王小玉唱书的一大段是《游记》中最用气力的描写:

> 王小玉便启朱唇,发皓齿,唱了几句书儿。声音初不甚大,只觉入耳有说不出来的妙境:五脏六腑里像熨斗熨过,无一处不伏贴;三万六千个毛孔,像吃了人参果,无一个毛孔不畅快。唱了十数句之后,渐渐的越唱越高,忽然拔了一个尖儿,像一线钢丝抛入天际,不禁暗暗叫绝。那知他于那极高的地方,尚能回环转折。几转之后,又高一层,接连有三四叠,节节高起,恍如由傲来峰西面攀登泰山的景象:初看傲来峰削壁千仞,以为上与天通,及至翻到傲来峰顶,才见扇子崖更在傲来峰上;及至翻到扇子崖,又见南天门更在扇子崖上:——愈翻愈险,愈险愈奇!
>
> 那王小玉唱到极高的三四叠后,陡然一落,又极力骋其千回百折的精神,如一条飞蛇在黄山三十六峰半中腰里盘旋穿插,顷刻之间,周匝数遍。从此以后,愈唱愈低,愈低愈细,那声音渐渐的就听不见了。满园子的人都屏气凝神,不敢少动。约有两三分钟之久,仿佛有一点声音从地底下发出。这一出之后,忽又扬起,像放那东洋烟火,一个弹子上天,随化作千百道五色火光,纵横散乱。这一声飞起,即有无限声音俱来并发。那弹弦子的亦全用轮指,忽大忽小,同他那声音相和相合,有如花坞春晓,好鸟乱鸣。耳朵忙不过来,不晓得听那一声的为是。正在撩乱之际,忽听霍然一声,人弦俱寂。这时台下叫好之声轰然雷动。

这一段写唱书的音韵,是很大胆的尝试。音乐只能听,不容易用文字写出,所以不能不用许多具体的物事来作譬喻。白居易、欧阳修、苏轼都用过这个法子。刘鹗先生在这一段里连用七八种不同的譬喻,用新鲜的文字,明瞭的印象,使读者从这些逼人的印象里感觉那无形象的音乐的妙处。这一次的尝试总算是很有成功的了。

《老残游记》里写景的好文字很多,我最喜欢的是第十二回打冰之后的一段:

> 抬起头来看那南面的山,一条雪白,映着月光分外好看。一层一层的山岭却不大分辨得出。又有几片白云夹在里面,所以看不出是云是山,及至定神看去,方才看出那是云那是山来。虽然云也是白的,山也是白的,云也有亮光,山也有亮光,只因为月在云上,云在月下,所以云的亮光是从背面透过来的。那山却不然:山上的亮光是由月光照到山上,被那山上的雪反射过来,所以光是两样子的。然只就稍近的地方如此,那山往东去,越望越远,渐渐的天也是白的,山也是白的,云也是白的,就分辨不出甚么来了。

这种白描的工夫真不容易学。只有精细的观察能供给这种描写的底子;只有朴素新鲜的活文字能供给这种描写的工具。

民国八年(1919)上海有一家书店忽然印出一部号称"全本"的《老残游记》,凡上下两卷,上卷即是原本二十回;下卷也是二十回,就是"照原稿本加批增注"的。书尾有"著述于清光绪丙申年山东旅次"一行小字。这便是作伪的证据。丙申(1896)在庚子前五年,而著者原序的年月是丙午之秋,岂不是有意提早十年,要使"北拳南革"都成预言吗?

四十回本之为伪作,绝对无可疑。别的证据且不用谈,单看后二十回写老残游历的许多地方,可有一处有像前二十回中的写景文章吗?看他写泰安道上

> 一路上柳绿桃红,春光旖旎;村姑野妇联袂踏青;红杏村中,风飘酒帜;绿杨烟里,人戏秋千;或有供麦饭于坟前,焚纸钱于陌上。

列位看官在《老残游记》前二十回里可曾看见这样丑陋的写景文字吗？这样大胆妄为的作伪小人真未免太侮辱刘鹗先生了！真未免太侮辱社会上读小说的人们了！

四　尾声

今年我作《三侠五义》序的时候，前半篇已付排了，后半篇还未脱稿。上海有一位女士，从她的未婚夫那边看见前半篇的排样，写信来和我讨论《三侠五义》的标点。她提出许多关于标点及考证的问题；她的热诚和细心都使我十分敬仰。她的未婚夫——一位有志气的少年，——投身在印刷局里做校对，所以她有机会先读亚东标点本的各种小说的校样。她给我作了许多校勘表。我们通了好几次的信。六月以后，她忽然没有信来了。我这回到了上海，就写信给她，问她什么时候我可以去看她和她的未婚夫。过了几天，她的未婚夫来看我，我才知道她已于七月八日病死了。这个消息使我好几天不愉快。我现在写这篇《老残游记》序，心里常常想到这篇序作成时那一位最热诚的读者早已不在人间了！所以我很诚敬地把这篇序贡献给这位不曾见过的死友，——贡献给龚羡章女士！

十四，十一，七　作于上海

（收入刘鹗著、汪原放标点：《老残游记》，
1925 年亚东图书馆初版）

《宋人话本八种》序

钱曾的《也是园书目》的戏曲部有"宋人词话"十二种,其目为《灯花婆婆》《风吹轿儿》《冯玉梅团圆》《种瓜张老》《错斩崔宁》《简帖和尚》《紫罗盖头》《小亭儿》《李焕生五阵雨》《女报冤》《西湖三塔》《小金钱》这十二种书很少人见过,见的人也瞧不起这种书,故《也是园》以后竟不见于记载了。

王国维先生作《戏曲考原》初稿(载《国粹学报》第五十期,与《晨风阁丛书》内的定本不同)提及这十二种书,他说:

……其书虽不存,然云"词",则有曲;云"话",则有白。其题目或似套数,或似杂剧。要之,必与董解元《弦索西厢》相似。

后来王先生修改旧稿,分出一部分作为《曲录》(晨风阁本),也引这十二种词话,他有跋云:

右(上)十二种,钱曾《也是园书目》编入戏曲部,题曰"宋人词话"。遵王(钱曾)藏曲甚富,其言当有所据。且其题目与元剧体例不同,而大似宋人官本杂剧段数,及陶宗仪《辍耕录》所载金人院本名目,则其为南宋人作无疑矣。(《曲录》一,页十五)

民国十年(1921),我作《〈水浒传〉后考》,因为百二十回本《水浒传》有一条发凡云:

古本有罗氏致语,相传《灯花婆婆》等事,既不可复见。

所以我疑心王国维先生的假设有错误。我说:

《灯花婆婆》既是古本《水浒》的"致语",大概未必有"曲"。钱曾把这些作品归在"宋人词话","宋人"一层自然是错的了,

"词话"的词字大概是平话一类的书词,未必是曲。

故我以为这十二种词话大概多是说书的引子,与词曲无关。后来明朝的小说,如《今古奇观》,每篇正文之前往往用一件别的事作一个引子,大概这种散文的引子又是那《灯花婆婆》一类的致语的进化了。(《胡适文存》初排本卷三,页一八四)

我这段话也有得有失。(1)我不认这些词话为宋人作品,我错了。(2)我说"词话"的词字大概是平话一类的书词,这是对的。(3)我又以为这些词话多是说书的引子,我又错了。——当日我说这番话,也只是一种假设,全待后来的证据。但证据不久也就出来了。

第一是"灯花婆婆"的发现。民国十二年二月,我寻得龙子犹(即冯犹龙的假名)改本的《平妖传》,卷首的引子即是"灯花婆婆"的故事。我恍然大悟,百二十回本《水浒传》的发凡所说"古本有罗氏致语,相传灯花婆婆等事"乃是一时记忆的错误。"灯花婆婆"的故事曾做《平妖传》的致语,而杨定见误记为《水浒传》古本的致语。相传《平妖传》也是罗贯中做的,故杨氏有此误记(谢无量先生在他的《平民文学之两大文豪》里也提及这篇引子,但谢先生的结论是错误的)。而后来周亮工《书影》说的"故老传闻,罗氏《水浒传》一百回各以妖异语冠其首",又是根据杨氏百二十回《水浒传》发凡之说,因一误而再误。多年的疑团到此方才得着解决。

用作《平妖传》的引子的,不是《灯花婆婆》的全文,只是一个大要。全文既不可得见,这个节本的故事也值得保存,故我把它抄在这篇序的后面,作个附录。

最重要的证据是《京本通俗小说》的出现。此事是缪荃孙先生(江东老蟫)的大功,在中国文学史上要算一件大事。

民国十一年的旧历元宵,我在北京火神庙买得《烟画东堂小品》,始见其中的《京本通俗小说》七种。其中《错斩崔宁》与《冯玉梅团圆》两种,见于《也是园书目》。原刻有江东老蟫乙卯(民国四年)的短跋,其中记发现此书的缘起云:

余避难沪上,索居无俚,闻亲串中有旧抄本书,类乎平话,假而得之。杂庋于《天雨花》、《凤双飞》之中,搜得四册,破烂磨灭,的是影元人写本。首行"京本通俗小说第几卷"。通体皆减笔小写,阅之令人失笑。三册尚有钱遵王图书,盖即也是园中旧物。《错斩崔宁》、《冯玉梅团圆》二回见于书目。……

尚有《定州三怪》一回,破碎太甚;《金主亮荒淫》两卷,过于秽亵,未敢传摹。

与《也是园》有合有不合,亦不知其故。

后来《金虏海陵王荒淫》也被叶德辉先生刻出来了。故先后所出,共有八种,其原有卷第如下:

第十卷　　　碾玉观音
第十一卷　　菩萨蛮
第十二卷　　西山一窟鬼
第十三卷　　志诚张主管
第十四卷　　拗相公
第十五卷　　错斩崔宁
第十六卷　　冯玉梅团圆
第二十一卷　金虏海陵王荒淫

看这卷第,我们可以想见当时这种小说的数量之多,但其余的都不可见了。

江东老蟫的跋里说"三册尚有钱遵王图书"。刻本只有《菩萨蛮》一篇卷首有"虞山钱曾遵王藏书"图章。《菩萨蛮》一篇也不见于《也是园书目》,可见这几篇都是钱曾所藏,编书目时只有十二种,故其余不见于书目。

我们看了这几种小说,可以知道这些都是南宋的平话。《冯玉梅》篇说"我宋建炎年间",《错斩崔宁》篇说"我朝元丰年间",《菩萨蛮》篇说"大宋绍兴年间";《拗相公》篇说"先朝一个宰相",又说"我宋元气都为熙宁变法所坏";这些都可证明这些小说产生的时代是在南宋。《菩萨蛮》篇与《冯玉梅》篇都称"高宗",高宗死在1187年,已在十二世纪之末了,故知这些小说的年代在十三世纪。

《海陵王荒淫》也可考见年代。金主亮(后追废为海陵王)死于

1160年;但书中提及金世宗的谥法,又说"世宗在位二十九年";世宗死于1189,在宋高宗之后二年。又书中说:

> 我朝端平皇帝破灭金国,直取三京。军士回杭,带得房中书籍不少。

端平是宋理宗的年号(1234—1236),其时宋人与蒙古约好了同出兵伐金,遂灭金国。但四十年后,蒙古大举南侵,南宋也遂亡了。此书之作在端平以后,已近十三世纪的中叶了。

但《海陵王荒淫》一篇中有一句话,初读时,颇使我怀疑此书的年代。书中贵哥说:

> 除了西洋国出的走盘珠,缅甸国出的缅铃,只有人才是活宝。

这句话太像明朝人的口气,使我很生疑心。缅甸不见于《宋史》外国诸传,但这却不能证明当时中国民间同缅甸没有往来的商业贸易。《元史》卷二百十说:

> 世祖至元八年(1271)大理、鄯阐等路宣慰司都元帅府遣奇塔特托音等使缅,招谕其王内附。

其时宋朝尚未灭亡。这可见十三世纪的中国人同缅甸应该可以有交通关系。又《明史》卷三一五说:

> 宋宁宗时(1195—1224),缅甸、波斯等国进白象。缅甸通中国自此始。

此事不见于《宋史·宁宗本纪》。《宁宗本纪》记开禧元年(1205)有真里富国贡瑞象。但《宋史》卷四八九记此事在庆元六年(1200)。真里富在真腊的西南,不知即是缅甸否。《宋史》记外国事,详于北宋,而略于南宋,故南宋一代同外国的交通多不可考了。若《明史》所记缅甸通中国的话是有根据的,那末,十三世纪中叶以后的小说提及缅甸,并不足奇怪。

又元世祖招谕缅甸之年(1271),即是意大利人马哥孛罗(Marco Polo)东游之年。中国与"西洋"的交通正开始。不过当时所谓"西洋国"并不很"西"罢了。大概贵哥口中的"西洋",不过是印度洋上的国家。

故我们可以不必怀疑这些小说的年代。这些小说的内部证据可以使我们推定他们产生的年代约在南宋末年,当十三世纪中期,或中期以后。其中也许有稍早的,但至早的不得在宋高宗崩年(1187)之前,最晚的也许远在蒙古灭金(1234)以后。

这些小说都是南宋时代说话人的话本,这大概是无疑的了(参看鲁迅《小说史略》第十二篇)。据灌园耐得翁的《都城纪胜》和吴自牧的《梦粱录》等书所记,南宋时代的说话人有四大派,各有话本:

(1)小说
(2)讲史
(3)傀儡　"其话本或如杂剧,或如崖词,大抵多虚少实。"
(4)影戏　"其话本与讲史书者颇同,大抵真假相半。"(以上说"四家说话人",与王国维先生和鲁迅先生所分"四家"都不同。我另有专篇论这个问题。)

大概"小说"一门包括最多,有下列的各种子目:

(a)烟粉灵怪传奇。
(b)说公案　"皆是搏刀赶棒及发迹变泰之事。"
(c)说铁骑儿　"谓士马金鼓之事。"
(d)说经　"谓演说佛书。"
(e)说参请　"谓宾主参禅悟道等事。"

我们现有的这八种话本,大概是小说和讲史两家的话本。《海陵王》和《拗相公》都应该属于"讲史"一类。《冯玉梅》一卷介于"说公案"和"铁骑儿"之间。《碾玉观音》,《西山一窟鬼》,《志诚张主管》(和附录的《灯花婆婆》),都是"灵怪传奇"。《错斩崔宁》一卷是"公案"的一种,开后来许多侦探小说式的"公案"(《包公案》、《施公案》之类)的先路。崔宁冤枉被杀,起于十五贯钱,后来"十五贯"也成了侦探小说的一个"母题",如昆曲中有况太守的《十五贯》,便是一例。《菩萨蛮》一卷虽不纯粹是"说经",却是很进步的"演说佛书"的小说。"说经"的初期只是用俗话来讲经,例如敦煌残卷中的《法华》俗文之类。后来稍进步了,便专趋重佛经里一些最有小说趣味的几件大故事,例如敦煌残卷中的《八相成道记》,《目莲》故事,《维摩诘》变文等。到了更进步的时期,便离开了佛书,直用俗世故事来演说佛教的义旨,《菩萨蛮》便是一例。

这几篇小说又可以使我们想见当时"说话人"的神气,和说话的情形。陆放翁有《小舟游近村》的诗云:

> 斜阳古柳赵家庄,负鼓盲翁正作场。身后是非谁管得?满村听说蔡中郎。

这是乡村的说话人。京城里的说话人便阔的多了。他们有"书会",有"雄辩社"(均见周密的《武林旧事》)。至少他们有个固定的说书场。他们自称为"说话的"(见《菩萨蛮》)。他们说一个故事,前面总有个引子,这个引子叫做"得胜头回"。本书《错斩崔宁》一卷说:

> 这回书单说一个官人只因酒后一时戏笑之言,遂至杀身破家,陷了几条性命。且先引下一个故事来,权做个"得胜头回"。

鲁迅先生说这种话本的体制,

> 什九先以闲话或他事,后乃缀合,以入正文。……大抵诗词之外,亦用故实,或取相类,或取不同,而多为时事。取不同者由反入正,取相类者较有浅深,忽而相牵,转入本事。故叙述方始,而主意已明。……凡其上半,谓之"得胜头回"。头回犹云前回;听说话者多军民,故冠以吉语曰得胜。

鲁迅先生说引子的作用,最明白了;但他解释"得胜头回",似不无可以讨论之处。《得胜令》乃是曲调之名。本来说书人开讲之前,听众未齐到,必须打鼓开场,《得胜令》当是常用的鼓调,《得胜令》又名《得胜回头》,转为《得胜头回》。后来说书人开讲时,往往因听众未齐,须慢慢地说到正文,故或用诗词,或用故事,也"权做个得胜头回"。《碾玉观音》用诗词做引子,《西山一窟鬼》连用十五首词作引子,但《错斩崔宁》便用魏进士的故事作引子,《冯玉梅》便用徐信夫妻团圆的故事作引子,这都是开场的"得胜头回"。

这个方法——用一个相同或相反的故事来引入一个要说的故事——后来差不多成了小说的公式。短篇的小说如《今古奇观》,《醉醒石》等等都常常保存这种方式。长篇的小说也往往有这样的引子。《平妖传》的前面有《灯花婆婆》的一段;《水浒传》的前面有《洪太尉误走妖魔》的一段。《醒世姻缘》更怪了,先叙晁家的长故事,引入狄家的故事,而引入正文之后,晁家的故事依旧继续说完,后来清朝学者创作的小说如《儒林外史》,如《红楼梦》,如《镜花缘》,如《老残游记》,各有一篇引子。有时候,这种引子又叫做"楔子",但这个名称是不妥当的。元人的杂剧里,往往在两折之间插入一段,叫做"楔子",像木楔子似的。元曲的"楔子"没有放在篇首的。在篇首如何可用"楔"呢?

不但这个引子的体裁可以指示中国小说演变的痕迹,还有别的证据可以使我们明白"章回小说"是出于这种话本的。本书《西山一窟鬼》的引子说:

> 自家今日也说一个士人,因来行在临安府取选,变做十数回蹺蹊作怪的小说。

《西山一窟鬼》全篇不过六千字,那有"十数回"呢?大概当时说话的人随时添枝添叶,把一个故事拉的很长,分做几回说完,也有分做十数回的。《西山一窟鬼》本是一片鬼话,添几个鬼也不嫌多,减掉几个也不算短,故可以拉长做"十数回"说完。但写成话本时,许多添的枝节都被删节了,故只剩得六千字了。

一"回"不是一章,只是一"次",如明人小诗"高楼明月笙歌夜,此是人生第几回"的"回"字。说书的人说到了一个最紧要的关头,——一个好汉绑上了杀场,午时三刻到了,刽子手举起刀来正要砍下;或者一个美貌佳人落在强暴之手,耸身正要跳下万丈悬崖,——在这种时刻,听的人聚精会神,瞪着眼发急,——在这个时候,那说书先生忽然敲着鼓,"镗,镗,镗",他站起来,念两句收场诗,拱拱手说,"要知后事如何,且听下回分解"。他说了这句话,收了鼓,收了摊,摇头去了。这便叫做"一回书"。

本书的《碾玉观音》分上下两回,上回之末说崔宁和秀秀逃到潭州同住,这一天崔宁到湘潭县官宅里承揽了玉作生活,回路归家,

> 正行间,只见一个汉子,头上带个竹丝笠儿,……挑着一个高肩担儿,正面来,把崔宁看了一看。崔宁却不见这汉面貌,这

个人却见崔宁,从后大踏步尾着崔宁来。正是

谁家稚子鸣榔板,惊起鸳鸯两处飞!

这正是全书的吃紧关头,但说话人说到这里,念了两句收场诗,忽然停止了。"第一回"便完了。下回说话人却远远地从刘两府的一首词说起,慢慢说到崔宁的东人郡王派了郭排军送钱与刘两府,路上遇着崔宁。这种分段法,和后来的小说分"回"完全相同。如《水浒传》第八回之末写林冲被绑在树上,

薛霸便提起水火棍来,望着林冲脑袋上劈将来。可怜豪杰束手就死!正是

万里黄泉无旅店,三魂今夜落谁家?

毕竟林冲性命如何,且听下回分解。

又如第三十回之末写武松和庵里那个先生相斗,

两个斗到十数合,只听得山岭旁边一声响亮,两个里倒了一个。但见寒光影里人头落,杀气丛中血雨喷。

毕竟两个里厮杀倒了一个的是谁,且听下回分解。

我们拿这两条例子来比《碾玉观音》的分段之处,很可以看出"章回小说"是从这些短篇话本里演变出来的了。

我有一天问汪原放先生道:"你看这几篇小说之中,那一篇做的最好?"原放说:"我看《拗相公》一篇最好。作者要骂王荆公的新法,要写一位'拗相公',便捏造出一个故事来,处处写新法害民,处处写出一种天怒人怨的空气,同时处处写一个执拗的王荆公,总算能达到作者的目的了,所以我说这篇最好。"

原放的话颇有见地。这八种之中,《拗相公》一篇必是智识阶级中人所作,章法很有条理,内容正代表元祐党人的后辈的见解,但作者又很有点剪裁的能力,单写王安石罢相南归时途中亲身经历的事,使读者深深地感觉一种天怒人怨的空气。《宣和遗事》里也有骂王安石的一大段,但毫无文学意味,比起这篇来,真是天悬地隔了。我们在今日也许要替王安石打抱不平,为他辩护,但我们终不能否认南宋时代有这种反对他的舆论,也终不能否认这篇《拗相公》有点文学

的趣味,骂人骂的巧妙,便成一种艺术。此篇中写王安石踏月而行,在一个老妪的茅屋内借宿。第二天

> 将次天明,老妪起身,蓬着头,同一赤脚蠢婢,赶二猪出门外。婢携糠秕,老妪取水,用木杓搅于木盆之中,口中呼"啰,啰,啰,拗相公来!"二猪闻呼,就盆吃食。婢又呼鸡,"朒,朒,朒,王安石来!"群鸡俱至。
>
> 江居和众人看见,无不惊讶。荆公心愈不乐,因问老妪道:"老人家何为呼鸡豕之名如此?"
>
> 老妪道:"官人难道不知王安石即当今之宰相?拗相公是他的浑名。自王安石做了相公,立新法以扰民,老妾二十年孀妇,子媳俱无,止与一婢同处,妇女二口也要出'免役'、'助役'等钱。钱既出了,差役如故。老妾以桑麻为业,蚕未成眠,便预借丝钱用了;麻未上机,又借布钱用了。桑麻失利,只得畜猪养鸡,等候吏胥里保来征役钱,或准与他,或烹来款待他,自家不曾尝一块肉。故此民间怨恨新法入于骨髓,畜养鸡豕都呼为拗相公;今世没奈何他,后世得他变为异类,烹而食之,以快胸中之恨耳。"荆公暗暗垂泪,不敢开言。……

这个老妪的政论固然是当日士大夫的议论,不见得一定代表民间的舆论,却也未必完全出于捏造。王荆公在几年之中施行了许多新法,用意也许都很好,但奉行的人未必都是好人:大臣可信,而小官未必可靠;县官也许有好人,而吏胥里保未必不扰民敲诈。在一个中古时代,想用干涉主义来治理一个大帝国,其中必不免有许多小百姓受很大的苦痛。干涉的精神也许很好,但国家用的人未必都配干涉。不配干涉而偏要干涉,百姓自然吃苦了。故王安石的敢做敢为,自然可以钦敬;但当日一班正人君子的反对新法,也未必完全没有事实上的根据。

《拗相公》一篇里有许多毁谤王荆公的故事,都是南宋初年的元祐后辈捏造出来的,读者不可深信。如苏老泉的《辨奸论》全是后人的伪作,曾经李绂和蔡上翔证实了。又如荆公恍惚见儿子王雱在阴司受罪,如邵雍天津桥上闻杜宇而叹,如"误吞鱼饵"的故事,都是伪

造的话。读者若有兴趣,当参考李绂的《穆堂初稿》(卷四十六),蔡上翔的《王荆公年谱》(此书原本不易得,有杨希闵刻《九家年谱》中的节本),及梁启超的《王荆公》。

以小说的结构看来,《拗相公》一篇固然很好,但此篇只是一种巧妙的政治宣传品,其实算不得"通俗小说"。从文学的观点上看来,《错斩崔宁》一篇要算八篇中的第一佳作。这一篇是纯粹说故事的小说,并且说的很细腻,很有趣味,使人一气读下去,不肯放手;其中也没有一点神鬼迷信的不自然的穿插,全靠故事的本身一气贯注到底。其中关系全篇布局的一段,写的最好,记叙和对话都好:

  刘官人驮了钱一步一步捱到家中敲门,已是点灯时分。小娘子二姐独自在家,没一些事做,守得天黑,闭了门在灯下打瞌睡。刘官人打门,他那里便听见?敲了半晌,方才知觉,答应一声:"来了!"起身开了门。

  刘官人进去,到了房中,二姐替刘官人接了钱,放在桌上,便问:"官人何处挪移这项钱来?却是甚用?"那刘官人一来有了几分酒;二来怪他开得门迟了;且戏言吓他一吓,便道:"说出来,又恐你见怪;不说时,又须通你得知。只是我一时无奈,没计可施,只得把你典与一个客人。又因舍不得你,只典得十五贯钱。若是我有些好处,加利赎你回来;若是照前这般不顺溜,只索罢了!"

  那小娘子听了,欲待不信,又见十五贯钱堆在面前;欲待信来,他平白与我没半句言语,大娘子又过得好,怎么便下得这等狠心辣手?疑狐不决,只得再问道:"虽然如此,也须通知我爹娘一声。"刘官人道:"若是通知你爹娘,此事断然不成。你明日且到了人家,我慢慢央人与你爹娘说通,他也须怪我不得。"

  小娘子又问:"官人今日在何处吃酒来?"刘官人道:"便是把你典与人,写了文书,吃他的酒才来的。"

  小娘子又问:"大姐姐如何不来?"刘官人道:"他因不忍见你分离,待得你明日出了门才来。这也是我没计奈何,一言为定。"说罢,暗地忍不住笑;不脱衣裳,睡在床上,不觉睡去了。

那小娘子好生摆脱不下:"不知他卖我与甚色样人家?我须先去爹娘家里说知。就是他明日有人来要我,寻道我家,也须有个下落。"沉吟了一会,却把这十五贯钱一垛儿堆在刘官人脚后边。趁他酒醉,轻轻的收拾了随身衣服,款款的开了门出去,拽上了门却去左边一个相熟的邻舍,叫做朱三老儿家里,与朱三妈借宿了一夜,说道:"丈夫今日无端卖我,我须先去与爹娘说知。烦你明日对他说一声,既有了主顾,可同我丈夫到爹娘家中来讨个分晓,也须有个下落。"那邻舍道:"小娘子说得有理。你只顾自去,我便与刘官人说知就理。"过了一宵,小娘子作别去了。

这样细腻的描写,漂亮的对话,便是白话散文文学正式成立的纪元。可以比上这一段的,还有《西山一窟鬼》中王婆说媒的一段,同《海陵王荒淫》中贵哥、定哥说风情的一大段。这三大段都代表那发达到了很高的地步的白话散文;《五代史平话》里,《宣和遗事》里,《唐三藏取经》里,都没有这样发达完全的白话散文。

我从前曾很怀疑宋、元两代的白话文学发达的程度。在我的《〈水浒传〉考证》里,我曾说:

元朝文学家的文学技术程度很幼稚,决不能产生我们现有的《水浒传》。

我又说:

我从前也看错了元人的文学在中国文学史上的位置。近年我研究元代的文学,才知道元人的文学程度实在很幼稚,才知道元代只是白话文学的草创时代,决不是白话文学的成人时代。

(《胡适文存》初排本卷三,页一一二)

我在那时这样怀疑元代的白话文学,自然更怀疑宋代的白话文学了。

但我现在看了这几种南宋话本,不能不承认南宋晚年(十三世纪)的说话人已能用很发达的白话来做小说。他们的思想也许很幼稚(如《西山一窟鬼》),见解也许很错误(如《拗相公》),材料也许很杂乱(如《海陵王荒淫》,如《宣和遗事》),但他们的工具——活的语言——却已用熟了,活文学的基础已打好了,伟大的小说快产生了。

十七,九,十夜

附录 《灯花婆婆》(节本)

生生化化本无涯,但是含情总一家。
不信精灵能变幻,旋风吹起活灯花。

话说大唐开元年间,镇泽地方有个刘真卿官人,曾做谏议大夫,因上文字打宰相李林甫不中,弃职家居。夫人曾劝丈夫莫要多口,到此未免抢白几句。那官人是个正直男子,如何肯伏气?为此言语往来上,夫人心中不乐,害成一病;请医调治,三好两歉,不能痊可。

忽一日,夜间,夫人坐在床上,吃了几口粥汤,唤养娘收过粥碗,只见银灯昏暗。养娘道:"夫人且喜,好个大灯花!"夫人道:"我有甚喜事?且与我剔去则个;落得眼前明亮,心上也觉爽快。"

养娘向前将两指拈起灯杖打一剔,剔下红焰。俄的灯花蕊儿落在桌上,就灯背后起阵冷风,吹得那灯花左旋右转,如一粒火珠相似。养娘笑道:"夫人,好耍子!灯花儿活了!"

说犹未了,只见那灯花三四旋,旋得像碗儿般大一个火球,滚下地来,咕的一响,如爆竹之声。那灯花爆开,散作火星满地,登时不见了。只见三尺来长一个老婆婆,向着夫人叫万福:"老媳妇闻知夫人贵恙,有服仙药在这里,与夫人吃。"

那夫人初时也惊怕,闻他说出怎样话来,认做神仙变现,反生欢喜。正是"药医不死病,佛度有缘人"。

当时吃了他药,虽然病得痊可,后来这婆子缠住了夫人要做个亲戚往来,抬着一乘四人轿,前呼后拥,时常来家咶噪,遣又遣他不去,慢又慢他不得。若有人一句话儿拗着他,他把手一招,其人便扑然倒地;不知甚么法儿,血沥沥,一副心肝早被他擎在手中;直待众人苦苦哀求,把心肝望空一撒,自然向那死人的口中溜下去,那死人便得苏醒:因此一件怕人。

刘谏议合家烦恼,私下遣人踪迹他住处,却见他钻入莺脰湖水底下去了。你想莺脰湖是甚么样水?那水底下怎立得家?必然是个妖怪。屡请法官书符念咒,都禁他不得,反吃了亏。

直待南林庵老僧请出一位揭谛尊神,布了天罗地网,遣神将擒来,现其本形,乃三尺长一个多年作怪的猕猴。

那揭谛名为龙树王菩萨。刘谏议平时供养这尊神道极其志诚,所以今日特来救护,斩妖绝患。诗曰:

人家切莫畜猕猴,野性奔驰不可收。

莫说灯花成怪异,寻常可(当作"叵")耐是淫偷。

(收入汪乃刚标点:《宋人话本八种》,
1928年亚东图书馆初版)

读吴承恩《射阳文存》
吴进辑，冒广生刻，《楚州丛书》本

此书只有文十七篇，有乾隆丁酉（1777）吴进跋云："《射阳先生集》，予三十年前在朐山友人家见之，仓卒未及录。……乾隆丁酉予过老友书传家，见案上残本，借录数篇，略存吾淮文献。诗，向别有本。家山夫先生谓有此集，惜未见。"

这几篇文殊少考证资料。其有年月可考者，摘抄于下：

嘉靖十一（1532），父死。父名锐，字廷器；《文存》中有《先府宾墓志》，甚可贵。其叙世系如下表：

吴鼎—铭（余姚训导）—贞（仁和教谕）—锐—承恩。

锐生于天顺五年（1461），死时年七十二。《墓志》中云："公壮岁时，置侧室张，实生承恩。"又云："及承恩冠矣，先君且年老。"是张氏来时，当锐三十岁时，即弘治四五年顷（1491—1492）。以"承恩冠矣"二句推之，是承恩生当十五世纪之末，或十六世纪之初（约 1500 上下）。此可得旁证二。

旁证一

嘉靖十九（1540）作《鹤江先生诔》，有云："昔受公知，眆于童孺；……有怀雅遇，二纪于兹。"是当正德十年顷（1515），他还不过十余岁。

旁证二

嘉靖二五（1546）作《石鼎联句图题词》有云："忆少小时侍客谈此，仆率尔对曰，'道士既云不解人间书，又何以知礼部韵耶？'客悟而笑。回思此对，二十余年矣。"是当正德末年（约1520），他虽已能作此对，还可说是"少小时"。

我前作《〈西游记〉考证》，初定吴承恩生于正德之末（约 1520）；后于《附记》中改为生当弘治、正德之间（约 1505）。以今观之，似尚须提早几年，以 1500 为稍近事实。

此外《文存》中尚有三个年代可考：

  嘉靖三五（1556）作《沈卓亭墓志》。又四三（1564）作《潘熙台神道碑》。万历五（1577）代人作《丁双松墓志》。

此与董作宾君考出他在万历七年尚存的话，可以互证。

大概吴承恩生于 1500 左右，死于 1580 左右。

十三，十二，二十六

《文存》有《祭厄山先生文》，末有编者按语云，"汝忠见知于陈玉叔郡守，厄山必是陈公外号"。此语殊失。《先府宾墓志》说他的父亲终身未尝入州府；"郡太守厄山公闻之，以为贤，乡饮召为宾。"他的父亲死于嘉靖十一年，而陈文烛任淮安在隆庆初（见《山阳志》五），此二人必非一人。

后　记

吴承恩的《射阳先生存稿》四卷，近已在北平故宫藏书中发见了。故宫博物院的编辑部已把这书摘抄出来，在《故宫周刊》（第十一期以下）上陆续登载。

此书有万历庚寅（1590）夏日陈文烛的序，第一句说，"吴汝忠卒几十年矣"。此可考见吴承恩死在万历十年（1582），故说"几十年"。我的《考证》假定他死在万历七八年，应改正。

十九，七，卅

（原载 1925 年 4 月 3 日《猛进》周刊第 4 期，《后记》
系收入《胡适文存三集》时所加）

重印《文木山房集》序

《儒林外史》的作者全椒吴敏轩先生（敬梓）著的书，有《诗说》和《文木山房诗文集》。《诗说》七卷，没有刻本，大概是不可得见的了。《文木山房集》，《全椒志》作十二卷；金亚匏先生（和）跋《儒林外史》，说文集五卷，诗七卷。这部十二卷本的全集也没有刻本；亚匏先生说他家旧藏有抄本，乱后遗失了。

我是最敬重吴先生的，常常想搜求他的遗著，常常痴想他的诗文集也许有别本保存在世间。六七年前，我曾托北京的几家书铺访求《文木山房集》，竟访不着。所以民国九年我作《吴敬梓传》时，只从王又曾和程晋芳的诗注里知道他的诗四句。直到民国十年，带经堂书铺方才为我访得此本。此本共有赋一卷（共四篇），诗二卷（共百三十一首），词一卷（共四十七阕）；附刻他的爱子荀叔先生（烺）的诗一卷，词一卷。

依我看来，这部集子里收的诗词，大概都是文木老人四十岁以前作的。黄河序中说："余方谋付之剞劂，以垂不朽；而敏轩薄游真州，可村方先生爱为同调，遽损囊中金，先我成此盛举。"集中《真州客舍》诗云："七年羁建业，两度客真州。"先生三十三岁时移家到南京，第七年为三十九岁，当乾隆四年。集中最末一首词是为三十九岁生日作的，可以互证。程廷祚序中说作者"为诸生二十年，倦而思去"；吴先生中秀才时，年约二十岁（见庚戌《除夕词》），这也是一个旁证。吴湘皋序中说"令子烺年未弱冠，手抄《十三经注疏》，……趋庭之下，相为唱和，今都为一集"；金兆燕序荀叔先生的《春华小草》，也有"当卫玠过江之日，正王乔游洛之年"：这可见荀叔先生的年岁，又可以旁证敏轩先生的年岁了。所以我们可以说，这部集子大概刻于乾隆五年左右，约当敏轩先生四十岁时。

　　这部集子不曾收入敏轩先生最后十四五年的诗词，是一大缺憾。集中只有韵文，未收散文，也是一大缺憾。王又曾引他的诗"如何父师训，专储制举材！"此诗不在这本集子里；我们读这两句可以推知那未刻的《文木全集》里定有不少的晚年成熟的见解，可惜于今都不可得见了。然而我们生在吴先生二百年后，居然能在无意之中发现《文木山房集》的初刻本，居然能在灰烬之余得读他的韵文一百八十二篇之多，这也算是不幸中之大幸了。古来不少作小说的大文豪，都没有文集流传下来，甚至于连籍贯年代都不可考。其中只有两位姓吴的作者遗留下一些作品。一位是作《西游记》的吴承恩先生，他的诗散见于《山阳耆旧集》及《明诗综》等书里的尚不少；他的文集的一部分现刻在《楚州丛书》里。还有一位就是敏轩先生了。这部《文木山房集》里保存了不少的传记材料。例如《减字木兰花》词八首可以考见他三十岁以前的历史；如《移家赋》可以考见他的家世和他对于乡里的感情；如关于博学鸿词考试的几首诗可以考见他对于此举的意见；我们拿这些材料来和《儒林外史》里的杜少卿比较印证，很可以想像敏轩先生是个什么样子的人了。况且他的儿子荀叔先生以文学家而兼精算学，名在《畴人传》里，而遗著皆不传于后世；这部集子里保存了他少年时作的诗五十二首，词二十五首，虽然不多，也算很可宝贵的了。

　　上元金亚匏先生的母族出于全椒吴氏，故他的《〈儒林外史〉跋》给了我们不少的考证材料。他家藏有《文木山房集》的十二卷抄本，不幸在太平天国乱时遗失了。他的儿子仍珠先生（还）知道我得了此书，曾借去传抄一本；又恐此书传本太少，终于沦失，故仰体亚匏先生的遗志，出资排印一千部，使这部集子永永流传于世。我很钦敬仍珠先生的高谊，故很愿意把我的原本借出排印。此书行款全依原本。校对的事全靠上海亚东图书馆里的几位朋友帮忙。校印既完，仍珠先生要我把我做的《吴敬梓年谱》附在后面作一个附录，又要我写一篇短序略述此集的历史。这都是我愿意做的，也就不敢推辞了。

　　中华民国十四年十月二十九夜　　在江新船上脱稿

（原载1926年3月《图书馆学季刊》第1卷第1号）

关于《镜花缘》的通信

佳讯先生：

今天在《秋野》第二卷第五期里得读你的《〈镜花缘〉补考》，我很高兴，又很感谢。高兴的是你寻得了许多海州学者的遗著，把这位有革新思想的李松石的历史考的更详细了；感谢的是你修正了我的许多错误。但我还有两个小请求：

（1）你的《补考》，将来可否许我收到《〈镜花缘〉的引论》的后面作个附录？倘蒙你允许，请将《秋野》所登之稿中的排印错误代为校正，以便将来照改本付印。

（2）吴鲁星先生的《考证》，不知载在什么杂志里，你能代索一份赐寄吗？

匆匆道谢，并祝

你好。

胡适　十七，十一，廿一

附录一　孙佳讯先生回信

适之先生：

接读你的信，使我十二分喜悦；我那篇《补考》，仅是零碎的杂记，不意竟引起先生的注意！海属传说中《镜花缘》的作者，有数种说法：

（一）二许兄弟所作；

（二）二许二乔与李氏凑趣而作；

（三）李氏有一书，与许氏《镜花缘》交换而署名的；

（四）二许卖板权与李氏的；

（五）被李氏诈去的；

（六）二许匿名藉李氏以传；

（七）系一无名人所作，为二许兄弟所改正者。

这些传说，都是没有根据的。李氏作此书时，容或取材于当时朋友谈笑的资料，书成时，也容许有就正二许的地方。吾乡有位老先生曾在板浦看见一本破旧的手写的笔记本子，内有一条云，《镜花缘》某回某处为许桂林所增削。他说这本东西，还未出板浦，但恐怕已不易找了。现在欲知传说之谬误与否，当先搜求二许遗书，研究其思想，与《镜花缘》对证，此为最好的方法。我曾将许桂林《谷梁释例》与《镜花缘》讲《春秋》处相对照，发现有极背驰的地方。这种传说，若不当许氏遗书容易搜求，许氏事迹容易访问时，详加研究；再过数十年，《镜花缘》的作者，便成了不易解决的疑案。这种工作，我们力量太薄弱，还请先生多多地加以帮助。

今夏在云台山，有王老说他家从前有《镜花缘》木刻本，四十卷，无绣像，眉头有二许的批评，现流落在灌云南乡。我疑其为初刻本，托他找回，不知能否如愿？吴鲁星君的《考证》，郑西谛先生曾允许登入《中国文学研究》，叫他重抄一过，迨寄去时，《中国文学研究》已出版了。现原稿存在我处。我虽不满意于他的证据和结论，但材料甚丰富，可供参考处极多。当与之函商，能否寄给先生一阅！

许桂林《七嬉》在海州已不易找，望先生向刘半农先生借阅，其中或者还有考证《镜花缘》的材料。

先生想将我的《补考》收为《引论》的附录，我非常愿意，现将排印错误处改正如下。（勘误表从略）

孙佳讯上

附录二　《镜花缘》补考

呈正于胡适之先生

孙佳讯

自从胡适之先生发表《〈镜花缘〉的引论》后，海属人颇有注意于《镜花缘》的作者；因海属多传说此书为许乔林、许桂林兄弟所作，与李汝珍毫无关系。吾友吴鲁星遂本此广收证据，成《镜花缘》考证一篇,确认《镜花缘》的作者为许氏兄弟。他将所有与《镜花缘》有关系的书借给我看,我也继续得到许氏兄弟所著的几本书,研究的结果,颇不以吴君之结论为然。此篇零碎的札记,可正胡适之先生《〈镜花缘〉的引论》几处的错误,并将李氏的事迹,多考出一点来;关于驳正吴君的《〈镜花缘〉考证》,当先解释海属《镜花缘》传说的成因,将来当为一文,与之商榷。——现在就说到本题了。

"乾隆四十七年壬寅(1782),李汝珍的哥哥汝璜(字佛云)到江苏海州做官,他跟到任所。那时歙县凌廷堪家在海州,李汝珍从他受业。"(见胡氏原文)四十八年癸卯(1783)李汝璜任板浦场盐课司大使(据《海州志·职官表》"盐官"类),嘉庆四年己未(1799)李汝璜卸盐大使任(仍据《海州志》)。以后二年,据许桂林《北堂永慕记》(附《易确》后)云:"己未秋,自宿迁移家归海州之板浦。……明年(即嘉庆五年庚申,1800),……先君病。……是年,……桂林客板浦场盐课司大使李佛云汝璜处。……癸亥春(即嘉庆八年,1803),应岁试,桂林旋归取妇。是秋,随李佛云之淮南草堰场。"足见李汝璜卸职后,仍住在板浦,至嘉庆八年秋,方与板浦告别。这时李汝珍呢?他已于嘉庆六年辛酉(1801)到河南做县丞去了。许乔林自编的《弇榆山房诗略》系编年体,嘉庆辛酉年中,有《送李松石县丞汝珍之官河南》,时乔林方在家,诗录于下:

治水无全策,贾让仅得半;况今河屡迁,治法亦宜变。古称东南下,利导乘势便!上展与下展,反壤聚尺寸。河身日渐高,衍溢由淤淀,糜费水衡钱,往往至巨万。安澜亦岁修,膏胰利巧宦,补苴果何益,张皇事修缮。必有潘靳才,始可奏清晏。河南天下中,黄河经流贯,地脊据上游,宣防重守扞;丞尉虽小官,汛地有分段,搴茭及下竹,亦可著廉干。近来吏道卑,阘冗何足算,锱铢欲分润,风雨辄心悍,治河事大难,仓卒乃倚办。今兹河又决,蹈陆势浩瀚,数十万民夫,约束资将弁;此辈皆游民,易集亦易散,宽猛既相防,趋事恐猱悍!工赈策诚佳,缓急亦可患。况闻汉江北,义勇正团练,隔岸即楚氛,王师急转战;寇穷防豕突,人众或蜂煽,此虽杞人忧,当局未可玩。吾子经世才,及时思自见,熟读《河渠书》,古方用宜善!下谈话大计,侵官亦将擅,且须听堂鼓,循分逐曹掾,一命可济物,慎勿负初愿。忆昔先大夫(其父名阶亭,著有《河防秘要》),宦迹满淮甸,乾隆辛丑年,洪泽涨高堰;王尊以身祝,辛苦泥没骭,河工二十载,人有清官叹。家世记旧闻,愿为吾子劝,契分既已深,定不嗤风汉。二防与四守,供职勿辞倦,河官迁转易,自有特疏荐。他年谈河事,阅历得确验;毋夸裘马都,空教市儿羡。

我们从此诗可得出以下几点:

(一)李汝珍自乾隆四十七年,至嘉庆六年,皆在板浦一带。

(二)李汝珍确于嘉庆六年,到河南做过官的。

(三)《镜花缘》三十五回唐敖谈治河一段,确是李汝珍的经验,许乔林颇期"他年谈河事,阅历得确验",可算得到确验了。

(四)李汝珍那时意气极胜,初任县丞,故乔林恳切勉之。

有了这首诗做为根据,再拿石文煃嘉庆十年所作的《李氏〈音鉴〉序》参照一下,又可得到一点的材料。序中说:"往岁余客燕关,先生游淮北;迨余至淮北,先生又往淮南;闻名而不相识也。今来朐涘月,……今松石行将官中州矣,临别属序于余。"可见李汝珍约于嘉庆九年由官所至淮北,这时他哥哥李佛云正在淮南草堰场,所以要去瞧瞧;继而到朐访友,时许桂林已回家,不久,上司又要李汝珍到中州做官。嘉庆十二年,他大概还在河南。许桂林《〈音鉴〉后序》,有云:"今所著《音鉴》将出问世,远以见寄;"此时许桂林在离板浦七里的中正(我的家乡)教书,序说"远寄",李汝珍当然不在海属附近的地方。

适之先生说:"自乾隆四十七年至嘉庆十年,凡二十三年,李汝珍只在江苏省内,或在淮北或在淮南。……嘉庆十年石文煃序中说:'今松石行将官中州矣。'但嘉庆十九年他仍在东海(《音鉴》题词跋),似乎他不曾到河南做官。"这几句话可说是错了。

嘉庆十九年,他既然在东海与许桂林同读俞杏林的《传声正宗》,他什么时候不做河南的官,而来到东海呢?我们要解答此问题,便要考出他《镜花缘》的著作时期。适之先生曾假定:

约 1810—1825 为《镜花缘》著作的时期。

约 1825（即道光五年）《镜花缘》成书。

我们试细察胡先生的假定有否错误，先举出一点的证明。

栖云野客《七嬉洗炭桥》（刘复先生曾将此一篇抄入《杂览》，见《语丝》四卷五期）开首一段中，有云："……顷见松石道人作《镜花缘演义》，初稿已成，将付剞劂。……"栖云野客究竟是谁的别号呢？洪有徵《厓修山馆诗略》有一序文，末署栖云野客许桂林。又《许枳村遗文》中有《八嬉小序》（按《八嬉》即《七嬉》，将来另为文说明），开端云："《八嬉》者，许月南（桂林字）游戏之文，亦寓意之作。……"可见栖云野客即是许桂林。

东海滕氏家藏有道光二十一年芥子园藏板《镜花缘》（现存吴鲁星处，曾邮示郑振铎先生）第一回，"且说天下名山，除王母所住昆仑之外，海岛有三座名山。"眉头上有署名菊如之批语云："顺便点出王母，为下文祝寿地步，凡类此伏笔，蔬庵、月南、书圃诏（疑作诸）君，各于本条，以圈点标出。"

案许桂林死于道光元年，他已替《镜花缘》圈点过，他记述云台山神话《洗炭桥》时已说过："松石道人作《镜花缘演义》，初稿已成，将付剞劂"，如何能说道光五年才成书呢？《七嬉》不知作于何年，许枳村序又无年月可考，我们只能说《镜花缘》成于道光元年以前了。胡适之先生据孙吉昌《题词》认定"《镜花缘》是李汝珍晚年不得志时作的"，本书三十五回已谈到治河的经验，作书时当在治河以后；孙氏《题词》有"乃不拥皋比"之句，可想见他已不做官了。许乔林序说他"以十余年之力成之"，他自己在本书结尾也说："消磨了十余年，层层心血，算不得大千世界。"从道光元年以前，上推十年，为嘉庆十六年；"十余年"约为嘉庆十四五年。由此可知道李汝珍不在河南做官，约在嘉庆十三四年；而《镜花缘》著作时期，自嘉庆十四五年起，至嘉庆末年为止，约十余年。

自此以后，李汝珍住家于海州与否，我们不敢确定，但他的死年，于许乔林道光十一年所编的《朐海诗存·凡例》内，可得到一点材料。《凡例》共二十四则，其第四则云："……文章公是公非，定于身后,凡其人见存者,虽皓首骚坛,概不登选。"此则说生人的诗稿不入选。第七则云:"……夫十步之内,必有芳兰,岂必借才异地乎? 此集于流寓之诗,采之綦谨,如张尧峰、杨铁星、李松石、吴子野诸君,虽久作寓公,诗名藉甚,概所不录。"假使李松石这时还活着,《凡例》第四则已声明"凡其人见存者,虽皓首骚坛,概不登选",第七则又何必特别声明不录李汝珍的诗呢? 于此可见李汝珍于道光十一年前已经死了。胡先生假定他死于道光十年,大概是不错的。

《朐海诗存》流寓栏内有凌廷堪诗,为甚么不录李汝珍的诗呢?《诗存》二集卷九,程椿年名下,系以《笔谈》云:"不必借才异地,会其孙将书籍于斯,以遗集来请,爰甄录数篇"。这是说流寓之子孙入籍于朐海者,其先人之诗,得入选。凌廷堪坟墓虽在歙县,却老于海州(今灌云伊卢山下,有其故居,后人多业农)。由此可见李汝珍与其后人,并未入海州籍贯。

很零碎的写了这一篇补考,但悬案仍是不少;为参考与能力有限,只有待诸将来了。作此文时,得吴鲁星君所供献之意见很多,如嘉庆辛酉李汝珍之官河南,许桂林圈点《镜花缘》,李汝珍的死年在道光十一年以前等,谨志于此,并表示十二分的谢忱。

十七年中秋前后草于海中

胡适文存三集　卷七

陆贾《新语》考

跋潮阳郑氏《龙溪精舍丛书》本《新语》

陆贾《新语》很少善本，此本是唐晏先生用明人刻的子汇本和明范氏天一阁刻本参校重刻的，可算是《新语》的最好本子。《四部丛刊》内所用明弘治壬戌(1502)本，内容与天一阁本相同，大概是和范本同出于一个底本。弘治本与范本第六篇有自"齐夫用人若彼"至"不操其柄者则"二百二十八字，是第五篇"邑土单于疆"之下的错简。各本皆沿其错误，而《汉魏丛书》本于第五篇改"疆"为"疆"，于第六篇删改许多字，又添上许多字，更失本来面目了。唐晏先生据子汇本移正此段错简，两篇遂都可读了。大概子汇本另出于一种较古的底本，故讹脱最少。唐先生依据范本与子汇本校补，故成为最可读之本。

此本刻印不甚精，间亦有误字，如第三篇"杖仁者覆"，弘治本覆作霸，第四篇"近山之上燥"，弘治本上作土，均应校改。

《四库提要》疑《新语》"殆后人依托，非贾原本"。《提要》列举三种可疑之点：

(1)《汉书·司马迁传》称迁取《战国策》、《楚汉春秋》、陆贾《新语》作《史记》。《楚汉春秋》，张守节《正义》犹引之，今佚不可考。《战国策》取九十三事，皆与今本合。惟是书之文悉不见于《史记》。

(2)王充《论衡·本性》篇引陆贾曰，"天地生人也，以礼义之性。人能察己所以受命则顺，顺谓之道"。今本亦无其文。

(3)又《榖梁传》至汉武帝时始出，而《道基篇》末乃引《榖梁传》曰"，时代尤相牴牾。

唐晏先生跋此本,颇驳《提要》之说。《提要》所列三事,其第二点不足辨,因为《汉书·艺文志》有陆贾二十七篇,王充所引或出于陆贾的他书,故此条不足推翻《新语》。关于第一点,唐跋说:

> 《史记》载赵高指鹿为马事,正本之此书也。

关于第三点,唐跋说:

> 陆氏著此书,去秦焚书才六年耳,其所读者,未焚之《穀梁传》也。至武帝则为再出矣,故所引者今本无之也。

唐跋指出《道基篇》所引《穀梁传》"仁者以治亲,义者以利尊,万世不乱"之语,为今本《穀梁传》所无,此一点大可解释《提要》之疑。但"指鹿为马"一条孤证,还不足驳倒《提要》的第一疑点。

今按《提要》之第一点,全是无的放矢,《提要》的作者实误记《汉书·司马迁传》的原文,原文并未提及陆贾,亦未提及《新语》。《迁传》赞中说:

> 司马迁据左氏《国语》,(《汉纪》十四引作"左氏春秋国语")采《世本》、《战国策》,述(《汉纪》引作逑)《楚汉春秋》,接其后事,讫于天汉。

此文中何尝有据陆贾《新语》作《史记》的话?

我推想《提要》作者所以误记之由,大概由于《楚汉春秋》一书。《艺文志》说"《楚汉春秋》九篇,陆贾所记"。四库馆臣因联想作用,一时误记陆贾《楚汉春秋》之外另有陆贾《新语》,又偷懒不检原文,遂据误记之书以定《新语》出于后人依托,岂非大冤枉吗?

《提要》说《史记》取《战国策》九十三事,皆与今本合。这样摆出十足的考据学者架子,故后来读者皆不敢怀疑《提要》之言。岂有查出《战国策》九十三事的娘家的学者而不一检《司马迁传》的原文呢?所以唐晏先生震于四库馆臣的学者架子,也不去检《汉书》原文了。

《新语》一书,很有见地,其思想近于荀卿韩非,其《道基篇》叙文化的演变尤有独到的见解。陆贾亲经始皇、李斯的急进政策失败之后,故在政治上颇主张无为,正与他身遭诸吕之乱,晚年自隐于醇酒妇人,同一用意。然其人绝不是一个消极的人,此书末篇有"圣人不空出,贤者不虚生"的教训,很可以表示他的生活态度。第六篇中很沉痛的攻击当日人士的"避世"态度,与此正是一贯。我从前也曾怀疑此书,去年得唐晏先生校刊本,重校读一遍,颇信此书是楚、汉之间之书,非后人所能依托,故为检《司马迁传》,正《四库提要》之误,以释后来读者之疑。

十九,四,一

(原载1930年1、2月《北平图书馆馆刊》第4卷第1号)

汉初儒道之争

汉武帝初年有一件很可注意的案子,可惜史料不完全了,我们只知道一点零碎的事实。《前汉书》卷六《武帝纪》云:

> 建元元年(前 140),……秋七月……议立明堂,遣使者安车蒲轮,束帛加璧,征鲁申公。二年(前 139)冬十月,御史大夫赵绾,坐请毋奏事太皇太后,及郎中令王臧皆下狱,自杀。丞相婴,太尉蚡免。

记载此事最详的是《史记》、《汉书》的《田蚡传》,今以《史记》(卷一〇七)为主:

> 魏其(窦婴)武安(田蚡)俱好儒术,推毂赵绾为御史大夫,王臧为郎中令;迎鲁申公,欲设明堂,令列侯就国,除关(《索隐》,谓除关门之税也。服虔曰,除关禁也),以礼为服制,以兴太平。举适(《汉书》作谪)诸窦宗室毋节行者,除其属籍。
>
> 时诸外家为列侯,列侯多尚公主,皆不欲就国。以故,毁日至窦太后。太后好黄老之言,而魏其、武安、赵绾、王臧等务隆推儒术,贬道家言。是以窦太后滋不悦魏其等。
>
> 及建元二年,御史大夫赵绾请无奏事东宫。窦太后大怒,〔曰,此欲复为新垣平邪?〕乃罢逐赵绾、王臧等,而免丞相太尉。

(《汉书》卷五十二同)

此不言绾、臧自杀。然《本纪》与《儒林传》皆说他们自杀。《史记·儒林传》(卷一二一)云:

> 及今上即位,赵绾、王臧之属明儒学,而上亦乡之,于是招方正贤良文学之士。

又云:

> 臧请天子欲立明堂，以朝诸侯，不能就其事。乃言师申公。
> 于是天子使使束帛加璧，安车驷马，迎申公。弟子二人乘轺传
> 从。至，见天子，天子问治乱之事。申公时已八十余，老，对曰，
> "为治者不在多言，顾力行何如耳"。是时天子方好文词，见申
> 公对，默然。然已招致，则以为太中大夫，舍鲁邸，议明堂事。
> 　　太皇窦太后好老子言，不说儒术，得赵绾、王臧之过，以让
> 上。上因废明堂事，尽下赵绾、王臧吏，后皆自杀。申公亦疾免
> 以归，数年卒。

此事很像清朝末年的戊戌政变。窦太后是文帝的皇后，经历三朝，凡立四十五年(此据师古考订，《外戚传》原文作五十一年)，故她一家的威权很大。她的信奉黄老之言，在别处也有记载。《汉书·外戚传》上(卷九十七)说：

> 窦太后好黄帝老子言，景帝及诸窦不得不读《老子》，尊
> 其术。

《史记·儒林传》云：

> 及至孝景，不任儒者；而窦太后又好黄老之术，故诸博士具
> 官待问，未有进者。

又云：

> 窦太后好老子书，召辕固生问老子书，固曰，"此是家人言
> 耳"。太后怒曰，"安得司空城旦书乎？"乃使固入圈刺豕。景帝
> 知太后怒而固直言无罪，乃假固利兵下圈刺豕，正中其心；一刺，
> 豕应手而倒。太后默然，无以复罪。

这竟是罗马暴君令罪人入斗兽圈斗兽的虐政。辕固生批评了老子一句话，便几乎得了死罪。赵绾、王臧等想借明堂的招牌来推翻窦太后的专政，放逐一班无节行的贵戚宗室，又明白奏请不要奏事东宫，怪不得这位老太婆要大生气了。窦婴与田蚡都是大贵戚，也免官而去；赵绾、王臧的下狱自杀真不为奇了。

《儒林传》又云：

> 及窦太后崩(建元六年，前135)，武安侯田蚡为丞相，绌黄
> 老刑名百家之言，延文学儒者数百人，而公孙弘以《春秋》白衣

为天子三公，封以平津侯。天下之学士靡然乡风矣。

十四,三,卅

此事当参考《郊祀志》。《郊祀志》云：

> 孝景即位十六年，祠官各以岁时祠如故，无有所兴。(《史记·封禅书》同)

此是窦太后与景帝信奉黄老言的大功效。非细读《郊祀志》全文，不能领会这一句话的重要。《郊祀志》接着说：

> 武帝初即位，尤敬鬼神之祀。汉兴已六十余岁矣，天下艾安；缙绅之属皆望天子封禅改正度也。而上乡儒术，招贤良。赵绾、王臧等以文学为公卿，欲议古，立明堂城南，以朝诸侯，草巡狩，封禅，改历，服色事，未就。窦太后不好儒术，使人微伺赵绾等奸利事，按绾、臧，绾、臧自杀。诸所兴为皆废。
>
> 六年，窦太后崩。其明年，征文学之士。明年，上初至雍，郊见五畤。

十四,五,十六夜

(原载 1925 年 10 月 21 日《北京大学研究所
国学门周刊》第 1 卷第 2 期)

再论王莽

昨晚写英文《王莽》演说稿,到今早三点半才完功。此次写此文,虽费了不少精力,却得了不少益处。十一年(1922)九月间我初写《王莽》一文,不过是一天的读书笔记,后来遂不曾细细修正过。今回重写此文,曾细读《食货志》、《王莽传》等篇,始知王莽所行的新法大都有所本,其中止有一部分是王莽的创制。如他建国后,第一年所行的三大政策:土地国有,均田,废奴婢,皆是汉武帝时代董仲舒曾提出的。始建国元年的诏书可以说是完全根据董仲舒说武帝的话,略加引申的。仲舒原书见《食货志》上:

古者税民不过什一,其求易供;使民不过三日,其力易足。民财内足以养老尽孝,外足以事上共税,下足以畜妻子极爱,故民说从上。

至秦则不然:用商鞅之法,改帝王之制,除井田,民得卖买。富者田连仟伯,贫者亡立锥之地。又颛川泽之利,管山林之饶,荒淫越制,逾侈以相高。邑有人君之尊,里有公侯之富。小民安得不困?又加月为更卒,已复为正;一岁屯戍,一岁力役,三十倍于古(师古曰,更卒,谓给郡县一月而更者也。正卒,谓给中都官者也。率计今人一岁之中屯戍及力役之事,三十倍多于古也)。田租口赋盐铁之利,二十倍于古(师古曰,既收田租,又出口赋,而官更夺盐铁之利)。或耕豪民之田,见税什五。

故贫民常衣牛马之衣,而食犬彘之食,重以贪暴之吏刑戮妄加;民愁亡聊,亡逃山林,转为盗贼。赭衣半道,断狱岁以千万数。

汉兴,循而未改。

古井田法虽难卒行,宜少近古,限民名田,以澹(赡)不足。塞并兼之路,盐铁皆归于民。去奴婢,除专杀之威。薄赋敛,省繇役,以宽民力,然后可善治也。

王莽改田制去奴婢之诏理论是全抄仲舒的,办法则比他更彻底。

《食货志》又说,哀帝即位,师丹辅政,曾建限田之议,他说:

古之圣王莫不设井田,然后治乃可平。孝文皇帝承亡周乱秦兵革之后,天下空虚,故务劝农桑,帅以节俭。民始充实,未有并兼之害。故不为民田及奴婢为限。今累世承平,豪富吏民赀数巨万,而贫弱俞困。

盖君子为政贵因循而重改作。然所以有改者将以救急也。亦未可详,宜略为限。

哀帝下诏云:

制节谨度,以防奢淫,为政所先,百王不易之道也。诸侯王,列侯,公主,吏二千石,及豪富民,多畜奴婢田宅亡限,与民争利。百姓失职,重困不足。其议限列。(《哀帝纪》)

有司(《食货志》上作"丞相孔光大司空何武")条奏:

诸〔侯〕王列侯〔皆〕得名田国中;列侯在长安,及(《志》无"及"字)公主名田县道;〔及〕(《志》有此字)关内侯,吏民名田,皆无得过三十顷。(如淳曰,名田国中者,自其所食国中也。既收其租税,又自得有私田三十顷。名田县道者,《令甲》,"诸侯在国,名田他县,罚金二两";今列侯有不之国者,虽遥食其国租税,复自得田于他县道。公主亦如之。不得过三十顷。)

诸侯王奴婢二百人。列侯公主,百人。关内侯吏民,三十人。

年六十以上,十岁以下,不在数中。

贾人皆不得名田为吏。

犯者以律论。

诸名田畜奴婢过品,皆没入县官。(《哀帝纪》)

《食货志》云:

期尽三年,犯者没入官。

又云:
> 时田宅奴婢贾为减贱。丁傅用事,董贤隆贵,皆不便也。诏书"且须后",遂寝不行。

故《哀帝纪》无实行的诏书。此事在绥和二年(前7)。王莽的改制与师丹、孔光的主张正是一贯,不过他认限制名田畜奴为不彻底,故索性废止私有土田奴婢了。

王莽的六筦之中,盐与铁由国家设官专卖,起于东郭咸阳与孔仅,事在元狩四年(前119)。铸钱在汉初尚不归政府专办;至武帝时,始禁铸钱,由上林三官专铸。至五铢钱出,币制画一,禁私铸的政策始生效力。《食货志》说:

> ……令天下非三官钱不得行。诸郡国前所铸钱,皆废销之,输入其铜三官。而民之铸钱益少。计其费不能相当,唯真工大奸乃盗为之。

又说:

> 自孝武元狩五年(前118)三官初铸五铢钱,至平帝元始中(1—5),成钱二百八十亿万余云(28,000,000,000)。

依这些史事看来,王莽的六筦,只有三筦是他的创制。

十七,四,十九

读《北史》杂记

北方民族的"铸象卜"

《北史·高欢本纪》(六,2):

> 尔朱荣"遂入洛,因将篡位。神武(高欢)谏不听,请铸像卜之。铸不成,乃止"。

又同书《高洋本纪》(七,7),

> 于是徐之才盛陈宜受禅。……帝……乃使李密卜之,遇大横,曰,大吉,汉文帝之封也。帝乃铸象以卜之,一写而成。

又杨衒之《洛阳伽蓝记》(永宁寺下)也说:

> 于是〔尔朱荣与元天穆〕密议长君,诸王之中不知谁应当璧,遂于晋阳人各铸象,不成。惟长乐王子攸光相具足,端严特妙。是以荣意在长乐。
>
> 十八,三,廿一

又《北史·后妃传》上:

> 魏故事,将立皇后,必令手铸金人,以成者为吉。不则不得立也。
>
> 十八,三,廿四

又同传:

> 道武皇后慕容氏,……帝令后铸金人,成,乃立之。
>
> 道武宣穆皇后刘氏,……以铸金人不成,故不登后位。……明元即位,追尊谥位。
>
> 明元昭哀皇后姚氏,……明元以后纳之,后为夫人,后以铸金人不成,未升尊位。然帝宠礼如后。是后犹欲正位,后谦不

当。泰常五年薨,帝追恨之,赠皇后玺绶而加谥焉。

十八,三,廿四

魏朝曾订正北方语音

《北史》卷十九,《咸阳王禧传》:

> 孝文(471—499)引见朝臣,诏断北语,一从正音。禧赞成其事。于是诏:"年三十已上,习性已久,容或不可卒革。三十已下,见在朝廷之人,语音不听依旧。若有故为,当降爵黜官。若仍旧俗,恐数世之后伊、洛之下复成被发之人。朕尝与李冲论此,冲言,四方之语竟知谁是?帝者言之,即为正矣。何必改旧从新?冲之此言,应合死罪。乃谓冲曰,卿实负社稷。冲免冠陈谢。"

此事在孝文帝太和十九年(495)六月,《孝文本纪》(《北史》三)只记云:

> 六月己亥,诏不得以北俗之语言于朝廷,违者免所居官。

《李冲传》(《魏书》五三)不记此次争论。

十八,三,廿六

《北史》记男色之风

北齐《废帝殷本纪》(《北史》七,9)云:

> 〔天保〕九年,太子监国,集诸儒讲《孝经》,令杨愔传旨谓国子助教许散愁曰:"先生在世,何以自资?"对曰,"散愁自少以来,不登娈童之床,不入季女之室,服膺简策,不知老之将至"。

此答可见"娈童"之好,在当时是平常的事。魏《汝南王悦传》(十九,15)云:

> 〔悦〕妃闾氏,生一子,不见礼答。有崔延夏者,以左道与悦游,合服仙药松术之属。……又绝房中而更好男色。轻忿妃妾,至加捶挞,同之婢使。

又魏《彭城王韶(飍之孙)传》(十九,11)云:

> 文宣(高洋)常剃韶鬓须,加以粉黛,衣妇人服,以自随,曰,

"以彭城为嫔御"。讥元氏微弱,比之妇女。

十八,三,廿六

崔　浩

我读《崔浩传》(《北史》二一),很感觉其人之伟大。崔浩一生颇有种族之感,故他对于北征,每次皆决胜,对于南征则每次皆阻挠,此非偶然之事也。

他以国史事被诛,《北史》记他"书国事,备而不典,而石铭显在衢路,北人咸悉忿毒,相与构浩于帝"。这是说他老实记载北人之幼稚鄙野,故当时有"直笔"之颂,这也可见他有种族之见。

他的父亲崔宏"因苻氏乱,欲避地江南,为张愿所获,本图不遂,乃作诗以自伤,而不行于时,盖惧罪也。浩诛,中书侍郎高允受敕收浩家书,始见此诗。允知其意"。此可证崔氏父子有种族之感也。

崔浩的政见全是汉朝儒家的思想,但他"性不好庄老之书,每读不过数十行,辄弃之,曰,此矫诬之说,不近人情,必非老子所作。老聃习礼,仲尼所师,岂设败法之言以乱先王之教?袁生所谓家中筐箧中物,不可扬之王庭"。

他与天师寇谦之相善,排斥佛教,故有 446 年之大毁佛法。"浩非毁佛法,而妻郭氏敬好释典,时时诵读。浩怒,取而焚之捐灰厕中。"佛法为外国教,此举也有种族之意味。

十八,三,三十

北朝的女权

北魏拓跋氏旧制,"后宫产子,将为储贰,其母皆赐死"。故:

> 椒庭之中,以国旧制,相与祈祝,皆愿生诸王公主,不愿生太子。(《北史》十三)

这制度到宣武胡后始废止。这个制度虽是惨酷不人道,然而其中涵义正是惧怕女后权大。

北朝女子似比南方女子自由的多。高欢的娄后便是一例。娄后

> 少明悟,强族多聘之,并不肯行。及见神武(高欢)城上执

役,惊曰,此真吾夫也。乃使婢通意,又数致私财,使以聘己。父母不得已而许焉。(以下《北史》十四)

高欢后以外交关系,要同蠕蠕通婚,娄后劝他娶蠕蠕公主。

公主性严毅,一生不肯华言。

高欢有尔朱氏妃,

公主引角弓仰射翔鸱,应弦而落。妃引长弓,斜射飞乌,亦一发而中。

北朝女后最奇特者为隋文帝的独孤后。她嫁时,与文帝相得,"誓无异生之子"。她最妒忌,后宫莫敢进御。

尉迟迥女孙有美色,先在宫中。帝于仁寿宫见而悦之,因得幸。后伺帝临朝,阴杀之,上大怒,单骑从苑中出,不由径路,入山谷间三十余里。

高颎、杨素等追及,扣马谏。帝太息曰:"吾贵为天子,不得自由!"

高颎曰:"陛下岂以一妇人而轻天下?"帝意少解,驻马良久,夜方还宫。后候上于阁内,及帝至,流涕拜谢。颎、素等和解之。

独孤后的妒忌,不但用在她丈夫身上,竟成了一个普遍的原则。

后见朝士有妾孕者,必劝帝斥之。

高颎因此见黜:

颎夫人死,其妾生男,〔后〕益不善之,渐加谮毁,讽帝黜颎。

她的长子太子勇也因此被废黜:

勇多内宠,昭训云氏嬖幸,礼匹于嫡,而妃元氏无宠,尝遇心疾,二日而薨。献皇后意有他故,甚责望勇。

又自妃薨,云昭训专擅内政,后弥不平,颇求勇罪过。

晋王广知之,弥自矫饰,姬妾恒备员数,唯与萧妃居处。皇后由是薄勇,愈称晋王德行。(《勇传》,《北史》七一)

后来竟因此杀了几个儿子,坏了杨家天下。《勇传》中详记独孤后的说话,神气如画。

但妒忌不限于独孤后,似当时确有这样一种风气。魏淮阳王《孝友传》(《北史》十六),孝友尝奏表曰:

古诸侯娶九女，士有一妻二妾。晋令，诸王置妾八人，郡君侯妾六人。官品令，第一第二品有四妾，第三第四有三妾，第五第六有二妾，第七第八有一妾。所以阴教聿修，继嗣有广。广继嗣，孝也。修阴教，礼也。

　　而圣朝忽弃此数，由来渐久。将相多尚公主，王侯娶后族，故无妾媵，习以为常。

　　妇人多幸生遭今世，举朝略是无妾，天下殆皆一妻。设令人强志广娶，则家道离索，身事迍邅，内外亲知共相嗤怪。凡今之人通无准节，父母嫁女则教之以妒。姑姊逢迎必相劝以忌。持制夫为妇德，以能妒为女工。自云受人欺，畏他笑我。王公犹自一心，以下何敢二意！

孝友的提议的是非，我们可以不论；但这一段文章却很可以表示当日女子的威权！

独孤后不过是这个背景中的一个人而已。

十八，五，八夜

（原载 1929 年 8 月中国公学大学部《中国
文学季刊》第 1 卷第 1 期）

苏洵的《辨奸》

《辨奸论》之为伪作,李绂辩的最明白(《穆堂初稿·书辨奸论后》二则)。李氏说此篇与绍兴十七年沈斐编《老苏文集》附录二卷中所载张方平作的《老泉墓表》及东坡《谢张公作墓表书》皆是赝作。宋本《嘉祐集》无《辨奸》;郎晔进呈本《东坡文集》亦无《谢作墓表书》。李氏指出《辨奸》之文始见于邵氏《闻见录》,而《闻见录》编于绍兴二年。今考叶梦得《避暑录话》(作于绍兴五年)记《辨奸》事云:

> ……明允作《辨奸》一篇,密献安道,以荆公比王衍、卢杞,而不以示欧文忠……《辨奸》久不出。元丰间,子由从安道辟南京,请为明允墓表,特全载之。苏氏亦不入石。比年少传于世。荆公性固简率,不缘饰,然而谓之食狗彘之食,囚首丧面者,亦不至是也。(上,二五——二六)

此段记《辨奸》出现的时代,最可注意。此文出现始于南渡之初,故叶氏说"比年少传于世"。其时去荆公之死已四十多年了,去老泉之死已六十多年了。作伪的痕迹,更明显了,大概南渡之前,尚无《辨奸》之论。叶氏记明允作此文,"不以示欧文忠",此言是因为永叔作老泉墓志,并不曾提及《辨奸》之论,故必申明永叔未见此文,以释后人之疑耳。

十三,三,十八

(原载1929年4月《吴淞月刊》第1期)

欧阳修的两次狱事

欧阳修两次被人用家庭暧昧事参劾,一次在庆历五年(1045),他年三十九;一次在治平四年(1067),他年六十一。第二次乃御史蒋之奇劾他与长子妇吴氏有私,其后诏问语所从来,之奇说得之彭思永,思永力抵以为风闻,神宗以为辞穷。遂降谪思永、之奇,而降手诏安慰他。此事只见于《文集》附录之《神宗实录本传》(墨本及朱本)及《神宗旧史本传》。而《行状》,《墓志》,《神道碑》,及《年谱》皆不载此事,止泛说"无根之言"、"飞语"而已。本集九十三有《乞根究蒋之奇弹疏札子》,内有云:

> 之奇诬罔臣者,乃是禽兽不为之丑行,天地不容之大恶。臣若有之,万死不足以塞责。……

细检各传,乃知之奇原奏所劾是什么事。

第一次狱事牵涉他的外甥女张氏。记此事的,王铚《默记》最详:

> 公甥张氏,妹婿龟正之女,非欧生也。幼孤,鞠育于家,嫁侄晟。晟自虔州司户罢,以替名仆陈谏同行,而张与谏通。事发,鞠于开封府右军巡院。张惧罪,且图自解免,其语皆引公未嫁时事,词多丑异。
>
> 军巡判官著作佐郎孙揆止劾张与谏通事,不复支蔓。宰相闻之,怒,再命太常博士三司户部判官苏安勘之,遂尽用张前后语成案。俄又差王昭明(内侍供奉官)监勘。……昭明至狱,见安世所劾案牍,视之,骇曰,"昭明在官家左右,无三日不说欧阳修;今省判所勘乃迎合宰相意,加以大恶。异日昭明吃剑不得"。安世闻之大惧,竟不敢易揆所勘,但劾欧公用张氏资买田产立户事,奏之。宰相大怒。公既降知制诰,知滁州;而安世坐

"牒三司取录问吏人不闻",奏降殿中丞,泰州监税;昭明降寿春监税。公责告云:

不知(《年谱》作能)淑慎,以远罪辜。知出非己族而鞠于私门,知女归有室(《年谱》作有室归)而纳之群从。向以讼起晟家之狱,语连张氏之资,券既不(《年谱》作非)明,辩无所验。〔朕〕(《年谱》有此字)以其久参近侍,(《年谱》作侍从)免致深文;其(朱鲍校补"可"字,叶本无。《年谱》作止。)除延阁之名,还序右垣之次。仍归漕节,往布郡条。体余宽恩,思释前咎。(《年谱》作吝)

又安世责词云:

汝受制按考,法当穷审,而乃巧为朋比,愿弭事端;漏落偏说,阴合傅会。知朕慎重狱事,不闻有司,而私密省寺,潜召胥役。迹其阿比之实,尚与朋党之风。(涵芬楼本,下,二——三)

王铚引当日责词,与《欧阳文忠公全集》所附胡柯的《文忠公年谱》所载制词相符,足见其可信。惟王铚颇不满意于苏安世,而王安石作安世的墓志(《临川集》石印本二十三,9)却极力归功于他。王安石说:

庆历五年,……欧阳修以言事切宜,为权贵人所怒;因其孤甥女子有狱,诬以奸利事。天子使……苏君与中贵人杂治。当是时,权贵人连内外诸怨恶修者,为恶言,欲倾修,锐甚。天下汹汹,必修不能自脱。苏君卒白上曰,修无罪,言者诬之耳。于是权贵人大怒,诬君以不直,绌为殿中丞,泰州监税。……苏君以此名闻天下。

此事结案"欧公用张氏资买田产立户事",王铚说"立户",《神宗实录本传》叙此事云,"坐用张氏奁中物买田立欧阳氏券",《神宗旧史本传》亦同。

但《实录》与《旧史》记张氏事云:

修妹适张龟正,龟正无子而死,有龟正前妻之女,才四岁,无所归,以俱来。及笄,修以嫁族兄之子晟。后在晟所与奴奸,事下开封府。狱吏附致其言以(原注:三字一作"暧昧之言")及修。(墨本,朱本及《旧史》略同)

各传皆云此女归欧阳家时"才四岁"。然欧阳修自己的《滁州谢上表》云：

> 伏念臣生而孤苦，少则贱贫；同母之亲，惟存一妹。丧厥夫而无托，携孤女以来归。张氏此时，生才七岁。……在人情难弃于路隅，缘臣妹遂养于私室。今方公私嫁娶，皆行姑舅婚姻；况晟于臣宗已隔再从，而张非己出，因谓无嫌。乃未及笄，遽令出适。然其既嫁五六年后，相去数千里间，不幸其人自为丑秽，臣之耳目不能接，思虑不能知，而言者及臣，诚为非意。以至究穷于资产，固已吹析于毫毛；若以攻臣之人恶臣之甚，苟罹纤过，奚遁深文？盖荷圣明之主张，得免罗织之冤枉。（庆历五年十月。《文集》九十，页 9—10）

他自称此女来外家时年七岁，而史传改为四岁，又何必呢？

钱惟《钱氏私志》（《学海类编》本，《古今说海》本）对于欧阳修有私怨，故多谤词。书中说他"有文无行"，又记他在河南推官任时，在钱惟演幕中，亲一妓，为作"柳外轻雷池上雨"的《临江仙》词。书中记张氏一案云：

> 欧后为人言其盗甥。表云："丧厥夫而无托，携孤女以来归。张氏此时，年方七岁。"内翰伯（钱穆父）见而笑云："年七岁正是学'簸钱时也'。"欧词云：

江南柳，
叶小未成阴。
人为丝轻那忍折？
莺怜枝嫩不胜吟，——
留取待春深。

十四五，
闲抱琵琶寻。
堂上簸钱堂下走，
恁时相见已留心。——
何况到如今。

欧知贡举时，落第举人作《醉蓬莱》词以讥之，词极丑诋。钱愐引的词为《忆江南》，今集中不收。但欧诗多被后人删削，罗泌、曾慥皆删去不少。以今所存的看来，此词大概不是伪造的。此词虽然不一定是为张氏作的，但今所存的词如《南歌子》：

  凤髻金泥带，
  龙纹玉掌梳；
  走来窗下笑相扶，
  爱道"画眉深浅入时无？"

  弄笔偎人久，
  描花试手初，
  等闲妨了绣功夫，
  笑问双鸳鸯字怎生书？

也是写一个很放浪而讨人欢喜的女孩子，此女子确不是倡女，乃是住在他家的。大概张氏一案不全出于无因。狱起时，欧公止三十九岁，他谪滁州后，即自号醉翁，外谪数年而头发皆白；此可见当日外界攻击之多了。

十三，十月底记此事，十一，五夜写完

（原载 1929 年 4 月《吴淞月刊》第 1 期）

考作象棋的年代

我去年作一段笔记如下:

象棋之作,不知起于何时,也不知起于何国。看其中有"象",似起于印度一带;看其中有"炮",可知其年代不古。再看象棋与西方的 Chess 相同之点,如马走"日"字,如象走斜线,可知这两种棋戏大概同出于一源。

《大英百科全书》(Encyclopedia Britannica) "Chess"一条下述中国象棋的起源的一段,错谬百出,不值得一辩。

前几个月,我翻阅《续藏经》,见僧念常的《佛祖历代通载》卷二十二(页二九二)于唐文宗开成己未(西历839)之下大书云:

"制象棋"。注云:"昔神农以日月星辰为象;唐相国牛僧孺用车马将士卒,加炮代之为机(?)矣。"("机"字似是"棋"字?)

据此,中国的象棋作于西历839年,创作者为牛僧孺。(生779,死847。)

那时候中国与印度交通已近千年。也许这种游戏从印度、波斯传进来已久,到牛僧孺才把他改作一种中国的象棋戏。

念常此书专记佛教事,忽插入这一段,似不是有心作伪;大概佛教徒也知道象棋是从印度输入的,故把它记在佛教史里。

念常注中说的"日月星辰"的棋戏,现在不可考了。

今天读《全唐文》到卷一百六十,见吕才的《因明注解立破义图序》,中有云:

栖元法师谓才曰,檀越复研味于六经,探赜于百氏,推阴阳之燧伏,察律吕之忽微;又闻生平未见《太玄》,诏问须臾即解;

由来不窥象戏,试造旬日复成。以此有限之心,逢事即欲穿凿。

这里说的"象戏"大概是牛僧孺以前的象戏的一种。吕才,博州清平人,麟德二年(665)卒。

十八年九月

《胡笳十八拍》

相传蔡琰作《胡笳十八拍》;《后汉书》但记她"感伤离,追怀悲愤",作诗二章,不记她作有此歌。《乐府诗集》五十九,页六以下载此歌全文及唐刘商拟作《十八拍》。郭氏序云:

> 《蔡琰别传》曰:"汉末大乱,琰为胡骑所获,在右贤王部伍中,春月登胡殿,感笳之音,作诗言志曰,'胡笳动兮边马鸣,孤雁归兮声嘤嘤'。"

今《十八拍》中无此二语,可见《蔡琰别传》时尚无《十八拍》也。郭又引刘商《胡笳曲序》:

> 蔡文姬善琴,能为"离鸾别鹤"之操。胡虏犯中原,为胡人所掠,入番为王后,王甚重之。武帝与邕有旧,敕大将军赎以归汉。胡人思慕文姬,乃卷芦叶为吹笳,奏哀怨之音。后董生以琴写胡笳声为十八拍,今之"胡笳弄"是也。

这分明是很晚出的传说。即依此说,也不得说《十八拍》是蔡琰作的。郭又引《琴集》云:

> 《大胡笳十八拍》,《小胡笳十九拍》,并蔡琰作。

《琴集》不知是何时代之书。依刘商所作序,大概唐朝人还不曾认定《十八拍》为蔡琰所作。

此诗中第十拍有云:

> 城头烽火不曾灭,
> 疆场征战何时歇?
> 杀气朝朝冲塞门,
> 胡风夜夜吹边月。

这等语句决不是唐以前人做的。

十四,二,廿

建文逊国传说的演变

跋崇祯本《逊国逸书》残本

张菊生先生借给我一部崇祯刻本《逊国逸书》，原书有崇祯甲申秋八月魏塘钱士升的序，中说：

> 《逸书》凡四种，《致身录》乃焦弱侯先生得之茅山道藏中，《从亡》、《拊膝》二书则余得之江右徐若谷司空者。又祝允明《野记》有《黄陈冤报录》，事极秽亵，而暴扬陈瑛中冓之丑，亦足示戒，并付之梓，俟修国史者采焉。

编书时，北京已破，故序中有"甲申距建文壬午凡二百四十二年，而沧桑之变，言之可痛"。这书大概是国变之际南方书贾的一种投机牟利的事业。

原书三种，其目如下：

《致身录》（十八条）　　东吴史仲彬自叙

《从亡随笔》　　　　　　朝邑程济著

《拊膝录》（四卷）　　　玉海子刘琳著

《致身录》从洪武三十一年戊寅史仲彬除翰林院侍书起，至洪熙元年仲彬往云南省视建文帝，明年闻洪熙帝死为止。《随笔》从建文壬午南京城破起，至正统庚申建文帝迎入大内供养时止。

两书同纪建文帝出亡事，而《致身录》先出，《随笔》后出，故后者详于前者，其实皆伪书也。试举一段，略表二书的性质：

（1）《致身录》：

> 帝知金川失守，长吁东西走，欲自杀。翰林院编修程济曰，"不如出亡"。少监王钺跪进曰，"昔高皇帝升遐时，有遗箧，曰，'临大难当发'。谨收藏奉先殿之左"。群臣齐言，"急出之"。

俄而舁一红箧至,四围俱固以铁,二锁亦灌铁。帝见而大恸,急命举火焚内。程济碎箧,得度牒三张,一名应文,一名应贤,一名应能。袈裟,帽鞋,剃刀,俱备;白金十锭。朱书箧内:"应文从鬼门出,余从水关御沟而行。薄暮,会于神乐观之西房。"帝曰,"数也",程济即为上祝发。……九人从帝至鬼门,牛景先以铁棒启之,若不用力而即瓦解者。出鬼门而一舟舣岸以待。十人乘舟,舟人顿首。帝问,"汝何人,何为至此?"对曰,"臣乃神乐观道士,即前皇上赐名王昇。昨梦太祖高皇帝……曰,'明日午时,可于后湖舣大舟至鬼门外伺候。汝周旋弗泄,后福未期。不然,难逃阴殛'"。

这完全是小说口吻,全无史料价值;故后出之《从亡随笔》把此中最荒诞的神话都删去了。

(2)《从亡随笔》:

上知金川门失,徘徊欲自杀。翰林编修程济进曰,"臣逆知有今日也。为今之计,莫若出亡。"……太监王钺曰,"即出,亦惧人认得。奉先殿有太祖遗一谕,临大难发之。"群臣齐言,"速取来!"须臾舁一红匣至,四围固以铁,闭以二锁,锁以铸铁灌,坚不得启。群臣无计,济以足碎匣底,视之,皆髡缁之具,得度牒三纸,袈裟剃刀俱备,白金十锭。上曰,"数也。"因大恸。……程济因为上祝发。〔上〕命取笔来,顾济曰,"朕仍以文为名"。乃书牒名应文。吴王教授杨应能,御史叶希贤皆曰,"臣愿落发以从"。因书牒,能曰应能,贤曰应贤。……因与程济、梁良用潜出西华门。时燕兵巷战金川,游兵攻朝阳门,以故,上得从西华门出也。

上不能行,济曰,"事急矣"。乃扶上沿河而走。见一舫横岸。济曰,"有舟无人驾,奈何?"中书梁良用曰,"臣可"。乃翊上登舟,鼓楫顺流而去。申刻抵南门,济曰,"此去是三山门,有兵不可去"。乃舍舟而涂。……至聚宝门,门军止上。济曰,"吾等异乡僧道,恐死乱军耳"。乃得出。会日暮,无可栖。济曰,"此东去,乃郊坛,有神乐观。道士王昇与臣有旧,盍往投"。

上曰,"恐泄"。济曰,"此人素忠义,皇上曾锡名者"。缓步乘月而行,更尽达观,王昇出迎。……是夕不寐。十四日晨,杨应能、叶希贤、金焦、吴或学、牛景先……(共二十一人)亦至,环坐,咸暗泣。

此可见《从亡随笔》是根据前出的小说而作的,因要冒充史料,故删去过甚的神话,如(1)太祖已定三人牒名,(2)箧中朱书的预言,(3)鬼门之一击即开,(4)王昇因太祖托梦,驾船来迎。但此书终免不了大漏洞。神乐观既非预定期会之所,建文皇帝勉强到此,何以次晨杨、叶等二十余人都知道来此集会呢?

《致身录》记文和尚(所谓建文帝)的行踪如下:

壬午(1402)在吴江史仲彬家。八月走云南。

癸未(1403)在云南之永嘉寺。

甲申(1404)八月九日到吴江史家。游两浙。将冬,返云南。

丁亥(1407)从重庆之大竹善庆里迁到白龙山。

庚子(1420)在大理浪穹山中。

甲辰(1424)十一月到吴江史家。重游浙中。

又仲彬儿子史晟跋说宣德九年甲寅(1434),建文又到吴江史家。——以上的行踪便是《从亡随笔》的间架。《随笔》全依此纲要,略加细节目而已。此又可见此书后出,实根据《史录》,伪造成书。

《明史》卷百四十三于《牛景先传》下有附记云:

燕兵之入,一夕朝臣缒城去者四十余人,其姓名爵里莫可得而考。然世相传有程济及河西佣、补锅匠之属。

程济,朝邑人,有道术。洪武末,官岳池教谕。惠帝即位,济上书言,某月日北方兵起。帝谓非所宜言,逮至,将杀之。济大呼曰,"陛下幸囚臣。臣言不验,死未晚"。乃下之狱。已而燕兵起,释之。改官编修,参北征军。淮上败,召还。

或曰,"徐州之捷,诸将树碑纪功。济一夜往祭,人莫测。后燕王过徐,见碑大怒,趣左右椎之。再椎,遽曰,'止!为我录文来!'已按碑行诛,无得免者。而济名适在椎脱处"。——然考其实,徐州未尝有捷也!

　　金川门启,济亡去。或曰,帝亦为僧,出亡,济从之,莫知所终。……(此下记河西佣,补锅匠,冯翁[马二子]会稽二隐者,玉山樵[雪庵和尚]。)其后数十年,松阳王诏游治平寺,于转轮藏上得书一卷,载建文亡臣二十余人事迹,楮墨断烂,可识者仅九人:梁田玉,梁良玉,梁良用,梁中节,皆定海人,同族,同仕于朝。田玉官郎中,京师破,去为僧。良玉官中书舍人,变姓名走海南,鬻书以老。良用为舟师,死于水。中节好《老子》、《太玄经》,为道士。何申,宋和,郭节,俱不知何许人,同官中书。申使蜀,至峡口闻变,呕血,疽发背死。和及节挟卜筮书走异域,客死。何洲,海州人,不知何官,亦去为卜者,客死。郭良官籍俱无考,与梁中节相约弃官为道士。余十一人,并失其姓名。缙云郑僖纪其事为《忠贤奇秘录》,传于世。

　　及万历时,江南又有《致身录》,云得之茅山道书中,建文时侍书吴江、史仲彬所述,纪帝出亡之后事甚具。仲彬、程济、叶希贤、牛景先皆从亡之臣。又有廖平、金焦诸姓名。而雪庵和尚、补锅匠等,具有姓名官爵。一时士大夫皆信之。给事中欧阳调律上其书于朝,欲为请谥立祠。然考仲彬实未尝为侍书。录盖晚出,附会不足信。

《明史》此论最有断制,使我们可考见这个《从亡》故事演变的痕迹。凡故事传说的演变,如滚雪球,越滚越大,其实禁不起日光的烘照,史家的考证。此意我曾于《水浒》、《西游》诸考证及《井田辨》、《古史辨》中详说过了。今试取此故事为添一例:

(1)建文自焚后,民间传说纷起。

(2)"其后数十年"(约十五世纪中叶),松阳王诏发现(?)治平寺的残卷,中有建文亡臣二十余人,九人的记载可读。然细看《明史》转载九人的事迹,只说他们是"亡臣",并不曾说他们是"从建文出亡"之臣。缙云郑僖因作《忠贤奇秘录》,传于世。

(3)民间又起了一种程济神话,有许多怪诞的话,又有补锅匠等传说,略如《明史》所说。

(4) 万历时(十七世纪之初。《逊国逸书序》云,"至万历之末稍稍彪炳",可见是在十七世纪)乃有《致身录》出现,全采了王诏、郑僖记的九人,又加上程济等十三人,合成二十二人。又把传说中的"补锅匠"、"雪庵和尚"等等都一一坐实了。建文的行踪也说的"像煞有介事"了。

(5) 崇祯末年(十七世纪近中叶),又有程济的《从亡随笔》出现,尽采以前的种种传说,添上吴成学、黄直二人,删去王良一人。钱士升眉批云:

> 《致身录》有王良,此不载。考王良为浙按察使,焚印而死(适按此事见《明史》一四三,本传)。则《致身录》之误无疑。

此批大可注意。第一可证《致身录》添出的十余人只是东拉西扯来的,伪造的人并不曾细考,竟把一位外省按察使拉进来了!第二可证《从亡随笔》大概即是钱士升伪造的,他曾用过一番工夫,故能改正《致身录》的错处。

还有一个脚色,也可注意。《致身录》根据王诏、郑僖的名单,故有一个梁良用。钱士升伪造《随笔》时,见郑僖旧说有"良用为舟师,死于水中"的话,他正要改造那王昇舣舟的神话,遂把梁良用捉来代替王昇驾船,船到了南门,

> 良用哭曰,"臣从此别矣!"赴水死。

于是又少了一个梁良用,连王良共少二人,于是又添上吴成学、黄直二人。仍凑足二十二人之数!

《致身录》还有一个大错误,就是说程济是绩溪人。(页九)这是伪造的人把程济认作程通了。程通是绩溪人,《明史》(一四三)本传说他

> 授辽府纪善。燕师起,从王(辽王)泛海归京师,上封事数千言,陈御备策,进左长史。永乐初,从王徙荆州。有言其上封事多指斥者,械至,死于狱。家属戍边。

这人也同王良一例,不能硬作从亡诸臣之一。所以钱士升也改正为朝邑人。大概程济的神话完全起于民间,毫无历史的根据,略如济颠

和尚一类。绩溪人之说固出于错认程通，朝邑人之说亦未必有何根据。李伯元作《官场现形记》，开卷便大书陕西同州府朝邑县；程济之朝邑籍贯，大概与钱典史同是冒籍罢？

十七，三，四夜记

《拊膝录》四卷，卷一为帝后等纪传，卷二为成祖的"奸臣榜"上方孝孺诸人列传，卷三为死难诸人列传，卷四为程济诸人列传。此书作者自称"玉海子刘琳"，钱士升序中故意作迷离惝忽的话，说，"玉海子岂与程济同时相与晤言者欤？"而书中卷一有天顺年间事，已在永乐帝即位后六十年了；卷四胡广传中引李西涯讥胡广的诗，谓"百年后公论乃定"，便是百年后的话了。卷四从亡诸臣传有二十五人之多，说程济著有《从亡随笔》，说河西佣即王之臣，说黄直即补锅匠，说雪庵和尚即吴成学，又加上史仲彬等三人，这都可证《拊膝录》出于《致身录》与《从亡随笔》之后，或者此书与《从亡随笔》都是钱士升伪造的。此书集合二百六十年间的种种无稽的传说，而改用史家纪传的体裁，故更能欺骗无知的读者。这种作伪的手段是最下流，最可恨的。

十九，七，廿，校旧稿　补记

（收入 1931 年 6 月《国立中央研究院历史
语言研究所集刊》第 1 本 1 分）

焦循的《〈论语〉通释》
与马幼渔先生书

焦循初作此书在嘉庆癸亥(1803),原稿有十五篇,即木犀轩所刻本也。至次年甲子(1804),他又删改一遍,删去(或归并)了三篇,次第也大更动。今《文集》(十六)有此书自序,与刻本《通释》首页所载自序略同,但改序中"嘉庆癸亥"为"今年",改"十有五篇"为"十有二篇",篇第大不同,序尾署"嘉庆甲子秋九月"。

他编定《文集》在嘉庆丁丑(1817),去癸亥已十四年,而《文集》中自序称十二篇;又阮元作他的传,述他的著作,也称此书有十二篇。这可见十二篇本为定本,而此十五篇本为癸亥原稿。

定本已不可见,幸得此原稿本,可以考见此书诸篇后来皆分散删改,十之七八皆存于《文集》第九十两卷中(其目为《一以贯之》,《攻乎异端》,《说权》,《说理》等等)。我们可以说:此书有三本:第一本即此刻本(1803),第二本为甲子改定十二篇本(未见),第三本为丁丑以前改本,即今《文集》第九,十卷中诸文。戴震的《绪言》为原本,《疏证》为改定本。定本远胜于原本。但我看焦氏此书,却不能不说原本最可贵,而定本失去不足惜。焦氏原本中很多露锋芒的话,可见他作此书所以力主忠恕容忍,是为了当日门户之争而发的。原稿所以先论忠恕,次即论异端,而异端一个小题目乃占八条之多,皆是有感而发的。第十四篇论"据",更可见。今倒乱其原次第,删去"异端"、"多"、"据",而以"圣"、"大"、"仁"为首,便不足以考见当日著书的用意了。

十四,四,四

翁方纲与《墨子》

现在大家喜欢谈《墨子》,墨学几乎成了一种时髦风尚。但《墨子》的研究在一百多年前还是一件得罪名教的事;那时候研究墨学的人还算是"名教之罪人",有褫革衣顶的危险。翁方纲(生1733,死1818)《复初堂文集》十五有《书墨子》一篇,作于乾隆晚年(约1790,因为毕沅刻《墨子》成于1784,而此文作于毕刻行世以后),写当时学者的心理最可笑,可以考见世风的变迁。今摘抄于下:

……孟子所见已是墨之极弊,则《七略》所谓"蔽"者,非至汉世而始见其蔽,又无疑也。今之学者读《孟子》,而尚治《墨子》之书,其自外于圣人之徒,又无疑也。虽其书今尚存,观之亦若自成一家之言,而究与圣贤之道大异,则又无疑也。近日江南有翰林孙星衍者,锓梓《墨子》之书;予旧尝见其书,而不欲有其刻本也。有生员汪中者,则公然为《墨子》撰序,自言能治《墨子》,且敢言孟子之言兼爱无父为诬墨子。此则名教之罪人,又无疑也。昔翰林蒋士铨掌教于扬州,汪中以女子之嫁往送之门是何门为问;蒋不能答,因衔之,言于学使者,欲置汪中劣等。吾尝笑蒋之不学也。今见汪中治《墨子》之言,则当时褫革其生员衣顶,固法所宜矣。汪中者,昔尝与予论金石,颇该洽,犹是嗜学士也。其所撰他条亦尚无甚大舛戾。或今姑以此准折焉,不名之曰生员,以当褫革,第称曰"墨者汪中",庶得其平也乎?——然而夷之怃然以后,则已身向正学矣,所以孟门弟子尚许之,尚惜之,书曰"墨者夷之"。若汪中,岂其能当此称哉?

最可笑的是那部《墨子》本是"兵部侍郎兼都察院右副都御史,巡抚陕西,……钦赐一品顶带毕沅"出名刻的(孙星衍中乾隆丁未进士(1787),在他替毕沅校刻《墨子》之后四年)。而翁方纲只敢骂江南翰林孙星衍与生员汪中,却不敢提及那位毕巡抚!

更奇怪的是孙星衍的《〈墨子〉后叙》中说:

> 时则有仁和卢学士抱经,大兴翁洗马覃溪,及星衍三人者,不谋同时,共为其学皆折衷于先生(毕沅)。或此书当显?

原来翁氏也是当日治墨学的一人;他怕自己加上"墨者"的衔头,所以洗刷清白,一变而为"反墨者"了。

十四,四,九日

(原载 1925 年 5 月 29 日《猛进》周刊第 12 期)

跋郎兆玉刻本《墨子》
傅沅叔先生藏

　　这部《墨子》十五卷,板心有"堂策槛"三字,首行题"温陵李贽宏甫父选,武林郎兆玉完白父评"。首有郎兆玉自序,大旨谓"子墨子,老氏之变也"。序末有三颗图章,其一为"癸丑进士"。检《明进士题名录》,郎兆玉为万历四十一年周延儒榜进士,注"杭州府仁和县匠籍"。马夷初先生(叙伦)曾考其人,说他还刻有一部《周礼》。

　　是本有凡例五条,其一云:

　　　　是书仅见寸瑜,未睹全璧。购求四方,得江右芝城铜板活字缮本,乃陆北川先生所枕函;复细为校雠,以付杀青。

其二云:

　　　　是集向载《李氏丛书》,但未详备。兹所获者,乃先生手录,批辑精工。篇中删选,一一遵之。

这两条叙述不分明;细考之,似第一条说的是江右芝城铜板活字本的《墨子》,第二条说的是李贽的评选。陆北川手录李氏评点于芝城本之上,故曰铜板活字缮本。李贽有批选《墨子》,但此本所载眉批似不尽是李氏之言,故凡例第三条云:

　　　　批评不用套语,汇择先辈名公评定者,参以己意。……

　　凡例末条云:

　　　　纠讹无舛谬,以便观览。间有一二差失,悉照原本仍疑,不敢臆为增汰。

　　今细校之,此条所言是真的。此书校刻甚精,似真能"悉照原本仍疑,不敢臆为增汰",故可以考见芝城铜版活字本是个什么样子。芝城本《墨子》十五卷,刻于嘉靖壬子(三十一年,1552);有蓝印本传世,见黄丕烈《士礼居藏书题跋记》及森立之《经籍访古志》;后归杨氏海源阁,见杨氏《楹书隅录》。叶德辉《书林清话》八记此书,注云:

> 按明唐藩庄王名芝址,弟芝垝,芝垠,并好古有令誉。此芝城亦疑唐藩兄弟。

此注误也。郎本明言江右芝城,芝城是地名;鄱阳有芝山,芝城当是江西一县的古名。若这是唐王兄弟之名,必无这样直呼其名之理。海源阁藏书今尚存;若他日能得芝城蓝印本与此本相校,我们当能寻出此本有无改动芝城本之处。现在我们只能研究此本与别种本子有何优劣。

今日传本《墨子》刻印最早者,皆系明本,无明以前的刻本。明刻现存者有四种,(1)道藏本,(2)嘉靖三十一年(1552)芝城铜板活字(说见上),(3)嘉靖三十二年(1553)南昌唐尧臣刻本(有《四部丛刊》影印本),(4)郎兆玉翻芝城本。郎本最晚出,然此本若不曾改动芝城本,其来源甚古,未可以其晚出而轻视之。

唐本卷十三(页五,行一)阙"匡"字,注云,"太祖庙讳上字";郎本同卷(页四,行二)也阙此字,注六字也相同(毕本所据本同)。此可见这两本皆是从宋本下来的。今试列举此卷中《鲁问篇》之二本异同比较于下:

唐本	郎本
先生何止我攻郑也(页二,下七)	无"何"字
莫若多吾(页三,下二)	莫若吾多
此若言之谓也(页四,上二——三)	若此言之谓也
鲂者之恭(页五,上六)	"鲂"作"钓"
蚵鼠以虫,非爱人也(页五,上七)	"人"作"之"
子之谓所义者(页五,下六。)	子之所谓义者
籍(页六,上二)	藉
籍(页六,上四)	藉
即语之兼爱(页八,上七)	"即"作"则"
籍(页九,下二)	藉
则退其难(页十,下五)	则其退难

狎而不亲（页十一，上七）　　　　　　"狎"上重"狎"字

此可见郎本颇胜唐本。唐本胜处只有第一条之"何"字；然此句脱一字甚明，郎本不增字，可见其不以意增汰，疑其所据本如此。

我曾经用此本的《经上》以下六篇，与道藏本及唐本比较，知此三本凡与毕刻不同之处，大约皆彼此相同。例如《经上》

恕明也（毕作恕明也），三本皆同。

辩争攸也（攸，毕作彼），三本皆同。

知间说亲（间，毕改作闻），三本皆同。

间博亲（博，毕作传）三本皆同。

且且言然也（毕删一且字），三本皆同。

心也察也（上也字，毕改"之"）三本皆同。

然郎本有一大不同之处：

　　服执說（音利）巧转。毕本如此；道藏本与唐本皆同。郎本"說"作"说"，无"音利"的注。

以卷十三的六字小注观之，此处若有注文，郎本必不删去。此可见郎所据本无注也。說字从兒，不应有"利"声；此必长江流域不分"l"与"n"之人所妄注，而道藏与唐本皆误沿之。此处经文是"诺不一利用服，执说巧转，则求其故，大益。"说字最当，作說者误也。此可见郎本之善也。

余五篇之中，郎本与道藏本唐本不同之处，列举于下：

《经下》全同。

《经说上》

道藏本，唐本	郎本
为是之台彼也	台作治
知其也耳思也	知其思耳也
捷与狂之同长也	捷作榎
仳两有端而后可	有作目

《经说下》

四足兽与生鸟	生作立
故成景于止	止作上

尒当俱	尒作尔
指是矔也	是作视
沈荆之贝也	贝作具
室中说智也	室作窒
下所请上也	请作谓

《大取》

非欲之非欲之也	无"非欲之"三字
富人非为其也人	也人作人也
必智是之某也	某作谋
其类在死也	也作虵

《小取》

辞之侔也	辞侔之也
人船非人木也	人作乘
此乃是而不杀也	杀作然
马或自	自作白

看这些例，可知郎本也有显然误处，如"有"作"目"，"室"作"窒"，"某"作"谋"。"辞侔之也"亦误倒。然其余诸条则似皆应以郎本为最善也。

唐本有吴兴陆稳序，言"前年居京师，幸于友人家觅内府本读之"。似唐本与道藏本同出于所谓"内府本"，而郎本出于芝城本，芝城本刻在唐本前一年，乃另出于一种古本，故最可贵。倘使将来能得海源阁所藏芝城蓝本，重校《墨子》全书，所得定更有可观了。

十四，四，八夜

（原载 1925 年 11 月 4 日《北京大学研究所
国学门周刊》第 1 卷第 4 期）

墨字

《关尹子·七釜篇》：

> 有诵咒者，有事神者，有墨字者，有变指者，皆可以役神御气，变化万物。

惠栋云：

> 案《御览》引《墨字五行记》言坐在立亡事。《抱朴子》所传郑君书，有《墨子枕中五行记》五卷。又云，《墨子五行记》本有五卷，昔刘君安未仙去时，抄取其要，以为一卷，云云，详见内篇。"墨字"乃墨子之讹。《神仙传》"刘政治《墨子五行记》，又服朱英丸"。(《松崖笔记》一，页十六)

今检《御览》八百八十八：

> 《抱朴子》曰：……又《墨子五行书》云：墨子能变形易貌，坐在立亡；蹙面则成老人，含笑则成女子，踞地则成小儿。(石印鲍刻本)

与惠氏所见的本子不同。又按《御览》引的《抱朴子》乃是《遐览篇》之文，原文如下：

> 其变化之术，大者唯有《墨子五行记》，本有五卷。昔刘君安未仙去时，抄取其要，以为一卷。其法用药用符，乃能令人飞行上下，隐沦无方；含笑即为妇人，蹙面即为老翁，踞地即为小儿；执杖即成林木，种物即生瓜果，可食；画地为河，撮壤成山；坐致行厨，兴云起火，——无所不作也。(十九，七)

惠氏所校，似乎近是。但"有墨子者"与上下三句不相称，似当读"有墨学者"。

十三，三，廿三

顷往研究所检《太平御览》，始知明活字本及汪氏活字本皆作"墨字"。其余各本，——张刻，鲍刻，日本本——皆作"墨子"。

十三，三，廿五

附录一　邵瑞彭先生来信

适之先生有道：

手示及札记并诵悉，已将尊斠录入旧稿矣。刘君安是刘根之字，见《神仙传》。仲容先生《墨子后语》讹为刘安。太炎所作《黄巾道士缘起说》（在《检论》）据《北堂书抄》定君安为刘根之字，亦未检《神仙传》。因便附告，复颂

安善。　　　　　　　　　　　弟邵瑞彭再拜。二月廿一

附录二　墨子入神仙家之杂考

邵瑞彭

以墨子为神仙家，始于葛洪。洪著《神仙传》，言墨子年八十二，乃叹曰："世事已可知，荣位非常保，将委流俗，以从赤松子游耳。"乃入周狄山，精思道法，想像神仙，于是数闻左右山间有诵书声者。墨子卧后，又有人来以衣覆足。墨子乃伺之，忽见一人，乃起问之曰："君岂非山岳之灵气乎？将度世之神仙乎？愿且少留，诲以道要。"神人曰："知子有志好道，故来相候。子欲何求？"墨子曰："愿得长生与天地相毕耳。"于是神人授以《素书》，《朱英丸方》，《道灵教戒》，《五行变化》，……凡二十五篇，告墨子曰："子有仙骨，又聪明，得此便成，不复须师。"墨子拜授合作，遂得其验，乃撰其要，以为《五行记》，乃得地仙，隐居以避战国。至汉武帝时，遣使者杨违束帛加璧以聘墨子。墨子不出。视其颜色，常如五十许人。周游五岳，不止一处。陶宏景《真诰·稽神枢篇》云："墨狄子服金丹而告终。"段成式《酉阳杂俎·玉格篇》云："墨（诸本并误作黑）狄子咽虹丹而投水。"此皆羽流傅会之说也。

据葛洪言，神人授墨子书凡二十五篇，乃撰其要，以为《五行记》，未言卷数。《抱朴子·遐览篇》云，"余见授《金丹》之经及《三

皇内文》,《枕中五行记》,……本有五卷。昔刘君安未仙去时,抄取其要,以为一卷"云云。阮孝绪《七录》有《墨子枕中五行要记》一卷,《五行变化墨子》五卷。《隋书·经籍志》医方类有《墨子枕内五行记要》一卷,注云,"梁有神枕方,疑此即是"。盖此书二十五卷者,世已无有。五卷者,墨子自撰。一卷者,君安所抄。梁时二书并存也。刘根字君安,见《神仙传》。孙诒让《墨子后语》以为刘安,失之。章炳麟《检论·黄巾道士缘起说》,但据《抱朴子》及《御览》,以为根字君安,未引《神仙传》,亦其疏矣。《崇文总目》道书类有《墨子枕中记》二卷。《宋史·艺文志》神仙类有《太上墨子枕中记》二卷。《通考》同。窃疑五卷之书,唐时已佚。二卷之书,即从刘根所抄者析分也。其书篇目有《丹法》,见《抱朴子·金丹》篇,及《抱朴子·神仙金汋经》;《自隐形法》见《神仙传·封衡传》。

其书逸文,亦尚存数条。《抱朴子·金丹》篇云,"墨子丹法,用汞及五石液于铜器中,火熬之,以铁匕挠之,十日还为丹,服之,一刀圭,万病去身,长服不死"。《书抄》一百四十七,引刘根《墨子枕内记》云,"百花醴者,蜜也"。《御览》八百五十七,引刘根《墨子枕中记钞》百花酿蜜(二条据《检论》转引)。姚宽《西溪丛话》上卷云,"墨子道书大药中有水脂碧"。疑此数条为《丹法篇》文。《抱朴子·遐览》篇云,"《墨子五行记》,……其法用药用符,乃能令人飞行上下,隐沦无方;含笑即为妇人,蹙面即为老翁,踞地即为小儿;执杖即成林木,种物即生瓜果,可食;画地为河,撮壤成山,坐致行厨,兴云起火,无所不作也。"惠栋《松崖笔记》云,"《御览》引《墨字五行记》言坐在立亡事。……墨字乃墨子之讹。"疑此数条为《隐形法篇》文。《开元占经》三引《墨子》曰,"商纣不道,十日雨土于亳;天雨土,君失封"。又引《墨子》曰,"天雨粟,不肖者食禄,与三公一位"。又引《墨子》曰,"天雨黍,豆,粟,麦,稻,是谓恶祥;不出一年,民负子流亡,莫有所向。"又引《墨子》曰,"国君失信,专禄去贤,则天雨草。"又引《墨子》曰,"天雨甑釜,岁大穰。"又引《墨子》曰,"天雨墨,君阴谋。"又引《墨子》曰,"天下火燔邑城门,其邑被围。"又一百一引《墨子》曰一条,一百十三引二条,一百十九引一条,一百二十引一条,皆

《墨子·非攻篇》文。又一百十三引《墨子》曰郑缪公一条,为《明鬼》篇文。疑上所列,其非出本书者,乃《五行记》文,故《占经》引之耳。《墨子后语》云,"《占经》所引为《墨子占考》",《占经》未言此书名也。至若后世方术之士,诵法墨子者,据《神仙传》有孙博、刘政、封衡三人。博晚乃好道,治墨子之术。政治《墨子五行记》兼服朱英丸。衡书笈有《墨子隐形法》一篇。此又墨子传授之别开生面者矣。

《宋元学案补遗》四十二卷本跋

《宋元学案补遗》四十二卷，王梓材、冯云濠同辑。这是一部精抄本，戴鸿慈藏的。民国十四年四月五日，凌叔华女士约我去看她家收存戴家的书，因寻得此本，共八册。

目录后有王、冯两人的跋各一篇，皆署道光戊戌(1838)。王跋云：

  《宋元学案》誊校毕，……因各采录数百条以补其遗。……凡得《宋元学案补遗》四十有二卷。大略每《学案补遗》各自成帙；参之原书卷第，可分可合。分之则见正续之无淆，合之则见正续之一致。若《宋元儒博考》(四一，四二)，多本吾邑万布衣季野所辑《儒林宗派》，布衣固姚江高弟也。

冯跋云：

  岁丁酉(1837)自春及夏，云濠与甬上王朡轩明经厘定谢山修补本百卷；且出云濠醉经阁所藏宋元人儒书文集，以备参校。特见诸儒学派有未尽辑者，相与节录条分，为《学案补遗》四十二卷。

适按冯、王两君辑《宋元学案补遗》，有两本。一为四十二卷本，即此本，成于1838年正月。一为一百卷本，成于1839至1840之间。今本《宋元学案》总目后有王梓材第二跋云：

  戊戌(1838)之夏，是书百卷刻竣于溪上。……是年冬，梓材以内艰归自京师，五桥(即冯云濠)同年属再为校正；因相与讲习旧业，随辑《补遗》，亦至百卷。而是刻版本之宜整次者，又复层见叠出。遂于初刷本逐一标识，以备修改。辛丑(1841)二月梓材服阕北上，亦照写一本，并携《补遗》稿本而行。

未几有鸦片之战，英兵攻入宁波；壬寅(1842)二月冯家被烧，《学案》

版也被毁,只剩王梓材的一部改校本。后来何绍基发起在北京刻版,王梓材为他校订,"其有明为正编之遗漏,与补编(即《补遗》)之必当归入,而前此考订时所未见及者,皆为录入。又其学派初未审定者,亦多为更正。盖自壬寅(1842)之秋以至甲辰(1844)之冬,再期而毕事,始克重付剞劂焉"。是为道光乙巳(1845)何刻本,即今传本《学案》之祖本也。

那百卷本的《补遗》,以我所知,有两部稿本。一为王梓材所携稿本,一为何绍基抄的副本。何绍基于道光丙午(1846)序《学案》刻本,有云:

> 籑轩于重校之次,遍涉四部书,复成《宋元学案补遗》百卷,与原编相埒。余为录副墨,以俟续刊。

龙汝霖于光绪己卯(1879)重刻何刻本《学案》,自跋云:

> 是书之外又有鄞王氏《补遗》百卷,未及刊行。何氏求得之,与所刊版俱烬(何刻的版,刻成后不久被火烧了,故何刻原本今传世甚少)。海内藏书家倘有副本,刻附此编以传,则尤黄氏之志也。

百卷本现在不知还有抄本在人间否?这部四十二卷的抄本当是道光戊戌(1838)年王梓材在京时借给人抄的副本。倘百卷本不传了,这一部稿本要算很可宝贵的了。

十四,四,五夜

附录 《宋元学案补遗》四十二卷本跋
单不庵

《宋元学案补遗》四十二卷,王梓材、冯云濠合编,云濠族人舸月所校录。我既据舸月校录本转抄一过,觉得这书只是初次修改本,其说如左〔下〕:

(一)因其有删节。删节处有四点:(1)与正编复出而注明原删的:如卷三《刘颜传》、《刘庠传》(均见《士刘诸儒学案》),卷二十八《林虁孙传》、《黄寅传》(均见《沧洲诸儒学案》),卷四《补温公语》(《涑水学案》)等等,计有十二见。(2)已经补传而注明原删的:如卷二《王莘传》后所附《王铚传》(《庐陵学案》),卷三《张邵传》(《士刘诸儒学案》)等等,计有十六见。(3)已作案语而注明原删的:如卷五补《周敦颐传》后案语(《百源学案》)卷十补《李朴传》后案语(《范吕诸儒学案》)等等,计有十二见。(4)已作案语而加以删节的:如卷三十六补《虞汲传》后附录删去前后数句,又同卷补《解观传》后附录删去首数句(均见《草庐学案》)等等,计有四见。以上四类,统计起来,虽删去四十三处之多,然已见正编而未删的,如《潘埤传》《邓文原传》(均见卷十九《晦翁学案》),《饶宗鲁传》(卷三十三《息庵晦静存斋学案》),《杨维桢传》(卷三十四《东发学案》)之类,尚不在少数(未将正编详考,故说不出确数)。是为初次修改未尽改定之一证。

（二）因其有移动。移动处有三点:(1)全传应移动的:如卷十九《洪兴祖传》应入卷一《安定学案》,卷一《杨杰传》应入同卷《泰山学案》之类,共一百七十九见。(2)正编有传,补加案语应移动的:如卷一补《朱光庭传》后案语(《安定学案》)应入卷十二《刘李诸儒学案》;卷十七《方畴传》后案语(《赵张诸儒学案》)应入卷十四《紫微学案》之类,共十七见。(3)补录全谢山诗应移动的,如卷三十四《安刘传》后载安史部《竹林诗》(《东发学案》)应入卷三十《广平定川学案》,即是(此仅一见)。以上三类,把他合计,共有一百九十七处之多,似乎斟酌尽善了。然尚有疑而未决的,如卷十九傅伯寿名下(《晦翁学案》)注明"且入《沧洲》",是尚有考虑之意,又可为未尽改定之一证。

（三）因其有改传。注明有改传的,全书有四十九处。如卷一《曹伯起传》(《泰山学案》),卷二《孔道辅传》(《高平学案》),卷三《蔡襄传》(《古灵学案》)之类,皆是。既有改传,则此书为未尽改定之本,又得一证。(卷三十二《草庐学案》内补《唐述之传》后案语,注一"改"字。是不但传有改定的,即案语亦有改定的。惜可考的只此一处。)

此外有注明"当查"的,见卷一《杜谆之传》(《安定学案》);有注一"误"字的,见卷二十六补《杨楫传》后案语(《勉斋学案》);有初以为程珙语后注明是朱子语的,见卷二十八补程仲璧语(《沧洲诸儒学案》)。又如注明有附录而这书不载的,见末卷《陈孚传》。皆可以为未尽改定的证据。

尚有一言:正编采取《万姓统谱》,只有九十六处。这书大半据《姓谱》,其次则据《儒林宗派》,胡适之先生以为此不过借这二书为引线,决非定本,此说亦甚可信。

这书本有适之一跋,考订已极明白。我既手抄一通,曾告适之,愿把这书与正编详细对照一下,作一长跋。因循两月,有志未逮。今适之催我交卷,我无法塞责,只得就抄书时所见到的写此短篇。将来也许能重做过一篇。

末了,我要谢谢适之为我访得此书,并请适之转谢藏此书的凌先生。

附说:此书定本系百卷,马太玄先生曾为我访问,知定本在宁波屠姓手,惜不肯出借。我今有浙江之行,尚欲多方求之。倘得见百卷之本,我当手抄一部,另作一跋。

十四,七,五

(原载 1926 年 9 月《图书馆季刊》第 1 卷第 3 期)

除非

7月间,我在济南讲演了一篇《中学国文的教学》,内中有一处要举例,我因为那天上午谈到开会规则,就举了"除非过半数会员出席,大会才开得成"一个例;我说,这句话应该改为"除非过半数会员出席,大会是开不成的"。我当时说,

上半句用"除非",下半句不能用肯定的语气。

这句话实在说的太卤莽了;现在看来,是不对的。因为我们可以说:

除非过半数会员出席,大会是开不成的;

却也可以说:

除非不足法定人数,大会总开得成的。

可见这个问题并不在下半句能不能用否定口气。后来我的朋友吴检斋先生举了这个例:

要相见,除非是,梦里团圆。

他说"除非"等于"非非","非非"等于"是";所以他主张"除非"是肯定的口气。我又举出《琵琶记》中的例:

要相逢,不能够,除非是梦里暂时略聚首。

我又说:

"除非"只是一个否定的连词,并不曾变成肯定的口气。

"除非"只是"非",并不等于"非非"。

后来10月1日2日的《益世报》上,又登出一篇对我的疑问,他的主张是:

"除非"二字,实在是一个肯定的连词,并不是否定的连词。

他说:

我们觉着"除非过半数会员出席,大会才开得成",这样说

法，念着非常顺口，意义非常明了。"除非过半数会员出席，大会是开不成的"，这样说法，就非常的矫揉造作，不合于语法之自然。

后来《京报》上又登出徐一士先生的讨论，此外还有未发表的吴检斋先生的两封信，南开学校陈元恭先生的一封信，《京报》徐凌霄先生的一封信。口头讨论的，还有陶知行、黎劭西各位先生。

这许多讨论，不但使我非常感激，并且使我得了许多益处。我现在觉得这一个词儿的用法并不是像我从前说的那样简单；各位加入讨论的人，也未免把他看的太简单了。大家又都不肯费工夫去寻旧例，只凭主观的见解，所以不能明白这个词儿的复杂的用法。我这几天寻出十来个旧例，仔细比较研究的结果，使我明白大家所以反驳我，确是有理由的；又使我明白我自己和各位先生的说法都不曾说出这个问题的困难所在。

我现在先引徐一士先生的话：

> 胡君所以认"除非"是否定的连词的由来，大约是由于英文上的 unless 一字。unless 的意思，可以译作"除非"；所不同的就是，"除非"是一个肯定的连词，unless 是一个否定的连词。中国人说：除非怎样，才能怎样。
>
> 英国人必须说，不能怎样，unless 怎样。

后来徐先生的哥哥凌霄先生作一条短跋寄给我，他说：

> "要……除非……"犹云，要怎样，除非怎样，才得怎样。
>
> "不能……unless……"犹云，不能怎样，unless 怎样，才能怎样。
>
> 此两种意思相同，指明不可能或甚难能之事实；只有希望于特别或悬想的情境之下，见有可能的机会耳。

徐氏弟兄的话，可以互相补充。一士说"除非"是肯定的连词，unless 是否定的连词。这是不对的。英文里 unless 有两种用法：

> 我是不去的，除非你也去。
> 他是会来的，除非他变了心了。

这两句在英文里，都用 unless。这个字所以是否定的连词，并不因为他的前半句是否定的口气,只是因为"除非"的分句否决了前面的事实:可能的翻成不可能了,不可能的翻成可能了,故叫做"否定的连词"。

中文的"除非",也是这个道理。凌霄说"除非"与 unless 意思相同,都是:

> 指明不可能或甚难能的事实;只希望于特别或悬想的情境之下,见有可能的机会耳。

这是不错的。这里面有两个重要部分:

第一,甲的事实是不可能的,

第二,除非有乙的新条件使他可能。

"除非"的分句把"不可能"的事实翻成"可能",故"除非"是"否定的连词"。有时他又把"可能"翻成"不可能",例如

> 我有百日血光之灾,只除非出去东南上一千里之外躲避。

(《水浒》,六十回)

这也是一种"否决",故"除非"是否定的连词。

我们研究各种例句的结果,得下列的结论:

> "除非"是一个否定的连词,引出一种的假设条件,来推翻一种现在可能或不可能的事实:使可能的翻成不可能,不可能的翻成可能。

这样说来,"除非"和 unless 竟是一样了。然而在形式上却有一点不同。这并不是一士先生说的肯定与否定的区别,因为"除非"和 unless 都是否定的连词。这个区别全是习惯上的。英文说:

> 我是不去的,除非你也去。
>
> 他是会来的,除非他变了心了。

这和上文引的例"我有百日血光之灾,只除非出去东南上一千里之外躲避"是一样的文法。但中文里另有三类说法。(1)有时候,底下还要找上一句点出翻案的话。例如上文的两句,在中文里往往变成:

> 我是不去的;除非你也去,我才去。
>
> 他是会来的;除非他变了心了,就不来了。

（2）有时候，前面那不可能的事实可以不必说出他的不可能。例如

> 要相逢，不能够；除非是梦里暂时略聚首。

可以省去"不能够"的意思，单说：

> 要想见，除非是梦里团圆。

（3）有时候，更省略了，竟把前面的本题一齐省略了，单留那翻案的半句。例如

> 我有百日血光之灾，只除非出去东南上一千里之外躲避。

又可以单说：

> 只除非去东南方巽地上一千里之外，可以免此大难。（《水浒》，六十回）

这种例却也不少，难怪有许多人竟承认"除非过半数会员出席，大会才开得成"为合于语法的自然了。但我们须要注意：在谈论一件事的时候，所谈的本题已是大家心里明白的了；在这种时候，省去本题，只说下半句的翻案，自然还可以明白。例如《水浒》六十回，吴用先已说了卢俊义有百日血光之灾，后来卢俊义问他如何可免，吴用只说"只除非"一句，就够了。又如第十四回，吴用正和晁盖谈打劫生辰纲的事，所以下文只消说下半句：

> 只除非得这三个人，方才完得这件事。

又如第五十七回，宋江正和吴用谈如何可以破青州，吴用也只消说：

> 只除非教呼延将军赚开城门，唾手可得。

但这种说法，只是会话上的一种省略不完全的式子。——不能用作标准的。

总结起来，"除非"的句子，有两个根本的式子：

第一式：甲事实是不可能的，除非有乙条件使他可能。

第二式：甲事实是可能的，除非乙条件使他不可能。例：

> ① 要相逢，不能够；除非是梦里暂时略聚首。（《琵琶记·描容》）
>
> ② 凭他嫁到了谁家，他难出我的手心，除非他死了，或是终身不嫁男人，我就服了他。（《红楼梦》，第四十六回）

③ 我有百日血光之灾,只除非出去东南上一千里之外躲避。(《水浒》,六十回)

此外,习惯上有省略不完全的两种式子:

第三式:〔省略"不可能"的意思〕

甲事实,除非乙条件使他可能。例:

④ 你想怎么样,〔我不能依你;〕除非等我出了这牢坑,离了这些人,才依你。(《红楼梦》,第十五回)

⑤ 要破此法,〔是不能的;〕只除非快教人去蓟州寻取公孙胜来,便可破得高廉。(《水浒》,五十二回)

⑥ 若要攻打青州,〔是不能的;〕只除非依我一言,指日可得。(《水浒》,五十六回)

⑦ 若要人不知,〔那是做不到的;〕除非己莫为,〔自然人不知了。〕

⑧ 我想要破高廉妖法,〔是不能的;〕只除非依我如此如此。(《水浒》,五十一回。参看上例5)

⑨ 要相见,〔不能够;〕除非是梦里团圆。(《四郎探母》,参看上例1)

第四式:

〔省略甲事实,但说〕除非乙条件可以做到甲事实。例:

⑩ 〔这件事不得完,〕只除非得这三个人,方才完得这件事。(《水浒》,十四回)

⑪ 〔青州城不容易破,〕只除非教呼延将军赚开城门,唾手可得。(同,五十七回)

⑫ 〔员外有百日血光之灾,〕只除非去东南方巽地上一千里之外,可以免此大难。(同,六十回)

总之,"除非"是用来否决一件事实的连词;习惯上因为大家都不知不觉的认清了他的翻案作用,有时候竟把原有的命题省去。但省略到了第三式,已很够了;第三式各例都用"若要",都含有"要而未做到"的意味,所以他们就不明说"不可能",我们都还可以明白。第四式的省略太多,在谈话里,有当前的论点在彼此了解之中,那还

不妨,单独用第四式,依我个人看来,是不可为训的。所以我们讲文法的人,还应该说:

  除非过半数会员出席,大会是开不成的。(第一式)

  大会是开不成的,除非有过半数会员出席。(第一式)

  大会是开得成的,除非你们都不出席。(第二式)

  大会是开不成的了;除非过半数会员出席,大会才开得成。(第一式)

  若要开大会,除非有过半数会员出席,方可开会。(第三式)

但应该避免或废止那太简的第四式:

  除非过半数会员出席,大会才开得成。

以上是我个人研究这个问题的结论。我很悔第一次讨论时太粗心了,不曾细心研究这个问题的疑难究竟在那一处。我现在很高兴的认错,并且很虚心的把我近来改正的意见提出来请大家评断。我很诚恳的感谢加入讨论的各位先生们。

     十一年双十节 济南津浦铁路宾馆

    (原载1922年10月15日《努力周报》第24期)

中国教育史料
与陈世棻书

你的信收到了。

我曾劝杨振声先生作中国教育学说史及中国教育制度史,并且答应他材料上的援助。这是因为教育史的材料往往与哲学史的材料相关,故我自信也许能帮一点忙;并不是因为我对于此项材料有什么特别的搜集。

我看你的信,可以推知你的研究在于制度史的方面。我以为教育制度史有两种做法:

一,单叙述制度的沿革变迁,略如《九通》中所记而加详。这是死的制度史。

二,不但述制度的历史,还要描写某种制度之下的"学生"生活状态。这才是活的制度史。

例如写各时代的太学,应注重在搜求太学生活的材料。如宋之太学生活,宜于各家文集及笔记中求之。试举一例:罗大经《鹤林玉露》卷十四有"无官御史"一条云:

> 太学古语云:"有发头陀寺,无官御史台。"言其清苦而鲠亮也。

这十个字写宋太学的地位与生活,何等清楚!此条后半写乾淳间与嘉定间的太学生活的不同,详释此十字,也是重要史料。

又如周密《齐东野语》卷十三"张父、林叔躬"一条,可考当日"斋长"与诸生的关系;卷十七"方大猷"一条,可考当日太学生的威势,皇帝尚不敢碰他。此皆太学史料也。

又如述各代的小学,应写当日小学生活作何状况。如"上大人,孔一己"见于《宗杲集》中,可见其起在北宋或北宋以前。如元稹序《长庆集》,说"予尝于平水市中见村校诸童竞习诗,召而问之,皆对曰,'先生教我乐天微之诗',固亦不知予之为微之也"。此史料也。

明代小学的情形,最详细的描写莫如《醒世姻缘》小说。此书第三十三回与三十五回真是长篇大幅的绝好教育史料!(所谓"徐文长故事"的最早记载也出在第三十三回及他回。)三十五回论南北教书先生的方法不同,其论南方先生一段可引作例:

> 那南边的先生,真真实实的背书,真真看了字,教你背,还要连三连五的带号。背了还要看着你当面默写。写字真真看你一笔一画,不许你潦草。写得不好的,逐个与你改正。写一个就要认一个。讲书的时节,发出自己的性灵,立了章旨,分了节意。有不明白的,就把那人情世故体贴了,譬喻与你,务要把这节书发透明白,才罢。讲完了,任你多少徒弟,各人把出自己的识见,大家辨难。果有甚么卓识,不难舍己从人。……这样日渐月磨,循序化诲,及门的弟子怎得不是成材?

这种详细的记叙是很不容易得的。《九通》、《二十四史》里那有这样好材料?

又如《儒林外史》里也有许多关于十八世纪上半的教育史料。

以上略举数例,略说教育制度史的性质与史料的来源。来源不拘一格,搜采要博,辨别要精,大要以"无意于伪造史料"一语为标准。杂记与小说皆无意于造史料,故其言最有史料的价值,远胜于官书。

你的四期区分法也不很圆满。我对于此问题,尚无具体主张,但有数点颇自信为教育制度史的分期的必然标准:

(1)东周以前,无可信的材料,宁可阙疑,不可妄谈"邃古"。

(2)汉代为学制形成的最重要时期;《贾谊》,《董仲舒》,《学记》,《王制》,《文王世子》,《大戴记》,《周礼》,皆极重要的书。

(3) 宋代为第二个重要时期;一方面为国学的改革与州郡学的建设,一方面为书院制度的形成,一方面为科举制度的改革。书院的成立尤为重要。

用这三个标准来区分教育史,可以不至于有大错了。

胡适　十三,十一,七

（原载 1924 年 11 月 10 日《北京大学日刊》）

《吴淞月刊》发刊词

中国公学里同事的一班朋友发起了这个刊物,目的在于鼓励我们自己做点文字。这个目的似乎不值得提倡,因为社会上这一年来不是已添了五六十种新刊物吗?我们何必也来糟蹋纸张,做这损人不利己的事业呢?

原来我们也颇有一点点理由。

第一,许多爱做学问的少年朋友聚在一块,在这临江近海的野外,同城市隔离了,都自然感觉一种亲密的友谊,为大城市的学校里所没有的。我们想给我们在宿舍谈天,江滨论学的生活留一点比较耐久的记载。这是我们出这个刊物的一个动机。

第二,我们相信,文字的记录可以帮助思想学问:可以使思想渐成条理,可以使知识循序渐进。例如我们几个人在江滨闲谈《商书·盘庚》的文法,我们都读过《盘庚》,都可以加入讨论。但谈过就算了,不会有什么好结果。假使有一位朋友把我们的讨论记载出来,加上编次,再翻开原文,细细参证,作成一篇《〈盘庚〉的文法的研究》,——这么一来,这位朋友不但把自己研究这问题的结果变成有条理的思想,并且使我们曾参加讨论,或不曾参加讨论的人都可以拿他的文字做底本,再继续讨论下去。一切感想,一切书籍的泛览,一切聪明的心得,都像天上浮云,江中流水,瞬息之间已成陈迹。故张横渠说:

> 心中苟有所开,即便札记,不思则还塞之矣。

商家的账簿上往往写着"勤笔免思";其实勤笔不是免我思想,正是助我思想。我们希望借这个小刊物来随时发表我们的一些稍成片段的小文字,对自己则想积涓滴成细流,对朋友则想抛瓦砾引珠玉。这是第二个动机。

所以我们说,这个月刊的目的在于鼓励我们自己做点文字。

为免得我们自己陷入文字障里,我们在这里先立下两条戒约:

第一,我们要"小题大做",切忌"大题小做"。例如顾亭林举一百六十多个例来证明"服字古音逼",这是小题大做。若作二三百字来说"统一财政",或"分治合作",那便是大题小做,于己于人都无益处。

第二,我们要注重证据,跟着事实走,切忌一切不曾分析过的抽象名词。我们要处处脚踏实地,不可学今日最时髦的抽象名词战争。用抽象名词来打抽象名词,大家都是"囊风橐雾",于己于人都无是处。

这是我们一班同人的戒约。

如果我们敢希望中国公学有个新学风,这个新学风应该建筑在这两条戒约之上。

十七,九,二五夜

(原载1929年4月《吴淞月刊》第1期)

胡适文存三集　卷八

《词选》自序

《词选》的工作起于三年之前,中间时有间断,然此书费去的时间却已不少。我本想还搁一两年,等我的见解更老到一点,方才出版。但今年匆匆出国,归国之期遥遥不可预定,有些未了之事总想作一结束,使我在外国心里舒服一点。所以我决计把这部书先行付印。有些地方,本想改动;但行期太匆忙,我竟无法细细修改,只好留待将来再版时候了。

我本想作一篇长序,但去年写了近两万字,一时不能完功,只好把其中的一部分——《词的起原》——抽出作一个附录,其余的部分也须待将来补作了。

今天从英国博物院里回来,接着王云五先生的信,知道此书已付印,我想趁此机会写一篇短序,略略指出我选词的意思。有许多见解,已散见于各词人的小传之中了;我在此地要补说的,只是我这部书里选择去取的大旨。

我深信,凡是文学的选本都应该表现选家个人的见解。近年朱彊邨先生选了一部《宋词三百首》,那就代表朱先生个人的见解;我这三百多首的五代宋词,就代表我个人的见解。我是一个有历史癖的人,所以我的《词选》就代表我对于词的历史的见解。

我以为词的历史有三个大时期:

第一时期:自晚唐到元初(850—1250),为词的自然演变时期。

第二时期:自元到明、清之际(1250—1650),为曲子时期。

第三时期:自清初到今日(1650—1900),为模仿填词的时期。

第一个时期是词的"本身"的历史。第二个时期是词的"替身"的历史,也可说是他"投胎再世"的历史。第三个时期是词的"鬼"的历史。

词起于民间,流传于娼女歌伶之口,后来才渐渐被文人学士采用,体裁渐渐加多,内容渐渐变丰富。但这样一来,词的文学就渐渐和平民离远了。到了宋末的词,连文人都看不懂了,词的生气全没有了。词到了宋末,早已死了。但民间的娼女歌伶仍旧继续变化他们的歌曲,他们新翻的花样就是"曲子"。他们先有"小令",次有"双调",次有"套数"。套数一变就成了"杂剧";"杂剧"又变为明代的剧曲。这时候,文人学士又来了;他们也做"曲子",也做剧本;体裁又变复杂了,内容又变丰富了。然而他们带来的古典,搬来的书袋,传染来的酸腐气味又使这一类新文学渐渐和平民离远,渐渐失去生气,渐渐死下去了。

清朝的学者读书最博,离开平民也最远。清朝的文学,除了小说之外,都是朝着"复古"的方面走的。他们一面做骈文,一面做"词的中兴"的运动。陈其年、朱彝尊以后,二百多年之中很出了不少的词人。他们有学《花间》的,有学北宋的,有学南宋的;有学苏、辛的,有学白石、玉田的,有学清真的,有学梦窗的。他们很有用全力做词的人,他们也有许多很好的词,这是不可完全抹杀的。然而词的时代早过去了,过去了四百年了。天才与学力终归不能挽回过去的潮流。三百年的清词,终逃不出模仿宋词的境地。所以这个时代可说是词的鬼影的时代;潮流已去,不可复返,这不过是一点之回波,一点之浪花飞沫而已。

我的本意想选三部长短句的选本:第一部是《词选》,表现词的演变;第二部是《曲选》,表现第二时期的曲子;第三部是《清词选》,代表清朝一代才人借词体表现的作品。

这部《词选》专表现第一个大时期。这个时期,也可分作三个段落。

(1)歌者的词,

(2)诗人的词,

(3)词匠的词。

苏东坡以前,是教坊乐工与娼家妓女歌唱的词;东坡到稼轩、后村,是诗人的词;白石以后,直到宋末元初,是词匠的词。

《花间集》五百首,全是为倡家歌者作的,这是无可疑的。不但《〈花间集〉序》明明如此说;即看其中许多科举的鄙词,如《喜迁莺》,《鹤冲天》之类,便可明白。此风直到北宋盛时,还不曾衰歇。柳耆卿是长住在娼家,专替妓女乐工作词的。晏小山的词集自序也明明说他的词是作了就交与几个歌妓去唱的。这是词史的第一段落。这个时代的词有一个特征:就是这二百年的词都是无题的:内容都很简单,不是相思,便是离别,不是绮语,便是醉歌,所以用不着标题;题底也许别有寄托,但题面仍不出男女的艳歌,所以也不用特别标出题目。南唐李后主与冯延巳出来之后,悲哀的境遇与深刻的感情自然抬高了词的意境,加浓了词的内容;但他们的词仍是要给歌者去唱的,所以他们的作品始终不曾脱离平民文学的形式。北宋的词人继续这个风气,所以晏氏父子与欧阳永叔的词都还是无题的。他们在别种文艺作品上,尽管极力复古,但他们作词时,总不能不采用乐工娼女的语言声口。

这时代的词还有一个特征:就是大家都接近平民的文学,都采用乐工娼女的声口,所以作者的个性都不充分表现,所以彼此的作品容易混乱。冯延巳的词往往混作欧阳修的词;欧阳修的词也往往混作晏氏父子的词。(周济选词,强作聪明,说冯延巳小人,决不能作某首某首《蝶恋花》!这是主观的见解;其实"几日行云何处去"一类的词可作忠君解,也可作患得患失解。)

到了十一世纪的晚年,苏东坡一班人以绝顶的天才,采用这新起的词体,来作他们的"新诗"。从此以后,词便大变了。东坡作词,并不希望拿给十五六岁的女郎在红氍毹上袅袅婷婷地去歌唱。他只是用一种新的诗体来作他的"新体诗"。词体到了他手里,可以咏古,可以悼亡,可以谈禅,可以说理,可以发议论。同时的王荆公也这样做;苏门的词人黄山谷,秦少游,晁补之,也都这样做。山谷、少游都还常常给妓人作小词;不失第一时代的风格。稍后起的大词人周美成也能作绝好的小词。但风气已开了,再关不住了;词的用处推广了,词的内容变复杂了,词人的个性也更显出了。到了朱希真与辛稼轩,词的应用的范围,越推越广大;词人的个性的风格越发表现出来。无论什么题目,无论何种内容,都可以入词。悲壮,苍凉,哀艳,闲逸,放浪,颓废,讥弹,忠爱,游戏,诙谐,……这种种风格都呈现在各人的词里。

这一段落的词是"诗人的词"。这些作者都是有天才的诗人;他们不管能歌不能歌,也不管协律不协律;他们只是用词体作新诗。这种"诗人的词",起于荆公、东坡,至稼轩而大成。

这个时代的词也有他的特征。第一,词的题目不能少了,因为内容太复杂了。第二,词人的个性出来了;东坡自是东坡,稼轩自是稼轩,希真自是希真,不能随便混乱了。

但文学史上有一个逃不了的公式。文学的新方式都是出于民间的。久而久之,文人学士受了民间文学的影响,采用这种新体裁来做他们的文艺作品。文人的参加自有他的好处:浅薄的内容变丰富了,幼稚的技术变高明了,平凡的意境变高超了。但文人把这种新体裁学到手之后,劣等的文人便来模仿;模仿的结果,往往学得了形式上的技术,而丢掉了创作的精神。天才堕落而为匠手,创作堕落而为机械。生气剥丧完了,只剩下一点小技巧,一堆烂书袋,一套烂调子!于是这种文学方式的命运便完结了,文学的生命又须另向民间去寻新方向发展了。

四言诗如此,楚辞如此,乐府如此。词的历史也是如此。词到了稼轩,可算是到了极盛的时期。姜白石是个音乐家,他要向音律上去做工夫。从此以后,词便转到音律的专门技术上去。史梅溪,吴梦窗,张叔夏都是精于音律的人;他们都走到这条路上去。他们不惜牺牲词的内容来迁就音律上的和谐。例如张叔夏《词源》里说他的父亲作了一句"琐窗幽",觉得不协律,遂改为"琐窗深",还觉得不协律,后来改为"琐窗明",才协律了。"幽"改为"深"还不差多少;"幽"改为"明",便是恰相反的意义了。究竟那窗子是"幽暗"呢,还是"明敞"呢?这上面,他们全不计较!他们只求音律上的谐婉,不管内容的矛盾!这种人不是词人,不是诗人,只可叫做"词匠"。

这个时代的词叫做"词匠"的词!这个时代的词也有几种特征。

第一,是重音律而不重内容。词起于歌,而词不必可歌,正如诗起于乐府而诗不必都是乐府,又正如戏剧起于歌舞而戏剧不必都是歌舞。这种单有音律而没有意境与情感的词,全没有文学上的价值。第二,这时代的词侧重"咏物",又多用古典。他们没有情感,没有意境,却要作词,所以只好作"咏物"的词。这种词等于文中的八股,诗中的试帖;这是一班词匠的笨把戏,算不得文学。在这个时代,张叔夏以南宋功臣之后,身遭亡国之痛,还偶然有一两首沉痛的词(如《高阳台》)。但"词匠"的风气已成,音律与古典压死了天才与情感,词的末运已不可挽救了。

这是我对于词的历史的见解,也就是我选词的标准。我的去取也许有不能尽满人意之处,也许有不能尽满我自己意思之处。但我自信我对于词的四百年历史的见地是根本不错的。

这部《词选》里的词,大都是不用注解的。我加的注解大都是关于方言或文法的。关于分行及标点,我要负完全责任。《词律》等书,我常用作参考,但我往往不依他们的句读。有许多人的词,例如东坡,是不能依《词律》去点读的。

顾颉刚先生为我校读一遍,并替我加上一些注,我很感谢他的好意。

十五,九,三十夜　伦敦

(原载1927年1月《小说月报》第18卷第1期;又收入
胡适选注:《词选》,1927年7月商务印书馆初版)

词的起原

长短句的词起于何时呢？是怎样起来的呢？

对于第一个问题，我们的答案是：长短句的词起于中唐，至早不得过西历第八世纪的晚年。旧说相传，都以为李白是长短句的创始者。那是不可靠的传说。《尊前集》收李白的词十二首，《全唐诗》收十四首，其中多有很晚的作品（如《尊前集》收的"游人尽道江南好"一首《菩萨蛮》乃是韦庄的）。长短句的《忆秦娥》，《菩萨蛮》，《清平乐》皆是后人混入的作品；据《杜阳杂编》及《唐音癸签》，《菩萨蛮》曲调作于大中初年（约850），李白如何能填此调呢？《乐府诗集》遍载李白的乐府歌辞，并收中唐的《调笑》，《忆江南》诸词，而独不收《忆秦娥》诸词，这是很强的证据。并且以时代考之，中唐以前，确无这种长短句的词。我们细考《乐府诗集》所收初唐及盛唐的许多歌词，——除那些不可歌的拟题乐府之外，——都是五言，七言，或六言的律绝诗，没有长短句的词体。《表异记》记高适、王昌龄、王之涣三人在旗亭上听歌妓唱的词也都是五言和七言的绝句。再看各家文集里所载的乐府歌词，自李白的《清平调》到元结的《欸乃曲》，都是整齐的近体。张说集子里有几首歌词，注明乐调的，更可为证。如《苏摩遮》（后来词调中有《苏幕遮》）五首，每首下注"臆岁乐"三字，其词皆是七言绝句。又如《舞马词》六首，前二首各注"圣代升平乐"，后四首各注"四海和平乐"；而其词皆为六言绝句。又《破阵乐》二首，是舞曲，其词皆为六言律诗，与后来词调中所谓"谪仙怨"相同。（旧说《谪仙怨》是唐明皇幸蜀时所作，说见《全唐诗》百二十册。此说大谬。张说死在开元十八年，在明皇幸蜀之前二十六年。）

总观初唐、盛唐的乐府歌词，凡是可靠的材料，都是整齐的五言，七言,或六言的律绝。当时无所谓"诗"与"词"之分;凡诗都可歌,而"近体"(律诗,绝句)尤其都可歌。

中唐的乐府新词有《三台》,《调笑》,《竹枝》,《杨柳枝》,《浪淘沙》,《忆江南》:这六调是可信的。余如世传白居易的《长相思》二首,《如梦令》二首,皆不见于《长庆集》的前后集;他最后的自序明明的说"若集内无,而假名流传者,皆谬为耳",我们岂可深信?又如刘禹锡的《潇湘神》等,宋本《刘梦得集》有"右已上词,先不入集;今附于卷末"一行跋语(《四部丛刊》本);或有"右已上词,先不入集;伏缘播在乐章,今附于卷末"一行跋语(《结一庐剩余丛书》本),所以我们也不可深信。

我们且看这可信的中唐六调。

《三台》与《调笑》始见于韦应物的集子里。《三台》是六言绝句,与张说的《舞马词》相同,不算创体。《调笑》,《韦江州集》(《四部丛刊》本)作《调啸》;一名《宫中调笑》,一名《转应曲》,一名《三台令》。《调笑》之名可见此调原本是一种游戏的歌词;《转应》之名可见此调的转折似是起于和答的歌词;《三台令》之名可见此调是从六言的《三台》变出来的。今举一例:

　　胡马,胡马,
　　远放燕支山下。
　　跑沙跑雪独嘶,
　　东望西望路迷。
　　路迷,——
　　迷路,
　　边草无穷,日暮。

《竹枝》,《柳枝》,《浪淘沙》皆是七言绝句。《竹枝》是扬子江上流的民歌,刘禹锡记他在建平所见云:

　　里中儿联歌《竹枝》,吹短笛,击鼓以赴节。歌者扬袂睢舞,以曲多为贤。聆其音,中《黄钟》之羽。卒章激讦如吴声。虽伧伫不可分,而含思宛转,有《淇澳》之艳。(《刘宾客集·竹枝词序》)

民间的《竹枝》，今有两首，误收在刘禹锡的集子里；我们抄一首为例：

> 杨柳青青，江水平，闻郎江上唱歌声。
>
> 东边日出，西边雨；道是无晴还有晴。（晴字双关"情"字）

白居易、刘禹锡极力摹仿这种民歌，但终做不到这样的天然优美。

《杨柳枝》也是一种舞曲。当时还有一种舞，名叫《柘枝》；白居易、刘禹锡有诗摹写那种舞态。《杨柳枝》大概与此相近。白居易晚年病中有《卖骆马》，《别柳枝》两诗；《别柳枝》云：

> 两枝杨柳小楼中，袅娜多年伴醉翁。
>
> 明日放归归去后，世间应不要春风。

两个舞妓必无同名柳枝之理；可见"柳枝"是一个类名，凡能舞《柳枝》的就叫柳枝。《柳枝》词与《竹枝》同体裁，今不举例。

《浪淘沙》也是白居易、刘禹锡唱和的歌词。白作六首，刘作九首。后来皇甫松又作二首，也是七言绝句。皇甫松是晚唐人；这可见此调变成长短句乃是五代时的事。

《忆江南》是中唐的创调。《乐府诗集》八十二云："一曰《望江南》。《乐府杂录》曰：'《望江南》本名《谢秋娘》，李德裕镇浙西，为妾谢秋娘所制。'"此说不知可信否。今本《李卫公集》（《四部丛刊》本）之别集卷四（页三）有"锦城春事《忆江南》五言三首"一题，题存而诗阙。然题明说"五言三首"，是李德裕初作《忆江南》，还用五言旧体。他同时的诗人白居易、刘禹锡方才依曲作长短句。白词第一首云：

> 江南好，
>
> 风景旧曾谙：
>
> 日出江花红胜火，
>
> 春来江水绿如蓝。——
>
> 能不忆江南？

后来刘禹锡和他的春词，即用此调：

> 春去也，
>
> 多谢洛城人。

> 弱柳从风疑举袂,
>
> 丛兰挹露似沾巾,——
>
> 独坐亦含颦。

最可注意是《刘集》中这首词的标题:

> 和乐天春词,依《忆江南》曲拍为句。

这是依调填词的第一次的明例。

中唐的初期(八世纪的下半)还有一位张志和,放浪江湖,曾作了几首《渔父词》,流传人间;其中最有名的一首是:

> 西塞山前白鹭飞。
>
> 桃花,流水,鳜鱼肥。
>
> 青箬笠,
>
> 绿蓑衣,
>
> 斜风细雨不须归。

张志和与韦应物同时。此调也可算是中唐的创体。但此调的曲拍不传于后,宋人如苏轼等都说此调不可歌。苏轼添上一些字,用《浣溪沙》歌之;他的表弟李如箎说,"《渔父词》以《鹧鸪天》歌之,甚协音律,但语少声多耳"。以此看来,张志和的《渔父》只是一首诗,只是一首变态的七言绝句;只可与盛唐的七言歌词看作一类,未必是有意的作长短句。

以上说长短句的词调起于中唐。《调笑》与《忆江南》为最早的创体;刘禹锡作《春去了》,明说"依《忆江南》曲拍为句",是填词的先例。

其次,我们要问,长短句的词体是怎样起来的呢?整齐的五言,六言,七言诗如何会渐渐变成不整齐的长短句呢?

对于这个问题的解答,最有力的是朱熹的"泛声"说。朱熹说:

> 古乐府只是诗,中间却添许多泛声。后来人怕失了那泛声,逐一声添个实字,遂成长短句。今曲子便是。(《朱子语类》百四十)

清康熙朝编辑《全唐诗》的人,在"词"的部分加上一条小注,说:

> 唐人乐府元用"律"、"绝"等诗,杂和声歌之。其并和声作实字,长短其句以就曲拍者,为填词。(《全唐诗》函十二,册十,页一)

这就是用朱熹的说明。清歙县方成培著《香研居词尘》,论词的原始云:

> 唐人所歌多五七言绝句;必杂以散声,然后可被之管弦。……后来遂谱其散声,以字句实之,而长短句兴焉。故词者,所以济近体之穷而上承乐府之变也。(引见江顺诒《词学集成》一,页五)

以上引的几条,都是同一说法。依这种说法,词的原始是由于:

(1)唐人所歌的诗虽然是整齐的五言,六言或七言诗,而音乐的调子却不必整齐,尽可以有"泛声","和声"或"散声"。

(2)后来人要保存那些"泛声",所以连原来有字的音和无字的音,一概填入文字,遂成了长短句的词了。

对于第一层,我们没有异议。对于第二层,我们嫌他说的太机械的了。我们不能信这种"泛声填实成长短句"说,因为词的音调里仍旧是有泛声的。证据甚多,随手拾来皆是。如《思帝乡》一调,字数多少不等;试取晚唐、五代人做的四首,列为下表:

	温庭筠	韦庄	韦庄	孙光宪
第一行	二字	三	三	二
第二行	五字	三	五	五
第三行	九字	九	九	九
第四行	十一字	九	九	十一
第五行	九字	九	八	九

又如最通行的调子之中,《生查子》下半的起句可作五字,可作两句三字,也可作七字;《临江仙》每半阕的起句可作六字,亦可作七字;结两句可作五与五,亦可作四与五。至于《河传》等调,变化伸缩更多,更不消说了。宋末沈义父《乐府指迷》说:

> 古曲谱多有异同:至一腔有两三字多少者;或句法长短不等者。盖被教师改换,亦有嘌唱一家多添了字。

这都是词调有泛声之证。我们更看后来词变为曲的历史,更看元人小曲中衬字之多,每调字数伸缩的自由,更可以知道词调中"泛声"或"散声"之多了。

那么,长短句的词调究竟是怎样产生的呢?长短句之兴,自然是同音乐有密切关系的。唐人的歌词虽多是整齐的律绝,然而乐调却是不必整齐的,却可以自由伸缩。换句话说,就是:乐调无论怎样自由变化,歌词还是整齐的律绝;作歌的人尽可不管调子的新花样,尽可以守定歌词的老格律。至于怎样把那整齐的歌词谱入那自由变化的乐调,那是乐工伶人的事,与诗人无关。这是最初的情形。长短句之兴,是由于歌词与乐调的接近。通音律的诗人,受了音乐的影响,觉得整齐的律绝体不很适宜于乐歌,于是有长短句的尝试。这种尝试,起先也许是游戏的,无心的;后来功效渐著,方才有稍郑重的,稍有意的尝试。《调笑》是游戏的尝试;刘、白的《忆江南》是郑重的尝试。这种尝试的意义是要依着曲拍试做长短句的歌词;不要像从前那样把整齐的歌词勉强谱入不整齐的调子。这是长短句的起原。

我们要修正朱熹等人的说明,如下:

> 唐代的乐府歌词先是和乐曲分离的:诗人自作律绝诗,而乐工伶人谱为乐歌。中唐以后,歌词与乐曲渐渐接近:诗人取现成的乐曲,依其曲拍,作为歌词,遂成长短句。

刘禹锡集中"依《忆江南》曲拍为句"一语,是长短句如何产生的最可靠的说明。向来只是诗人做诗而乐工谱曲;中唐以后始有教坊作曲而诗人填词。晚唐以后,长短句之盛行,多是这样来的。温庭筠为晚唐提倡长短句最有功的人;《旧唐书》(一九〇下)说他"能逐弦吹之音,为侧艳之词"。这就是说他"能依着弦吹的曲拍,填侧艳之词"。这不是明显的例证吗?

唐末苏鹗的《杜阳杂编》有一段说:

> 大中初,女蛮国贡双龙犀。……其国人危髻金冠,璎珞被体,故谓之"菩萨蛮"。当时倡优遂制"菩萨蛮"曲,文士亦往往

声其词。(卷下)

这也是乐工作曲而文士填词的一个例证。

依现成的曲拍,作为歌词,这叫做填词。

凡填词有三个动机:

(1)乐曲有调而无词,文人作歌词填进去,使此调因此更容易流行。

(2)乐曲本已有了歌词,但作于不通文艺的伶人倡女,其词不佳,不能满人意,于是文人给他另作新词,使美调得美词而流行更久远。

(3)词曲盛行之后,长短句的体裁渐渐得文人的公认,成为一种新诗体,于是诗人常用这种长短句体作新词。形式是词,其实只是一种借用词调的新体诗。这种词未必不可歌唱,但作者并不注重歌唱。

唐、五代的词的兴起,大概是完全出于前两种动机的。《竹枝》起于民间,有曲有词;但民间的歌词有好的,也有很"伧儜"的,所以刘禹锡、白居易等人试作新词,以代旧词。《调笑》、《忆江南》之作也许是不满意于旧词而试作新词的。

我疑心,依曲拍作长短句的歌词,这个风气是起于民间,起于乐工歌妓。文人是守旧的,他们仍旧作五七言诗。而乐工歌妓只要乐歌好唱好听,遂有长短句之作。刘禹锡、白居易、温庭筠一班人都是和倡妓往来的;他们嫌倡家的歌词不雅,——如刘禹锡嫌民间的《竹枝词》"伧儜"一样,——于是也依样改作长短句的新词。欧阳炯序《花间集》云:

自南朝之宫体,扇北里之倡风,何止言之不文,所谓秀而不实。

这是文人不满意于倡家的歌词的明白表示。沈义父《乐府指迷》云:

秦楼楚馆所歌之词,多是教坊乐工及闹井做赚人所作。只缘音律不差,故多唱之。求其下语用字,全不可读。甚至咏月却说雨,咏春却说凉;如《花心动》一词,人目之为"一年景"。又一词之中,颠倒重复;如《曲游春》云,"赊薄难藏泪",过云,"哭得浑无气力",结又云,"满袖啼红"。如此甚多,乃大病也。(《四

印斋》刻本,页四)

这虽是南宋的情事,然而我们可以因此推想唐、五代时的倡家歌词也必有这种可笑的情景。所以我们可以说,唐、五代的文人填词,大概是不满意于倡家已有的长短句歌词,依其曲拍,仿长短句的体裁,作为新词。到了后来,文人能填词的渐渐多了,教坊倡家每得新调,也可径就请文人填词。例如叶梦得《避暑录话》说:

> 柳永为举子时,多游狭邪,善为歌辞。教坊乐工每得新腔,必求永为辞,始行于世。(叶德辉刻本,下,页一)

大概填词之起原总不出于这两种动机之外:或曲无词而文人作词,或曲已有词而文人另作新词。后来方才有借用词调作诗的,如苏轼、朱敦儒、辛弃疾皆是。南宋姜夔、吴文英等人自己作曲,自己填词,那又是第一种动机了。

以上论词的起原,初稿写成后,曾送呈王静庵先生(国维),请他指正。王先生答书说:

> 尊说表面虽似与紫阳不同,实则为紫阳说下一种注解,并求其所以然之故。鄙意甚为赞同。至谓长短句不起于盛唐,以词人方面言之,弟无异议;若就乐工方面论,则教坊实早有此种曲调(《菩萨蛮》之属),崔令钦《教坊记》可证也。

我因此检《教坊记》,其中附有曲名一表,共载三百二十四调,果有《菩萨蛮》、《忆江南》等曲调。崔令钦的年代,《四库提要》无考;王静庵先生据《唐书·宰相世系表》说崔令钦乃隋恒农太守宣度之五世孙,而唐高祖至玄宗五世,因此考定他是玄宗时人。《教坊记》记事迄于开元,不谈及乱离时事,似他不曾见天宝之乱(755)。但《教坊记》中的曲名表,我却不能认为原书的原文,不能认为开元教坊的曲目。我疑心此表曾经后人随时添入新调;此种表本只供人参考,以多为贵,添加之人意在求完备,不必是有心作伪。正如玄奘的《西域记》里忽然有明成祖时代的西洋地理,那也是求完备,并非有心作伪。所以我以为《教坊记》中的三百多曲名不可用来考证盛唐教坊有无某种曲调。我的证据是:

(1) 表中有《天仙子》。段安节《乐府杂录》说,"《万斯年》曲是朱崖李太尉进,此曲名即《天仙子》是也。"(《古今说海》本,页七)《唐书》二十二也说,"会昌初(约843),宰相李德裕命乐工制《万斯年》曲以献"。是此曲制于会昌初年,崔令钦何以能列入表中?

(2) 表中有《倾杯乐》。《乐府杂录》云:"宣宗喜吹芦管,自制此曲"。(页二四)此曲是宣宗(847—859)制的,如何得入此表?

(3) 表中有《菩萨蛮》。《词源》引《唐音癸签》说,大中初(约850),女蛮国入贡,其人危髻金冠,璎珞被体,人谓之"菩萨蛮",当时倡优遂制此曲。《杜阳杂编》也说此调作于宣宗时。(引见上)

(4) 表中有《望江南》。《乐府杂录》说此调"始自朱崖李太尉镇浙日,为亡妓谢秋娘所撰"。(页二四)

(5) 表中有《杨柳枝》。《乐府杂录》说此调是"白傅闲居洛邑时作,后入教坊"。(页二四)

段安节为段文昌之孙,段成式之子,成式曾在李德裕浙西幕府中(见《酉阳杂俎》续四),所以安节谈会昌、大中两朝的故事,应该可信。此外如《乐府杂录》记《望江南》即《梦江南》,而《教坊记》曲目中既有《望江南》,又有《梦江南》;又如表中有"大曲名"一个总目,而其下的四十六曲不全是大曲:这也可见此表有后人妄加的痕迹。

王静庵先生二次来书说:

> 弟意如谓教坊旧有《望江南》曲调,至李卫公而始依此调作词;旧有《菩萨蛮》曲调,至宣宗时始为其词,此说似非不可通,与尊说亦无抵牾。

王先生承认长短句的词起于中唐以后,但主张《望江南》、《菩萨蛮》等曲调乃教坊旧有之调。此说与我的主张固然没有抵触;然而《教坊记》中的一表却不能就证明盛唐教坊实有某种曲调。况且我们看《乐府杂录》,《杜阳杂编》,《新唐书》等书所记,似乎《天仙子》,《倾杯乐》,《菩萨蛮》等皆是武、宣两朝新制的曲调,不单是新词。我们绝对承认调早于词；但依现有的证据看来，我们很难知道有多少词调是盛唐教坊的旧物，我们只知道《忆江南》，《天仙子》，《菩萨蛮》，《倾杯乐》等调是九世纪中叶制作的。

（收入胡适选注：《词选》，1927年7月商务印书馆初版）

元人的曲子

绍介两部文学史料：

（1）杨朝英编的《乐府新编阳春白雪》十卷。（南陵徐氏《随庵丛书》本）

（2）杨朝英编的《朝野新声太平乐府》九卷。（商务印书馆《四部丛刊》本）

"诗变而为词，词变而为曲。"这句话，现在承认的人渐渐多了。但普通人所谓"曲"，大抵单指戏曲。戏曲固然也应该在文学史上占一个地位；但"词变而为曲"，乃是先变成小曲和套数；套数再变，方才有董解元的《弦索西厢》一类的长篇纪事的弹词；三变乃成杂剧。

近人对于元朝的杂剧与传奇，总算很肯注意了。但元人的曲子，至今还不曾引起许多人的注意。明代的小曲，也是最有文学价值的文学，不幸更没有人留意到他们。为补救这点缺陷起见，我们现在想陆续把这两朝的曲子介绍给那些有文学史兴趣的读者。

元朝曲子的材料，最重要的是杨朝英的《阳春白雪》和《太平乐府》两部选本。这两部书，现在侥幸都不很难得了。《阳春白雪》有贯酸斋的序；贯酸斋是当日的曲子大家，他本是蒙古人，在《元史》（卷一四三）里他的名字是小云石海涯。《元史》根据欧阳玄《圭斋文集》，说酸斋死于泰定元年（1324）；此序若是真的，《阳春白雪》代表的是元朝前半的作者，也许有一些金代的词人在内。《太平乐府》有至正辛卯（1351）邓子晋的序，已到了元末盗贼并起的时代了。杨朝英号淡斋，青城人，事迹不可考；我们只知道他也是当时的一个曲家。

当时的小令套数，都叫做"乐府"；《阳春白雪》卷一有《唱论》，说：

成文章曰乐府,有尾声名套数,时行小令唤叶儿。

小曲的调子大都是民间流行的曲调,故《唱论》说:

> 凡唱曲有地所:东平唱《木兰花慢》,大名唱《摸鱼子》,南京唱《生查子》,彰德唱《木斛沙》,陕西唱《阳关三叠》、《黑漆弩》。

"有尾声名套数"一句最可注意。一只调子,有了尾声,即成套数;不必一定要几只调合起来方才是套数。董解元的《西厢》即是许多这种很简单的套数连接起来的。

元曲大多数都是白话的。北方的新民族——契丹,女真,蒙古,——在中国住久了,有一部分早已被中国文明同化了。这个时代的文学,大有一点新鲜风味,一洗南方古典主义的陈腐气味。曲子虽然也要受调子的限制,但曲调已比词调自由多了:在一个调子之中,句法与字数都可以伸缩变动。所以曲子很适宜于这个时代的新鲜文学。

我们为引起读者的兴趣起见,随便举了一些小令(包括单调和双调)来做例:

黑漆弩(一名《鹦鹉曲》)

侬家鹦鹉洲边住,是个不识字的渔父;浪花中一叶扁舟,睡煞江南烟雨。觉来时满眼青山,抖擞绿蓑归去。算从前错怨天公,甚也有安排我处?(白无咎)

清江引

若还与他相见时,道个真传示;不是不修书,不是无才思,绕清江买不得天样纸!(贯酸斋)

樵夫觉来山月低。钓叟来寻觅。你把柴斧抛,我把鱼船弃,寻取个隐便处,闲坐地。(马东篱)

绿蓑衣,紫罗袍,谁是主?两件儿都无济。便作钓鱼人,也在风波里。则不如寻取个稳便处,闲坐地。(同上)

相思有如少债的,每日相催逼。常挑着一担愁,准不了三分利。这搭钱,见他时才算得。(徐甜斋)

剔秃圞一轮天外月! 拜了低低说:"是必常团圆。休着些儿缺。愿天下有情底都似你者!"(宋方壶)

沉醉东风

恰离了绿水青山那答,早来到竹篱茅舍人家。野花路畔开,村酒槽头榨。直吃得欠欠答答。醉了山童不劝咱。白发上黄花乱插。(卢疏斋)

一自多才疏阔,几时盼得成合!今日个猛见他门前过,待唤著怕人瞧科。我这里高唱当时《水调歌》,要识得声音是我。(徐甜斋)

落梅风(一名《寿阳曲》)

酒可红双颊,愁能白二毛。对尊前尽可开怀抱。天若有情天亦老,——且休教少年知道。(姚牧庵)

红颜换,绿鬓凋;酒席上,渐疏了欢笑。风流近来都忘了。谁信道也曾年少?(同上)

装呵欠,把长吁来应;推眼疼,把泪珠掩;伴咳嗽,口儿里作念。将他讳名儿再三不住的唸。思量煞小卿也,双渐!(无名氏)

从别后音信杳,梦儿里也曾来到。问人知行到一万遭,不信你眼皮儿不跳。(马东篱)

心间事说与他,动不动早言"两罢"。"罢"字儿碜可可。你道是耍,我心里怕不怕!(同上)

实心儿待,休做谎话儿猜,不信道为伊曾害。害时节有谁曾见来?瞒不过主腰胸带。(同上)

它心罪,咱便舍!空担着这场风月。一锅滚水冷定也,再撺红几时得热!(同上)

因他害,染病疾。相识每(们)劝咱是好意。相识若知咱就里,和相识也一般憔悴。(同上)

醉扶归

频去教人讲,不去自家忙,若得相思海上方,不到得害这些闲魔障。你笑我眠思梦想;只不打到你头直上!(止轩,姓待考)

有意同成就,无意大家休。几度相思几度愁,风月虚遥授。

你若肯时肯,不肯时罢手。休把人空负!(同上)

以上举的是小令的例。"套数"太占篇幅,我们只能举两个例。一个短的,一个长的。

仙吕赏花时(杨西庵 《无题》)

卧枕着床染病疾,梦断魂劳怕饮食。不索请客医,沉吟了半日:"这证候儿敢跷蹊"!参的寒来恰惊起,忽的浑身如火气。逼厌的皱了双眉,豁的一会加精细。烘不的半晌又昏迷。

(尾)减精神,添憔悴,把我这瘦损庞儿整理。对着那镜儿容颜不认得!呆打孩,转转猜疑。瘦腰围宽尽了罗衣。一日有两三次,频将带绩儿移。觑了这淹尖病体,比东阳无异。不似俺,害相思,出落与外人知!

下面这一篇,是一篇很妙的滑稽文学。《太平乐府》里,这一类的套数很不少。如卷九杜善夫的《庄家不识勾栏》,马致远的《借马》,都是滑稽的文学,在中国文学中别开一生面。即如下面这一篇,借一个乡下人的口气,写一个皇帝的丑态,何等有味!

哨遍(睢景臣 《汉高祖还乡》)

(哨遍)社长排门告示:但有的差使无推故。这差使不寻常,一壁厢纳草也根,一边又要差夫索应付。又言是车驾,都说是銮舆,今日还乡故。王乡老执定瓦台盘,赵忙郎抱着酒葫芦,新刷来的头巾,恰糨来的绸衫,畅好是妆么大户!

(耍孩儿)瞎王留引定伙乔男女,胡踢蹬吹笛擂鼓。见一彪人马到庄门,匹头里几面旗舒:一面旗白胡阑套住个迎霜兔,一面旗红曲连打着个毕月乌,一面旗鸡学舞,一面旗狗生双翅,一面旗蛇缠葫芦。

(五煞)红漆了叉,银铮了斧;甜瓜苦瓜黄金镀。明晃晃马鞍,枪尖上挑;白雪雪鹅毛扇上铺。这几个乔人物,拿着些不曾见的器仗,穿着些大作怪的衣服!

(四)辕条上都是马,套头上不见驴。黄罗伞柄天生曲。车前八个天曹判,车后若干递送夫。更几个多娇女,一般穿着,一样妆梳。

（三）那大汉下的车，众人施礼数。那大汉觑得人如无物。众乡老屈脚舒腰拜。那大汉挪身着手扶。猛可里抬头觑，觑多时，认得熟，气破我胸脯。

（二）你身须姓刘，您妻须姓吕，——把你两家儿根脚从头数。——你本身做亭长耽几盏酒，你丈人教村学读几卷书；曾在俺庄东住，也曾与我喂牛切草，拽坝扶锄。

（一）春采了桑，冬借了俺粟，零支了米麦无重数。换田契，强秤了麻三秤；还酒债，偷量了豆几斛。有甚胡突处，明标着册历，见放着文书！

（尾）少我的钱，差发内旋拨还；欠我的粟，税粮中私准除。只道刘三，谁肯把你揪捽住？白甚么改了姓，更了名，唤做汉高祖！

十一，十二，三

（原载 1922 年 12 月 3 日《读书杂志》第 4 期）

《曲海》序

向来中国的学者对于小说戏曲大都存鄙薄的态度,故校勘考据的工力只用于他们所谓"正经书",而不用于小说曲本;甚至于收藏之家,目录之学,皆视小说戏剧为不足道。藏书家不收,故这类的书籍容易散失;目录不载,故年代久远之后,虽有人想收集这类的作品,也无从下手了。

比较说来,小说更受上流社会的轻视,故关于他们的记载更缺乏。戏曲因为曾经私家贵族的提倡,珍珠帘下,红毡毹上,歌伶乐工曾得上流社会的青睐,有名的文人作剧本的也不以为耻,故几百年来还留得一些零碎的记载。关于宋朝的杂剧院本,有周密的《武林旧事》,及陶宗仪的《辍耕录》。关于元朝的剧本,有钟继先的《录鬼簿》及涵虚子的目录。关于这五六百年的剧本的总目,列举最多的莫如王国维先生的《曲录》。

王国维先生的《曲录》,有这么多的剧目:

宋金杂剧院本	九七七种
元杂剧　有主名的	四九六种
明杂剧　有主名的	一五六种
元、明杂剧　无主名的	二六六种
清杂剧	八三种
传奇　清以前	三八七种
传奇　清	八一五种
共计	三一八〇种

王先生的目录也不免有许多小错误,我曾在别处指出了(看《胡适文存二集》卷四,页三五九——三六二)。我当时曾希望王先生能将此

书修改一遍,参考近十余年发现的戏剧材料,于每一目之下注明"存"、"佚"。但王先生不幸于去年投水自杀了,我的希望遂不能实现。海宁陈乃乾先生曾说他颇有志于修改王先生的《曲录》,但此事至今未见实行。

近年文学的观念渐变了,文人学者渐渐知道戏曲为六七百年来的代表文学的一大宗;而戏剧本身也经过绝大的变迁,杂剧固早已成为绝响,昆曲也成了过去时代的文学;物希则自然受人贵重,故近年收藏旧剧曲的人渐渐多了,一部明刻传奇的卖价往往可抵得二十年前的一部元板名人集子。旧家藏本渐渐出现于人间,宫廷乐工所用抄本也往往流在坊肆。在这个时代,大家渐渐感觉剧本目录的需要。不但如王先生的《曲录》之仅仅列举剧名而已,必须有一种记载剧本作者与情节内容的详目,方才可以供收藏家的参考与文学史家的研究。

坊间石印的《传奇汇考》,即是应这个时代需要而出现的。《汇考》不著编纂者的姓名,其书经武进董康先生的考定,认为一部残缺割裂之书。董康先生自己是提倡古剧本研究的一个人,他刻有《盛明杂剧》六十种,及毛西河评本《西厢记》诸书。几十年来,他随处留意这一类的书,先在北京买得《乐府考略》抄本四函,又在上海借抄武进盛氏所藏《考略》抄本三十二册。两本同属一部书,其总卷数虽不可知,然已得剧本六百九十种的提要了。去年(1927)董先生游日本,又补抄得《考略》八十余篇,合前此所得,共约提要七百七十余篇,国中所有记载剧本之书,没有比这些更多更详的了。

据董先生的考证,《乐府考略》大概即是乾隆年间两淮盐运使署聘黄文旸、凌廷堪诸人修改曲剧时编纂的《曲海》二十卷的底本(见董序)。《扬州画舫录》记黄文旸自序,并载目录凡一千零一十三种。《曲海》的存佚已不可考。自序说他拟将古今作者各撮其关目大概,勒成一书;其书当甚简略,略似坊间的《传奇汇考》。董先生所辑的《乐府考略》"文多与《汇考》同,而强半为《汇考》所不载",当是当日两淮词曲局编纂进呈的提要。原目一千零一十三种,今所辑补已近八百种,所佚不过五分之一了。其书在当日为进呈之书,故不敢用

"曲海"之名。董先生因为"其事其文悉出于修辑原手",故改用"曲海"的原名。

黄文旸是一个词曲名家,凌廷堪是私淑戴东原的考订学者,又是《燕乐考原》的作者。当时考据的学风正盛,故这部提要也很有考据的色彩。这部书出版以后,收藏家与文学史家一定可以得着不少的指导。我在几年前作《〈西游记〉考证》,曾断定《纳书楹曲谱》所收之《西游记》十出为吴昌龄的《西游记》剧本的一部分。当时吴昌龄的原作已不可得,故我的假设无从征实。但我的考证却引起了文学史家的注意。到去年日本盐谷温博士在宫内省藏书里发现了刻本吴昌龄《西游记》,果然是《纳书楹曲谱》所引的本子。我举此一例,以见记载目录之书的重要。如今我们有了这一部详细的剧本提要,将来古剧本的陆续发现,是可以预料的。至于零出散见的曲本,向来不易考定其原来出于何种传奇,如今有了这部书,也就容易查考了。

十七,五,十夜

(收入董康著:《曲海书目提要》,1929年上海大东书局出版)

扬州的小曲

前不多时,我在一家旧书摊上买得一部小说,名叫《风月梦》,有道光戊申(1848,即太平天国起事的前二年)"邗上蒙人"的自序,序中自言此书说的是自己的经验,意在"警愚醒世"。此书写扬州妓女的生活,颇能写实,可以考见乱前的扬州的风俗。此书写的是几个小嫖客,风景萧索,已不是极盛的扬州了。扬州妓家最怕光棍骚扰敲诈;此种人名为"把势",常常送一种"知会"——诬捏的状子——到妓女家敲诈。妓家平日及逢时节皆须给他们一些小钱,往往容他们白打茶围,白"留'相公'的镶"(妓女名相公,住夜名留镶)。所以妓家平日皆须托衙门中的差役为"掌门的",代他家照应,"每月送他月钱,节下送礼,平时还要放差"。此书中八九两回写此种风俗,可作风俗史读。

《风月梦》中有许多妓女唱的小曲,是和着琵琶唱的;其中颇有些有风致的。此类扬州小曲,别处不见采录,故我选抄几支:

(一)满江红

俏人儿,你去后,〔我〕如痴又如醉,暗自泪珠垂。到晚来,闷恹恹独把孤灯对,懒自入罗帏。偌大床红绫被,如何独自睡!越想越伤悲。天边孤雁唳,——无书寄。书阁漏频催,反复难成寐。最可恨蠢丫环说我还不睡,——不知我受相思罪!说我还不睡,——不知我受相思罪!

(二)满江红

俏人儿,人人爱,爱你多丰采,俊俏好身材;望着奴嘻嘻笑,口儿也不开,——不痴又不呆。拿出对茉莉花,穿成大螃蟹,望奴头上戴。我家杀蠢才,将我怪,花撩地尘埃,不许将你睬。奴为你害相思，何日两和偕，才了相思债？何日两和偕，才了相思债？

（三）满江红

俏人儿，我爱你风流俊俏，风雅是天生。我爱你人品好，作事聪明，说话又温存。我爱你非是假，千真万真，——夙世良缘分。易求无价宝，——真个少，——难觅有情人。何日将心趁？我有句衷肠话，欲言我又忍，不知你肯不肯？欲言我又忍，不知你肯不肯？

（四）叠落

我为你把相思害，我为你把相思害，哎哟，我为你懒傍妆台，伤怀，我为你梦魂常绕巫山——巫山外。

我为你愁添眉黛，我为你愁添眉黛，哎哟，我为你瘦损形骸，悲哀，我为你何时了却相思——相思债？

（五）劈破玉

俏人儿，忘记了初相交时候！那时节你爱我，我爱你，恩爱绸缪。痴心肠，实指望天长地久。谁知你半路途中把我丢，你罢休时偏我不休！贪花贼，负义囚！丧尽良心女流！但愿你早早应了当初咒！

（六）吉祥草

冤家要去留不住。越思越想越辜负。想当初原说终身不散把时光度。又谁知你抱琵琶走别路？我是竹篮打水，枉费工夫。为多情，谁知反被多情误！为多情，谁知反被多情误！

书中又有《剪剪花》，《南京调》等等调子，词稍差，故不选了。

（原载1925年8月30日《京报副刊·国语周刊》第8期）

《吴歌甲集》序

我在七年前,曾说:

> 并且将来国语文学兴起之后,尽可以有"方言的文学"。方言的文学越多,国语的文学越有取材的资料,越有浓富的内容和活泼的生命。如英国语言虽渐渐普及世界,但他那三岛之内至少有一百种方言。内中有几种重要的方言,如苏格兰文、爱尔兰文、威尔斯文,都有高尚的文学。国语的文学造成之后,有了标准,不但不怕方言的文学与他争长,并且还要倚靠各地方言供给他的新材料,新血脉。(《答黄觉僧君》,《胡适文存》初排本,卷一,页一五三)

当时我不愿惊骇一班提倡国语文学的人,所以我说这段话时,很小心地加上几句限制的话,如"将来国语文学兴起之后",如"国语的文学造成之后,有了标准"等话,在现在看来,都用不着了。

老实说罢,国语不过是最优胜的一种方言;今日的国语文学在多少年前都不过是方言的文学。正因为当时的人肯用方言作文学,敢用方言作文学,所以一千多年之中积下了不少的活文学,其中那最有普遍性的部分遂逐渐被公认为国语文学的基础。我们自然不应该仅仅抱着这一点历史上遗传下来的基础就自己满足了。国语的文学从方言的文学里出来,仍须要向方言的文学里去寻他的新材料,新血液,新生命。

这是从"国语文学"的方面设想。若从文学的广义着想,我们更不能不倚靠方言了。文学要能表现个性的差异;乞婆娼女人人都说司马迁、班固的古文固是可笑,而张三、李四人人都说《红楼梦》、《儒林外史》的白话也是很可笑的。古人早已见到这一层,所以鲁智深与李逵都打着不少的土话,《金瓶梅》里的重要人物更以土话见长。平话小说如《三侠五义》、《小五义》都有意夹用土话。南方文学中自晚明以来昆曲与小说中常常用苏州土话,其中很有绝精彩的描写。试举《海上花列传》中的一段作个例:

> ……双玉近前,与淑人并坐床沿。双玉略略欠身,两手都搭着淑人左右肩膀,教淑人把右手勾着双玉头项,把左手按着双玉心窝,脸对脸问道:"倪七月里来里一笠园,也像故歇实概样式一淘坐来浪说个闲话,耐阿记得?……"(六十三回)

假如我们把双玉的话都改成官话:"我们七月里在一笠园,也像现在这样子坐在一块说的话,你记得吗?"——意思固然一毫不错,神气却减少多多了。

所以我常常想,假如鲁迅先生的《阿Q正传》是用绍兴土话做的,那篇小说要增添多少生气呵!可惜近年来的作者都还不敢向这条大路上走,连苏州的文人如叶圣陶先生也只肯学欧化的白话而不肯用他本乡的方言。最近徐志摩先生的诗集里有一篇《一条金色的光痕》,是用硖石的土白作的,在今日的活文学中,要算是最成功的尝试。其中最精采的几行:

> 昨日子我一早走到伊屋里,真是罪过!
> 老阿太已经去哩,冷冰冰欧滚在稻草里,
> 野勿晓得几时脱气欧,野呒不人晓得!
> 我野呒不法子,只好去喊拢几个人来,
> 有人话是饿煞欧,有人话是冻煞欧,
> 我看一半是老病,西北风野作兴有点欧。

这是吴语的一个分支;凡懂得吴语的,都可以领略这诗里的神气。这是真正白话,这是真正活的语言。

中国各地的方言之中,有三种方言已产生了不少的文学。第一是北京话,第二是苏州话(吴话),第三是广州话(粤语)。京话产生的文学最多,传播也最远。北京做了五百年的京城,八旗子弟的游宦与驻防,近年京调戏剧的流行:这都是京语文学传播的原因。粤语的文学以"粤讴"为中心;粤讴起于民间,而百年以来,自从招子庸以

后，仿作的已不少，在韵文的方面已可算是很有成绩了。但如今海内和海外能说广东话的人虽然不少，粤语的文学究竟离普通话太远，他的影响究竟还很少。介于京语文学与粤语文学之间的，有吴语的文学。论地域则苏、松、常、太、杭、嘉、湖都可算是吴语区域。论历史则已有了三百年之久。三百年来凡学昆曲的无不受吴音的训练；近百年中上海成为全国商业的中心，吴语也因此而占特殊的重要地位。加之江南女儿的秀美久已征服了全国的少年心；向日所谓南蛮鴃舌之音久已成了吴中女儿最系人心的软语了。故除了京语文学之外，吴语文学要算最有势力又最有希望的方言文学了。

吴语文学向来很少完全独立的。昆曲中的吴语说白往往限于打诨的部分，弹词中也只有偶然插入的苏白，直到近几十年写娼妓生活的小说也只有一部分的谈话用苏白，记叙的部分仍旧用官话。要寻完全独立的吴语文学，我们须向苏州的歌谣里寻去。

顾颉刚先生编的这部《吴歌甲集》是独立的吴语文学的第一部。甲集分为二卷：第一卷里全是儿歌，是最纯粹的吴语文学。我们读这一卷的时候，口口声声都仿佛看见苏州小孩子的伶俐，活泼，柔软，俏皮的神气。这是"道地"的方言文学（"道地"起于古代分全国为诸道。宋严羽《答吴景仙书》云："世之技艺犹各有家数，市缣帛者必分道地。"今日药店招牌还写着"川广道地药材"。这两字用来形容方言的文学最适宜）。第二卷为成人唱的歌，其中颇有粗通文事的人编制的长歌，已不纯粹是苏白的民歌了。其中虽然也有几首绝好的民歌，——如《快鞋》，《摘菜心》，《麻骨门闩》，——然而大部分的长歌都显出弹词唱本的恶影响：浮泛的滥调与烂熟的套语侵入到民歌之中，便减少了民歌的朴素的风味了。

颉刚在他的自序里分吴歌为五类：(1)儿歌，(2)乡村妇女的歌，(3)闺阁妇女的歌，(4)农工流氓的歌，(5)杂歌。我读第二卷的感想是嫌他收集的闺阁妇女的歌——弹词式的长歌——太多，而第二和第四类的真正民歌太少。这也难怪。颉刚生长苏州城里，那几位帮他搜集的朋友也都是城里人，他们都不大接近乡村的妇女和农工流氓，所以这一集里就不免有偏重闺阁歌词的缺点。这些闺阁歌词虽然也很能代表一部分人的心理习惯,却因为沿袭的部分太多,创造的部分太少,剪裁不严,言语不新鲜,他们的文学价值是不很高的。

  我们很热诚地欢迎这第一部吴语文学的专集出世。颉刚收集之功,校注之勤,我们都很敬服。他的《写歌杂记》里有许多很有趣味又很有价值的讨论(如论"起兴"等章),可以使我们增添不少关于《诗经》的见识。但我们希望颉刚编辑《乙集》时,多多采集乡村妇女和农工流氓的歌。如果《甲集》的出版能引起苏州各地的人士的兴趣,能使他们帮助采集各乡村的"道地"民歌,使《乙集》以下都成为纯粹吴语的平民文学的专集,那么,这部书的出世真可说是给中国文学史开一新纪元了。

十四,九,二十夜　北京

(原载 1925 年 10 月 4 日《京报副刊·国语周刊》
第 17 期。又收入顾颉刚编:《吴歌甲集》,
1926 年北大歌谣研究会出版)

跋《白屋文话》

刘大白先生的《白屋文话》虽有十几条,他的大旨只是要正名责实,要革掉"文言"的头衔,叫它做"古白话文"(简称"古话文"),或叫它做"鬼话文";要改正"白话文"的名称,叫它做"今白话文"(简称"今话文"),或叫它做"人话文"。

我是个实验主义者,向来反对"名教";因为我深信"名"是最可以给人们用做欺骗的工具的。"偶然题作'木居士',便有无穷求福人",这是古往今来的通例。所以我们在这十几年来也曾想矫正向来许多不正当的名词。例如古来的白话小说,向来都叫做"俗话"或"俚语"的作品,我们便叫它做"白话文学","活文学"。古文的作品,无论是骈偶的,或散文的,我们都叫它做"死文学"。

但我们仍旧沿用了"古文"、"白话"两个名词。我们的理由是:(1)"古"字在我们心目中就是"已死"的意思;(2)"白话"是个"中立"的名词,既不含褒贬,又可包括国语的同方言的作品。

我们在这里却不免小看了这几个名词在人们心理上的作用。我们尽管把"古"字当作"死"字看,一般人却把"古"字当作"美"字看。我们尽管说"白话"不含褒贬,一般人却总想,"既是白话,便不成文"。

刘大白先生是痛恨死文学而提倡活文学的一个急先锋,所以他要更进一步,做点正名责实的工夫,把古文叫做"鬼话文",把白话文叫做"人话文"。人们不嫌"作古",但总不愿被人喊做"鬼"。古人的病魅咒里往往说:

吾知汝姓字,得汝姓名。不得久停,急去他方!(《佛说咒魅经》)

刘先生做的正名工夫只是要严分人鬼的界限;对那说鬼话的人们说:

> 你们是活死人,你们是活鬼;你们的原形已现,不得久停,速回坟墓里去!

刘先生在这十几篇短文里竭力形容那班努力说鬼话的人的种种丑态,他的苦心只是要读者厌恶鬼话,努力做人。他的话都有历史的根据,说的又很痛快,我读了自然十分高兴,十分赞成。

但我也有点小意见,随笔写在这里,请刘先生指教。

刘先生说,今日鬼话文的余孽并不曾扫除净尽,依然在那里滋蔓着,而且声势浩大,猖獗非常。刘先生这句话并不是过虑。我们试看近时中央与各省政府发出来的许多"不成话"的骈俪电报,再看各地报纸上的鬼话社论,和"社会新闻"栏里许多肉麻的鬼话,便可以知道鬼话文的残余势力还不可轻视。我们对于这种事实,应该采取什么救济的方法呢?刘先生在这十几篇里提出了一个方法,便是学孔二先生的正名方法,来做一个打鬼的钟馗。这是方法一。

刘先生们在浙江大学大学区里颁行了许多提倡人话文的政策,如小学禁止用古话文,如初中入学试验不得用古话文。这种政策的影响已不限于浙江一省了。今年全国教育会议通过了一些同样的议案,浙江的几位代表(刘先生在内)也出了不少的力。这样用政府的工具来实行铲除鬼话文在教育上的势力,这是方法二。

但刘先生说过:

> 文学历史中新主义起来推翻旧主义,新艺术手段起来夺取旧艺术手段底位置,这才是文学革命。而用人腔来代鬼腔,只可以叫作文腔革命。

文腔革命是要把文学的中心从鬼话移到人话,正如歌白尼把地中心的宇宙观变作太阳中心的宇宙观一样。文腔革命自然是文学革命的最重要一步。但十年来的新文学的成绩并不能算是满意,新文学的前途也未可十分乐观。这也是很自然的。一来,时间太短,我们不可太没有耐心。二来,时局纷乱,生活困难,作者没有闲暇做文学的创作。虽然古人有"文穷而益工"的话,其实这话是不可靠的;经济的压迫也许压不死一两个特殊的天才,但大多数的作家在"等米下锅"

的环境内是不会有耐久的作品出来的。

　　刘先生提倡正名的方法，只是加力拥护那人话中心的文学革命；他们在他们的势力所能及的区域里提倡今话文的教学，只是给文学革命培养将来的人才，希望从今日的中小学生里有一些能做道地人话文的作家出来代替我们这一代做蓝青人话文的文人。但根本的救济方法还在竭力鼓励文学的创作。鬼话文同鬼话诗不是单靠孔二先生的正名方法就能完全扫除的。等到中国人话文学里有了伏尔太、福录贝、莫泊桑、易卜生、契诃夫、萧伯纳、贝里……一流的作家，鬼话文学自然回到坟墓里去了。人话文学也不是单靠中小学的教学就能发达的。试翻开今日的中学教本，那一册里不是充满着我们一班熟人在这十年中等米下锅时的译作与创作？没有无数伟大的耐久的创作造成一种活文学的空气，这几本选本是不会养成将来的文学家的。

　　故我对于刘先生的打鬼精神虽然很佩服，但我总觉得鬼的猖獗是由于人的不努力，鬼话文学的继续存在是因为人话文学的实力还不够打倒那残余的鬼话文学。只有真有价值真有生命的人话文学才可以服人之口，服人之心；如赤日当空，一切鬼影都自然消灭了。

十七，九，廿二

附录　《白屋文话》自序

刘大白

　　我所以写这几节文话以及汇集付印的原因，已经在第一篇自序上说明了；现在所以再写这篇自序，是对于胡适之先生底跋语和他底来信有所讨论，以及再有一点补充的意见。

　　我把这几节文话给胡先生看了；他就写了一篇跋语寄给我，而且同时附来一封信，对于"蓝青鬼话文一代不如一代"的问题，提出一点意见。他底跋语中说：

　　　　……根本的救济方法还在竭力鼓励文学底创作。鬼话文同鬼话诗不是单靠孔二先生的正名方法就能完全扫除的。……我总觉得鬼底猖獗是由于人底不努力，鬼话文学底继续存在是因为人话文学底实力还不够打倒那残余的鬼话文学。只有真有价

> 值真有生命的人话文学才可以服人之口,服人之心;如赤日当空,一切鬼影都自然消灭了。

这话很对,我完全承认。但是,先定了国民革命军的名称,然后加以政治训练,成为有主义的军队,才能打倒军阀。现在咱们先厘正了人话鬼话的名称,然后竭力鼓励人话文学底创作,养成人话文学底实力,才能打倒残余的鬼话文学。所以我认为这个正名的工作,是初步最重要的工作。胡先生说:

> 我是个实验主义者,向来反对"名教";因为我深信"名"是最可以给人们用做欺骗的工具的。

"名"是最可以给人们用做欺骗的工具的,这话的确不错。但是我却以为人类是没法自外于"名教",逃不出"名教"老先生底手掌心的。胡先生如果不信,实验主义就是一个"名"。拿实验主义来打倒"名教",无非以"名"易"名",另创一种"名教",还是在"名教"老先生底手掌心里。文言和白话这两个"名",是给活死人们用做欺骗的工具的不正的"名";咱们拿鬼话和人话这两个"名"去厘正它,正合拿实验主义去打倒"名教"一样,依然逃不出"名教"老先生底手掌心。所以不论主张正名或不主张正名的,反对"名教"或不反对"名教"的,一样是"名教"中人,咱们都是"一丘之貉"。反正"名教"是打不倒的,不如先正了"名",再做循"名"责实的工夫。所以我认为这厘正鬼话和人话底名称的工作,是初步最重要的工作。

胡先生底来信说:

> 《白屋文话》已读过,我已遵命写了几句跋语。我近来很忙,有许多话不能都写出,故我自己也不能满意。……
>
> 有一个问题,我很想讨论;可惜时间不许我详细说明,只好抽出不说了。这个问题,就是"蓝青鬼话文一代不如一代"的问题。我底感想是散体古文自唐以后颇有进步。欧阳修、苏轼比韩、柳好;朱熹、欧阳玄、王守仁又比欧阳修、苏轼好;清代学者底文章,如顾炎武、钱大昕、崔述、高邮王氏父子,都远过前代有意作文的文人。
>
> 这里面有几层原因:(1)刻书发达了,读书人容易得书;(2)

> 古文底风气已成，专攻的人多了，容易有好文章出来。
>
> 这并不是说，晚出的"古文"都胜过前人。但不通如孙樵、皇甫湜，在唐可以称作者，在宋必不能受人重视的。

胡先生这一番话，在他是很有见地的。但是这合我底"蓝青鬼话文一代不如一代"的立论，并没有什么冲突。因为他所谓"颇有进步"，是文底进步；我所谓"一代不如一代"，是鬼话底时代越向后越蓝青。并且文底进步底原因之一，正在乎鬼话底时代越向后越蓝青，就是时代越向后越受人话底影响而越近于人话。就鬼话方面看，无论如何是"一代不如一代"的。谭鑫培底徒弟，也许做工比老谭更出色，但是所唱的毕竟是蓝青谭调。至于他底徒孙徒曾孙们，自然越向后越蓝青，"一代不如一代"了。我说"蓝青鬼话文一代不如一代"，是指这一点而言的。

对于胡先生底跋语和来信，讨论终结了；我还要对于鬼话文在历史上的价值，把它重新估定一下。

鬼话文底过去的罪恶，和它底丑态，已经在《文话》中宣布了。但是它在历史上究竟是否有功足录呢？咱们如果平心而论，却也并非没有。它底足录的功何在呢？我以为是在中国历史上文化底统一。这在《文话》第十四节中，已经说过一点；但是不曾详细说明。大家知道，中国是一个幅员辽阔，人口繁多的国家。在地势上，又有山脉河流底阻隔；过去时代的交通，非常不便。汉末以后，经过好几次的分裂；其中像六朝、五代以及南宋时代的分裂，都是长期的。从五胡乱华起，到满清入据中原止，外来异族底侵入，又几乎是不断的。但是中国底文化，二千多年以来，一向是统一的。并且，民族的同化力极强；二千多年当中，有若干的外来异族，都同化在汉族里面。即使他们当时武力强盛，征服了汉族，在政治上做了统治者；结果，都反被汉族底文化征服了。这自然因为这些征服咱们的外来异族，都是武力虽然强于咱们，而文化却是低于咱们的；现在和文化高于咱们的外来异族相接触，是决不能再得到这样的结果的。然而过去的事实，却确是如此。那末，中国文化底能够统一，和对于外来异族的同化力之强，主要的原因何在呢？我以为就在于同文政策底实行。这所谓同文政策,不但是所写的文字相同,而且所用的文腔文法也是相同。地域很广,交通很不便,方言方音很复杂,外来的或固有的异族又很多;如果大家各用拼音文字,分别拼出方言方音的人话,便可以有许多种的文字,许多种的文腔,而文化便不能这样统一了。所以中国历史上统一文化,同化异族的力量,就仗着:(1)不用拼音文字而用衍形文字;(2)不用各地分歧的人话的文腔,而用标准统一的鬼话的文腔。统一文化和同化异族,并不是一定要仗着衍形文字和鬼话的文腔的;试看美国现在用着拼音文字,用着标准统一的人话的文腔,一样能够统一他们底文化,而且同化着许多的外来异族。所以前边的话,并不是讴歌衍形文字,讴歌鬼话的文腔,只是说明过去历史上的事实。鬼话文在中国历史上,的确做过统一文化,同化异族的工具,有过这样的成绩,这是不能把它抹煞的。咱们所用的衍形文字,因为咱们所用的语言是孤立语,而孤立语在现在语言学者估定的价值上,又被称为比较进步的;所以能不能改用拼音文字和要不要改用拼音文字,都是一个问题,而且这是另一个问题。至于现在用标准统一的人话的文腔,来做统一文化和同化异族的工具,一定合用,而且比标准统一的鬼话的文腔更合用,是可以断言的。在努力打倒鬼话文的当儿,说明鬼话文在历史上有功足录,当然不是预备给它树立纪功碑,让它将功折罪,留一个存在的余地;而只是在它底墓志铭上作一个功罪底比较,证明它是罪浮于功罢了。

最后,我还得谢谢胡先生底跋语,谢谢徐先生底序文,并谢谢徐先生底促成我写这《文话》!但是徐先生底序文中,对于作者,揄扬得太过分了;仿佛"台房里喝彩"似的,难免失掉真相;这是于领谢之余,应该作局部的璧谢的。

1929年3月28日 大白在杭州国立浙江大学
(收入刘大白著:《白屋文话》,1929年上海世界书局初版)

三百年中的女作家

《清闺秀艺文略》序

单不庵先生把他的姊姊钱夫人士厘女士的《清闺秀艺文略》五卷送给我看,问我愿不愿做一篇序。我看了这部书,很有点感想,遂写出来请钱夫人和不庵先生指教!

这部《闺秀艺文》目录起于明末殉难忠臣祁彪佳的夫人商景兰,讫于现代生存的作者,其间不过三百年,而入录的女作家共有二千三百十人之多。钱夫人一个人的见闻无论如何广博,搜求无论如何勤劳,总不免有不少的遗漏。然而她一个人的记载已使我们知道这三百年之中至少有二千三百多个女作家,近三千种的女子作品了。凡事物若不经细密的统计,若仅用泛泛的拢统数字,决不能叫人相信。钱夫人十年的功力便能使我们深信这三百年间有过二千三百多个女作家,这是文化史上的一大发现,我们不能不感谢她的。

我又把这本《艺文》目录里的女作家,依她们的籍贯,作一个分省的统计,便得着下列的结果:

省别	人数	百分数
江苏	748	32.3
浙江	706	30.5
安徽	119	5.1
福建	97	4.2
湖南	71	3.0
江西	57	
直隶	51	

山东	44
满洲	42（汉军不在内）
广东	38
湖北	20
四川	19
河南	18
广西	15
山西	13
陕西	10
贵州	10
汉军	10
云南	6
甘肃	4
未详	212
总计	2310

这里面，江苏和浙江各占全国近三分之一。江、浙两省加上安徽，便占了全国整整三分之二以上；再加上福建、湖南，便整整占了全国的四分之三。

这种比例，并不是偶然的。从前顾颉刚先生做了一部《清代著述考》，全书至今未完，但他曾依各人的籍贯，分省分县，作一个统计表。他的结果也是江苏、浙江、安徽三省的作家为最多。三省之中，各县也有多寡的不同；如江苏则以苏、松、常、太各属为最多，浙江则以杭、嘉、湖为最多，安徽则以安庆、徽州两府为最多。钱夫人的目录，如果分府分县统计起来，一定也可得同样的结果。这都可见女作家的地域分配确然和各地域的文化状况成比例，决不是偶然的。

三百年之中，有二千三百多个女作家见于记载，这是很可以注意的事实。在一个向来轻视女子，不肯教育女子的国家里，这种统计是很可惊异的了。这种很可惊异的现象，我想起来可以有两种解释。第一，环境虽然恶劣，而天才终是压不住的，故有天才的女子往往不需要多大的栽培,自然有她们的成就。第二,在"书香"的人家,环境本不很坏,有天才的女子在她的父兄的文学环境之下受着一点教育,自然有相当的成就。

钱夫人的目录里有旌德某氏三姊妹的著作,她们的父亲是一个成功的八股家,他对于他的几个儿子存着很大的期望,用种种很严厉的手段督教他们。儿子背不出书,要罚跪在大街上,甚至于被牵出去游街。一个儿子受不过这样野蛮的羞辱,遂服毒自杀了。乡里的人都不平,有人编出一本《某翰林逼子》的新戏来。这位翰林公花了不少钱,才得不开演。然而他的三个女儿在外家长大,受了一点教育,不用罚跪,不用游街,都成了女诗人。这不是"有意栽花花不发,无心插柳柳成阴"的故事吗?这三百年中的女子作家,大概有许多人是这样的罢!

钱夫人的目录里又有崔东壁的夫人成静兰的《绣余集》与《爨余集》。最近我见着她的原书,有自序一篇,其中说自己的作诗的经过道:

> 余从先大人宦关中,时年十有一矣,先孺人始教之识字,读唐人诗数十首。先君公事之暇,时命与兄姊为偶语,暨年十四五,侍先君侧,见人有以诗呈者,则喜动颜色,辄不自揣,遂学弄韵,欲承一日之欢。然先孺人课女红严,无暇读书,亦未知讲求声律,是故所作多小儿语,亦有不成章者。
>
> 于归后,家綦贫,无人代操井臼,诸劳苦琐事,无不身亲,是以更无暇学诗,然舅姑喜读书,因未尽弃旧业。舅多病,每呈诗至,则为一破颜失所苦,而小娘亦略知声律,常唱和于针线刀尺间。……其后数年,随良人设帐于外,颇有暇时,而客中亦多感触,故诗多异乡之作。

这便是我所谓女作家的环境。"课女红严","于归后,家綦贫,诸劳苦事无不身亲,是以更无暇学诗",这都是不适宜的环境。然而她的父亲"见人有以诗呈者则喜动颜色",她的公公见她"呈诗至则为一破颜失所苦";她的小娘又懂一点声律,她的丈夫又是一个大学者,这都是适宜的环境。有点天才的女子自能战胜不适宜的环境,自能充分运用适宜的环境,故少时读了几十首唐诗,也会产生一个女诗人了。

故三百年中有这么多的女作家见于记载,并不是环境适宜于产生女作家,只是女作家偶然出于不适宜的环境之中。如果有更好的家庭境地和教育制度,这三百年的女子不应该只有这一点点的成绩。

这三百年中女作家的人数虽多,但她们的成绩都实在可怜的很。她们的作品绝大多数是毫无价值的。这是我们分析钱夫人的目录所得的最痛苦的印象。

这近三千种女子作品之中,至少有百分之九十九是诗词,是"绣余"、"爨余"、"纺余"、"菁余"的诗词,诗词之外,算学只有

  江绅芬　《算草》一卷,
  王贞仪　《算术简存》五卷,
     《重订策算正讹》,
     《西洋筹算》,
     《象数窥余》四卷,
     《星象图释》二卷。

医学只有

  曾　懿　《古欢室医学篇》八卷。

史学稍多,有

  刘文如(阮元之妾)　《四史疑年录》七卷,
  陈尔士(钱仪吉之妻)　《历代后妃表》,
  汪　清　《国朝列女征略》十六卷,
     《国朝孝子征略》十卷,
  葛　定　《历代后妃始末》,
  曹雪芬　《廿四史列女合传》。

经学及音韵训诂之学有

  陈尔士　《授经偶笔》,
  萧道管(陈衍之妻)　《说文重文管见》,
     《列女传集注》,

梁　　氏	《音韵纂组》，	
王照圆（郝懿行之妻）	《诗说》二卷，	
	《诗问》七卷，	
	《列女传补注》八卷，	
曾　　彦	《妇礼通考》，	
许诵珠	《经说》，	
	《小学说》，	
沈　　绮	《徐庾补注》四卷，	
戴　　礼	《大戴礼注》，	
叶蕙心	《尔雅古注斠》三卷。	

此外尚有评选诗文的，最著名的有汪端的《明三十家诗》十六卷。这二千三百人中，在诗词之外有成绩的，不过这几个人而已。这几个人大都是生于学者的家中，或嫁的是学者的丈夫，也因为环境的熏染，遂有学术上的贡献。我们因此可以推想无数有天才的女子，若生在现代的文明的国家，受了相当的教育，未尝不能有相当的科学贡献，如王贞仪的算学便是绝好的例。不幸她们生在我们这个畸形的社会里，男子也只会做八股时文，女子更以无才为有德。崔东壁夫人的自序里说，"夫女子以德为贵，诗非所宜"，王光燮作《王采薇传》云："余以诗非女子所宜，故秘之。"诗尚非女子所宜，何况其他的学问？这两千多女子所以还能做几句诗，填几首词者，只因为这个畸形社会向来把女子当作玩物，玩物而能做诗填词，岂不更可夸炫于人？岂不更加玩物主人的光宠？所以一般稍通文墨的丈夫都希望有"才女"做他们的玩物，替他们的老婆刻集子送人，要人知道他们的艳福。好在他们的老婆决不敢说老实话，写真实的感情，诉真实的苦痛，大都只是连篇累幅的不痛不痒的诗词而已。既可夸耀于人，又没有出乖露丑的危险，我想一部分的闺秀诗词的刻本都是这样来的罢？其次便是因为在一个不肯教育女子的国家里，居然有女子会做诗填词，自然令人惊异，所谓"闺阁而工吟咏，事之韵者也"（叶观国题《长离阁集》）。物希为贵，故读者对于女子的作品也往往不作严格的批评，正如科举时代考官对于"北卷"另用一种宽大标准一样。在诗文选

本里,闺秀和和尚道士,同列在卷末,聊备一格而已。因此,女子的作品,正因为是女子的作品,传刻保存的机会也就不少了。再其次,才是真正有文学价值的诗词,如纪映淮、王采薇之流,在这三千种书目里,只占得绝少数而已。

三百年中有两千三百多女子作家,不可算少了。但仔细分析起来,学术的作品不上千分之五;而诗词之中,绝大多数都是不痛不痒的作品,很少是本身有文学价值的。这是多么可怜的事实!

我们因此可以知道"无心插柳",有时也可以成阴,但种瓜得瓜,种豆得豆,终是不可逃的定理。不肯教育女子,女子终不能有大成就;不许女子有学问,女子自然没有学术上的成绩可说;不许女子说真话,写真情,女子的作品自然只成为不痛不痒的闺阁文艺而已。

最后,我对于钱夫人的书,要表示很诚恳的敬意。她用了十年的功力,使我们对于中国女子问题得着一个统计的基础,使我们知道女子的文化和普通文化区域上的分配是一样的,使我们知道三百年的朴学风气里也产生了几个朴学女子,又使我们知道三百年的八股教育里,女子的文艺也只是近三千种有韵的八股。钱夫人的书,是三百年文化史的一部重要材料,这是无可疑的。

钱夫人的书,考证甚谨严,排比甚明晰。她自己说:

> 此编于能诗者,母女、姑妇、姑侄、姊妹、家学所衍,风雅所萃,渊源所自,每就知者互举之。(卷一,页一)

这个方法,使人更明了我们所谓作者的环境,是于文化史家最有益的。但全书有三点,不能不认为缺陷:第一,各书皆未注明出处。第二,作家年代有可考见者,若能注明,当更有史学价值。第三,各书之下若能注明"存"、"佚"、"知"、"见",也可增益全书的用处。钱夫人以为何如?

还有一点,也可供作者考虑。这三百年中,有些女子著作了不少的小说,弹词。远者如"心如女史"的《笔生花》,近者如劳邵振华(邵班卿之女,劳玉初之子妇)的《侠义佳人》,也都是三百年中的闺秀作品。以流传之广,影响之大而言,《笔生花》一类的书要算是三百年中最重要的著作。钱夫人若收集这一类的著作,考订作者的真姓名和年代籍贯,列入这部闺秀文献志里,便可使这部书更完全,而后人对于这三百年的文艺真相也可以更明瞭了。钱夫人以为何如?

十八,四,二三

(收入钱厘士著:《清闺秀艺文略》,出版时间不详)①

---

① 编者注:据北大图书馆藏《清闺秀艺文略》,上题"赠适之先生。单不庵十八.一.十三"。内有胡适阅后的批注文字,知该书在胡适作序前已出版,胡适的序文可能是后来收入该书。

贺双卿考

徐志摩先生送来张寿林先生编的女子贺双卿《雪压轩集》,我读了颇怀疑。这些诗词都出于史震林的《西青散记》,《散记》但称为"双卿",不称其姓。黄韵珊的《国朝词综续编》始称为"贺双卿"。但董潮《东皋杂钞》卷三(《艺海珠尘》"土"集)引了她的两首词,则说是"庆青,姓张氏"。这是一可疑。

《散记》记双卿事,起于雍正壬子(1732),迄于乾隆丙辰(1736);《东皋杂钞》自序在癸酉冬(1753);相去年代不远,何以姓名不同如此?又徐乃昌作她的小传,说她是丹阳人,董潮说她是金坛人。这是二可疑。

《东皋杂钞》说她:

> 不以村愚怨其匹,有盐贾某百计谋之,终不可得。以艳语投之者,骂绝不答。可谓以礼自守。

《西青散记》里的双卿并没有"骂绝不答"的态度。这是三可疑。

《散记》说"雍正十年,双卿年十八",但下文又说雍正十一年癸丑"双卿年二十有一"。这是四可疑。

《散记》记双卿的事多不近情实,令人难信。如云"芦叶方寸,淡墨若无";如说芦叶上写《摸鱼儿》长调,竹叶上写《凤凰台上忆吹箫》长调,这都不近事实。一个田家苦力女子,病疟最重时还须做苦工,那有这样细致工夫写这样绝细的小字?这是五可疑。

所以我疑心双卿是史震林悬空捏造出来的人物。后人不察,多信为真有其人,甚至于有人推为清朝第一女词人。其实史震林的《西青散记》四卷,除了两篇游山记之外,大都是向壁虚造的才子佳人鬼话。《散记》的前半专记史震林一班朋友扶乩请来的女仙的诗词,一一皆有年月日,诗词也很有可读的。双卿正是和《散记》里的"娟娟仙子","碧夜仙娥","白罗天女","清华神女","琅玕神女"同一类的人物。

史震林自己说:

> 眼中无剑仙,意中须有《红线传》。眼中无美人,意中须有《洛神赋》。海外有国,以日之所见为妄,夜之所梦为真。夫意之所思,或得于梦;梦之所见,或有其事。事短,梦长。梦短,意长。意不长,斯无可奈何者也。意中,梦中,眼中,宁有异耶?(卷二,页三十二)

懂得这种逻辑,我们才可以不上《西青散记》的当。

《散记》中双卿写信给作者,末段有这样的一句话:

> 夫双卿犹梦耳。梦中所值,颠倒非一。觉而思之,亦无悔焉。

读《散记》的人还不明白吗?

《散记》有曹学诗的两篇长序,都是八股式的文字,其第一篇中说:

> ……即有生以来,未尝一见佳人之如何艳,如何慧,如何幽,如何贞,而心中口中,梦中病中,笑中哭中,亦未尝须臾而不悬想一绝世之艳,绝世之慧,绝世之幽,绝世之贞者也。……即悬想者,人间天上皆无如是绝世之佳人,而心中口中,梦中病中,笑中哭中,魂阳格天,魄阴动地,天地亦将为之特生一绝世之佳人以慰之报之者也。

这便是这班穷酸八股秀才的人生哲学,这便是穷酸才子的宗教。女诗人女词人双卿便是这个穷酸宗教里的代天下女子受苦难的女菩萨。她便是这班穷酸才子在白昼做梦时"悬想"出来的"绝世之艳,绝世之慧,绝世之幽,绝世之贞"的佳人。

十八,十一,二

又 记

双卿怎么会变成庆青呢?我可以假定一种演变的程序。

史震林的双卿本无姓。二三十年后讹成了"卿卿"。但有人却嫌这个名字不像一个"以礼自守"的良家女子的名字,故改"卿卿"为"庆青"。

　　董潮引的一首《残灯词》,有一句是

　　　　香膏尽,芳心未冷,且伴庆青。

《散记》作"且伴双卿",大概后来讹成"卿卿",董潮时代方才改作"庆青"。

(原载 1930 年 1 月《吴淞月刊》第 4 期)

《南通张季直先生传记》序

传记是中国文学里最不发达的一门。这大概有三种原因。第一是没有崇拜伟大人物的风气,第二是多忌讳,第三是文字的障碍。

传记起于纪念伟大的英雄豪杰。故柏拉图与谢诺芳念念不忘他们那位身殉真理的先师,乃有梭格拉底的传记和对话集。故布鲁塔奇追念古昔的大英雄,乃有他的《英雄传》。在中国文学史上所有的几篇稍稍可读的传记都含有崇拜英雄的意义:如司马迁的《项羽本纪》,便是一例。唐朝的和尚崇拜那十七年求经的玄奘,故《慈恩法师传》为中古最详细的传记。南宋的理学家崇拜那死在党禁之中的道学领袖朱熹,故朱子的《年谱》成为最早的详细年谱。

但崇拜英雄的风气在中国实在最不发达。我们对于死去的伟大人物,当他刚死的时候,也许送一副挽联,也许诌一篇祭文。不久便都忘了!另有新贵人应该逢迎,另有新上司应该巴结,何必去替陈死人算烂账呢?所以无论多么伟大的人物,死后要求一篇传记碑志,只好出重价向那些专做谀墓文章的书生去购买!传记的文章不出于爱敬崇拜,而出于金钱的买卖,如何会有真切感人的作品呢?

传记的最重要条件是纪实传真,而我们中国的文人却最缺乏说老实话的习惯。对于政治有忌讳,对于时人有忌讳,对于死者本人也有忌讳。圣人作史,尚且有什么为尊者讳,为亲者讳,为贤者讳的谬例,何况后代的谀墓小儒呢!故《檀弓》记孔氏出妻,记孔子不知父墓,《论语》记孔子欲赴佛肸之召,这都还有直书事实的意味,而后人一定要想出话来替孔子洗刷。后来的碑传文章,忌讳更多,阿谀更甚,只有歌颂之辞,从无失德可记。偶有毁谤,又多出于仇敌之口,如宋儒诋诬王安石,甚至于伪作《辩奸论》,这种小人的行为,其弊等于隐恶而扬善。故几千年的传记文章,不失于谀颂,便失于诋诬,同为忌讳,同是不能纪实传信。

传记写所传的人最要能写出他的实在身分,实在神情,实在口吻,要使读者如见其人,要使读者感觉真可以尚友其人。但中国的死文字却不能担负这种传神写生的工作。我近年研究佛教史料,读了六朝唐人的无数和尚碑传,其中百分之九十八九都是满纸骈俪对偶,读了不知道说的是什么东西。直到李华、独孤及以下,始稍稍有可读的碑传。但后来的"古文"家又中了"义法"之说的遗毒,讲求字句之古,而不注重事实之真,往往宁可牺牲事实以求某句某字之似韩似欧! 硬把活跳的人装进死板板的古文义法的烂套里去,于是只有烂古文,而决没有活传记了。

因为这几种原因,二千年来,几乎没有一篇可读的传记。因为没有一篇真能写生传神的传记,所以二千年中竟没有一个可以叫人爱敬崇拜感发兴起的大人物! 并不是真没有可歌可泣的事业,只都被那些谀墓的死古文骈文埋没了。并不是真没有可以叫人爱敬崇拜感慨奋发的伟大人物,只都被那些烂调的文人生生地杀死了。

近代中国历史上有几个重要人物,很可以做新体传记的资料。远一点的如洪秀全,胡林翼,曾国藩,郭嵩焘,李鸿章,俞樾;近一点的如孙文,袁世凯,严复,张之洞,张謇,盛宣怀,康有为,梁启超,——这些人关系一国的生命,都应该有写生传神的大手笔来记载他们的生平,用绣花针的细密工夫来搜求考证他们的事实,用大刀阔斧的远大识见来评判他们在历史上的地位。许多大学的史学教授和学生为什么不来这里得点实地训练,做点实际的史学工夫呢? 是畏难吗? 是缺乏崇拜大人物的心理吗? 还是缺乏史才呢?

张季直先生在近代中国史上是一个很伟大的失败的英雄,这是谁都不能否认的。他独力开辟了无数新路,做了三十年的开路先锋,养活了几百万人,造福于一方,而影响及于全国。终于因为他开辟的路子太多,担负的事业过于伟大,他不能不抱着许多未完的志愿而死。这样的一个人是值得一部以至于许多部详细传记的。

他的儿子孝若先生近年发誓用全副精力做季直先生的传记。他已费了几年工夫编辑季直先生的全部著作,自己亲手整理点读。这部全集便是绝大的史料。还有季直的朋友的书信,保存在南通的,也有近万封之多,这也是重要史料。季直先生自己又编有年谱,到七十岁为止,此外还有日记,这都是绝可宝贵的材料。有了这些材料做底子,孝若做先传的工作便有了稳固的基础和坚实的间架了。

孝若做先传还有几桩很重要的资格。第一,他一生最爱敬崇拜他的先人,所以他的工作便成了爱的工作,便成了宗教的工作。第二,他生在这个新史学萌芽的时代,受了近代学者的影响,知道爱真理,知道做家传便是供国史的材料,知道爱先人莫过于说真话,而为先人忌讳便是玷辱先人,所以他曾对我说,他做先传要努力做到纪实传真的境界。第三,他这回决定用白话做先传,决定打破一切古文家的碑传义法,决定采用王懋竑《朱子年谱》和我的《章实斋年谱》的方法,充分引用季直先生的著作文牍来做传记的材料,总期于充分表现出他的伟大的父亲的人格和志愿。

有了这几种资格,我们可以相信孝若这篇先传一定可以开儿子做家传的新纪元,可以使我们爱敬季直先生的人添不少的了解和崇敬。

十八,十二,十四夜

(原载1930年1月《吴淞月刊》第4期)

《小雨点》序

莎菲的小说集快出版了,她写信来说,她很希望我也写几句话作一篇小序。我很高兴写这篇小序,因为这几篇小说差不多都和我有点关系,并且都是很愉快的关系。十篇之中,大部分都是最先在我编辑的杂志上发表的,如《一日》等篇见于《留美学生季报》,《小雨点》见于《新青年》,《孟哥哥》等篇见于《努力周报》。《洛绮思》一篇的初稿,我和叔永最先读过,叔永表示很满意,我表示不很满意,我们曾有很长的讨论,后来莎菲因此添了一章,删改了几部分。《一支扣针》,我似乎不曾得读原稿;但我认得这故事的主人,去年我在美洲还去拜望她,在她家里谈了半天。

我和莎菲、叔永,人家都知道是《尝试集》里所谓"我们三个朋友"。我们的认识完全起于文字的因缘。叔永在他的序里已提及当时的一件最有趣的故事了。(但叔永说,"我不晓得适之当时是否已经晓得莎菲此作,而故意做一种迷离惝恍的说话"。这句话是冤枉的。因为当时我确不曾有先读此诗的好福气,但因为叔永寄来要我猜是不是他做的,引起了我的疑心,故一猜便猜中了。)

我在美国的最后一年,和莎菲通了四五十次信,却没有见过她,直到临走之前,我同叔永到藩萨大学去看她,才见了一面。但我们当初几个朋友通信的乐趣真是无穷。我记得每天早上六点钟左右,我房门上的铃响一下,门下小缝里"哧"、"哧"地一封一封的信丢进来,我就跳起来,检起地下的信,仍回到床上躺着看信。这里面总有一信或一片是叔永的,或是莎菲的。

当时我是《留美学生季报》的编辑,曾有信去请莎菲作文,她回信说:

"我诗君文两无敌"（此句是我送叔永的诗），岂可舍无敌者而他求乎？

我答她的信上有一句话说：

细读来书，颇有酸味。

她回信说：

请先生此后勿再"细读来书"，否则发明品将日新月盛也，一笑。

我答她一首打油诗道：

不细读来书，怕失书中味。

若细读来书，怕故入人罪。

得罪寄信人，真不得开交。

还请寄信人，下次寄信时，声明读几遭。

我记此一事，略表示当日几个朋友之间的乐事。

当时我们虽然不免偶然说点天真烂缦的玩笑，但我们最关心的还是一个重要问题的讨论。那时候，叔永、梅觐庄、朱经农都和我辩论文学革命的问题；觐庄是根本反对我的，叔永与经农也都不赞成我的主张。我在美国的时候，在这个问题上差不多处于孤立的地位。故我在民国五年八月四日有答叔永书云：

我此时练习白话韵文，颇似新辟一文学殖民地。可惜须单身匹马而往，不能多得同志结伴同行。然吾志已决。公等假我数年之期，……倘幸而有成，则辟除荆棘之后，……当开放门户，迎公等同来莅止耳！……

又 8 月 23 日，我作《蝴蝶》诗云：

两个黄蝴蝶，双双飞上天。

不知为什么，一个忽飞还。

剩下那一个，孤单怪可怜。

也无心上天，天上太孤单。

这首诗在《尝试集》初版里题作"朋友"，写的是我当时自己感觉的寂寞。诗中并不指谁，也不是表示我对于朋友的失望，只表示我在孤寂之中盼望得一个半个同行的伴侣。

民国五年七八月间,我同梅、任诸君讨论文学问题最多,又最激烈。莎菲那时在绮色佳过夏,故知道我们的辩论文字。她虽然没有加入讨论,她的同情却在我的主张的一方面。不久,我为了一件公事就同她通第一次的信;以后我们便常常通信了。她不曾积极地加入这个笔战;但她对于我的主张的同情,给了我不少的安慰与鼓舞。她是我的一个最早的同志。

当我们还在讨论新文学问题的时候,莎菲却已开始用白话做文学了。《一日》便是文学革命讨论初期中的最早的作品。《小雨点》也是《新青年》时期最早的创作的一篇。民国六年以后,莎菲也做了不少的白话诗。我们试回想那时期新文学运动的状况,试想鲁迅先生的第一篇创作——《狂人日记》——是何时发表的,试想当日有意作白话文学的人怎样稀少,便可以了解莎菲的这几篇小说在新文学运动史上的地位了。

所以我很高兴地写这篇小序,给读者知道这几篇小说是作者这十二年中援助新文学运动的一部分努力。

十七,三,二一

(收入陈衡哲著:《小雨点》,1928年4月上海新月书店初版)

论长脚韵

一 单不庵先生来书

适之先生：

接读 6 月 26 日手书，诸承启迪，谢谢。

承教朱虚侯《耕田歌》非有韵，甚感谢。仔细思之，《耕田歌》中两"种"字，谓为非韵固可，若"疏"字"去"字，恐未可谓为非韵。古诗收字用虚字者，每以上一字为韵，如《诗·鄘风·干旄》第二章以"旃"、"都"、"组"、"五"、"予"为韵，"组"、"五"、"予"均以"之"为收字，《齐风·鸡鸣》第一章以"鸣"、"盈"、"声"为韵，"鸣"、"盈"均以"矣"为收字即是。故我于"疏"、"去"是韵之说，尚未废弃。先生倘再有以教之，不胜欣盼，幸勿以小问题而不屑教我也。

前见毛先舒《韵问》述柴绍炳之言曰：

> 《采葛妇歌》云，群臣拜舞天颜舒，我王何忧能不移。《史记》"耕田歌"云：深耕穊种，立苗欲疏。非其种者，锄而去之。"舒"、"疏"皆《鱼》韵而叶入《支》，然止或数字耳，非必《六鱼》全部之通《四支》也。

此谓"《鱼》韵叶入《支》"，骤观之颇似段茂堂"合韵"之说，细审之实非是。《鱼》、《支》虽可合韵，而《支》与《之》不同部，如柴氏说，是只知《平水韵》而不知古韵，误一。（《之》、《脂》、《支》之分始于段氏，柴氏未能见到，其误尚可原。）"疏"、"去"同部，"之"为收字非韵也。柴氏竟不知之，误二。此本不足辨，惟觉可笑故及之。

《周颂》中诗不必一定有韵，尊论甚谛，钦佩之至。我向来于《清庙》、《维天之命》、《昊天有成命》等诗，亦不主有韵，此犹指《周颂》言也。其实《三百篇》中无韵者不止此，如《鸤鸠》首章之"鸤"、

"子"、"室"三字,《常棣》第四章之"墙"、"务"、"朋"、"戎"四字,皆何尝叶韵(前人论《常棣》第四章,或以"务"、"戎"为韵,或以"朋"、"戎"为韵,皆近曲说,我不敢信)。因读手示,即举平日所欲言而未发者,敬以求教,如其错的,幸不吝指示。

不庵　7月1日

二　答单不庵先生书

不庵先生：

　　谢谢你7月1日的信。

　　鄙意以为中国诗的韵脚有两大分别:一为脚韵(尾韵),一为长脚韵(长尾韵)。"关关雎鸠,在河之洲"是脚韵。若

　　　　知子之好之

　　　　杂佩以报之。

　　　　俟我于著乎而？

　　　　充耳以素乎而？

　　　　尚之以琼华乎而？

当名为"长脚韵",西洋人谓之"雌韵"。凡雌韵不当与雄韵相协,短脚韵不当与长脚韵相协,此不独古诗无例外,不独西洋诗亦相同,即现存之民间歌谣亦严守此律。如

　　　　风来了,

　　　　雨来了,

　　　　老和尚背着鼓来了。

　　　　破坛子,

　　　　烂罐子,

　　　　打发那丫头嫁汉子。

先生所举《诗·齐、鄘风》,皆不是适当的例子。《干旄》的韵法是:

　　　　一旄,⎫
　　　　一郊。⎭

——纰之,
——四之,
——畀之。

一旐,
一都。
——组之,
——五之,
——予之。

一旌,
一城。
——祝之,
——六之,
——告之。

前二行为脚韵,后三行为长脚韵,第二节偶然有五个同韵的字,不得说五行相为韵也。

《鸡鸣》的韵法是:

一鸣矣,
一盈矣。
——鸣,
——声。

一明矣,
一昌矣。
——明,
——光。

一二相为韵,三四又相为韵。此如《东方未明》之诗:

一明,
一裳。

——倒之,
——召之。

一晞,
一衣。
——颠之,
——令之。

来书论《毛诗》无韵各例,我看了忽得一解,试写出请教:

兄弟阋于墙,
外御其务。
每有良朋,
烝也无戎。

又

鸱鸮鸱鸮,
既取我子,
无毁我室。
——恩斯,
——勤斯,
——鬻斯。

"朋"、"戎"似是韵(我们徽州人读此二字相为韵)。合二例观之,似是因为末二三行连用韵,故首二三句虽无韵亦不大觉得了。此意不知可用否?乞教正。

适上　十七,七,三

三　单不庵先生二次来书

适之先生:

读 7 月 7 日手教,尚未裁答,歉歉。

《耕田歌》"欲疏"与"去之"为韵,刘大白先生所举例证,确切可佩;先生虚心从之,并对我道歉,既钦佩学者之不自是,又令我惶愧无地,以后请勿再客气,切盼切盼。

7月3日来书,谓"中国诗的韵脚有两大分别:一为脚韵,一为长脚韵"。此说创见,然有至理。我前信只空言答复,以未暇细想故。今请补举略例如下:

①《周南·汉广》(第二,三章)

——楚	——蒌
——马(均鱼部)	——驹(均侯部)
——广矣	广矣
——泳思	泳思
——永矣	永矣
——方思(均阳部)	方思

②《邶·北门》(第一,二,三章)

——门	——适我	——敦我
——殷	——益我	——遗我
——贫	——谪我(均支部)	——摧我(均脂部)
——艰(均谆部)		
——为之	——为之	——为之
——何哉(均歌部)	——何哉	——何哉

③《鄘·柏舟》(第一,二章)

——河	——侧
——仪	——特
——它(均歌部)	——慝(均之部)
——天只	——天只
——人只(均真部)	——人只

④《鄘·定之方中》(第二章)
——虚矣
——楚矣(均鱼部)
——堂
——京
——桑
——臧(均阳部)

⑤《卫·淇奥》(第一,二,三章)

——猗	——青	——箦
——磋	——莹	——锡
——磨(均歌部)	——星(均庚部)	——璧(均支部)
——僩兮	——僩兮	——绰兮
——咺兮	——咺兮	——较兮
——谖兮(均元部)	——谖兮	——谑兮
		——虐兮(均宵部)

⑥《卫·硕人》(第二章)
——荑
——脂
——蝤
——犀
——眉(均脂部)
——倩兮
——盼兮(均谆部)

⑦《卫·氓》(第三章)
——落
——若(均鱼部)
——葚

——耽（均侵部）

——说也

——说也（均脂部）

⑧《卫·芄兰》（第一，二章）

——支	——叶
——觿	——韘
——觿	——韘
——知（均支部）	——甲（均覃部）
——遂兮	——遂兮
——悸兮（均脂部）	——悸兮

⑨《卫·伯兮》（第一章）

——朅兮

——桀兮（均脂部）

——殳

——驱（均侯部）

⑩《卫·木瓜》（第一，二，三章）

——瓜	——桃	——李
——琚（均鱼部）	——瑶（均宵部）	——玖（均之部）
——报也	——报也	——报也
——好也（均尤部）	——好也	——好也

⑪《王·扬之水》（第一，二，三章）

——薪	——楚	——蒲
——申（均真部）	——甫（均鱼部）	——许（均鱼部）
——怀哉	——怀哉	——怀哉

——归哉(均脂部) | ——归哉 | ——归哉

⑫《郑·将仲子》(第一,二,三章)

——里 | ——墙 | ——园
——杞 | ——桑 | ——檀
——母(均之部) | ——兄(均阳部) | ——言(均元部)
——怀也 | ——怀也 | ——怀也
——畏也(均脂部) | ——畏也 | ——畏也

⑬《郑·大叔于田》(第二,三章)

——黄 | ——鸨
——襄 | ——首
——行 | ——手
——扬(均阳部) | ——阜(均尤部)
——射忌 | ——慢忌
——御忌(均鱼部) | ——罕忌(均元部)
——控忌 | ——掤忌
——送忌(均东部) | ——弓忌(均蒸部)

⑭《郑·女曰鸡鸣》(第二章)

——加之
——宜之(均歌部)
——酒
——老
——好(均尤部)

⑮《郑·溱洧》(第一,二章)

——涣涣兮 | ——清矣

——简兮（均元部） | ——盈矣（均庚部）
——乐 | ——乐
——谑 | ——谑
——药（均宵部） | ——药

此诗第一,二章两"观乎",昔人以为有韵,我不以为然,故不列,还请教正。

⑯《齐·南山》（第三章）
——亩
——母（均之部）
——告止
——鞫止（均尤部）

⑰《魏·葛屦》（第一章）
——霜
——裳（均阳部）
——襋之
——服之（均之部）

⑱《唐·椒聊》（第一章）
——升
——朋（均蒸部）
　　椒聊且
　　远条且（均尤部）

⑲《唐·杕杜》（第一,二章）

——湑 | ——菁
——踽 | ——睘
——父（均鱼部） | ——姓（均庚部）
——比焉 | ——比焉

——伈焉（均脂部） | ——伈焉

⑳《陈·墓门》（第二章）
——萃止
——讯之（均脂部）（"讯"当作"谇"，段茂堂曾有此说。）
——顾
——予（均鱼部）

㉑《豳·东山》（第二章）
——东
——濛（均东部）
——宇
——户（均鱼部）
——场
——行（均阳部）
——畏也
——怀也（均脂部）

以上仅就《十五国风》言，与先生所举《鸡鸣》、《东方未明》二诗例完全相同，足见手示所云"短脚韵不当与长脚韵相协"之说，确不可易。其偶有同韵者，除《干旄》第二章外，在《十五国风》中只有《齐·南山》，《唐·椒聊》二诗，兹举如下：

《齐·南山》
——崔崔
——绥绥
——由归
　——归止
　——怀止（均脂部）
　　　右第一章
——不克
——不得
　——得止

——极止（均之部）
　　　　右第四章
《唐·椒聊》
——盈匊
——且笃
　　椒聊且
　　远条且（均尤部）
　　　　右第二章

此等偶然同韵处，例证既少，益见尊说之足以成立，故我愿取消《耕田歌》中"欲疏"与"去之"为韵之说。此非盲从，亦非好奇，更非见好于先生。我向来对于学问，遇其说有左证者必信之，今在《诗·十五国风》中举例至廿一条之多，证据已充分极了，故特破除昔日之成见，并以求教。

此次因古诗用韵一事，幸承启迪，广我新知，实在感激不尽，多谢，多谢。

　　　　　　　　　　　　不庵　十七，七，一四

后　记

单不庵先生于十九年一月十三日死了。他的遗文散在各地，不易收集。我的日记内留有这三封信，故我收在《文存》里，纪念我生平敬爱的一个朋友。当时讨论这个问题的还有刘大白先生，因为我给刘先生的信都不曾留稿，故我们往来的信不能收在这里了。

　　　　　　　　　　　　适　十九，一，廿八

论翻译
与曾孟朴先生书

孟朴先生：

前奉上一书，想已达览。近日因小病，不能作工，颇得余暇，遂尽读惠赠的嚣俄戏剧三种。读后更感觉先生的志愿与精神之不可及。中国人能读西洋文学书，已近六十年了；然名著译出的，至今还不满二百种。其中绝大部分，不出于能直接读西洋书之人，乃出于不通外国文的林琴南，真是绝可怪诧的事！近三十年来，能读英国文学的人更多了，然英国名著至今无人敢译，还得让一位老辈伍昭扆先生出来翻译《克兰弗》，这也是我们英美留学生后辈的一件大耻辱。英国文学名著，上自 Chaucer，下至 Hardy，可算是完全不曾有译本。莎翁戏剧至今止译出一二种，也出于不曾留学英美的人。近年以名手译名著，只有伍先生的《克兰弗》，与徐志摩译的《赣第德》两种。故西洋文学书的翻译，此事在今日直可说是未曾开始！先生独发弘大誓愿，要翻译嚣俄的戏剧全集，此真是今日文学界的一件绝大事业，且不论成绩如何，即此弘大誓愿已足令我们一班少年人惭愧汗下，恭敬赞叹！我十二年不读法文文学书了，嚣俄的戏剧向来更无研究，对于尊译，简直是不配赞一辞，只有敬畏赞叹，祝先生父子继续此盛业，发挥光大，给我们做个榜样，使我们少年人也感慨发愤，各依性之所近而力之所能勉者，努力多译一些世界名著，给国人造点救荒的粮食！已读三种之中，我觉得《吕伯兰》前半部的译文最可读。这大概是因为十年前直译的风气未开，故先生译此书尚多义译，遂较后来所译为更流利。近年直译之风稍开，我们多少总受一点影响，故不知不觉地都走上谨严的路上来了。

近几十年中译小说的人,我以为伍昭扆先生最不可及。他译大仲马的《侠隐记》十二册(从英文译本的),用的白话最流畅明白,于原文最精警之句,他皆用气力炼字炼句,谨严而不失为好文章。故我最佩服他。先生曾见此译本否?……

胡适敬上 十七,二,廿一

附录 曾先生答书

适之先生:

两次捧读示教,迟延了两三个月,还没答复;并不是我的不经意或倨慢,实在近来精神太不济了,忙了这件,便顾不到那件;这要请您特别的容恕。费了您宝贵的光阴,看完我几部冗长拙劣的译品,又承指示译品印刷上的错误和纠正误解嚣俄《吕克兰斯鲍夏》原叙里 Bilogie 的字义,这是我该向您表示感谢的。只有蒙您逾量的奖借,我真不敢当;也许您对我这时代消磨了色彩的老文人,还想蹒跚地攀登崭新的文坛,格外加些恕辞罢!

若说到您勉励我们父子努力翻译的事业,而且希望我们去发挥光大;我们既站在这世界文坛的战线上,努力是当然遵教,所怕的是您这个希望,终究要失望!我们俩脆弱的肩头,如何挑得这副重担?

煦伯大儿,不过是个圣约翰大学的学生,没到欧美留过学,我是连学校都没进过,更说不到出洋了。我的学法兰西语和稍懂一点世界文学门径,这一段历史,说来虽有些婆婆妈妈白头宫女谈天宝似的,其实倒很有点儿趣味。

我的开始学法语,是在光绪乙未年——中日战局刚了的时候——的秋天。那时张樵野在总理衙门,主张在同文馆里设一特班,专选各部院的员司,有国学根柢的,学习外国语,分了英、法、德、日四班,我恰分在法文班里。这个办法原是很好的,虽然目的只在养成几个高等翻译官。那里晓得这些中选的特班生,不是红司官,就是名下士,事情又忙,意气又盛,那里肯低头伏案做小学生呢。每天到馆,和上衙门一样,来坐一会儿,喝一杯茶,谈谈闲天,就算敷衍了上官作育人才的盛意。弄得外国教授,没有办法,独自个在讲座上每天来演一折独语剧,自管自走了。后来实在演得厌烦,索性不大来了,学生来得也参差错落了。这个特班,也就无形的消灭,前后统共支撑了八个月。

这八个月的光阴,在别人呢,我敢说一句话,完全是虚掷的,却单做成了我一个人法文的基础。我的资质是很钝的,不过自始至终,学一点是一点,没有抛弃,拼音是熟了,文法是略懂些了。于是离了师傅,硬读文法,强记字典,这种枯燥无味的工作,足足做了三年。一到第三年上,居然有了一线光明了。那时在旧书店里,买得了一部阿那都尔佛朗士的《笑史》(Histoire Comique),拼命的逐字去译读,等到读完,再看别的书,就觉得容易得多了。

然那时候的读,完全是没秩序的读,哲学的,科学的,文学的,随手乱抓,一点统系都不明了。直到戊戌变法的那年,我和江灵鹣先生在上海浪游。有一天,他替谭复生先生饯行北上,请我作陪,座客中有个陈季同将军,是福建船厂学堂的老学生,精熟法国文学,他替我们介绍了。我们第一次的谈话,彼此就十分契合,从此便成了朋友,成了我法国文学的导师。

陈季同将军在法国最久,他的夫人便是法国人。他的中国旧文学也是很好,但尤其精通法国文学;他的法文著作,如《支那童话》(Contes chinois),《黄衫客悲剧》(L'homme de la Robe Jaune)等,都很受巴黎人士的欢迎;他晚年的生活费,还靠他作品的版税和剧场的酬金;他和佛朗士仿佛很有交谊的。

我自从认识了他,天天不断的去请教,他也娓娓不倦的指示我;他指示我文艺复兴的关系,古典和浪漫的区别,自然派,象征派,和近代各派自由进展的趋势;古典派中,他教我读拉勃来的《巨人传》,龙沙尔的诗,拉星和莫理哀的悲喜剧,白罗瓦的《诗法》,巴斯卡的《思想》,孟丹尼的小论;浪漫派中,他教我读服尔德的历史,卢梭的论文,嚣俄的小说,威尼的诗,大仲马的戏剧,米显雷的历史;自然派里,他教我读弗劳贝、佐拉、莫泊三的小说,李尔的诗,小仲马的戏剧,泰恩的批评;一直到近代的白伦内甸《文学史》,和杜丹、蒲尔善、佛朗士、陆悌的作品;又指点我法译本的意、西、英、德各国的作家名著;我因此沟通了巴黎几家书店，在三四年里，读了不少法国的文哲学书。我因此发了文学狂，昼夜不眠，弄成了一场大病，一病就病了五年。

我文学狂的主因，固然是我的一种嗜好，大半还是被陈季同先生的几句话挑激起来。他常和我说：

我们在这个时代，不但科学，非奋力前进，不能竞存，就是文学，也不可妄自尊大，自命为独一无二的文学之邦；殊不知人家的进步，和别的学问一样的一日千里，论到文学的统系来，就没有拿我们算在数内，比日本都不如哩。我在法国最久，法国人也接触得最多，往往听到他们对中国的论调，活活把你气死。除外几个特别的：如阿培尔娄密沙(Abel Rémusat)，是专门研究中国文字的学者，他做的《支那语言及文学论》，态度还公平。瞿亚姆波底爱(M. Guillaume Pauthier)，是崇拜中国哲学的，翻译了《四子书》(Confucius et Menfucius)和《诗经》(Ch'iking)、《老子》(Lao-Tseu)；他认孔孟是政治道德的哲学家，《老子》是最高理性的书。又瞿约大西(Guillard d'Arcy)，是译中国神话的(Contes chinois)；司塔尼斯拉许连(Stanislus Julien)译了《两女才子》(Les Deux Jeune Filles Lettrée)、《玉娇李》(Les Deux Cousines)；唐德雷古尔(P. d'Entre-Colles)译了《扇坟》(Histoire de la Dame a L'éventail blanc)；都是翻译中国小说的，议论是半赞赏半玩笑；其余大部分，不是轻蔑，便是厌恶。就是和中国最表同情的服尔德(Voltaire)，他在十四世纪哈尔达编的《支那悲剧集》(La Tragédie Chinoise, Par le pére du Halde)里，采取元纪君祥的《赵氏孤儿》，创造了《支那孤儿》五折悲剧(L'orphelin de la Chine)，他在卷头献给李希骝公爵的书翰中，赞叹我们发明诗剧艺术的早，差不多在三千年前(此语有误，怕是误会剧中事实的年代，当做作剧的年代)，却怪诧我们进步的迟，至今还守着三千年前的态度；至于现代文豪佛郎士就老实不客气的谩骂了。他批评我们的小说，说：不论散文或是韵文，总归是满面礼文满腹凶恶一种可恶民族的思想；批评神话又道：大半叫人读了不喜欢，笨重而不像真，描写悲惨，使我们觉到是一种扮鬼脸，总而言之，支那的文学是不堪的;这种话,都是在报纸上公表的。我想弄成这种现状,实出于两种原因:一是我们太不注意宣传,文学的作品,译出去的很少,译的又未必是好的,好的或译得不好,因此生出重重隔膜;二是我们文学注重的范围,和他们不同,我们只守定诗古文词几种体格,做发抒思想情绪的正鹄,领域很狭,而他们重视的如小说戏曲,我们又鄙夷不屑,所以彼此易生误会。我们现在要勉力的,第一不要局于一国的文学,嚣然自足,该推扩而参加世界的文学;既要参加世界的文学,入手方法,先要去隔膜,免误会。要去隔膜,非提倡大规模的翻译不可,不但他们的名作要多译进来,我们的重要作品,也须全译出去。要免误会,非把我们文学上相传的习惯改革不可,不但成见要破除,连方式都要变换,以求一致。然要实现这两种主意的总关键,却全在乎多读他们的书。

我只为迷信了这一篇话,不仅害我生了一场大病,而且好多年感着孤寂的苦闷。人类的普遍性,凡是得了一件新物品或新智识,总希望有个同情者,互相析疑欣赏,才觉得满足愉快。我辛辛苦苦读了许多书,知道了许多向来不知道的事情,却只好学着李太白的赏月喝酒,对影成三,自问自答,竟找不到一个同调的朋友。那时候,大家很兴奋的崇拜西洋人,但只崇拜他们的声光化电,船坚炮利;我有时谈到外国诗,大家无不瞠目挢舌,以为诗是中国的专有品,蟹行蚓书,如何能扶轮大雅,认为说神话罢了;有时讲到小说戏剧的地位,大家另有一种见解,以为西洋人的程度低,没有别种文章好推崇,只好推崇小说戏剧;讲到圣西门和孚利爱的社会学,以为扰乱治安;讲到尼采的超人哲理,以为离经叛道。最好笑有一次,我为办学校和本地老绅士发生冲突,他们要禁止我干预学务,联名上书督抚,说"某某不过一造作小说淫辞之浮薄少年耳,安知教育",竟把研究小说,当作一种罪案。

不久,《新民丛报》出来了,刊行了一种《新小说》杂志,又发表了一篇《小说有关群治》的论文,似乎小说的地位,全仗了梁先生的大力,增高了一点。翻译的小说,如《茶花女遗事》等,渐渐的出现了。

那时社会上一般的心理,轻蔑小说的态度确是减了,对着外国文学整个的统系,依然一片模糊。我就纠合了几个朋友,合资创办了小说林和宏文馆书店;在初意原想顺应潮流,先就小说上做成个有统系的译述,逐渐推广范围,所以店名定了两个。谁知后来为了各人的意见,推销的关系,自己又卷入社会活动的潮涡里,无暇动笔,竟未达到目的,事业就失败了。他的结果仅仅激起了一般翻译和浏览外国小说的兴味,促进了商务书馆小说丛书的刊行罢了(小说林书店开办时,翻译外国的小说,还不满十种,可惜当时全为推销起见,倒注重了柯南道尔的侦探案)。

于是,畏庐先生拿古文笔法来译欧美小说的古装新剧出幕了。我看见初出的几本英国司各脱的作品,都是数十万言的巨制,不到几个月,联翩的译成,非常的喜欢,以为从此吾道不孤,中国有统系的翻译事业,定可在他身上实现了。每出一种,我总去买来看看,慢慢觉得他还是没标准,即如哈葛德的作品,实在译得太多了,并且有些毫无文学价值作家的作品,也一样在那里钩心斗角的做,我很替他可惜。有一回,我到北京特地去访他,和他一谈之下,方知道畏庐先生虽是中国的文豪,外国文是丝毫不懂的,外国文学源流,更是茫然,译品全靠别人口述,连选择之权,也在他人手里。我却承他好意,极力赞许我的文字,我也很热心的想帮助他一点,把欧洲文学的原委派别,曾大概和他谈过几次,并且告诉他,如照他这样的做下去,充其量,不过增多若干篇外国材料的模仿唐宋小说罢了,于中国文学前途,不生什么影响;我们翻译的主旨,是要扩大我们文学的旧领域,不是要表显我们个人的文章。我就贡献了两个意见:一是用白话,固然希望普遍的了解,而且可以保存原著人的作风,叫人认识外国文学的真面目,真精神;二是应预定译品的标准,择各时代,各国,各派的重要名作,必须迻译的次第译出。他对于第一点,完全反对,说用违所长,不愿步《孽海花》的后尘;第二点,怕事实做不到,只因他自己不懂西文,无从选择预定,人家选择,那么和现在一样,人家都是拿着名作来和他合译的,何必先定目录,到〔倒〕受拘束。我觉得他理解很含糊,成见很深固,还时时露出些化朽腐为神奇的自尊心,我的话当然要刺他老人家的耳,也则索罢了。他一生译的小说,不下二百余种,世界伟大的名著,经他译出的,不在少数,对着译界,也称得起丰富的贡献了。如果能把没价值的除去,一家屡译的减去,填补了各大家代表的作品,就算他意译过甚,近于不忠,也要比现在的成绩圆满得多呢。

  我在畏庐先生身上,不能满足我的希望后,从此便不愿和人再谈文学了。一直到您的《文学革命论》在《新青年杂志》上崭然露了头角,我国沉沉死气的旧文学界,觉得震动了一下。接着便是文言白话的论战,在北方轩然起了大波。那时,在旧文学里,第一个抵死对抗者是畏庐先生,在新文学里,扬着三色旗,奋勇直前,大声疾呼,做第一个敢死队的急先锋就是您。您本是我国礼学传统里学问界的贵胄,国故田园里培养成熟的强苗,在根本上,环境上,看透文学有改革的必要,独能不顾一切,在遗传的重重罗网里杀出一条血路来。终究,得到了多数的同情,引起了青年的狂热;我不佩服你别的,我只佩服你当初这种勇决的精神;比着托尔斯泰弃爵放农身殉主义的精神,有何多让!因此,新文化运动的潮流,弥漫了全国,外国文艺的光华,也照耀了一般。未几,普通白话不满足,进求欧化,译述不满足,共谋创造;共学社、创造社、北大的刊物,次第发展了;《小说月报》,改成了宣传新文学的机关了;各省新文学的社团,也纷纷的共鸣了;杂志和书店,也前仆后继的陈列在市场上了;有几个新成名的作家,已掂着脚向世界文坛上偷递眼波了。照这样的说,这五六年间,我们新文学的成绩,已弄得十色五光,绚烂夺目,只应该恭敬叹赞,共唱凯歌,为什么我们的感觉上虽然扫除了从前的苦闷,却总觉得不十分满足,便是最先提倡新文学的您,也在那里慨乎言之,希望些救荒的粮食,似乎还未得到丰饶的收获呢?这真是近来文学界里最可注意的一点了。

  我对于现代的出版物,虽未能遍读,然大概也涉猎过。觉得这几年文学界的努力,很值得赞颂的,确有不可埋没的成绩。只就我所见的概括说起来,第一是小品文字,含讽刺的,析心理的,写自然的,往往着墨不多,而余味曲包。第二是短篇小说,很有能脱去模仿的痕迹,表现自我的精神,将来或可自造成中国的短篇小说。第三是诗,比较新创时期,进步得多了;虽然叙事诗还不多见,然抒情诗,却能把外来的格调,折中了可谐的音节,来刷新遗传的旧式,情绪的抒写,格外自由,热烈,也渐少诘屈聱牙之病,决有成功的希望。这三件,我们凭良心说,不能不说是良好的新产品,除此外,长篇小说——现在的名为长篇,实不过是中篇——没有见过,诗剧,散文剧,叙事诗,批评,书翰,游记等,很少成功之作。

　　我们在这新辟的文艺之园里巡游了一周,敢说一句话,精致的作品是发见了,只缺少了伟大。譬如我们久饿的胃口,正想狼吞虎咽,却摆在你面前的,只有些精巧的点心,玲珑的糖果,酸辣的小食,不要说山珍海味的华筵没有你的分儿,便家常的全桌饭菜,也到不了口,这如何能鼓腹而嬉呢?

　　这个现象,很值得我们注意的。为什么成这个现象?我想不外乎两种原因。一种是懒惰,一种是欲速。我们来做文学事业的,大半是聪明的青年人。聪明人总欢喜做点乖巧的勾当,决不肯去下笨重的工夫。他们见这些小品文和短篇小说,用力少而成功易,又适应潮流,自然群趋一途,何必戴石串戏?等到这种试验,得了些效果,成了些小名,已经有人如天如帝来捧场,自觉在这新国土里已操了威权,新信仰中已成了偶像,只想保持尊严,享用香火,谁还肯冒险图功,自寻烦恼?这便是懒惰。我们人的普通性,任做什么事,总喜欢越级,政治是如此,文学上也是如此。文学的最终目的,自然要创造,但创造不是天上掉下石里迸出的,必然有个来源。我们既要参加在世界的文学里,就该把世界已造成的作品,做培养我们创造的源泉。欧洲文艺复兴的成功,得力全在翻译希、罗的名著。我们却不然,一开手,便轻蔑了翻译,全力提倡创作。所以从新文化运动后,译事反不如了旧文学时期,无怪您要诧怪重要些作品,都被老一辈人译了。其实这现象很不好,自己不注意翻译,连带便也少研读别国的作品,作风上也少新进益,而且文学的事业,该合全国人——不论懂外国文和不懂外国文的——共同工作,译品一寥落,叫不懂外国文的人,无从加入合作,岂不自己减削了一大部分人的力量呢?这便是欲速。

现在要完成新文学的事业,非力防这两样毛病不可;欲除两样毛病,非注重翻译事业不可。您的勉励我们努力翻译名著真是一剂救时良药。我们虽力不能胜,却也想尽一分子的义务。

　　我们现定的方法,想先从调查入手,把已译成的各国作家重要作品,调查清楚,列成一表。译得好的或不好的,详加讨论。然后再将各国,各时代,各派别里的代表作品,有必须介绍的,另定一表,加以说明,便在杂志上逐期公表,和大家商榷,总希望定出一文学上翻译的总标准。至于我们的译事,也就在这个总标准里,选出若干,看着我们能力上办得到的担任,勉副您殷挚的期望。

　　因您几句话,引起了我三十多年的回想,不觉絮絮叨叨了数千言,这也是神经衰弱人的常态,请您恕我的噜苏,并祝您的健康。

您的忠恳的友,病夫谨复
一七,三,一六　天明时

胡适文存三集　卷九

人生有何意义

一　答某君书

……我细读来书,终觉得你不免作茧自缚。你自己去寻出一个本不成问题的问题,"人生有何意义?"其实这个问题是容易解答的。人生的意义全是各人自己寻出来,造出来的:高尚,卑劣,清贵,污浊,有用,无用,……全靠自己的作为。生命本身不过是一件生物学的事实,有什么意义可说? 生一个人与一只猫,一只狗,有什么分别? 人生的意义不在于何以有生,而在于自己怎样生活。你若情愿把这六尺之躯葬送在白昼作梦之上,那就是你这一生的意义。你若发愤振作起来,决心去寻求生命的意义,去创造自己的生命的意义,那么,你活一日便有一日的意义,作一事便添一事的意义,生命无穷,生命的意义也无穷了。

总之,生命本没有意义,你要能给他什么意义,他就有什么意义。与其终日冥想人生有何意义,不如试用此生作点有意义的事。……

十七,一,廿七

(原载 1928 年 8 月 5 日《生活》周刊第 3 卷第 38 期)

二　为人写扇子的话

知世如梦无所求,无所求心普空寂。

还似梦中随梦境,成就河沙梦功德。

王荆公小诗一首,真是有得于佛法的话。认得人生如梦,故无所求。但无所求不是无为。人生固然不过一梦,但一生只有这一场做梦的机会,岂可不努力做一个轰轰烈烈像个样子的梦? 岂可糊糊涂涂懵懵懂懂混过这几十年吗?

十八,五,十三

爱国运动与求学

当5月7日北京学生包围章士钊宅,警察拘捕学生的事件发生以后,北京各学校的学生团体即有罢课的提议。有些学校的学生因为北大学生会不曾参加五七的事,竟在北大第一院前辱骂北大学生不爱国。北大学生也有很愤激的,有些人竟贴出布告攻击北大代理校长蒋梦麟媚章媚外。然而几日之内,北大学生会举行总投票表决罢课问题,共投一千一百多票,反对罢课者八百余票,这件事真使一班留心教育问题的人心里欢喜。可喜的不在罢课案的被否决,而在(1)投票之多,(2)手续的有秩序,(3)学生态度的镇静。我的朋友高梦旦在上海读了这段新闻,写了一封长信给我,讨论此事,说,这样做去,便是在求学的范围以内做救国的事业,可算是在近年学生运动史上开一个新纪元。——只可惜我还没有回高先生的信,上海五卅的事件已发生了,前二十天的秩序与镇静都无法维持了。于是6月3日以后,全国学校遂都罢课了。

这也是很自然的。在这个时候,国事糟到这步田地,外间的刺激这么强:上海的事件未了,汉口的事件又来了,接着广州、南京的事件又来了;在这个时候,许多中年以上的人尚且忍耐不住,许多六十老翁尚且要出来慷慨激昂地主张宣战,何况这无数的少年男女学生呢?

我们观察这七年来的"学潮",不能不算民国八年的五四事件与今年的五卅事件为最有价值。这两次都不是有什么作用,事前预备好了然后发动的;这两次都只是一般青年学生的爱国血诚,遇着国家的大耻辱,自然爆发;纯然是烂熳的天真,不顾利害地干将去,这种"无所为而为"的表示是真实的,可爱敬的。许多学生都是不愿意牺牲求学的时间的;只因为临时发生的问题太大了,刺激太强烈了,爱国的感情一时迸发，所以什么都顾不得了：功课也不顾了，秩序也不顾了，辛苦也不顾了。所以北大学生总投票表决不罢课之后，不到二十天，也就不能不罢课了。二十日前不罢课的表决可以表示学生不愿意牺牲功课的诚意；二十日后毫无勉强地罢课参加救国运动可以证明此次学生运动的牺牲的精神。这并非前后矛盾：有了前回的不愿牺牲，方才更显出后来的牺牲之难能而可贵。岂但北大一校如此？国中无数学校都有这样的情形。

但群众的运动总是不能持久的。这并非中国人的"虎头蛇尾"，"五分钟的热度"。这是世界人类的通病。所谓"民气"，所谓"群众运动"，都只是一时的大问题刺激起来的一种感情上的反应。感情的冲动是没有持久性的；无组织又无领袖的群众行动是最容易松散的。我们不看见北京大街的墙上大书着"打倒英日"、"不要五分钟的热度"吗？其实写那些大字的人，写成之后，自己看着很满意，他的"热度"早已消除大半了；他回到家里，坐也坐得下了，睡也睡得着了。所谓"民气"，无论在中国在欧美，都是这样：突然而来，悠然而去。几天一次的公民大会，几天一次的示威游行，虽然可以勉强多维持一会儿，然而那回天安门打架之后，国民大会也就不容易召集了。

我们要知道，凡关于外交的问题，民气可以督促政府，政府可以利用民气：民气与政府相为声援方才可以收效。没有一个像样的政府，虽有民气，终不能单独成功。因为外国政府决不能直接和我们的群众办交涉；民众运动的影响（无论是一时的示威或是较有组织的经济抵制），终是间接的。一个健全的政府可以利用民气作后盾，在外交上可以多得胜利，至少也可以少吃点亏。若没有一个能运用民气的政府，我们可以断定民众运动的牺牲的大部分是白白地糟蹋了的。

倘使外交部于6月24日同时送出沪案及修改条约两照会之后即行负责交涉，那时民气最盛，海员罢工的声势正大，沪案的交涉至少可以得一个比较满人意的结果。但这个政府太不像样了：外交部不敢自当交涉之冲，却要三个委员来代掮末梢；三个委员都是很聪明的人，也就乐得三揖三让，延搁下去。他们不但不能用民气，反惧怕民气了！况且某方面的官僚想借这风潮延长现政府的寿命；某方面的政客也想借这问题展缓东北势力的侵逼。他们不运用民气来对付外人，只会利用民气来便利他们自己的私图！于是一误，再误，至于今日，沪案及其他关连之各案丝毫不曾解决，而民气却早已成了强弩之末了！

上海的罢工本是对英日的，现在却是对邮政当局，商务印书馆，中华书局了。北京的学生运动一变而为对付杨荫榆，又变而为对付章士钊了。广州对英的事件全未了结，而广州城却早已成为共产与反共产的血战场了。三个月的"爱国运动"的变相竟致如此！

这时候有一件差强人意的事，就是全国学生总会议决秋季开学后各地学生应一律到校上课，上课后应努力于巩固学生会的组织，为民众运动的中心。北京学联会也决议北京各校同学于开学前务必到校，一面上课，一面仍继续进行。

这是很可喜的消息。全国学生总会的通告里并且有"五卅运动并非短时间所可解决"的话。我们要为全国学生下一转语：救国事业更非短时间所能解决：帝国主义不是赤手空拳打得倒的；"英日强盗"也不是几千万人的喊声咒得死的。救国是一件顶大的事业：排队游街，高喊着"打倒英日强盗"，算不得救国事业；甚至于砍下手指写血书，甚至于蹈海投江，杀身殉国，都算不得救国的事业。救国的事业须要有各色各样的人才；真正的救国的预备在于把自己造成一个有用的人才。

易卜生说的好：

> 真正的个人主义在于把你自己这块材料铸造成个东西。

他又说：

> 有时候我觉得这个世界就好像大海上翻了船，最要紧的是救出我自己。

在这个高唱国家主义的时期，我们要很诚恳的指出：易卜生说的"真正的个人主义"正是到国家主义的唯一大路。救国须从救出你自己下手！

学校固然不是造人才的唯一地方，但在学生时代的青年却应该充分地利用学校的环境与设备来把自己铸造成个东西。我们须要明白了解：

　　救国千万事，何一不当为？
　　而吾性所适，仅有一二宜。

认清了你"性之所近，而力之所能勉"的方向，努力求发展，这便是你对国家应尽的责任，这便是你的救国事业的预备工夫。国家的纷扰，外间的刺激，只应该增加你求学的热心与兴趣，而不应该引诱你跟着大家去呐喊。呐喊救不了国家。即使呐喊也算是救国运动的一部分，你也不可忘记你的事业有比呐喊重要十倍百倍的。你的事业是要把你自己造成一个有眼光有能力的人才。

　　你忍不住吗？你受不住外面的刺激吗？你的同学都出去呐喊了，你受不了他们的引诱与讥笑吗？你独坐在图书馆里觉的难为情吗？你心里不安吗？——这也是人情之常，我们不怪你；我们都有忍不住的时候。但我们可以告诉你一两个故事，也许可以给你一点鼓舞：——

　　德国大文豪葛德（Goethe）在他的年谱里（英译本页一八九）曾说，他每遇着国家政治上有大纷扰的时候，他便用心去研究一种绝不关系时局的学问，使他的心思不致受外界的扰乱。所以拿破仑的兵威逼迫德国最厉害的时期里，葛德天天用功研究中国的文物。又当利俾瑟之战的那一天，葛德正关着门，做他的名著 Essex 的"尾声"。

　　德国大哲学家费希特（Fichte）是近代国家主义的一个创始者。然而他当普鲁士被拿破仑践破之后的第二年（1807）回到柏林，便着手计划一个新的大学——即今日之柏林大学。那时候，柏林还在敌国驻兵的掌握里。费希特在柏林继续讲学，在很危险的环境里发表他的《告德意志民族》（*Reden an die deutsche nation*）。往往在他讲学的堂上听得见敌人驻兵操演回来的笳声。他这一套讲演——《告德意志民族》——忠告德国人不要灰心丧志，不要惊惶失措；他说，德意志民族是不会亡国的；这个民族有一种天付的使命，就是要在世间建立一个精神的文明，——德意志的文明：他说，这个民族的国家是不会亡的。

后来费希特计划的柏林大学变成了世界的一个最有名的学府；他那部《告德意志民族》不但变成了德意志帝国建国的一个动力，并且成了十九世纪全世界的国家主义的一种经典。

上边的两段故事是我愿意介绍给全国的青年男女学生的。我们不期望人人都做葛德与费希特。我们只希望大家知道：在一个扰攘纷乱的时期里跟着人家乱跑乱喊，不能就算是尽了爱国的责任，此外还有更难更可贵的任务：在纷乱的喊声里，能立定脚跟，打定主意，救出你自己，努力把你这块材料铸造成个有用的东西！

十四，八，卅一夜　在天津脱稿

（原载1925年9月5日《现代评论》第2卷第39期）

中国公学十八年级毕业赠言

诸位毕业同学:你们现在要离开母校了,我没有什么礼物送给你们,只好送你们一句话罢。

这一句话是:"不要抛弃学问。"以前的功课也许有一大部分是为了这张毕业文凭,不得已而做的,从今以后,你们可以依自己的心愿去自由研究了。趁现在年富力强的时候,努力做一种专门学问。少年是一去不复返的,等到精力衰时,要做学问也来不及了。即为吃饭计,学问决不会辜负人的。吃饭而不求学问,三年五年之后,你们都要被后进少年淘汰掉的。到那时再想做点学问来补救,恐怕已太晚了。

有人说:"出去做事之后,生活问题急须解决,那有工夫去读书?即使要做学问,既没有图书馆,又没有实验室,那能做学问?"

我要对你们说:凡是要等到有了图书馆方才读书的,有了图书馆也不肯读书。凡是要等到有了实验室方才做研究的,有了实验室也不肯做研究。你有了决心要研究一个问题,自然会撙衣节食去买书,自然会想出法子来设置仪器。

至于时间,更不成问题。达尔文一生多病,不能多作工,每天只能做一点钟的工作。你们看他的成绩!每天花一点钟看十页有用的书,每年可看三千六百多页书;三十年可读十一万页书。

诸位,十一万页书可以使你成一个学者了。可是,每天看三种小报也得费你一点钟的工夫;四圈马将也得费你一点半钟的光阴。看小报呢?还是打马将呢?还是努力做一个学者呢?全靠你们自己的选择!

易卜生说:"你的最大责任是把你这块材料铸造成器。"

学问便是铸器的工具。抛弃了学问便是毁了你们自己。

再会了！你们的母校眼睁睁地要看你们十年之后成什么器。

十八，六，廿五

（收入 1929 年 7 月《中国公学毕业纪念册》）

今日教会教育的难关

现在的传教事业和二十五年前大不同了。二十五年前的种种困难,现在全没有了,或大大地减轻了。但是现在的传教士却有他们的新困难。这些新起的困难是从前的传教士不曾梦想到的,也是今日一般传教士不很十分了解的。我以为今日传教的人若不明白了解这些新困难,便不懂得他自己处的地位,便不能认清他自己要应付的问题,便不能了解他自己干的什么事。

在我这个旁观者看来,今日的传教事业有三个新难关,不容易打过去。

第一是新起的民族主义的反动(A New Nationalistic Reaction)。这几十年来,中国受西洋人的欺侮总算很够了;好几次的反抗,都归失败。最后一次的反抗是庚子年的拳匪运动。自从那回之后,中国人知道这种盲目的,无知识的反动是无用的了。所以二十世纪头上的十多年可算是中国人对外不反抗的时期;外国人处处占优胜,处处占便宜;中国人怕"干涉",怕"瓜分",只好含羞忍辱,敢怒而不敢反抗。但是这十几年来,可不同了。辛亥的革命与民国的成立鼓起了中国人的勇气,唤醒了民族的自觉心。干涉与瓜分的噩梦渐渐远了。到了欧战发生,欧洲残破,真正"戳穿了西洋镜",中国人对于西洋列强的真相渐渐有点明白了,怕惧的心理渐渐减低,自觉的心理渐渐发展。欧战期内,国际贸易的大变迁,国内产业的发达,列强在远东的压迫力的暂时弛缓,欧战后国际形势的大变动,俄国的革命,德国、奥国的衰败,这些事实都够使中国民族——自觉地,或不自觉地,——心理上起许多大反动。结果就是一种新的民族主义的大反动。这种反动的表现很多,如近年收回租借地,废止不平等条约等等运动,都是实例。

这种民族主义的反动是很自然的,很正当的。但其中也不免有走向极端的倾向。有人竟恭维义和团的运动为"中国民族革命史之悲壮的序幕"(《向导》八十一期),有人竟主张"排外二字大可做在民间宣传的口号"(《政治生活》十五期)。但他们定出的"排外的纲领"却不像他们的口号那样暴烈:

(1)取消协定关税,发展中国的工商业。

(2)收回领事裁判权,由中国人惩罚外人在中国贩军火,吗啡,鸦片,杀人,强奸等暴行。

(3)收回教育权。

(4)禁止外人在中国传教。

(5)废除外人在华一切特权,租界;撤退外人在华军舰及军队。(《政治生活》十五期)

他们为什么不许外人在中国传教办学呢?因为他们相信凡帝国主义文化侵掠的唯一方法是布宗教,开学校。"宗教一方面是帝国主义昏迷殖民地民众之一种催眠术,另一方面又是帝国主义侵掠殖民地之探险队,先锋军"(《向导》八十一期)。他们引俾士麦保护天主教传教事业,及德国因教案抢得青岛及胶州湾的事作一种引证。

这种反动是不可轻视的。他们的理由就是八十年来列强欺侮压迫中国人的历史;他们的证据就是外国人在中国取得的种种特权和租界。这些不公道一日不除,这些不平等的情形一日不去,那么,这些反动的喊声一日不能消灭。拳匪之事可以用武力扑灭;因为那种迷信的,野蛮的举动本身就站不住脚。但是现在的民族主义的反抗运动,根据在一个大民族不平的心理,有可以公开的目标,有可以动人的理论,——这是强权不能压倒,武力不能铲除的。

传教的事业在二十五年前经过了义和团的难关,现在到了这座新难关之下应该怎样过关呢?

第二是新起的理性主义(Rationalism)的趋势。二十五年前,传教事业的敌人是愚昧的迷信。二十五年后,传教事业的难关是开明的理性主义。我们现在不怕基督教士挖眼珠子去作药了;我们现在对于基督教的教义与信条也渐渐明白了。但我们有人要进一步疑问基督教的根本教义能不能成立。我们有人要问上帝究竟有没有,灵魂究竟有没有。西洋近代科学思想输入中国以后,中国固有的自然主义的哲学逐渐回来,这两种东西的结合就产生了今日自然主义的运动。这种自然主义对于宗教的态度是:

(1) 宇宙及其中一切万物的运行变化皆是自然的,自己如此的,用不着什么超自然的主宰或造物者。

(2) 生物界的生存竞争的惨酷与浪费,使我们明白那仁爱慈祥的主宰是不会有的。

(3) 人不过是动物的一种,死后是要腐烂朽灭的;朽灭是自然的现象,不足使我们烦心。我们则应该努力做我们能做的事业,建造我们人世的乐国,不必去谋死后的净土天堂。

这种新的理性主义的根本态度是怀疑:他要人疑而后信。他的武器是"拿证据来"!

这种理性主义现在虽然只是少数人的信仰,然而他们的势力是不可轻视的。中国民族本是一种薄于宗教心的民族;古代的道家,宋明的理学,都带有自然主义的色彩。所以西洋近代的自然主义到了中国便寻着了膏腴之地,将来定能继长增高,开花结果。在这个"拿证据来"的旗帜之下,不但同善社、悟善社等等变相的道教要受理性主义的评判与打击,就是基督教的教义与信条也免不掉他的评判与攻击。

传教的事业二十五年前打义和团和红灯教的难关过来了,现在到了这"理性关"前,还是偷关而过呢?还是指名搦战呢?

前面两座难关是外来的抵抗,第三座难关却是基督教传教事业内部的弱点。

这第三关便是传教士在中国的生活的安逸。这话好像不通。传教士的生活变安逸了,岂不是一件好事?何以我说是一座难关呢?

五六十年前,到中国来传教是一件很困难的事,很危险的事。交通不方便,语言不通,信息不通,一个教士冒险深入内地,住在一群仇视的愚民之中,时时刻刻有生命的危险。所以当年来的传教士至少须具有两种资格:第一要有非常深挚的宗教信心,第二要有百折不回的牺牲精神。没有很强的宗教信仰,他不肯来;没有很坚决的牺牲精神,他不敢来。所以当年那些把生命和安逸放在脑背后,来到中国传教的人,大都经过了一种天然的淘汰,大都是挑出来的尖子,大都是中人以上的人格。我们回看利玛窦、莫利逊一班人的成绩,不能不向他们脱帽致敬。

但是现在时势变了。交通方便多了,保障完备多了,风气开通多了,生活容易多了。风俗不懂的,有书可读;语言不通的,有华语学校可进。不但不用牺牲生命,还有薪俸可拿。人工这样贱,生活费这样低,租税是没有的,禁酒的法令是行不到的,——在中国教会学校里教书的生活有什么了不得的痛苦与牺牲?

因为生活变容易了,变安逸了,所以现在来传教的人都不用经过那严刻的天然淘汰,所以什么样子的人都跑来了。有不能在本国吃饭而来中国教书的;有来养病的;有来休息的;有来玩的;有来混饭吃的;有来收买古董的。宗教信仰也不必很强,冒险精神也用不着,牺牲精神也不必有了。固然今日在中国的传教士之中确也有不少很可敬爱的人格。但我们可以说,今日教会选择传教士,远不如美孚公司或英美烟公司选择内地经理人之严格。有些人是不必来的;有些人是不配来的。

基督教古来的传教士经过了种种危险与困难的关隘,现在的传教事业到了这平阳关前,怎么办呢?

我是个直爽的人,爱说爽直的话。诸位朋友要我发表我对于基督教教会教育的前途的观察,我已经指出了传教事业今日遇着的三座难关,指出了教会教育今日不能忽略的三个新起的境地,我这个门外汉,至多只能诊察,却实在不配开药方。

药方是要请诸位自己开的。

但是我承诸位的好意,不敢不把话说完。我要提出两个疑问,作我今天谈话的结尾。这只是疑问,不是断语;只是一篇谈话的收尾,不是一个问题的结论。

第一,教会教育能不能集中一切财力人力来办极少数真正超等出色的学校,而不去办那许多中等下等的学校?

第二，教会学校能不能抛弃传教而专办教育？当前年布尔登博士（Dr. Burton）等来中国调查教会教育的时候，他曾问我有什么意见。我指着北京协和医院对他说，"这是教会教育家应当效法的。罗氏医社不到各地去设立无数小医院，却集中一切财力人力，在这里开一个设备最完，规模最大的医院。将来中国的医学教育无论怎样发达，这个医院，是打不倒的，总站得住的。教会教育何不也集中一切财力人力来办极少数的真正好学校呢？把最好的给我们，他才站得住。把三等四等的给我们，我们将来一定会不要的"。

我现把这番话拿来请教诸位。现在教会办的大学（College）已是不少的了；中学以下更不用说了。在今日国立公立学校办的不好的时候，这些教会学校固然可以侥幸存在。但从教育原则上观察，从根本上观察，这样势分力薄的政策是不经济的，是错误的。将来三等四等的学堂，谁不会办？何必劳诸位跑几万里路来替我们办呢？

如果诸位真有意要在中国办教育，我们很想看看基督教徒的好意能够办到一个怎样完备的学校。我们很希望教会能联合他们的财力人力，集中一两个地方，办一两个真正出色的学校，教将来的人看了都赞叹道，"这才不愧是基督教徒的好意的表现！"

为什么我要发第二个疑问呢？耶稣说的好：你不能同时伏侍上帝又伏侍财神。我们讲教育的人也要说：你不能同时伏侍教育又伏侍宗教。在今日民族主义和理性主义的潮流之中，以传教为目的的学校更不容易站得住。

我也知道，劝教会学校抛弃传教的目的，比劝张作霖、吴佩孚裁兵还要难的多。但我有两层理由，不能不说。

（1）利用儿童不能自己思想的时期，强迫他做宗教的仪式，劝诱他信仰某种信条，那是不道德的行为。右手执剑，左手拿《哥兰经》（The Koran），是你们不赞成的。右手拿面包，左手拿《马太福音》，那是救世军的行为，是萧伯讷（Bernard Shaw）所讥笑的。但是右手拿粉笔和教科书，左手《马太福音》，也是我们所反对的。教育是为儿童的幸福的，不是为上帝的光荣的。学校是发展人才的地方，不是为一宗一派收徒弟的地方。用学校传教，利用幼稚男女的简单头脑来传教,实行传教的事业,这种行为等于诈欺取利,是不道德的行为。

(2)为基督徒计,与其得许多幼稚可欺的教徒,还不如得少数晚年入教的信徒。早年受劝诱入教的人,中年智识开发之后,往往要起反感。天才高的也许变成福尔泰(Voltaire)一类的革命家;中下的也许放恣流荡,打破一切教义的拘束。倒是那些中年以后信教的人,信心不易减退,宗旨不易变迁。给他自由思想的机会;他若从经验中感觉宗教的需要,从经验里体会得基督教的意义,那种信徒才是真信徒,一个可抵千百个的。圣奥古斯丁便是一个有名的先例。

我所谓教会教育抛弃传教,专办教育,只是要做到这几件:(1)不强迫做礼拜,(2)不把宗教教育列在课程表里,(3)不劝诱儿童及其父兄信教,(4)不用学校做宣传教义的机关,(5)用人以学问为标准,不限于教徒,(6)教徒子弟与非教徒子弟受同等待遇,(7)思想自由,言论自由,信仰自由。

诸位大概记得中古教会里有一种制度,叫做"魔鬼的辩护士"(Advocatus diaboli)。中古教会要讨论一种教义时,必要有一个人担任反驳这种教义,让大众尽力驳他。这个担任反对言论的人,这个"掮末梢"的人,就叫做"魔鬼的辩护士"。这种制度是极好的,因为他的用意是不肯抹杀反对的言论,要从辩论里寻出真理来。我相信诸位都是爱真理的人,所以我自己情愿给诸位做一次魔鬼的辩护者,好让诸位尽来驳我。

我谢谢诸位的容忍与耐心。

(十四年在燕京大学教职员聚餐会的谈话,十五年三月九日追记。)

(此文为英文讲演 The Present Crisis in Christian Education 的中译文,原载《教育评论》(*Educational Review of the China Christian Educational Association*) 1925 年 7 月号,又载《宗教教育》(*Religions Education*) 1925 年 12 月第 20 卷第 6 期)

祝贺女青年会

我常问自己:我们中国为什么糟到这步田地呢?

对于这个问题,自然各人有各人的聪明答案;但我的答案是:中国所以糟到这步田地,都是因为我们的老祖宗太对不住了我们的妇女。

我今年到内地旅行,看见内地的小脚妇女走路不像人,脸上没有人色,我忍不住对我的同伴说:"我们这个民族真是罪孽深重!祖宗作的孽,子孙总得受报应。我们不知还要糟到什么田地呢!"

"把女人当牛马",这句话还不够形容我们中国人待女人的残忍与惨酷。我们把女人当牛马,套了牛轭,上了鞍辔,还不放心,还要砍去一只牛蹄,剁去两只马脚,然后赶他们去做苦工!

全世界的人类里,寻不出第二国有这样的野蛮制度!

圣贤经传,全没有拯救的功用。一千年的理学大儒,天天谈仁说义,却不曾看见他们的母妻姊妹受的惨无人道的痛苦。

忽然从西洋来了一些传教士。他们传教之外,还带来了一点新风俗,几个新观点。他们给了我们不少的教训,其中最大的一点是教我们把女人也当人看待。

新近去世的李立德夫人(Mrs. Archibald Little)便是中国妇女解放的一个恩人,她是天足会的创始人。

这几十年中的妇女解放运动,可以说全是西洋文明的影响。基督教女青年会便是一个最好的例。今年是女青年会成立二十年的纪念,我很诚恳地庆贺她们二十年来的种种成绩,并且祝她们继续做中国妇女解放运动的一个先锋。

女青年会是一个基督教的团体,同时又是一个社会服务的团体。

我们生在这个时代,大概都能明白宗教的最高表现是给人群尽力。社会服务便是宗教。中国的古人说:"未能事人,焉能事鬼?"西洋的新风气也主张"服事人就是服事神"。谋个人灵魂的超度,希冀天堂的快乐,那都是自私自利的宗教。尽力于社会,谋人群的幸福,那才是真宗教。

"天国在人死后",这是最早的宗教观念。

"天国在你心里",这是一大革命。

"天国不在天上也不在人心里,是在人间世",这是今日的新宗教趋势。大家努力,要使天国在人世实现,这便是宗教。

我们盼望女青年会继续二十年光荣的遗风,用她们的宗教精神,不断地努力谋中国妇女的解放,谋中国家庭生活的改善。有一分努力,便有一分效果;减得一分苦痛,添得一分幸福,便是和天国接近一步。

十七,六,廿四

慈幼的问题

我的一个朋友对我说过一句很深刻的话:"你要看一个国家的文明,只消考察三件事:第一,看他们怎样待小孩子;第二,看他们怎样待女人;第三,看他们怎样利用闲暇的时间。"

这三点都很扼要,只可惜我们中国禁不起这三层考察。这三点之中,无论那一点都可以宣告我们这个国家是最野蛮的国家。我们怎样待孩子?我们怎样待女人?我们怎样用我们的闲暇工夫?——凡有夸大狂的人,凡是夸大我们的精神文明的人,都不可不想想这三件事。

其余两点,现今且不谈,我们来看看我们怎样待小孩子。

从生产说起。我们到今天还把生小孩看作最污秽的事,把产妇的血污看作最不净的秽物。血污一冲,神仙也会跌下云头!这大概是野蛮时代遗传下来的迷信。但这种迷信至今还使绝大多数的人民避忌产小孩的事,所以"接生"的事至今还在绝无知识的产婆的手里,手术不精,工具不备,消毒的方法全不讲究,救急的医药全不知道。顺利的生产有时还不免危险,稍有危难的证候便是有百死而无一生。

生下来了,小孩子的卫生又从来不讲究。小孩总是跟着母亲睡,哭时便用奶头塞住嘴,再哭时便摇他,再哭时便打他。饮食从没有分量,疾病从不知隔离。有病时只会拜神许愿,求仙方,叫魂,压邪。中国小孩的长大全是靠天,只是徼幸长大,全不是人事之功。

小孩出痘出花,都没有科学的防卫。供一个"麻姑娘娘",供一个"花姑娘娘",避避风,忌忌口;小孩子若安全过去了,烧香谢神;小孩子若遇了危险,这便是"命中注定"!

普通人家的男孩子固然没有受良好教育的机会,女孩子便更痛苦了。女孩子到了四五岁,母亲便把她的脚裹扎起来,小孩疼的号哭叫喊,母亲也是眼泪直滴。但这是为女儿的终身打算,不可避免的,所以母亲噙着眼泪,忍着心肠,紧紧地扎缚,密密地缝起,总要使骨头扎断,血肉干枯,变成三四寸的小脚,然后父母才算尽了责任,女儿才算有了做女人的资格!

孩子到了六七岁以上,女孩子固然不用进学堂去受教育,男孩子受的教育也只是十分野蛮的教育。女孩在家里裹小脚,男孩在学堂念死书。怎么"念死书"呢?他们的文字都是死人的文字,字字句句都要翻译才能懂,有时候翻译出来还不能懂。例如《三字经》上的"苟不教",我们小孩子念起来只当是"狗不叫",先生却说是"倘使不教训"。又如《千字文》上的"天地玄黄,宇宙洪荒",我从五岁时读起,现在做了十年大学教授,还不懂得这八个字究竟说的是什么话!所以叫做"念死书"。

因为念的是死书,所以要下死劲去念。我们做小孩子时候,天刚亮,便进学堂去"上早学",空着肚子,鼓起喉咙,念三四个钟头才回去吃早饭。从天亮直到天黑,才得回家。晚上还要"念夜书"。这种生活实在太苦了,所以许多小孩子都要逃学。逃学的学生,捉回来之后,要受很严厉的责罚,轻的打手心,重的打屁股。有许多小孩子身体不好的,往往有被学堂磨折死的,也有得神经病终身的。

这是我们怎样待小孩子!

我们深深感谢帝国主义者,把我们从这种黑暗的迷梦里惊醒起来。我们焚香顶礼感谢基督教的传教士带来了一点点西方新文明和新人道主义,叫我们知道我们这样待小孩子是残忍的,惨酷的,不人道的,野蛮的。我们十分感谢这班所谓"文化侵略者"提倡"天足会"、"不缠足会",开设新学堂,开设医院,开设妇婴医院。

我们用现在的眼光来看他们的工作,他们的学堂不算好学堂,他们的医院也不算好医院。但是他们是中国新教育的先锋,他们是中国"慈幼运动"的开拓者,他们当年的缺陷,是我们应该原谅宽恕的。

几十年来,中国小孩子比较的减少了一点痛苦,增加了一点乐趣。

但"慈幼"的运动还只在刚开始的时期,前途的工作正多,前途的希望也正大。我们在这个时候,一方面固然要宣传慈幼运动的重要,一方面也应该细细计划慈幼事业的问题和他们的下手方法。中华慈幼协济会的主持人已请了许多专家分任各种问题的专门研究,我今天也想指出慈幼事业的几个根本问题,供留心这事的人的参考。

我以为慈幼事业在今日有这些问题:

(1) 产科医院和"巡行产科护士"(Visiting nurses)的提倡。产科医院的设立应该作为每县每市的建设事业的最紧急部分,这是毫无可疑的。但欧美的经验使我们知道下等社会的妇女对于医院往往不肯信任,她们总不肯相信医院是为她们贫人设的,她们对于产科医院尤其怀疑畏缩。所以有"巡行护士"的法子,每一区区域内有若干护士到人家去访问视察,得到孕妇的好感,解释她们的怀疑,帮助她们解除困难,指点她们讲究卫生。这是慈幼事业的根本要着。

(2) 儿童卫生固然重要,但儿童卫生只是公共卫生的一个部分。提倡公共卫生即是增进儿童卫生。公共卫生不完备,在蚊子苍蝇成群的空气里,在臭水沟和垃圾堆的环境里,在浓痰满地病菌飞扬的空气里,而空谈慈幼运动,岂不是一个大笑话?

(3) 女子缠足的风气在内地还不曾完全消灭,这也是慈幼运动应该努力的一个方向。

(4) 慈幼运动的中心问题是养成有现代知识训练的母亲。母亲不能慈幼,或不知怎样慈幼,则一切慈幼运动都无是处。现在的女子教育似乎很忽略这一方面,故受过中等教育的女子往往不知道怎样养育孩子。上月西湖博览会的卫生馆有一间房子墙上陈列许多产科卫生的图画,和传染病的图画。我看见一些女学生进来参观,她们见了这种图画往往掩面飞跑而过。这是很可惜的。女子教育的目的固然是要养成能独立的"人",同时也不能不养成做妻做母的知识。从前昏谬的圣贤说,"未有学养子而后嫁者也"。现在我们正要个个女子先学养子,学教子,学怎样保卫儿童的卫生,然后谈恋爱,择伴侣。故慈幼运动应该注重(甲)女学的扩充,(乙)女子教育的改善。

(5) 儿童的教育应该根据于儿童生理和心理。这是慈幼运动的一个基本原则。向来的学堂完全违背儿童心理,只教儿童念死书,下死劲。近年的小学全用国语教课,减少课堂工作,增加游戏运动,固然是一大进步。但我知道各地至今还有许多小学校不肯用国语课本,或用国语课本而另加古文课本;甚至于强迫儿童在小学二三年级作文言文:这是明明违背民国十一年以来的新学制,并且根本不合儿童生理和心理。慈幼的意义是改善儿童的待遇,提高儿童的幸福。这种不合儿童生理和心理的学校,便是慈幼运动的大仇敌,因为他们的行为便是虐待儿童,增加学校生活的苦痛。他们所以敢于如此,只因为社会上许多报纸和政府的一切法令公文都还是用死文字做的,一般父兄恐怕儿女不懂古文,将来谋生困难,故一些学校便迎合这种父兄心理,加添文言课本,强迫作文言文。故慈幼运动者在这个时候一面应该调查各地小学课程,禁止小学校用文言课本或用文言作文;一面还应该为减少儿童痛苦起见,努力提倡国语运动,请中央及各地方政府把一切法令公文改成国语,使顽固的父兄教员无所借口。这是慈幼运动在今日最应该做而又最容易做的事业。

十八年十月

《市政制度》序

我的朋友张慰慈博士在美国留学时,他的专门研究是市政制度;他的博士论文的题目就是《美国市政之委员制与经理制的历史与分析》。他现在著的这部专论市政制度的书,是一部很好的市政研究的引论。他这部书的后半很详细地叙说市政的具体组织,末两章还介绍他所专门研究的委员制与经理制。但这部书的特别长处在于不偏重制度的介绍,而兼顾到制度背后的理论与历史。单绍介外国的制度,而不懂得这些制度的意义,是没有益处的。但制度的意义不全在理论的如何完美,而在他的历史的背景,——在他的如何产生。慰慈的书的长处就在这里。

慰慈在这书的绪论里说:

> 凡一种民族没有建设城市的能力,其文化必不能十分发达。

这是最沉痛的话。他又说:

> 文化史上最重要的一步是从乡村的生活变化到城市的生活。

现在中国的情形很像有从乡村生活变到城市生活的趋势了。上海,广州,汉口,天津等处的人口的骤增,各处商埠的渐渐发达,都是朝着这个方向走的。我们这个民族自从有历史以来,不曾有过这样人口繁多,生活复杂的大城市。大城市逼人而来了!我们怎么办呢?我们有没有治理城市的能力呢?

在过去的历史上看来,我们可以说,我们这个民族实在很少组织大城市的能力。远的我们且不说;就拿北京作个例罢。北京的市政全在官厅的手里。有能力的官僚,如朱启钤之流,确然也曾留下一点很好的成绩。但官僚的市政没有相当的监督是容易腐败的。果然十年以来的北京市政一天坏似一天。道路的失修,公共卫生的不讲究,是人人都知道的。电灯近来较明亮了;然装电表是非运动不可的。自来水管的装置是要用户出重价的;并且近来有人发现自来水内"每十五滴含有细菌六百个,且有大肠菌"(十四年七月二十六日中央防疫处的报告)近年更妙了;内务部和市政公所争先恐后的竞卖公产,不但卖地皮过日子,并且连旧皇城的墙砖也一块块地卖了。最奇怪的是北京市民从来没有纳税的义务;连警察和公立中小学的经费都由中央筹给。舞弊营私的官厅不敢向市民征税;不纳税的市民也不敢过问官厅的舞弊营私!

前三年,政府有把北京市政改归市民自办的话了。于是三个月之中就发生了七八十个北京市自治的团体,大家开会,大家想包办北京的市政。一会儿,这七八十个想包办北京市政的团体又全都跟着京华尘土飞散了,全都不见了!

北京如此。其余的大城市的市政大都是受了租界的影响而产生的。上海闸北与南市的市政历史便是明例。我们固然不满意于租界的市政;但那些毗连租界的区域的市政实在更使我们惭愧。几十年的模仿何以竟不能使我们的城市有较好的道路,较完备的公共卫生,较完备的交通机关呢?

过去的成绩如此。我个人常想,我们的大城市的市政上的失败有一个根本的原因,就是我们虽住在城市里,至今还不曾脱离农村生活的习惯。农村生活的习惯是自由的,放任的,散漫的,消极的;城市生活所需要的新习惯是干涉的政治,严肃的纪律,系统的组织,积极的做事。我们若不能放弃乡间生活的习惯,就不配住城市,就不配做城市的市民,更不配办市政。例如去年北京军警费无着落,政府倡议征收北京房捐;然而终不敢明白征收,只敢举行一次"劝捐"。后来有一班市侩政客假借什么团体名义出来反对,就连这"劝捐"也不敢举办了!这一件事真可表示我们的乡村习惯。

慰慈在这书里说:

  近来〔美国〕政治观念的改变大概是向那条所谓"工具主义"的路上跑;这就是利用城市政府的组织,想达到个人幸福和社会安宁的目的;例如要求城市为人民设备种种方法,使他们能利用种种机会,得到最高度的幸福,满足他们美术上的需要。最完备的公共卫生设备,最清洁的自来水,最贱价的和最完备的交通设备等等,变成城市人民所应得的权利。

我们离这种"工具主义的市政观念"还远的很咧!我希望慰慈这部书能引起一部分国民的注意,能打破他们的乡间生活的习惯,能使他们根本了解现代的城市生活的意义与性质。我们若不彻底明白乡间生活的习惯是不适宜于现代的城市生活的,我们若不能彻底抛弃乡下人与乡村绅士的习惯,中国决不会有良好的市政。

十四,八,九　序于北京

(收入张慰慈著:《市政制度》,1925年亚东图书馆出版)

《四角号码检字法》序

近年以来,"整理国故"的喊声居然成了一种时髦的倾向。但"整理"一个名词的意义似乎还不曾得着充分的了解。穿凿傅会,算不得整理;武断的褒贬,也算不得整理。"整理"是要从乱七八糟里面找出一个条理头绪来;从昏乱湖涂里面找出一个明确意义来;从盲从和武断里面找出一个正确评判来。这三条路之中,第一条路最难下手,却正是下手的工夫;最没有趣味,却又是一切趣味的钥匙;最粗浅讨人厌,却又是一切高深学问的门径阶级。这种工作完全是"为人"的工作,是大慈大悲救苦救难的工作。做的人吃了千辛万苦,只要别人从此以后永永不用再吃同样的苦了。所以做这种工作的人,无论他们的成绩如何,都是学问界的恩人;我们都应该感谢他们,敬爱他们。

应该这样整理的材料很多;但最难做却又最不可不做的,我们不能不算中国字的整理——就是中国字的分类与排列。

为什么最难呢?第一,字的数目实在太多,研究须费很大的工夫,很长的时间,所以许多人望而生畏了。第二,中国字不是一个人造的(仓颉造字之说是神话),不是一个时代里造的,乃是几千年中慢慢地孳生增长的,本来没有一贯条理。有些是象形,有些是会意,却又有些是谐声。字形,字义,字音三个方面,随便那一方面都可以作字的起源,所以绝对不能有一贯的系统。后来从篆文变到隶书与楷书,楷书又变到所谓"宋体字",本来的形体都失掉了,系统更不容易寻了。普通的人谁知道"東"字是从日从木呢?谁知道"莫"字是日在艸中,下边的"大"字也是"艸"的变相呢?从前有个刻薄的人说,"矮"字和"射"字的意义弄颠倒了,因为"寸身"应该是"矮",而

"委矢"应该是"射"。他不知道"射"并不从寸从身,只是像那手弯弓之形;我们看甲骨文和金文便知此字全是象形,绝非会意。"矮"字也与"矢"字无关,只是"倭"字的变相;此字本作"倭",后人因为"短"字从"矢",故联想的结果把"倭"字也改成从矢了。故无论用古文的系统,或用楷书的偏旁,终有许多困难,终有许多遗漏,顾得"东"字了,"西"字又怎么办呢?"南"、"北"又怎么办呢?有偏旁可认的字,无论如何武断(如"射"字),都还可以勉强分类;但"求"字"与"字"承"字等类的字又怎么办呢?如《康熙字典》的分类,"求"字属"水"部,是牵就现行的形体;然而"承"字属"手"部,却又是回到《说文》,不是一般人所想到的了。

本来没有条理的,我们却要去寻出条理来;本来没有系统的,我们却要去造出系统来:所以中国字的整理是一件最难的事。然而这件事业却又是不可不做的事。第一,字的分类与排列是一切字典辞书的基础;字的排列不可能,一切词典便不可能;字没有方便的排列法,一切词典便也没有方便的检查法。词典的检查不方便,识字便不容易了。第二,字的次第又是一切"索引"的基本。凡文件的分类庋藏,人名地名编排与检查,书目的编纂,书籍内容细目的翻检……这一类的事皆须有一种公认而易学的次第,方才可以一索便得,一引即至。字的排列没有一定,我们便不能不单靠内容和性质来做编排的标准:如文件须分事类,地名须依省分,人名须依《百家姓》,书目须分四部,那是多么困难的事呵!

古来的人也感觉字的整理的必要,所以也曾想出种种分类排列法来。向来的法子,约有几种:

(甲)依古文的来源分类。许慎的《说文解字》是最早用此法的。这个法子有许多困难:(一)古文的来源不易确定,如"三画而连其中"为"王","闻一知十"为"士"之类,显系晚出的曲说。(二)部首亦无天然的次第;一部之内孳生的字也没有天然的次第。(三)此法重在研究字的本义,而本义往往极不重要,又多为一般人不认得的。(四)此法须用古文,与现行字体相差太远。

(乙)依韵分类。《佩文韵府》,《经籍纂诂》,《纪元韵编》,《通鉴地理今释》一类的书即用此法。凡字必有音,有音即可分韵,这是此法的长处。但此法也有短处:(1)汉字没有字母,字音没有显明的记号,所以不认得的字便不能分韵。(2)韵有古今之别,而中国韵书或用《唐韵》,或用《洪武正韵》,只有少数学者懂得,决非人人能用的。(3)韵有地方的差别;广东人能分别侵、真,而长江流域人不能分真、蒸;至于入声,更不是北部中部人能容易分别的了。(4)韵书上保存了许多难辨的分类,如东、冬之分,如鱼、虞之分,如寒、删之分,如幽、侯之合,……之类,所以困难更多,非硬记不可。

（丙）依现行字体分部首,并依现行字体的笔画分先后的次第。《康熙字典》即用此法;现行的电报码也略依此法。此法比《说文》用的古文部首法自然要算一大进步了,因为前文（甲）条所举的四种短处都没有了。此法的最大长处是依字画定部首的次序与每部的字的次序。有了此法之后,词书的编排与检查都更方便了,所以从前的旧法都渐渐被淘汰了。然而这个法子也有许多困难:(1)部首仍是太多(《康熙字典》有二百十四部)。(2)字的分部有时很难看出,如"公"字属"八"部,而"分"字在"刀"部;"仝"字在"人"部,而"全"字在"入"部;"舍"字在"舌"部,而"含"、"合"都在"口"部。至于"衆"字在"目"部,"與"字在"臼"部,"卅"字在"丨"部,……更不容易寻了。(3)字的笔画不容易分断。"子"字"幺"字何以算三画?"弓"字何以不能算四画?"馬"字何以又算十画?(4)同部之字太多,如"艸"部近二千字。(5)同部又同笔画之字太多,虽有分画的法子,仍旧难定次序。

（丁）依字的画数分次第。这个法子本是用来补助部首分类法的;但撇开部首,有时也可以独立,《康熙字典》里的"检字"一门,即是用此法编纂的。近年新编的字典也常用此法来编"检字"的索引。这都是补助部首的用法。此法单独用来编纂字典,是不行的,因为同画的字太多了。但近几年的经验颇使我们知道此法可以用作简单的索引,如电话簿,书籍内容索引,药目,书目之类。此类的索引,因为名目不多,字数不繁,同画的字比较很少（统计起来,只有八画至十一画的字数稍多）,所以不妨单用字画的多少来定次序。但此法也有短处：(1)字画的连续和分断有时容易算错。(2)同画之字太多时，便不适用。(3)最大的缺点就是字画必须一笔一笔的计算，检查时不能迅速。

（戊）依起笔分类排列。这个法子是旧日的胥吏发明的。各部的胥吏管理档案，感觉旧法分类的不便检查，所以有人发明"江山千古"的四字诀："江"字代表"丶"，"山"字代表"丨"，"千"字代表"丿"，"古"字代表"一"。他们知道中国字的"起笔"不外这四种，所以用这四种分类，以便检查。这个法子的最大长处在于只有四类，最便记忆，最易检查。故简单的索引可以用此法。但这法子也有大缺点：(1)同起笔的字太多，故此法不容易独立行用；于字典词典一类决不适用。(2)仅用起笔，虽很简单，然起笔有时不易规定；如"有"字，先写"一"或先写"丿"都是常见的事；如"女"字，有人先写"丿"，也有人先写"一"。

以上略述向来通行的五种分类排列法。此外还有许多种不曾试行过的，我不用说了。简单说来，向来的法子或是太繁笨了不便检查，或是太简单了不适于字典词典之用。将来注音字母通行之后，国音渐渐普及了，音标（字母）的使用也渐渐习惯了，也许我们可以用音标来分类排列了。但在音标的文字通行之前，我们对于这种方块头的汉字似乎总不能不想一个较方便的分类排列法，凡是肯在这件大事业上面用心思去研究的，凡是对于这个问题提出新解法的，都是我们应该欢迎，应该感谢的。

王云五先生前年就研究这个问题，费了半年的心力，"没有一日暂停"，还加上八九个助手的力量，到去年五月里才能发表他的《号码检字法》。他把中国字的笔画分作五类，每类用一个数目代表：

第一类：横和乛　　　　　（第一位）

第二类：点和捺　　　　　（第二位）

第三类：竖和竖钩　　　　（第三位）

第四类：撇　　　　　　　（第四位）

第五类：屈折与右钩　　　（第五位）

如"天"字有两横，一撇一捺，故号码为"21010"，"黄"字有五横,一点,四竖,一撇,一屈折,故为"51411"。

这个法子虽容易懂得,而计算颇繁重,不能算是很方便的法子。所以王先生自己很不满意,仍旧继续研究。去年我到上海时(十月),他对我说,他有了一个更容易又更完备的新检字法了。那一天是星期,我同他从哈同路回来,坐在人力车上;他把那法子告诉我,我随便指街上店招牌上的字问他,他举了几个例,我就懂了。后来他也指着招牌上的字来考我,我居然也能用号码回答他。我那时觉得这法真是容易,只消几分钟就把我教会了。这个法子就是现在王先生发表的《四角号码检字法》。

这个法子的大致是把每个字的四角(左上,右上,左下,右下)的笔画用号码记出;笔画有九种,恰好用九个单位数目做码子;角只有四个,故每个字的号码只有四位。九种笔画的号码是:

① ——横与㇇,例如　汀
② ——竖,例如　上
③ ——有交叉的竖,例如　土
④ ——撇,例如　亻　⺈
⑤ ——有交叉的撇,例如　大
⑥ ——点与捺,例如　衣
⑦ ——有交叉的点与捺,例如　父
⑧ ——左勾,例如　于　犭
⑨ ——右勾,例如　戈　元

凡连续不断的笔画,前截已有了号码,下截所在的角上用"〇"号记出。没有笔画的角上也用"〇"码记出。我们可举几个例:

　　天　1056　　　地　3319
　　玄　6016　　　黄　3346
　　宇　6080　　　宙　6022
　　洪　6316　　　荒　3349

自去年10月到今天(4月),又是半年了。王先生在这半年之中,继续研究这个检字法的实地试验,把所有的困难问题都试验过,都解决了,然后把他的新发明公布于世,供大家的讨论采用。总计王先生前后共费去了一年半的工夫，的的确确"没有一日暂停"专研究这个最难又最重要的问题。即使他没有好成绩，他这种毅力，这种热心，也是我们应该十分敬服的。何况他新发明的检字法确是一个很重大的贡献呢？

王先生说一个检字法应该具有八个条件。他自己指出这个检字法是具有这八个条件的。我们试用过这个法子的人，都可以承认王先生这话不是过分的自许。他这个"四角号码检字法"确有许多胜过前人之处：

（1）不用部首，可免分部的困难，又使不懂部首的人也可以用这种检字法。

（2）不消计算全个字的画数，只消计算四角，可省无数时间与精力。"口"与"围"同码，而"麤"的计算比"一"字还容易；这是多么经济呵！

（3）不问笔顺，因为笔顺容易有争端；只问四角，因为四角是机械的，客观的，不会有主观上的先后不同。

（4）"号码检字法"必须依笔画的种类先分类计算，然后依着各类的次第用号码记载出来。如"黄"字，须先算五横，次算一点，次记四竖，次记一撇，最后记一屈折，故号码是"51411"。种类不可乱，次第更不可乱；你若先记竖，后记点，就成了"54111"，就不对了。这是很难的，很麻烦的，很容易颠倒错乱的。依现在的《四角号码检字法》，我们可以不必管这"黄"字有几横几竖，也不必问横先竖后，只看四角就是了，故号码为"3346"。这里的号码只是每一角的笔画的代表，不是每类笔画的总数；我们认笔画时，同时即是记号码，不须分类，不须记总数，不须死记次序，所以容易的多多了。

（5）我们在上文说过，从前的种种检字法，繁的太繁了，简的太简了，都不适于作字典词书之用。这个"四角号码法"的最大好处就在能做一切字典辞书之用，凡辞书的排列法必须有一个根本条件，就是要使人容易找出某字在字典的某处。例如我们见 Dictionary 这个字，立刻就知道他在字典的"D"字部"DICT"的一页，他的位置是有一定的，不会颠倒的，是不用猜想的，是不用计算的。中国字典里的字,部首的次序先后没有一定,同部同画的字也没有一定的次序。同是四画,为什么"心"部远在卯集之首,而"犬"部远在巳集之末呢?同为水部十画之字,为什么"潜"字在第一,而"滁"字在第八十几呢?况且部首的归类,先就没有一定的标准:还是根据古文呢?还是根据现在的字体呢?还是靠左边傍分类呢?还是靠右边傍呢?还是用上半截呢?还是用下半截呢?"承"字在手部,是依古文;"舉"字在臼部,又不依古文了。普通的读者自然只认得现行字体;然而"明"字在日部,"胡"字在肉部,"朋"字在月部,"勝"字在力部,"滕"字在水部,"服"字在月部,这些谜多难猜呵!若用王先生的新法,每个字有一个号码,号码的排列有天然的顺序:"一而十,十而百,百而千,千而万",绝对不可颠倒,丝毫不用瞎猜。"玄"字为"6016","宙"字为"6022","宇"字为"6080",数目即是次序,还不容易吗?所以王先生自己说:"号码的先后次序,都至显明,无论何种方法都比他不上;真可谓一望而知的了。"

(6)从前用部首和画数的法子都有一个大困难,就是同部的字太多,同画数的字更多。近年吴研因先生等编纂的《学生字典》的"检字"一门,把同画的字分作四类:(1)横起,(2)直起,(3)撇起,(4)点起,这种救济的办法正可以证明同画字数之多实是一种大困难。王先生的"四角号码法"也有一种同类的困难,就是同码的字也还不少。如"口"部的字,如"门"部的字,都是同号码。他曾列出一张表,九千字之中,不同码的字只有四百六十三个,只占百分之五;而同码的字在十个以上的却有百分之五十五之多;最多的有八十八个字同一码的。这也是不可忽略的一个问题。王先生因此又想出一个救济的办法:凡同码的字,另计算每字中所含"横"数,各加一小数,依次排列。例如"十"、"中"、"申"、"串"、"車"都是"3000",可以这样排列:

"十"字有一"横"故为　　　　3000.1

"中"字有二"横"故为　　　　3000.2

"申"字有三"横"故为　　　　3000.3

"串"字有四"横"故为　　　　3000.4

"車"字有五"横"故为　　　　　3000.5

这样计算,不同码的字便增至三千二百之多,占千分之三五五;同码的字至多不过十个;这就不成问题了。

以上略略指出这个新检字法的特别长处。我以为王先生新发明的法子确是最容易,最方便,应用最广的法子。依我看来,这个法子是可以普通采用的。他的最大阻力不过是两个大魔鬼:一个是守旧,一个是懒惰。守旧鬼说:"仍旧贯,如之何?何必改作?"懒惰鬼说:"这个法子很好,可惜学起来有点麻烦;谁耐烦费几分钟去学他呢?"这个懒惰鬼最可怕;他是守旧鬼的爸爸妈妈;一切守旧鬼都是他的子孙!我很望国中一班不懒惰的人费几分钟去学习这个《四角号码检字法》;先学会了,方才有批评的资格。王先生抱着"为人"的弘愿,费了整整一年半的工夫,才有这样好的结果。我们不可让我们骨头里的懒惰鬼辜负了王先生一番大慈大悲救苦救难的工作!

这个《四角号码检字法》只有一点小小的难处:我们必须记熟那九种笔画的号码。为便利记忆起见,我今天编了一只歌诀,也写在这里,请王先生教正:

一横刁,

二三竖。

撇四,叉撇五。

点捺同是六。

有叉变成七。

左勾右勾八九毕。

十五年,四月,二十三夜上海,客利饭店

后　记

王云五先生的《四角号码检字法》,最近又有第二次改订的新法了。新法的大意是注重从前最感觉困难的许多例外,故用一些"复笔"做单位,如"头"(亠)"叉"(十,乂)"方"(口)"八","小"等,来驾驭一切发生问题的字角。这么一来,检字更方便了。云五先生这种精益求精的毅力,更使我们敬佩。我这篇序本来大可以毁去了,但

因为序中的叙述颇有历史的意味,所以我把此序保存在这里,作为检字法演变史的一种材料。并摘记新法的要点如下:

(1) 笔画分为十种,各用号码代表:

号码	0	1	2	3	4	5	6	7	8	9
笔名	头	横	垂	点	叉	插	方	角	八	小
笔形	亠	一 ノ 乚 ヽ	l J	丶 ノ	十 又	丰	口	冖 厂 凵 匚 一	八 ソ 人 亻	小 ソ 亠 ヰ

(2) 遇单笔与复笔并列时,应尽量取复笔。如"亠"作0,不作3,"寸"作4,不作2,"ソ"作8,不作32,"小"作9,不作33。

我们可以仍举"天地玄黄,宇宙洪荒"八字作例来说明这两条规律:

    天   1043   地   4411

    玄   0073   黄   4480

    宇   3040   宙   3060

    洪   3418   荒   4421

(3) 由整个口門鬥所成之字,其下角取内部之笔。但上下左右有他笔时,不在此例。

    如   因 = 6043

            閉 = 7724

            鬪 = 7712

    但   茵 = 4460

            瀾 = 3712

(4) 旧法于四角之外,另加"横"数,使同码字减少,以便检查,但是碰着"横"数较多如"韁"、"蘁"等,包含十"横"以上的字,计算起来,比四角反要费时,所以新法又发明了第五角,取右下角上方最贴近而露锋芒的笔,为第五角。例如"進"、"適"、"迹"、"避"等字,都是3030,就可以有这样排法:

    進——3030.1

    適——3030.2

迹——3030.3

避——3030.4

这样计算第五角,所费时间不过四角的四分之一,于是那同号码过多的问题也就解决了。

上回我曾编一只笔画号码歌诀送给王先生,现在他的新法十种笔画,也可以编作一只歌诀如下:

一横二垂三点捺,

点下带横变零头;

叉四插五方块六,

七角八八小是九。

不知王先生以为如何?

十九,二,七

(收入王云五著:《四角号码检字法》,

1933年12月商务印书馆初版)

追想胡明复

宣统二年（1910）七月，我到北京考留美官费。那一天，有人来说，发榜了。我坐了人力车去看榜，到史家胡同时，天已黑了。我拿了车上的灯，从榜尾倒看上去（因为我自信我考的很不好），看完了一张榜，没有我的名字，我很失望。看过头上，才知道那一张是"备取"的榜。我再拿灯照读那"正取"的榜，仍是倒读上去。看到我的名字了！仔细一看，却是"胡达"，不是"胡适"。我再看上去，相隔很近，便是我的姓名了。我抽了一口气，放下灯，仍坐原车回去了，心里却想着，"那个胡达不知是谁，几乎害我空高兴一场！"

那个胡达便是胡明复。后来我和他和宪生都到康南耳大学，中国同学见了我们的姓名，总以为胡达、胡适是兄弟，却不知道宪生和他是堂兄弟，我和他却全无亲属的关系。

那年我们同时放洋的共有七十一人，此外还有胡敦复先生，唐孟伦先生，严约冲先生。船上十多天，大家都熟了。但在那时已可看出许多人的性情嗜好。我是一个爱玩的人，也吸纸烟，也爱喝柠檬水，也爱学打"五百"及"高，低，杰克"等等纸牌。在吸烟室里，我认得了宪生，常同他打"Shuffle Board"；我又常同严约冲、张彭春、王鸿卓打纸牌。明复从不同我们玩。他和赵元任、周仁总是同胡敦复在一块谈天；我们偶然听见他们谈话，知道他们谈的是算学问题，我们或是听不懂，或是感觉没有趣味，只好走开，心里都恭敬这一小群的学者。

到了绮色佳（Ithaca）之后，明复与元任所学相同，最亲热；我在农科，同他们见面时很少。到了1912年以后，我改入文科，方才和明复、元任同在克雷登（Prof. J. E. Creighton）先生的哲学班上。我们三个人同坐一排,从此我们便很相熟了。明复与元任的成绩相差最近,竞争最烈。他们每学期的总平均总都在九十分以上;大概总是元任多着一分或半分,有一年他们相差只有几厘。他们在康南耳四年,每年的总成绩都是全校最高的。1913年,我们三人同时被举为Phi Beta Kappa会员;因为我们同在克雷登先生班上,又同在一排,故同班的人都很欣羡;其实我的成绩远不如他们两位。1914年,他们二人又同时被举为Sigma Xi会员,这是理科的名誉学会,得之很难;他们两人同时已得Phi Beta Kappa的"会钥",又得Sigma Xi的"会钥",更是全校稀有的荣誉(敦复先生也是Phi Beta Kappa的会员)。

明复是科学社的发起人,这是大家知道的。这件事的记载,我在我的《藏晖室札记》里居然留得一点材料,现在摘记在此,也许可供将来科学社修史的人的参考。

科学社发起的人是赵元任、胡达(明复)、周仁、秉志、过探先、杨铨、任鸿隽、金邦正、章元善。他们有一天(1914)聚在世界会(Cosmopolitan Club)的一个房间里,——似是过探先所住,——商量要办一个月报,名为《科学》。后来他们公推明复与杨铨、任鸿隽等起草,拟定"科学社"的招股章程。最初的章程是杨铨手写付印的,其全文如下:——

科学社招股章程

(1)定名　本社定名科学社(Science Society)。

(2)宗旨　本社发起《科学》(Science)月刊,以提倡科学,鼓吹实业,审定名词,传播知识,为宗旨。

(3)资本　本社暂时以美金四百元为资本。

(4)股份　本社发行股份票四十份,每份美金十元。其二十份由发起人担任,余二十份发售。

(5)交股法　购一股者,限三期交清,以一月为一期:第一期五元,第二期三元,第三期二元。购二股者,限五期交清:第一期六元,第二三期各四元,第四五期各三元。每股东以三股为限,购三股者其二股依上述二股例交付,余一股照单购法办理。凡股东入股,转股,均须先经本社认可。

（6）权利　股东有享受赢余及选举被选举权。

（7）总事务所　本社总事务所暂设美国以萨克（Ithaca）城。

（8）期限　营业期限无定。

（9）通信处　美国过探先（住址从略）。

当时的目的只想办一个《科学》月刊,资本只要美金四百元。后来才放手做去,变成今日的科学社,《科学》月刊的发行只成为社中的一件附属事业了。

当时大家决定,先须收齐三个月的稿子,然后敢送出付印。明复在编辑上的功劳最大;他不但自己撰译了不少稿子,还担任整理别人的稿件,统一行款,改换标点,故他最辛苦。他在社中后来的贡献与劳绩,是许多朋友都知道的,不用我说了。

明复学的是数学物理,但他颇注意于他所专习的科学以外的事情。我住在世界会,常见明复到会里来看杂志;别的科学学生很少来的。

有一件事可以作证。民国元年（1912）十一月里,明复和我发起一个政治研究会。那时在革命之后,大家都注意政治问题,故有这个会的组织。第一次组织会在我的房间里开会,会员共十人,议决：

（1）每两星期开会一次。

（2）每会讨论一个问题,由会员二人轮次预备论文宣读。论文完后,由会员讨论。

（3）每会由会员一人轮当主席。

（4）会期在星期六下午二时。

第一次讨论会的论题为"美国议会",由过探先与我担任。第二次论题为"租税制度",由胡明复与尤怀皋担任。我的日记有这一条：

十二月念一日,中国学生政治研究会第二次会,论"租税"。胡明复、尤怀皋二君任讲演,甚有兴味。二君所预备演稿俱极精详,费时当不少,其热心可佩也。

明复与元任后来都到哈佛去了。那时杏佛（杨铨）编辑《科学》，常向他们催稿子。民国五年(1916)六月间，杏佛作了一首白话打油诗寄给明复：——

　　寄胡明复
　　自从老胡去，这城天气凉。
　　新屋有风阁，清福过帝王。
　　境闲心不闲，手忙脚更忙。
　　为我告"夫子"，①《科学》要文章。

元任见此诗，也和了一首：——

　　寄杨杏佛
　　自从老胡来，此地暖如汤。
　　《科学》稿已去，"夫子"不敢当。
　　才完就要做，忙似阎罗王。②
　　幸有"辟克匿"，③那时波士顿、肯白里奇的社友还可大大的乐一场！

这也可以表示当时的朋友之乐，与科学社编辑部工作的状况。

民国三年(1914)，明复得盲肠炎，幸早去割了，才得无事。民国五年(1916)，元任也得盲肠炎，也得割治。那时我在纽约，作了一首打油诗寄给元任，并寄给明复看：——

　　闻道先生病了，叫我吓了一跳。
　　"阿彭底赛梯斯！"④这事有点不妙！
　　依我仔细看来，这病该怪胡达。
　　你和他两口儿，可算得亲热杀；

---

① 元任有"Prof."的绰号。
② 元任自注："Work like h—."
③ Picnic.
④ Appendicitis 盲肠炎。

同学同住同事,今又同到哈袜,①
同时"西葛玛鳃",同时"斐贝卡拔"。②
前年胡达破肚,今年"先生"③该割。
莫怪胡适无礼,嘴里夹七带八。
要"先生"④开口笑,病中快活快活。
更望病早早好,阿弥陀佛菩萨!

那时候我正开始作白话诗,常同一班朋友讨论文学的问题。明复有一天忽然寄了两首打油诗来,不但是白话的,竟是土白的。第一首是:

纽约城里,
有个胡适,
白话连篇,
成啥样式!

第二首是一首"宝塔诗":——

痴!
适之!
勿读书,
香烟一支!
单做白话诗!
说时快,做时迟,
一做就是三小时!

我也答他一首"宝塔诗":——

咦!
希奇!
胡格哩,

---

① Harvard.
② Sigma Xi, Phi Beta Kappa.
③④ 元任的绰号"Prof."

媛我做诗！
这话不须提。
我做诗快得希，
从来不用三小时。
提起笔何用费心思，
笔尖儿嗤嗤嗤嗤地飞，
也不管宝塔诗有几层儿！

这种朋友游戏的乐处，可怜如今都成了永不回来的陈迹了！

去年5月底，我从外国回来，住在沧洲旅馆。有一天，吴稚晖先生在我房里大谈。门外有客来了，我开门看时，原来是明复同周子竞（仁）两位。我告诉他们，里面是稚晖先生。他们怕打断吴先生的谈话，不肯进来，说"过几天再来谈"，都走了。我以为，大家同在上海，相见很容易的。谁知不多时明复遂死了，那一回竟是我同他的永诀了。他永永不再来谈了！

1928，3，17